DAMA-DMBOK

DATA MANAGEMENT BODY OF KNOWLEDGE
SECOND EDITION

Versione Italiana

DAMA International

Technics Publications
BASKING RIDGE, NEW JERSEY

Dedicated to the memory of

Patricia Cupoli, MLS, MBA, CCP, CDMP

(May 25, 1948 – July 28, 2015)

for her lifelong commitment to the Data Management profession
and her contributions to this publication.

Published by:

2 Lindsley Road
Basking Ridge, NJ 07920 USA

https://www.TechnicsPub.com

Senior Editor:	Deborah Henderson, CDMP
Editor:	Susan Earley, CDMP
Production Editor:	Laura Sebastian-Coleman, CDMP, IQCP
Bibliography Researcher:	Elena Sykora, DGSP
Collaboration Tool Manager:	Eva Smith, CDMP
Translator:	DAMA Italy

Cover design by Lorena Molinari

All rights reserved. No part of this book may be reproduced or transmitted in any form or by any means, electronic or mechanical, including photocopying, recording or by any information storage and retrieval system, without written permission from the publisher, except for the inclusion of brief quotations in a review.

The author and publisher have taken care in the preparation of this book, but make no expressed or implied warranty of any kind and assume no responsibility for errors or omissions. No liability is assumed for incidental or consequential damages in connection with or arising out of the use of the information or programs contained herein.

All trade and product names are trademarks, registered trademarks or service marks of their respective companies and are the property of their respective holders and should be treated as such.

Second Edition

First Printing 2020

Copyright © 2020 DAMA International

ISBN, Print ed.	9781634628242
ISBN, PDF ed.	9781634628266
ISBN, Kindle	9781634628259

Library of Congress Control Number: 2020935658

Sommario

Figuras

Tabelle

Prefazione

DAMA International è lieta di pubblicare la seconda edizione di "DAMA Guide to the Data Management Body of Knowledge (DAMA-DMBOK2)". Dalla pubblicazione della prima edizione, nel 2009, si è visto un significativo sviluppo nel campo del Data Management. In molte organizzazioni, la Data Governance è diventata una struttura standard, nuove tecnologie consentono la raccolta e l'utilizzo dei "Big Data" (dati non strutturati e semi-strutturati in una vasta gamma di formati), ed è cresciuta l'importanza dell'etica dei dati insieme alla nostra capacità di esplorare e sfruttare l'enorme quantità di dati e informazioni prodotti come parte della nostra vita quotidiana.

Questi cambiamenti sono entusiasmanti e pongono anche nuove e crescenti domande alla nostra professione. DAMA ha risposto a tali cambiamenti riformulando il Framework DAMA di Data Management (la DAMA Wheel), arricchendo di dettagli e chiarimenti ed espandendo l'ambito del DMBOK:

- I Context Diagram per tutte le Knowledge Area sono stati migliorati e aggiornati.

- *Integrazione dati* e *Interoperabilità* è stata aggiunta come nuova Knowledge Area per evidenziarne l'importanza (Capitolo 8).

- All'*Etica dei Dati* è stato dedicato un capitolo separato vista la crescente necessità di un approccio etico a tutti gli aspetti del Data Management (Capitolo 2).

- Il ruolo della governance viene descritto sia come funzione (Capitolo 3) sia in relazione a ciascuna Knowledge Area.

- Un approccio simile è stato scelto con il Change Management Organizzativo, descritto nel Capitolo 17 e incorporato nei capitoli delle Knowledge Area.

- I nuovi capitoli su Big Data e Data Science (Capitolo 14) e Data Management Maturity Assessment (Capitolo 15) aiutano le organizzazioni a capire quale direzione intraprendere e forniscono gli strumenti per raggiungere la meta.

- La seconda edizione include anche una serie di principi di Data Management di recente formulazione atti a supportare la capacità delle organizzazioni di gestire con efficacia i propri dati e ottenere valore dai propri data asset (Capitolo 1).

Auspichiamo che il DMBOK2 sia una valida risorsa e una guida preziosa per i Data Management Professional di tutto il mondo.

Riconosciamo, tuttavia, che è soltanto un punto di partenza: il reale avanzamento si manifesta quando ci dedichiamo all'apprendimento di queste idee. DAMA esiste per consentire ai soci di imparare continuamente, condividendo idee, trend, problemi e soluzioni.

Sue Geuens
President
DAMA International

Laura Sebastian-Coleman
Publications Officer
DAMA International

Prefazione all'edizione Italiana

DAMA Italy, il capitolo italiano di DAMA International nasce nel Novembre del 2018, per il desiderio e l'impegno di un gruppo di professionisti provenienti principalmente dal mondo della consulenza, i quali hanno riconosciuto nell'approccio proposto da DAMA e descritto nel DMBOK una sorgente preziosa e unica nel suo genere per affrontare il panorama del data management in maniera solida e organica.

Fin dai primi mesi di vita del capitolo italiano è nata l'idea di tradurre il DMBOK (seconda edizione) per un duplice motivo:

- Innanzitutto l'esigenza, condivisa insieme a tutti i membri del board, che la lingua con cui questi contenuti sono presentati non costituisse un ostacolo alla loro diffusione e comprensione. L'acquisizione di conoscenze e competenze non deve, possibilmente, essere condizionata da fattori linguistici.

- In secondo luogo, il desiderio di lavorare per la costruzione di un vocabolario comune per il data management. L'importanza di avere termini e definizioni condivise è uno dei temi ricorrenti del DMBOK ed è proprio uno degli obiettivi che il DAMA International è riuscito a raggiungere con la pubblicazione di questo volume. Poter pubblicare una versione italiana del DMBOK significa poter rispondere in maniera finalmente uniforme (e in italiano) a domande del tipo: "Come si chiamano le Dimensioni della Qualità dei Dati?"

Il lavoro di traduzione ha dovuto tenere conto di alcuni criteri che abbiamo condiviso insieme al board di DAMA Italy e ai membri dell'associazione che hanno voluto aiutarci:

- I termini che indicano gli elementi propri del Framework di DAMA International, ossia DAMA Wheel, le Knowledge Areas, Environmental Exagon, Context Diagram sono stati mantenuti in lingua originale non tradotti.

- I contenuti di grafici e dei Context Diagram sono stati tradotti, ovunque possibile, per favorire e semplificare la diffusione dei loro contenuti

- In alcuni casi è stato necessario riformulare i periodi per favorire la leggibilità e la familiarità con il lettore italiano, pur mantenendo inalterato il messaggio e la terminologia originale.

Vogliamo ringraziare in questa occasione il grande lavoro compiuto dai nostri associati Giovanni Fendillo, Michele Iurillo, Tommaso Buzzigoli e Fabio Buscaglia che, con il loro impegno volontario, hanno fattivamente contribuito a realizzare la traduzione. Ringraziamo per il concreto supporto al felice esito dell'impresa anche DAMA International, DATAVERSITY e FIT Strategy.

Un ringraziamento particolare, infine, va agli associati Lorenzo Vezzani e Michele Valentini per il grande lavoro di coordinamento e di revisione complessiva di tutto l'impianto di traduzione.

Nino Letteriello
Presidente DAMA Italy
DAMA EMEA Coordinator

CAPITOLO 1

Data Management

1. Introduzione

Molte organizzazioni riconoscono che i propri dati rappresentano un asset aziendale vitale. Dati e informazioni possono fornire preziosi spunti su clienti, prodotti e servizi. Possono contribuire all'innovazione e al raggiungimento di mete strategiche. Nonostante questa consapevolezza, sono poche le organizzazioni che gestiscono attivamente i dati come asset da cui ricavare un valore costante (Evans e Price, 2012). Il valore derivante dai dati non si genera nel nulla o casualmente. Richiede intenzione, pianificazione, coordinamento e commitment. Richiede management e leadership.

Data Management è lo sviluppo, l'esecuzione e la supervisione di piani, politiche, programmi e procedure che garantiscono, controllano, proteggono e migliorano il valore dei data asset e informazioni per tutta la durata del loro ciclo di vita. Un *Data Management Professional* è una persona che lavora in qualsiasi aspetto del Data Management (dalla gestione tecnica dei dati nel loro intero ciclo di vita fino all'assicurarsi che i dati siano propriamente utilizzati e capitalizzati) per raggiungere gli obiettivi strategici dell'organizzazione. I Data management Professional ricoprono numerosi ruoli, da quelli altamente tecnici (ad esempio, Database Administrator, amministratori di rete, programmatori) a quelli strategici (ad esempio, Data Steward, Data Strategist, Chief Data Officer).

Le attività di Data Management sono di ampia portata. Comprendono tutto, dalla possibilità di prendere decisioni coerenti su come ottenere valore strategico dai dati fino agli aspetti tecnici di implementazione e prestazione dei database. Pertanto, il Data Management richiede competenze tecniche e non (ad esempio, "di business"). La responsabilità del Data Management deve essere condivisa tra il business e l'information technology e le persone in entrambe le aree devono essere in grado di collaborare per garantire che un'organizzazione disponga di dati di alta qualità che soddisfino le proprie esigenze strategiche. Dati e informazioni non sono solo asset, nel senso che le organizzazioni investono in essi per ricavare valore futuro. Dati e informazioni sono anche vitali per le operazioni quotidiane della maggior parte delle organizzazioni. Sono stati definiti "la valuta", la "linfa vitale" e persino il "nuovo petrolio" dell'economia dell'informazione.[1] Che un'organizzazione ricavi o no valore dai propri dati analitici, senza dati non può nemmeno effettuare transazioni di business.

Per supportare i Data Management Professional che svolgono il lavoro, DAMA International (The Data Management Association) ha prodotto questo libro, la seconda edizione di *The DAMA Guide to Data*

---

[1] Numerosi riferimenti sono reperibili cercando in Google "dati come valuta", "dati come linfa vitale" e "il nuovo petrolio".

Management Body of Knowledge (DMBOK2). Questa edizione si basa sulla prima, pubblicata nel 2009, che forniva conoscenze di base su cui costruire con l'avanzare e il maturare della professione. Questo capitolo delinea una serie di principi per il Data Management. Illustra le difficoltà relative al rispetto di questi principi e suggerisce approcci per risolverle. Il capitolo descrive anche il Framework DAMA di Data Management, che fornisce il contesto per il lavoro svolto dai Data Management Professional all'interno di varie Data Management Knowledge Area.

1.1   Business Driver

Informazioni e conoscenze sono la chiave del vantaggio competitivo. Le organizzazioni che hanno dati affidabili e di alta qualità sui propri clienti, prodotti, servizi e operations possono prendere decisioni migliori rispetto a quelle senza dati o con dati inaffidabili. La mancata gestione dei dati è simile alla mancata gestione del capitale, comportando sprechi e mancate opportunità. Il driver principale per il Data Management è consentire alle organizzazioni di ottenere valore dai propri data asset, così come il management efficace delle risorse finanziarie e fisiche consente alle organizzazioni di ottenere valore da tali asset.

1.2   Obiettivi

All'interno di un'organizzazione, gli obiettivi di Data Management includono quanto segue:
- Comprendere e supportare le esigenze informative dell'azienda e dei propri stakeholder, tra cui clienti, dipendenti e business partner
- Acquisire, archiviare, proteggere e garantire l'integrità dei data asset
- Garantire la qualità dei dati e delle informazioni
- Garantire privacy e riservatezza dei dati degli stakeholder
- Prevenire l'accesso, la manipolazione o l'utilizzo non autorizzati o inappropriati di dati e informazioni
- Garantire che i dati possano essere utilizzati in modo efficace per aggiungere valore all'impresa

2. Concetti essenziali

2.1 Dati

Le definizioni classiche dei *dati* sottolineano il ruolo che essi hanno nel rappresentare i fatti del mondo.[2] In relazione all'Information Technology, *i dati* sono anche intesi come informazioni archiviate in forma

---

[2] Il New Oxford American Dictionary definisce i dati "fatti e statistiche raccolti insieme per l'analisi". L'American Society for Quality (ASQ) definisce i dati come "Serie di fatti raccolti" e descrive due tipi di dati numerici: misurati o variabili e contati o

digitale (sebbene non si limitino a informazioni digitalizzate e i principi di Data Management siano pertinenti ai dati acquisiti su carta e ai database). Oggi siamo in grado di acquisire elettronicamente moltissime informazioni che chiamiamo "dati", ma che non avremmo chiamato così in passato. Informazioni quali: nomi, indirizzi, date di nascita, il menu del ristorante preferito e l'ultimo libro acquistato.

Questi fatti inerenti singoli individui possono essere aggregati, analizzati e utilizzati per ottenere profitto, migliorare la salute o influenzare le politiche pubbliche. Inoltre, la nostra capacità tecnologica di misurare una vasta gamma di eventi e attività (dalle ripercussioni del Big Bang ai nostri battiti cardiaci) e di raccogliere, archiviare e analizzare versioni elettroniche di cose che prima non erano considerate dati (video, immagini, registrazioni audio, documenti) sta per superare la nostra capacità di sintetizzare questi dati in informazioni utilizzabili.[3] Per trarre vantaggio dalla varietà di dati senza esserne sommersi dal volume e dalla velocità, sono necessarie procedure di Data Management affidabili ed estensibili.

Molte persone presumono che i dati, visto che rappresentano fatti, siano una forma di verità sul mondo e che i fatti concordino tra loro. Tuttavia, i "fatti" non sono sempre semplici o diretti. I dati sono un mezzo di rappresentazione. Rappresentano cose diverse da loro (Chisholm, 2010). I dati sono sia un'interpretazione degli oggetti che essi rappresentano sia un oggetto che deve essere interpretato (Sebastian-Coleman, 2013). Questo è un altro modo per dire che abbiamo bisogno di contesto affinché i dati siano significativi. Il contesto può essere visto come sistema di rappresentazione dei dati; tale sistema comprende un vocabolario comune e una serie di relazioni tra i componenti. Se conosciamo le convenzioni di tale sistema, siamo in grado di interpretare i dati al suo interno.[4] Queste convenzioni sono spesso documentate in un tipo specifico di dati indicati come Metadati.

In ogni caso, poiché le persone spesso fanno scelte diverse su come rappresentare i concetti, creano modi diversi per rappresentare concetti identici. Da queste scelte, i dati assumono forme diverse. Si pensi alla gamma di modi di cui disponiamo per rappresentare le date di calendario, un concetto su cui esiste una definizione concordata. Consideriamo ora concetti più complessi (come cliente o prodotto), dove la granularità e il livello di dettaglio di ciò che deve essere rappresentato non sono sempre auto-esplicativi, e il processo di rappresentazione diventa più complesso, così come il processo di gestione di tali informazioni nel tempo. (Vedere il Capitolo 10).

Anche all'interno di una singola organizzazione, esistono spesso numerosi modi per rappresentare la stessa idea. Da qui la necessità di Data Architecture, modeling, governance e stewardship, metadati e Data Quality Management, tutti elementi che contribuiscono a comprendere e a utilizzare i dati. Tra più

---

attribuiti. L'International Standards Organization (ISO) definisce i dati come rappresentazione di informazioni reinterpretabile in maniera formalizzata adatta alla comunicazione, interpretazione o elaborazione" (ISO 11179). Questa definizione sottolinea la natura elettronica dei dati e presume, correttamente, che i dati necessitino di standard poiché vengono gestiti tramite sistemi di information technology. Tuttavia, non parla delle sfide di formalizzare i dati in modo coerente, tra sistemi eterogenei. E non tiene neppure conto del concetto di dati non strutturati.

[3] http://ubm.io/2c4yPOJ (Accessed 20016-12-04). http://bit.ly/1rOQkt1 (Accessed 20016-12-04).

[4] Per ulteriori informazioni sulla costruttività dei dati, vedere: Kent, *Data and Reality* (2012) e Devlin, *Business Unintelligence* (2013).

organizzazioni, il problema della molteplicità aumenta ulteriormente. Da qui la necessità di standard di dati a livello industriale che possano conferire maggiore coerenza ai dati.

Le organizzazioni necessitano da sempre di gestire i propri dati, ma i cambiamenti tecnologici hanno ampliato l'ambito di questa esigenza di management, in quanto hanno cambiato la comprensione delle persone su ciò che sono i dati. Questi cambiamenti hanno permesso alle organizzazioni di utilizzare i dati in nuovi modi per creare prodotti, condividere informazioni, creare conoscenza e migliorare il successo organizzativo. Tuttavia, la rapida crescita della tecnologia e con essa la capacità dell'uomo di produrre, acquisire ed estrarre dati per significato ha intensificato la necessità di gestire i dati in modo efficace.

2.2 Dati e informazioni

Molto inchiostro è stato versato sulla relazione tra dati e informazioni. I dati sono definiti "materia prima dell'informazione" e le informazioni "dati nel contesto".[5] Spesso si utilizza una piramide stratificata per descrivere la relazione tra dati (alla base), informazioni, conoscenza e saggezza (in cima). Mentre la piramide può essere utile per descrivere il motivo per cui i dati devono essere gestiti correttamente, questa rappresentazione offre alcune sfide per il Data Management.

- È basata sul presupposto che i dati semplicemente esistono. Tuttavia, i dati non esistono semplicemente. I dati devono essere creati.

- La descrizione di una sequenza lineare dai dati verso la saggezza, non riesce a riconoscere che occorre la conoscenza per creare, in primo luogo, i dati.

- Implica che dati e informazioni siano cose separate quando, in realtà, i due concetti sono intrecciati e dipendenti l'uno dall'altro. Il dato è una forma di informazione e l'informazione è una forma di dato.

Nell'ambito di un'organizzazione, può essere utile tracciare una linea tra informazioni e dati per scopi di comunicazione chiara sui requisiti e sulle aspettative dei diversi utilizzi da parte dei vari stakeholder. ("Ecco il rapporto sulle vendite dell'ultimo trimestre [informazioni]. Si basa sui dati provenienti dal nostro data warehouse [dati]. Nel prossimo trimestre, questi risultati [dati] saranno utilizzati per generare le misurazioni di performance trimestre-su-trimestre [informazioni]"). Riconoscere che dati e informazioni devono essere preparati per scopi differenti chiarisce bene un principio centrale del Data Management: sia i dati sia le informazioni devono essere gestiti. Entrambi saranno di migliore qualità se gestiti insieme in base a usi ed esigenze dei clienti. In tutto il DMBOK, i termini sono utilizzati in modo intercambiabile.

---

[5] Vedere English, 1999 e DAMA, 2009.

2.3 Dati come risorsa organizzativa

Un *asset* è una risorsa economica, che può essere di proprietà o controllata e che detiene o produce valore. Gli asset possono essere convertiti in denaro. I dati sono ampiamente riconosciuti come asset aziendali, anche se la comprensione di cosa significa gestire i dati come asset è tuttora in evoluzione. Agli inizi degli anni '90 del secolo scorso, alcune organizzazioni trovavano discutibile che fosse dato un valore monetario all'avviamento. Oggi, il "valore dell'avviamento" appare comunemente come voce nel Conto Economico (P&L). Analogamente, anche se non adottata universalmente, la monetizzazione dei dati sta diventando sempre più comune. Non passerà molto tempo prima di vederla come caratteristica dei bilanci. (Vedere Capitolo 3)

Le organizzazioni odierne fanno affidamento sui propri data asset per prendere decisioni più efficaci e operare in modo più efficiente. Le aziende utilizzano i dati per comprendere i propri clienti, creare nuovi prodotti e servizi e migliorare l'efficienza operativa riducendo i costi e controllando i rischi. Anche le agenzie governative, gli istituti scolastici e le organizzazioni senza scopo di lucro hanno bisogno di dati di alta qualità per guidare le proprie attività operative, tattiche e strategiche. Poiché le organizzazioni dipendono sempre più dai dati, il valore dei data asset può essere stabilito in modo più chiaro.

Molte organizzazioni si identificano come "data-driven". Le aziende che mirano a rimanere competitive devono smettere di prendere decisioni basate su sensazioni o sull'istinto e utilizzare invece trigger di eventi e applicare gli analytics al fine di ottenere informazioni utili. Essere data-driven include il riconoscimento che i dati devono essere gestiti in modo efficiente e con disciplina professionale, attraverso una partnership di business leadership e competenza tecnica.

Inoltre, il ritmo del business odierno comporta che il cambiamento non sia più facoltativo; la *digital disruption* è la norma. Per reagire a ciò, il business deve co-creare soluzioni informatiche con tecnici professionisti dei dati che operano fianco a fianco con le corrispettive controparti delle linee di business. Devono pianificare come ottenere e gestire i dati di cui hanno bisogno per supportare la strategia aziendale. Devono inoltre posizionarsi per trarre vantaggio delle opportunità per far leva sui dati in modi nuovi.

2.4 Principi di Data Management

Il Data Management condivide le caratteristiche con altre forme di asset management, come visto in Figura 1. Implica la conoscenza dei dati di cui dispone un'organizzazione e di cos'è possibile conseguire con essi, determinando poi il modo migliore di utilizzare i data asset al fine di raggiungere gli obiettivi dell'organizzazione.

Come altri processi di management, deve bilanciare le esigenze strategiche e operative. È possibile raggiungere questo equilibrio attenendosi a una serie di principi che riconoscono le caratteristiche salienti del Data Management e di quest'ultimo ne guidano la pratica.

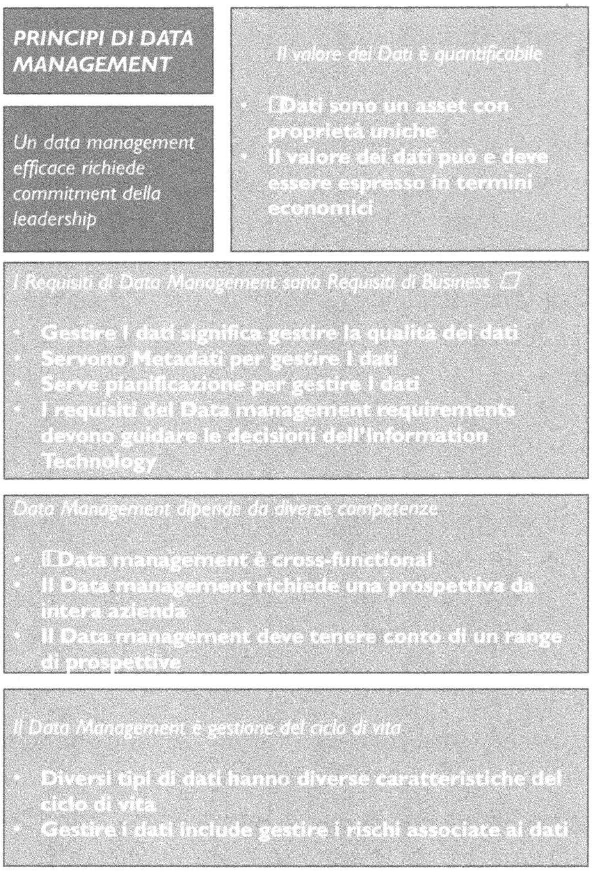

PRINCIPI DI DATA MANAGEMENT

Un data management efficace richiede commitment della leadership

Il valore dei Dati è quantificabile

- I Dati sono un asset con proprietà uniche
- Il valore dei dati può e deve essere espresso in termini economici

I Requisiti di Data Management sono Requisiti di Business

- Gestire I dati significa gestire la qualità dei dati
- Servono Metadati per gestire I dati
- Serve pianificazione per gestire I dati
- I requisiti del Data management requirements devono guidare le decisioni dell'Information Technology

Data Management dipende da diverse competenze

- Il Data management è cross-functional
- Il Data management richiede una prospettiva da intera azienda
- Il Data management deve tenere conto di un range di prospettive

Il Data Management è gestione del ciclo di vita

- Diversi tipi di dati hanno diverse caratteristiche del ciclo di vita
- Gestire i dati include gestire i rischi associate ai dati

Figura 1 Principi di Data Management

- **I dati sono un asset con proprietà uniche**: i dati sono un asset, ma questi si differenziano dagli altri asset in modi che ne influenzano la modalità di gestione. La più ovvia di queste proprietà è che i dati non vengono consumati al momento dell'utilizzo, come accade per gli asset fisici e finanziari.

- **Il valore dei dati può e deve essere espresso in termini economici**: chiamare i dati un asset implica che essi hanno valore. Sebbene esistano tecniche per misurare il valore qualitativo e quantitativo dei dati, non ci sono ancora standard per farlo. È opportuno che le organizzazioni che desiderano prendere decisioni migliori sui propri dati sviluppino metodi coerenti per quantificare tale valore. Devono anche misurare sia i costi dei dati di bassa qualità sia i benefici di quelli di alta qualità.

- **Gestire i dati significa gestire la qualità dei dati**: assicurare che i dati siano idonei alla finalità è un obiettivo primario del Data Management. Per gestire la qualità, le organizzazioni devono assicurarsi di comprendere i requisiti degli stakeholder in merito alla qualità e misurare i dati a fronte di tali requisiti.

- **Occorrono i metadati per gestire i dati**: la gestione di qualsiasi asset richiede la disponibilità di dati a esso relativi (numero di dipendenti, codici contabili e così via). I dati utilizzati per gestire e utilizzare i dati sono chiamati *metadati*. A causa dell'intangibilità dei dati, per capire di cosa si tratta e come utilizzarli sono necessarie definizione e conoscenza sotto forma di metadati. I metadati derivano da svariati processi correlati alla creazione, elaborazione e utilizzo dei dati, tra cui architettura, modeling, stewardship, governance, Data Quality Management, System Development, business operations e IT e analytics.

- **La gestione dei dati richiede pianificazione**: persino le piccole organizzazioni possono avere contesti tecnici e processi aziendali complessi. I dati si creano in molti punti e si trasferiscono tra punti diversi per l'utilizzo. Per coordinare il lavoro e tenere i risultati finali allineati è necessario pianificare da una prospettiva architetturale e processuale.

- **Il Data Management è inter-funzionale; richiede un ventaglio di abilità e competenze**: un singolo team non è in grado di gestire tutti i dati di un'organizzazione. Il Data Management richiede competenze tecniche e non tecniche unitamente alla capacità di collaborare.

- **Il Data Management richiede una prospettiva aziendale**: Il Data Management ha applicazioni locali, ma deve essere applicato in tutta l'azienda per essere il più efficace possibile. Questo è uno dei motivi per cui la gestione dei dati e la data governance sono intrecciate.

- **Il Data Management deve tenere conto di un ventaglio di prospettive**: i dati sono fluidi. Il Data Management deve evolversi costantemente per stare al passo con i modi in cui i dati vengono creati e utilizzati, e con i fruitori di dati che li utilizzano.

- **Data Management è lifecycle management**: i dati hanno un ciclo di vita e la gestione dei dati richiede la gestione di tale ciclo di vita. Poiché i dati generano altri dati, lo stesso ciclo di vita del dato può essere molto complesso. Le pratiche di Data Management devono tenere conto del ciclo di vita del dato.

- **Tipi diversi di dati hanno caratteristiche di ciclo di vita diverse**: per tale motivo hanno requisiti di gestione diversi. Le pratiche di Data Management devono riconoscere tali differenze ed essere abbastanza flessibili da soddisfare tipi di requisiti di ciclo di vita del dato diversi.

- **Gestire i dati implica anche gestire i rischi associati ai dati**: oltre a essere un asset, i dati rappresentano anche un rischio per l'organizzazione. I dati possono essere persi, sottratti o utilizzati in modo improprio. Le organizzazioni devono considerare le implicazioni etiche dei loro utilizzi dei dati. I rischi correlati ai dati devono essere gestiti come parte del ciclo di vita del dato.

- **I requisiti di Data Management devono pilotare le scelte dell'Information Technology**: i dati e il Data Management sono profondamente intrecciati con l'Information Technology e l'Information Technology Management. Gestire i dati richiede un approccio che garantisca che la tecnologia sia al servizio e non che determini le esigenze di dati strategici dell'organizzazione.

- **Un Data Management efficace richiede leadership commitment**: il Data Management coinvolge un insieme complesso di processi che, per essere efficaci, richiedono coordinamento, collaborazione e commitment. Raggiungere tale meta non richiede soltanto abilità manageriali, ma anche visione e scopo che accompagnano una committed leadership.

2.5 Le sfide del Data Management

Poiché il Data Management ha caratteristiche distinte derivate dalle proprietà dei dati stessi, presenta anche delle sfide nell'attenersi a questi principi. I dettagli di queste sfide sono illustrati nelle Sezioni da 2.5.1 a 2.5.13. Molte di queste sfide si riferiscono a più di un principio.

2.5.1 I dati differiscono dagli altri asset[6]

Gli asset fisici possono essere indicati, toccati e dislocati. Possono trovarsi in un solo posto alla volta. Gli asset finanziari vanno contabilizzate nel bilancio. Tuttavia, i dati sono diversi. I dati non sono tangibili. Eppure sono durevoli; non si consumano, anche se il loro valore muta spesso con l'invecchiamento. I dati sono facili da copiare e trasportare. Ma non sono facili da riprodurre se vengono persi o distrutti. Poiché non vengono consumati al momento dell'utilizzo, possono persino essere sottratti senza che spariscano. I dati sono dinamici e possono essere utilizzati per molteplici finalità. Inoltre, i medesimi dati possono essere utilizzati da più persone contemporaneamente, cosa impossibile con gli asset fisici o finanziari. Molti utilizzi dei dati generano altri dati. La maggior parte delle organizzazioni deve gestire volumi crescenti di dati e la relazione tra i set di dati.

Queste differenze rendono difficile assegnare un valore monetario ai dati. Senza questo valore monetario, è difficile misurare in che modo i dati contribuiscono al successo organizzativo. Queste differenze sollevano anche altri problemi che riguardano il Data Management, come la definizione della proprietà dei dati, effettuare l'inventario dei dati in possesso di un'organizzazione, la protezione contro l'uso improprio dei dati, la gestione dei rischi associati alla ridondanza dei dati e la definizione e l'applicazione degli standard per la qualità dei dati.

Nonostante le difficoltà di misurazione del valore dei dati, molte persone riconoscono che i dati, in effetti, hanno un valore. I dati di un'organizzazione sono di per sé unici. Se i dati unici dell'organizzazione (quali elenchi di clienti, scorte dei prodotti o cronologia dei reclami) andassero persi o fossero distrutti, il loro rimpiazzo sarebbe impossibile o estremamente costoso. I dati sono anche il mezzo attraverso il quale un'organizzazione conosce sé stessa: è un meta-asset che descrive altri asset. In quanto tali, forniscono le fondamenta delle informazioni organizzative.

I dati e le informazioni sono essenziali, all'interno e tra le organizzazioni, per condurre affari. Molte transazioni di business operative implicano lo scambio di informazioni. La maggior parte delle informazioni viene scambiata elettronicamente, creando una traccia di dati. Questa traccia di dati può servire ad ulteriori scopi oltre a contrassegnare gli scambi che hanno avuto luogo. Può fornire informazioni sul funzionamento di un'organizzazione.

Visto il ruolo importante che svolgono in qualsiasi organizzazione, i dati devono essere gestiti con cura.

---

[6] Questa sezione è tratta da Redman, Thomas. *Data Quality for the Information Age* (1996) pp. 41-42, 232-36; e *Data Driven* (2008), Capitolo Uno, "The Wondrous and Perilous Properties of Data and Information."

2.5.2 Valutazione dei dati

Il *valore* è la differenza tra il costo di una cosa e il vantaggio che ne deriva. Per alcuni asset, come le azioni, il calcolo del valore è facile. È la differenza tra il costo del titolo quando viene acquistato e il costo dello stesso quando viene venduto. Per i dati, però, questi calcoli sono più complicati, perché né i costi né i benefici dei dati sono standardizzati.

Poiché i dati di ogni organizzazione sono unici di per sé, un approccio alla valutazione dei dati deve iniziare articolando le categorie generali di costo e benefici che si possano applicare in modo costante all'interno di un'organizzazione. Categorie di esempio comprendono[7]:

- Costo di acquisizione e archiviazione dei dati
- Costo del ripristino dei dati in caso di perdita
- Impatto sull'organizzazione se i dati fossero mancanti
- Costo della riduzione del rischio e costo potenziale dei rischi associati ai dati
- Costo del miglioramento dei dati
- Vantaggi dei dati di maggiore qualità
- Quali concorrenti pagherebbero per i dati
- Per cosa potrebbero essere venduti i dati
- Entrate previste da usi innovativi dei dati

La difficoltà principale nella valutazione dei data asset è che il valore dei dati è contestuale (ciò che è di valore per un'organizzazione può non esserlo per un'altra) e spesso temporale (ciò che era prezioso ieri potrebbe non esserlo oggi). Detto questo, nell'ambito di un'organizzazione, è probabile che certi tipi di dati abbiano un valore costante nel tempo. Si prendano, ad esempio, le informazioni affidabili sui clienti. Le informazioni sui clienti possono anche diventare più preziose nel tempo, poiché si accumulano più dati correlati all'attività dei clienti.

In relazione al Data Management, è cruciale stabilire modi per associare il valore finanziario ai dati, poiché le organizzazioni devono capire gli asset in termini finanziari al fine di prendere decisioni coerenti. Dare valore ai dati diventa la base per valorizzare le attività di Data Management.[8] Il processo di valutazione dei dati può anche essere utilizzato come mezzo di Change Management. Chiedere ai professionisti di Data Management e agli stakeholder che li supportano di comprendere il significato finanziario del proprio lavoro può aiutare un'organizzazione a trasformare la comprensione dei propri dati e, attraverso ciò, il suo approccio al Data Management.

---

[7] Quando il DMBOK2 era pronto per andare in stampa, i notiziari diffondevano la notizia dell'esistenza di un altro mezzo per la valutazione dei dati: l'attacco del ransomware Wannacry (17 maggio 2017) interessò più di 100.000 organizzazioni in 150 paesi. Gli hacker utilizzarono software per tenere i dati in ostaggio fino al pagamento del riscatto da parte delle vittime ansiose di riottenere i propri dati. http://bit.ly/2tNoyQ7.

[8] Per case study ed esempi, vedere Aiken and Billings, *Monetizing Data Management* (2014).

2.5.3 Data Quality

Assicurare che i dati siano di alta qualità è fondamentale per il Data Management. Le organizzazioni gestiscono i propri dati perché desiderano utilizzarli. Se non possono farvi affidamento per soddisfare le esigenze aziendali, lo sforzo per raccoglierli, archiviarli, proteggerli e consentirne l'accesso è sprecato. Per garantire che i dati soddisfino le esigenze aziendali, il business deve lavorare con i clienti dei dati per definire le loro esigenze, includendo le caratteristiche che determinano i dati di alta qualità.

Poiché i dati, in gran parte, sono strettamente associati all'Information Technology, la gestione del Data Quality viene storicamente trattata come un tema secondario. I team IT spesso ignorano i dati che devono essere archiviati dai sistemi che essi creano. Fu probabilmente un programmatore che per primo osservò "garbage in, garbage out" (spazzatura in entrata, spazzatura in uscita) e che senza dubbio volle lasciar perdere la cosa. Le persone che vogliono utilizzare i dati, però, non possono permettersi di ignorarne la qualità. In generale presumono che i dati siano affidabili e attendibili, finché non hanno motivo di dubitarne. Una volta persa la fiducia, è difficile recuperarla.

Molti utilizzi dei dati prevedono un apprendimento da essi che sarà poi applicato per creare valore. Esempi comprendono la comprensione delle abitudini dei clienti al fine di migliorare un prodotto o servizio e valutare le prestazioni organizzative o i trend di mercato per lo sviluppo di una migliore strategia aziendale e così via. Una scarsa qualità dei dati avrà un impatto negativo su queste decisioni.

Altrettanto importante, una bassa qualità dei dati è semplicemente dispendiosa per qualsiasi organizzazione per qualsiasi organizzazione. Le stime differiscono, ma gli esperti ritengono che le organizzazioni spendano tra il 10-30% delle entrate nella gestione dei problemi di qualità dei dati. Nel 2016, IBM stimò un costo per dati di qualità scadente pari a 3,1 trilioni di dollari.[9] Molti dei costi per dati di scarsa qualità sono nascosti, indiretti e perciò difficili da misurare. Altri, come le sanzioni pecuniarie, sono diretti e di facile calcolo. I costi provengono da:

- Scarto e rilavorazione
- Processi correttivi nascosti e soluzioni temporanee
- Inefficienze organizzative o bassa produttività
- Conflitto organizzativo
- Bassa soddisfazione professionale
- Insoddisfazione dei clienti
- Costi di opportunità, compresa l'incapacità di innovare
- Costi di conformità o sanzioni
- Costi di reputazione

I benefici corrispondenti ai dati di alta qualità comprendono:

- Miglior Customer Experience
- Maggiore produttività

---

[9] Riportato in Redman, Thomas. "Bad Data Costs U.S. $3 Trillion per Year." Harvard Business Review. 22 settembre 2016. https://hbr.org/2016/09/bad-data-costs-the-u-s-3-trillion-per-year.

- R_schi Ridotti
- C_pacità di agire sulle opportunità
- Aumento dei ricavi
- V_ntaggio competitivo ottenuto da *insight* su clienti, prodotti, processi e opportunità

Tali costi e vantaggi, però, implicano che la gestione del Data Quality non sia un lavoro una-tantum. Produrre dati di alta qualità richiede pianificazione, commitment e una mentalità che realizzi qualità all'interno di processi e sistemi. Tutte le funzioni di Data Management, nel bene e nel male, possono influire sul Data Quality, perciò tutte quante devono tenerne conto quando espletano il proprio lavoro. (Vedere Capitolo 13).

2.5.4 Pianificazione per dati migliori

Come indicato nell'introduzione del capitolo, il valore derivante dai dati non è casuale, ma richiede pianificazione in molteplici forme. Inizia con il riconoscere che le organizzazioni possono controllare il modo in cui ottengono e creano i dati. Se vedono i dati come un prodotto che creano, prenderanno decisioni migliori nel corso dell'intero ciclo di vita dei dati stessi. Tali decisioni richiedono un pensiero sistemico perché coinvolgono:

- I modi in cui i dati collegano i processi di business che potrebbero altrimenti essere considerati separati
- La relazione tra i processi di business e la tecnologia che li supporta
- La progettazione e l'architettura dei sistemi e dei dati che producono e archiviano
- I modi in cui i dati possono essere utilizzati per far avanzare la strategia organizzativa

La pianificazione per ottenere dati migliori richiede un approccio strategico all'architettura, al modeling e ad altre funzioni di progettazione. Dipende anche dalla collaborazione strategica tra business e leadership IT. Dipende anche, ovviamente, dalla capacità di eseguire efficacemente i singoli progetti.

Solitamente sono le pressioni organizzative, oltre ai perenni vincoli di tempo e denaro che ostacolano una migliore pianificazione, a costituire la principale sfida. Le organizzazioni devono bilanciare obiettivi a lungo e breve termine mentre eseguono le proprie strategie. Avere chiarezza sui trade-off porta a decisioni migliori.

2.5.5 Metadati e Data Management

Le organizzazioni richiedono metadati affidabili per gestire i dati come asset. In tal senso, i metadati devono essere compresi in maniera completa. Sono compresi non solo i metadati aziendali, tecnici e operativi descritti nel capitolo 12, ma anche quelli incorporati in Data Architecture, modelli di dati, requisiti di sicurezza dati, standard di integrazione dati e processi operativi di dati. (Vedere Capitoli 4 - 11.)

I metadati descrivono quali dati possiede un'organizzazione, ciò che rappresentano, come sono classificati, da dove provengono, come si muovono nell'ambito dell'organizzazione, come si evolvono attraverso l'uso, chi può e chi non può utilizzarli e se sono di alta qualità. I dati sono astratti. Definizioni e altre descrizioni del contesto ne consentono la comprensione. Rendono comprensibili i dati, il ciclo di vita del dato e i sistemi complessi che contengono dati.

La difficoltà è costituita dal fatto che i metadati sono una forma di dato e devono essere gestiti come tali. Le organizzazioni che non gestiscono bene i propri dati, in generale non gestiscono affatto i metadati. Il Metadata Management fornisce spesso un punto di partenza per miglioramenti complessivi del Data Management.

2.5.6 Il Data Management è inter-funzionale

Il Data Management è un processo complesso. I dati vengono gestiti in luoghi diversi all'interno dell'organizzazione da team responsabili delle diverse fasi del ciclo di vita del dato. Il Data Management richiede competenze progettuali per pianificare sistemi, competenze altamente tecniche per amministrare hardware e creare software, capacità di analisi dei dati per comprendere difficoltà e problemi, capacità analitiche per interpretare i dati, competenze linguistiche per portare consenso a definizioni e modelli, nonché pensiero strategico per cogliere le opportunità di servire i clienti e raggiungere gli obiettivi.

La sfida consiste nel convincere le persone con questa gamma di abilità e prospettive a riconoscere come gli elementi fittino insieme in modo che collaborino al meglio e operino verso obiettivi comuni.

2.5.7 Stabilire un punto di vista d'impresa

Gestire i dati richiede la comprensione dell'ambito e della gamma di dati all'interno di un'organizzazione. I dati sono una delle dimensioni "orizzontali" di un'organizzazione. Si muovono tra le dimensioni "verticali", quali vendite, marketing e operations. O almeno dovrebbero. I dati non sono unici solo per l'organizzazione; a volte lo sono per un reparto o per un'altra sotto-parte della stessa. Poiché sono spesso visti semplicemente come sottoprodotto di processi operativi (ad esempio, i registri delle transazioni di vendita sono il sottoprodotto del processo di vendita), non vengono sempre pianificati oltre l'esigenza immediata.

Anche all'interno di un'organizzazione, i dati possono essere eterogenei. Essi provengono da più punti all'interno dell'organizzazione. I vari reparti possono avere modi diversi per rappresentare lo stesso concetto (ad esempio, cliente, prodotto, fornitore). Come può testimoniare chiunque sia coinvolto in un progetto di integrazione di dati o Master Data Management, le sottili (o evidenti) differenze nelle scelte rappresentative pongono difficoltà nella gestione dei dati in tutta l'organizzazione. Allo stesso tempo, gli stakeholder ritengono che i dati di un'organizzazione debbano essere coerenti e l'obiettivo della gestione dei dati è renderli compatibili tra loro in modi sensati, in modo che possano essere utilizzati da un'ampia gamma di fruitori.

Uno dei motivi per cui la data governance è diventata sempre più importante è aiutare le organizzazioni a prendere decisioni sui dati attraverso le dimensioni verticali. (Vedere Capitolo 3)

2.5.8 Tenere conto di altre prospettive

Le organizzazioni odierne utilizzano i dati che creano internamente, così come i dati che acquisiscono da fonti esterne. Devono tenere conto dei diversi requisiti legali e di conformità tra i diversi indirizzi nazionali e industriali. Le persone che creano dati spesso dimenticano che qualcun altro utilizzerà quei dati in seguito. La conoscenza dei potenziali utilizzi dei dati consente una migliore pianificazione del ciclo di vita del dato e, di conseguenza, una migliore qualità dei dati. I dati possono anche essere utilizzati in modo improprio. Tenere conto di questo rischio riduce la probabilità di uso improprio.

2.5.9 Il ciclo di vita del dato

Come altri asset, i dati hanno un ciclo di vita. Per gestire in modo efficace i data asset, le organizzazioni devono comprendere e pianificare il ciclo di vita del dato. I dati ben gestiti sono gestiti strategicamente, con una visione del modo in cui l'organizzazione utilizzerà i propri dati. Un'organizzazione orientata strategicamente definirà non solo i requisiti di contenuto dei propri dati, ma anche quelli di Data Management. Questi comprendono politiche e previsioni d'uso, qualità, controlli e sicurezza; un approccio d'impresa ad architettura e design; e un approccio sostenibile all'infrastruttura e allo sviluppo del software.

Il ciclo di vita del dato si basa sul ciclo di vita del prodotto. Non deve essere confuso con il ciclo di vita dello sviluppo dei sistemi. Concettualmente, il ciclo di vita del dato è facile da descrivere (vedere Figura 2). Comprende i processi che creano o acquisiscono i dati, quelli che li trasferiscono, trasformano e archiviano e consentono di mantenerli e condividerli, e quelli che li utilizzano o applicano, nonché quelli che li eliminano.[10] Durante il suo ciclo di vita, il dato può essere ripulito, trasformato, unito, migliorato o aggregato. Mentre i dati vengono utilizzati o potenziati, si creano spesso nuovi dati, quindi il ciclo di vita ha iterazioni interne non mostrate nel diagramma. I dati sono raramente statici. La gestione dei dati implica una serie di processi interconnessi allineati con il ciclo di vita del dato.

Le specifiche del ciclo di vita del dato all'interno di una determinata organizzazione possono essere piuttosto complicate, poiché i dati non solo hanno un ciclo di vita, ma hanno anche un *lineage* (ossia un percorso lungo il quale si spostano dal punto di origine al punto di utilizzo, a volte chiamato *data chain*). Comprendere il data lineage richiede la documentazione dell'origine dei set di dati, nonché i relativi spostamenti e trasformazioni attraverso i sistemi cui vi si accede e dove vengono utilizzati. Il ciclo di vita e la discendenza si intersecano e possono essere compresi in relazione l'uno con l'altro. Quanto meglio un'organizzazione comprende il ciclo di vita e il data lineage dei propri dati, tanto meglio sarà in grado di gestirne i dati.

---

[10] Vedere McGilvray (2008) ed English (1999) per informazioni sul ciclo di vita del prodotto e del dato.

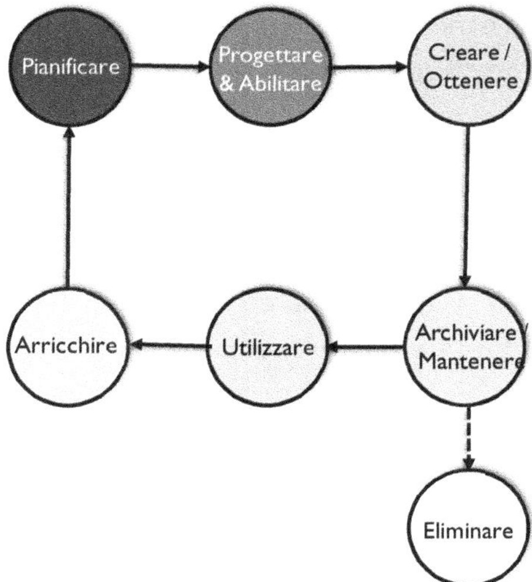

Figura 2 Attività chiave del ciclo di vita del dato

L'obiettivo del Data Management sul ciclo di vita del dato ha diverse importanti implicazioni:

- **La creazione e l'utilizzo sono i punti più critici del ciclo di vita del dato**: il Data Management deve essere eseguito con una comprensione del modo in cui i dati vengono prodotti o acquisiti, nonché del modo in cui i dati sono utilizzati. Produrre dati ha un costo. I dati sono preziosi solo quando vengono consumati o applicati. (Vedere Capitoli 5, 6, 8, 11 e 14).

- Il **Data Quality deve essere gestito per tutto il ciclo di vita del dato**: il Data Quality Management è fondamentale per il Data Management. I dati di bassa qualità rappresentano costi e rischi, invece che valore. Le organizzazioni trovano spesso difficile gestire la qualità dei dati perché, come descritto in precedenza, i dati sono spesso creati come sottoprodotti o processi operativi e le organizzazioni spesso non stabiliscono standard espliciti di qualità. Poiché la qualità dei dati può essere influenzata da una serie di eventi del ciclo di vita, è necessario pianificare la qualità come parte del ciclo di vita del dato (vedere Capitolo 13).

- **La qualità dei metadati deve essere gestita attraverso il ciclo di vita del dato**: poiché i metadati sono una forma di dati e poiché le organizzazioni si affidano a essi per gestire altri dati, la qualità dei metadati deve essere gestita allo stesso modo della qualità di altri dati (vedere Capitolo 12).

- Il **Data Security deve essere gestito per tutto il ciclo di vita del dato**: il Data Management comprende anche la garanzia che i dati siano protetti e che i rischi associati ai dati siano ridotti. I dati che necessitano di protezione devono essere protetti per tutto il loro ciclo di vita, dalla creazione all'eliminazione (vedere Capitolo 7 Data Security).

- Le **attività di Data Management devono concentrarsi sui dati più cruciali**: le organizzazioni producono molti dati, una grande parte dei quali non viene mai effettivamente utilizzata. Provare a gestire ogni singolo dato non è possibile. La gestione del ciclo di vita richiede focalizzazione sui dati più cruciali di un'organizzazione e la minimizzazione dei dati ROT (Redundant, Obsolete, Trivial) [*ndt: ridondanti, obsoleti, irrilevanti*] (Aiken, 2014).

2.5.10 Tipi di dati diversi

La gestione dei dati è resa più complicata dal fatto che esistono differenti tipi di dati che hanno requisiti di gestione del ciclo di vita diversi. Qualsiasi sistema di gestione deve classificare gli oggetti che sono gestiti. I dati possono essere classificati per tipo (ad esempio, dati transazionali, di riferimento, Master Data, metadati, dati di categoria alternativi, dati di risorse, dati di eventi, dati di transazione dettagliati) o per contenuto (ad esempio, domini di dati, aree tematiche) o per formato o per livello di protezione richiesto dai dati. I dati possono anche essere classificati in base all'accesso e a come e dove sono archiviati. (Vedere Capitoli 5 e 10)

Poiché differenti tipi di dati hanno requisiti diversi, sono associati a rischi diversi e svolgono ruoli diversi all'interno di un'organizzazione, molti degli strumenti di gestione dei dati sono focalizzati su aspetti di classificazione e controllo (Bryce, 2005). Ad esempio, i Master Data hanno vari utilizzi e, di conseguenza, requisiti di management diversi rispetto a quelli dei dati transazionali. (Vedere i capitoli 9, 10, 12 e 14).

2.5.11 Dati e rischi

I dati non rappresentano solo valore, ma rappresentano anche rischi. I dati di bassa qualità (imprecisi, incompleti o non aggiornati) rappresentano ovviamente un rischio perché le loro informazioni non sono corrette. Ma i dati sono anche rischiosi perché possono essere fraintesi e utilizzati erroneamente.

Le organizzazioni ottengono il valore più elevato da dati della massima qualità - disponibili, pertinenti, completi, precisi, coerenti, puntuali, utilizzabili, significativi e compresi. Eppure, per molte decisioni importanti, abbiamo lacune informative - la differenza tra ciò che sappiamo e ciò che dobbiamo sapere per prendere una decisione efficace. Le lacune informative rappresentano passività aziendali con impatti potenzialmente profondi sull'efficacia operativa e sulla redditività. Le organizzazioni che riconoscono il valore di dati di alta qualità possono adottare misure concrete e proattive per migliorare la qualità e l'usabilità di dati e informazioni nell'ambito di quadri normativi ed etico culturali.

L'accresciuto ruolo delle informazioni come risorsa organizzativa in tutti i settori ha portato a una maggiore attenzione da parte di legislatori ed enti di regolamentazione sui potenziali utilizzi e abusi delle informazioni. Dal Sarbanes-Oxley (incentrato sui controlli della precisione e validità dei dati di transazioni finanziarie dalla singola transazione elementare al bilancio) al Solvency II (incentrato sul data lineage e qualità dei dati alla base dei modelli di rischio e dell'adeguatezza patrimoniale nel settore assicurativo), alla rapida crescita nell'ultimo decennio delle normative sulla privacy dei dati (che coprono l'elaborazione di dati relativi a persone in una vasta gamma di settori e giurisdizioni), è chiaro che, mentre aspettiamo che la Contabilità inserisca le informazioni nel bilancio come asset, l'ambiente di regolamentazione si attende sempre più di gestirlo nel registro dei rischi, con l'applicazione di azioni di mitigazione del rischio e controlli appropriati.

In modo analogo, mentre i consumatori diventano sempre più consapevoli di come vengono utilizzati i propri dati, si aspettano non solo un funzionamento più fluido e più efficiente dei processi, ma anche la protezione dei propri dati e il rispetto della loro privacy. Ciò significa che l'ambito delle figure dei nostri stakeholder strategici come professionisti del Data Management può essere spesso più ampio di quanto sarebbe stato tradizionalmente. (Vedere Capitoli 2 Etica di gestione dei dati e 7 Data Security)

L'impatto sul bilancio dell'Information Management, purtroppo, si verifica sempre più spesso quando questi rischi non sono gestiti e gli azionisti "votano sulla base delle loro quote azionarie", gli enti di regolamentazione impongono sanzioni o limitazioni sulle operations e i clienti "votano con i loro portafogli".

2.5.12 Data Management e tecnologia

Come riportato nell'introduzione del capitolo e altrove, le attività di Data Management sono di ampio respiro e richiedono competenze sia tecniche sia di business. Poiché quasi tutti i dati di oggi sono memorizzati elettronicamente, le tattiche di Data Management sono fortemente influenzate dalla tecnologia. Fin dalla sua nascita, il concetto di Data Management è profondamente interrelato con la gestione della tecnologia. Questa "eredità" continua. In molte organizzazioni, esiste una tensione continua tra la spinta a costruire nuove tecnologie e il desiderio di avere dati più affidabili - come se i due fossero opposti l'uno all'altro invece di essere reciprocamente necessari.

Il Data Management di successo richiede decisioni solide sulla tecnologia, tuttavia gestire la tecnologia non equivale a gestire i dati. Le organizzazioni devono comprendere l'impatto della tecnologia sui dati, al fine di evitare che la "tentazione tecnologica" guidi le loro decisioni in merito ai dati. Invece, sono i requisiti dei dati allineati con la strategia aziendale che devono guidare le decisioni sulla tecnologia.

2.5.13 Il Data Management efficace richiede leadership e commitment

The Leader's Data Manifesto (2017) ha riconosciuto che "le migliori opportunità di crescita organica per l'organizzazione risiedono nei dati". Sebbene molte organizzazioni riconoscano i propri dati come asset, sono lontane dall'essere data-driven. Molte non sanno quali dati posseggono o quali siano i dati più strategici per le loro attività. Confondono i dati e l'Information Technology e gestiscono male entrambi. Non si accostano ai dati in modo strategico. Inoltre, sottovalutano il lavoro che richiede il Data Management. Queste condizioni aumentano le sfide legate alla gestione dei dati e indicano un fattore critico per il potenziale di successo di un'organizzazione: leadership commitment e coinvolgimento di tutti a tutti i livelli dell'organizzazione.[11]

Le sfide qui descritte dovrebbero chiarire quanto segue: il Data Management non è né facile né semplice. Ma poiché sono poche le organizzazioni che lo fanno bene, si tratta di una fonte di opportunità in gran parte non sfruttata. Per migliorare in tal senso, occorre visione, pianificazione e volontà al cambiamento. (Vedere Capitoli 15-17).

---

[11] Il testo completo di *The Leader's Data Manifesto* è reperibile su: http://bit.ly/2sQhcy7.

La promozione del ruolo di Chief Data Officer (CDO) deriva dal riconoscimento che la gestione dei dati presenta sfide uniche e che il Data Management di successo deve essere business-driven invece che IT-driven. Un CDO può condurre iniziative di Data Management e consentire a un'organizzazione di sfruttare i propri data asset e ottenere da essi un vantaggio competitivo. Tuttavia, un CDO non è a capo di sole iniziative. Deve anche essere a capo di un cambiamento culturale che consenta all'organizzazione di avere un approccio più strategico ai propri dati.

2.6 Strategia di Data Management

Una strategia è un insieme di scelte e decisioni che combinate insieme tracciano una linea di condotta ad alto livello per raggiungere obiettivi di alto livello. Nel gioco degli scacchi, una strategia è una serie di mosse in sequenza volte a realizzare lo scacco matto o a sopravvivere per stallo. Un *piano* strategico è una linea di condotta ad alto livello per raggiungere obiettivi di alto livello.

Una strategia sui dati deve includere piani aziendali per l'utilizzo delle informazioni volte a un vantaggio concorrenziale e a supportare gli obiettivi aziendali. La strategia sui dati deve provenire dalla comprensione delle esigenze di dati inerenti alla strategia aziendale: di quali dati necessita l'organizzazione, come otterrà i dati, come li gestirà e ne assicurerà l'affidabilità nel tempo e come li utilizzerà.

In generale, una strategia sui dati richiede una strategia di programma di Data Management: un piano per gestire e migliorare la qualità, l'integrità, l'accesso e la sicurezza dei dati riducendo, al contempo, i rischi noti e impliciti. La strategia deve inoltre risolvere le difficoltà note correlate al Data Management.

In molte organizzazioni, la strategia di Data Management è di proprietà e gestita dal CDO ed è attuata attraverso un team di data governance, supportato da un Data Governance Council. Spesso, il CDO elabora una strategia iniziale sui dati e una strategia di Data Management ancor prima che venga costituito un Data Governance Council, al fine di ottenere il commitment della direzione di istituire data stewardship e governance.

I componenti di una strategia di gestione di Data Management devono comprendere:

- Una visione convincente di Data Management
- Un business case riassuntivo di Data Management, con alcuni esempi
- Principi guida, valori e prospettive di management
- La missione e gli obiettivi direzionali a lungo termine di Data Management
- Misure proposte di successo di Data Management
- Obiettivi di programma di Data Management a breve termine (12-24 mesi) che siano SMART (specifici, misurabili, attuabili, realistici, limitati temporalmente)
- Descrizioni dei ruoli di Data Management e delle strutture organizzative, insieme a un riepilogo delle relative responsabilità e ambiti decisionali
- Descrizioni di componenti e iniziative del programma di Data Management
- Un programma di lavoro con priorità e con ambito definito
- Una bozza di roadmap di implementazione con elencazione di progetti e azioni

I risultati della pianificazione strategica per la gestione dei dati comprendono:

- **Un Programma di Data Management**: visione generale, business case, obiettivi, principi guida, misure di successo, fattori critici di successo, rischi riconosciuti, modello operativo, etc.

- **Una Dichiarazione di Ambito di Data Management**: mete e obiettivi per un certo orizzonte di pianificazione (solitamente 3 anni) e ruoli, organizzazioni e singoli leader responsabili del raggiungimento di tali obiettivi.

- **Una Roadmap di Implementazione di Data Management**: identificazione di programmi specifici, progetti, assegnazioni di compiti e milestone di consegna (vedere Capitolo 15).

La strategia di Data Management deve riguardare tutte le Knowledge Area del Framework DAMA-DMBOK2 di Data Management pertinenti all'organizzazione. (Vedere Figura 5 Il framework di Data Management DAMA-DMBOK2 (DAMA Wheel) e Sezioni 3.3 e 4)

---

3. Framework di Data Management

Il Data Management implica una serie di funzioni interdipendenti, ognuna con i propri obiettivi, attività e responsabilità. I professionisti di Data Management devono tenere conto delle sfide inerenti al tentativo di ricavare valore da un asset d'impresa astratto, bilanciando allo stesso tempo gli obiettivi strategici e operativi, i requisiti tecnici e di business specifici, le richieste di rischio e conformità e le comprensioni conflittuali di ciò che i dati rappresentano e se sono di alta qualità.

Sono molti gli elementi di cui tenere traccia, ed è per questo che un framework aiuta a comprendere il Data Management in modo completo e a capire le relazioni tra i suoi componenti. Poiché in ogni organizzazione le funzioni sono inter-dipendenti e devono essere allineate tra loro, le persone responsabili dei vari aspetti del Data Management devono collaborare per consentire all'organizzazione di ottenere valore dai propri dati.

I framework sviluppati a diversi livelli di astrazione offrono una serie di prospettive su come affrontare il Data Management. Queste prospettive forniscono informazioni che possono essere utilizzate per chiarire la strategia, sviluppare roadmap, organizzare team e allineare le funzioni.

Le idee e i concetti presentati nel DMBOK2 saranno applicati in modo diverso tra le organizzazioni. L'approccio di un'organizzazione al Data Management dipende da fattori chiave come il proprio settore, la gamma di dati che utilizza, la propria cultura, il livello di maturità, la strategia, la visione e le sfide specifiche che affronta. I framework descritti in questa sezione forniscono alcune lenti attraverso le quali vedere il Data Management e applicare i concetti presentati nel DMBOK.

- I primi due, il Modello di allineamento strategico e il Modello informativo Amsterdam mostrano relazioni di alto livello che influenzano il modo in cui un'organizzazione gestisce i dati.

- Il DAMA DMBOK Framework (DAMA Wheel, Hexagon e Context Diagram) descrive le Knowledge Area di Data Management, così come definito da DAMA, e spiega com'è la loro rappresentazione visiva all'interno del DMBOK.

- Gli ultimi due prendono la DAMA Wheel come punto di partenza e ne riorganizzano gli elementi al fine di comprendere e descrivere meglio le relazioni tra loro.

3.1 Modello di allineamento strategico

Il Modello di allineamento strategico (Henderson e Venkatraman, 1999) riassume i driver fondamentali di qualsiasi approccio al Data Management. Al centro c'è la relazione tra dati e informazioni. Le informazioni sono spesso associate alla strategia aziendale e all'uso operativo dei dati. I dati sono associati all'Information Technology e ai processi che supportano la gestione fisica dei sistemi che rendono i dati accessibili per l'uso. Attorno a questo concetto ruotano quattro domini fondamentali di scelta strategica: strategia di business, strategia di Information Technology, infrastruttura e processi organizzativi e infrastruttura e processi di Information Technology.

Il Modello di allineamento strategico completamente articolato è più complesso di quanto illustrato in Figura 3. Ciascuno degli esagoni d'angolo riporta le proprie dimensioni sottostanti. Ad esempio, nell'ambito della strategia di business e IT, è necessario tenere conto dell'ambito, delle competenze e della governance. Le operations devono tenere conto di infrastruttura, processi e competenze. Le relazioni tra gli elementi aiutano l'organizzazione a comprendere sia l'adattamento strategico delle varie componenti sia l'integrazione funzionale degli elementi stessi. Anche la raffigurazione ad alto livello del modello è utile per comprendere i fattori organizzativi che influiscono sulle decisioni relative ai dati e al Data Management.

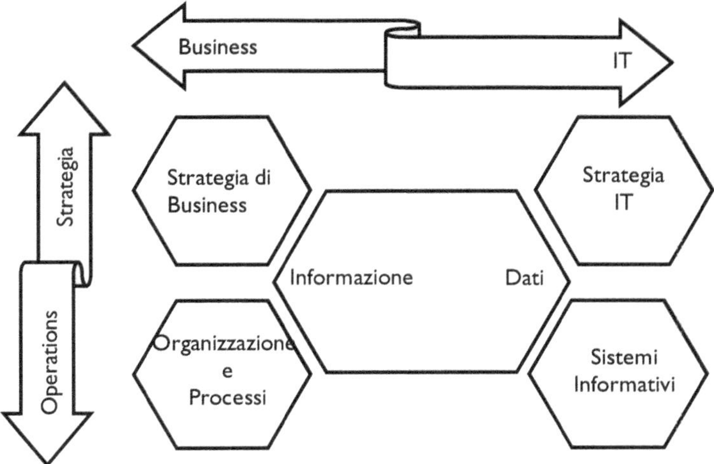

Figura 3 Modello di allineamento strategico[12]

---

[12] Adattato da Henderson e Venkatraman

3.2 Il Modello informativo Amsterdam

Il Modello informativo Amsterdam, come il Modello di allineamento strategico, prende una prospettiva strategica sull'allineamento di business e IT (Abcouwer, Maes e Truijens, 1997),[13] noto come le 9 celle, riconosce uno strato intermedio che si concentra sulla struttura e sulle tattiche, tra cui pianificazione e architettura. Inoltre, riconosce la necessità della comunicazione delle informazioni (espressa come pilastro della governance delle informazioni e del Data Quality in Figura 4).

I creatori di ambo i framework SAM e AIM descrivono in dettaglio la relazione tra i componenti, sia da una prospettiva orizzontale (strategia di business/IT) sia verticale (strategia di business/operations aziendali).

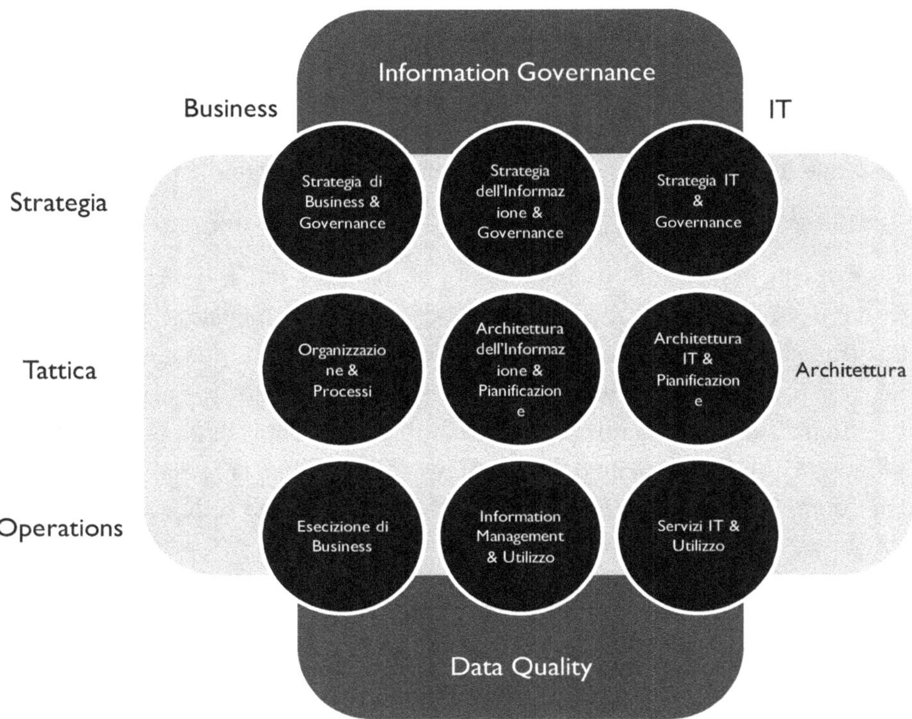

Figura 4 Modello informativo Amsterdam[14]

3.3 Il framework DAMA-DMBOK

Il framework DAMA-DMBOK approfondisce le Knowledge Area che costituiscono l'ambito generale del Data Management. Tre immagini raffigurano il Data Management Framework di DAMA:

---

[13] Vedere anche: Business IT Alignment Blog, *The Amsterdam Information Model (AIM) 9-Cells* (pubblicato 2010-12-08). https://businessitalignment.wordpress.com/tag/amsterdam-information-model/ *Frameworks for IT Management*, Chapter 13. Van Haren Publishing, 2006. http://bit.ly/2sq2Ow1.

[14] Adattato da Maas

- DAMA Wheel (Figura 5)
- Environmental Factors Hexagon (Figura 6)
- Knowledge Area Context Diagram (Figura 7)

La DAMA Wheel definisce le Knowledge Area del Data Management. Pone la data governance al centro delle attività di Data Management, dal momento che è necessaria la governance per garantire la coerenza interna e per l'equilibrio tra le funzioni. Le altre Knowledge Area (Data Architecture, Modellazione Dati, etc.) sono bilanciate attorno alla "ruota". Sono tutte parti necessarie di una funzione di Data Management matura, ma possono essere implementate in momenti diversi, in funzione dei requisiti dell'organizzazione. Su tali Knowledge Area sono focalizzati i capitoli 3 - 13 del DMBOK2. (Vedere Figura 5).

Il Environmental Factors Hexagon mostra la relazione tra persone, processo e tecnologia e fornisce una chiave di lettura dei Context Diagram del DMBOK. Mette al centro obiettivi e principi, poiché forniscono indicazioni su come le persone dovrebbero svolgere attività e utilizzare efficacemente gli strumenti necessari per un Data Management di successo. (Vedere Figura 6).

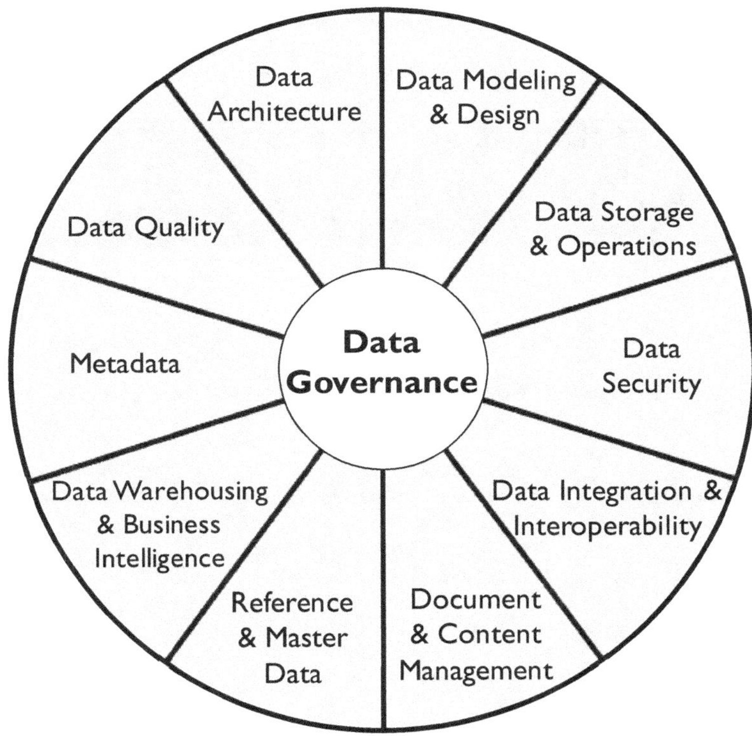

Figura 5 Il framework di Data Management DAMA-DMBOK2 (DAMA Wheel)

I Knowledge Area Context Diagram (vedere Figura 7) descrivono i dettagli delle Knowledge Area, tra cui quelli relativi a persone, processi e tecnologia. Si basano sul concetto del diagramma SIPOC utilizzato per la gestione del prodotto (fornitori, input, processi, output e clienti). I Context Diagram pongono le attività al centro, poiché producono i risultati che soddisfano i requisiti degli stakeholder.

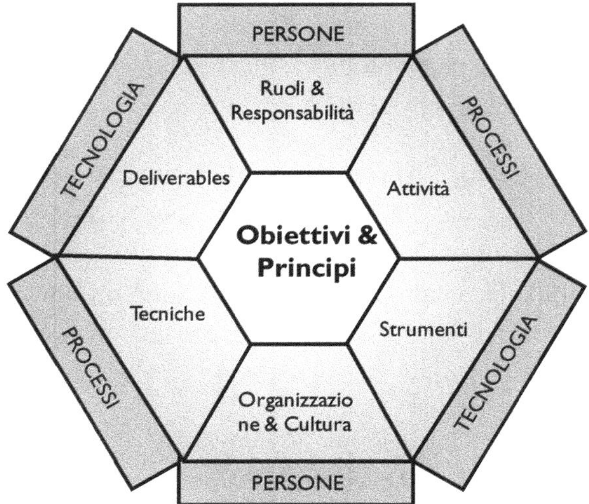

Figura 6 Environmental Factors Hexagon

GENERICO DIAGRAMMA DI CONTESTO

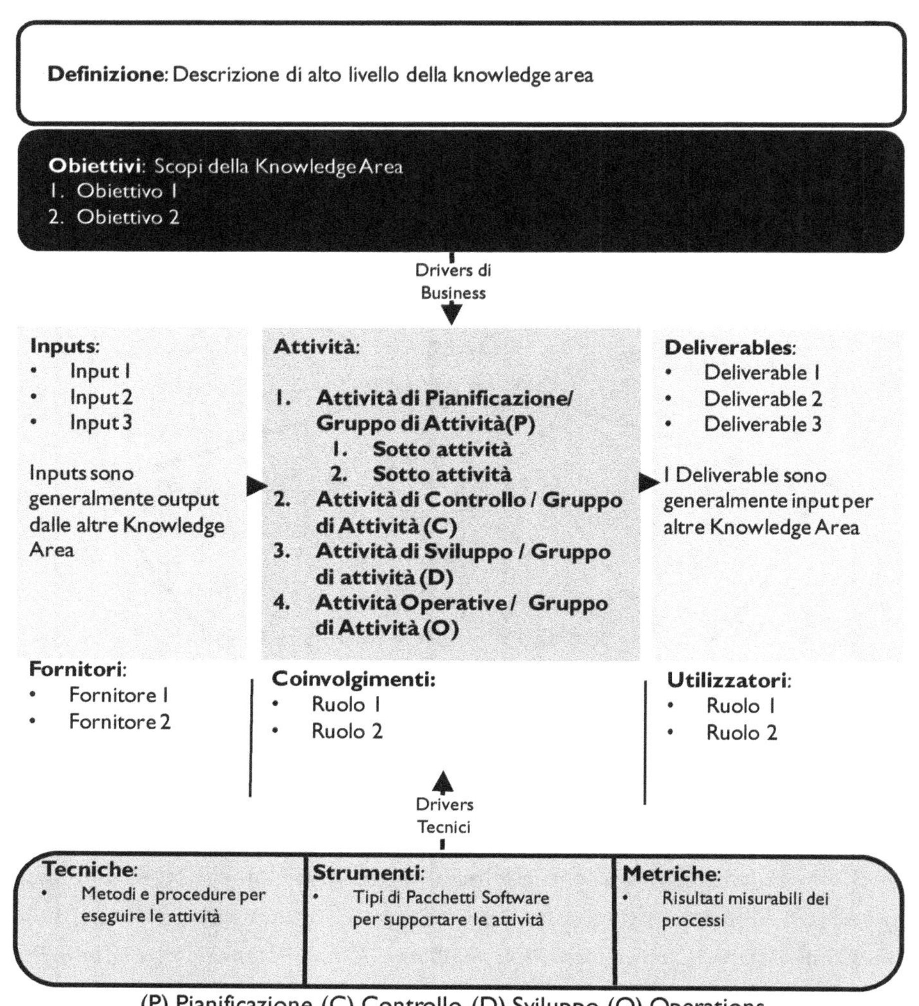

Figura 7 Knowledge Area Context Diagram

Ogni Context Diagram inizia con la definizione e gli obiettivi della Knowledge Area. Le attività che guidano gli obiettivi (centro) sono classificate in quattro fasi: Pianificare (P), Sviluppare (D), Operare (O) e Controllare (C). Sul lato sinistro (che fluisce nelle attività) ci sono Input e Fornitori. Sul lato destro (che fluisce al di fuori dalle attività) ci sono Deliverables e Clienti. I partecipanti sono elencati sotto le attività. Sul fondo ci sono Strumenti, Tecniche e Metriche che influenzano aspetti della Knowledge Area.

Gli elenchi nel Context Diagram sono illustrativi, non esaustivi. Le voci si applicano in modo diverso alle varie organizzazioni. Gli elenchi dei ruoli ad alto livello comprendono solo i ruoli più importanti. Ogni organizzazione può adattare questo modello per soddisfare le proprie esigenze.

Gli elementi dei componenti del Context Diagram comprendono:

1. **Definizione**: questa sezione definisce in modo conciso la Knowledge Area.

2. **Gli obiettivi** descrivono lo scopo della Knowledge Area e i principi fondamentali che guidano le prestazioni delle attività all'interno di ciascuna Knowledge Area.

3. **Le attività** sono le azioni e i compiti richiesti per raggiungere gli obiettivi della Knowledge Area. Alcune attività sono descritte in termini di attività secondarie, compiti e passaggi. Le attività sono classificate in quattro categorie: Pianificare, Sviluppare, Operare e Controllare.

   a. **(P) Le attività di pianificazione** definiscono il corso strategico e tattico per raggiungere gli obiettivi di Data Management. Le attività di pianificazione si verificano su base ricorrente.

   b. **(D) Le attività di sviluppo** sono organizzate attorno al ciclo di vita di sviluppo del sistema (SDLC) (analisi, progettazione, costruzione, test, preparazione e implementazione).

   c. **(C) Le attività di controllo** assicurano la qualità costante dei dati e l'integrità, l'affidabilità e la sicurezza dei sistemi attraverso cui si accede e si utilizzano i dati.

   d. **(O) Le attività operative** supportano l'uso, la manutenzione e il potenziamento di sistemi e processi attraverso cui si accede e si utilizzano i dati.

4. **Gli input** sono le cose tangibili di cui necessita ogni Knowledge Area per avviare le proprie attività. Molte attività richiedono gli stessi input. Ad esempio, molte richiedono la conoscenza della strategia di business come input.

5. **I Deliverables** sono gli output delle attività all'interno della Knowledge Area, le cose tangibili la cui produzione è responsabilità di ciascuna funzione. I Deliverables possono essere fini a sé stessi o input in altre attività. Diversi deliverables primari sono creati da più funzioni.

6. **Ruoli e responsabilità** descrivono il modo in cui individui e team contribuiscono alle attività all'interno della Knowledge Area. I ruoli sono descritti concettualmente, con particolare attenzione ai gruppi di ruoli richiesti nella maggior parte delle organizzazioni. I ruoli per gli individui sono definiti in termini di competenze e requisiti di qualifica. Lo Skills Framework for

the Information Age (SFIA) è stato utilizzato per aiutare ad allineare i titoli dei ruoli. Molti ruoli saranno inter-funzionali.[15] (Vedere Capitolo 16).

7. **I fornitori** sono le persone responsabili della fornitura o abilitazione dell'accesso agli input per le attività.

8. **I clienti** che beneficiano direttamente dei deliverables primari creati dalle attività di Data Management.

9. **I partecipanti** sono le persone che eseguono, gestiscono le prestazioni o approvano le attività nella Knowledge Area.

10. **Gli strumenti** sono applicazioni e altre tecnologie che consentono gli obiettivi della Knowledge Area.[16]

11. **Le tecniche** sono i metodi e le procedure utilizzate per svolgere attività e produrre deliverables all'interno di una Knowledge Area. Le tecniche comprendono convenzioni comuni, raccomandazioni sulle procedure ottimizzate, standard e protocolli e, ove applicabile, approcci alternativi emergenti.

12. **Le metriche** sono standard di misurazione o di valutazione di prestazioni, avanzamenti, qualità, efficienza o altri effetti. Le sezioni delle metriche identificano aspetti misurabili del lavoro svolto all'interno di ciascuna Knowledge Area. Le metriche possono anche misurare caratteristiche più astratte, quale il miglioramento o il valore.

Mentre la DAMA Wheel presenta l'insieme delle Knowledge Area ad alto livello, l'Hexagon riconosce i componenti della struttura delle Knowledge Area e i Context Diagram presentano i dettagli all'interno di ciascuna Knowledge Area. Nessuno degli elementi del Framework DAMA di Data Management esistente descrive la relazione tra le diverse Knowledge Area. Gli sforzi per affrontare tale questione hanno portato a riformulazioni del framework DAMA, che sono descritte nelle prossime due sezioni.

3.4 DMBOK Pyramid (Aiken)

Se interrogate, molte organizzazioni affermerebbero di voler ottenere il massimo dai propri dati: si battono per quella piramide dorata di pratiche avanzate (data mining, analisi e così via). Quella piramide, però, è solo la cima di una struttura più grande, una sommità su fondamenta. Molte organizzazioni non hanno il lusso di definire una strategia di Data Management prima di iniziare a dover gestire i dati. Tendono invece a costruire verso quella capacità, il più delle volte in condizioni non ottimali.

---

[15] http://bit.ly/2sTusD0.

[16] DAMA International non promuove specifici strumenti o fornitori.

Il framework di Peter Aiken utilizza le aree funzionali DMBOK per descrivere la situazione in cui si trovano molte organizzazioni. Un'organizzazione può utilizzarlo per definire una strada verso uno stato in cui disporre di dati e processi affidabili per supportare gli obiettivi strategici di business. Nel tentativo di raggiungere questo obiettivo, molte organizzazioni attraversano una simile progressione logica di passaggi (Vedere Figura 8):

- **Fase 1**: l'organizzazione acquista un'applicazione che comprende funzionalità di database. Ciò significa che l'organizzazione ha un punto di partenza per il data modeling, la progettazione dei dati, l'archiviazione dei dati e la sicurezza dei dati (ad esempio, consentire l'accesso ad alcune persone ed escluderne altre). Per far funzionare il sistema nel proprio ambiente e con i propri dati è necessario lavorare sull'integrazione e l'interoperabilità.

- **Fase 2**: una volta che iniziano a utilizzare l'applicazione, troveranno difficoltà con la qualità dei propri dati. Ma ottenere dati di qualità più elevata dipende da metadati affidabili e da una Data Architecture coerente. Questi forniscono chiarezza su come funzionano insieme i dati provenienti da diversi sistemi.

- **Fase 3**: pratiche disciplinate per la gestione del Data Quality, dei metadati e dell'architettura richiedono Data Governance che fornisca supporto strutturale alle attività di Data Management. La Data Governance abilita inoltre l'esecuzione di iniziative strategiche, come Document and Content Management, Reference Data Management, Master Data Management, Data Warehousing e Business Intelligence, che consentono pienamente le pratiche avanzate all'interno della piramide d'oro.

- **Fase 4**: l'organizzazione sfrutta i vantaggi di dati ben gestiti e migliora le proprie capacità analitiche.

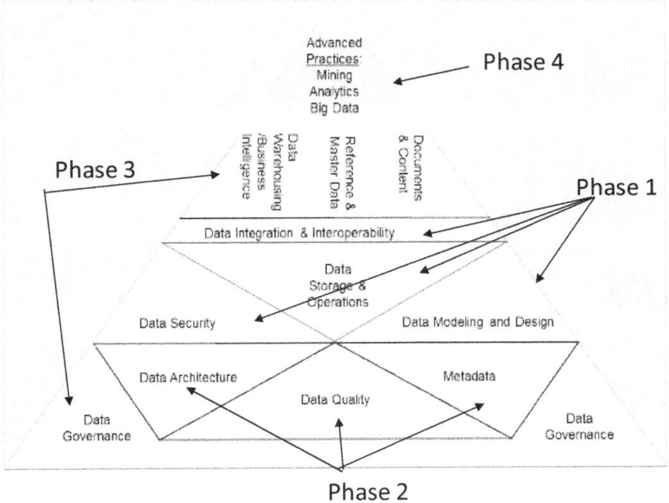

Figura 8 Capacità del database creato o acquisito[17]

---

[17] Figura Golden Pyramid copyright Data BluePrint, uso autorizzato.

La piramide di Aiken attinge dalla DAMA Wheel, ma la informa anche mostrando la relazione tra le Knowledge Area. Non sono tutte intercambiabili; hanno vari tipi di interdipendenza. Il framework Pyramid ha due driver. Anzitutto, l'idea di costruire su una fondazione, utilizzando componenti che devono trovarsi al posto giusto per sostenersi a vicenda. In secondo luogo, l'idea alquanto contraddittoria che questi possano essere messi in atto in ordine arbitrario.

3.5 Evoluzione del framework di Data Management DAMA

La piramide di Aiken descrive il modo in cui le organizzazioni evolvono verso procedure di Data Management migliori. Un altro modo per esaminare le Knowledge Area del DAMA è esplorare le dipendenze tra di esse. Sviluppato da Sue Geuens, il framework in Figura 9 riconosce che le funzioni di Business Intelligence e Analytic hanno dipendenze da tutte le altre funzioni di Data Management. Esse dipendono direttamente da Master Data e soluzioni di data warehouse. Ma quelle, a loro volta, dipendono dai sistemi e dalle applicazioni di alimentazione. Data Quality affidabile, progettazione dati e pratiche di interoperabilità dei dati sono alla base di sistemi e applicazioni affidabili. Inoltre, la Data Governance, che in questo modello comprende Metadata Management, Data Security, Data Architecture e Reference Data Management, fornisce una base da cui dipendono tutte le altre funzioni.

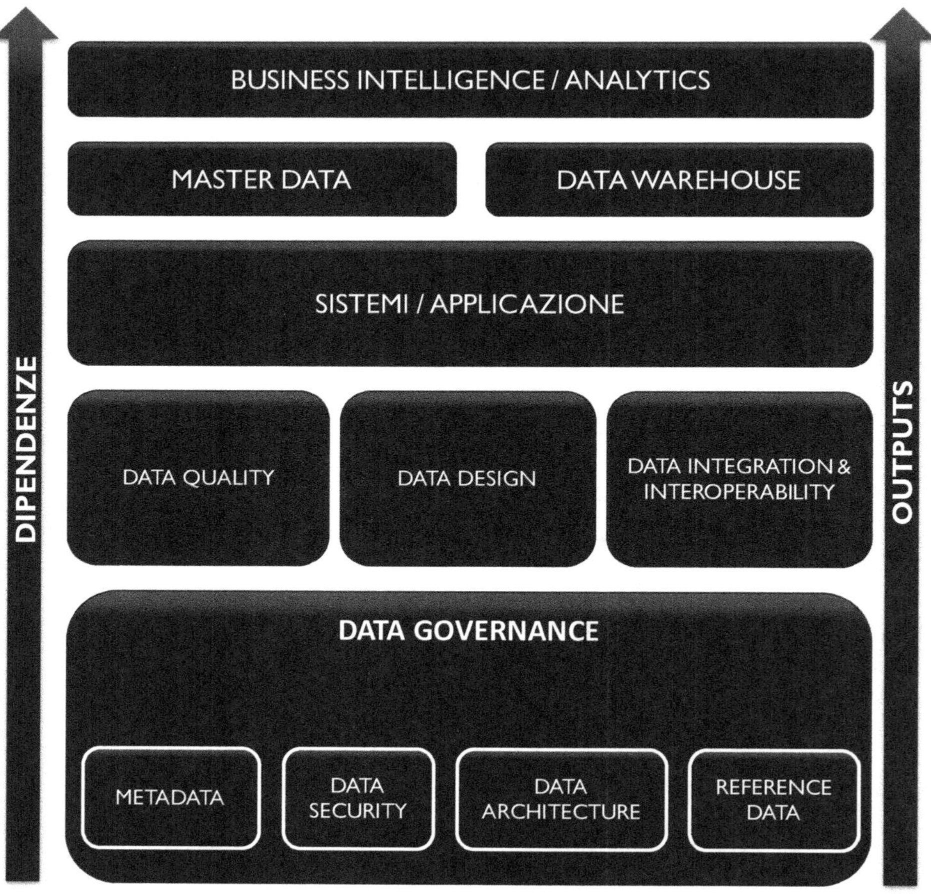

Figura 9 Dipendenze dell'area funzionale DAMA

Una terza alternativa alla DAMA Wheel è raffigurata in Figura 10. Si basa anch'essa su concetti architetturali per proporre una serie di relazioni tra le Knowledge Area DAMA. Fornisce ulteriori dettagli sul contenuto di alcune Knowledge Area al fine di chiarire tali relazioni.

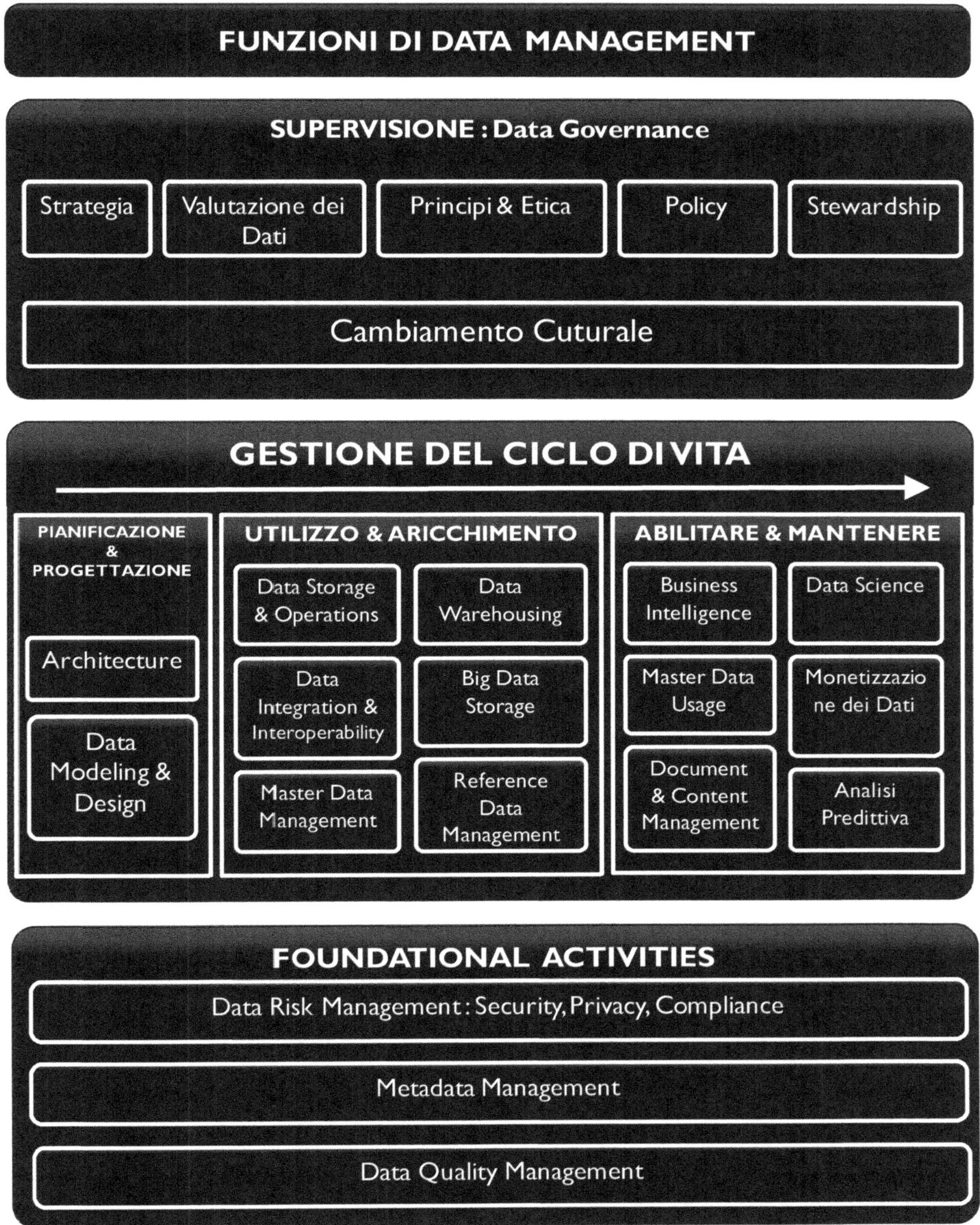

Figura 10 Framework delle funzioni di Data Management DAMA

Il framework inizia con la finalità di indirizzo del Data Management: per consentire alle organizzazioni di ottenere valore dai propri data asset come da altre risorse. Il valore derivante richiede la gestione del ciclo di vita, quindi le funzioni di management relative al ciclo di vita del dato sono raffigurate al centro del diagramma. Queste comprendono pianificazione e progettazione per dati affidabili e di alta qualità;

stabilire processi e funzioni attraverso i quali i dati possono essere abilitati per l'uso e gestiti; e, infine, utilizzando i dati in vari tipi di analisi e attraverso tali processi, migliorandone il valore.

La sezione di lifecycle management illustra la progettazione del Data Management e le funzioni operative (modeling, architettura, storage, operations e così via) necessarie a supportare gli utilizzi tradizionali dei dati (Business Intelligence, Document e Content Management). Riconosce anche le funzioni di Data Management emergenti (Big Data storage) che supportano gli utilizzi emergenti dei dati (Data Science, Analisi predittiva, etc.). Nei casi in cui i dati siano veramente gestiti come asset, le organizzazioni potrebbero ottenere un valore diretto dai propri dati vendendoli ad altre organizzazioni (monetizzazione dei dati).

Le organizzazioni focalizzate esclusivamente sulle funzioni del ciclo di vita diretto non otterranno dai propri dati tanto valore quanto quello che ottengono le organizzazioni che supportano il ciclo di vita del dato attraverso attività di controllo e supervisione. Le attività di base, come il data risk management, metadata e Data Quality Management, coprono il ciclo di vita del dato. Consentono migliori decisioni di progettazione e semplificano l'utilizzo dei dati. Se eseguite in modo appropriato, i dati sono meno costosi da gestire, i clienti di dati hanno più fiducia in essi e le opportunità del loro utilizzo si espandono.

Per supportare con successo la produzione e l'utilizzo dei dati e garantire che le attività fondamentali siano eseguite con rigore, molte organizzazioni stabiliscono una supervisione sotto forma di data governance. Un programma di data governance consente all'organizzazione di essere data-driven, mettendo in atto strategie e principi di supporto, politiche e pratiche di stewardship che garantiscono che l'organizzazione riconosca e agisca sulle opportunità al fine di ottenere valore dai propri dati. Un tale programma dovrebbe anche tradursi in attività di change management organizzativo per istruire l'organizzazione e incoraggiare comportamenti che consentano l'uso strategico dei dati. Pertanto, la necessità di un cambiamento culturale si estende per tutta l'ampiezza delle responsabilità di data governance, specialmente quando un'organizzazione matura le proprie pratiche di Data Management.

Il Framework DAMA di Data Management può anche essere rappresentato come un'evoluzione della DAMA Wheel, con attività centrali circondate da ciclo di vita e attività di utilizzo, contenute all'interno della cornice di Governance. (Vedere Figura 11).

Le attività principali, tra cui Metadata Management, Data Quality Management e la definizione di Data Structure (architettura) sono al centro del framework.

Le attività di lifecycle management possono essere definite da una prospettiva di pianificazione (risk management, modeling, data design, Reference Data Management) e una prospettiva di abilitazione (Master Data Management, sviluppo della tecnologia dei dati, integrazione di dati e interoperabilità, data warehousing e data storage e operations).

Gli utilizzi emergono dalle attività di lifecycle management: utilizzo di Master data, Document e Content management, Business Intelligence, Data Science, analisi predittiva, visualizzazione dei dati. Molti di questi creano più dati potenziando o sviluppando approfondimenti sui dati esistenti. Le opportunità di monetizzazione dei dati possono essere identificate come utilizzi dei dati.

Le attività di data governance forniscono supervisione e riferimenti, attraverso strategie, principi, politica e stewardship. Consentono la coerenza tramite la classificazione e la valutazione dei dati.

L'intenzione di presentare diverse rappresentazioni visive del framework di Data Management DAMA è fornire una prospettiva aggiuntiva e aprire una discussione su come applicare i concetti presentati nel DMBOK. Con l'accrescersi dell'importanza del Data Management, tali framework diventano utili strumenti di comunicazione sia all'interno della comunità di Data Management sia tra questa e i nostri stakeholder.

4. DAMA e il DMBOK

Sebbene il Data Management presenti molte sfide, solo alcune di queste sono nuove. Almeno già dagli anni '80 del secolo scorso, le organizzazioni avevano capito che la gestione dei dati era cruciale per il successo. Con l'accrescersi della nostra capacità e del nostro desiderio di creare e sfruttare i dati, è cresciuta anche la necessità di pratiche di Data Management affidabili.

DAMA è stata fondata per affrontare queste sfide. Il DMBOK, un libro di riferimento accessibile e autorevole per i professionisti del Data Management, supporta la missione di DAMA:

- **Fornendo un framework funzionale** per l'implementazione delle pratiche di Data Management d'impresa; inclusi principi guida, pratiche ampiamente adottate, metodi e tecniche, funzioni, ruoli, deliverables e metriche.

- **Stabilendo un vocabolario comune** per i concetti di Data Management e servendo da base per le best practices per i professionisti del Data Management.

- **Servendo da guida di riferimento fondamentale** per il CDMP (Certified Data Management Professional) e altri esami di certificazione.

Il DMBOK è strutturato attorno alle undici Knowledge Area del Framework DAMA di Data Management-DMBOK (noto anche come DAMA Wheel, vedere Figura 5). I capitoli 3 - 13 sono focalizzati sulle Knowledge Area. Ogni capitolo di Knowledge Area segue una struttura comune:

1. Introduzione
    - o Business Driver
    - o Obiettivi e principi
    - o Concetti essenziali
2. Attività
3. Strumenti
4. Tecniche
5. Linee guida per l'implementazione
6. Relazione con la Data Governance
7. Metriche

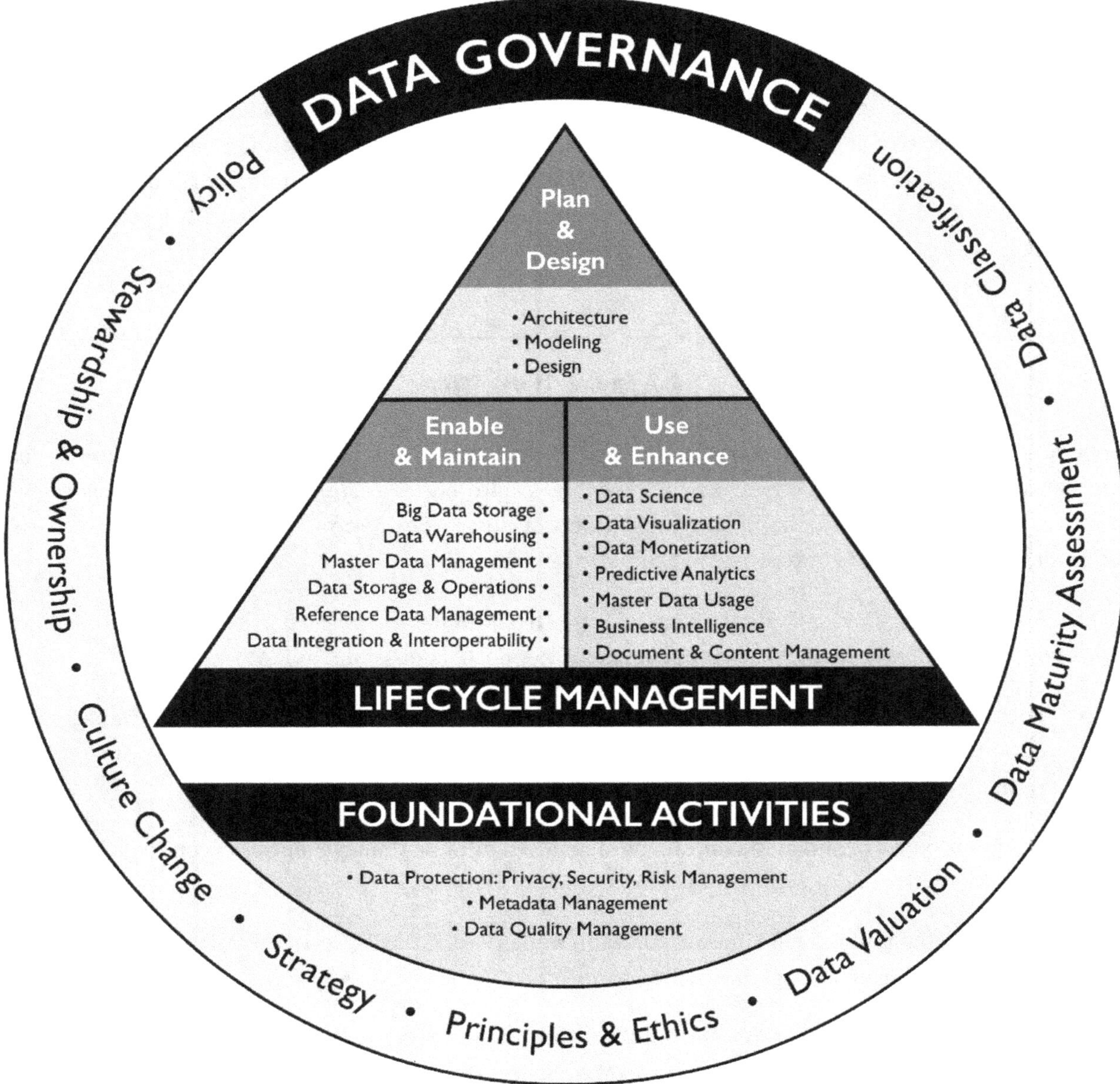

Figura 11 Evoluzione della DAMA Wheel

Le Knowledge Area descrivono l'ambito e il contesto di insiemi di attività di Data Management. Nelle Knowledge Area sono incorporati obiettivi e principi fondamentali del Data Management. Poiché i dati si spostano orizzontalmente all'interno delle organizzazioni, le attività della Knowledge Area si intersecano tra loro e con altre funzioni organizzative.

1. La **Data Governance** fornisce direzione e supervisione per il Data Management istituendo un sistema di autorità decisionali sui dati che tiene conto delle esigenze dell'impresa. (Capitolo 3)

2. **La Data Architecture** definisce il progetto di gestione dei data asset allineandosi alla strategia organizzativa per stabilire requisiti strategici sui dati e progetti atti a soddisfare tali requisiti. (Capitolo 4)

3. Il **Data Modeling e Design** è il processo di scoperta, analisi, rappresentazione e comunicazione dei requisiti dei dati in una forma precisa denominata *modello dati*. (Capitolo 5)

4. Il **Data Storage e Operations** comprende progettazione, implementazione e supporto dei dati archiviati per massimizzarne il valore. Le Operazioni forniscono supporto per tutto il ciclo di vita del dato, dalla pianificazione allo smaltimento dei dati. (Capitolo 6)

5. Il **Data Security** garantisce che siano mantenute riservatezza e privacy dei dati, che i dati non siano violati e che l'accesso agli stessi avvenga in modo appropriato. (Capitolo 7)

6. **Data Integration e Interoperability** comprende processi relativi al trasferimento e al consolidamento dei dati all'interno e tra i data store, le applicazioni e le organizzazioni. (Capitolo 8)

7. **Document e Content Management** comprende attività di pianificazione, implementazione e controllo utilizzate per gestire il ciclo di vita del dato e informazioni presenti in una gamma di supporti non strutturati, in particolare documenti atti a supportare i requisiti di conformità legale e normativa. (Capitolo 9)

8. **Reference Data e Master Data** comprende riconciliazione e manutenzione costante dei dati critici fondamentali condivisi per consentire l'uso coerente tra i sistemi della versione più accurata, tempestiva e pertinente della verità sulle entità aziendali essenziali. (Capitolo 10)

9. **Data Warehousing e Business Intelligence** comprende i processi di pianificazione, implementazione e controllo per gestire i dati di supporto decisionale e per consentire ai knowledge worker di ottenere valore dai dati tramite analisi e reporting. (Capitolo 11)

10. **I Metadata** comprende attività di pianificazione, implementazione e controllo per consentire l'accesso a metadati integrati di alta qualità, tra cui definizioni, modelli, flussi di dati e altre informazioni cruciali per la comprensione dei dati e dei sistemi attraverso i quali vengono creati, gestiti e consultati. (Capitolo 12)

11. Il **Data Quality** comprende la pianificazione e l'implementazione di tecniche di quality management per misurare, valutare e migliorare l'idoneità dei dati per l'utilizzo all'interno di un'organizzazione. (Capitolo 13)

Oltre ai capitoli sulle Knowledge Area, il DAMA-DMBOK contiene capitoli sui seguenti argomenti:

- **La manipolazione etica dei dati** descrive il ruolo centrale che l'etica dei dati riveste nelle decisioni informate e socialmente responsabili sui dati e sui loro utilizzi. La consapevolezza dell'etica di raccolta, analisi e utilizzo dei dati dovrebbe guidare tutti i professionisti del Data Management. (Capitolo 2)

- **Big Data e Data Science** descrive le tecnologie e i processi di business che emergono quando aumenta la nostra capacità di raccogliere e analizzare set di dati di grandi dimensioni e diversificati. (Capitolo 14).

- La **valutazione della maturità del Data Management** delinea un approccio per valutare e migliorare le capacità di Data Management di un'organizzazione. (Capitolo 15)

- **L'organizzazione di Data Management e le Aspettative sui Ruoli** forniscono procedure ottimizzate e considerazioni per l'organizzazione dei team di Data Management e l'attivazione di pratiche di Data Management di successo. (Capitolo 16)

- **Il Data Management e il Change Management Organizzativo** descrive come pianificare e muoversi attraverso i cambiamenti culturali necessari per incorporare pratiche di Data Management efficaci all'interno di un'organizzazione. (Capitolo 17)

Il modo in cui una specifica organizzazione gestisce i propri dati dipende dai propri obiettivi, dimensioni, risorse e complessità, nonché dalla percezione di come i dati ne supportino la strategia complessiva. La maggior parte delle imprese non svolge tutte le attività descritte in ciascuna Knowledge Area. Tuttavia, la comprensione del più ampio contesto del Data Management consentirà alle organizzazioni di prendere decisioni migliori su dove concentrarsi mentre lavorano al miglioramento delle pratiche all'interno e in tutte queste funzioni correlate.

5. Opere Citate / Consigliate

Abcouwer, A. W., Maes, R., Truijens, J.: "Contouren van een generiek Model voor Informatienmanagement." Primavera Working Paper 97-07, 1997. http://bit.ly/2rV5dLx.

Adelman, Sid, Larissa Moss, and Majid Abai. *Data Strategy*. Addison-Wesley Professional, 2005. Print.

Aiken, Peter and Billings, Juanita. *Monetizing Data Management*. Technics Publishing, LLC, 2014. Print.

Aiken, Peter and Harbour, Todd. *Data Strategy and the Enterprise Data Executive*. Technics Publishing, LLC. 2017. Print.

APRA (Australian Prudential Regulation Authority). *Prudential Practice Guide CPG 234, Management of Security Risk in Information and Information Technology*. May 2013. http://bit.ly/2sAKe2y.

APRA (Australian Prudential Regulation Authority). *Prudential Practice Guide CPG 235, Managing Data Risk*. September 2013. http://bit.ly/2sVIFil.

Borek, Alexander et al. *Total Information Risk Management: Maximizing the Value of Data and Information Assets*. Morgan Kaufmann, 2013. Print.

Brackett, Michael. *Data Resource Design: Reality Beyond Illusion*. Technics Publishing, LLC. 2014. Print.

Bryce, Tim. *Benefits of a Data Taxonomy*. Blog 2005-07-11. http://bit.ly/2sTeU1U.

Chisholm, Malcolm and Roblyn-Lee, Diane. *Definitions in Data Management: A Guide to Fundamental Semantic Metadata*. Design Media, 2008. Print.

Devlin, Barry. *Business Unintelligence*. Technics Publishing, LLC. 2013. Print.

English, Larry. *Improving Data Warehouse and Business Information Quality: Methods For Reducing Costs And Increasing Profits*. John Wiley and Sons, 1999. Print.

Evans, Nina and Price, James. "Barriers to the Effective Deployment of Information Assets: An Executive Management Perspective." *Interdisciplinary Journal of Information, Knowledge, and Management* Volume 7, 2012. Accessed from http://bit.ly/2sVwvG4.

Fisher, Tony. *The Data Asset: How Smart Companies Govern Their Data for Business Success.* Wiley, 2009. Print. Wiley and SAS Business Ser.

Henderson, J.C., H Venkatraman, H. "Leveraging information technology for transforming Organizations." *IBM System Journal.* Volume 38, Issue 2.3, 1999. [1993 Reprint] http://bit.ly/2sV86Ay and http://bit.ly/1uW8jMQ.

Kent, William. *Data and Reality: A Timeless Perspective on Perceiving and Managing Information in Our Imprecise World.* 3d ed. Technics Publications, LLC, 2012. Print.

Kring, Kenneth L. *Business Strategy Mapping - The Power of Knowing How it All Fits Together.* Langdon Street Press (a division of Hillcrest Publishing Group, Inc.), 2009. Print.

Loh, Steve. *Data-ism: The Revolution Transforming Decision Making, Consumer Behavior, and Almost Everything Else.* HarperBusiness, 2015. Print.

Loshin, David. *Enterprise Knowledge Management: The Data Quality Approach.* Morgan Kaufmann, 2001. Print.

Maes, R.: "A Generic Framework for Information Management." PrimaVera Working Paper 99-02, 1999.

McGilvray, Danette. *Executing Data Quality Projects: Ten Steps to Quality Data and Trusted Information.* Morgan Kaufmann, 2008. Print.

McKnight, William. *Information Management: Strategies for Gaining a Competitive Advantage with Data.* Morgan Kaufmann, 2013. Print. The Savvy Manager's Guides.

Moody, Daniel and Walsh, Peter. "Measuring The Value Of Information: An Asset Valuation Approach." *European Conference on Information Systems (ECIS)*, 1999. http://bit.ly/29JucLO.

Olson, Jack E. *Data Quality: The Accuracy Dimension.* Morgan Kaufmann, 2003. Print.

Redman, Thomas. "Bad Data Costs U.S. $3 Trillion per Year." *Harvard Business Review.* 22 September 2016. Web.

Redman, Thomas. Data Driven: Profiting from Your Most Important Business Asset. *Harvard Business Review Press.* 2008. Print.

Redman, Thomas. *Data Quality: The Field Guide.* Digital Press, 2001. Print.

Reid, Roger, Gareth Fraser-King, and W. David Schwaderer. *Data Lifecycles: Managing Data for Strategic Advantage.* Wiley, 2007. Print.

Rockley, Ann and Charles Cooper. *Managing Enterprise Content: A Unified Content Strategy.* 2nd ed. New Riders, 2012. Print. Voices That Matter.

Sebastian-Coleman, Laura. *Measuring Data Quality for Ongoing Improvement: A Data Quality Assessment Framework.* Morgan Kaufmann, 2013. Print. The Morgan Kaufmann Series on Business Intelligence.

Simsion, Graeme. *Data Modeling: Theory and Practice.* Technics Publications, LLC, 2007. Print.

Surdak, Christopher. *Data Crush: How the Information Tidal Wave is Driving New Business Opportunities.* AMACOM, 2014. Print.

Waclawski, Janine. *Organization Development: A Data-Driven Approach to Organizational Change.* Pfeiffer, 2001. Print.

White, Stephen. *Show Me the Proof: Tools and Strategies to Make Data Work for the Common Core State Standards.* 2nd ed. Advanced Learning Press, 2011. Print.

CAPITOLO 2

Etica sul Trattamento dei Dati

1. Introduzione

Definendola semplicisticamente, *l'etica* riguarda principi di comportamento basati sui concetti di giusto e sbagliato. I principi etici si focalizzano spesso su idee quali equità, rispetto, responsabilità, integrità, qualità, affidabilità, trasparenza e fiducia. L'etica sul trattamento dei dati si preoccupa di come recuperare, memorizzare, gestire, usare e eliminazione dei dati in modo che siano allineati con principi etici. Trattare i dati in maniera etica è necessario per raggiungere successi nel lungo periodo in ogni organizzazione che intende ottenere del valore dai propri dati. Trattare i dati in maniera non etica può portare a perdere reputazione e clienti perché mette a rischio le persone i cui dati sono esposti. In alcuni casi, pratiche non etiche sono anche illegali.[18] In definitiva, per i professionisti del data management e per le organizzazioni per le quali lavorano, l'etica dei dati è una questione di responsabilità sociale.

L'etica sul trattamento dei dati è complessa ma si basa su alcuni concetti base:

- **Impatto sulle persone:** Poiché i dati rappresentano le caratteristiche degli individui e sono utilizzati per prendere decisioni che si riflettono sulla vita delle persone, è imperativo gestire la loro qualità ed affidabilità.

- **Possibilità di abuso:** l'abuso dei dati può influire negativamente su persone ed organizzazioni, così diventa imperativo prevenire il loro cattivo uso.

- **Valore economico dei dati:** I dati hanno un valore economico. L'etica sulla proprietà dei dati dovrebbe determinare come questo valore viene utilizzato e chi vi può accedere.

Le organizzazioni proteggono i propri dati basandosi principalmente su leggi e requisiti regolatori. Tuttavia, poiché i dati rappresentano persone (clienti, dipendenti, pazienti, venditori, ...), i professionisti del data management dovrebbero riconoscere che esistono ragioni etiche (così come legali) per proteggere il dato ed assicurarsi che non ne venga fatto abuso. Anche se il dato non si

---

[18] L'HIPAA (Health Insurance Portability and Accountability Act) negli Stati Uniti, il PIPEDA (Personal Information Protection and Electronic Documents Act) in Canada, il General Data Protection Regulation (GDPR) nell'Unione Europea e altre leggi sulla privacy e sulla protezione dei dati descrivono gli obblighi nei confronti del trattamento dei dati identificativi personali (ad esempio nome, indirizzi, credenze religiose o orientamento sessuale) e della privacy (limiti all'accesso di queste informazioni).

riferisce direttamente agli individui può essere ancora utilizzato per prendere decisioni che influiscono sula vita delle persone.

Gestione Etica dei Dati

Definizione: La gestione etica dei dati si occupa di come i dati vengono procurati, archiviati, gestiti, interpretati, analizzati / utilizzati e dismessi secondo modalità che sono allineate con principi etici, inclusa la responsabilità verso la comunità

Obiettivi:
1. Definire la gestione etica dei dati nell'organizzazione.
2. Educare lo staff sui rischi per l'organizzazione derivati dalla gestione non etica dei dati.
3. Cambiare/instillare la cultura e i comportamenti desiderati sulla gestione dei dati
4. Monitorare l'ambiente regolatorio, misurare, monitorare e correggere gli approcci dell'organizzazione all'etica sui dati

Driver di Business

Input:
- Etica esistente e desiderata dell'Organizzazione
- Strategia di Business & Obiettivi
- Struttura Organizzativa
- Cultura di Business
- Regolamentazioni
- Policy Corporate esistenti

Attività:
1. Revisione delle Pratiche di Gestione dei Dati (P)
2. Identificare Principi, Pratiche e Fattori di Rischio (P)
3. Creare una Strategia di Gestione Etica dei Dati (P)
4. Indirizzare i Gap delle Pratiche (D)
5. Comunicare e Formare lo Staff (D)
6. Monitorare e Mantenere l'Allineamento (C)

Deliverable:
- Pratiche correnti e Gap
- Strategia di Gestione Etica dei Dati
- Piano di Comunicazione
- Programma di Formazione su Etica
- Affermazioni Etiche sui Dati a livello Corporate
- Consapevolezza degli Issue Etici sui Dati
- Incentivi, KPI e Target allineati
- Policies Allineate
- Reporting su Gestione Etica dei Dati

Fornitori:
- Executives
- Data Stewards
- Executive Data Stewards
- IT Executives
- Data Providers
- Enti Regolatori

Coinvolgimenti:
- Organismi di Data Governance
- CDO / CIO
- Executives
- Data Stewards di Coordinamento
- Subject Matter Experts
- Change Managers
- Servizi di DM

Utilizzatori:
- Dipendenti
- Executives
- Enti Regolatori

Technical Drivers

Tecniche:
- Checklist del Piano di Comunicazione
- Affermazioni Annuali dei Principi Etici

Strumenti:
- Wikis, Basi di Conoscenza, Siti Intranet
- Microblogs, altri strumenti di comunicazione interna

Metriche:
- Numero di Dipendenti formati
- Incidenti di Conformità /non-conformità
- Coinvolgimento dei Corporate Executive

(P) Pianificazione, (C) Controllo, (D) Sviluppo, (O) Operations

Figura 12 Context Diagram: Gestione Etica dei Dati

Esiste un imperativo etico non solo per proteggere il dato ma anche per gestire la sua qualità. Le persone che prendono decisioni, così come quelle che ne vengono impattate, si aspettano che i dati siano completi ed accurati. Da una prospettiva sia di business che tecnica, i professionisti del data management hanno la responsabilità etica di gestire il dato in modo da ridurre il rischio che sia frainteso, abusato o incompreso. Questa responsabilità si estende anche al ciclo di vita del dato, dalla sua creazione alla sua distruzione.

Sfortunatamente, molte organizzazioni falliscono nel riconoscere e rispondere agli obblighi etici derivanti dalla gestione dei dati. Esse possono adottare una tradizionale prospettiva tecnica e dichiarare di non comprendere il dato; oppure possono assumere che se seguono alla lettera la legge non corrono rischi legati alla gestione del dato. Si tratta di un assunto pericoloso.

L'ambiente dei dati si evolve rapidamente. Le organizzazione stanno utilizzando i dati in modi che non avrebbero immaginato solo qualche anno fa. Mentre le leggi codificano alcuni principi etici, la legislazione non può rimanere al passo con i rischi associati alla evoluzione degli ambienti dei dati. Le organizzazioni devono saper riconoscere e rispondere ai propri obblighi etici per proteggere i dati a loro assegnati promuovendo e sostenendo una cultura che valorizzi il trattamento etico dell'informazione.

2. Business Drivers

Secondo la definizione di W. Edward Deming sulla qualità, etica significa "fare la cosa giusta quando nessuno sta guardando." Un approccio etico al dato è sempre più riconosciuto come un vantaggio competitivo nel business (Hasselbalch and Tranberg, 2016). Una gestione etica del dato può incrementare l'affidabilità di una organizzazione ed i risultati dei propri dati e processi. Ciò può creare una migliore relazione tra l'organizzazione ed i propri stakeholder. La creazione di una cultura etica comporta una adeguata governance, che include l'istituzione di controlli per assicurare che sia i risultati attesi che quelli ottenuti dall'elaborazione dei dati siano etici e non violino la fiducia o infrangano la dignità umana. La gestione del dato non capita casualmente e i clienti e gli stakeholder si aspettano comportamento e risultati etici dal proprio business e dai processi sui dati. La riduzione del rischio che i dati per i quali l'organizzazione è responsabile vengano male utilizzati da dipendenti, clienti o partners è la ragione primaria perché una organizzazione coltivi la cultura della gestione etica dei dati. Esiste anche la responsabilità etica di rendere sicuri i dati nei confronti dei criminali (ad esempio proteggerli da hacking o potenziali data breach) (si veda il Capitolo 7)

Differenti modelli di data ownership influenzano l'etica della gestione dei dati. Ad esempio, la tecnologia ha incrementato la capacità da parte delle organizzazioni di condividere i dati con altri. Questa capacità significa che le organizzazioni devono operare scelte etiche in merito alla propria responsabilità di condividere dati che non dipendono da loro.

Ruoli emergenti come Chief Data Officer, Chief Risk Officer, Chief Privacy Officer, e Chief Analytics Officer sono focalizzati sul controllo del rischio definendo pratiche accettabili per la gestione dei dati. Ma la responsabilità va oltre le persone in questi ruoli. Una gestione etica dei dati richiede una consapevolezza a livello di organizzazione del rischio associato all'uso malevolo dei dati ed il commitment da parte dell'organizzazione per una gestione dei dati basata su principi che proteggono gli individui e rispettano gli imperativi legati alla data ownership.

3. Concetti Essenziali

3.1 Principi etici per i dati

I dogmi accettati dalla bioetica, che si focalizzano sul preservare la dignità umana, forniscono un buon punto di partenza per i principi etici sui dati. Ad esempio, i Belmont Principles sulla ricerca medica possono essere adattati alle discipline dell'Information Management (US-HSS, 1979).

- **Rispetto delle Persone**: questo principio riflette il requisito etico fondamentale che le persone devono essere trattate in modo che sia rispettata la loro propria dignità ed autonomia come individui. Esso richiede anche che nel caso in cui le persone abbiano una 'autonomia limitata' deve essere prevista ulteriore attenzione per proteggere la loro dignità ed i loro diritti.

Quando consideriamo i dati come asset, teniamo anche a mente che quei dati influenzano, rappresentano e coinvolgono le persone? I dati personali sono differenti da altri asset 'grezzi' come petrolio o carbone. L'utilizzo non etico dei dati personali può influenzare direttamente i rapporti tra le persone, opportunità di carriera e situazioni della comunità. Disegniamo sistemi informativi che limitano l'autonomia o la libertà di scelta? Abbiamo considerato come l'elaborazione dei dati può influire su persone con disabilità mentali o fisiche? Abbiamo tenuto conto di come accederanno ed utilizzeranno i dati? L'elaborazione dei dati avverrà sulla base di un consenso valido e informato?

- **Beneficio**: Questo principio ha due elementi: primo, non danneggiare; secondo, massimizzare i possibili benefici e minimizzare i possibili danni.

Il principio etico del 'non essere dannoso' ha una lunga storia nell'etica medica, ma ha anche una chiara applicazione nel contesto del data e information management. Gli operatori che trattano i dati in maniera etica dovrebbero identificare gli stakeholder e considerare i risultati dell'elaborazione dei dati e lavorare per massimizzare i benefici e minimizzare il rischio di danno causato dei processi disegnati. Un processo è disegnato per avere un risultato nullo piuttosto che una situazione win-win? L'elaborazione non necessaria dei dati è invasiva ed esiste un modo meno rischioso per rispettare i requisiti di business? La manipolazione dei dati perde di trasparenza in modo che possa nascondere possibili danni per le persone?

- **Giustizia**: Questo principio considera un trattamento giusto ed equo delle persone.

Alcune domande che possono essere poste riguardo questo principio: le persone o i gruppi sono trattati equamente sotto le stesse circostanze? Il risultato di un processo o di un algoritmo influenza o nuoce in maniera sproporzionata alcuni gruppi di persone? I processi di machine learning vengono allenati utilizzando dataset che contengono dati che inavvertitamente rafforzano pregiudizi culturali?

Il 'Menlo Report' del Dipartimento sulla Sicurezza Nazionale degli Stati Uniti d'America adatta i Belmont Principles alla Ricerca ICT, aggiungendo un quarto principio: il Rispetto per la Legge ed il Pubblico Interesse (US-DHS, 2012).

Nel 2015, il Supervisore Europeo per la Protezione dei Dati ha pubblicato una opinione sull'etica digitale evidenziando le "implicazioni ingegneristiche, filosofiche, legali e morali" degli sviluppi sulla elaborazione dati e i Big Data. Ha richiamato l'attenzione sulla elaborazione dati che rispetta la dignità umana e indicato quattro filoni necessari per un ecosistema informatico che assicuri un etico trattamento dei dati (EDPS, 2015):

- Regolamentazione a lungo termine dell'elaborazione dati e rispetto dei diritti di privacy e protezione dati
- Responsabilità degli operatori che identificano le elaborazioni delle informazioni personali
- Consapevolezza della Privacy nel disegno e ingegnerizzazione di prodotti e servizi di elaborazione dati
- Dare forza agli individui

Questi principi si mappano ampiamente con quelli indicati nel Belmot Report, concentrandosi sulla diffusione della dignità umana e dell'autonomia. L'EDPS stabilisce che la privacy è un diritto umano fondamentale. Spinge gli innovatori a considerare dignità, privacy ed autonomia come una piattaforma sulla quale costruire un ambiente digitale sostenibile piuttosto che un ostacolo allo sviluppo, e ricorda trasparenza e comunicazione con gli stakeholders.

La Data Governance è uno strumento vitale per garantire che questi principi siano presi in considerazione nel decidere chi può fare cosa con quali dati e sotto quali condizioni le elaborazioni siano appropriate o necessarie. Gli impatti etici ed i rischi della elaborazione dati verso tutti gli stakeholders devono essere considerati dagli operatori e gestiti in maniera simile alla data quality.

3.2 Principi alla base della Legge sulla Privacy

Leggi e politica pubblica tentano di codificare il giusto e lo sbagliato basandosi su principi etici. Ma non possono codificare ogni circostanza. Ad esempio, le leggi sulla privacy nell'Unione Europea, Canada e Stati Uniti mostrano differenti approcci nella codifica dell'etica del dato. Questi principi possono fornire anche un riferimento per le politiche organizzative.

La legge sulla privacy non è nuova. La Privacy e la privacy delle informazioni come concetti sono fortemente legati all'imperativo etico del rispetto dei diritti umani. Nel 1980, gli studenti americani di Giurisprudenza Samuel Warren e Louis Brandeis descrissero la privacy e la privacy delle informazioni come diritti umani con numerosi punti in comune con la legge e la costituzione degli Stati Uniti. Nel 1973, è stata proposta la redazione del Fair Information Practice e il concetto della privacy dell'informazione come diritto umano fondamentale è stato riaffermato nel US Privacy Act del 1974 che stabilisce che "il diritto alla privacy è un diritto personale e fondamentale protetto dalla Costituzione degli Stati Uniti".

A seguito delle violazioni dei diritti umani durante la Seconda Guerra Mondiale, la convenzione Europea dei Diritti Umani (1950) ha stabilito sia il diritto generale alla privacy sia lo specifico diritto alla privacy delle informazioni (o il diritto alla protezione dei dati personali del singolo) come diritto umano che diventano quindi fondamentali per rispettare la Dignità Umana. Nel 1980, l'Organizzazione per la Cooperazione e lo Sviluppo Economico (OECD) ha stabilito Linee Guida e Principi per un Equo Trattamento delle Informazioni che sono diventate la base per le leggi dell'Unione Europea sulla protezione dei dati.

Gli otto principi base della OECD, i Fair Information Processing Standards, hanno lo scopo di assicurare che i dati personali siano elaborati in modo che sia rispettato il diritto alla privacy dell'individuo. Essi includono: limitazione alla raccolta dei dati; garanzia che i dati saranno di alta qualità; la richiesta che quando un dato viene raccolto, ciò sia fatto per uno specifico scopo; limiti all'utilizzo dei dati; garanzie di sicurezza; richiesta di apertura e trasparenza; il diritto dell'individuo di verificare l'accuratezza dei dati a lui o a lei associati; la responsabilità delle organizzazione nel seguire le linee guida. I principi del OECD sono stati soppiantati dai principi sottostanti il Regolamento Generale sulla Protezione dei Dati (GDPR, 2016). Si veda la Tabella 1.

Tabella 1 Principi del GDPR

Principio GDPR	Descrizione del Principio
Equità, Legalità, Trasparenza (Fairness, Lawfulness, Transparency)	I Dati Personali devono essere processati in maniera legale equa e trasparente in relazione al loro soggetto
Limitazione dello scopo (Purpose Limitation)	I Dati Personali devono essere raccolti per scopi specifici, espliciti e legittimi e non devono essere processati in modi che sono incompatibili con quegli scopi.
Minimizzazione dei Dati (Data Minimization)	I Dati Personali devono essere adeguati, rilevanti e limitati a quanto è necessario in relazione agli scopi per cui sono processati.
Precisione (Accuracy)	I dati personali devono essere precisi e mantenuti aggiornati, ove necessario.. Ogni passaggio ragionevole deve essere compiuto per assicurare che i dati personali che sono non accurati, in riferimento agli scopi per cui sono processati, siano cancellati o rettificati senza ritardi.
Limitazione dell'archiviazione (Storage Limitation)	I Dati devono essere mantenuti in una forma che permetta l'identificazione dei soggetti dei dati [individui] solamente per il tempo necessario agli scopi per i quali i dati personali sono processati
Integrità e Confidenzialità (Integrity and Confidentaility)	I Dati devono essere processati in maniera tale che assicuri l'appropriata sicurezza dei dati personali, inclusa la protezione contro l'elaborazione non autorizzata o illegale e contro la perdita, il danneggiamento o la distruzione accidentale, utilizzando appropriate misure tecniche o organizzative.
Responsabilità (Accountability)	I Controllori dei Dati devono essere responsabili e in grado di dimostrare la conformità con questi principi.

Questi principi supportano e sono bilanciati da certi qualificati diritti che gli individui hanno nei confronti dei propri dati, inclusi il diritto all'accesso, la rettifica di dati imprecisi, la portabilità, il diritto ad opporsi alla elaborazione dei dati che possono portare danno o problemi e la cancellazione. Quando l'elaborazione dei dati personali è basata sul consenso, il consenso deve essere fornito liberamente, specifico, informato e non ambiguo. Il GDPR richiede un governo ed una documentazione efficaci per abilitare e dimostrare la compliance verso la Privacy by Design.

Le leggi sulla privacy canadesi combinano un regime di protezione della privacy comprensivo di regolamenti propri dell'industria. Il PIPEDA (Personal Information Protection and Electronic Documents Act) si applica ad ogni organizzazione che raccoglie, utilizza, e diffonde informazioni personali durante attività di carattere commerciale. Esso stabilisce regole, con eccezioni, che le organizzazioni devono seguire nell'utilizzo delle informazioni personali dei propri clienti. La Tabella 2 descrive gli obblighi legali basati sul PIPEDA.[19]

In Canada, il Federal Privacy Commissioner ha l'unica responsabilità di gestire le rimostranze sulla privacy contro le organizzazioni. In ogni caso copre anche un ruolo di mediatore; le sue decisioni sono solo raccomandazioni (non hanno valore legale e non hanno potere a procedere alle azioni, anche all'interno dello stesso ufficio del commissario).

Tabella 2 Obblighi dello Statuto della Privacy Canadese

Principio PIPEDA	Descrizione del Principio
Responsabilità (Accountability)	Un'organizzazione è responsabile delle informazioni personali sotto il suo controllo e deve designare un individuo come responsabile per il rispetto del principio da parte dell'organizzazione.
Identificare gli Scopi (Identifying Purposes)	Un'organizzazione deve identificare gli scopi per i quali le informazioni personali vengono raccolte al momento o prima della raccolta delle informazioni.
Consenso (Consent)	Un'organizzazione deve ottenere la conoscenza e il consenso dell'individuo per la raccolta, l'uso o la divulgazione di informazioni personali, tranne se inappropriato.
Limitare Raccolta, Utilizzo, Esposizione e Conservazione (Limiting Collection, Use, Disclosure, and Retention)	La raccolta di informazioni personali deve essere limitata a quanto necessario ai fini identificati dall'organizzazione. Le informazioni sono raccolte con mezzi equi e leciti. Le informazioni personali non possono essere utilizzate o divulgate per scopi diversi da quelli per i quali sono state raccolte, se non con il consenso dell'individuo o come richiesto dalla legge. Le informazioni personali sono conservate solo per il tempo necessario per l'adempimento di tali scopi.
Precisione (Accuracy)	Le informazioni personali devono essere accurate, complete e aggiornate quanto è necessario per gli scopi per i quali devono essere utilizzate.
Misure di sicurezza (Safeguards)	Le informazioni personali devono essere protette da garanzie di sicurezza adeguate alla sensibilità delle informazioni.
Apertura (Openness)	Un'organizzazione deve mettere a disposizione degli individui informazioni specifiche sulle sue politiche e pratiche relative alla gestione delle proprie informazioni personali.

---

[19] http://bit.ly/2tNM53c.

Principio PIPEDA	Descrizione del Principio
Accesso Individuale (Individual Access)	Su richiesta, un individuo deve essere informato dell'esistenza, dell'uso e della divulgazione delle sue informazioni personali e deve avere accesso a tali informazioni. Un individuo deve essere in grado di contestare l'accuratezza e la completezza delle informazioni e averle modificate come appropriate.
Contestazioni di Conformità (Compliance Challenges)	Un individuo deve essere in grado di indirizzare una contestazione riguardo alla conformità con i principi sopra all'individuo o agli individui designati come responsabili per la conformità dell'organizzazione.

Nel Marzo 2012, la Commissione Federale del Commercio (FTC) ha pubblicato un report nel quale raccomanda alle organizzazioni di disegnare ed implementare un proprio programma di privacy basato sulle best practice descritte nel report (cioè la Privacy by Design) (FTC 2012). Il report riafferma il focus della FTC sui Fair Information Processing Principles (si veda la Tabella 3).

Tabella 3 Criteri del Programma di Policy degli Stati Uniti

Principio	Descrizione del Principio
Notifica / Consapevolezza (Notice / Awareness)	Coloro che raccolgono dati devono divulgare le loro pratiche informative prima di raccogliere informazioni personali dai consumatori.
Scelta / Consenso (Choice / Consent)	Ai consumatori devono essere fornite opzioni per quanto riguarda se e come le informazioni personali raccolte da essi possono essere utilizzate per scopi diversi da quelli per i qualisono state fornite le informazioni.
Accesso / PArtecipazione (Access / Participation)	I consumatori dovrebbero essere in grado di visualizzare e contestare l'accuratezza e la completezza dei dati raccolti su di loro.
Integrità / Sicurezza (Integrity / Security)	Coloro che raccolgono i dati devono adottare misure ragionevoli per garantire che le informazioni raccolte dai consumatori siano accurate e sicure da un utilizzo non autorizzato.
Applicazione / Riparazione (Enforcement / Redress)	L'uso di un meccanismo affidabile per imporre sanzioni in osservanza di queste pratiche di informazione equa.

Questi principi sono sviluppati per includere i concetti nelle Fair Information Processing Guidelines dell'OECD, compresa l'enfasi sulla data minimization (limitare la raccolta dati), la storage minimization (la conservazione), l'accuratezza e il requisito che le compagnie devono fornire ragionevole sicurezza per i dati dei clienti. Altri aspetti di una corretta gestione delle informazioni includono:

- la semplificazione delle scelte del cliente per ridurre l'onere su di loro
- la raccomandazione di mantenere procedure di data management complete attraverso il ciclo di vita dell'informazione
- l'opzione di Non Tracciare
- la richiesta di un consenso esplicito

- la revisione delle possibilità di raccolta dati delle piattaforma dei grandi providers; trasparenza e chiare indicazioni e policy sulla privacy
- l'accesso individuale ai dati
- l'educazione dei clienti in merito alle pratiche di privacy dei dati
- Privacy by Design

È presente un trend globale che incrementa la protezione legale della privacy delle informazioni degli individui, a seguito degli standard emanate dalla legislazione UE. Le leggi nel mondo impongono differenti tipi di vincoli sul movimento dei dati attraverso i confini internazionali. Anche all'interno di una organizzazione multinazionale ci saranno limiti legali alla completa condivisione delle informazioni. E' perciò importante che le organizzazioni abbiano policy e linee guida per permettere ai dipendenti di seguire sia i requisiti legali che l'utilizzo dai dati all'interno della propensione al rischio dell'organizzazione

3.3 I dati on-line in un contesto etico

Negli Stati Uniti stanno emergendo dozzine di iniziative e programmi con lo scopo di creare un insieme codificato di principi per informare sui comportamenti etici negli ambienti online (Davis, 2012). Gli argomenti includono:

- **La Proprietà del dato**: I diritti di controllare i dati personali di ognuno in relazione ai siti di social media e di intermediari di dati. Gli aggregatori di flussi di dati personali possono incorporare dati in file nascosti dei quali gli individui non sono consapevoli.

- **Il diritto alla cancellazione**: Fare in modo che le informazioni di un individuo debbano essere cancellate dal web, in particolare per adeguare la reputazione online. Questo argomento è parte delle pratiche generali di conservazione dei dati (data retention).

- **Identità**: avere il diritto di ottenere una identità e la corretta identità e la possibilità di avere una identità riservata.

- **Libertà di parola online**: Esprimere la propria opinione nei confronti di bullismo, incitamento alla violenza, persecuzione o insulti.

3.4 I rischi di una gestione non etica dei dai

La maggior parte delle persone che lavorano con i dati sanno che è possibile utilizzare i dati per rappresentare in modo falso i fatti. Il libro *How to Lie with Statistics* by Darrell Huff (1954) descrive una serie di modi con i quali i dati posso essere utilizzati per mal rappresentare i fatti creando una patina di oggettività. I metodi possono includere scelta dei dati mirata, manipolazione delle scale, e omissione di alcune informazioni. Questi approcci sono ancora utilizzati ai giorni nostri.

Un modo per capire le conseguenze della gestione etica dei dati è quello di esaminare le pratiche che la maggior parte delle persone considerano scorrette. La gestione etica dei dati comporta un impatto positivo nel gestire i dati secondo principi etici come l'affidabilità. Assicurare l'affidabilità del dato può includere misurazioni nel rispetto di dimensioni di Data Quality come precisione e tempestività. Essa include anche un livello minimo di veridicità e trasparenza – non usare i dati per mentire o ingannare, ed essere trasparenti riguardo alle fonti, utilizzi ed intenti dietro la gestione del dato all'interno delle organizzazioni. Lo scenario seguente descrive una gestione non etica che viola questi principi all'interno di altri.

3.4.1 Tempestività

È possibile mentire attraverso omissioni o inclusioni di certi dati in un report o attività basati sulla tempestività. la manipolazione del mercato finanziario attraverso compravendite dell'ultimo minuto possono fa aumentare il prezzo della merce artificiosamente alla chiusura del mercato dando una falsa sensazione di crescita del valore. Questo è chiamato "market timing" ed è illegale.

Il personale che segue la Business Intelligence può essere il primo che nota delle anomalie. In effetti ora sono considerati attori fondamentali nei centri borsistici mondiali sia nel ricercare questo tipo di operazioni che nell'analizzare i report e verificare e monitorare regole ed allarmi. Personale di Business Intelligence a carattere etico può avere la necessità di allertare le corrette funzioni di governance o di management di tali anomalie.

3.4.2 Rappresentazioni ingannevoli

Carte e grafici possono essere usati per presentare i dati in maniera ingannevole. Ad esempio, cambiare la scala può far sembrare una linea di tendenza migliore o peggiore. Escludere dei dati, confrontare due situazioni senza evidenziare a loro relazione o ignorare convenzioni grafiche (come i numeri in un grafici a torta che rappresentano percentuali devono sommarsi per arrivare a 100 e solo a 100) possono essere utilizzati per spingere le persone verso una interpretazione dei grafici che non sono supportati dai dati stessi.[20]

3.4.3 Definizioni non chiare o confronti non validi

Una notizia riportata negli Stati Uniti e basata sui dati del 2011 del US Census Bureau, riporta che 108.6 milioni di persone erano in uno stato di benessere sociale ma solo 101.7 milioni di persone avevano un impiego a tempo pieno, facendo sembrare che ci fosse una percentuale sproporzionata di persone in

---

[20] How To Statistics (Website). *Misleading Graphs: Real Life Examples.* 24 January 2014. http://bit.ly/1jRLgRH See also io9 (Website). *The Most Useless and Misleading Infographics on the Internet.* http://bit.ly/1YDgURl See http://bit.ly/2tNktve Google "misleading data visualization" per ulteriori esempi. Per contro esempio, ossia visualizzazioni con una base etica, si veda Tufte (2001).

stato di benessere.[21] Media Matters ha spiegato la discrepanza: i 108.6 milioni che figurano nel numero delle "persone in stato di benessere" derivano da un censimento del Census Bureau ... di un programma basato sul reddito, che include "chiunque risieda in una abitazione nella quale una o più persone ricevono sussidi" nel quarto quarto del 2011, includendo così persone che non ricevono esse stesse sussidi governativi. D'altro canto, le "persone con un impiego a tempo pieno"... includono solo persone che lavorano, non persone che risiedono in una abitazione con almeno una persona che lavora.[22]

L'attività etica da fare, nel presentare le informazioni, è fornire il contesto che informa sul loro significato, come una chiara e non ambigua definizione della popolazione misurata e sul significato di essere "in stato di benessere". Quando il necessario contesto viene tralasciato, la parte esterna della presentazione potrebbe implicare significati che i dati non supportano. Quando questo effetto viene ottenuto con l'intento di ingannare o semplicemente per negligenza, questo è un utilizzo non etico dei dati.

È anche necessario, da un punto di vista etico, non abusare delle statistiche.

Lo 'smoothing' statistico di numeri all'interno di un periodo può cambiare completamente la percezione del numero. Il 'data mining snooping' è un termine coniato recentemente per un fenomeno di investigazione statistica nell'estrazione dei dati dove vengono eseguite correlazioni complete su un insieme di dati, essenzialmente per generare un modello statistico. Dato il comportamento della 'significatività statistica' è ragionevole aspettarsi risultati che sembrano statisticamente validi, ma che in realtà sono casuali. Un non esperto può essere tratto in inganno. Questo è comune nei settori finanziario e medico (Jensen, 2000; ma.utexas.edu, 2012).[23]

3.4.4 Bias

Con il termine *"bias"* ci si riferisce alla propensione verso una prospettiva. A livello personale, il termine è associato ad un giudizio o pregiudizio immotivato. In statistica, 'bias' si riferisce a deviazioni rispetto a valori attesi. Questi vengono spesso introdotti attraverso errori semantici nella raccolta di campioni o nella selezione dei dati.[24] Il bias può essere introdotto in punti differenti nel ciclo di vita del dato: quando un dato è raccolto o creato, quando è selezionato per includerlo nelle analisi, nei metodi con i quali è analizzato, e nel come i risultati delle analisi sono presentati.

Il principio etico di giustizia genera un dovere positivo di essere consapevoli dei possibili pregiudizi che possono influenzare la raccolta dati, l'elaborazione, l'analisi o l'interpretazione. Ciò è particolarmente

---

[21] Al 2015, la popolazione totale degli Stati Uniti è stimata essere 321.4 milioni. http://bit.ly/2iMlP58

[22] http://mm4a.org/2spKToU L'esempio dimostra anche visualizzazioni fuorvianti, poiché nel grafico la barra dei 108.6 milioni è mostrata circa 5 volte più larga della colonna dei 101.7 milioni

[23] Si vedano anche numerosi articoli di W. Edwards Deming in: http://bit.ly/2tNnlZh

[24] http://bit.ly/2lOzJqU

importante nei casi di elaborazione dei dati su larga scala che possono coinvolgere in maniera sproporzionata gruppi di persone che sono storicamente soggette a pregiudizi o trattamenti ingiusti. Utilizzare i dati senza indirizzare il modo in cui un certo bias può essere introdotto può comportare dei pregiudizi riducendo nel contempo la trasparenza del processo, dando ai risultati una veste di imparzialità o neutralità quando non sono effettivamente neutrali. Ci sono diversi tipi di bias:

- **Raccolta dati per risultati prestabiliti:** L'analista subisce pressioni per raccogliere dati e produrre risultati allo scopo di ottenere conclusioni prestabilite piuttosto che sforzarsi di disegnare una conclusione oggettiva.

- **Utilizzo di parte dei dati raccolti:** I dati possono essere raccolti con un bias limitato ma l'analista subisce pressioni per usarli a conferma di una impostazione predeterminata. I dati possono anche essere manipolati a tale scopo (ad esempio alcuni dati possono essere scartati se non confermano l'approccio).

- **Intuizione e ricerca:** L'analista ha una intuizione e desidera soddisfarla ma utilizza solo i dati che confermano l'intuizione e non considera altre possibilità che i dati possano soddisfare.

- **Metodo di campionamento basato su bias:** Il campionamento è spesso parte della raccolta dei dati. Ma il bias può essere introdotto dal metodo utilizzato per selezionare i set campione. È virtualmente impossibile per gli esseri umani scegliere senza qualche sorta di bias. Per limitare il bias si devono usare strumenti statistici per selezionare gli insiemi e definire una adeguata dimensione degli insiemi. La consapevolezza del bias nei dataset usati per il training degli algoritmi è particolarmente importante.

- **Contesto e cultura:** I bias sono spesso basati su cultura o contesto, così è richiesto di uscire dal proprio contesto culturale per avere una visione neutrale della situazione.

I temi del bias dipendono da molti fattori, come il tipo dei dati in questione elaborate, gli stakeholers coinvolti, come i data set sono alimentati, il business che deve essere raggiunto, ed i risultati attesi del processo. In ogni caso non è sempre possibile o addirittura pensabile di rimuovere tutti i bias. I bias di business nei confronti di clienti di basso livello (clienti sui quali non si pensa di sviluppare ulteriore business) sono una parte fondamentale di molti scenari costruiti dagli analisti finanziari; essi sono esclusi dai campioni o ignorati nelle analisi. In tal caso gli analisti dovrebbero documentare i criteri utilizzati per identificare la popolazione che stanno studiando. Al contrario, gli algoritmi predittivi che determinano il "rischio criminale" di individui o politiche predittive per inviare risorse a quartieri specifici avrebbero un maggior rischio di violare principi etici di giustizia o tolleranza, e dovrebbero avere più precauzioni per assicurare trasparenza e tracciabilità dell'algoritmo ed indicare i bias nelle simulazioni dei data set di qualsiasi algoritmo predittivo.[25]

---

[25] Per esempi di bias di machine learning si veda Brennan (2015) e i siti web di Ford Foundation e ProPublica. In aggiunta ai bias, c'è un problema di opacità. Quando gli algoritmi predittivi di auto apprendimento diventano più complessi, è difficile tracciare la logica e il lineage delle loro decisioni. Si veda Lewis e Monett (2017). http://bit.ly/1Om41ap; http://bit.ly/2oYmNRu.

3.4.5 Trasformazione ed integrazione dei dati

L'integrazione dei dati presenta sfide di carattere etico visto che il dato cambia e si sposta da sistema a sistema. Se il dato non è integrato con attenzione si presenta il rischio di utilizzo non etico o addirittura illegale. Tali rischi etici si collegano con problemi fondamentali nella gestione dei dati, inclusi:

- **Conoscenza limitata dell'origine del dato e del lineage:** Se un'organizzazione non conosce da dove viene il dato e come si modifica mentre si trasmette tra sistemi allora l'organizzazione non può dimostrare che il dato rappresenta ciò che intende rappresentare.

- **Dati di scarsa qualità:** Le organizzazioni devono avere standard di data quality chiari e misurabili e dovrebbero misurare i propri dati per confermare che rispettano gli standard di qualità. Senza questa conferma una organizzazione non può garantire i propri dati ed il cliente può essere a rischio o far correre rischi ad altri quando usa i dati.

- **Metadati inaffidabili:** Gli utilizzatori dei dati dipendono da metadati affidabili, compresi definizioni consistenti dei singoli dati, documentazione dell'origine dei dati e documentazione del lineage (ad esempio regole con le quali i dati vengono integrati). Senza metadati affidabili i dati possono essere fraintesi e potenzialmente manipolati. Nei casi in cui i dati si spostano tra organizzazioni e specialmente quando si muovono tra confini nazionali, i metadati dovrebbero includere tag che indicano la loro provenienza, chi ne è il proprietario e se richiedono una particolare protezione.

- **Nessuna documentazione sulla storia della bonifica dei dati:** Le organizzazioni dovrebbero avere anche informazioni verificabili relative al modo in cui i dati sono stati cambiati. Anche se lo scopo della bonifica dei dati è il miglioramento della qualità del dato, il farlo potrebbe risultare illegale. La bonifica dei dati dovrebbe sempre seguire un processo di controllo formale e verificabile.

3.4.6 Offuscamento / Revisione del dato

L'offuscamento o la revisione del dato è la pratica di rendere l'informazione anonima o di rimuovere l'informazione sensibile. Ma l'offuscamento in sé può non essere sufficiente per proteggere i dati se una attività a valle (un'analisi o una combinazione con altri data set) può esporre i dati. Il rischio si presenta nei seguenti casi:

- **Data aggregation:** Quando vengono aggregati i dati secondo certe dimensioni e vengono eliminati i dati identificativi, un data set può ancora essere utile a scopi analitici senza che sia il caso di divulgare le informazioni personali di identificazione (PII). Le aggregazioni per aree geografiche sono una pratica comune (si vedano i Capitoli 7 e 14).

- **Data marking:** Il "Data marking" viene utilizzato per classificare dati sensibili (segreti, confidenziali, personali, etc.) e per controllare la divulgazione al pubblico o a fornitori oppure tra venditori di alcuni paesi verso altre comunità.

- **Data masking**: Il "Data masking" è una pratica per la quale solo alcuni dati inviati sbloccano processi. Gli operatori non possono vedere quali siano i dati mascherati; essi semplicemente rispondono a domande che vengono poste e se la loro risposta è corretta vengono sbloccate altre attività. I processi di business che utilizzano il data masking includono i call center esternalizzati o sub-fornitori che devono avere solo parziale accesso alle informazioni.

L'uso di data set estremamente grandi nelle analisi di Data Science pongono questioni pratiche piuttosto che teoriche in merito alla efficacia dell'anonimizzazione. All'interno di grandi data set è possibile combinare i dati in modo che permettono di individuare specifici individui anche se il data set di input è stato anonimizzato. Il primo interesse quando i dati entrano a far parte di un data lake è quello di analizzarli per i dati sensibili ed applicare metodi predittivi accettabili. Questo da solo però può non offrire una sufficiente salvaguardia; ecco perché è vitale per le organizzazioni avere una forte governance ed il commitment per una gestione etica del dato (si veda il Capitolo 14).

3.5 Instaurare una cultura etica del dato

Instaurare una cultura etica della gestione del dato richiede che vengano comprese le pratiche esistenti, definiti risultati attesi, codificati in policy e codici etici e che venga fornita formazione per incoraggiare i corretti comportamenti. Come per altre iniziative legate al governo del dato e a cambiamenti culturali, questo processo richiede una forte leadership.

Una gestione etica del dato ovviamente include il rispetto della legge ma influenza anche come il dato è analizzato ed interpretato, così come è utilizzato internamente ed esternamente. Una cultura organizzativa che valorizza chiaramente comportamenti etici non avrà codici di condotta ma assicurerà che comunicazioni chiare e controlli di governance risultano in essere per supportare i dipendenti con domande ed adeguati percorsi di crescita in modo che se gli impiegati diventano consapevoli dei comportamenti non etici o rischi di carattere etico siano in grado di evidenziarlo o di interrompere il processo senza paura di ritorsioni. Sviluppare il comportamento etico nei confronti dei dati in una organizzazione richiede un processo formale di "Organizational Change Management" (OCM). (Vedere Capitolo 17.)

3.5.1 Revisione delle pratiche attuali di gestione del dato

Il primo passo per un miglioramento è capire lo stato attuale. Lo scopo di rivedere le pratiche in essere sulla gestione del dato è quello di capire il grado con il quale esse sono direttamente ed in maniera esplicita connesse con i driver di etica e compliance. Tale revisione dovrebbe anche identificare quanto i dipendenti comprendono le implicazioni etiche delle pratiche esistenti nel costruire e mantenere la fiducia di client, partner e stakeholder. Il risultato della revisione dovrebbe documentare i principi etici che sottostanno alla raccolta, all'uso ed al controllo del dato nell'organizzazione attraverso il ciclo di vita del dato stesso, incluse le operazioni di condivisione.

3.5.2 Identificare Principi, Pratiche e Fattori di rischio

Lo scopo di formalizzare le pratiche etiche nella gestione dei dati è quello di ridurre il rischio che i dati possano essere mal utilizzati e causare danni a clienti, dipendenti, venditori, altri stakeholders o all'organizzazione nel suo complesso. Un'organizzazione che tenta di migliorare le proprie pratiche dovrebbe avere consapevolezza dei principi generali, come la necessità di proteggere la privacy degli individui, informazioni specifiche del proprio mercato e l'obbligo di proteggere informazioni finanziarie o legate alla salute.

L'approccio di un'organizzazione all'etica dei dati deve essere allineata a requisiti legali e di compliance. Ad esempio, le organizzazione che operano a livello globale devono avere la corretta conoscenza dei principi etici alla base delle leggi dei paesi nei quali operano, così come la conoscenza di accordi tra i paesi. Inoltre, molte organizzazioni hanno a che fare con rischi specifici, che possono essere legati a temi tecnologici, il grado di turnover dei dipendenti, i motivi per i quali raccolgono i dati dei clienti o altri fattori.

I principi dovrebbero essere allineati con i rischi (potrebbero capitare fatti negativi nel caso in cui i principi non vengono seguiti) e le pratiche (il modo corretto di fare le cose così che i rischi vengono evitati). Le pratiche dovrebbero essere supportate da controlli, come illustrato nell'esempio seguente:

- **Principio guida:** Le persone hanno il diritto alla privacy nel rispetto delle informazioni che riguardano la loro salute. Perciò i dati personali sulla salute dei pazienti dovrebbero essere non accessibili salvo da persone autorizzate all'accesso come parte della propria attività medica.

- **Rischio:** Se c'è un elevato accesso ai dati personali sulla salute dei pazienti, le informazioni degli individui potrebbero diventare di pubblico dominio vanificando il loro diritto alla privacy.

- **Pratica:** Solo infermiere e dottori avranno accesso ai dati personali sulla salute dei pazienti e solo per scopi legati alla cura.

- **Controllo:** Ci sarà una revisione annuale di tutti gli utenti dei sistemi che contengono dai personali sulla salute dei pazienti per assicurare che solo le persone che hanno necessità dell'accesso lo abbiano.

3.5.3 Creare una strategia ed una roadmap per la gestione etica del dato

Dopo un revisione della situazione e lo sviluppo dell'insieme dei principi, una organizzazione può formalizzare una strategia per migliorare le proprie pratiche di gestione del dato. Tale strategia deve esprimere sia i principi etici che i risultati attesi relativi ai dati, espresso in dichiarazioni sui valori ed un codice di comportamento etico. Le parti di una strategia di questo genere includono:

- **Dichiarazioni sui valori:** Le dichiarazioni sui valori descrivono in cosa crede l'organizzazione. Esempi possono includere verità, cortesia o giustizia. Queste dichiarazioni forniscono un framework per la gestione etica del dato e le relative scelte.

- **Principi sulla gestione etica del dato:** I principi sulla gestione etica del dato descrivono come una organizzazione affronta le sfide poste dei dati: per esempio, come rispettare il diritto individuale alla privacy. Principi e risultati attesi possono essere riassunti in un codice etico e supportati da policy etiche. La diffusione del codice e della policy dovrebbero essere inclusi nel piani di formazione e comunicazione.

- **Framework per la compliance:** Un framework per la compliance include fattori che guidano gli obblighi dell'organizzazione. I comportamenti etici dovrebbero abilitare le organizzazioni a rispettare i requisiti di compliance. I requisiti di compliance sono influenzati da questioni geografiche e di settore.

- **Risk assessments:** le attività di risk assessments identificano la probabilità e le conseguenze di specifici problemi che possono sorgere all'interno dell'organizzazione. Esse dovrebbero essere utilizzate per dare priorità alle azioni di mitigazione, compreso il rispetto da parte dei dipendenti dei principi etici.

- **Formazione e comunicazione:** La formazione dovrebbe includere la revisione del codice etico. Il dipendente deve sottoscrivere il fatto che sia a conoscenza del codice e delle implicazioni di una gestione non etica del dato. La formazione deve essere continua: per esempio attraverso una richiesta di accettazione annuale delle regole etiche. La comunicazione dovrebbe raggiungere tutti i dipendenti.

- **Roadmap:** La roadmap dovrebbe includere una pianificazione con attività che possono essere approvate dal management. Le attività includeranno piani di formazioni e comunicazione, identificazione e risoluzione di gap all'interno delle pratiche esistenti, mitigazione del rischio e piani di monitoraggio. Sviluppare indicazioni dettagliate che riflettono l'obiettivo dell'organizzazione verso una adeguata gestione del dato, includendo ruoli, responsabilità e processi e indicazioni degli esperti ai quali chiedere più informazioni. La roadmap dovrebbe coprire tutte le leggi applicabili ed i fattori culturali.

- **Impostazione verso auditing e monitoraggio:** I concetti etici ed il codice etico possono essere rafforzati durante la formazione. È anche auspicabile monitorare specifiche attività per assicurare che queste siano eseguite nel rispetto dei principi etici.

3.5.4 Adottare un modello di rischio socialmente responsabile

I professionisti del dato convolti in Business Intelligence, analytics e Data Science sono spesso responsabili per i dati che descrivono:

- Chi sono le persone, compreso il paese d'origine e le proprie caratteristiche razziali, etiche, e religiose
- Cosa le persone fanno, comprese attività politiche, sociali e potenzialmente criminose
- Dove le persone vivono, quanto denaro posseggono, cosa acquistano, con chi parlano o messaggiano o inviano mail

- Come le persone vengono considerate, compreso risultati di analisi come punteggi e preferenze che le individuano come destinatari di futuri business privilegiati oppure no

Questi dati possono essere male utilizzati e contraddire i principi che sottintendono l'etica del dato: rispetto per le persone, benessere e giustizia.

L'esecuzione corretta di BI, analytics e Data Science richiede una prospettiva etica che guarda oltre i confini dell'organizzazione per le quali le persone lavorano e tiene conto delle implicazioni per l'intera comunità. Una prospettiva etica è necessaria non solo perché i dati possono essere male utilizzati ma anche perché le organizzazioni hanno una responsabilità sociale per i propri dati che non devono nuocere.

Per esempio, una organizzazione può definire criteri per come individuare i "cattivi" clienti per smettere di fare business con tali individui. Ma se l'organizzazione ha il monopolio di un servizio essenziale in una particolare area geografica, allora alcuni di questi individui si possono ritrovare senza quel servizio essenziale e si possono ritrovare in difficoltà a causa della decisione dell'organizzazione.

I progetti che usano dati personali dovrebbero avere un approccio disciplinato per l'utilizzo di quei dati. Si veda la Figura 13. Essi dovrebbero tenere conto di:

- Come selezionano la popolazione da studiare (freccia 1)
- Come i dati vengono raccolti (freccia 2)
- Su quale attività si concentreranno gli analytics (freccia 3)
- Come i risultati saranno resi disponibili (freccia 4)

All'interno di ogni area presa in esame, essi dovrebbero indirizzare potenziali rischi etici, con particolare attenzione su possibili effetti negativi su clienti e cittadini.

Può essere utilizzato un modello di rischio per determinare se eseguire il progetto. Ciò influenza anche come eseguire il progetto. Ad esempio, i dati saranno resi anonimi, le informazioni private rimosse dagli archivi, la sicurezza sui file ridotta o confermata ed una revisione delle leggi sulla privacy locali riviste dal legale. La cancellazione dei clienti non dovrebbe essere permessa per legge se l'organizzazione ha il monopolio in una giurisdizione ed i cittadini non hanno possibilità di altri fornitori per energia o acqua.

Dato che i progetti di data analytics sono complessi, le persone potrebbero non vedere problemi etici. Le organizzazioni devono attivamente identificare i potenziali rischi. Esse devono anche proteggere coloro i quali vedono rischi ed esprimono preoccupazioni. I controlli automatizzati non sono una sufficiente protezione da attività non etica. Le persone - gli analisti stessi – devono riflettere su possibili bias. Le norme etiche e culturali sul posto di lavoro influenzano il comportamento aziendale, l'apprendimento e l'utilizzo di un modello di rischio etico. Il DAMA International incoraggia i professionisti del dato a prendere una posizione professionale e presentare la situazione di rischio ai referenti di business che possono non aver riconosciuto le implicazioni di utilizzi particolari dei dati e le implicazioni nel loro lavoro.

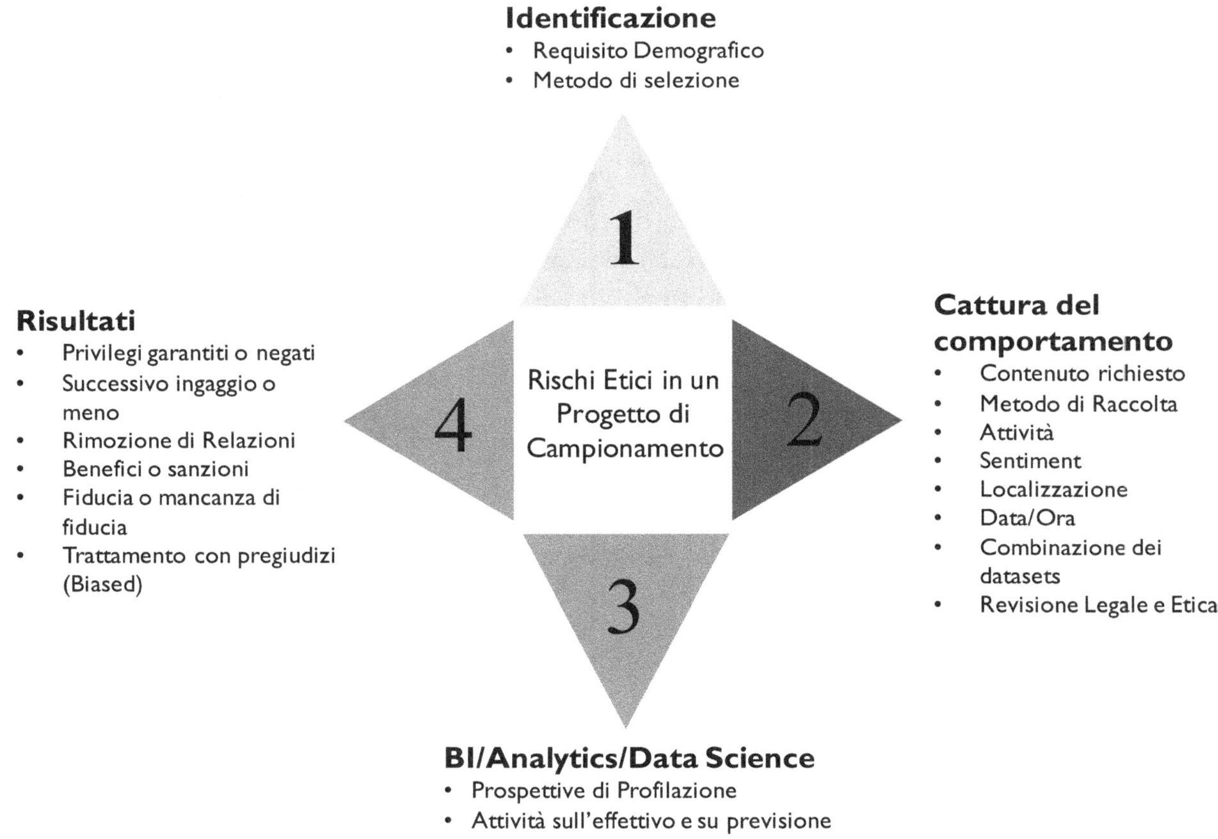

Figura 13 Modello di Rischio Etico per progetti di Campionamento

3.6 Etica del dato e Governance

Il controllo di un'appropriata gestione del dato rientra nella data governance e nell'attività legale. Viene richiesto loro di mantenersi aggiornati nei confronti degli aggiornamenti normativi e di ridurre il rischio di imprudenze di carattere etico assicurando che i dipendenti siano consapevoli dei propri obblighi. La Data Governance deve impostare standard e policy per supervisionare le pratiche di gestione del dato. I dipendenti si devono aspettare una gestione equa, protezione dalla segnalazione di possibili breach e nessuna interferenza nella propria vita privata. La Data Governance richiede un particolare controllo nella revisione dei piani e delle decisioni proposte da BI, analytics e ricerche di Data Science.

La certificazione DAMA International's Certified Data Management Professional (CDMP) richiede che i professionisti del data management sottoscrivano un codice etico formale compreso l'obbligo di gestire i dati eticamente in nome della società al di fuori dell'organizzazione che li ha assunti.

4. Opere Citate / Consigliate

Blann, Andrew. *Data Handling and Analysis.* Oxford University Press, 2015. Print. Fundamentals of Biomedical Science.

Council for Big Data, Ethics, and Society (website) http://bit.ly/2sYAGAq.

Davis, Kord. *Ethics of Big Data: Balancing Risk and Innovation.* O'Reilly Media, 2012. Print.

European Data Protection Supervisor (EDPS). Opinion 4/2015 "Towards a new digital ethics: Data, dignity and technology." http://bit.ly/2sTFVlI.

Federal Trade Commission, US (FTC). *Federal Trade Commission Report Protecting Consumer Privacy in an Era of Rapid Change.* March 2012. http://bit.ly/2rVgTxQ and http://bit.ly/1SHOpRB.

GDPR REGULATION (EU) 2016/679 OF THE EUROPEAN PARLIAMENT AND OF THE COUNCIL of 27 April 2016 on the protection of natural persons with regard to the processing of personal data and on the free movement of such data, and repealing Directive 95/46/EC (General Data Protection Regulation).

Hasselbalch, Gry and Pernille Tranberg. *Data Ethics: The New Competitive Advantage.* Publishare. 2016.

Huff, Darrell. *How to Lie with Statistics.* Norton, 1954. Print.

Jensen, David. "Data Snooping, Dredging and Fishing: The Dark Side of Data Mining A SIGKDD99 Panel Report." *SIGKDD Explorations.* ACM SIGKDD, Vol. 1, Issue 2. January 2000. http://bit.ly/2tNThMK.

Johnson, Deborah G. *Computer Ethics.* 4th ed. Pearson, 2009. Print.

Kaunert, C. and S. Leonard, eds. *European Security, Terrorism and Intelligence: Tackling New Security Challenges in Europe.* Palgrave Macmillan, 2013. Print. Palgrave Studies in European Union Politics.

Kim, Jae Kwan and Jun Shao. *Statistical Methods for Handling Incomplete Data.* Chapman and Hall/CRC, 2013. Chapman and Hall/CRC Texts in Statistical Science.

Lake, Peter. *A Guide to Handling Data Using Hadoop: An exploration of Hadoop, Hive, Pig, Sqoop and Flume.* Peter Lake, 2015.

Lewis, Colin and Dagmar Monett. *AI and Machine Learning Black Boxes: The Need for Transparency and Accountability.* KD Nuggets (website), April 2017. http://bit.ly/2q3jXLr.

Lipschultz, Jeremy Harris. *Social Media Communication: Concepts, Practices, Data, Law and Ethics.* Routledge, 2014. Print.

Mayfield, M.I. *On Handling the Data.* CreateSpace Independent Publishing Platform, 2015. Print.

Mazurczyk, Wojciech et al. *Information Hiding in Communication Networks: Fundamentals, Mechanisms, and Applications.* Wiley-IEEE Press, 2016. Print. IEEE Press Series on Information and Communication Networks Security.

Naes, T. and E. Risvik eds. *Multivariate Analysis of Data in Sensory Science.* Volume 16. Elsevier Science, 1996. Print. Data Handling in Science and Technology (Book 16).

Olivieri, Alejandro C. et al, eds. *Fundamentals and Analytical Applications of Multi-way Calibration.* Volume 29. Elsevier, 2015. Print. Data Handling in Science and Technology (Book 29).

ProPublica (website). "Machine Bias: Algorithmic injustice and the formulas that increasingly influence our lives." May 2016 http://bit.ly/2oYmNRu.

Provost, Foster and Tom Fawcett. *Data Science for Business: What you need to know about data mining and data-analytic thinking.* O'Reilly Media, 2013. Print.

Quinn, Michael J. *Ethics for the Information Age.* 6th ed. Pearson, 2014. Print.

Richards, Lyn. *Handling Qualitative Data: A Practical Guide.* 3 Pap/Psc ed. SAGE Publications Ltd, 2014. Print.

Thomas, Liisa M. *Thomas on Data Breach: A Practical Guide to Handling Data Breach Notifications Worldwide.* LegalWorks, 2015. Print.

Tufte, Edward R. *The Visual Display of Quantitative Information.* 2nd ed. Graphics Pr., 2001. Print.

University of Texas at Austin, Department of Mathematics (website). *Common Misteaks Mistakes in Using Statistics.* http://bit.ly/2tsWthM. Web.

US Department of Health and Human Services. *The Belmont Report.* 1979. http://bit.ly/2tNjb3u (US-HSS, 2012).

US Department of Homeland Security. "Applying Principles to Information and Communication Technology Research: A Companion to the Department of Homeland Security Menlo Report". January 3, 2012. http://bit.ly/2rV2mSR (US-DHS, 1979).

Witten, Ian H., Eibe Frank and Mark A. Hall. *Data Mining: Practical Machine Learning Tools and Techniques.* 3rd ed. Morgan Kaufmann, 2011. Print. Morgan Kaufmann Series in Data Management Systems.

Data Governance

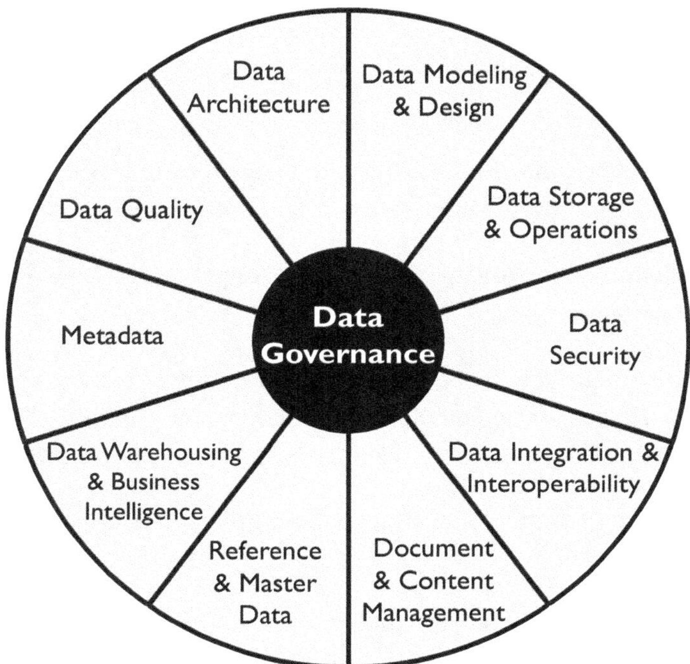

DAMA-DMBOK2 Data Management Framework

Copyright © 2017 by DAMA International

1. Introduzione

La Data Governance (DG) è definita come l'esercizio dell'autorità e del controllo (pianificazione, monitoraggio e applicazione) nella gestione degli asset dati. Tutte le organizzazioni prendono decisioni sui dati, a prescindere dal fatto che esse abbiano una funzione formale di Data Governance. Quelle che definiscono formalmente un programma di Data Governance esercitano una autorità ed un controllo con maggiore intenzionalità (Seiner, 2014). Tali organizzazioni sono maggiormente in grado di accrescere il valore che ottengono dai propri asset dati.

La funzione di Data Governance guida tutte le altre funzioni di management. Lo scopo della Data Governance è assicurare che i dati siano gestiti adeguatamente, in accordo con policy e best practices (Ladley, 2012). Mentre lo scopo generale del data management è assicurare che l'organizzazione ottenga valore dai propri dati, la Data Governance si focalizza su come le decisioni sui dati vengono prese e come ci si aspetta che persone e processi si comportino in relazione ai dati. Lo scopo e l'obiettivo di un particolare programma di data governance dipende dalle necessità dell'organizzazione, ma la maggior parte dei programmi include:

- **Strategia**: Definizione, comunicazione e guida all'esecuzione della Data Strategy e della Data Governance Strategy

- **Policy**: Definizione ed applicazione delle policy relative ai dati ed al Metadata Management, accesso, utilizzo, sicurezza e qualità

- **Standards e qualità**: Definizione ed applicazione di standard di Data Quality e Data Architecture

- **Controllo**: Supporto per controlli operativi, audit e correzioni in aree chiave come qualità, policy e gestione dei dati (spesso identificata come *stewardship*)

- **Compliance**: Assicurare che l'organizzazione possa rispettare i requisiti di compliance normativa relativamente ai dati

- **Gestione anomalie**: Identificazione, definizione, escalation e risoluzione di anomalie legate alla sicurezza dei dati, all'accesso, alla qualità, alla compliance normativa, alla data stewardship, alle policy, agli standard, alla terminologia, o alle procedure di gestione dei dati

- **Progetti di Data management**: Sponsorizzare l'impegno per migliorare le pratiche di data management

- **Valutazione dei Data asset**: Definire standard e processi per definire in maniera consistente il valore di business degli asset dati

Per raggiungere questi obiettivi, un programma di Data Governance svilupperà policy e procedure, incoraggerà pratiche di data stewardship all'interno dell'organizzazione a diversi livelli e sarà orientato verso un cambiamento organizzativo che comunichi in maniera efficace all'organizzazione i benefici di una gestione dei dati migliorata ed i comportamenti necessari per gestire con successo il dato come asset.

Per la maggior parte delle organizzazioni, l'adozione formale di una Data Governance richiede il supporto di un cambiamento organizzativo (si veda il Capitolo 17), così come la sponsorship da parte di un executive C-level, che sia il Chief Risk Officer, il Chief Financial Officer o il Chief Data Officer.

La capacità di creare e condividere dati ed informazioni ha trasformato le interazioni personali ed economiche. Le condizioni dinamiche del marcato e la crescente consapevolezza che il dato sia un elemento di differenziazione per la competitività fanno si che le organizzazioni rivedano le responsabilità sulla gestione dei dati. Questo tipo di cambiamento è evidente nei settori finanziario, dell'e-commerce, governativo e della vendita al dettaglio. Le organizzazioni spingono in maniera crescente per diventare data-driven, considerando proattivamente i requisiti sui dati come parte della strategia di sviluppo, della pianificazione dei programmi e dell'implementazione tecnologica. Tuttavia, fare ciò spesso implica un cambiamento culturale significativo. Inoltre, dato che la cultura può far fallire ogni strategia, gli sforzi della Data Governance devono includere una componente di cambiamento culturale, anche qui supportata da una forte leadership.

Data Governance e Stewardship

Definizione: L'Esercizio dell'autorità, controllo, e decision-making condiviso (pianificazione, monitoraggio, e rinforzo) sulla gestione degli asset dati.

Obiettivi:
1. Permettere ad un'organizzazione di gestire i suoi dati come asset.
2. Definire, approvare, comunicare e implementare principi, criteri, procedure, metriche, strumenti e responsabilità per la gestione dei dati.
3. Monitorare e guidare la conformità delle policy, l'utilizzo dei dati e le attività di gestione.

Driver di Business

Input:
- Strategie di Business & Obiettivi
- Strategie IT & Obiettivi
- Data Management e Data Strategy
- Policy Organizzative & Standard
- Assessment della Cultura di Business
- Assessment della Maturità sui Dati
- Pratiche IT
- Requisiti Normativi

Attività:
1. **Definire Data Governance per l'Organizzazione (P)**
   1. Sviluppare Strategia di Data Governance
   2. Eseguire Assessment del livello di Prontezza
   3. Eseguire Esplirazione e Allineamento di Business
   4. Sviluppare Punti di Contatto Organizzativi
2. **Definire la Strategia di Data Governance (P)**
   1. Definire il Framework Operativo di Data Governance
   2. Sviluppare Obiettivi, Principi, e Policy
   3. Sottoscrivere Progetti di Data Management
   4. Ingaggiare il Change Management
   5. Ingaggiare l'Issue Management
   6. Valutare i Requisiti di Compliance Normativa
3. **Implementare la Data Governance (O)**
   1. Sponsorizzare Data Standards e Procedure
   2. Sviluppare un Business Glossary
   3. Coordinarsi con i Gruppi di Architettura
   4. Sponsorizzare la Valutazione dei Data Asset
4. **Incorporare la Data Governance (C,O)**

Deliverable:
- Strategia di Data Governance
- Strategia sui Dati
- Roadmap della Strategia di Business / Dati
- Principi dei Dati, Policy di Data Governance, Processi
- Framework Operativo
- Roadmap e Strategia di Impolementazione
- Piano Operativo
- Business Glossary
- Data Governance Scorecard
- Sito web di Data Governance
- Piano di Comunicazione
- Valore dei Dati riconosciuto
- Maturazione delle Pratiche di Data Management

Fornitori:
- Business Executives
- Data Stewards
- Data Owners
- Esperti della Materia
- Valutatori della Maturità
- Enti Regolatori
- Enterprise Architects

Coinvolgimenti:
- Steering Committees
- CIO
- CDO / Chief Data Stewards
- Executive Data Stewards
- Coordinating Data Stewards
- Business Data Stewards
- Strutture di Data Governance
- Team di Compliance
- DM Executives
- Change Managers
- Enterprise Data Architects
- Project Management Office
- Strutture di Governance
- Audit
- Data Professionals

Utilizzatori:
- Data Governance Bodies
- Project Managers
- Team di Compliance
- DM Comunità interessate
- DM Team
- Business Management
- Gruppi di Architettura
- Organizzaioni Partner

Driver Tecnici

Tecniche:
- Messaggi concisi
- Elenco contatti
- Logo

Strumenti:
- Websites
- Strumenti di Business Glossary
- Strumenti di Workflow
- Strumenti di Document Management
- Data Governance Scorecard

Metriche:
- Conformità alle policy dati normative e interne.
- Valore
- Efficacia
- Sostenibilità

(P) Pianificazione, (C) Controllo, (D) Sviluppo, (O) Operations

Figura 14 Context Diagram: Data Governance e Stewardship

Per beneficiare del dato come asset aziendale, la *cultura* organizzativa deve imparare a valorizzare i dati e le attività di gestione del dato. Anche con la migliore strategia del dato, i piani di governo e gestione del dato non avranno successo senza che l'organizzazione accetti e gestisca il cambiamento. Per molte organizzazioni, il cambio culturale è la sfida maggiore.. Uno dei principi fondamentali della gestione del cambiamento è che il cambiamento organizzativo richiede un cambiamento individuale (Hiatt and Creasey, 2012). Quando la data governance e il data management richiedono cambiamenti significativi di comportamento, una gestione formale del cambiamento è necessaria per il suo successo.

1.1 Business Drivers

Il più comune driver per il governo del dato è spesso la rispondenza a requisiti normativi, specialmente per industrie molto regolamentate come servizi finanziari e sanitari. Rispondere alla legislazione in evoluzione richiede rigidi processi di governo del dato. L'esplosione di advanced analytics e Data Science ha creato una forza aggiuntiva.

Mentre la compliance o gli analytics possono guidare il governo, molte organizzazioni entrano nella data governance attraverso un programma di gestione delle informazioni guidato da altre necessità di business, come il Master Data Management (MDM), da maggiori problemi sui dati o da entrambi. Uno scenario tipico: una compagnia necessita di dati migliori sui clienti, sceglie di sviluppare un Customer MDM e poi realizza che per un MDM di successo necessita di governance del dato.

La data governance non è fine a se stessa. Deve essere allineato direttamente con la strategia aziendale. Più chiaramente aiuta a risolvere i problemi organizzativi e più probabilmente le persone cambieranno il proprio comportamento per adottare le pratiche di governance. I driver del governo del dato spesso si focalizzano sulla riduzione del rischio o sul miglioramento dei processi.

- Riduzione del Rischio
    - **Gestione del rischio in generale**: Controllo dei rischi che i dati possono portare deal punto di vista finanziario e reputazionale, inclusa la risposta a temi legali (E-Discovery) e normativi.
    - **Sicurezza dei dati**: Protezione dei dati attraverso controlli su disponibilità, usabilità, integrità, consistenza, tracciatura e sicurezza del dato.
    - **Privacy**: Controllo di informazioni private / confidenziali / Personal Identifying Information (PII) attraverso policy e monitoraggio di compliance.
- Miglioramento dei Processi
    - **Compliance normativa**: La capacità di rispondere efficacemente e coerentemente a requisiti normativi.
    - **Miglioramento della qualità del dato**: L'abilità di contribuire al miglioramento delle performance del business rendendo i dati più affidabili.
    - **Metadata Management**: La definizione di un glossario di business per definire e localizzare i dati all'interno dell'organizzazione assicurando che una ampia gamma di Metadati siano gestiti e resi disponibili all'organizzazione.

- o **Efficienza nello sviluppo di progetti**: miglioramenti del SDLC per indirizzare problemi ed opportunità nella gestione del dato all'interno dell'organizzazione, compresa la gestione di problemi relativi a dati tecnici attraverso il governo del ciclo di vita del dato.
- o **Gestione dei fornitori**: Controllo di contratti che hanno a che fare con dati, come spazio disco in cloud, acquisizione di dati esterni, vendita di dati come se fossero un prodotto ed esternalizzazione di operazioni sui dati.

E' essenziale chiarire gli specifici driver di business per la data governance all'interno di una organizzazione ed allinearli con la strategia di business generale. Focalizzarsi sulla 'organizzazione della Data Governance' spesso allontana la leadership che percepisce carico aggiuntivo senza apparenti benefici. La sensibilità verso la cultura organizzativa è necessaria per determinare il giusto linguaggio, il giusto modello operativo e i ruoli per il programma. Nel prosieguo del testo del DMBOK2, il termine organizzazione sarà sostituito da termini quali *modello operativo* o *framework operativo*.

Sebbene le persone a volte lamentino che sia difficile capire cosa sia la data governance, la *governance* stessa è un concetto comune. Piuttosto che inventare nuovi approcci, i data management professional possono applicare i concetti ed i principi di altri tipi di governance alla governance del dato. Una analogia comune è quella di equiparare la data governance all'auditing ed alla contabilità. Gli auditors ed i contabili definiscono le regole per gestire gli asset finanziari. I professionisti della data governance definiscono le regole per gestire gli asset di dati. Altre aree ereditano queste regole.

La data governance non è una attività una-tantum. Il governo del dato richiede un programma in evoluzione focalizzato sull'assicurare che una organizzazione ottenga valore dai propri dati e riduca i rischi relativi ai dati. Un team di Data Governance può essere una organizzazione virtuale o una unità organizzativa con specifiche responsabilità. Per essere efficaci, regole ed attività all'interno della data governance devono essere ben comprese. Esse devono essere costruite intorno ad un framework operativo che funzioni bene nell'organizzazione. Un programma di data governance dovrebbe entrare nel merito di problemi organizzativi e culturali e le difficoltà diventare opportunità all'interno dell'organizzazione. (Si vedano Capitolo1 e 16)

La data governance è separata dall'IT governance. L'IT governance prende decisioni in merito agli investimenti IT, al portfolio applicativo e di progetto – in altre parole, hardware, software ed architettura tecnica in generale. L'IT governance allinea le strategie IT e gli investimenti con gli obiettivi e le strategie generali. Il framework COBIT (Control Objectives for Information and Related Technology) fornisce standard per l'IT governance ma solo una piccola parte del framework COBIT indirizza la gestione del dato e dell'informazione. Alcuni temi critici, come la normativa Sarbanes-Oxley (U.S.A.), comprende la corporate governance, l'IT governance e la data governance. Per contro, la Data Governance si concentra esclusivamente sulla gestione degli asset dati e del dato come asset.

1.2 Obiettivi e Principi

Lo scopo della Data Governance è quello di abilitare le organizzazioni a gestire il dato come un asset. La DG fornisce i principi, le policy, i processi, il framework, le metriche e i controlli per gestire il dato come un asset e guidare le attività di data management a tutti i livelli. Per raggiungere questo obiettivo globale un programma di DG deve essere:

- **Sostenibile**: il programma di DG deve essere 'sticky'. La DG non è un progetto con una fine definita; è un processo continuo che richiede un commitment organizzativo. La DG necessita di cambiamenti riguardo a come il dato è gestito ed utilizzato. Ciò non sempre significa nuove organizzazioni e sconvolgimenti. Significa cambiare in un modo che sia sostenibile prima dell'implementazione iniziale di qualsiasi componente di governo del dato. Un governo del dato sostenibile dipende da leadership di business, sponsorship e ownership.

- **Integrato**: la DG non è un processo aggiuntivo. Le attività di DG devono essere incorporate nella metodologia di sviluppo software,nell'uso dei dati per gli analytics, nella gestione di Master Data e nel risk management.

- **Misurabile**: una DG ben fatta ha impatti finanziari positive, ma dimostrare questi impatti richiede la comprensione del punto di partenza e una pianificazione per miglioramenti misurabili.

L'implementazione di un programma di DG richiede impegno al cambiamento. I seguenti principi, sviluppati sin dai primi anni 2000, possono aiutare a impostare una solida base per il governo del dato.[26]

- **Leadership e strategia**: Una Data Governance di successo inizia con una leadership con vision e con commitment. Le attività di gestione del dato sono guidate da una strategia del dato essa stessa guidata dalla strategia di business aziendale.

- **Business-driven**: La Data Governance è un programma di business, e, come tale, deve governare le decisioni IT relative ai dati nello stesso modo in cui governa l'interazione del business con i dati.

- **Responsabilità condivisa**: Trasversale a tutte le Aree di Data Management Knowledge, il governo del dato è una responsabilità condivisa tra i business data stewards ed i tecnici professionisti della gestione del dato.

- **Multi-livello**: La data governance riguarda sia il livello enterprise che locale e spesso i livelli intermedi.

- **Basato su framework**: Dato che le attività di data governance richiedono coordinamento tra le aree funzionali, il programma di DG deve stabilire un framework operativo che definisca tracciatura ed interazioni.

- **Basato su principi**: Principi che guidano sono il fondamento delle attività di DG ed in special modo delle policy di DG. Spesso le organizzazioni sviluppano policy senza principi formali – provano a risolvere problemi specifici. I principi possono a volte essere dedotti dalle policy. In ogni caso è meglio articolare un insieme base di principi e linee guida come parte di una policy

---

[26] The Data Governance Institute. http://bit.ly/1ef0tnb.

di lavoro. Riferirsi a principi può mitigare una potenziale resistenza. Principi guida aggiuntivi emergeranno nel tempo all'interno dell'organizzazione. È opportuno pubblicarli in un ambiente interno condiviso alla stessa stregua di altri risultati di governo del dato.

1.3 Concetti Essenziali

Come un auditor controlla i processi finanziari ma non esegue fisicamente la gestione finanziaria, così la data governance assicura che i dati siano gestiti correttamente senza intervenire direttamente nella gestione del dato (si veda Figura 15). La Data governance rappresenta una *intrinseca separazione delle responsabilità tra controllo ed esecuzione*.

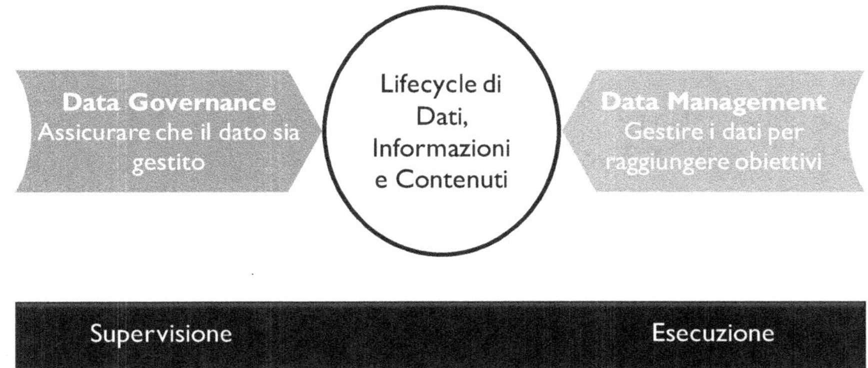

Figura 15 Data Governance e Data Management

1.3.1 Organizzazioni Data-centriche

Una organizzazione data-centrica valorizza i dati come un asset e gestisce i dati attraverso tutti le fasi del suo ciclo di vita, compresi lo sviluppo del progetto e le operazioni quotidiane. Per diventare data-centrica, una organizzazione deve cambiare il modo in cui traduce la strategia in azione. Il dato non è più considerato come un sottoprodotto di processi ed applicazioni. Se l'organizzazione si batte per prendere decisioni basate sui risultati ottenuti dagli analytics allora una reale gestione del dato diventa una priorità molto alta. Le persone tendono a confondere data e information technology. Per diventare data-centrica, una organizzazione deve pensare in maniera differente e riconoscere che gestire il dato è diverso dal gestire l'IT. Il cambio non è così facile. La cultura esistente con le proprie politiche interne, l'ambiguità sulle responsabilità, la competizione sul budget ed i sistemi legacy possono essere un grande ostacolo per stabilire una visione d'insieme di data governance e data managament. Mentre ogni organizzazione ha bisogno di evolvere i propri principi, quelle che pare ottengano più valore dai propri dati hanno in comune:

- Il dato dovrebbe essere gestito come un asset aziendale
- Le best practices della gestione del dato dovrebbero essere diffuse in tutta l'organizzazione
- Da data strategy aziendale deve essere allineata direttamente con la strategia di business
- I progressi di gestione del dato dovrebbero essere continuamente migliorati.

1.3.2 Organizzazione di Data Governance

La parola fondamentale nella governance è *governo*. La data governance può essere compresa paragonandola ad un governo politico. Essa include funzioni di tipo legislativo (definizione di policy, standard e di una Enterprise Data Architecture), funzioni di tipo giuridico (gestione dei problemi ed escalation), e funzioni di tipo esecutivo (protezione e servizio e responsabilità amministrative). Per gestire meglio il rischio, molte organizzazioni adottano una forma rappresentativa di data governance così che tutti gli stakeholder possono essere ascoltati.

Ogni organizzazione dovrebbe adottare un modello di governo che supporta la propria strategia di business ed avrà successo all'interno del proprio contesto culturale. Le organizzazioni dovrebbero anche essere pronte ad evolvere tale modello per rispondere alle nuove esigenze. I modelli si modificano nel rispetto della propria struttura organizzativa, del livello di formalismo e dell'approccio alle decisioni. Alcuni modelli sono centralizzati mentre altri sono distribuiti.

Le organizzazioni di data governance possono avere livelli multipli per indirizzare gli argomenti a diversi livelli aziendali – locale, di divisione e globale. Il lavoro di governo è spesso diviso tra differenti comitati, ognuno dei quali con obiettivi e livelli di responsabilità differenti dagli altri.

La Figura 16 rappresenta un modello generico di data governance, con attività a differenti livelli all'interno dell'organizzazione (asse verticale) e con separazione tra responsabilità di governo all'interno delle funzioni organizzative e tra aree tecniche (IT) e di business.

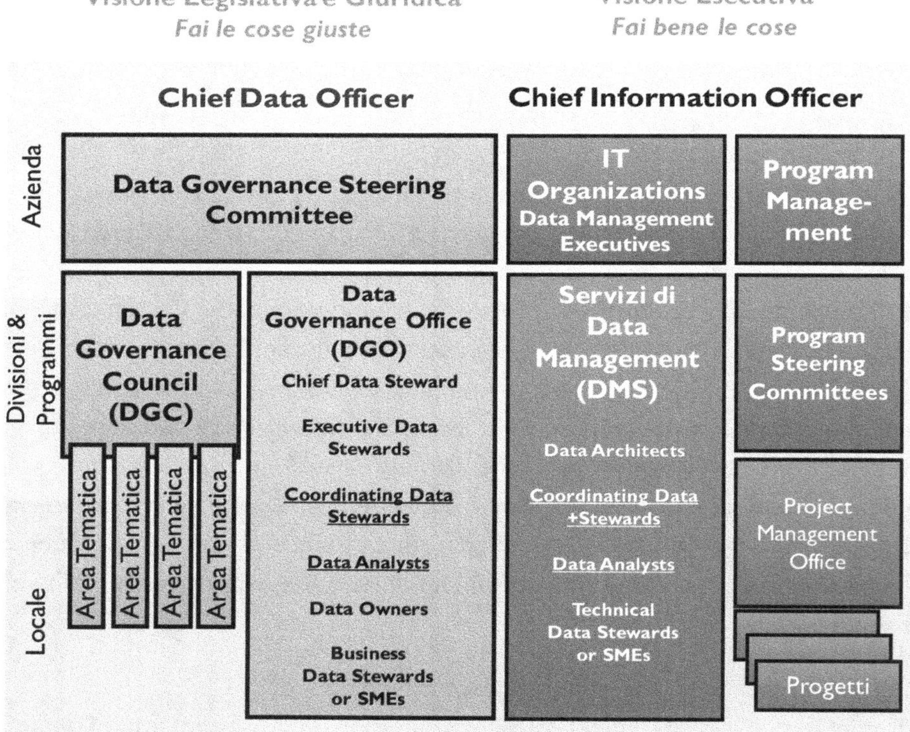

Figura 16 Parti dell'Organizzazione di Data Governance

La Tavola 4 descrive i tipici comitati che possono essere identificati all'interno di un framework operativo di data governance. Si noti che questa non è una struttura organizzativa. Il diagramma esplicita come le diverse aree lavorano insieme per portare avanti la DG, in linea con le indicazioni di cui sopra e semplificare il termine *organizzazione*.

Tabella 4 Tipiche Commissioni / Organismi di Data Governance

Organismo di Data Governance	Descrizione
Data Governance Steering Committee	L'organizzazione principale e più alta autorità per la governance dei dati in un'organizzazione, responsabile della supervisione, del supporto e del finanziamento delle attività di data governance. Consiste in un gruppo interfunzionale di senior executive. In genere rilascia finanziamenti per la governance dei dati e le attività sponsorizzate dalla data governance, come raccomandato dal DGC e dal CDO. Questo comitato può a sua volta avere la supervisione dei finanziamenti di alto livello o dei comitati direttivi basati sull'avvio.
Data Governance Council (DGC)	Gestisce le iniziative di data governance (ad es. sviluppo di policy o metriche), problemi, e escalation. Consiste di executive secondo il modello operativo utilizzato. Vedi Figura 17.
Data Governance Office (DGO)	Focus costante sulle definizioni dei dati a livello aziendale e sugli standard di data management in tutte le Knowledge Areas DAMA-DMBOK. Consiste nel coordinamento di ruoli che sono chiamati come *data stewards* o *custodians,* e *data owners.*
Team di Data Stewardship	Comunità di interesse concentrate su uno o più temi specifici o progetti, collaborando o consigliando i team di progetto sulle definizioni dei dati e gli standr di data management relative all'area di interesse. Cosistono di data steward di business e tecnici e di data analyst.
Commissione Locale di Data Governance	Grandi organizzazioni possono avere consigli di divisione o di dipartimento che lavorano sotto gli auspcici di una Enterprise DGC. Le organizzazioni più piccolo devono provare ad evitare una tale complessità.

1.3.3 Tipi di modello operativo di Data Governance

In un modello centralizzato, l'organizzazione di Data Governance supervisiona tutte le attività per tutte le aree tematiche. In un modello distribuito, gli stessi standard e modelli operativi di DGD sono adottati da ogni business unit. In un modello federato, l'organizzazione di data Governance coordina molteplici business unit per mantenere consistenti definizioni e standard. (si vedano Figura 17 e Capitolo 16)

1.3.4 Data Stewardship

Data Stewardship è il modo più comune per descrivere la responsabilità per dati e processi che assicurino un effettivo controllo ed utilizzo degli asset dati. La stewardship può essere formalizzata attraverso ruoli e descrizioni lavorative oppure può essere una funzione meno formale guidata da persone che tentano di aiutare l'organizzazione ad ottenere valore dai propri dati. Spesso termini come *custodian* o *trustee* sono sinonimi per coloro i quali ricoprono funzioni equivalenti agli steward.

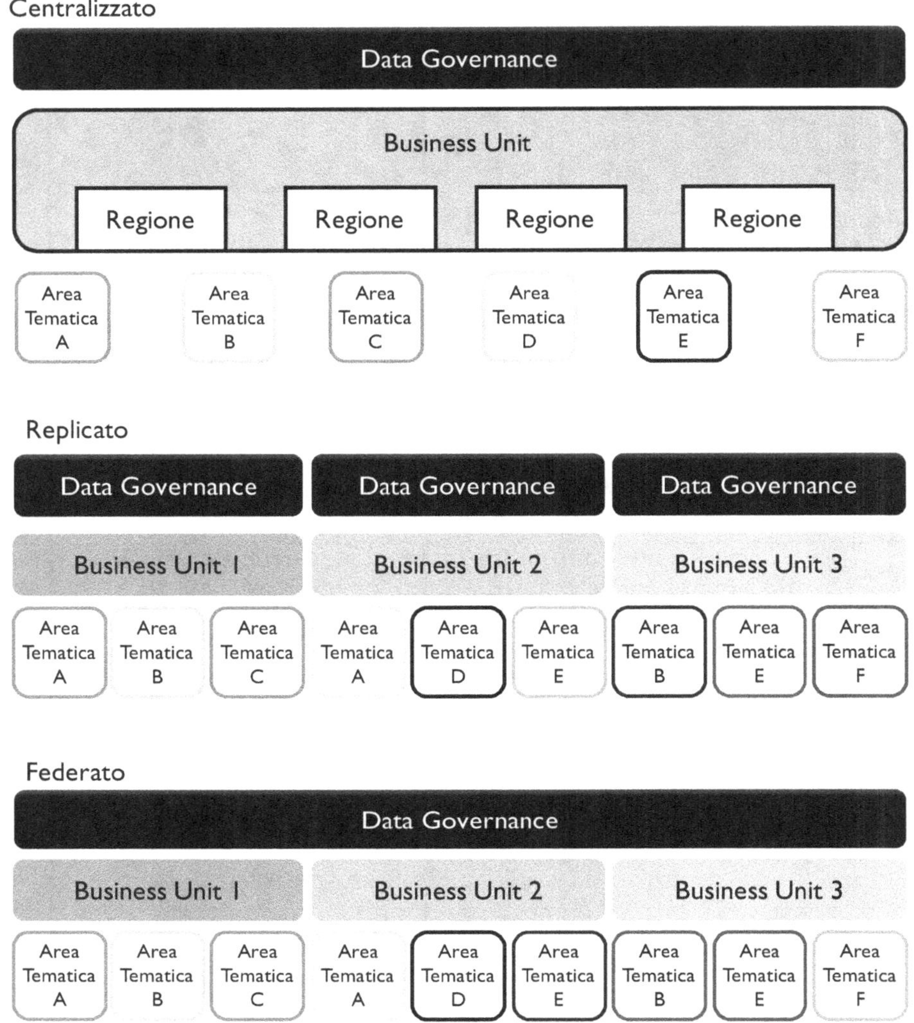

Figura 17 Esempi di Framework Operativo di Enterprise DG[27]

Lo scopo delle attività di stewardship saranno differenti da organizzazione in organizzazione, dipendendo dalla strategia organizzativa, dalla cultura, dai problemi che l'organizzazione sta tentando di risolvere, dal proprio livello di maturità nella gestione dei dati, e dal formalismo del proprio programma di stewardship. In ogni caso, nella maggior parte dei casi, le attività data stewardship saranno concentrate su alcuni, se non tutti, dei seguenti concetti:

- **Creazione e gestione dei Metadati di riferimento:** La definizione e la gestione della terminologia di business, valori dei dati validi ed altri Metadati critici. Gli steward sono spesso

---

[27] Adattato da Ladley (2012).

responsabili del Business Glossary di una organizzazione, che diventa il sistema per registrare i termini di business relativi ai dati.

- **Documentazione di regole e standard:** La definizione e la documentazione di regole di business, standard dati e regole di data quality. Le aspettative usate per definire dati di alta qualità sono spesso formulate in termini di regole radicate nei processi di business che creano o utilizzano dati. Gli stewards aiutano a seguire queste regole per assicurare che ci sia consenso nei loro confronti all'interno dell'organizzazione e che siano utilizzate in maniera consistente.

- **Gestione dei problemi di data quality:** Gli stewards sono spesso coinvolti nella identificazione e nella risoluzione di problemi legati ai dati o nell'agevolare il processo di risoluzione.

- **Esecuzione di attività operative di data governance:** Gli stewards sono responsabili di assicurare che, giorno per giorno e progetto per progetto, le policy e le iniziative di data governance siano rispettate. Essi dovrebbero influenzare le decisioni che assicurano che i dati siano gestiti in modo da supportare gli obiettivi globali dell'organizzazione.

1.3.5 Tipologie di Data Stewards

Uno *steward* è una persona il cui lavoro è quello di gestire le proprietà di un'altra persona. Un Data Stewards gestisce i data asset per conto di altri nel miglior interesse dell'organizzazione (McGilvray, 2008). I Data Stewards rappresentano gli interessi di tutti gli stakeholders e devono considerare il punto di viste globale per assicurare che i dati dell'azienda siano di alta qualità ed usati efficacemente. I Data Stewards sono responsabili per le attività di data governance ed hanno una parte del proprio tempo dedicato a queste attività.

A seconda della complessità dell'organizzazione e degli obiettivi del programma di DG, i Data Steward identificati formalmente possono essere differenziati dalla loro collocazione all'interno dell'organizzazione, degli obiettivi del loro lavoro o entrambi. Ad esempio:

- **Chief Data Stewards** possono agire per conto del CDO o possono agire come un CDO in una organizzazione distribuita in termini di data governance. Possono anche essere Executive Sponsors.

- **Executive Data Stewards** sono manager senior che compongono il Comitato di Data Governance.

- **Enterprise Data Stewards** hanno una vista globale dei domini dati trasversale alle funzioni di business.

- **Business Data Stewards** sono professionisti business, molto spesso riconosciuti come esperti del settore e consultabili per un sottoinsieme di dati. Essi lavorano con gli stakeholders per definire e controllare i dati.

- **Data Owner** è un Data Steward di business che ha l'autorità di approvare e prendere decisioni sui dati all'interno del proprio dominio.

- **Technical Data Stewards** sono professionisti IT che operano all'interno di una Knowledge Areas come Data Integration Specialists, Database Administrators, Business Intelligence Specialists, Data Quality Analysts o Metadata Administrators.

- **Coordinating Data Stewards** guidano e rappresentano gruppi di Data Stewards tecnici e di business in discussioni tra gruppi e con Data Stewards esecutivi. I Coordinating Data Stewards sono particolarmente importanti in grosse organizzazioni.

La prima edizione del DAMA-DMBOK citava che "i migliori Data steward sono spesso scoperti, non creati" (DAMA, 2009). Questa affermazione si riscontra in molte organizzazioni, ci sono persone che gestiscono i dati anche in assenza di un programma di data governance formalizzato. Tali individui sono già coinvolti nell'aiutare l'organizzazione nel ridurre i rischi legati al dato ed ottenere più valore dai propri dati. La formalizzazione del loro ruolo riconosce il lavoro che stanno facendo e li agevole nell'ottenere più risultati e a contribuire di più. Detto ciò, il Data Stewards può essere 'fatto'; le persone possono essere istruite per essere Data Stewards. E le persone che stanno già gestendo dati possono sviluppare le proprie capacità e conoscenze in modo da essere migliori nel lavoro di stewardship (Plotkin, 2014).

1.3.6 Data Policies

Le Data policies sono direttive che codificano principi e obiettivi gestionali in regole fondamentali che governano la creazione, l'acquisizione, l'integrità, la sicurezza le qualità e l'uso di dati ed informazioni.

La Data policy sono globali. Esse supportano gli standard di dati così come il comportamento atteso relativo ad aspetti chiave dell'utilizzo e la gestione dei dati. Le Data policy variano enormemente tra le organizzazioni. Le Data policy descrivono il 'cosa' della data governance (cosa fare e cosa non fare), mentre standard e procedure descrivono il 'come' fare data governance. Ci dovrebbero essere poche data policy e dovrebbero essere brevi e dirette.

1.3.7 Valutazione dei Data Asset

La *valutazione dei Data asset* è il processo di comprensione e del calcolo economico del valore del dato in una organizzazione. Siccome dati, informazioni e addirittura Business Intelligence sono concetti astratti, le persone hanno difficoltà ad associarli ad impatti economici. La chiave per comprendere il valore di oggetti non tangibili (come i dati) è capire come sono usati ed il valore portato dal loro utilizzo (Redman, 1996). A differenza di altri asset (ad esempio denaro, oggetti fisici) i dati non sono intercambiabili (fungibili). I dati dei clienti di una organizzazione differiscono da quelli di altre organizzazioni in maniera significativa; non solo i clienti stessi ma i dati a loro associati (storico degli acquisti, preferenze, ...). Come una organizzazione ricava valore dai dati dei clienti (cioè cosa comprende dei propri clienti da questi dati e come applica cosa ha compreso) può essere un differenziatore competitivo.

Molte fasi del ciclo di vita del dato implicano costi (incluso acquisizione, memorizzazione, amministrazione e fornitura dei dati). I dati portano valore solo quando vengono usati. Quando usati, i dati creano anche costi legati al risk management. Così il valore emerge quando il beneficio economico derivante dall'utilizzo dei dati supera il costo della loro acquisizione e memorizzazione, così come la gestione del rischio legata al loro uso.

Altri modi per misurare il valore includono:

- **Recupero dei costi**: il recupero dei costi della Perdita dei dati in caso di disastro o data breach, incluse le transazioni, i domini, i cataloghi, i documenti e le metriche all'interno di una organizzazione.

- **Valore sul mercato**: il valore come asset di business al momento di una fusione o di una acquisizione.

- **Opportunità individuate**: il valore di una entrata che può essere ottenuta da opportunità individuate nei dati (nella Business Intelligence) attraverso l'uso dei dati per transazioni o la vendita dei dati.

- **Vendita dai dati**: Alcune organizzazioni confezionano i dati come prodotto o vendono previsioni ottenute dai propri dati.

- **Costi del rischio**: Una valutazione basata su potenziali penalità, costi di risoluzione e spese di contenziosi derivati da rischi legai o normativi per:

    o L'assenza di dati che sono richiesti essere presenti
    o La presenza di dati che non dovrebbero essere presenti (ed esempio dati inattesi durante una ricercar legale; dati che è richiesto siano cancellati ma non sono stati cancellati).
    o Dati che non sono corretti che causano danno ai clienti, ai bilanci aziendali e reputazionali in aggiunta ai costi di cui sopra.
    o Riduzione del rischio e del costo del rischio causato da interventi operativi per migliorare e certificare i dati.

Per descrivere il concetto di *information asset value*, si possono tradurre i *Generally Accepted Accounting Principles* in *Generally Accepted Information Principles*[28] (si veda Tabella 5).

Tabella 5 Principi per Valutazione Data Asset Accounting

Principio	Descrizione
Principio di Accountability	Un'organizzazione deve identificare le persone che sono in ultima analisi responsabili per i dati e il contenuto di tutti i tipi.

---

[28] Adattati da Ladley (2010). Si veda pp 108-09, Generally Accepted Information Principles.

Principio	Descrizione
Principio di Asset	I dati e i contenuti di tutti i tipi sono risorse e hanno caratteristiche di altre risorse. Devono essere gestiti, garantiti e contabilizzati come altri materiali o finanziari.
Principio di Audit	L'accuratezza dei dati e dei contenuti è soggetta all'audit periodico da parte di un organismo indipendente.
Principio di Due Diligence	Se un rischio è noto, deve essere segnalato. Se un rischio è possibile, deve essere confermato. I rischi per i dati includono i rischi legati alle pratiche di gestione dei dati.
Principio di Preoccupazione in corso	I dati e i contenuti sono fondamentali per le operazioni e la gestione aziendali in corso e di successo (ad esempio, non sono visti come mezzi temporanei per ottenere risultati o semplicemente come un sottoprodotto business).
Principio di Livello di Valutazione	Valutare i dati come risorsa a un livello più appropriato o più semplice da misurare.
Principio di Responsabilità	C'è una responsabilità finanziaria legata a dati o contenuti basati su usi impropri o gestionali normativi ed etici.
Principio di Qualità	Il significato, l'accuratezza e il ciclo di vita dei dati e dei contenuti possono influire sullo stato fittizio dell'organizzazione.
Principio di Rischio	C'è un rischio associato a dati e contenuti. Questo rischio deve essere formalmente riconosciuto, sia come responsabilità che per i costi per riuscire ridurre il rischio intrinseco.
Principio di Valore	C'è valore nei dati e nei contenuti, in base al modo in cui questi vengono utilizzati per soddisfare gli obiettivi di un'organizzazione, alla loro commerciabilità intrinseca e/o al loro contributo alla valutazione dell'avviamento (bilancio) dell'organizzazione. Il valore dell'informazione riflette il suo contributo all'organizzazione compensato dai costi di manutenzione e movimento.

2. Attività

2.1 Definire una Data Governance per l'organizzazione

Gli sforzi della Data Governance devono supportare la strategia e gli obiettivi del business. La strategia e gli obiettivi di business di una organizzazione riguardano sia la strategia del dato a livello globale sia come le attività di governo e gestione del dato devono essere applicate operativamente nell'organizzazione.

La data governance abilita la condivisione delle responsabilità per le decisioni riguardanti i dati. Le attività di data governance attraversano i confini organizzativi e dei sistemi per supportare una vista integrata dei dati. Un governo del dato di successo richiede una chiara comprensione di cosa deve essere governato e chi deve essere governato così come chi deve governare.

La data governance è più efficace quando è un impegno globale, piuttosto che isolato ad una particolare area funzionale. Definire il perimetro della data governance in una azienda spesso si trasforma in cosa significhi *azienda*. La data governance, in definitiva, governa ciò che definisce l'azienda.

2.2 Eseguire un assessment sulla situazione

Gli assessment che descrivono lo stato attuale delle capacità di gestione dell'informazione, della maturità e dell'efficienza di una organizzazione sono cruciali per pianificare un programma di DG. Dato che essi possono essere utilizzati per misurare l'efficacia di un programma, gli assessment sono importanti anche nella gestione e nel supporto di un programma di DG.

Assessment tipici sono:

- **Maturità sulla gestione dei dati:** Capire cosa l'organizzazione fa con i dati; misurare la sua attuale capacità nella gestione dei dati. L'obiettivo è sulla percezione che il personale di business ha su quanto bene l'azienda gestisce i dati e utilizza i dati a proprio vantaggio, così come criteri oggettivi come l'uso di strumenti, livelli di reportistica a, ecc. (si veda Capitolo 15).

- **Capacità di cambiamento:** Dato che la DG richiede un cambiamento di comportamento, è importante misurare la capacità di una organizzazione di modificare il comportamento come richiesto dalla DG. In secondo luogo, questa attività aiuterà ad identificare potenziali punti di resistenza. Spesso la DG richiede cambiamenti organizzativi formalizzati. Analizzando la capacità di cambiare, il processo di cambiamento valuterà la struttura organizzativa esistente, la percezione culturale ed il processo stesso (Hiatt and Creasey, 2012). (si veda Capitolo 17).

- **Disponibilità a collaborare:** Questo assessment caratterizza l'abilità dell'organizzazione nella collaborazione per la gestione e l'uso dei dati. Dato che per definizione la stewardship è trasversale alle aree funzionali essa è collaborativa per natura. Se una organizzazione non sa come collaborare, la cultura sarà un ostacolo alla stewardship. Non si assuma mai che una organizzazione sappia come collaborare. Se effettuato in concomitanza con la capacità al cambiamento, questo assessment offre indicazioni sulla capacità culturale in grado di implementare la DG.

- **Allineamento al Business :** A volte inclusa nella capacità di cambiamento, un assessment sull'allineamento al business esamina quanto l'organizzazione allinea l'uso dei dati alla strategia aziendale. E' spesso sorprendente scoprire come attività possano essere legate ad-hoc ai dati.

2.3 Effettuare una discovery ed un allineamento al Business

Un programma di DG deve contribuire all'organizzazione identificando e rilasciando benefici specifici (ad esempio riducendo le multe pagate al legislatore). L'attività di discovery identificherà e valuterà l'efficacia delle policy e delle line guida esistenti – quali rischi indirizzano, che comportamento incoraggiano e quanto bene siano state implementate. La discovery può anche identificare opportunità per la DG di migliorare l'utilità di dati e contenuti. L'allineamento del business collega i benefici del business agli elementi del programma di DG. L'analisi della Data Quality (DQ) è parte della discovery. L'assessment di DQ fornirà dettagli su problemi ed ostacoli esistenti, così come impatti e rischi associati ad una bassa qualità dei dati. Un assessment di DQ può identificare processi di business che sono a rischio se eseguiti con dati di bassa qualità, così come altri benefici derivanti dalla creazione di un programma di Data Quality all'interno di impegni di governo del dato. (si veda Capitolo 13)

Un assessment delle pratiche di gestione del dato è un altro aspetto chiave del processo di discovery. Ad esempio, potrebbe significare identificare potenziali utenti per creare potenziali liste di attività per la normale attività di DG.

Anche elencare una lista di requisiti della DG deriva dalla discovery. Ad esempio, se rischi normative generano un vincolo al business, allora specifiche attività di DG devono supportare il risk management. Questi requisiti indirizzeranno strategia e tattica della DG.

2.4 Sviluppare fasi di processo Organizzative

Parte dell'adeguamento include lo sviluppo di fasi organizzative all'interno delle attività di Data Governance. La Figura 18 mostra degli esempi di fasi che supportano l'adeguamento e la condivisione di un approccio aziendale e manageriale di governo del dato in ambiti al di fuori della autorità diretta del Chief Data Officer.

- **Appalti e Contratti**: Il CDO lavora con i Vendor/Partner Management o il Procurement per sviluppare e rafforzare gli standard per i termini contrattuali legati alla gestione del dato. Questo potrebbe includere il Data-as-a-Service (DaaS) ed appalti legati al cloud, altri accordi di outsourcing, sviluppi legati a terze parti, o questioni legate a acquisizioni o licenze e possibili acquisti di strumenti legati direttamente all'IT.

- **Budget e Finanziamenti**: Se il CDO non ha il controllo diretto dei budget legati all'acquisizione di dati allora può diventare un focal point per evitare duplicazioni ed assicurare l'ottimizzazione dell'acquisizione di data asset.

- **Compliance Normativa**: Il CDO comprende e collabora con i referenti normativi locali, nazionali ed internazionali e come essi possano avere impatti sulle organizzazioni e sulle loro attività di gestione dei dati. Un monitoraggio continuo viene eseguito per identificare e tracciare nuovi e potenziali impatti e requisiti.

- **SDLC / framework di sviluppo**: Il programma di Data Governance identifica i punti di contatto dove policy, processi e standard aziendali possono essere sviluppati nel sistema di ciclo di vita dell'applicazione.

Le fasi che il CDO influenza supportano la coesione dell'organizzazione nel gestire i propri dati e quindi la sua prontezza nell'uso di tali dati. In sostanza questa è la visione di come la DG sarà percepita dall'organizzazione

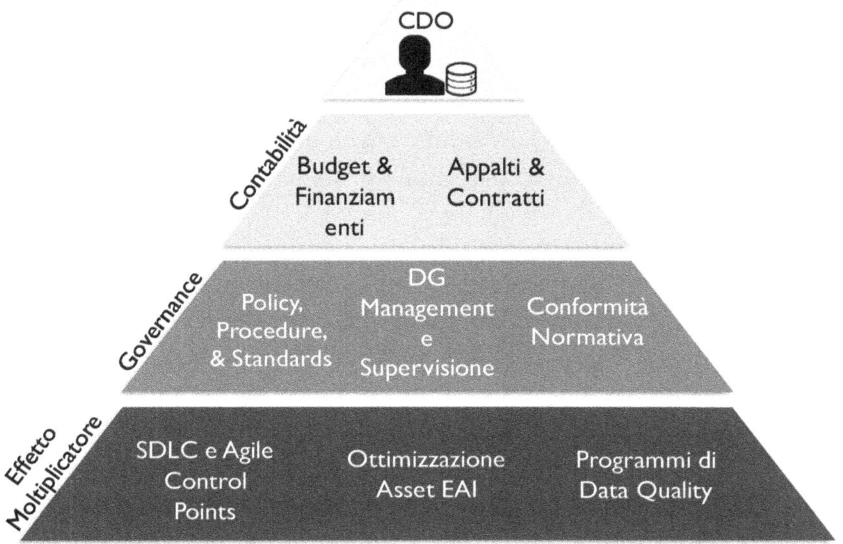

Figura 18 CDO Punti di contatto Organizzativi

2.5 Sviluppare una Strategia di Data Governance

Una strategia di data governance definisce il perimetro e la previsione dell'impegno necessario. La strategia di DG dovrebbe essere definite in maniera comprensibile ed articolata in relazione alla strategia di business complessiva, così come le strategie di gestione dei dati e IT. Dovrebbe essere implementata in modo iterativo a mano a mano che le componenti sono sviluppate ed approvate. Il contenuto sarà specifico per ogni organizzazione ma i deliverable includono:

- **Charter**: Identifica i business drivers, la vision, la mission ed i principi per il governo del dato, inclusi un assessment sulla capacità, sul processo di discovery interno ed i problemi esistenti o sui criteri di successo

- **Framework operativo e responsabilità**: Definisce la struttura e le responsabilità per le attività di governo del dato.

- **Roadmap implementativa:** Tempi per il rilascio di policy e direttive, glossario di business, architettura, valutazione degli asset, standard e procedure, cambiamenti attesi ai processi tecnologici e di business, e deliverable a supporto delle attività di audit e compliance normativa.

- **Piano operativo per il successo:** Descrizione di un obiettivo e attività sostenibili di data governance.

2.6 Definire un framework operativo di DG

Mentre lo sviluppo di una definizione base della DG è semplice, la creazione di un modello operativo che una organizzazione dovrà adottare può essere difficile. Sono da considerare queste aree quando viene costruito un modello operativo per l'organizzazione:

- **Valore del dato per l'organizzazione**: Se una organizzazione vende dati, ovviamente la DG ha un impatto rilevante per il business. Le organizzazioni che usano i dati come un bene cruciale (ad esempio Facebook, Amazon) avranno bisogno di un modello operativo che riflette il ruolo del dato. Per organizzazioni dove i dati sono un facilitatore operativo, la forma della DG sarà meno importante.

- **Modello di business**: Business delocalizzati vs centralizzati, locali vs internazionali, ecc. Sono fattori che influenzano come viene effettuato il business e, di conseguenza, come il modello operativo di DG viene definito. I collegamenti con la strategia IT, la Data Architecture e le funzioni di integrazione applicativa dovrebbero essere riportati nel disegno finale del framework operativo (come in Figura 16).

- **Fattori culturali**: Intesi come attitudine all'accettazione e adattabilità al cambiamento. Alcune organizzazioni resisteranno alla governance imposta attraverso policy e principi. Una strategia di governance dovrà proporre un modello operativo che si adegua alla cultura dell'organizzazione ma contemporaneamente prevederà del cambiamento.

- **Impatto della normativa**: Le organizzazioni altamente legate alla normative avranno un differente approccio mentale ed un modello operativo di DG rispetto a quelle meno regolamentate. Ci potrebbero essere collegamenti anche con il Risk Management o il Legale.

Strati diversi di data governance sono spesso parte della soluzione. Ciò significa determinare dove la responsabilità risiede per attività di governo, chi detiene i dati, ecc. Il modello operativo definisce anche l'interazione tra il governo dell'organizzazione e le persone responsabili per i progetti o le iniziative di gestione dei dati, il coinvolgimento di attività di change management per introdurre questo nuovo programma ed il modello per la gestione dei problemi ed il suo percorso attraverso la governance. La Figura 19 mostra un esempio di un modello operativo. Questo esempio è illustrativo. Questo tipo di artefatto deve essere personalizzato per rispondere alle esigenze di una specifica organizzazione.

2.7 Sviluppare Obiettivi, Principi e Policy

Lo sviluppo di obiettivi, principi e policy derivanti dalla Strategia di Data Governance guideranno l'organizzazione verso la situazione futura desiderata.

Obiettivi, principi e policy sono tipicamente disegnati sia da professionisti di data management, personale di business o una combinazione di essi, dietro le indicazioni di data governance. A seguire, i Data Steward ed il management le revisionano e le rifiniscono. Poi, il Data Governance Council (o un organo equivalente) conduce la revisione finale e la loro adozione.

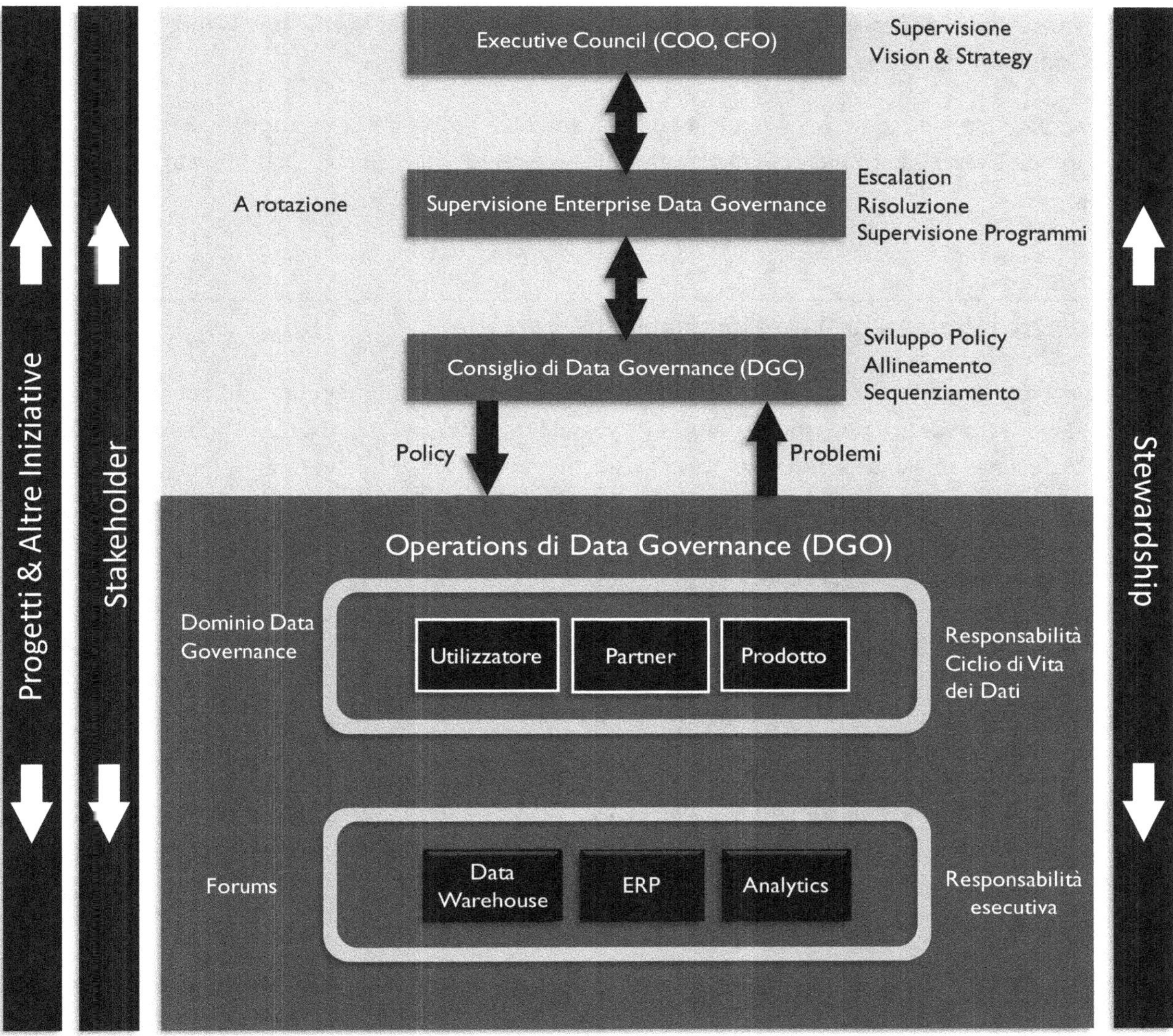

Figura 19 Esempio di un Framework Operativo

Le policy possono coprire differenti aspetti, come negli esempi seguenti:

- Il Data Governance Office (DGO) certificherà i dati per il loro utilizzo dall'organizzazione.

- I referenti di Business verranno approvati dal Data Governance Office.

- I referenti di Business designeranno i Data Stewards dalle loro aree operative. I Data Steward avranno la responsabilità quotidiana di coordinare le attività di data governance.

- Quando possibile, verranno resi disponibili report standard e/o dashboard/cruscotti per rispondere alla maggior parte delle necessità del business.

- Utenti Certificati avranno garantito l'accesso a Dati Certificati per reportistica ad-hoc o non standard.

- Tutti i dati certificate saranno valutati ad intervalli regolari per verificarne la loro accuratezza, completezza, consistenza, accessibilità, univocità ed efficienza.

La Data policy devono essere comunicate efficacemente, monitorate, sottoposte e periodicamente revisionate. Il Data Governance Council può delegare questa autorità al Data Stewardship Steering Committee.

2.8 Sostenere i Progetti di Data Management

Le iniziative per migliorare le capacità di gestione del dato forniscono benefici a livello aziendale. Esse generalmente richiedono una sponsorship trasversale o l'indicazione dal DGC. Possono essere di difficile diffusione in quanto percepite come ostacoli "tanto per fare". La chiave per promuoverle è quella di illustrare i modi attraverso i quali migliorano l'efficienza e riducono i rischi. Le organizzazioni che desiderano ottenere più valore dai propri dati devono dare priorità agli sviluppi o ai miglioramenti delle competenze di gestione dei dati.

Il DGC aiuta a definire i business case e supervisiona lo stato dei progetti ed i progressi in termini di miglioramento della gestione del dato. Il DGC coordina il proprio impegno con un Project Management Office (PMO), dove questo esiste. I progetti di data management possono essere considerati parte del portfolio complessivo dei progetti IT.

Il DGC potrebbe anche coordinare l'impegno dei miglioramenti del data management in caso di programmi con impatto a livello enterprise. I progetti di Master Data Management, come un Enterprise Resource Planning (ERP), un Customer o Citizen Relationship Management (CRM) o liste globali sono dei buoni candidati per questo tipo di coordinamento.

La attività di data management presenti in altri progetti devono essere inserite nel ciclo interno di SDLC, di erogazione del servizio, altri componenti di Information Technology Infrastructure Library (ITIL) e processi di PMO.[29] Ogni progetto con una component dati significativa (e quasi tutti i progetti l'hanno) dovrebbero raccogliere i requisiti di gestione del dato al più presto nel SDLC (fasi di pianificazione e disegno). Questo include architettura, compliance regolamentare, identificazione ed analisi dello stato dell'arte e verifica e risoluzione di data quality. Ci possono essere anche attività di support alla gestione dei dati, compresi requisiti di test con l'utilizzo di modelli di prova.

2.9 Coinvolgere il Change Management

Il Change Management Organizzativo (OCM) rappresenta il veicolo per sostenere il cambiamento nei sistemi e nei processi di una organizzazione. Il Change Management Institute evidenzia che il cambiamento organizzativo è molto di più che "persone a supporto dei progetti. Dovrebbe essere visto come l'approccio che l'intera organizzazione intende usare per gestire bene il cambiamento. Le

---

[29] http://bit.ly/2spRr7e.

organizzazioni spesso gestiscono le transizioni di progetti piuttosto che l'evoluzione dell'organizzazione (Anderson and Ackerson, 2012). Una organizzazione che è matura nella propria gestione del cambiamento definisce una chiara vision organizzativa, conduce e controlla dall'alto il cambiamento e disegna e gestisce impegni più limitati. Essa adotta iniziative di cambiamento basate sui feedback e la collaborazione dell'intera organizzazione (Change Management Institute, 2012). (Si veda il Capitolo 17).

Per molte organizzazioni il formalismo e la disciplina insita nella DG differiscono dalle pratiche esistenti. La loro adozione richiede che le persone cambino il proprio atteggiamento e le proprie interazioni. Un programma formale di OCM, con il corretto sponsor esecutivo, è critico per indirizzare i cambiamenti di comportamento richiesti per sostenere la DG. Le organizzazioni dovrebbero creare un team responsabile per:

- **Pianificazione**: Pianificare il cambiamento, includendo una analisi degli stakeholder, ottenendo la sponsorship e stabilendo un approccio di comunicazione per vincere la resistenza al cambiamento.

- **Formazione**: Creare e seguire un piano di formazione per i programmi di data governance.

- **Coinvolgimento nello sviluppo dei sistemi**: coinvolgere i PMO per aggiungere passi di governance all'interno della SDLC.

- **Implementazione di policy**: Trasferire le data policy ed il commitment dell'organizzazione alle attività di gestione

- **Comunicazioni**: Incrementare la consapevolezza del proprio ruolo e delle proprie responsabilità come Data Steward e di altre figure di data governance così come gli obiettivi e le aspettative dei progetti di data governance.

Le comunicazioni sono vitali all'interno del processo di change management. Un programma di change management che supporta una Data Governance in maniera formale dovrebbe concentrare le comunicazioni su:

- **Promuovere il valore dei data asset:** Educare ed informare i dipendenti in merito al ruolo che i dati rivestono nel raggiungimento degli obiettivi aziendali.

- **Monitorare e rispondere ai feedback sulle attività di data governance:** In aggiunta alla condivisione delle informazioni, i piani di comunicazione dovrebbero sollecitare feedback che possono guidare sia il programma di DG che i processi di change management. Cercare in maniera proattiva e sfruttare i feedback dagli stakeholder può costruire il coinvolgimento verso gli obiettivi del programma, identificando anche le opportunità per il suo miglioramento.

- **Costruire la formazione sulla gestione dei dati:** la formazione a tutti i livelli dell'organizzazione incrementa la consapevolezza su processi e best practice relativi al data management

- **Misurare gli effetti del change management** in queste cinque aree chiave:[30]

    o Consapevolezza della necessità del cambiamento
    o Desiderio di partecipare e supportare il cambiamento
    o Conoscenza di come effettuare il cambiamento
    o Abilità nello sviluppare nuove competenze e comportamenti
    o Rafforzamento perché il cambiamento abbia luogo

- **Implementare nuove metriche e KPI:** Gli incentivi ai dipendenti dovrebbero essere rivisti per supportare i comportamenti connessi alle best practice relative al data management. Dato che una data governance aziendale necessita di cooperazione cross-funzionale, gli incentivi dovrebbero incoraggiare attività e collaborazione tra le unità.

2.10 Coinvolgere la gestione delle anomalie

La Gestione delle anomalie è il processo per identificare, quantificare, prioritizzare e risolvere le anomalie legate alla data governance, incluse:

- **Autorità:** Questioni legate ai diritti sulle decisioni da prendere e sui processi

- **Escalation dal Change management**: Anomalie derivanti dal processo di change management

- **Compliance**: Anomalie legate ai requisiti normativi

- **Conflitti:** Conflitti legati a policy, procedure, regole di business, nomi, definizioni, standard, architetture, data ownerships e interessi degli stakeholder nei dati e nelle informazioni

- **Conformità:** Anomalie legate alla conformità a policy, standard, architetture e procedure

- **Contratti:** Negoziazione e revisione di accordi sulla condivisione dei dati, su acquisto e vendita dei dati, e su storage in cloud

- **Sicurezza dei dati e identità:** Privacy e temi di riservatezza incluse investigazioni per incidenti

- **Data quality**: individuazione e risoluzione di anomalie di qualità del dato inclusi disastri o falle di sicurezza

Molte anomalie possono essere risolte localmente nei gruppi di Data Stewardship. Anomalie che richiedono comunicazioni e/o escalation devono essere tracciate e possono essere scalate ai gruppi di Data Stewardship, oppure più in alto al DGC, come mostrato in Figura 20. Una Data Governance Scorecard può essere utilizzata per identificare l'andamento delle anomalie, in che punto dell'organizzazione esse capitano, quai sono le cause scatenanti, ecc. Anomalie che non possono essere risolte dal DGC dovrebbero essere scalate ad organi di gestione e/o governo aziendali.

---

[30] http://bit.ly/1qKvLyJ. Vedi anche Hiatt and Creasey (2012).

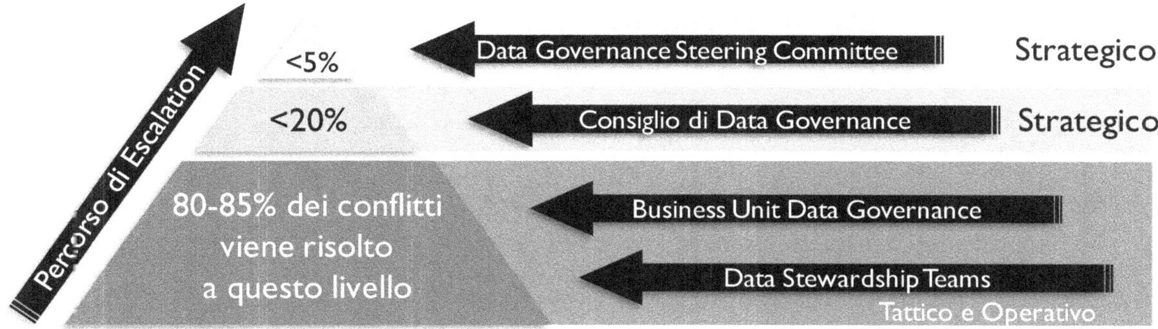

Figura 20 Percorso di Escalation dei Data Issue

La Data Governance richiede meccanismi di controllo e procedure per:

- Identificare, catturare, registrare, tracciare ed aggiornare le anomalie
- Assegnare e tracciare le attività
- Documentare i pareri degli stakeholder e le possibilità di risoluzione
- Determinare, documentare e comunicare le risoluzioni delle anomalie
- Facilitare discussioni obiettive e neutrali dove tutti i punti di vista sono ascoltati
- Scalare le anomalie ai più alti livelli gerarchici

La gestione delle anomalie dei dati è molto importante. Essa contribuisce alla credibilità del team di DG, ha effetti diretti e positivi sugli utilizzatori dei dati e allevia la pressione sui team di supporto operativo. La risoluzione delle anomalie prova anche che i dati possono essere gestiti e la loro qualità migliorata. Una gestione delle anomalie di successo richiede dei meccanismi di controllo che dimostrino l'impegno necessario e l'effetto della risoluzione.

2.11 Valutare i Requisiti di Compliance Normativa

Ogni azienda è sottoposta da regolamentazione governativa e di settore, inclusa la normativa che definisce come i dati e le informazioni devono essere gestite. Parte della funzione di Data Governance è monitorare ed assicurare la compliance normativa. La compliance normativa è spesso il motivo iniziale per l'implementazione di Data Governance. La Data Governance guida l'implementazione di controlli adeguati a monitorare e documentare la rispondenza a regolamentazioni legate ai dati.

Numerose regolamentazioni globali hanno implicazioni significative sulle pratiche di gestione dei dati. Per esempio:

- **Norme Contabili:** Le norma contabili del Government Accounting Standards Board (GASB) e del Financial Accounting Standards Board (FASB) hanno implicazioni significative su come le informazioni sono gestite (negli Stati Uniti).

- **BCBS 239** (Basel Committee on Banking Supervision) e **Basel II** si riferiscono ai Principles for Effective Risk Data Aggregation e risk reporting, un ampio numero di regolamenti per le banche. Fin dal 2006 le istituzioni finanziarie con affari nei paesi della Unione Europea sono sottoposte a report informativi sulla gestione della liquidità.

- **CPG 235**: La Australian Prudential Regulation Authority (APRA) provvede a supervisionare entità bancarie ed assicurative. Pubblica standard e guide per aiutare nel rispondere a questi standard. Tra questi c'è il CGP 235, uno standard per mitigare i rischi sui dati. Esso si focalizza sull'identificare i motivi dei rischi sui dati e sulla gestione dei dati all'interno del loro ciclo di vita.

- **PCI-DSS** Il Payment Card Industry Data Security Standards (PCI-DSS).

- **Solvency II**: Una normativa dell'Unione Europea, simile a Basilea II, per il settore assicurativo.

- **Leggi sulla Privacy**: Leggi locali, sovrane ed internazionali che si possono applicare.

Le entità di Data Governance lavorano con altre unità per valutare le implicazioni della normativa. Le organizzazioni devono determinare, ad esempio:

- In quale modo la normativa è rilevante per l'organizzazione?
- In cosa consiste la compliance? Che policy e procedure saranno richieste per raggiungere la compliance?
- Quando è richiesta la compliance? Come e quando la compliance è monitorata?
- Può l'organizzazione adottare degli standard di settore per raggiungere la compliance?
- Come può essere dimostrata la compliance?
- Quali sono i rischi e le penali per la non-compliance?
- Come è identificata e riportata una non-compliance? Come una non-compliance e gestita e risolta?

La DG monitora la risposta dell'organizzazione ai requisiti regolamentari o effettua audit sulle attività e sulle pratiche sui dati (ad esempio certificando la qualità del dato in report normativi). (Si veda il Capitolo 6)

2.12 Implementare la Data Governance

La Data Governance non può essere implementata dal nulla. Essa richiede pianificazione – non solo per guidare il cambiamento organizzativo ma anche semplicemente perché include numerose e complesse attività che devono essere coordinate. È meglio creare un percorso implementativo che illustra le tempistiche e le relazioni tra le differenti attività. Per esempio, se il programma di DG è focalizzato sul miglioramento normativo, le priorità potrebbero essere indirizzate da requisiti normativi specifici. In una organizzazione in cui la DG è federata, l'implementazione nelle varie line di business può accadere in momenti differenti, basati sul proprio livello di coinvolgimento e maturità, così come per i finanziamenti.

Alcune attività della DG sono fondamentali. Altre attività ne sono dipendenti. Questo processo ha una fase iniziale ed una progressione nel tempo. Le attività prioritarie nelle prime fasi includono:

- Definizione delle procedure di data governance necessarie per soddisfare gli obiettivi di più alta priorità

- Definire un business glossary e documentazione di terminologie e standard

- Coordinarsi con la Enterprise Architecture e la Data Architecture per supportare al meglio la comprensione dei dati e dei sistemi

- Assegnare un valore economico ai data asset per permettere di prendere migliori decisioni e aumentare la comprensione del ruolo che i dati ricoprono per il successo dell'organizzazione.

2.13 Promuovere Standard e Procedure Dati

Uno standard è definito come "qualcosa che è molto valido e che è usato per giudicare la qualità di altre cose" o come "qualcosa definito e stabilito di autorità come regola per misurare una quantità, un peso, una entità, un valore o una qualità"[31]. Gli standard aiutano a definire la qualità perché forniscono un metodo di paragone. Essi offrono anche la possibilità di semplificare i processi. Adottando uno standard, una organizzazione prende una decisione una volta sola e la codifica in un insieme di asserzioni (lo standard). Non è necessario prendere la stessa decisione nuovamente nello stesso progetto. Applicare gli standard dovrebbe portare a risultati consistenti al processo che li utilizza.

Sfortunatamente, creare o adottare standard è spesso un processo politicizzato e gli obiettivi si perdono. Molte organizzazioni non sono pratiche nello sviluppare o nell'applicare standard sui dati o sulla governance. In alcuni casi, esse non hanno riconosciuto il valore del farlo e perciò non si sono prese del tempo per farlo. Altre volte esse semplicemente non sanno come farlo. Di conseguenza, gli 'standard' variano parecchio all'interno e tra le organizzazioni, così come le aspettative di conformità. Gli standard sulla DG dovrebbero essere mandatori.

Gli standard sui dati possono assumere forme differenti a seconda di cosa descrivono: asserzioni su come un campo deve essere valorizzato, regole che governano le relazioni tra campi, documentazione dettagliata di valori accettabili o non accettabili, formato, ecc. essi sono generalmente definiti in bozza da professionisti del data management. Gli standard sui dati dovrebbero essere rivisti, approvati e adottati dal DGC, o da un gruppo di lavoro delegato, come il Data Standards Steering Committee. Il livello di dettaglio nella documentazione degli standard sui dati dipende, in parte, dalla cultura organizzativa. Si tenga a mante che il documentare gli standard sui dati rappresenta una opportunità per raccogliere dettagli e conoscenza che altrimenti andrebbe persa. Ricreare o ricostruire il processo per accedere a questa conoscenza è molto costoso se confrontato con il documentare fin dall'inizio.

Gli standard sui dati devono essere efficacemente comunicati, monitorati e periodicamente rivisti ed aggiornati. Ma più importante ci deve essere la volontà di applicarli. I dati possono essere misurati rispetto agli standard. Le attività di gestione dei dati possono essere verificate per compliance agli

---

[31] http://b t.ly/2sTfugb

standard dal DGC o dal Data Standards Steering Committee basandosi su una pianificazione definita o come parte del ciclo di approvazione del SDLC.

La procedura di data management sono metodi, tecniche e passi documentati seguiti per assolvere a specifiche attività che producono certi risultati e supportano artefatti. Come le policy e gli standard, le procedure variano ampiamente tra le organizzazioni. Come nel caso degli standard sui dati, la documentazione sulle procedure raccoglie la conoscenza dell'organizzazione in forma esplicita. La documentazione procedurale è di solito definita in bozza da professionisti del data management.

Esempi di concetti che possono essere standardizzati all'interno delle Data Management Knowledge Areas includono:

- **Data Architecture**: Modelli di dati enterprise, standard su strumenti e naming convention dei sistemi

- **Data Modeling e Design**: Procedure di gestione dei modelli dati, standard su definizioni, domini e abbreviazioni

- **Data Storage e Operations**: Standard su strumenti, standard per database recovery e business continuity, performance dei database, mantenimento dati e acquisizione dati dall'esterno

- **Data Security**: Standard sull'accesso ai dati, monitoraggio e verifica delle procedure, standard sulla sicurezza dello storage e requisiti di formazione

- **Data Integration**: Metodi standard e strumenti per l'integrazione dei dati e l'interoperabilità

- **Documenti e Contenuti**: Standard sulla gestione dei documenti e sulle procedure, inclusi l'utilizzo di tassonomie globali comuni, supporto per le tematiche legali, periodi di mantenimento per documenti ed email, firma elettronica e distribuzione di report

- **Reference e Master Data**: Procedure di controllo per il Reference Data Management, sistemi di registrazione dei dati, regole per stabilire l'utilizzo dei dati, standard per l'identificazione delle entità

- **Data Warehousing e Business Intelligence**: Standard su strumenti, standard su processi e procedure, standard per la formattazione di report e visualizzazioni, standard per la gestione dei Big Data

- **Metadata**: Standard sui Metadati tecnici e funzionali da raccogliere, procedure di utilizzo ed integrazione dei Metadati

- **Data Quality**: Regole di Data Quality, metodologie standard di misurazione, standard e procedure di risoluzione di anomalie dei dati

- **Big Data e Data Science**: Identificazione delle sorgenti dati, autorizzazioni, acquisizione sistemi di registrazione, condivisione e aggiornamento

2.14 Sviluppare un Business Glossary

I Data Stewards sono di solito responsabili per il contenuto di un Business Glossary. Un glossario è necessario dato che le persone utilizzano le parole in maniera differente. È particolarmente importante avere una chiara definizione dei dati perché i dati rappresentano oggetti diversi da se stessi (Chisholm, 2010). In aggiunta, molte organizzazioni sviluppano un proprio vocabolario interno. Sviluppare e documentare standard sui dati riduce l'ambiguità e migliora le comunicazioni. Le definizioni devono essere chiare, rigorose nella descrizione, e specificare eccezioni, sinonimi o variazioni. Gli approvatori della terminologia dovrebbero comprendere rappresentanti dei gruppi di lavoro fondamentali. La Data Architecture spesso supplisce a definizioni vaghe raccogliendo da modelli dati specifici.

I Business Glossary hanno i seguenti obiettivi:

- Stabilire un linguaggio comune sui concetti base e sulla terminologia di business

- Ridurre il rischio per dati mal misurati dovuti a mancata conoscenza dei concetti di business

- Migliorare l'allineamento tra gli asset tecnologici (con le loro convenzioni tecniche) e le funzioni di business

- Massimizzare la capacità di ricerca ed accesso a documenti istituzionali

Un glossario di business non è semplicemente una lista di termini e definizioni. Ogni termine sarà associato ad altri Metadati significative: sinonimi, metriche, lineage, regole di business, il responsabile di quel termine, ecc.

2.15 Coordinamento con i Gruppi di Architettura

Il DGC sponsorizza ed approva gli artefatti architetturali sui dati, come ad esempio gli Enterprise data model orientati al business. Il DGC può interagire con l'Enterprise Data Architecture Steering Committee o un Architecture Review Board (ARB) per supervisionare il programma ed i suoi progetti. L'Enterprise Data Model dovrebbe essere sviluppato e mantenuto in sinergia tra gli architetti dei dati e i Data Stewards lavorando insieme in team dedicati per tematica. A seconda dell'organizzazione, questo lavoro può essere coordinato o dall' Enterprise Data Architect o dallo steward. Così come i requisiti di business evolvono, i gruppi di Data Stewardship dovrebbero proporre cambiamenti e sviluppare ampliamenti al modello dati aziendale.

Il modello dati aziendale dovrebbe essere rivisto, approvato e formalmente adottato dal DGC. Questo modello deve allineare le strategia chiave di business, processi, organizzazione e sistemi. Una Data Strategy e una Data Architecture sono centrali nel coordinamento tra 'fare le cose bene' e 'fare le cose giuste' quando si gestiscono gli asset.

2.16 Promuovere la Valutazione dei Data Asset

Dati ed informazioni sono asset perché hanno o possono creare valore. Le pratiche attuali considerano i dati come un asset intangibile più di software, documentazione, esperienza professionale, segreto professionale ed altre proprietà intellettuali. Detto ciò, le organizzazioni trovano difficoltoso assegnare un valore monetario ai dati. Il DGC dovrebbe prevedere degli sforzi e definire standard per poterlo fare.

Alcune organizzazioni iniziano a stimare il valore del business perso dovuta ad informazioni inadeguate. I gap informativi – la differenza tra quali informazioni sono necessarie rispetto a quali sono disponibili – rappresentano la perdita di business. Il costo della chiusura o della prevenzione dei gap può essere utilizzato per stimare il valore del business dovuto a perdita dei dati. Da questo, l'organizzazione può sviluppare modelli per stimare il valore dell'informazione che non esiste.

La stima del valore può essere inserita in un percorso di data strategy che giustificherà iniziative di business per risolvere anomalie di qualità, così come altre iniziative di governance.

2.17 Integrare Data Governance

Un obiettivo della organizzazione di data governance è quello di integrarla in una serie di processi relativi alla gestione del dato come un asset. Le operazioni quotidiane di DG richiedono una pianificazione. Il piano operativo contiene la lista degli eventi richiesti per implementare ed applicare le attività di DG. Esso definisce attività, tempistiche, e tecniche necessarie per ottenere il successo.

Sostenibilità significa agire per assicurare che i processi ed i fondi siano disponibili per abilitare le performance nel continuo del framework organizzativo della DG. Centrale per questo requisito è che l'organizzazione *accetti* la data governance; che la funzione sia gestita, i suoi risultati monitorati e misurati e gli ostacoli che così spesso causano il fallimento dei programmi di DG siano superati.

Per rafforzare la comprensione generale della Data Governance in una organizzazione, la sua applicazione in locale e l'insegnamento comune, si crei una Data Governance Community of Interest. Questo è particolarmente utile nei primi anni di governance e diminuirà mano a mano che la DG diventerà più matura.

3. Strumenti e Tecniche

La Data Governance è fondamentalmente un comportamento organizzativo. Questo è un problema che non può essere risolto attraverso la tecnologia. In ogni caso ci sono strumenti che supportano il processo nella sua totalità. Per esempio, la DG richiede una comunicazione continua. Un programma di DG dovrebbe trarre spunto dai canali di comunicazione esistenti per comunicare messaggi chiave in maniera consistente e tenere informati gli stakeholder in merito a policy, standard e requisiti.

Inoltre, un programma di DG deve gestire il proprio lavoro ed i propri dati in maniera efficace. Gli strumenti aiutano non solo per queste attività ma anche per le metriche che le supportano. Prima di scegliere uno strumento per una funzione specifica, come una soluzione per un glossario di business, una organizzazione dovrebbe definire i propri obiettivi generali di governance ed i requisiti con un occhio di riguardo agli strumenti a disposizione. Per esempio, alcune soluzioni di business glossary includono componenti aggiuntivi per la gestione di policy e workflow. Se tali funzioni aggiuntive sono desiderate, i requisiti dovrebbero essere chiari e verificati prima dell'adozione dello strumento. Altrimenti l'organizzazione avrà strumenti multipli nessuno dei quali rispetterà i propri bisogni.

3.1 Presenza Online / Siti Web

Il programma di data Governance dovrebbe avere una esposizione online. Ciò permette di rendere disponibile la documentazione base attraverso un sito web centralizzato o un portale di web collaboration. I siti web possono ospitare la documentazione di librerie, dare accesso a funzioni di ricerca ed aiutare a gestire semplici workflow. Un sito web può anche aiutare a distinguere un brand per il programma attraverso un logo o una rappresentazione visuale. Un sito web per il programma di DG dovrebbe includere:

- La strategia di Data Governance ed il program charter, inclusi vision, benefici, obiettivi, principi e percorso implementativo
- Data policy e data standards
- Descrizione dei ruoli di data stewardship e responsabilità
- Notizie relative al programma
- Links a forum per la Data Governance Community of Interest
- Link a messaggi operative che riguardano argomenti di data governance
- Reports sulle misurazioni di Data Quality
- Procedure per l'identificazione delle anomalie e per l'escalation
- Link a richieste di servizio o di intervento su anomalie
- Documenti, presentazioni e programmi di formazione con link alle rispettive risorse online
- Informazioni sui contatti per il programma di Data Governance

3.2 Business Glossary

Un Business Glossary è lo strumento base della DG. Esso contiene le definizioni condivise di termini di business e le loro relazioni con i dati. Esistono molti strumenti a disposizione per business glossary, alcuni parte di sistemi ERP più ampi, di strumenti di integrazione o di strumenti di gestione dei Metadati, così come strumenti a sé stanti.

3.3 Strumenti di processo

Le organizzazioni più grandi potrebbero voler considerare uno strumento robusto per la gestione dei processi, come l'implementazione di nuove policy di Data Governance. Questi strumenti collegano i processi ai documenti e possono essere utili nella gestione delle policy e della risoluzione delle anomalie.

3.4 Strumenti per la Gestione Documentale

Molto spesso uno strumento di gestione documentale viene utilizzato dai team di governance per assisterli nella gestione delle policy e delle procedure.

3.5 Cruscotti di Data Governance

La raccolta di metriche per tracciare le attività di Data Governance e di conformità con le policy può essere riportata fino al Data Governance Council e al Data Governance Steering Committees attraverso cruscotti automatici.

4. Linee Guida per l'Implementazione

Una volta che il programma di data governance è definito, il piano operativo è sviluppato ed il percorso di implementazione è preparato con un data maturity assessment (si veda Capitolo 15), l'organizzazione può iniziare a implementare processi e policy. La maggior parte delle strategie di rilascio sono incrementali, applicando prima la DG ad un perimetro definito, come un MDM, oppure per regione o divisione. Raramente la DG è rilasciata a livello enterprise come primo passo.

4.1 Organizzazione e Cultura

Come è stato evidenziato nel Paragrafo 2.9, il formalismo e la disciplina inerenti la data governance saranno nuovi e differenti per molte organizzazioni. La data governance aggiunge valore portando cambiamenti nei comportamenti. Ci possono essere resistenze al cambiamento ed una curva di apprendimento per quanto riguarda nuovi metodi di prendere decisioni e di governare i progetti.

Programmi di data governance efficaci e di lunga durata richiedono un cambiamento nel modo di pensare organizzativo e nel comportamento nei confronti del dato, così come un programma in corso che supporti nuove idee, comportamenti, policy e processi per raggiungere la situazione desiderata di atteggiamento nei confronti dei dati. Non importa quanto precisa o esotica sia la strategia di data governance, ignorare la cultura diminuirà le possibilità di successo

L'obiettivo di un cambiamento organizzativo è la sostenibilità. *Sostenibilità* è una qualità di un processo che misura quanto sia facile per il processo stesso continuare ad aggiungere valore. Sostenere un programma di data governance richiede la pianificazione al cambiamento (si veda il Capitolo 17)

4.2 Adeguamento e Comunicazione

I programmi di Data Governance sono implementati in maniera incrementale all'interno di un contesto di business e di una strategia di gestione del dato più ampi. Il successo richiede che vengano tenuti a mente gli obiettivi più grandi mentre si sistemano le parti. Il team di DG avrà bisogno di essere flessibile e adeguerà il proprio approccio mentre le condizioni cambiano. Gli strumenti necessari per gestire e comunicare i cambiamenti includono:

- **Mappa strategica di Business / DG**: Questa mappa collega le attività di DG con le necessità del business. Comunicare e misurare periodicamente quanto la DG stia aiutando il business è vitale per ottenere un supporto continuo al programma.

- **Percorso di DG**: Il percorso della DG non dovrebbe essere rigido. Esso dovrebbe essere adattato in funzione dei cambiamenti del contesto di business o delle priorità.

- **Business case continui per la DG**: Il business case deve essere adeguato periodicamente per riflettere i cambi di priorità e la situazione finanziaria dell'organizzazione.

- **Metriche di DG**: Le metriche devono aumentare e cambiare mentre il programma di DG diventa maturo.

5. Metriche

Per contrastare la resistenza o l'opposizione di una lunga curva di apprendimento, un programma di DG deve essere in grado di misurare i progressi ed i successi attraverso metriche che dimostrino come la DG aggiunga valore al business e raggiunga gli obiettivi.

Allo scopo di gestire il cambiamento di comportamento richiesto, è importante misurare i progressi dei rilasci della data governance, la conformità con i requisiti ed il valore che la data governance sta portando all'organizzazione. Le metriche che rafforzano il valore della DG e quelle che verificano che l'organizzazione ha le risorse necessarie per supportare la DG dopo che è stata rilasciata sono altrettanto importanti per sostenere il programma di DG. Esempi di metriche includono:

- Valore
    - Contributo agli obiettivi di business
    - Riduzione del rischio
    - Maggiore efficienza nelle operazioni
- Efficacia

- o   Raggiungimento degli obiettivi
- o   Gli stewards stanno utilizzando gli strumenti adeguati
- o   Efficacia nella comunicazione
- o   Efficacia nella formazione
- o   Rapidità nell'adozione del cambiamento
- Sostenibilità
  - o   Performance di policy e processi (ad esempio, stanno lavorando in maniera adeguata?)
  - o   Conformità a standard e procedure (ad esempio, lo staff sta seguendo le line guida e cambiando il comportamento come necessario?)

6. Opere Citate / Consigliate

Adelman, Sid, Larissa Moss and Majid Abai. *Data Strategy*. Addison-Wesley Professional, 2005. Print.

Anderson, Dean and Anderson, Linda Ackerson. *Beyond Change Management*. Pfeiffer, 2012.

Avramov, Lucien and Maurizio Portolani. *The Policy Driven Data Center with ACI: Architecture, Concepts, and Methodology*. Cisco Press, 2014. Print. Networking Technology.

Axelos Global Best Practice (ITIL website). http://bit.ly/1H6SwxC.

Brzezinski, Robert. *HIPAA Privacy and Security Compliance - Simplified: Practical Guide for Healthcare Providers and Practice Managers*. CreateSpace Independent Publishing Platform, 2014. Print.

Calder, Alan. *IT Governance: Implementing Frameworks and Standards for the Corporate Governance of IT*. IT Governance Publishing, 2009. Print.

Change Management Institute and Carbon Group. *Organizational Change Maturity Model*, 2012. http://bit.ly/1Q62tR1.

Change Management Institute (website). http://bit.ly/1Q62tR1.

Chisholm, Malcolm and Roblyn-Lee, Diane. *Definitions in Data Management: A Guide to Fundamental Semantic Metadata*. Design Media, 2008. Print.

Cokins, Gary et al. *CIO Best Practices: Enabling Strategic Value with Information Technology*, 2nd ed. Wiley, 2010. Print.

De Haes, Steven and Wim Van Grembergen. *Enterprise Governance of Information Technology: Achieving Alignment and Value, Featuring COBIT 5*. 2nd ed. Springer, 2015. Print. Management for Professionals.

DiStefano, Robert S. *Asset Data Integrity Is Serious Business*. Industrial Press, Inc., 2010. Print.

Doan, AnHai, Alon Halevy and Zachary Ives. *Principles of Data Integration*. Morgan Kaufmann, 2012. Print.

Fisher, Tony. *The Data Asset: How Smart Companies Govern Their Data for Business Success*. Wiley, 2009. Print.

Giordano, Anthony David. *Performing Information Governance: A Step-by-step Guide to Making Information Governance Work*. IBM Press, 2014. Print. IBM Press.

Hiatt, Jeff and Creasey, Timothy. *Change Management: The People Side of Change*. Prosci, 2012.

Huwe, Ruth A. *Metrics 2.0: Creating Scorecards for High-Performance Work Teams and Organizations*. Praeger, 2010. Print.

Ladley, John. *Data Governance: How to Design, Deploy and Sustain an Effective Data Governance Program*. Morgan Kaufmann, 2012. Print. The Morgan Kaufmann Series on Business Intelligence.

Ladley, John. *Making Enterprise Information Management (EIM) Work for Business: A Guide to Understanding Information as an Asset*. Morgan Kaufmann, 2010. Print.

Marz, Nathan and James Warren. *Big Data: Principles and best practices of scalable realtime data systems*. Manning Publications, 2015. Print.

McGilvray, Danette. *Executing Data Quality Projects: Ten Steps to Quality Data and Trusted Information*. Morgan Kaufmann, 2008. Print.

Osborne, Jason W. *Best Practices in Data Cleaning: A Complete Guide to Everything You Need to Do Before and After Collecting Your Data*. SAGE Publications, Inc, 2013. Print.

Plotkin, David. *Data Stewardship: An Actionable Guide to Effective Data Management and Data Governance*. Morgan Kaufmann, 2013. Print.

PROSCI (website). http://bit.ly/2tt1bf9.

Razavi, Behzad. *Principles of Data Conversion System Design*. Wiley-IEEE Press, 1994. Print.

Redman, Thomas C. *Data Driven: Profiting from Your Most Important Business Asset*. Harvard Business Review Press, 2008. Print.

Reinke, Guido. *The Regulatory Compliance Matrix: Regulation of Financial Services, Information and Communication Technology, and Generally Related Matters*. GOLD RUSH Publishing, 2015. Print. Regulatory Compliance.

Seiner, Robert S. *Non-Invasive Data Governance*. Technics Publications, LLC, 2014. Print.

Selig, Gad. *Implementing IT Governance: A Practical Guide to Global Best Practices in IT Management*. Van Haren Publishing, 2008. Print. Best Practice.

Smallwood, Robert F. *Information Governance: Concepts, Strategies, and Best Practices*. Wiley, 2014. Print. Wiley CIO.

Soares, Sunil. *Selling Information Governance to the Business: Best Practices by Industry and Job Function*. Mc Press, 2011. Print.

Tarantino, Anthony. *The Governance, Risk, and Compliance Handbook: Technology, Finance, Environmental, and International Guidance and Best Practices*. Wiley, 2008. Print.

The Data Governance Institute (website). http://bit.ly/1ef0tnb.

The KPI Institute and Aurel Brudan, ed. *The Governance, Compliance and Risk KPI Dictionary: 130+ Key Performance Indicator Definitions*. CreateSpace Independent Publishing Platform, 2015. Print.

CAPITOLO 4

Data Architecture

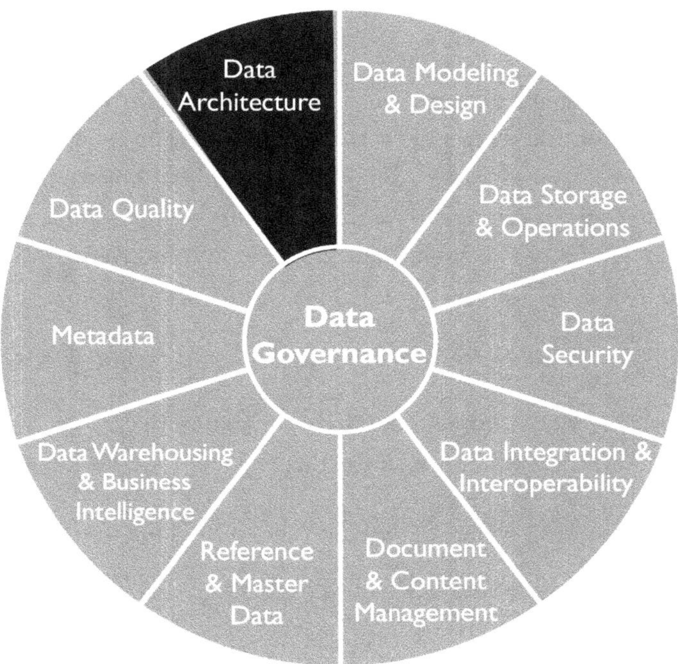

DAMA-DMBOK2 Data Management Framework

Copyright © 2017 by DAMA International

1. Introduzione

Con il termine *architettura* (Architecture) ci si riferisce all'arte e alla scienza delle costruzioni, in particolare di strutture abitabili, nonché al risultato del processo di costruzione, vale a dire gli edifici stessi. In senso più generale, per architettura s'intende una disposizione organizzata di elementi componenti destinati a ottimizzare la funzione, le performance, la fattibilità, i costi e l'estetica di una struttura complessiva o di un sistema.

Il termine *architettura* (architecture) è stato adottato per descrivere i diversi aspetti della progettazione dei sistemi di informazione. La norma ISO/IEC 42010:2007 *Sistemi e ingegneria del software - Descrizione Architettura* (2011) definisce *l'architettura* come "l'organizzazione fondamentale di un sistema, rappresentato dai suoi componenti, dalle relazioni che questi ultimi hanno tra di loro e dai principi che ne disciplinano la progettazione e l'evoluzione". Tuttavia, in funzione del contesto, il termine *architettura* può riferirsi a una descrizione dello stato attuale dei sistemi, ai componenti di un insieme di sistemi, alla disciplina dei sistemi di progettazione (esercizio dell'architettura), alla progettazione intenzionale di un sistema o gruppo di sistemi (stato futuro o architettura proposta), ai manufatti che descrivono un sistema (documentazione dell'architettura) o al team che esegue il lavoro di progettazione (gli architetti o il team di architettura).

L'esercizio dell'architettura viene svolto a diversi livelli all'interno di un'organizzazione (impresa, dominio, progetto, ecc.) e con diverse aree di focus (infrastruttura, applicazione e dati). Ciò che gli architetti fanno esattamente può essere fonte di confusione per i non addetti ai lavori e per coloro che non riconoscono le distinzioni che tali livelli e aree di competenza implicano. Uno dei motivi per cui i framework architetturali sono preziosi è che essi consentono ai non addetti ai lavori di comprendere queste relazioni.

La disciplina di architettura aziendale (Enterprise Architecture) comprende architetture di dominio, tra cui business, dati, applicazione e tecnologia. Pratiche ben gestite di tale disciplina aiutano le organizzazioni a comprendere lo stato attuale dei propri sistemi, stimolano il cambiamento desiderabile verso lo stato futuro, consentono la conformità normativa e migliorano l'efficacia. Una gestione efficace dei dati e dei sistemi in cui essi sono archiviati e utilizzati è un obiettivo comune delle varie discipline dell'architettura.

Nel presente capitolo, la Data Architecture viene considerata dai seguenti punti di vista:

- **Esiti della Data Architecture**, come modelli, definizioni e flussi di dati su vari livelli, solitamente definiti artefatti di Data Architecture

- **Attività della Data Architecture** volte a formarne, implementarne e soddisfarne gli intenti

- **Comportamento della Data Architecture**, ad esempio, collaborazioni, approcci e competenze tra i vari ruoli aziendali interessati

Insieme, questi tre elementi costituiscono i componenti essenziali della Data Architecture che,

a sua volta, è fondamentale per la gestione dei dati. Poiché la maggior parte delle organizzazioni dispone di più dati di quanti le singole persone possano comprendere, è necessario rappresentare i dati organizzativi su diversi livelli di astrazione, in modo che possano essere compresi e che la direzione possa prendere decisioni al riguardo.

Gli artefatti della Data Architecture includono le specifiche utilizzate per descrivere lo stato esistente, definire i requisiti dei dati, guidare l'integrazione dei dati e verificare i data asset così come stabilito in una data strategy. La Data Architecture di un'organizzazione è descritta tramite una raccolta integrata di documenti di progettazione master a diversi livelli di astrazione, tenendo conto delle norme che disciplinano il modo in cui i dati sono raccolti, archiviati, organizzati, utilizzati ed eliminati. Inoltre, è classificata in base alle descrizioni di tutti i container e i percorsi in cui transitano i dati nel sistema di un'organizzazione. Il documento di progettazione più dettagliato di Data Architecture è un modello formale di dati aziendali, contenente nomi di dati, dati completi e definizioni di metadati, entità e relazioni concettuali e logiche, e regole aziendali. Sono inclusi i modelli fisici di dati, ma non come prodotto di Data Architecture, bensì di data modeling e design.

La Data Architecture assume il massimo valore quando supporta pienamente le esigenze dell'intera azienda. L'Enterprise Data Architecture consente la costante standardizzazione e integrazione dei dati in tutta l'azienda. Gli artefatti creati dagli architetti costituiscono metadati preziosi, che dovrebbero idealmente essere archiviati e gestiti in un repository di artefatti dell'architettura aziendale.

Siamo nel bel mezzo della terza ondata di digitalizzazione dei clienti finali. Banche e transazioni finanziarie sono state protagoniste della prima ondata; la seconda ha visto varie interazioni di servizi digitali, mentre la terza è pilotata dall'Internet delle cose (Internet of Things - IOT) e dalla telematica. I settori tradizionali, come quello automobilistico, delle apparecchiature sanitarie e della strumentazione, passeranno al digitale in questa terza ondata.

Ciò avviene in pressoché tutti i settori. Le nuove auto Volvo ora dispongono di un servizio di assistenza 24 ore su 24, 7 giorni su 7, non solo per questioni relative ai veicoli, ma anche per trovare ristoranti e negozi. Le gru a ponte, i pallet loader e le attrezzature anestesiologiche raccolgono e inviano dati operativi che consentono servizi in up-time. La tipologia delle offerte è passata dalle forniture di apparecchiature ai contratti pay-per-use o "secondo disponibilità". Molte di queste aziende hanno poca se non addirittura nessuna esperienza in tali settori, perché in passato erano seguite da rivenditori o fornitori di servizi post-vendita.

Le organizzazioni lungimiranti dovrebbero includere dei Data Management Professional (ad esempio, Enterprise Data Architect o Data Steward strategici) quando studiano nuove offerte per il mercato, perché oggigiorno tali offerte comprendono solitamente hardware, software e servizi che acquisiscono dati, dipendono dall'accesso ai dati, o hanno entrambe le caratteristiche.

1.1 Business Driver

L'obiettivo della Data Architecture è costituire un ponte tra strategia aziendale ed esecuzione tecnologica. Nell'ambito dell'Enterprise Architecture, i Data Architect:

- Preparano strategicamente le organizzazioni affinché evolvano rapidamente i propri prodotti, servizi e dati, al fine di sfruttare le opportunità inerenti alle tecnologie emergenti

- Trasformano le esigenze aziendali in dati e requisiti di sistema, in modo che i processi dispongano costantemente dei dati necessari

- Gestiscono la distribuzione di dati e informazioni complessi in tutta l'azienda

- Facilitano l'allineamento tra Business e IT

- Fungono da agenti di cambiamento, trasformazione e agility

Questi business driver dovrebbero influire sulle misure del valore della Data Architecture.

I Data Architect creano e gestiscono le conoscenze organizzative dei dati e dei sistemi attraverso i quali essa si muove. Tale conoscenza consente a un'organizzazione di gestire i propri dati come asset e di aumentare il valore che ottiene dai propri dati, identificando le opportunità di utilizzo dei dati stessi, la riduzione dei costi e la mitigazione dei rischi.

1.2 Risultati e pratiche della Data Architecture

I risultati fondamentali della Data Architecture includono:

- Requisiti di data storage e processing
- Progettazione di strutture e piani che soddisfino i requisiti dei dati attuali e a lungo termine dell'azienda

Architettura dei Dati

Definizione: Identificare le esigenze di dati dell'azienda (indipendentemente dalla struttura) e progettare e gestire i master blueprint per soddisfare tali esigenze. Utilizzo di master blueprint per guidare l'integrazione dei dati, controllare gli asset dei dati e allineare gli investimenti in ambito dati con la strategia di business.

Obiettivi:
1. Identificare i requisiti di archiviazione ed elaborazione dei dati.
2. Progettare strutture e piani per soddisfare i requisiti dell'azienda attuali e a lungo termine sui dati.
3. Preparare strategicamente le organizzazioni ad evolvere rapidamente i propri prodotti, servizi e dati per sfruttare le opportunità di business inerenti alle tecnologie emergenti.

Driver di Business

Input:
- Architettura Aziendale
- Architettura di Business
- Standard IT e Obiettivi
- Strategia dei Dati

Attività:
1. **Definire Architettura Enterprise dei Dati (P)**
   1. Valutare le Specifiche esistenti dell'Architettura dei Dati
   2. Sviluppare una Roadmap
   3. Gestire i Requisiti Enterprise all'interno dei Progetti (D)
2. **Integrazione con l'Enterprise Architecture (O)**

Deliverables:
- Progettazione dell'Architettura dei Dati
- Data Flows
- Catena del Valore dei Dati
- Modello Dati Enterprise
- Roadmap di Implementazione

Fornitori:
- Enterprise Architects
- Data Stewards
- Esperti della Materia
- Data Analysts

Coinvolgimenti:
- Architetti dei Dati Enterprise
- Data Modelers

Utilizzatori:
- Amministratori di Database
- Sviluppatori Software
- Project Managers
- Team di Supporto

Driver Tecnici

Tecniche:
- Revisioni del Ciclo di Vita
- Chiarezza dei Diagrammi
-

Strumenti:
- Strumenti di Data modeling
- Software di Asset management
- Applicazioni di progettazione Grafica

Metriche:
- Livelli di conformità con gli standard di Architettura
- Trends nell'implementaizone
- Misure di Valore di Business

(P) Pianificazione, (C) Controllo, (D) Sviluppo, (O) Operations

Figura 21 Context Diagram: Data Architecture

Gli architetti lavorano in modo da portare valore all'organizzazione, un valore che deriva da un footprint tecnico ottimale, dall'efficienza operativa e di progetto e dalla maggiore capacità dell'organizzazione di utilizzare i propri dati. Per arrivarci sono necessarie progettazione e pianificazione valide e la capacità di garantire che i progetti e i piani vengano eseguiti in modo efficace.

Per raggiungere questi obiettivi, i Data Architect definiscono e gestiscono specifiche che:

- Definiscono lo stato corrente dei dati dell'organizzazione
- Forniscono un vocabolario di business standard per dati e componenti
- Allineano la Data Architecture con la strategia aziendale e l'architettura di business
- Esprimono i requisiti strategici dei dati
- Delineano i progetti integrati ad alto livello atti a soddisfare tali requisiti
- Si integrano con la roadmap globale dell'architettura aziendale

Una pratica complessiva di Data Architecture comprende:

- Utilizzo di artefatti di Data Architecture (progetti master) atti a definire i requisiti dei dati, guidare l'integrazione dei dati, controllare i data asset e allineare gli investimenti dei dati con la strategia di business
- Collaborazione, apprendimento e influenza sui vari stakeholder impegnati nel miglioramento del business o dello sviluppo dei sistemi IT
- Utilizzo della Data Architecture per stabilire la semantica di un'impresa, attraverso un vocabolario aziendale comune

---

1.3 Concetti essenziali

1.3.1 Domini di Enterprise Architecture

La Data Architecture opera nel contesto di altri domini di architettura, tra cui business, applicazioni e architettura tecnica. La Tabella 6 descrive e confronta questi domini. Gli architetti di domini diversi devono affrontare le istruzioni e i requisiti di sviluppo in modo collaborativo, poiché ogni dominio influenza e pone vincoli sugli altri domini. (Vedere anche la Figura 22.)

Tabella 6 Domini di architettura

Dominio	Enterprise Business Architecture	Enterprise Data Architecture	Architettura delle applicazioni aziendali	Architettura della tecnologia aziendale
Finalità	Identificare in che modo un'azienda crea valore per i clienti e gli altri stakeholder	Descrivere come devono essere organizzati e gestiti i dati	Descrivere la struttura e la funzionalità delle applicazioni in un'azienda	Descrivere la tecnologia fisica necessaria per consentire ai sistemi di funzionare e garantire valore

Dominio	Enterprise Business Architecture	Enterprise Data Architecture	Architettura delle applicazioni aziendali	Architettura della tecnologia aziendale
Elementi	Modelli di business, processi, funzionalità (capabilities), servizi, eventi, strategie, vocabolario	Data model, definizioni dei dati, specifiche di mappatura dei dati, flussi di dati, API di dati strutturati	Sistemi di business, pacchetti software, database	Piattaforme tecniche, reti, sicurezza, strumenti di integrazione
Dipendenza	Stabilisce i requisiti per gli altri domini	Gestisce i dati creati e richiesti dall'architettura aziendale	Agisce su dati specifici in base alle esigenze di business	Ospita ed esegue l'architettura di applicazione
Ruoli	Business architect e analyst, business data steward	Data architect e data modeler, data steward	Architetti di applicazioni	Architetti d'infrastruttura

1.3.2 Framework di architettura aziendale

Un framework di architettura è una struttura di base utilizzata per sviluppare una vasta gamma di architetture correlate. Le strutture architetturali forniscono modi per pensare all'architettura e comprenderla. Rappresentano un concetto globale di "architettura per architettura".

IEEE Computer Society gestisce uno standard per i framework di architettura aziendale, ISO / IEC / IEEE 42010: 2011, Sistemi e ingegneria del software - Descrizione di architettura e tabella di confronto.

Framework e metodi comuni includono la Data Architecture come uno dei domini architetturali.

1.3.2.1 Framework di Zachman per Enterprise Architecture

Il più noto framework di architettura aziendale, il Framework di Zachman, è stato sviluppato da John A. Zachman negli anni '80 del secolo scorso e (vedere la Figura 22.) e ha continuato ad evolversi. L'autore riconobbe che nella creazione di edifici, aeroplani, imprese, catene di valore (value chain), progetti o sistemi, le tipologie di audience sono molteplici e ciascuna ha una prospettiva diversa sull'architettura. Applicò questo concetto ai requisiti per tipi e livelli differenti di architettura all'interno di un'azienda.

Il framework di Zachman è un'ontologia: la matrice 6x6 comprende l'insieme completo di modelli necessari a descrivere un'impresa e le relazioni tra questi e non definisce come creare i modelli, bensì mostra semplicemente quali dovrebbero esistere.

Le due dimensioni nel framework della matrice sono gli *interrogativi di comunicazione* (ossia, cosa, come, dove, chi, quando, perché) come colonne e le *trasformazioni di reificazione* (Identificazione, Definizione, Rappresentazione, Specifica, Configurazione e Istantanea) come righe. Le classificazioni del framework sono rappresentate dalle celle (l'intersezione tra gli interrogativi e le trasformazioni). Ogni cella del framework di Zachman rappresenta un tipo unico di artefatto di progettazione.

	Cosa	Come	Dove	Chi	Quando	Perché	
Executive	Identificazione di Inventario	Identificazione di Processo	Identificazione di Distribuzione	Identificazione di Responsabilità	Identificazione di Tempistica	Identificazione di Motivazione	Contesto d'Amibto
Business Management	Definizione di Inventario	Definizione di Processo	Definizione di Distribuzione	Definizione di Responsabilità	Definizione di Tempistica	Definizione di Motivazione	Concetti di Business
Architect	Rappresentazione di Inventario	Rappresentazione di Processo	Rappresentazione di Distribuzione	Rappresentazione di Responsabilità	Rappresentazione di Tempistica	Rappresentazione di Motivazione	Logica di Sistema
Ingegnere	Specificazione di Inventario	Specificazione di Processo	Specificazione di Distribuzione	Specificazione di Responsabilità	Specificazione di Tempistica	Specificazione di Motivazione	Tecnologia Fisica
Operativo	Configurazione di Inventario	Configurazione di Processo	Configurazione di Distribuzione	Configurazione di Responsabilità	Configurazione di Tempistica	Configurazione di Motivazione	Componenti dei Tools
Enterprise	Istanziazione di Inventario	Istanziazione di Processo	Istanziazione di Distribuzione	Istanziazione di Responsabilità	Istanziazione di Tempistica	Istanziazione di Motivazione	Istanze Operative
	Set di Inventario	Flussi dei Processi	Reti di Distribuzione	Assegniazioni di Responsabilità	Cicli di Tempistiche	Intenzioni di Motivazione	

Figura 22 Framework di Zachman semplificato

Gli interrogativi di comunicazione sono le domande fondamentali che possono essere poste su qualsiasi entità. Tradotte in architettura aziendale, le colonne si possono interpretare nel modo seguente:

- **Cosa** (colonna dell'inventario): entità utilizzate per costruire l'architettura
- **Come** (colonna dei processi): attività svolte
- **Dove** (colonna della distribuzione): sede del business e sede della tecnologica
- **Chi** (colonna delle responsabilità): ruoli e organizzazioni
- **Quando** (colonna della tempistica): intervalli, eventi, cicli e pianificazioni
- **Perché** (colonna della motivazione): obiettivi, strategie e mezzi

Le trasformazioni di reificazione rappresentano i passaggi necessari per tradurre un'idea astratta in un'istanza concreta (instantiation). Tali passaggi sono rappresentati nelle righe: pianificatore, proprietario, designer, costruttore, implementatore e utente, dove ciascuno ha una prospettiva diversa sul processo complessivo e problemi differenti da risolvere. Queste prospettive sono rappresentate come righe. Ad esempio, ogni prospettiva ha una relazione diversa con la colonna **Cosa** (inventario o dati):

- **La prospettiva esecutiva** (contesto di business): elenchi di elementi di business che definiscono l'ambito nei modelli di identificazione.

- **La prospettiva di gestione del business** (concetti di business): chiarimento delle relazioni tra i concetti di business definiti dai dirigenti come proprietari nei modelli di definizione.

- **La prospettiva dell'architetto** (business logic): modelli logici di sistema che descrivono in dettaglio i requisiti di sistema e la progettazione senza vincoli rappresentata dagli Architect in qualità di Designer nei modelli di rappresentazione.

- **La prospettiva dell'ingegnere** (fisica di business): modelli fisici che ottimizzano la progettazione d'implementazione per uso specifico sotto i vincoli di tecnologia, persone, costi e timeframes specificati da Ingegneri in qualità di Costruttori nei modelli di specifica.

- **La prospettiva del tecnico** (assiemi di componenti): una vista fuori contesto, specifica della tecnologia, su come vengono assemblati e operano i componenti configurati da Tecnici in qualità di Implementatori nei modelli di configurazione.

- **La prospettiva dell'utente** (classi di operazioni): istanze funzionanti effettive, utilizzate da Operatori in qualità di Partecipanti. Non ci sono modelli in questa prospettiva.

Come notato in precedenza, ogni cella nel Framework di Zachman rappresenta un tipo esclusivo di artefatto di progettazione, definito dall'intersezione della propria riga e colonna. Ogni artefatto rappresenta il modo in cui la prospettiva specifica risponde alle questioni fondamentali.

1.3.3 Enterprise Data Architecture

La Enterprise Data Architecture definisce termini e progetti standard per gli elementi importanti per l'organizzazione. La progettazione di una Enterprise Data Architecture comprende la rappresentazione dei dati di business in quanto tali, tra cui raccolta, archiviazione, integrazione, trasferimento e distribuzione dei dati.

Quando i dati fluiscono all'interno di un'organizzazione attraverso feed o interfacce, vengono protetti, integrati, archiviati, registrati, catalogati, condivisi, segnalati, analizzati e consegnati agli stakeholder. Lungo il percorso, i dati possono essere verificati, migliorati, collegati, certificati, aggregati, anonimizzati e utilizzati per analisi fino all'archiviazione o all'eliminazione. Le descrizioni dell'Enterprise Data Architecture devono pertanto includere sia i modelli di Enterprise Data (ad es. strutture di dati e specifiche di dati), sia la progettazione del flusso di dati:

- **Enterprise Data Model (EDM):** l'EDM è un modello di dati concettuali o logici indipendente dall'implementazione, a livello impresa e olistico, che fornisce una visione comune e coerente dei dati in tutta l'azienda. È comune utilizzare il termine per indicare un modello di dati semplificato di alto livello, ma si tratta di una questione di astrazione per presentazione. Un EDM comprende entità dati aziendali chiave (ossia, concetti di business), le loro relazioni, le regole di business di guida cruciali e alcuni attributi critici e stabilisce le basi per tutti i dati e i progetti relativi ad essi. Qualsiasi modello di dati a livello di progetto deve essere basato sull'EDM ed è opportuno che venga rivisto dagli stakeholder, in modo che vi sia consenso sul fatto che rappresenti l'impresa in maniera efficace.

- **Progettazione del flusso di dati:** definisce i requisiti e il progetto master per l'archiviazione e il processing su database, applicazioni, piattaforme e reti (i componenti). Questi flussi di dati mappano il trasferimento dei dati verso processi di business, posizioni, ruoli di business e componenti tecnici.

Questi due tipi di specifiche devono essere ben integrate insieme; infatti, come accennato, entrambe devono rispecchiarsi nello stato attuale e nello stato target (prospettiva dell'architettura), nonché nello stato di transizione (prospettiva del progetto).

1.3.3.1 Modello di Enterprise Data

Alcune organizzazioni creano un EDM come artefatto indipendente. In altre organizzazioni, è inteso come composto da data model da diverse prospettive e a diversi livelli di dettaglio, che descrivono coerentemente la comprensione di un'organizzazione delle entità dei dati, degli attributi dei dati e delle loro relazioni all'interno dell'azienda. Un EDM comprende sia data model universali (modelli concettuali e logici a livello dell'intera impresa), sia specifici di progetto o di applicazione, insieme a definizioni, specifiche, mappature e regole di business.

L'adozione di un modello standard di settore può avviare il processo di sviluppo di un EDM. Questi modelli forniscono una guida e riferimenti utili; tuttavia, anche se un'organizzazione inizia con un modello di dati acquistato, la produzione di data model a livello dell'intera impresa richiede un investimento significativo. Il lavoro include la definizione e la documentazione del vocabolario, delle regole e della knowledge dell'attività di un'organizzazione. Mantenere e arricchire un EDM richiede un effort costante in termini di tempo e attività.

Un'organizzazione che riconosce la necessità di un data model aziendale deve decidere quanto tempo e attività può dedicare alla sua costruzione e gestione. Gli EDM possono essere costruiti a diversi livelli di dettaglio, quindi la disponibilità delle risorse influirà sull'ambito iniziale. Nel tempo, con l'espandersi delle esigenze aziendali, in generale si ampliano l'ambito e il livello di dettaglio acquisiti all'interno del modello di dati di un'azienda. I data model aziendali di maggior successo vengono creati in modo incrementale e iterativo, usando i livelli. La Figura 23 mostra come siano correlati i diversi tipi di modelli e come i modelli concettuali siano in definitiva collegabili ai data model delle applicazioni fisiche. Si distingue:

- Una panoramica concettuale sulle aree tematiche (Subject Areas) dell'impresa
- Viste di entità e relazioni per ciascuna area tematica (Subject Area)
- Viste logiche dettagliate, parzialmente attribuite di queste stesse aree tematiche
- Modelli logici e fisici specifici di un'applicazione o di un progetto

Tutti i livelli fanno parte dell'Enterprise Data Model e i collegamenti creano percorsi per tracciare un'entità dall'alto verso il basso e tra i modelli nello stesso livello.

- **Dimensione verticale**: i modelli di ciascun livello si mappano sui modelli di altri livelli. Il lineage dei modelli (model lineage) viene creato usando queste mappe. Ad esempio, una tabella o un file MobileDevice in un modello fisico specifico di progetto può collegarsi a un'entità MobileDevice nel modello logico specifico di progetto, a un'entità MobileDevice nell'area tematica di prodotto nel modello logico aziendale, a un'entità concettuale di prodotto nel modello di area tematica di prodotto e all'entità prodotto nel modello concettuale aziendale.

- **Dimensione orizzontale**: entità e relazioni possono apparire in più modelli nello stesso livello; entità in modelli logici centrati su un argomento possono essere correlate ad entità in altri argomenti, contrassegnate o annotate come esterne all'area tematica nelle immagini del modello. Un'entità Parte prodotto può apparire nei modelli dell'area tematica Prodotto e nelle aree tematiche Ordine cliente, Inventario e Marketing, correlate come collegamenti esterni.

Un modello di dati aziendale a tutti i livelli viene sviluppato mediante tecniche di data modeling. (Vedere Capitolo 5)

La Figura 24 mostra tre diagrammi di area tematica (esempi semplificati), ciascuno contenente un modello di dati concettuale con un insieme di entità. Le relazioni possono attraversare i confini dell'area tematica; ciascuna entità in un modello di dati aziendali deve risiedere in un'unica area tematica, ma può essere correlata a entità in qualsiasi altra.

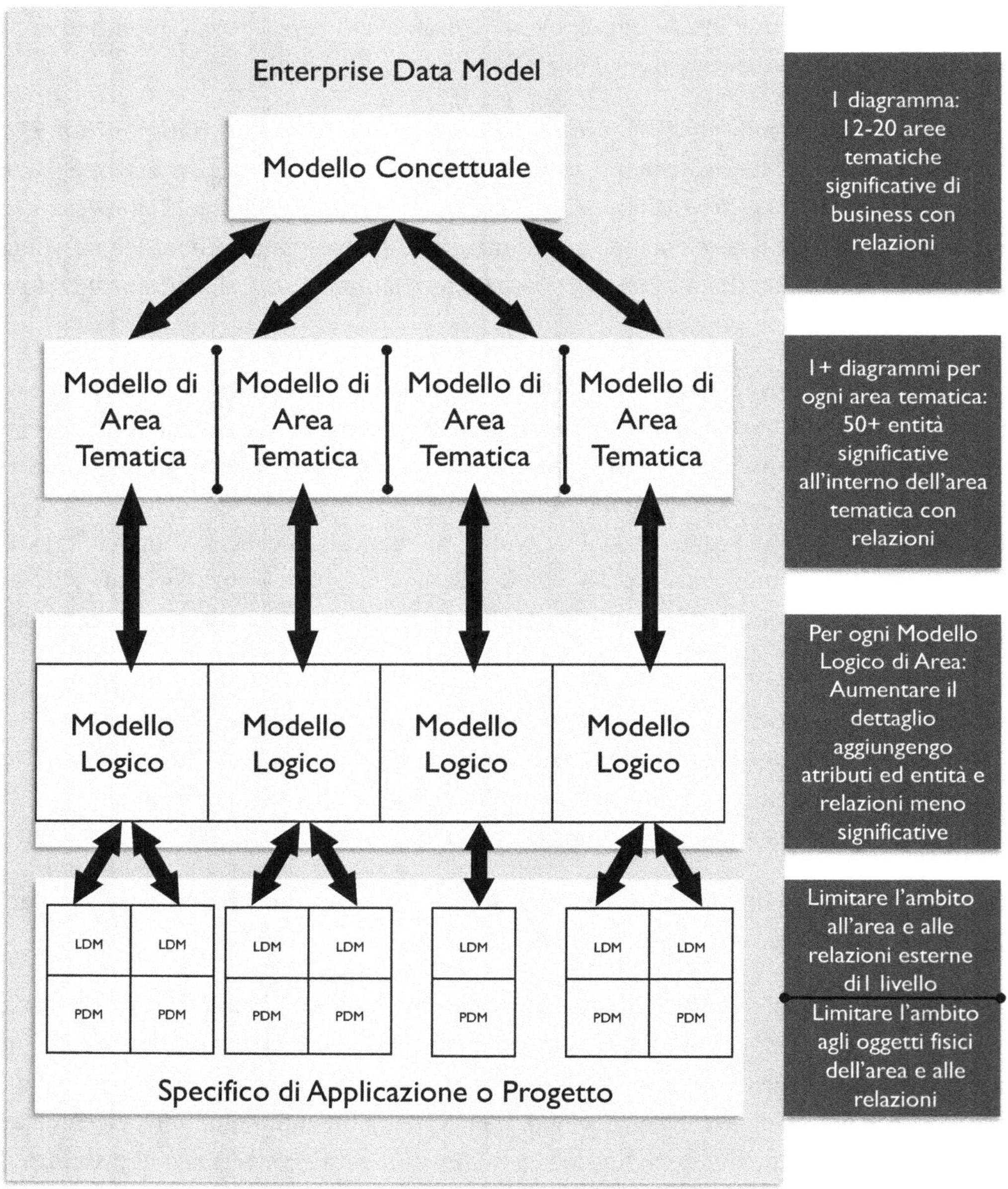

Figura 23 Enterprise Data Model

Pertanto, l'Enterprise Data Model concettuale è costituito dalla combinazione di modelli di area tematica e può essere creato scegliendo un approccio dall'alto verso il basso, oppure dal basso verso l'alto. L'approccio dall'alto verso il basso prevede di iniziare con la creazione delle aree tematiche, che successivamente vengono popolate con i modelli. Se si utilizza l'approccio dal basso verso l'alto, la struttura dell'area tematica si baserà su data model esistenti. In generale, è opportuno scegliere una combinazione dei due approcci, iniziando con quello dal basso verso l'alto usando i modelli esistenti e completando il data model aziendale popolando i modelli, delegando infine il modeling delle aree tematiche a specifici progetti.

Il discriminatore dell'area tematica (ossia i principi che formano la struttura dell'area tematica) deve essere coerente in tutto l'Enterprise Data Model. I principi del discriminatore di aree tematiche di uso frequente comprendono: l'utilizzo di regole di normalizzazione, la separazione delle aree tematiche dai portfolio di sistemi (ad es. finanziamenti), la formazione di aree tematiche dalla struttura di data governance e data ownership (organizzativa), l'utilizzo di processi di alto livello (basati sulle catene del valore di business) o l'utilizzo di business capabilities (basate su Enterprise Architecture). La struttura dell'area tematica è solitamente più efficace per il lavoro di Data Architecture se è formata mediante regole di normalizzazione. Il processo di normalizzazione stabilirà le principali entità che contengono/costituiscono ciascuna Area tematica.

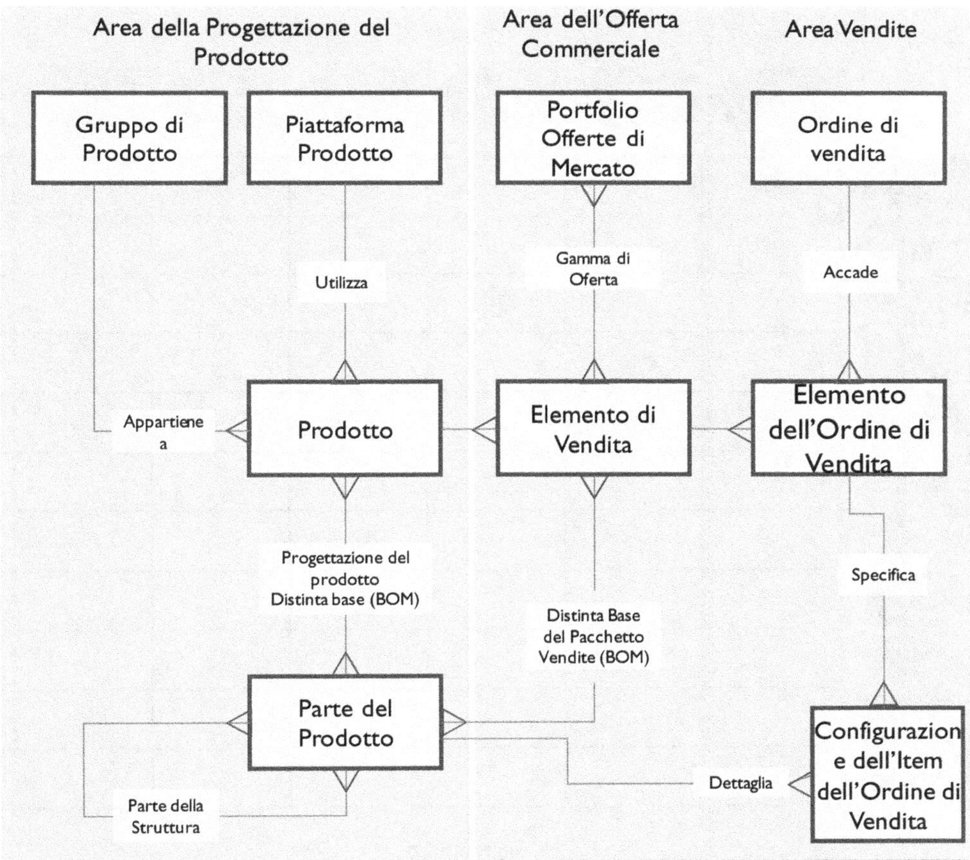

Figura 24 Esempio di diagramma dei modelli di area tematica

1.3.3.2 Progettazione del flusso di dati

I flussi di dati sono un tipo di documentazione di lineage che descrive come i dati si muovono attraverso processi e sistemi di business. I flussi di dati end-to-end illustrano dove hanno avuto origine i dati, dove sono archiviati e utilizzati e come vengono trasformati mentre si muovono all'interno e tra diversi processi e sistemi. L'analisi del data lineage può contribuire a spiegare lo stato dei dati in un determinato punto del flusso. I flussi di dati mappano e documentano le relazioni tra dati e

- Applicazioni all'interno di un processo di business
- Data store o database in un ambiente
- Segmenti di rete (utile per la mappatura della sicurezza)
- Ruoli aziendali, che descrivono quali ruoli hanno la responsabilità di creare, aggiornare, utilizzare ed eliminare i dati (CRUD - creating, updating, using, and deleting data)
- Posizioni in cui si verificano differenze locali

I flussi di dati possono essere documentati a diversi livelli di dettaglio: area tematica, entità di business o persino livello di attributo. I sistemi possono essere rappresentati da segmenti di rete, piattaforme, set di applicazioni comuni o singoli server. I flussi di dati possono essere rappresentati da matrici bidimensionali (Figura 25) o in diagrammi di flusso dei dati (Figura 26).

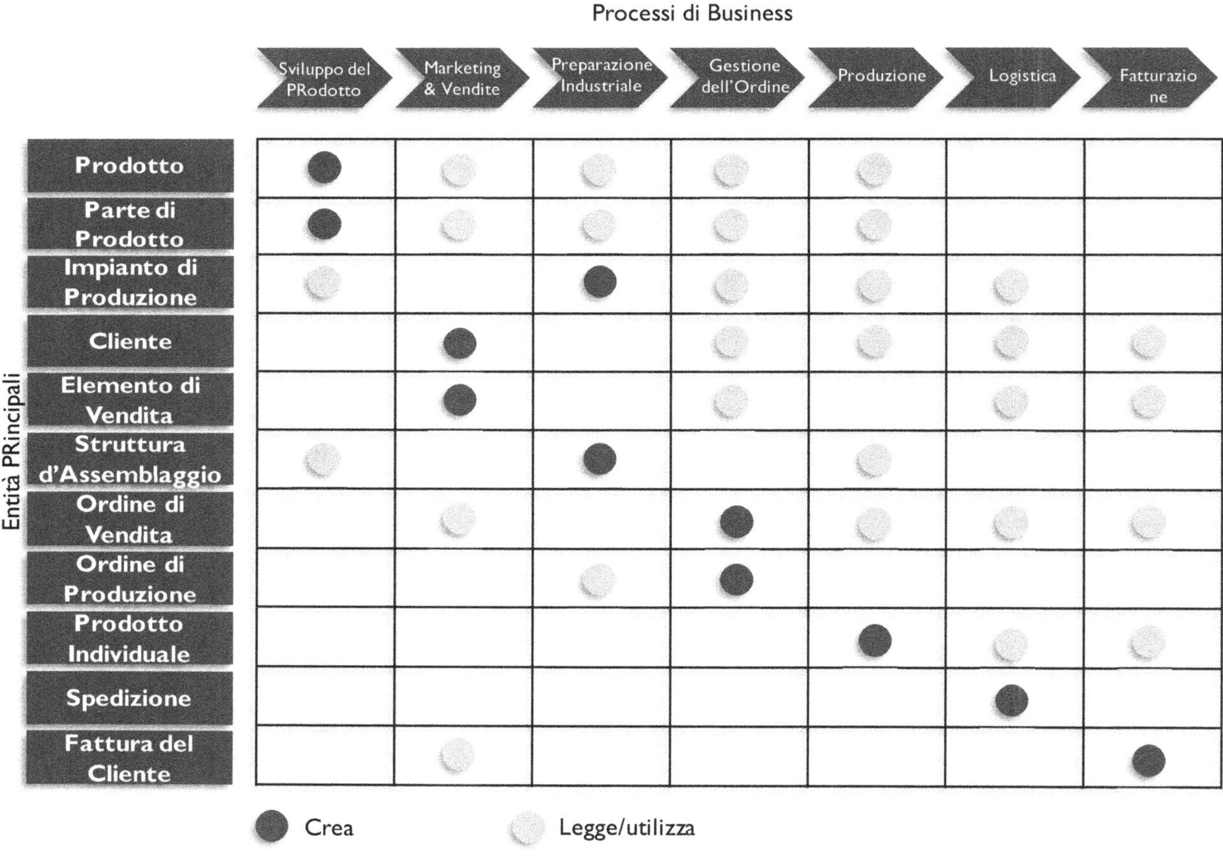

Figura 25 Flusso di dati rappresentato in una matrice

Una matrice fornisce una chiara panoramica del tipo di dati che i processi creano e utilizzano. Il vantaggio di mostrare i requisiti dei dati in una matrice è che questa prende in considerazione il fatto che essi non fluiscono in un'unica direzione; lo scambio di dati tra processi è di tipo molteplice, in un modo estremamente complesso, dove qualsiasi dato può apparire ovunque. Inoltre, è possibile utilizzare una matrice per chiarire le responsabilità di acquisizione dei dati dei processi e le dipendenze dei dati tra i processi, il che a sua volta migliora la documentazione del processo. Chi preferisce lavorare con le business capabilities potrebbe rappresentarlo allo stesso modo: è sufficiente scambiare l'asse dei processi con le capabilities. La costruzione di simili matrici è una pratica di lungo corso nell'enterprise modeling. IBM la introdusse nel suo metodo di Business Systems Planning (BSP). In seguito, James Martin la rese famosa nel suo metodo di pianificazione dei sistemi informatici (Information Systems Planning - ISP) durante gli anni '80 del secolo scorso.

Il flusso di dati in Figura 26 è un tradizionale diagramma di flusso di dati di alto livello che ne rappresenta il tipo tra i sistemi. Tali diagrammi possono essere descritti in molti formati e livelli di dettaglio.

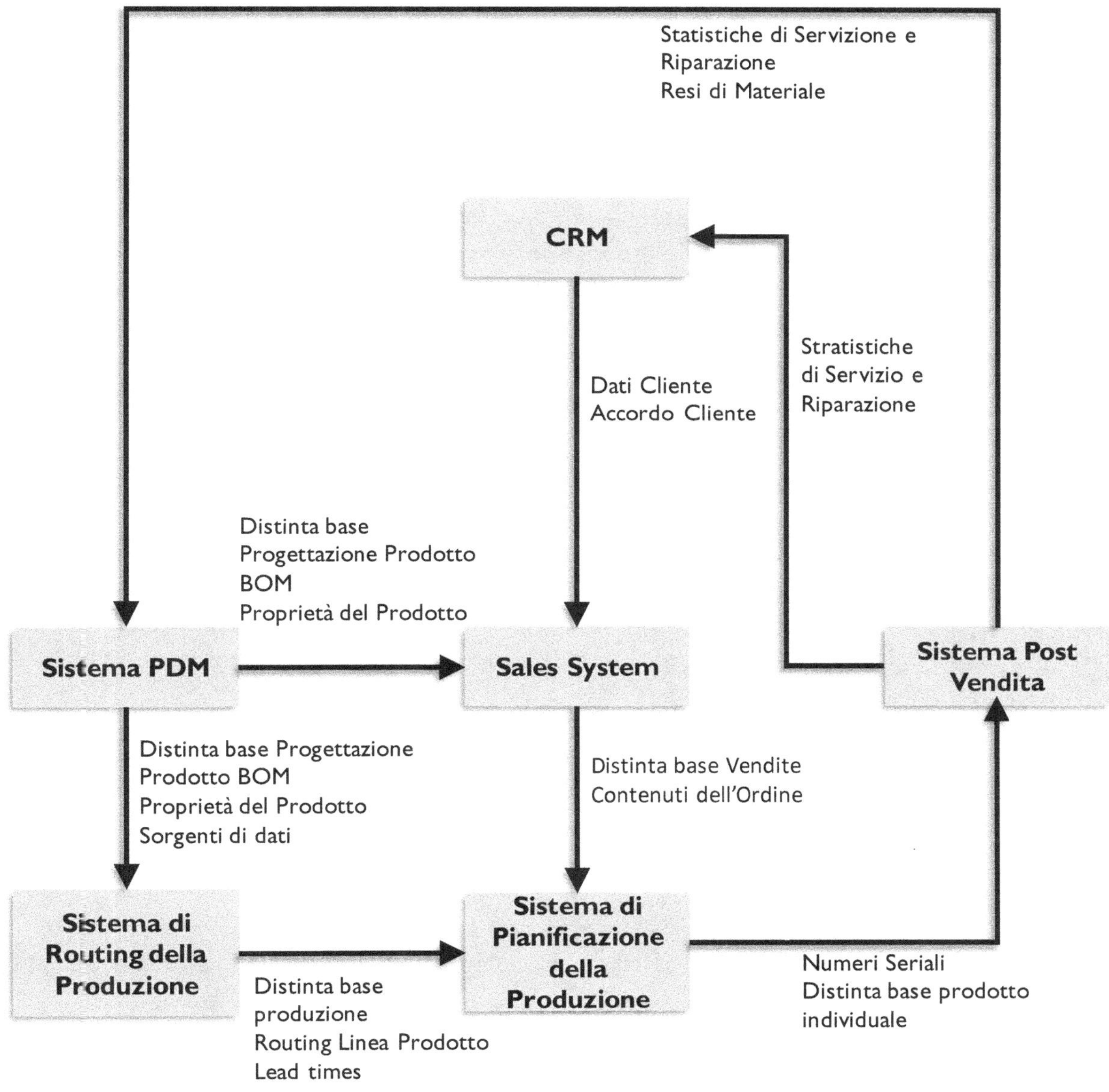

Figura 26 Esempio di diagramma del flusso di dati

2. Attività

Data Architecture ed Enterprise Architecture trattano la complessità da due punti di vista:

- **Orientato alla qualità (Quality-oriented)**: focus sul miglioramento dell'esecuzione all'interno dei cicli di sviluppo di business e IT. A meno che non venga gestita, l'architettura si deteriora; i sistemi diventano gradualmente più complessi e rigidi, creando rischi per l'organizzazione. La produzione incontrollata di dati, le copie dei dati e le relazioni a "spaghetti" delle interfacce rendono le organizzazioni meno efficienti e riducono l'attendibilità dei dati.

- **Orientato all'innovazione (Innovation-oriented)**: focus sulla trasformazione del business e dell'IT per rispondere a nuove aspettative e opportunità. Promuovere l'innovazione tramite tecnologie disruptive e l'utilizzo dei dati è diventato un ruolo del moderno Enterprise Architect.

Questi due fattori richiedono approcci separati. L'approccio orientato alla qualità (quality-oriented) si allinea con il lavoro tradizionale di Data Architecture, in cui i miglioramenti della qualità architetturale sono realizzati in modo incrementale. Le attività di architettura sono distribuite sui progetti, dove gli architetti partecipano o dove il progetto si svolge per delega. In generale, l'architetto considera l'intera architettura e si concentra su obiettivi a lungo termine direttamente collegati alla governance, alla standardizzazione e allo sviluppo strutturato. L'approccio orientato all'innovazione (innovation-oriented) può avere una prospettiva a più breve termine e utilizzare logiche di business e tecnologie innovative non comprovate. Questo orientamento richiede spesso che gli architetti entrino in contatto con persone all'interno dell'organizzazione, con le quali i professionisti IT di solito non interagiscono (ad es. rappresentanti di sviluppo del prodotto e business designer).

2.1 Istituire la pratica di Data Architecture

Idealmente, la Data Architecture deve essere parte integrante dell'architettura aziendale. Se non esiste una funzione di architettura aziendale, è comunque possibile istituire un team di Data Architecture. In queste condizioni, un'organizzazione dovrebbe adottare un framework che contribuisca ad articolare gli obiettivi e i driver della Data Architecture, i quali a loro volta influenzano l'approccio, l'ambito e le priorità della roadmap.

È quindi opportuno scegliere un framework pertinente al tipo di business (ad esempio, un framework governativo per un'organizzazione governativa). Le viste e la tassonomia del framework devono essere utili nella comunicazione ai vari stakeholder. Questo è particolarmente importante per le iniziative di Data Architecture, in quanto mirano alla terminologia di business e dei sistemi. La Data Architecture ha una relazione intrinsecamente stretta con l'architettura di business.

In generale, una pratica di Enterprise Data Architecture comprende i seguenti flussi di lavoro, eseguiti in serie o in parallelo:

- **Strategia**: selezionare i framework, indicare gli approcci, sviluppare la roadmap

- **Accettazione e cultura**: informare e motivare i cambiamenti nel comportamento

- **Organizzazione**: organizzare il lavoro di Data Architecture assegnando le responsabilità

- **Metodi di lavoro**: definire le best practice ed eseguire il lavoro di Data Architecture nell'ambito di progetti di sviluppo, in coordinamento con il team di Enterprise Architecture

- **Risultati**: produrre artefatti di Data Architecture all'interno di una roadmap generale

L'Enterprise Data Architecture influenza anche i limiti dell'ambito dei progetti e delle release di sistema:

- **Definizione dei requisiti dei dati di progetto**: i Data Architect forniscono i requisiti dei dati aziendali per i singoli progetti.

- **Revisione degli studi dei dati di progetto**: le revisioni della progettazione garantiscono che i data model concettuali, logici e fisici siano coerenti con l'architettura e supportino la strategia organizzativa a lungo termine.

- **Determinazione dell'impatto del data lineage**: assicura che le regole di business nelle applicazioni lungo il flusso di dati siano coerenti e tracciabili.

- **Controllo della replica dei dati**: la replica è un modo comune per migliorare le performance dell'applicazione e rendere i dati più facilmente disponibili, ma può anche creare incoerenze nei dati. La governance della Data Architecture garantisce che siano in atto controlli (metodi e meccanismi) di replica sufficienti a ottenere la coerenza necessaria. (Non tutte le applicazioni richiedono una coerenza rigorosa.)

- **Applicazione degli standard di Data Architecture**: formulare e applicare gli standard per il ciclo di vita dell'Enterprise Data Architecture. Gli standard possono essere espressi come principi e procedure, linee guida e schemi con aspettative di conformità.

- **Guidare la tecnologia dei dati e le decisioni di rinnovo**: il Data Architect collabora con gli Enterprise Architect per gestire le versioni della tecnologia dei dati, le patch e le politiche utilizzate da ciascuna applicazione, come roadmap di tecnologia dei dati.

2.1.1 Valutare le specifiche di Data Architecture esistenti

Ogni organizzazione dispone di qualche forma di documentazione dei propri sistemi esistenti. È opportuno identificare questi documenti e valutarli in base alla loro accuratezza, completezza e livello di dettaglio. Se necessario, occorre aggiornali in modo che rispecchino lo stato attuale.

2.1.2 Sviluppare una roadmap

Se si creasse un'impresa partendo da zero (libera da dipendenza dai processi esistenti), un'architettura ottimale sarebbe quella basata esclusivamente sui dati necessari a gestire l'azienda, le priorità sarebbero stabilite a seconda della strategia di business e si potrebbero adottare decisioni senza i vincoli del passato. Pochissime organizzazioni si trovano in questo stato. Persino in una situazione ideale, le dipendenze dai dati insorgerebbero rapidamente e si dovrebbero gestire. Una roadmap fornisce un mezzo per gestire queste dipendenze e prendere decisioni lungimiranti. Aiuta inoltre un'organizzazione a individuare i trade-off e a formulare un piano pragmatico, in linea con le esigenze e le opportunità di business, con i requisiti esterni e con le risorse disponibili.

Una roadmap per Enterprise Data Architecture descrive il percorso di sviluppo dell'architettura di 3-5 anni. Insieme ai requisiti di business, alla considerazione delle condizioni effettive e alle valutazioni tecniche, essa descrive in che modo l'architettura target diventerà realtà. La roadmap dell'Enterprise Data Architecture deve essere integrata in una roadmap dell'architettura aziendale globale, che comprenda milestone di alto livello, risorse necessarie e stime dei costi, suddivisi in flussi di lavoro di business capabilities; dovrebbe inoltre essere guidata da una valutazione della maturità della gestione dei dati (data management maturity assessment). (Vedere Capitolo 15).

La maggior parte delle business capabilities richiedono dati come input; altre producono anche dati da cui dipendono altre business capabilities. L'Enterprise Architecture e l'Enterprise Data Architecture possono essere formate in modo coerente risolvendo questo flusso di dati in una catena di dipendenze tra le business capabilities.

Una roadmap basata sui dati di business inizia con le funzionalità più indipendenti (ossia, che hanno la minor dipendenza da altre attività) e termina con quelle che dipendono maggiormente dalle altre. Si suggerisce di affrontare ciascuna business capability in sequenza a seguendo l'ordine generale di origine dei dati di business. La Figura 27 mostra un esempio di catena di dipendenza, con quella più bassa in cima.

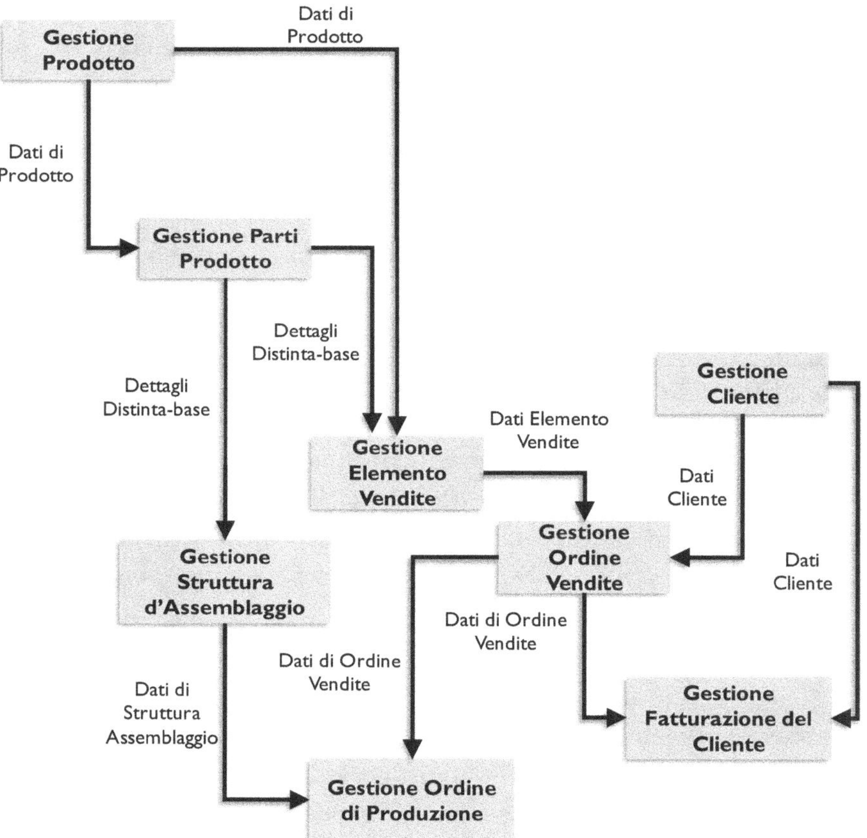

Figura 27 Le dipendenze dei dati delle funzionalità di business

La gestione del prodotto e la gestione del cliente non dipendono da nient'altro e pertanto costituiscono Master Data. Gli elementi con la più alta dipendenza si trovano in fondo, dove la gestione delle fatture del cliente dipende dalla gestione dei clienti e dalla gestione degli ordini di vendita, che a sua volta dipende da altri due elementi.

Pertanto, la roadmap consiglierebbe idealmente di iniziare dalle funzionalità di gestione del prodotto e di gestione del cliente, quindi di risolvere ciascuna dipendenza in passi dall'alto verso il basso.

2.1.3 Gestire i requisiti aziendali all'interno dei progetti

L'architettura non deve essere bloccata dai vincoli presenti nel momento in cui viene sviluppata. I data model e altre specifiche che descrivono la Data Architecture di un'organizzazione devono essere abbastanza flessibili da soddisfare i requisiti futuri. Un modello di dati a livello architetturale deve avere una visione globale dell'azienda insieme a definizioni chiare che possano essere comprese in tutta l'organizzazione.

I progetti di sviluppo implementano soluzioni per l'acquisizione, l'archiviazione e la distribuzione di dati in base ai requisiti di business e agli standard stabiliti dall'Enterprise Data Architecture. Si tratta di un processo che, per sua natura, si realizza in modo incrementale.

A livello di progetto, il processo di specifica dei requisiti tramite un data model inizia con la revisione delle esigenze di business, che spesso saranno specifiche degli obiettivi del progetto e non avranno implicazioni a livello aziendale. Il processo deve comunque includere lo sviluppo di definizioni di termini e altre attività a supporto dell'utilizzo dei dati.

È importante sottolineare che i Data Architect devono essere in grado di comprendere i requisiti in relazione all'architettura complessiva. Una volta completata la specifica di un progetto, i Data Architect devono determinare:

- Se le entità a livello dell'intera azienda rappresentate nella specifica siano conformi agli standard concordati

- Quali entità debbano essere incluse nella specifica dei requisiti nell'ambito dell'Enterprise Data Architecture

- Se entità e definizioni di questa specifica debbano essere generalizzate o migliorate per gestire i trend futuri

- Se siano indicate nuove architetture di consegna dei dati o se sia opportuno indirizzare gli sviluppatori verso il riutilizzo

Spesso, le organizzazioni aspettano di risolvere i dubbi di Data Architecture fino a quando nei loro progetti occorre progettare data storage e integrazione dei dati. Tuttavia, è preferibile includere queste considerazioni all'inizio della pianificazione e lungo tutto il ciclo di vita del progetto.

Le attività correlate al progetto di Enterprise Data Architecture comprendono:

- **Definizione dell'ambito**: assicurarsi che l'ambito e l'interfaccia siano allineati con il modello dati aziendale. E' necessario comprendere il contributo potenziale del progetto all'Enterprise Data Architecture complessiva rispetto a ciò che sarà modellato e progettato, e in termini di quali componenti esistenti dovranno (o potranno) essere riutilizzati. Nelle aree che devono essere progettate, i responsabili del progetto devono determinare le dipendenze con gli stakeholder al di fuori dell'ambito del progetto, come ad esempio i processi a valle. Gli artefatti di dati che i responsabili del progetto stabiliscono siano condivisibili o riutilizzabili dovranno essere incorporati nel modello di dati logico aziendale e nei repository designati.

- **Comprensione dei requisiti di business**: occorre acquisire requisiti relativi ai dati come entità, origine/i, disponibilità, qualità e punti critici, e stimare il business value derivante dal soddisfare tali requisiti.

- **Progettazione**: occorre formulare specifiche target dettagliate, comprese le regole di business in una prospettiva di ciclo di vita dei dati. Occorre convalidare il risultato e, ove necessario, rispondere alle esigenze di modelli standardizzati estesi e migliorati. Il data model logico d'impresa e il repository di Enterprise Architecture sono punti validi in cui i Data Architect di progetto possono cercare di riutilizzare costrutti condivisibili in tutta l'azienda. È opportuno esaminare e utilizzare gli standard di tecnologia dei dati.

- **Implementazione**:
    - **al momento dell'acquisto,** occorre eseguire il reverse engineering delle applicazioni acquistate (Commercial Off the Shelf - COTS) e mapparle rispetto alla struttura dei dati. Occorre identificare e documentare lacune e differenze in strutture, definizioni e regole. Idealmente, i fornitori mettono a disposizione i data model dei propri prodotti; tuttavia, molti non lo fanno, poiché li considerano proprietari. È consigliabile, se possibile, negoziare un modello con definizioni approfondite.
    - **Se si riutilizzano i dati,** è necessario mappare i data model delle applicazioni a fronte di strutture di dati comuni e processi nuovi ed esistenti per comprendere le operations CRUD. Occorre imporre l'utilizzo di un sistema di registrazione o altri dati autorevoli. È necessario identificare e documentare le lacune.
    - **Durante la costruzione,** occorre implementare il data storage in base alla struttura dei dati. È necessario integrare secondo specifiche standardizzate o progettate. (Vedere Capitolo 8).

Il ruolo degli Enterprise Data Architect nei progetti dipende dalla metodologia di sviluppo. Anche il processo di costruzione di attività architetturali nei progetti differisce tra le diverse metodologie.

- **Metodi a cascata (waterfall)**: comprendere i requisiti e costruire i sistemi in fasi sequenziali come parte di un progetto aziendale globale. Questo metodo prevede tollgate studiati per il controllo del cambiamento (change control). Solitamente, l'inclusione di attività di Data Architecture in tali modelli non costituisce un problema, ma è opportuno accertarsi di considerarle in una prospettiva aziendale.

- **Metodo incrementale**: apprendere e costruire in passaggi graduali (ossia, mini-waterfall). Si tratta di un metodo che crea prototipi basati su requisiti generali approssimativi. La fase iniziale è fondamentale; è meglio creare un progetto dati completo nelle prime iterazioni.

- **Metodi iterativi e agile**: apprendere, costruire e provare in "delivery package" ridotti (chiamati "sprint"), sufficientemente piccoli da non perdere granché qualora occorra scartare il lavoro. I metodi Agile (Scrum, Rapid Development e Unified Process) favoriscono la modellazione orientata agli oggetti (object-oriented) che valorizza la progettazione dell'interfaccia utente, la progettazione del software e il comportamento dei sistemi. Occorre completare tali metodi con le specifiche di data model, acquisizione dei dati, data storage e distribuzione dei dati. L'esperienza derivata da DevOps, un approccio emergente, agile e popolare, è testimone del miglioramento della progettazione dei dati e delle scelte di progettazione efficaci, quando i programmatori e i data architect collaborano intensamente ed entrambi rispettano norme e linee guida.

2.2 Integrazione con Enterprise Architecture

Il lavoro di sviluppo delle specifiche di Enterprise Data Architecture, dal livello di area tematica ai livelli più dettagliati e in relazione ad altri domini dell'architettura, viene generalmente svolto nell'ambito di progetti finanziati; questi ultimi, tendono in generale a guidare le priorità dell'architettura. Tuttavia, le questioni relative alla Data Architecture a livello dell'intera azienda devono essere affrontate in modo proattivo. Infatti, la Data Architecture può influire sull'ambito dei progetti. Per tale ragione, la miglior cosa da fare è integrare le questioni relative all'Enterprise Data Architecture con la gestione del portafoglio di progetti;ciò abilita l'implementazione della roadmap e contribuisce a migliorare gli outcome del progetto.

Allo stesso modo, occorre includere gli Enterprise Data Architect nello sviluppo di applicazioni aziendali e nella pianificazione dell'integrazione e applicare la vista di Data Architecture allo scenario dell'applicazione target e sulla roadmap di tale scenario.

3. Strumenti

3.1 Strumenti di Data Modeling

Gli strumenti di data modeling e i repository di modelli sono necessari per gestire il data model aziendale a tutti i livelli. La maggior parte degli strumenti di data modeling prevede funzioni di tracciamento di lineage e relazioni, che consentono agli architetti di gestire collegamenti tra modelli creati per scopi diversi e a diversi livelli di astrazione. (Vedere Capitolo 5)

3.2 Software di gestione degli asset

Il software di gestione degli asset (asset management software) è utilizzato per eseguire l'inventario dei sistemi, descriverne il contenuto e tenere traccia delle relazioni tra di essi. Tra l'altro, questi strumenti consentono a un'organizzazione di garantire il rispetto degli obblighi contrattuali relativi alle licenze software e di raccogliere dati relativi agli asset che possono essere utilizzati per ridurre al minimo i costi e ottimizzare il proprio footprint IT. Poiché compilano un inventario degli asset IT, tali strumenti raccolgono e contengono preziosi metadati sui sistemi e sui dati che essi contengono. Questi metadati sono molto utili durante la creazione di flussi di dati o nella ricerca dello stato attuale.

3.3 Applicazioni di design grafico

Le applicazioni di design grafico sono utilizzate per creare diagrammi di progettazione architetturale, flussi di dati, catene del valori dei dati e altri artefatti architetturali.

4. Tecniche

4.1 Proiezioni del ciclo di vita

I progetti di architettura possono essere aspirazionali oppure orientati al futuro, implementati e attivi o piani di ritiro. Ciò che rappresentano deve essere chiaramente documentato. Per esempio:

- **Attuali**: prodotti attualmente supportati e utilizzati
- **Periodo di distribuzione**: prodotti sviluppati per l'uso nei prossimi 1-2 anni
- **Periodo strategico**: prodotti che si prevede siano disponibili per l'uso nei prossimi 2 o più anni
- **Ritiro**: prodotti che l'organizzazione ha ritirato o intende ritirare entro un anno
- **Preferiti**: prodotti preferiti per l'uso dalla maggior parte delle applicazioni
- **Contenimento**: prodotti limitati all'uso da parte di determinate applicazioni
- **Emergenti**: prodotti oggetto di ricerca e sperimentazione per possibili utilizzi futuri
- **Riesaminati**: prodotti che sono stati valutati e che secondo i risultati di tale valutazione non si trovano in alcuno degli stati precedenti

Vedere il capitolo 6 per ulteriori informazioni sulla gestione delle tecnologie di dati.

4.2 Chiarezza dei diagrammi

Modelli e diagrammi presentano informazioni basate su una serie consolidata di convenzioni visive, che devono essere utilizzate in modo coerente affinché non siano fraintese e che potrebbero, in effetti, essere errate. Le caratteristiche che minimizzano le distrazioni e massimizzano le informazioni utili includono:

- **Una legenda chiara e coerente**: essa deve identificare tutti gli oggetti e le linee e ciò che rappresentano. La legenda deve essere posizionata nello stesso punto in tutti i diagrammi.

- **Una corrispondenza tra tutti gli oggetti del diagramma e la legenda**: nelle legende utilizzate come modelli, non tutti gli oggetti della legenda possono apparire nel diagramma, ma tutti gli oggetti del diagramma devono corrispondere agli oggetti della legenda.

- **Una direzione della linea chiara e coerente**: tutti i flussi devono iniziare da un lato o da un angolo (generalmente a sinistra) e fluire il più possibile verso il lato o l'angolo opposto. Poiché si creeranno anelli e cerchi, occorre fare in modo che linee all'indietro scorrano al di fuori e intorno per essere chiare.

- **Un metodo coerente di visualizzazione degli incroci di linee**: le linee possono incrociarsi purché sia chiaro che il punto di incrocio non è un'unione. Utilizzare i salti di linea per tutte le linee che vanno in un'unica direzione. Evitare di unire le linee tra di loro. Ridurre al minimo il numero di linee che si intersecano.

- **Attributi di oggetto costanti**: qualsiasi differenza nelle dimensioni, nei colori, nello spessore della linea, ecc. dovrebbe significare qualcosa, altrimenti le differenze sono fonte di distrazione.

- **Simmetria lineare**: i diagrammi con oggetti posizionati in righe e colonne sono più leggibili rispetto a quelli con posizionamento casuale. Sebbene sia raramente possibile allineare tutti gli oggetti, è opportuno allinearne almeno la metà (in orizzontale e/o in verticale) onde migliorare notevolmente la leggibilità di qualsiasi diagramma.

---

5. Linee guida per l'implementazione

Come indicato nell'introduzione del capitolo, la Data Architecture riguarda artefatti, attività e comportamenti. L'implementazione dell'Enterprise Data Architecture riguarda quindi:

- Organizzazione di team e forum di Enterprise Data Architecture

- Produzione delle versioni iniziali degli artefatti di Data Architetcure, come il data model aziendale, il flusso di dati a livello aziendale e le roadmap

- Formazione e istituzione di una modalità di lavoro architetturale dei dati nei progetti di sviluppo

- Creazione di consapevolezza in tutta l'organizzazione del valore delle attività di Data Architecture

Un'implementazione di Data Architecture deve includere almeno due di questi punti, in quanto risultano vantaggiosi se avviati simultaneamente o almeno come attività parallele. L'implementazione può iniziare in una parte dell'organizzazione o, in un dominio di dati, come dati di prodotto o dati dei clienti. Dopo l'apprendimento e la maturazione, l'implementazione può ampliarsi.

I data model e altri artefatti di Data Architecture vengono generalmente acquisiti nell'ambito di progetti di sviluppo, quindi standardizzati e gestiti dai Data Architect. Pertanto, i primi progetti saranno caratterizzati da parti più ampie di lavoro di Data Architecture prima che siano disponibili artefatti da riutilizzare. Questi progetti iniziali possono trarre vantaggio da finanziamenti specifici per l'architettura.

L'Enterprise Data Architect collabora con altri architetti di business e tecnologia che condividono l'obiettivo comune di migliorare efficacia e agility dell'organizzazione. I business driver dell'intera architettura aziendale influenzano significativamente anche la strategia di implementazione dell'Enterprise Data Architecture.

Istituire un'Enterprise Data Architecture in una cultura orientata alla soluzione, in cui si provano nuove invenzioni mediante tecnologia disruptive richiederà un approccio di implementazione agile. Ciò può comprendere la presenza di un modello di area tematica (subject area) delineato a livello generale, mentre il livello di dettaglio viene sviluppato tramite agile sprint. In questo modo, l'Enterprise Data Architecture evolverà in modo incrementale. Tuttavia, l'approccio agile deve garantire che i Data Architect siano coinvolti fin dalle fasi iniziali nelle iniziative di sviluppo, poiché queste evolvono rapidamente in una cultura innovativa.

La presenza di driver di qualità per l'architettura aziendale può comportare qualche attività iniziale di Data Architecture a livello aziendale per progetti di sviluppo pianificati. In generale, l'Enterprise Data Architecture inizia con aree di Master Data che necessitano di miglioramenti e, una volta implementata e accettata, essa si espande per includere i dati di business event oriented (ad esempio, dati transazionali). Si tratta dell'approccio d'implementazione tradizionale dove gli Enterprise Data Architect producono progetti e modelli da utilizzare in tutto il system landscape, garantendo la conformità mediante vari mezzi di governance.

5.1 Valutazione della prontezza/Valutazione del rischio

I progetti di avvio dell'architettura espongono a maggiori rischi rispetto ad altri, soprattutto durante il primo tentativo all'interno dell'organizzazione. I rischi più significativi sono:

- **Mancanza di supporto gestionale**: qualsiasi riorganizzazione dell'impresa durante l'esecuzione pianificata del progetto influirà sul processo di architettura. Ad esempio, i nuovi decisori potrebbero mettere in discussione il processo ed essere tentati di ritirarsi dalle opportunità che i partecipanti hanno di continuare a lavorare sulla Data Architecture. Occorre stabilire e assicurare il supporto del management affinché un processo di architettura possa sopravvivere alla riorganizzazione. Pertanto, è necessario accertarsi di includere nel processo di sviluppo della Data Architecture più di un dirigente di alto livello, o almeno del senior management, che comprenda i vantaggi della Data Architecture.

- **Assenza di risultati comprovati**: avere uno sponsor è essenziale per il successo dell'attività, così come la sua fiducia in coloro che svolgono la funzione di Data Architecture. È opportuno richiedere l'aiuto di un collega Senior Architect per lo svolgimento dei passaggi più importanti.

- **Sponsor apprensivo**: se lo sponsor richiede che tutte le comunicazioni passino attraverso di lui/lei, ciò potrebbe indicare che tale persona è incerta del proprio ruolo, ha interessi diversi dagli obiettivi del processo di Data Architecture, o che non è certa delle capacità del Data Architect. A prescindere dalla motivazione, lo sponsor deve consentire al Project Manager e al

Data Architect di assumere i ruoli di leader del progetto. Occorre stabilire l'indipendenza sul posto di lavoro, insieme alla fiducia dello sponsor.

- **Decisioni controproducenti dei dirigenti**: è possibile che, sebbene il management comprenda il valore di una Data Architecture ben organizzata, non sappia come raggiungerla e possa prendere decisioni che contrastano con le attività del Data Architect. Non si tratta di un segno di management sleale, bensì di un'indicazione che il Data Architect deve comunicare in modo più chiaro o frequente con il management.

- **Choc culturale**: considerare in che modo cambierà la cultura lavorativa tra coloro che saranno interessati dalla Data Architetcure. Occorre provare a immaginare quanto sarà facile o difficile per i dipendenti modificare il proprio comportamento all'interno dell'organizzazione.

- **Project leader inesperto**: accertarsi che il project leader abbia esperienza di Enterprise Data Architecture, in particolare se il progetto ha una pesante "componente dati". In caso contrario, è opportuno invitare lo sponsor a cambiare o formare il project manager (Edvinsson, 2013).

- **Predominio di una visione unidimensionale**: a volte i proprietari di un'applicazione di business potrebbero tendere a imporre la propria visione sulla Data Architecture a livello aziendale globale (ad esempio, i proprietari di un sistema ERP) a scapito di una visione meglio bilanciata e all-inclusive.

5.2 Organizzazione e cambiamento culturale

La velocità con cui un'organizzazione adotta pratiche architetturali dipende da quanto adattiva sia la sua cultura. La natura del lavoro di progettazione richiede che gli architetti collaborino con sviluppatori e altre figure creative all'interno di tutta l'organizzazione. Spesso queste persone sono abituate a lavorare secondo proprie modalità e possono accogliere o resistere al cambiamento necessario per adottare principi e strumenti di architettura formale.

Le organizzazioni orientate all'output e allineate strategicamente sono nella posizione migliore per adottare pratiche architetturali. Queste organizzazioni sono spesso orientate agli obiettivi, consapevoli delle sfide dei clienti e dei partner e in grado di stabilire le priorità in base a obiettivi comuni.

La capacità di un'organizzazione di adottare pratiche di Data Architecture dipende da diversi fattori:

- Ricettività culturale all'approccio architetturale (sviluppo di una cultura architecture-friendly)
- Riconoscimento organizzativo dei dati come asset di business e non solo come "questione IT"
- Capacità organizzativa di abbandonare una prospettiva locale e adottare invece una prospettiva aziendale sui dati
- Capacità organizzativa di integrare deliverable architetturali nella metodologia di progetto
- Livello di accettazione della data governance formale
- Capacità di osservare l'azienda in maniera olistica, anziché concentrarsi esclusivamente sulla consegna del progetto e sulle soluzioni IT (Edvinsson, 2013)

6. Governance della Data Architecture

Le attività di Data Architecture supportano direttamente l'allineamento e il controllo dei dati. I data architect spesso fungono da collegamento per le attività di data governance. Pertanto, l'Enterprise Data Architecture e l'organizzazione della Data Governance devono essere ben allineate. Sarebbe opportuno, idealmente, assegnare sia un Data Architect sia un Data Steward a ciascuna area tematica e anche a ciascuna entità all'interno di un'area tematica (subject area). Inoltre, la supervisione di business dovrebbe essere allineata a quella di processo. Le aree tematiche degli eventi di business devono essere allineate con la governance dei processi, poiché ogni entità evento corrisponde generalmente a un processo di business. Le attività di governance della Data Architecture includono:

- **Supervisione dei progetti**: ciò comprende la garanzia che i progetti rispettino le attività di Data Architecture richieste, utilizzino e migliorino gli asset architetturali e si implementino secondo gli standard architetturali dichiarati.
- **Gestione di progetti architetturali, ciclo di vita e strumenti**: i progetti architetturali devono essere definiti, valutati e mantenuti. L'Enterprise Data Architecture funge da "piano di suddivisione in zone" per l'integrazione a lungo termine. L'architettura dello stato futuro (future state architecture) influisce sugli obiettivi del progetto e sulla priorità dei progetti nel portfolio di progetti.
- **Definizione delle norme**: impostazione di regole, linee guida e specifiche per l'utilizzo dei dati all'interno
- **Creazione di artefatti relativi ai dati**: artefatti che consentono la conformità alle direttive di governance.

6.1 Metriche

Le metriche delle performance sull'Enterprise Data Architecture rispecchiano gli obiettivi architetturali: compliance, trend di implementazione e valore di business dalla Data Architecture. Le metriche di Data Architecture sono spesso monitorate ogni anno come parte della soddisfazione generale dei clienti rispetto ai progetti.

- **Il tasso di conformità dell'architettura** misura quanto i progetti siano conformi alla Data Architecture consolidata e quanto aderiscano ai processi rispetto all'architettura aziendale. Le metriche che tengono traccia delle eccezioni del progetto possono anche essere utili come mezzo per comprendere gli ostacoli all'adozione.

- **I trend di implementazione** tengono traccia del grado in cui l'architettura aziendale ha migliorato la capacità dell'organizzazione di implementare progetti, secondo almeno due direzioni:

    - **Misure di utilizzo/riutilizzo/sostituzione/ritiro**: determinano la proporzione di nuovi artefatti di architettura rispetto agli artefatti riutilizzati, sostituiti o ritirati.
    - **Misure dell'efficienza di esecuzione dei progetti**: misurano i tempi di consegna dei progetti e i relativi costi delle risorse atte a migliorare la consegna con artefatti riutilizzabili e artefatti guida.

- **Le misure del valore di business** (business value) tengono traccia dei progressi verso gli effetti e i benefici di business previsti.

  - o **Miglioramenti di agility di business**: misure che tengono conto dei vantaggi del miglioramento del ciclo di vita o, in alternativa, del costo del ritardo.
  - o **Business quality**: misurazioni sull'effettiva implementazione dei business case; valutando se i progetti effettivamente apportano modifiche che comportano miglioramenti basati sui nuovi dati creati o integrati.
  - o **Qualità delle operazioni di business**: misure di miglioramento dell'efficienza. Gli esempi comprendono una maggiore precisione e la riduzione dei tempi e dei costi di correzione degli errori dovuti a errori dei dati.
  - o **Miglioramenti dell'ambiente di business**: esempi includono un miglior tasso di fidelizzazione dei clienti relativo alla riduzione degli errori legati ai dati e alla riduzione dell'incidenza di osservazioni da parte delle autorità sui rapporti inviati.

---

7. Opere Citate / Consigliate

Ahlemann, Frederik, Eric Stettiner, Marcus Messerschmidt, and Christine Legner, eds. *Strategic Enterprise Architecture Management: Challenges, Best Practices, and Future Developments.* Springer, 2012. Print. Management for Professionals.

Bernard, Scott A. *An Introduction to Enterprise Architecture.* 2nd ed. Authorhouse, 2005. Print.

Brackett, Michael H. *Data Sharing Using a Common Data Architecture.* John Wiley and Sons, 1994. Print.

Carbone, Jane. *IT Architecture Toolkit.* Prentice Hall, 2004. Print.

Cook, Melissa. *Building Enterprise Information Architectures: Re-Engineering Information Systems.* Prentice Hall, 1996. Print.

Edvinsson, Hakan and Lottie Aderinne. *Enterprise Architecture Made Simple Using the Ready, Set, Go Approach to Achieving Information Centricity.* Technics Publications, LCC, 2013. Print.

Executive Office of the President of the United States. *The Common Approach to Federal Enterprise Architecture.* whitehouse.gov, 2012. Web.

Fong, Joseph. *Information Systems Reengineering and Integration.* 2nd ed. Springer, 2006. Print.

Gane, Chris and Trish Sarson. *Structured Systems Analysis: Tools and Techniques.* Prentice Hall, 1979. Print.

Hagan, Paula J., ed. *EABOK: Guide to the (Evolving) Enterprise Architecture Body of Knowledge.* mitre.org MITRE Corporation, 2004. Web.

Harrison, Rachel. *TOGAF Version 8.1.1 Enterprise Edition - Study Guide.* The Open Group. 2nd ed. Van Haren Publishing, 2007. Print. TOGAF.

Hoberman, Steve, Donna Burbank, and Chris Bradley. *Data Modeling for the Business: A Handbook for Aligning the Business with IT using High-Level Data Models.* Technics Publications, LLC, 2009. Print. Take It with You Guides.

Hoberman, Steve. *Data Modeling Made Simple: A Practical Guide for Business and Information Technology Professionals.* 2nd ed. Technics Publications, LLC, 2009. Print.

Hoogervorst, Jan A. P. *Enterprise Governance and Enterprise Engineering.* Springer, 2009. Print. The Enterprise Engineering Ser.

ISO (website). http://bit.ly/2sTp2rA, http://bit.ly/2ri8Gqk.

Inmon, W. H., John A. Zachman, and Jonathan G. Geiger. *Data Stores, Data Warehousing and the Zachman Framework: Managing Enterprise Knowledge.* McGraw-Hill, 1997. Print.

Lankhorst, Marc. Enterprise Architecture at Work: Modeling, Communication and Analysis. Springer, 2005. Print.

Martin, James and Joe Leben. *Strategic Information Planning Methodologies*, 2nd ed. Prentice Hall, 1989. Print.

Osterwalder, Alexander and Yves Pigneur. *Business Model Generation: A Handbook for Visionaries, Game Changers, and Challengers.* Wiley, 2010. Print.

Perks, Col and Tony Beveridge. *Guide to Enterprise IT Architecture.* Springer, 2003. Print. Springer Professional Computing.

Poole, John, Dan Chang, Douglas Tolbert, and David Mellor. *Common Warehouse Metamodel.* Wiley, 2001. Print. OMG (Book 17).

Radhakrishnan, Rakesh. *Identity and Security: A Common Architecture and Framework For SOA and Network Convergence.* futuretext, 2007. Print.

Ross, Jeanne W., Peter Weill, and David Robertson. *Enterprise Architecture As Strategy: Creating a Foundation For Business Execution.* Harvard Business School Press, 2006. Print.

Schekkerman, Jaap. *How to Survive in the Jungle of Enterprise Architecture Frameworks: Creating or Choosing an Enterprise Architecture Framework.* Trafford Publishing, 2006. Print.

Spewak, Steven and Steven C. Hill. *Enterprise Architecture Planning: Developing a Blueprint for Data, Applications, and Technology.* 2nd ed. A Wiley-QED Publication, 1993. Print.

Ulrich, William M. and Philip Newcomb. *Information Systems Transformation: Architecture-Driven Modernization Case Studies.* Morgan Kaufmann, 2010. Print. The MK/OMG Press.

Data Modeling e Design

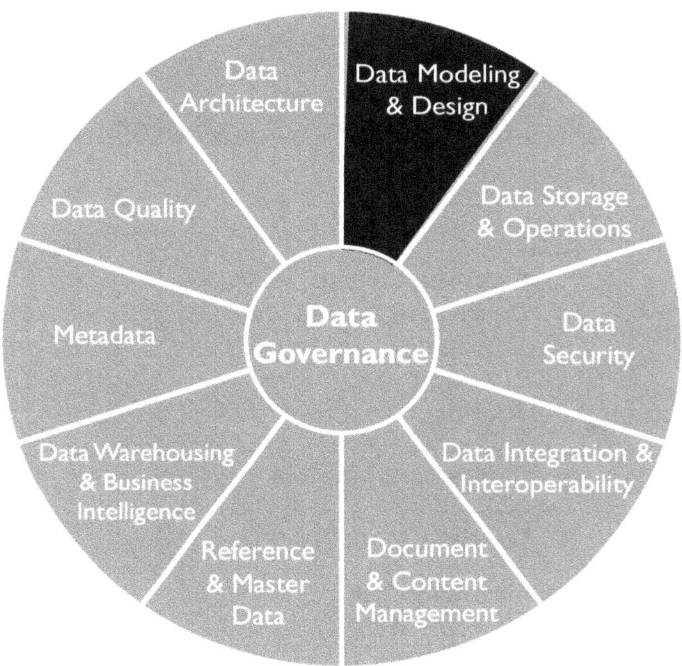

DAMA-DMBOK2 Data Management Framework

Copyright © 2017 by DAMA International

1. Introduzione

Data modeling è il processo di scoperta, analisi e studio dei requisiti dei dati, e la loro successiva rappresentazione e comunicazione in un formato preciso chiamato *data model*. Il data modeling è un componente fondamentale della gestione dei dati. Il processo di modeling richiede che le organizzazioni scoprano e documentino il modo in cui i dati si combinano insieme. Il processo stesso disegna il modo in cui i dati "fittano" insieme (Simsion, 2013). I data model descrivono e consentono a un'organizzazione di comprendere i data asset.

Esistono numerosi schemi diversi per la rappresentazione dei dati. I sei più comunemente utilizzati sono: Relazionale (Relational), Dimensionale (Dimensional), Orientato agli oggetti (Object-Oriented), Basato sui fatti (Fact-Based), Basato sul tempo (Time-Based) e NoSQL. I modelli di questi schemi esistono a tre livelli di dettaglio: concettuale, logico e fisico e ogni modello contiene un set di componenti. Esempi di componenti sono entità, relazioni, fatti, chiavi e attributi. Una volta creato, il modello deve essere rivisto e una volta approvato, mantenuto.

Data Modeling e Design

Definizione: Il Data Modelling è il processo di individuazione, analisi e definizione dell'ambito dei requisiti dei dati e quindi della rappresentazione e della comunicazione di questi requisiti di dati in un formato preciso denominato modello di dati. Questo processo è iterativo e può includere un modello concettuale, logico e fisico.

Obiettivo:
Confermare e documentare una comprensione delle diverse prospettive, che porta ad applicazioni che si allineano più strettamente con i requisiti aziendali attuali e futuri e crea una base per completare con successo iniziative su ampio raggio come master programmi di gestione dei dati e di data governance.

Drivers di Business

Inputs:
- Data models e databases esistenti
- Standard sui Dati
- Data sets
- Requisiti dati iniziali
- Requisiti dati originali
- Data architecture
- Tassonomia dell'Azienda

Attività:
1. **Pianificare il Data Modeling (P)**
2. **Costruire i Modelli dei Dati (D)**
   1. Creare il Modello dei Dati Concettuale
   2. Creare il Modello dei Dati Logico
   3. Creare il Modello dei Dati Fisico
3. **Revisionare i Modelli dei Dati (C)**
4. **Gestire i Modelli dei Dati (O)**

Deliverables:
- Modello di Dati Concettuale
- Modello di Dati Logico
- Modello di Dati Fisico

Fornitori:
- Professionisti del Business
- Business Analysts
- Architetti dei Dati
- Database Administrators e Sviluppatori
- Esperti della Materia
- Data Stewards
- Metadata Administrators

Coinvolgimenti:
- Business Analysts
- Data Modelers

Utilizzatori:
- Business Analysts
- Data Modelers
- Database Administrators e Sviluppatori
- Sviluppatori Software
- Data Stewards
- Data Quality Analysts
- Utilizzatori dei Dati

Drivers Tecnici

Tecniche:
- Convenzioni di denominazione
- Progettazione di database
- Selezione del tipo di database

Strumenti:
- Strumenti di Data modeling
- Strumenti di Lineage
- Metadata repositories
- Patterns di Modelli dei Dati
- Modelli dei Dati di Settore

Metriche:
- Misura di Validazione del Modello dei Dati

(P) Pianificazione, (C) Controllo, (D) Sviluppo, (O) Operations

Figura 28 Context Diagram: Data Modeling e Design

I data model comprendono e contengono Metadati che sono fondamentali per gli utilizzatori dei dati. Gran parte di questi metadati rilevati durante il processo di data modeling è essenziale per altre funzioni di gestione dei dati; ad esempio, le definizioni di data governance e data lineage per il data warehousing e l'analytics.

Questo capitolo descriverà lo scopo dei data model, i concetti fondamentali e il vocabolario comune utilizzato nel data modeling e gli obiettivi e i principi di quest'ultimo. Una serie di esempi di dati correlati all'istruzione servirà a illustrare come funzionano i data model e a mostrarne le differenze.

1.1 Business Driver

I data model sono cruciali per una gestione efficace dei dati, in quanto essi:

- Forniscono un vocabolario comune attinente ai dati
- Acquisiscono e documentano la conoscenza esplicita dei dati e dei sistemi di un'organizzazione
- Servono da strumento primario di comunicazione durante i progetti
- Forniscono il punto di partenza per la personalizzazione, l'integrazione o persino la sostituzione di un'applicazione

1.2 Obiettivi e principi

L'obiettivo del data modeling è confermare e documentare la comprensione di punti di vista differenti, il che porta ad applicazioni che si allineano più strettamente alle esigenze di business attuali e future e crea una base per completare con successo iniziative di ampia portata come il Master Data Management e i programmi di data governance. Un adeguato data modeling comporta costi di supporto inferiori e aumenta le opportunità di riusabilità per future iniziative, riducendo così i costi di costruzione di nuove applicazioni. I data model sono un formato importante di Metadati che, confermando e documentando la comprensione di prospettive differenti, agevolano quanto segue.

- **Formalizzazione**: un data model documenta una definizione sintetica di strutture e relazioni di dati. Consente la valutazione del modo in cui i dati sono interessati dalle regole di business implementate, per gli stati "as-is" (così come sono) correnti o quelli target desiderati. La definizione formale impone una struttura disciplinata ai dati che riduce la possibilità che si verifichino anomalie durante l'accesso e il mantenimento dei dati. Un data model, illustrando le strutture e le relazioni nei dati, semplifica l'utilizzo dei dati.

- **Definizione dell'ambito**: un data model contribuisce a spiegare i confini del contesto dei dati e l'implementazione di pacchetti applicativi acquistati, progetti, iniziative o sistemi esistenti.

- **Conservazione/documentazione della conoscenza**: un data model è in grado di preservare la memoria aziendale relativa a un sistema o progetto acquisendo la conoscenza in una forma esplicita e servirà come documentazione per i progetti futuri da utilizzare come versione as-is. I data model ci aiutano a comprendere un'organizzazione o un'area di business, un'applicazione esistente o l'impatto della modifica di una struttura di dati esistente. Il data model diventa una mappa riutilizzabile per aiutare business professional, project manager, analyst, modeler e sviluppatori a comprendere la struttura dei dati all'interno dell'ambiente. Così come il cartografo ha appreso e documentato un panorama geografico che altri useranno per la navigazione, il modeler consente agli altri di comprendere un panorama informativo (Hoberman, 2009).

1.3 Concetti essenziali

Questa sezione illustrerà i vari tipi di dati che possono essere modellati, i componenti dei data model, i tipi di data model che possono essere sviluppati e le motivazioni della scelta di tipi differenti in situazioni diverse. Questo insieme di definizioni è esteso, in parte, perché lo stesso data modeling riguarda il processo di definizione. È importante comprendere il vocabolario a sostegno della pratica.

1.3.1 Data Modeling e Data Model

Il Data modeling viene eseguito più frequentemente nel contesto dello sviluppo dei sistemi e delle attività di manutenzione, noto come ciclo di vita dello sviluppo del sistema (SDLC). Esso può anche essere eseguito per iniziative di ampia portata (ad es. Business e Data Architecture, Master Data Management e iniziative di data governance) in cui il risultato finale immediato non è un database, bensì una comprensione dei dati organizzativi.

Un modello è una rappresentazione di qualcosa che esiste o un pattern per qualcosa da realizzare. Un modello può contenere uno o più diagrammi. I diagrammi di un modello fanno uso di simboli standard che consentono di comprendere il contenuto. Mappe, organigrammi e progetti di costruzione sono esempi di modelli in uso ogni giorno.

Un data model descrive i dati di un'organizzazione nel modo in cui l'organizzazione li comprende o come essa desidera che siano. Un data model contiene un insieme di simboli con etichette di testo, che tenta di rappresentare visivamente i requisiti dei dati così come comunicati al data modeler, per un insieme specifico di dati che può variare in dimensioni da piccolo, per un progetto, a grande, per un'organizzazione. Il modello è una forma di documentazione per i requisiti e le definizioni dei dati risultanti dal processo di modeling. I data model sono il principale mezzo utilizzato per comunicare i requisiti dei dati dal business all'IT e all'interno dell'IT da analyst, modeler e architetti, ai progettisti e agli sviluppatori di database.

1.3.2 Tipi di dati che vengono modellati

È possibile sottoporre a modeling quattro tipi principali di dati (Edvinsson, 2013). I tipi di dati che vengono modellati in una determinata organizzazione rispecchiano le priorità dell'organizzazione o del progetto che richiede un data model:

- **Informazioni sulla categoria**: dati utilizzati per classificare e assegnare tipi alle cose. Ad esempio, clienti classificati per categorie di mercato o settori di business, prodotti classificati per colore, modello, dimensione, ecc., ordini classificati secondo se siano aperti o chiusi.

- **Informazioni sulle risorse**: profili di base delle risorse necessarie a condurre processi operativi come Prodotto, Cliente, Fornitore, Struttura, Organizzazione e Account. Tra i professionisti IT, le entità delle risorse sono a volte chiamate dati di riferimento.

- **Informazioni sugli eventi di business**: dati creati mentre sono in corso processi operativi. Esempi comprendono Ordini clienti, Fatture fornitori, Prelievo contanti e Riunioni di business. Tra i professionisti IT, le entità degli eventi sono a volte chiamate dati di business transazionali.

- **Informazioni dettagliate sulle transazioni**: queste informazioni si producono spesso attraverso i sistemi POS (point-of-sale) (nei negozi oppure online), ma anche attraverso sistemi di social media, altre interazioni Internet (clickstream, ecc.) e sensori presenti nelle macchine, che possono essere parti di navi e veicoli, componenti industriali o dispositivi personali (GPS, RFID, Wi-Fi, ecc.). Questo tipo di informazioni dettagliate può essere aggregato, utilizzato per ricavare altri dati e analizzato per le tendenze, in modo simile a come vengono utilizzati gli eventi delle informazioni di business. In generale, questo tipo di dati (di grande volume e/o a rapida evoluzione) viene chiamato Big Data.

Queste tipologie si riferiscono ai "dati a riposo". Anche i dati in movimento possono essere sottoposti a modeling, ad esempio, in schemi per sistemi che includono protocolli e schemi per sistemi di messaggistica e basati su eventi.

1.3.3 Componenti del Data Model

Come si vedrà più avanti nel capitolo, tipi di data model differenti rappresentano i dati attraverso convenzioni diverse (vedere sezione 1.3.4). Tuttavia, la maggior parte dei data model contiene gli stessi elementi costitutivi di base: entità, relazioni, attributi e domini.

1.3.3.1 Entità

Al di fuori del data modeling, la definizione di *entità* è un elemento che esiste in maniera distinta da altri. Nell'ambito del data modeling, un'entità è una cosa sulla quale un'organizzazione raccoglie informazioni. A volte, le entità sono chiamate i "sostantivi" di un'organizzazione. Un'entità può essere considerata la risposta a una domanda fondamentale (chi, cosa, quando, dove, perché o come), oppure a una combinazione di queste domande (vedere capitolo 4). Tabella 7 definisce e offre esempi di categorie di entità comunemente utilizzate (Hoberman, 2009).

Tabella 7 Categorie di entità comunemente utilizzate

Categoria	Definizione	Esempi
Chi	Persona o organizzazione di interesse. Ossia, *chi* è importante per il business? Spesso un "chi" è associato alla generalizzazione di una parte o a un ruolo come Cliente o Fornitore. Le persone o le organizzazioni possono avere più ruoli o essere incluse in più parti.	Dipendente, paziente, giocatore, sospetto, cliente, fornitore, studente, passeggero, concorrente, autore

Categoria	Definizione	Esempi
Cosa	Prodotto o servizio di interesse per l'impresa. Si riferisce spesso a ciò che l'organizzazione fa o quale servizio fornisce. Ossia, *cos'è* importante per il business? Qui sono molto importanti gli attributi per categorie, tipi, ecc.	Prodotto, servizio, materia prima, prodotto finito, corso, canzone, fotografia, libro
Quando	Calendario o intervallo di tempo di interesse per l'impresa. Cioè, *quando* è operativo il business?	Ora, data, mese, trimestre, anno, calendario, semestre, periodo fiscale, minuti, ora di partenza
Dove	Posizione di interesse per l'impresa. La posizione può riferirsi tanto a luoghi reali quanto a luoghi elettronici. Cioè, *dove* viene svolto il business?	Indirizzo postale, punto di distribuzione, URL del sito Web, indirizzo IP
Perché	Evento o transazione di interesse per l'impresa. Questi eventi tengono a galla il business. Cioè, *perché* il business è operativo?	Ordine, restituzione, reclamo, ritiro, deposito, complimento, richiesta, commercio, reclamo
Come	Documentazione dell'evento di interesse per l'impresa. I documenti forniscono la prova che si sono verificati eventi, ad esempio un Ordine di acquisto che registra un evento Ordine. Cioè, *come* facciamo a sapere che si è verificato un evento?	Fattura, contratto, accordo, conto, ordine di acquisto, multa per eccesso di velocità, bolla di accompagnamento, conferma commerciale
Misurazione	Conteggi, somme, ecc. delle altre categorie (cosa, dove) in un dato momento (quando).	Vendite, conteggio articoli, pagamenti, saldo

1.3.3.1.1 Alias di entità

Il termine generico *entità* può assumere altri nomi. Il più comune è il *tipo-di-entità*, poiché viene rappresentato un tipo di qualcosa (ad esempio, Jane è del tipo Dipendente), quindi Jane è l'entità e Dipendente è il tipo di entità. Tuttavia, oggigiorno è assai diffuso l'utilizzo del termine *entità* per Dipendente e *istanza di entità* per Jane.

Tabella 8 Entità, tipo entità e istanza di entità

Utilizzo	Entità	Tipo di entità	Istanza di entità
Uso comune	Jane	Dipendente	
Utilizzo consigliato	Dipendente		Jane

Le istanze di entità sono le occorrenze o i valori di una particolare entità. L'entità **Studente** può avere più istanze di studente, con i nomi Bob Jones, Joe Jackson, Jane Smith e così via. L'entità **Corso** può avere istanze di Concetti fondamentali di Data Modeling, Geologia avanzata e Letteratura inglese nel $17°$ secolo. Alias di entità possono anche variare in base allo schema. (Gli schemi saranno illustrati nella Sezione 1.3.4.) Negli schemi relazionali si utilizza spesso il termine *entità*, in quelli dimensionali i termini *dimensione* e *tabella dei fatti*, in quelli object-oriented il termine *classe* od *oggetto*, in quelli time-based i termini *hub, satellite* e *link* e, infine, in quelli NoSQL i termini come *documento* e *nodo*.

Gli alias di entità possono anche variare in base al livello di dettaglio. (I tre livelli di dettaglio saranno illustrati nella Sezione 1.3.5.) Un'entità a livello concettuale può essere chiamata *concetto* o *termine*, un'entità a livello logico è chiamata *entità* (o un termine diverso in funzione dello schema) e a livello fisico i termini variano in base alla tecnologia del database, con *tabella* il termine più comune.

1.3.3.1.2 Rappresentazione grafica delle entità

Nei data model, le entità sono generalmente rappresentate da rettangoli (o rettangoli con bordi arrotondati) con il nome all'interno, come in Figura 29, dove sono presenti tre entità: **Studente**, **Corso** e **Istruttore**.

| **Studente** | **Corso** | **Istruttore** |

Figura 29 Entità

1.3.3.1.3 Definizione delle entità

Le definizioni delle entità contribuiscono in modo essenziale al valore di business di qualsiasi data model. Si tratta di metadati fondamentali. Definizioni di alta qualità chiariscono il significato del vocabolario di business e forniscono rigore alle regole di business che disciplinano le relazioni tra entità. Aiutano i professionisti di business e IT a prendere decisioni intelligenti sulla progettazione di applicazioni e di business. Le definizioni dei dati di alta qualità presentano tre caratteristiche essenziali:

- **Chiarezza**: la definizione deve essere di facile lettura e comprensione. Frasi semplici e ben scritte senza acronimi oscuri o termini ambigui non spiegati, come "*a volte* " o "*normalmente*".

- **Precisione**: la definizione è una descrizione precisa e corretta dell'entità. Le definizioni devono essere riviste da esperti nelle aree di business pertinenti per assicurarsi che siano accurate.

- **Completezza**: sono presenti tutte le parti della definizione. Ad esempio, nella definizione di un codice, sono inclusi esempi dei valori del codice. Nel definire un identificatore, l'ambito di unicità è incluso nella definizione.

1.3.3.2 Relazione

Una relazione è un'associazione tra entità (Chen, 1976). Una relazione cattura le interazioni di alto livello tra entità concettuali, le interazioni dettagliate tra entità logiche e i vincoli tra entità fisiche.

1.3.3.2.1 Alias delle relazioni

Il termine generico *relazione* può assumere altri nomi. Gli alias di relazione possono variare in base allo schema. Negli schemi relazionali si utilizza spesso il termine *relazione*, in quelli dimensionali il termine *percorso di esplorazione* e in quelli NoSQL i termini quali, ad esempio *edge* o *link*. Gli alias delle relazioni possono anche variare in base al livello di dettaglio. Una relazione a livello concettuale e logico è chiamata *relazione*, ma una a livello fisico può essere chiamata con altri nomi, come *vincolo* o *riferimento*, in funzione della tecnologia del database.

1.3.3.2.2 Rappresentazione grafica delle relazioni

Le relazioni sono visualizzate come linee nel diagramma di data modeling. Vedere Figura 30 per un esempio di in notazione IE (Engineering Information) .

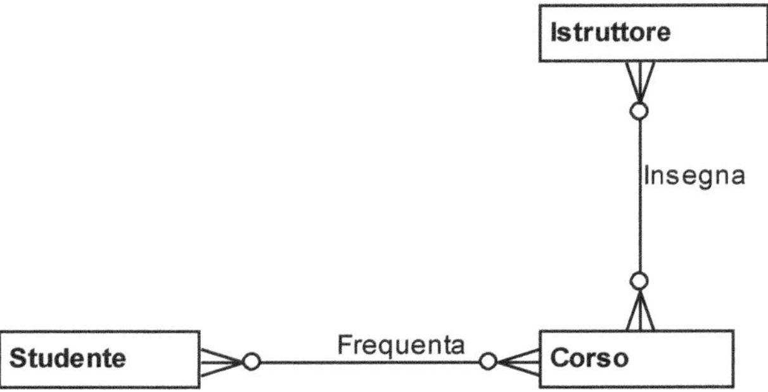

Figura 30 Relazioni

In questo esempio, la relazione tra **Studente** e **Corso** acquisisce la regola secondo cui uno studente può frequentare i corsi. La relazione tra **Istruttore** e **Corso** acquisisce la regola secondo cui un istruttore può insegnare nei corsi. I simboli sulla linea (chiamati cardinalità) acquisiscono le regole in una sintassi precisa. (Questi saranno spiegati nella sezione 1.3.3.2.3.) Una relazione viene rappresentata tramite chiavi esterne in un database relazionale e con metodi alternativi nei database NoSQL come, ad esempio, edge o link.

1.3.3.2.3 Cardinalità relazionale

In una relazione tra due entità, la *cardinalità* acquisisce quante istanze di un'entità partecipano alla relazione con quante istanze dell'altra entità. La cardinalità è rappresentata dai simboli che appaiono su entrambe le estremità di una linea di relazione. Le regole sui dati vengono specificate e applicate attraverso la cardinalità. Senza cardinalità, il massimo che si può dire di una relazione è che due entità sono collegate in qualche modo.

Per la cardinalità, le scelte sono semplici: zero, uno o molti. Ciascun lato di una relazione può avere qualsiasi combinazione di zero, uno o molti (intendendo con "molti" più di "uno"). Se si specifica zero o uno, è possibile acquisire se un'istanza di entità in una relazione sia richiesta oppure no. Specificare uno o molti ci consente di acquisire il numero di un'istanza particolare che partecipa a una determinata relazione.

Questi simboli di cardinalità sono illustrati nel seguente esempio di **Studente** e **Corso** in notazione IE.

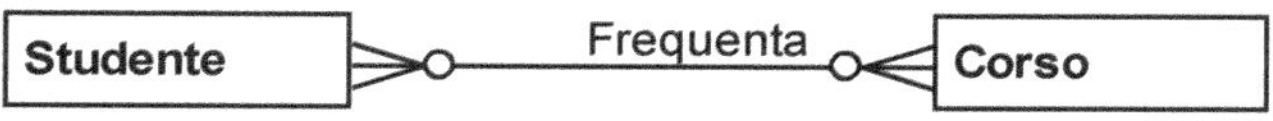

Figura 31 Simboli di cardinalità

Le regole di business sono:

- Ogni **Studente** può frequentare uno o più **Corsi**.
- Ogni **Corso** può essere frequentato da uno o più **studenti**.

1.3.3.2.4 Arietà delle relazioni

Il numero di entità in una relazione è l'"arietà" della relazione. Le più comuni sono le relazioni unarie, binarie e ternarie.

1.3.3.2.4.1 Relazione unaria (ricorsiva)

Una relazione unaria (nota anche come ricorsiva o autoreferenziale) implica una sola entità. Una relazione ricorsiva uno-a-molti descrive una gerarchia, mentre una relazione molti-a-molti descrive una rete o un grafico. In una gerarchia, un'istanza di entità ha al massimo un genitore (o entità di livello superiore). Nel modeling relazionale, le entità figlio si trovano sul lato "molti" della relazione, mentre le entità genitore sono sul lato "uno" della relazione. In una rete, un'istanza di entità può avere più di un genitore.

Ad esempio, un corso può richiedere prerequisiti. Se, per partecipare al seminario di biologia, si dovesse prima completare la lezione di biologia, quest'ultima è il prerequisito per il seminario di biologia. Nei seguenti data model relazionali, che utilizzano la notazione di ingegneria dell'informazione, si può modellare questa relazione ricorsiva come gerarchia o come rete:

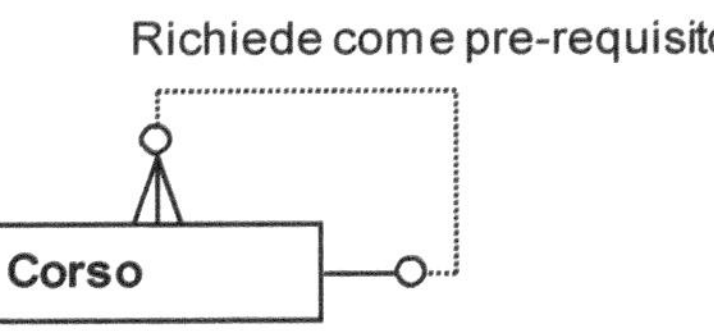

Figura 32 Relazione unaria - Gerarchia

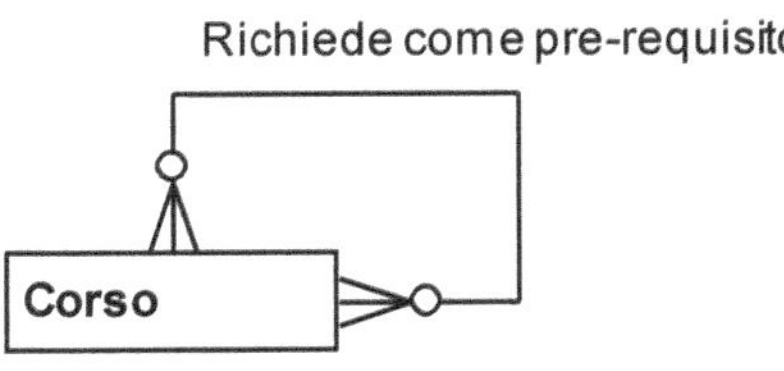

Figura 33 Relazione unaria - Rete

Questo primo esempio (Figura 32) è una gerarchia, mentre il secondo (Figura 33) è una rete. Nel primo esempio, il seminario di biologia richiede anzitutto che si assista alla lezione di biologia e a quella di chimica. Una volta scelta la lezione di biologia come prerequisito per il seminario di biologia, essa non può essere il prerequisito di nessun altro corso. Nel secondo esempio, la lezione di biologia può essere il prerequisito anche di altri corsi.

1.3.3.2.4.2 Relazione binaria

Un'arietà di due è anche nota come binaria. Una relazione binaria, la più comune in un diagramma di data model tradizionale, implica due entità. Figura 34, diagramma di classe UML, mostra che entrambi **Studente** e **Corso** sono entità che partecipano a una relazione binaria.

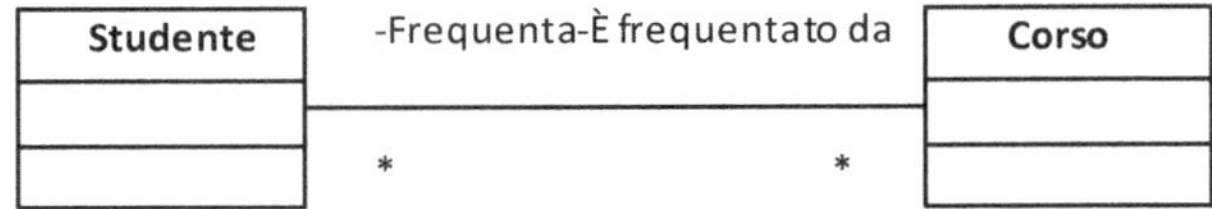

Figura 34 Relazione binaria

1.3.3.2.4.3 Relazione ternaria

Un'arietà di tre, nota come ternaria, è una relazione che comprende tre entità. Un esempio di modeling basato sui fatti (notazione oggetto-ruolo) è illustrato in Figura 35. Qui lo **Studente** può iscriversi a un determinato **Corso** in un dato **Semestre**.

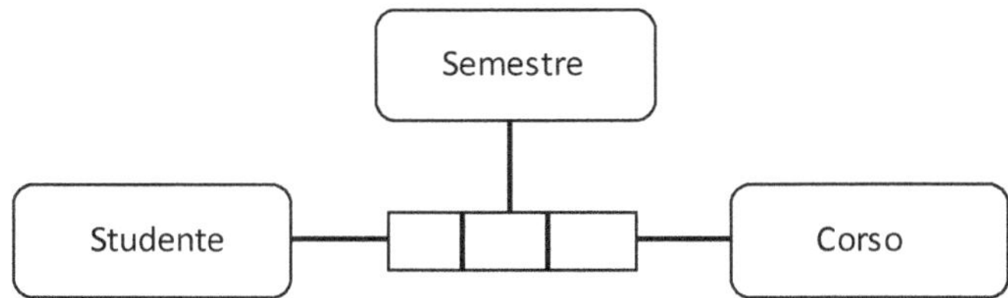

Figura 35 Relazione ternaria

1.3.3.2.5 Chiave esterna

Una chiave esterna viene utilizzata negli schemi di data modeling relazionali fisici e talvolta logici per rappresentare una relazione. Una chiave esterna può essere creata implicitamente quando viene definita una relazione tra due entità, a seconda della tecnologia del database o dello strumento di data modeling e se le due entità coinvolte hanno dipendenze reciproche.

Nell'esempio mostrato in Figura 36, Iscrizione contiene due chiavi esterne, **Numero studente** da **Studente** e **Codice corso** da **Corso**. Le chiavi esterne compaiono nell'entità, spesso chiamata entità figlio, sul lato "molti" della relazione. **Studente** e **Corso** sono le entità genitore e **Iscrizione** è l'entità figlio.

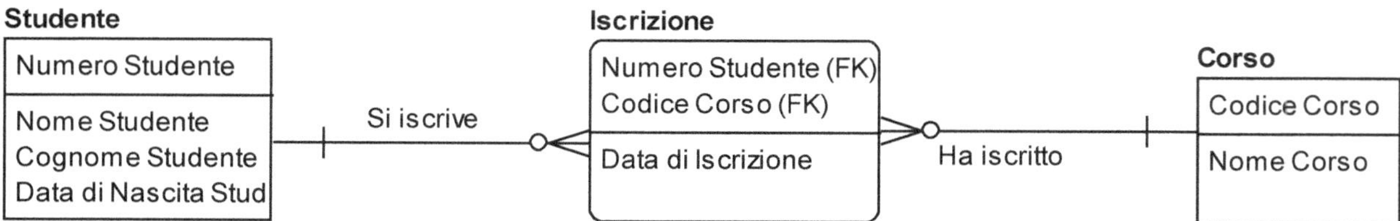

Figura 36 Chiavi esterne

1.3.3.3 Attributo

Un attributo è una proprietà che identifica, descrive o misura un'entità. Gli attributi possono avere domini, che saranno discussi nella Sezione 1.3.3.4. Il corrispondente fisico di un attributo in un'entità è una colonna, un campo, un tag o un nodo di una tabella, una vista, un documento, un grafico o un file.

1.3.3.3.1 Rappresentazione grafica degli attributi

Nei data model, gli attributi sono generalmente rappresentati come elenco all'interno del rettangolo entità, come illustrato in Figura 37, dove gli attributi dell'entità **Studente** includono **Numero studente**, **Nome studente**, **Cognome studente** e **Data di nascita studente**.

Studente

Numero Studente
Nome Studente Cognome Studente Data di Nascita Stud

Figura 37 Attributi

1.3.3.3.2 Identificatori

Un identificatore (chiamato anche *chiave*) è un insieme di uno o più attributi che definisce in modo univoco un'istanza di un'entità. Questa sezione definisce i tipi di chiave per costruzione (semplice, composta, composita, surrogata) e funzione (candidata, primaria, alternativa).

1.3.3.3.2.1 Tipi di Chiavi per costruzione

Una *chiave semplice* (*simple key*) è un attributo che identifica in modo univoco un'istanza di entità. I codici di prodotto universali (UPC) e i numeri di identificazione del veicolo (VIN) sono esempi di chiavi semplici. Una *chiave surrogata* è anche un esempio di chiave semplice. Una chiave surrogata è un identificatore univoco per una tabella. Spesso un contatore viene sempre generato dal sistema in modo non intelligente, una chiave surrogata è un numero intero il cui significato non è correlato al suo valore nominale. (In altre parole, non si può presumere che un identificatore di mese 1 rappresenti gennaio). Le chiavi surrogate svolgono funzioni tecniche e non dovrebbero essere visibili agli utenti finali di un database. Rimangono sullo sfondo per aiutare a mantenere l'unicità, consentire un'esplorazione più efficiente tra le strutture e facilitare l'integrazione tra le applicazioni.

Una *chiave composta* (*compound key*) è un insieme di due o più attributi che identificano insieme in modo univoco un'istanza di entità. Esempi sono il numero di telefono statunitense (prefisso + centralino + numero locale) e il numero di carta di credito (ID emittente + ID conto + cifra di controllo).

Una *chiave composita* (*composite key*) contiene una chiave composta e almeno un'altra chiave semplice o composta o un attributo non chiave. Un esempio è una chiave in una tabella dei fatti multidimensionale, che può contenere diverse chiavi composte, chiavi semplici e, opzionalmente un timestamp di caricamento.

1.3.3.3.2.2 Tipi di Chiavi per funzione

Una *super chiave* è qualsiasi insieme di attributi che identifica in modo univoco un'istanza di entità. Una *chiave candidata* è un insieme minimo di uno o più attributi (ossia, una chiave semplice o composta) che identifica l'istanza dell'entità cui appartiene. Per minimo s'intende che nessun sottoinsieme della chiave candidata identifica in modo univoco l'istanza dell'entità. Un'entità può avere chiavi candidate multiple. Esempi di chiavi candidate per un'entità cliente sono l'indirizzo e-mail, il numero di cellulare e il numero di conto del cliente. Le chiavi candidate possono essere chiavi di business (a volte chiamate *chiavi naturali*). Una *chiave di business* è uno o più attributi che un professionista del business utilizzerebbe per recuperare una singola istanza di entità. Le chiavi di business e le chiavi surrogate si escludono a vicenda.

Una *chiave primaria* è la chiave candidata scelta come *il vero* identificatore univoco di un'entità. Sebbene un'entità possa contenere più di una chiave candidata, solo una chiave candidata può fungere da chiave primaria di un'entità. Una *chiave alternativa* è una chiave candidata che, sebbene univoca, non è stata scelta come chiave primaria. È comunque possibile utilizzare una chiave alternativa per trovare istanze di entità specifiche. Spesso la chiave primaria è una chiave surrogata e le chiavi alternative sono chiavi di business.

1.3.3.3.2.3 Relazioni identificative rispetto a quelle non identificative

Un'entità indipendente è quella in cui la chiave primaria contiene solo attributi che appartengono a tale entità. Un'entità dipendente è quella in cui la chiave primaria contiene almeno un attributo di un'altra entità. Negli schemi relazionali, la maggior parte delle notazioni illustra entità indipendenti sul diagramma di data modeling come rettangoli e le entità dipendenti come rettangoli con gli angoli arrotondati.

Nell'esempio dello studente mostrato in Figura 38, **Studente** e **Corso** sono entità indipendenti e **Iscrizione** è un'entità dipendente.

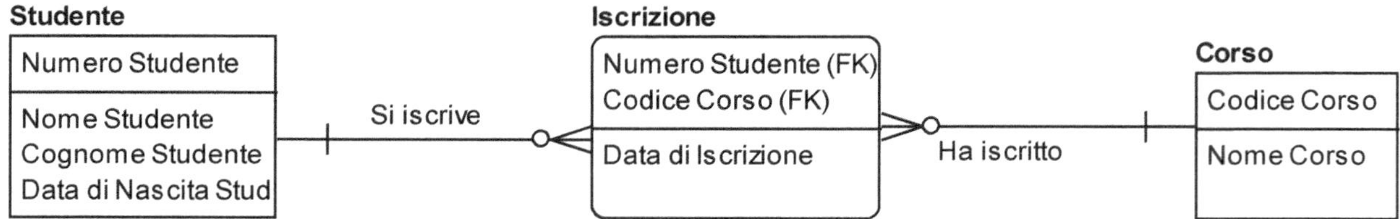

Figura 38 Entità dipendente e indipendente

Le entità dipendenti hanno almeno una relazione identificativa. Una relazione identificativa è quella in cui la chiave primaria del genitore (l'entità sul lato "uno" della relazione) viene migrata come chiave esterna sulla chiave primaria del figlio, come si può vedere dalla relazione da **Studente** a **Iscrizione** e da

Corso a **Iscrizione**. Nelle relazioni non identificative, la chiave primaria del genitore viene migrata come attributo di chiave esterna primaria sul figlio.

1.3.3.4 Dominio

Nel data modeling, un *dominio* è l'insieme completo di possibili valori assegnabili a un attributo. Un dominio può essere articolato in diversi modi (vedere i punti alla fine di questa sezione). Un dominio fornisce un mezzo per standardizzare le caratteristiche degli attributi. Ad esempio, il dominio **Data**, che contiene tutte le possibili date valide, può essere assegnato a qualsiasi attributo di data in un data model logico o colonne/campi di data in un data model fisico, quali:

- EmployeeHireDate
- OrderEntryDate
- ClaimSubmitDate
- CourseStartDate

Tutti i valori all'interno del dominio sono valori validi. Quelli esterni al dominio sono definiti valori non validi. Un attributo non deve contenere valori al di fuori del dominio assegnato. **EmployeeGenderCode**, ad esempio, può essere limitato al dominio femminile e maschile. Il dominio per **EmployeeHireDate** può essere definito semplicemente come date valide. In base a questa regola, il dominio **EmployeeHireDate** non comprende il 30 febbraio di ogni anno.

È possibile limitare un dominio con regole aggiuntive, chiamate *vincoli*. Le regole possono riguardare il formato, la logica o entrambi. Ad esempio, limitando il dominio **EmployeeHireDate** alle date precedenti a quella odierna, si eliminerebbe il 10 marzo 2050 dal dominio di valori validi, anche se è una data valida. **EmployeeHireDate** può essere limitato anche ai giorni di una normale settimana lavorativa (ad esempio, date che cadono di lunedì, martedì, mercoledì, giovedì o venerdì).

I domini possono essere definiti in diversi modi.

- **Tipo di dati**: domini che specificano i tipi standard di dati che si possono avere in un attributo assegnato a tale dominio. Ad esempio, Numero intero, Carattere (30) e Data sono tutti domini di tipo di dati.

- **Formato di dati**: domini che utilizzano pattern comprendenti modelli e maschere, come quelli che si trovano nei codici postali e nei numeri telefonici e limitazioni dei caratteri (solo alfanumerici, alfanumerici con determinati caratteri speciali consentiti, ecc.) per definire valori validi.

- **Elenco**: domini che contengono un insieme finito di valori. Risultano familiari a tutti coloro che hanno a che fare con funzionalità tipo gli elenchi a discesa. Ad esempio, il dominio elenco per **OrderStatusCode** può limitare i valori soltanto a {Aperto, Spedito, Chiuso, Restituito}.

- **Intervallo**: domini che consentono tutti i valori dello stesso tipo di dati compresi tra uno o più valori minimo e/o massimo. Alcuni intervalli possono essere aperti. Ad esempio, **OrderDeliveryDate** deve essere compreso tra **OrderDate** e tre mesi nel futuro.

- **Basato su regole**: domini definiti da regole che i valori devono rispettare per essere validi. Questi includono regole che confrontano i valori con valori calcolati o altri valori di attributo in una relazione o in un insieme. Ad esempio, **ItemPrice** deve essere maggiore di **ItemCost**.

1.3.4 Schemi di Data Modeling

I sei schemi più comuni utilizzati per rappresentare i dati sono: relazionale, dimensionale, object-oriented, fact-based, time-based e NoSQL. Ciascuno schema utilizza specifiche notazioni di diagrammi (vedere Tabella 9).

Questa sezione illustrerà brevemente ciascuno di questi schemi e notazioni. L'utilizzo degli schemi dipende in parte dal database in costruzione, poiché alcuni sono adatti a particolari tecnologie, come mostrato in

Tabella 10. Per lo schema relazionale, è possibile creare tutti e tre i livelli di modelli per RDBMS, ma possono essere creati solo modelli concettuali e logici per gli altri tipi di database. Questo vale anche per lo schema basato sui fatti. Per lo schema dimensionale, è possibile creare tutti e tre i livelli di modelli per database RDBMS e MDBMS. Lo schema object-oriented funziona bene per i database RDBMS e di oggetti.

Tabella 9 Schemi e notazioni di modeling

Schema	Notazioni campione
Relazionale	Ingegneria dell'informazione (IE) Definizione di integrazione per Information Modeling (IDEF1X) Notazione Barker Chen
Dimensionale	Dimensionale
Orientato sull'oggetto (Object-Oriented)	Unified Modeling Language (UML)
Basato sui fatti (Fact-Based)	Modeling dei ruoli oggetto (Object Role Modeling - ORM o ORM2) Modeling orientato alla comunicazione completa (Fully Communication Oriented Modeling - FCO-IM)
Basato sui tempi (Time-Based)	Data Vault Anchor Modeling
NoSQL	Documento Colonna Grafico Valore chiave

Lo schema time-based è una tecnica di data modeling fisico principalmente per i data warehouse in un ambiente RDBMS. Lo schema NoSQL dipende fortemente dalla struttura del database sottostante (documento, colonna, grafico o valore-chiave) ed è quindi una tecnica di data modeling fisico.

Tabella 10 illustra diversi punti importanti, tra cui quello per anche con un database non tradizionale come quello basato su documenti, è possibile creare un CDM e LDM relazionale seguito da un documento PDM.

Tabella 10 Riferimento incrociato da schema a database

Schema	Sistema di gestione di database relazionali (Relational Database Management System - RDBMS)	Sistema di gestione di database multidimensionale (Multidimensional Database Management System - MDBMS)	Database di oggetti	Documento	Colonna	Grafico	Valore chiave
Relazionale	CDM LDM PDM	CDM LDM	CDM LDM	CD M LDM	CDM LDM	CDM LDM	CDM LDM
Dimensionale	CDM LDM PDM	CDM LDM PDM					
Orientato sull'oggetto (Object-Oriented)	CDM LDM PDM		CDM LDM PDM				
Basato sui fatti (Fact-Based)	CDM LDM PDM	CDM LDM	CDM LDM	CD M LDM	CDM LDM	CDM LDM	CDM LDM
Basato sui tempi (Time-Based)	PDM						
NoSQL			PDM	PDM	PDM	PDM	PDM

1.3.4.1 Relazionale

Per la prima volta formulata dal Dr. Edward Codd nel 1970, la teoria relazionale fornisce un modo sistematico di organizzare i dati in modo che riflettano il proprio significato (Codd, 1970). Questo approccio ha avuto l'effetto aggiuntivo di ridurre la ridondanza nella memorizzazione dei dati. L'intuizione di Codd era che i dati potevano essere gestiti in modo più efficace in termini di *relazioni* bidimensionali. Il termine *relazione* deriva dalla matematica (teoria degli insiemi) su cui si basava il suo approccio. (vedere Capitolo 6)

Gli obiettivi progettuali del modello relazionale sono avere un'espressione esatta dei dati di business e avere ogni singolo fatto in un unico posto (rimozione della ridondanza). Il modeling relazionale è ideale per la progettazione di sistemi operativi, che richiedono l'immissione rapida di informazioni e la loro accurata memorizzazione (Hay, 2011).

Esistono diversi tipi di notazione per esprimere l'associazione tra entità nel modeling relazionale, tra cui Information Engineering (IE), Integration Definition for Information Modeling (IDEF1X), Barker Notation e Chen Notation. La forma più comune è la sintassi di IE, con i suoi familiari tridenti o "zampe di gallina" per rappresentare la cardinalità. (Vedere Figura 39).

Figura 39 Notazione IE

1.3.4.2 Dimensionale

Il concetto di modeling dimensionale iniziò da un progetto di ricerca congiunta condotto dal General Mills e dal Dartmouth College negli anni '60.[32] Nei modelli dimensionali, i dati sono strutturati per ottimizzare la query e l'analisi di grandi quantità di dati. Al contrario, i sistemi operativi che supportano il processing delle transazioni sono ottimizzati per il processing rapido delle singole transazioni.

I data model dimensionali acquisiscono domande di business incentrate su un particolare processo di business. Il processo misurato sul modello dimensionale in Figura 40 è Ammissioni. Le Ammissioni possono essere visualizzate secondo la Zona di provenienza dello studente, il Nome della scuola, il Semestre e se lo studente riceve un aiuto finanziario. L'esplorazione può essere effettuata salendo di livello da Zona a Regione fino a Paese, da Semestre fino ad Anno e da Nome della scuola fino a Scuola.

La notazione di diagramma utilizzata per costruire questo modello - la "notazione degli assi" - può essere uno strumento di comunicazione molto efficace per coloro che preferiscono non leggere la sintassi di data modeling tradizionale.

Entrambi i data model concettuali relazionali e dimensionali possono essere basati sullo stesso processo di business (come in questo esempio con le Ammissioni). La differenza sta nel significato delle relazioni, in cui sul modello relazionale le linee di relazione acquisiscono le regole di business e sul modello dimensionale acquisiscono i percorsi di esplorazione necessari a rispondere alle domande di business.

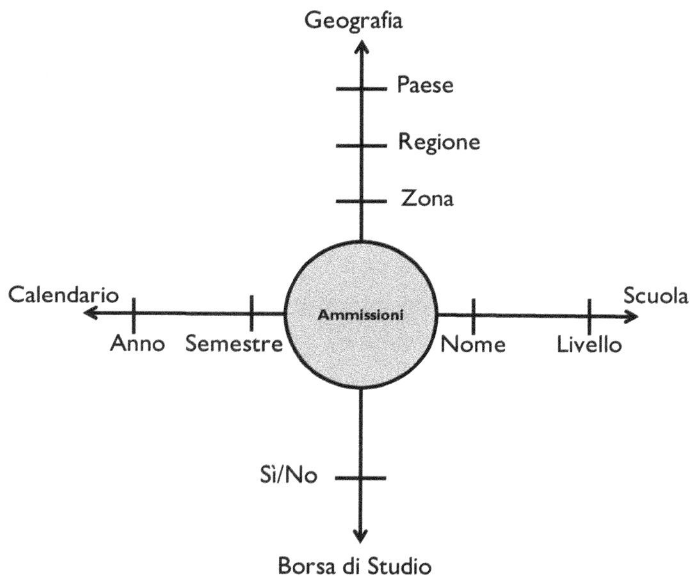

Figura 40 Notazione degli assi per modelli dimensionali

1.3.4.2.1 Tabelle dei fatti

All'interno di uno schema dimensionale, le righe di una tabella dei fatti corrispondono a misurazioni particolari e sono numeriche, come importi, quantità o conteggi. Alcune misurazioni sono il risultato di

---

[32] http://bit.ly/2tsSP7w.

algoritmi nel qual caso i Metadati sono cruciali per una comprensione e un utilizzo corretti. Le tabelle dei fatti occupano più spazio nel database (il 90% è una regola empirica ragionevole) e tendono ad avere un numero elevato di righe.

1.3.4.2.2 Tabelle dimensionali

Le tabelle dimensionali rappresentano gli oggetti importanti del business e contengono principalmente descrizioni testuali. Le dimensioni servono da origine principale dei vincoli "costruisci query in base a" o "costruisci report in base a", fungendo da punti di ingresso o link nelle tabelle dei fatti. In generale, le dimensioni sono altamente denormalizzate e solitamente rappresentano circa il 10% dei dati totali; inoltre, devono avere un identificatore univoco per ogni riga. I due approcci principali all'identificazione delle chiavi per le tabelle dimensionali sono chiavi surrogate e chiavi naturali. Le dimensioni hanno anche attributi che cambiano con velocità diverse. Quelle a modifica lenta (SCD) gestiscono le modifiche in base alla velocità e al tipo di modifica. I tre principali tipi di cambiamento sono talvolta noti con la sigla ORC.

- **Sovrascrittura (Overwrite) (Tipo 1)**: il nuovo valore sovrascrive il vecchio valore in atto.
- **Nuova riga (New Row) (Tipo 2)**: i nuovi valori vengono scritti in una nuova riga e la riga precedente viene contrassegnata come non attuale.
- **Nuova colonna (New Column) (Tipo 3)**: più istanze di un valore sono elencate in colonne sulla stessa riga e nuovo valore significa scrivere i valori della serie un punto in basso per fare spazio davanti per il nuovo valore. L'ultimo valore viene scartato.

1.3.4.2.3 Snowflaking

Snowflaking è il termine dato alla normalizzazione della struttura dimensionale piatta, a singola tabella in uno schema a stella nelle rispettive strutture gerarchiche o di rete dei componenti.

1.3.4.2.4 Grain

Il termine *grain* indica il significato o la descrizione di una singola riga di dati in una tabella dei fatti; si tratta del maggior dettaglio che avrà qualsiasi riga. La definizione del grain di una tabella dei fatti è uno dei passaggi chiave nella progettazione dimensionale. Ad esempio, se un modello dimensionale misura il processo di registrazione degli studenti, il grain può essere studente, giorno e classe.

1.3.4.2.5 Dimensioni conformi

Le dimensioni conformi sono costruite pensando all'intera organizzazione anziché a un progetto specifico; ciò consente a queste dimensioni di essere condivise tra modelli dimensionali, a causa del contenuto di termini e valori coerenti. Ad esempio, se il **Calendario** è una dimensione conforme, un modello dimensionale costruito per contare i candidati studenti per **Semestre** conterrà gli stessi valori e definizione di **Semestre** di un modello dimensionale costruito per il conteggio degli studenti diplomati.

1.3.4.2.6 Fatti conformi

I fatti conformi utilizzano definizioni standardizzate di termini tra i singoli mart. Utenti di business differenti possono utilizzare lo stesso termine in modi diversi. Le "aggiunte di clienti" possono differire dalle "aggiunte lorde" o "aggiunte regolate." Gli sviluppatori devono essere profondamente consapevoli delle cose che possono essere denominate allo stesso modo, ma che in realtà rappresentano concetti diversi tra le organizzazioni o, al contrario, cose che sono denominate diversamente ma che sono in realtà lo stesso concetto tra le organizzazioni.

1.3.4.3 Object-Oriented (UML)

L'Unified Modeling Language (UML) è un linguaggio grafico per il software di modeling. L'UML possiede svariate notazioni di cui una (il modello di classe) riguarda i database. Il modello di classe UML specifica le classi (tipi di entità) e i loro tipi di relazione (Blaha, 2013).

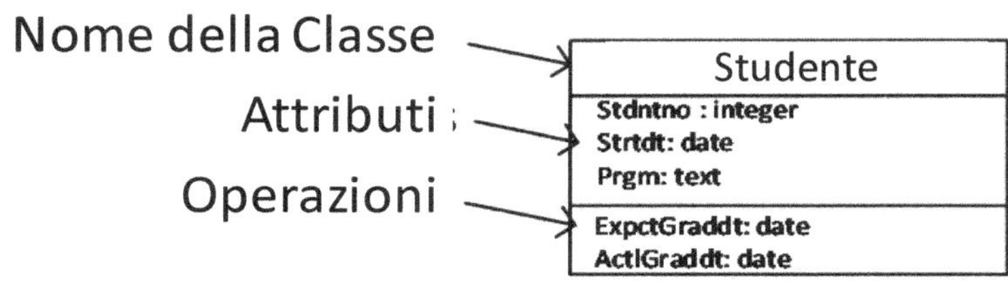

Figura 41 Modello di classe UML

Figura 41 illustra le caratteristiche di un modello di classe UML:

- Un diagramma di classe assomiglia a un diagramma ER, tranne per il fatto che in ER non è presente la sezione Operations o Metodi.
- In ER, l'equivalente più prossimo a Operations sarebbe Stored Procedure.
- I tipi di attributo (ad esempio, Data, Minuti) sono espressi nel linguaggio del codice dell'applicazione implementabile e non nella terminologia implementabile del database fisico.
- I valori predefiniti possono essere mostrati opzionalmente nella notazione.
- L'accesso ai dati avviene attraverso l'interfaccia esposta della classe. L'incapsulamento o l'occultamento dei dati si basa su un "effetto di localizzazione". Una classe e le istanze che gestisce sono esposte tramite Operations.

La classe ha Operations o Metodi (chiamati anche "comportamento"). Il comportamento della classe è solo vagamente connesso alla logica di business perché deve ancora essere sequenziato e temporizzato. In termini ER, la tabella ha stored procedure/trigger.

Le Operazioni di classe possono essere:

- Pubbliche: visibili esternamente
- Visibili internamente: visibili agli oggetti figli
- Private: nascoste

In confronto, solo i modelli fisici ER offrono l'accesso pubblico; tutti i dati sono equamente esposti a processi, query o manipolazioni.

1.3.4.4 Modeling Fact-Based (FBM)

Il Modeling Fact-Based (Modello basato sui fatti), una famiglia di linguaggi di modeling concettuali, ha avuto origine alla fine degli anni '70 del secolo scorso. Questi linguaggi si basano sull'analisi della verbalizzazione naturale (frasi plausibili) che potrebbe verificarsi nel dominio di business. I linguaggi basati sui fatti vedono il mondo in termini di oggetti, di fatti che mettono in relazione o caratterizzano tali oggetti e di ciascun ruolo che ogni oggetto svolge in ciascun fatto. Un sistema di vincoli ampio e potente si basa su una fluida verbalizzazione e controlli automatici a fronte di esempi concreti. I modelli basati sui fatti non usano attributi, riducendo la necessità di un giudizio intuitivo o esperto esprimendo le relazioni esatte tra oggetti (sia entità sia valori). La variante FMB più ampiamente utilizzata è l'Object Role Modeling (ORM), che fu formalizzata come logica di primo ordine da Terry Halpin nel 1989.

1.3.4.4.1 Object Role Modeling (ORM o ORM2)

L'Object-Role Modeling (ORM), ovvero Modellazione dei ruoli degli oggetti, è un approccio ingegneristico basato su modelli che inizia con esempi tipici di informazioni richieste o query presentate in qualsiasi formulazione esterna familiare agli utenti, quindi verbalizza tali esempi a livello concettuale, in termini di fatti semplici espressi in un linguaggio naturale controllato. Questo linguaggio è una versione limitata della lingua naturale che è non ambigua, quindi la semantica è prontamente afferrata dagli esseri umani; è anche formale, quindi può essere utilizzata per mappare automaticamente le strutture a livelli inferiori per l'implementazione (Halpin, 2015). Figura 42 illustra un modello ORM.

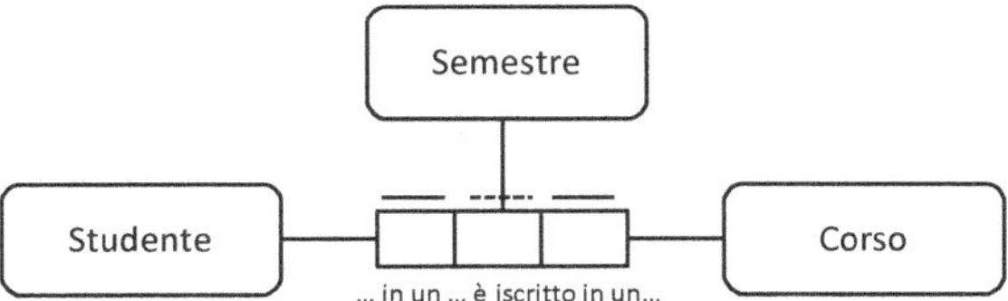

Figura 42 Modello ORM

1.3.4.4.2 Modeling orientato alla comunicazione completa (Fully Communication Oriented Modeling - FCO-IM)

Il FCO-IM è simile per notazione e approccio all'ORM. I numeri in Figura 43 sono riferimenti alle verbalizzazioni dei fatti. Ad esempio, 2 potrebbe riferirsi a diverse verbalizzazioni, tra cui "Lo studente 1234 si chiama Bill."

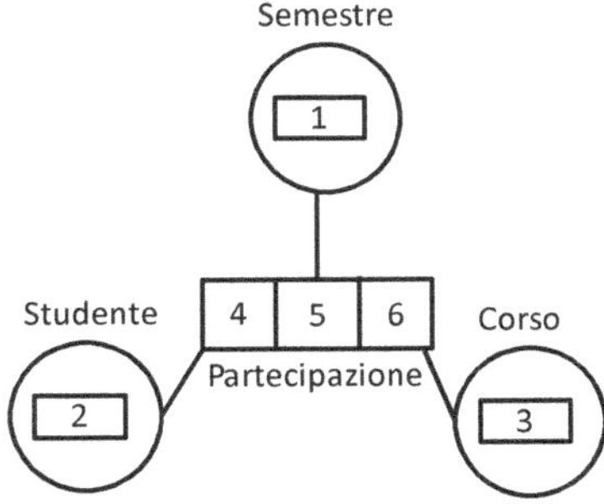

Figura 43 Modello FCO-IM

1.3.4.5 Time-Based

I modelli Time-Based sono utilizzati quando i valori dei dati devono essere associati in ordine cronologico e con valori temporali specifici.

1.3.4.5.1 Data Vault

Il Data Vault è un insieme di tabelle normalizzate orientate ai dettagli, basate sul tempo e collegate in modo univoco che supportano una o più aree funzionali di business. Si tratta di un approccio ibrido, che racchiude il meglio tra la terza forma normale (3NF, illustrata nella Sezione 1.3.6) e lo schema a stella. I Data Vault sono progettati specificamente per soddisfare le esigenze dei data warehouse aziendali. Esistono tre tipi di entità: hub, link e satelliti. La progettazione dei Data Vault si focalizza sulle aree funzionali di business con l'hub che rappresenta la chiave primaria. I link forniscono l'integrazione delle transazioni tra gli hub. I satelliti forniscono il contesto della chiave primaria dell'hub (Linstedt, 2012).

In Figura 44, **Studente** e **Corso** sono hub, che rappresentano i concetti principali all'interno di una materia. La frequenza è un link che collega due hub tra loro. **Contatto dello studente**, **Caratteristiche dello studente** e **Descrizione del corso** sono satelliti che forniscono informazioni descrittive sui concetti dell'hub e possono supportare vari tipi di storia.

L'Anchor Modeling è una tecnica idonea alle informazioni che cambiano nel tempo, sia nella struttura sia nel contenuto e fornisce la notazione grafica utilizzata per il modeling concettuale simile al data modeling tradizionale, con estensioni atte a operare con i dati temporali. L'Anchor Modeling ha quattro concetti di modeling fondamentali: anchor, attributi, legami e nodi. Gli anchor modellano entità ed eventi, gli attributi le proprietà degli anchor, i legami le relazioni tra gli anchor e i nodi le proprietà condivise, come gli stati.

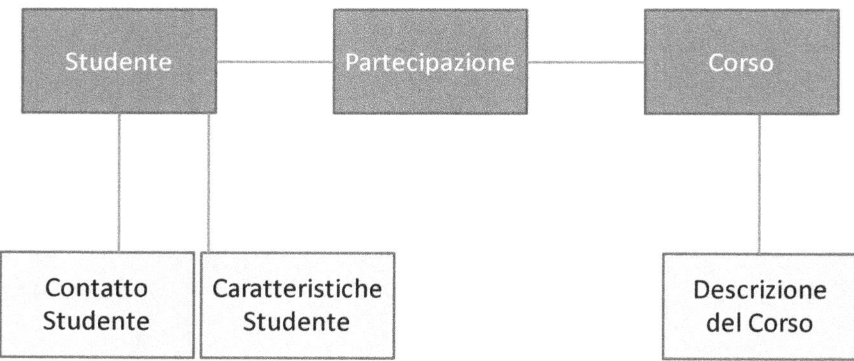

Figura 44 Modello di Data Vault

1.3.4.5.2 Anchor Modeling

Sull'anchor model in Figura 45, **Studente**, **Corso** e **Frequenza** sono gli anchor, i rombi grigi rappresentano i legami e i cerchi rappresentano gli attributi.

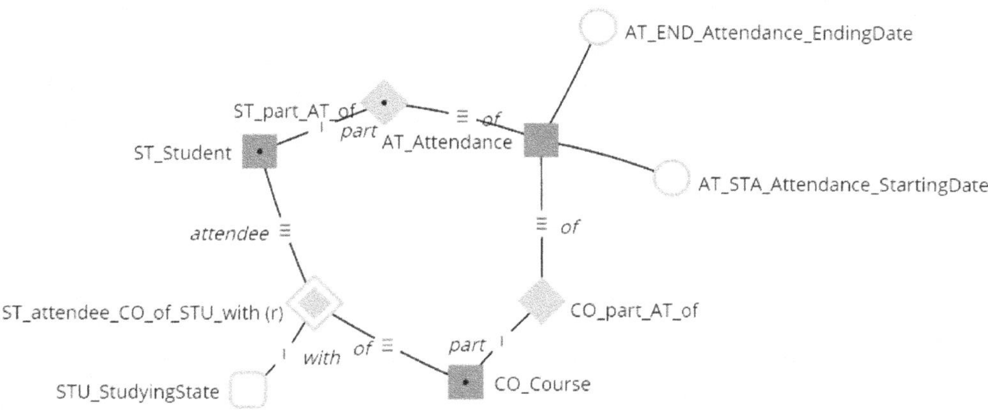

Figura 45 Anchor Model

1.3.4.6 NoSQL

NoSQL è un nome per la categoria di database basati su tecnologia non relazionale. Alcuni ritengono che NoSQL non sia un nome adeguato per ciò che rappresenta, in quanto riguarda meno come eseguire le query del database (dove entra in gioco SQL) e più come vengono archiviati i dati (dove entrano in gioco le strutture relazionali).

Esistono quattro tipi principali di database NoSQL: documento, chiave-valore, orientato alle colonne e grafico.

1.3.4.6.1 Documento

Invece di prendere un soggetto di business e suddividerlo in più strutture relazionali, i database di documento lo archiviano frequentemente in una struttura chiamata *documento.* Ad esempio, invece di archiviare le informazioni di **Studente**, **Corso** e **Iscrizione** in tre distinte strutture relazionali, le proprietà di tutte e tre saranno presenti in un unico documento chiamato **Iscrizione.**

1.3.4.6.2 Chiave-valore

I database chiave-valore consentono a un'applicazione di archiviare i propri dati in sole due colonne ("chiave" e "valore"), con la funzione di memorizzazione sia di informazioni semplici (ad es., date, numeri, codici) sia complesse (testo non formattato, video, musica, documenti, foto) all'interno della colonna "valore".

1.3.4.6.3 Orientato alle colonne

Dei quattro tipi di database NoSQL, quello orientato alle colonne è il più vicino al RDBMS. Entrambi hanno un modo simile di considerare i dati come righe e valori. La differenza, tuttavia, è che gli RDBMS funzionano con una struttura predefinita e tipi di dati semplici, come quantità e date, mentre i database orientati alle colonne, come Cassandra, possono operare con tipi di dati più complessi, tra cui testo non formattato e immagini. Inoltre, i database orientati alle colonne memorizzano ciascuna colonna nella propria struttura.

1.3.4.6.4 Grafico

Un database grafico è progettato per i dati le cui relazioni sono ben rappresentate come insieme di nodi con un numero indeterminato di connessioni tra tali nodi. Esempi in cui un database grafico funziona al meglio sono le relazioni sociali (dove i nodi sono persone), i collegamenti di trasporto pubblico (dove i nodi possono essere stazioni di bus o ferroviarie) o le mappe stradali (dove i nodi possono essere incroci stradali o uscite autostradali). I requisiti portano spesso a percorrere il grafico per trovare i percorsi più brevi, i quartieri più vicini, ecc., tutte cose che rendono l'esplorazione con un tradizionale RDMBS più complessa e dispendiosa in termini di tempo. I database grafici includono Neo4J, Allegro e Virtuoso.

1.3.5 Livelli di dettaglio del data model

Nel 1975, il Comitato per i requisiti e la pianificazione degli standard (SPARC) dell'American National Standards Institute pubblicò la propria soluzione a tre schemi per la gestione del database. I tre componenti chiave erano:

- **Concettuale**: incarna la visione del "mondo reale" dell'impresa modellata nel database. Rappresenta l'attuale "miglior modello" o "modo di fare business" per l'impresa.

- **Esterno**: i vari utenti del sistema di gestione del database operano su sottoinsiemi del modello aziendale totale che sono rilevanti per le loro esigenze particolari. Questi sottoinsiemi sono rappresentati come "schemi esterni".

- **Interno**: la "vista macchina" dei dati è descritta dallo schema interno. Questo schema descrive la rappresentazione archiviata delle informazioni dell'azienda (Hay, 2011).

Questi tre livelli si traducono più comunemente nei livelli di dettaglio, rispettivamente, concettuale, logico e fisico. All'interno dei progetti, il data modeling concettuale e il data modeling logico fanno parte delle attività di pianificazione e analisi dei requisiti, mentre il data modeling fisico è un'attività di progettazione. Questa sezione fornisce una panoramica del data modeling concettuale, logico e fisico. Inoltre, ciascun livello sarà illustrato con esempi di due schemi: relazionale e dimensionale.

1.3.5.1 Concettuale

Un data model concettuale acquisisce i requisiti dei dati di alto livello come raccolta di concetti correlati. Contiene solo le entità di business fondamentali e cruciali all'interno di un determinato regno e funzione, con una descrizione di ciascuna entità e le relazioni tra entità. Ad esempio, se dovessimo modellare la relazione tra gli studenti e una scuola, come data model concettuale relazionale usando la notazione IE, potrebbe apparire come Figura 46.

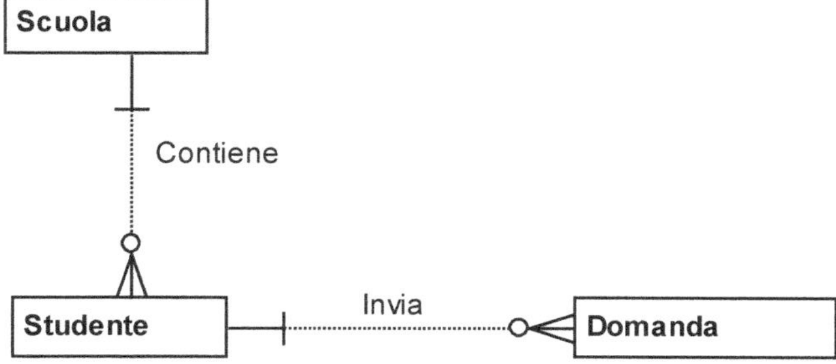

Figura 46 Modello concettuale relazionale

Ogni **Scuola** può contenere uno o più **Studenti** e ogni **Studente** deve provenire da una **Scuola**. Inoltre, ciascuno **Studente** può presentare una o più **Domande** e ciascuna **Domanda** deve essere presentata da uno **Studente**. Le linee di relazione acquisiscono le regole di business su un data model relazionale. Ad esempio, lo studente Bob può frequentare la County High School o il Queens College, ma non può frequentare entrambi quando farà domanda a questa particolare università. Inoltre, una domanda deve essere presentata da un singolo studente e non da due, non da zero.

Richiamo Figura 40, che è riprodotto di seguito come Figura 47. Questo data model concettuale dimensionale che utilizza la notazione degli assi, illustra i concetti relativi alla scuola:

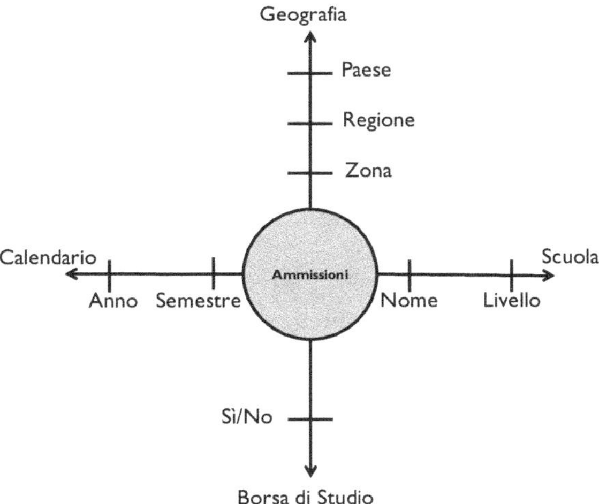

Figura 47 Modello concettuale dimensionale

1.3.5.2 Logico

Un data model logico è una rappresentazione dettagliata dei requisiti dei dati, generalmente a supporto di un contesto di utilizzo specifico, come i requisiti dell'applicazione. I data model logici sono comunque indipendenti da qualsiasi tecnologia o vincoli di implementazione specifici. Un data model logico inizia spesso come estensione di un data model concettuale. In un data model logico relazionale, il data model concettuale viene esteso aggiungendo attributi. Gli attributi vengono assegnati alle entità applicando la tecnica di normalizzazione (vedere Sezione 1.3.6), come illustrato mostrato in Figura 48.

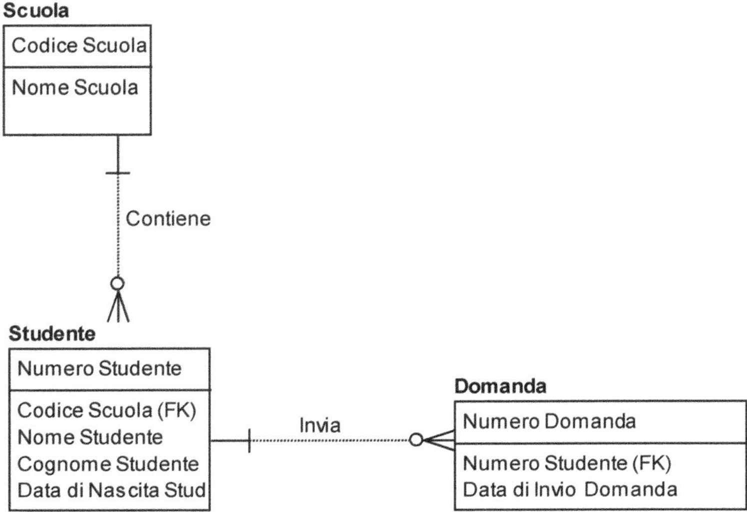

Figura 48 Data Model logico relazionale

Esiste una relazione molto forte tra ciascun attributo e la chiave primaria dell'entità in cui esso risiede. Ad esempio, **Nome scuola** ha una forte relazione con **Codice scuola**. Ciascun valore di **Codice scuola** riporta al massimo un valore di un **Nome scuola**. Un data model logico dimensionale è in molti casi una prospettiva pienamente attribuita al data model concettuale dimensionale, come illustrato in Figura 49. Mentre il data model logico relazionale acquisisce le regole di un processo di business, il logico dimensionale acquisisce le domande per determinare l'integrità e le prestazioni di un processo di business. **Numero di ammissioni** in Figura 49 è la misura che risponde alle domande di business correlate alle **Ammissioni**. Le entità che circondano le **Ammissioni** forniscono il contesto per visualizzare il **Numero di ammissioni** a diversi livelli di dettaglio, ad esempio per **Semestre** e **Anno**.

1.3.5.3 Fisico

Un data model fisico (PDM) rappresenta una soluzione tecnica dettagliata, spesso usando il data model logico come punto di partenza, quindi adattato per operare all'interno di un set di strumenti hardware, software e di rete. I data model fisici sono costruiti per una particolare tecnologia. I DBMS relazionali, ad esempio, devono essere progettati tenendo conto delle capacità specifiche di un sistema di gestione del database (ad es. IBM DB2, UDB, Oracle, Teradata, Sybase, Microsoft SQL Server o Microsoft Access).

Figura 50 illustra un data model fisico relazionale. In questo data model, Scuola è stato denormalizzato nell'entità **Studente** per accogliere una particolare tecnologia. Forse ogni volta che si accede a uno Studente, si accede anche alle informazioni sulla sua scuola, quindi la memorizzazione delle informazioni sulla scuola con **Studente** è una struttura più performante rispetto all'avere due strutture separate.

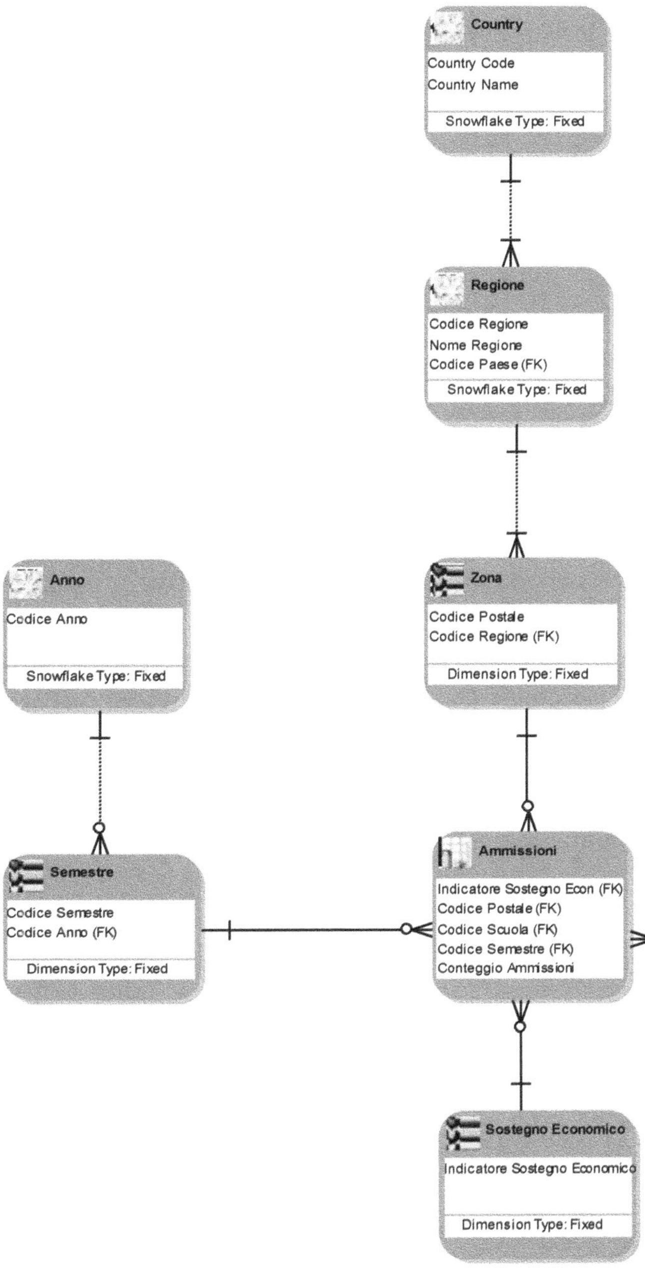

Country
Country Code
Country Name
Snowflake Type: Fixed
Regione
Codice Regione
Nome Regione
Codice Paese (FK)
Snowflake Type: Fixed
Anno
Codice Anno
Snowflake Type: Fixed
Zona
Codice Postale
Codice Regione (FK)
Dimension Type: Fixed
Livello Scuola
Codice Livello Scuola
Nome Livello Scuola
Snowflake Type: Fixed
Semestre
Codice Semestre
Codice Anno (FK)
Dimension Type: Fixed
Ammissioni
Indicatore Sostegno Econ (FK)
Codice Postale (FK)
Codice Scuola (FK)
Codice Semestre (FK)
Conteggio Ammissioni
Scuola
Codice Scuola
Nome Scuola
Codice Livello Scuola (FK)
Dimension Type: Fixed
Sostegno Economico
Indicatore Sostegno Economico
Dimension Type: Fixed

Figura 49 Data Model logico dimensionale

STUDENTE
STUDENT_NUM
STUDENT_FIRST_NAM
STUDENT_LAST_NAM
STUDENT_BIRTH_DT
SCHOOL_CD
SCHOOL_NAM
Invia
DOMANDA
APPLICATION_NUM
STUDENT_NUM (FK)
APPLICATION_SUBMISSION_DT

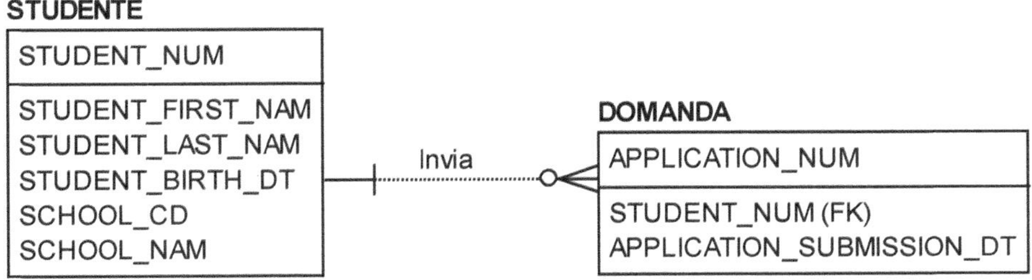

Figura 50 Data Model fisico relazionale

Poiché il data model fisico accetta limitazioni tecnologiche, le strutture vengono spesso combinate (denormalizzate) per migliorare le prestazioni di recupero, come mostrato in questo esempio con **Studente** e **Scuola**.

Figura 51 illustra un data model fisico dimensionale (di solito uno schema a stella, intendendo che esiste una struttura per ciascuna dimensione).

Simile al data model fisico relazionale, questa struttura è stata modificata rispetto alla controparte logica per operare con una particolare tecnologia atta ad assicurare risposte semplici e veloci alle domande di business.

1.3.5.3.1 Canonico

Una variante di uno schema fisico è il modello canonico, utilizzato per dati in movimento tra i sistemi. Questo modello descrive la struttura dei dati trasmessi tra i sistemi come pacchetti o messaggi. Quando si inviano dati attraverso i web service, un Enterprise Service Bus (ESB) o tramite Enterprise Application Integration (EAI), il modello canonico descrive quale struttura di dati deve utilizzare il servizio di spedizione e qualsiasi servizio di ricezione. Queste strutture devono essere progettate per essere il più generiche possibile onde consentire il riutilizzo e semplificare i requisiti di interfaccia.

Questa struttura può essere istanziata solo come buffer o struttura di coda su un sistema di messaggistica intermedio (middleware) per conservare temporaneamente il contenuto del messaggio.

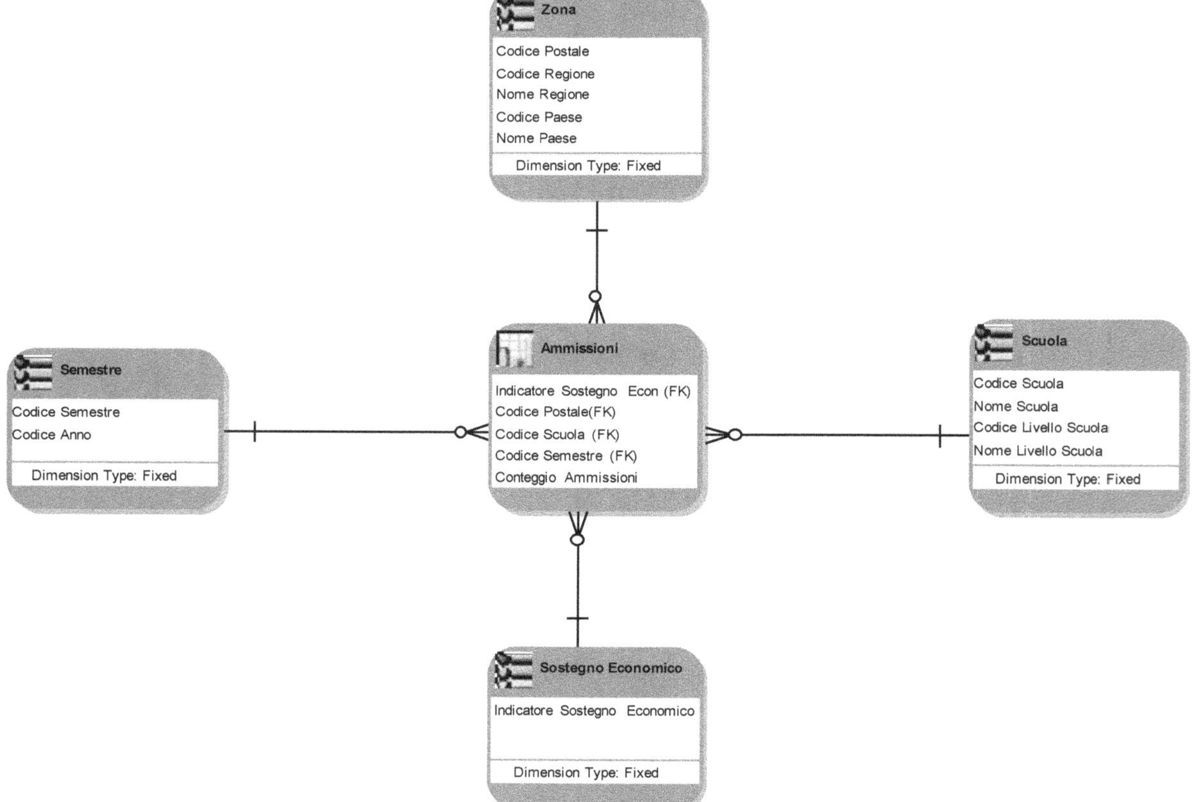

Figura 51 Data Model fisico dimensionale

1.3.5.3.2 Viste

Una vista è una tabella virtuale. Le viste forniscono un mezzo per esaminare i dati di una o più tabelle che contengono o fanno riferimento ad attributi reali. Una vista standard esegue SQL per recuperare i dati nel punto in cui è richiesto un attributo nella vista. Una vista istanziata (spesso chiamata "materializzata") si esegue in un momento prestabilito. Le viste sono utilizzate per semplificare le query, controllare l'accesso ai dati e rinominare le colonne, senza la ridondanza e la perdita di integrità referenziale dovute alla denormalizzazione.

1.3.5.3.3 Partizionamento

Il partizionamento si riferisce al processo di divisione di una tabella. Viene eseguito per facilitare l'archiviazione e migliorare le prestazioni di recupero. Il partizionamento può essere verticale (separazione di gruppi di colonne) od orizzontale (separazione di gruppi di righe).

- **Divisione verticale**: per ridurre i set di query, è opportuno creare tabelle di sottoinsiemi che contengono sottoinsiemi di colonne. Ad esempio, è possibile dividere una tabella dei clienti in due, in base al fatto che i campi siano per lo più statici o prevalentemente volatili (per migliorare le prestazioni di caricamento/indicizzazione), o in base al fatto che i campi siano comunemente o non comunemente inclusi nelle query (per migliorare le prestazioni di scansione delle tabelle).

- **Divisione orizzontale**: per ridurre i set di query, è opportuno creare tabelle di sottoinsiemi utilizzando il valore di una colonna come differenziatore. Ad esempio, è possibile creare tabelle dei clienti regionali che contengono solo i clienti di una specifica regione.

1.3.5.3.4 Denormalizzazione

La *denormalizzazione* è la trasformazione deliberata di entità di data model logici normalizzati in tabelle fisiche con strutture di dati ridondanti o duplicate. In altre parole, la denormalizzazione mette intenzionalmente un attributo in più punti. Esistono svariate ragioni per denormalizzare i dati. La prima è migliorare le prestazioni:

- Combinando in anticipo i dati provenienti da più tabelle, onde evitare costosi join di runtime
- Creando copie di dati più piccole pre-filtrate per ridurre costosi calcoli di runtime e/o scansioni di tabelle di grandi dimensioni
- Pre-calcolando e memorizzando costosi calcoli dei dati onde evitare la concorrenza delle risorse di sistema di runtime

La denormalizzazione può essere utilizzata anche per rafforzare la sicurezza degli utenti separando i dati in più viste o copie delle tabelle in base alle esigenze di accesso. Tuttavia, questo processo introduce un rischio di errori nei dati dovuti alla duplicazione. Pertanto, la denormalizzazione viene spesso scelta se strutture come viste e partizioni non riescono a produrre un design fisico efficiente. È buona norma implementare controlli di qualità dei dati per garantire che le copie degli attributi siano archiviate correttamente. In generale, è opportuno denormalizzare solo per migliorare le prestazioni delle query del database o per facilitare l'applicazione della sicurezza dell'utente.

Sebbene il termine *denormalizzazione* sia utilizzato in questa sezione, il processo non si applica solo ai data model relazionali. Ad esempio, si può denormalizzare in un database di documenti, ma l'operazione sarebbe definita diversamente, ad esempio, *embedding*.

Nel data modeling dimensionale, la denormalizzazione è chiamata *compressione* (collapsing) o *combinazione* (combining). Se ogni dimensione viene compressa in una singola struttura, il data model risultante viene chiamato *schema a stella* (vedere Figura 51). Se le dimensioni non vengono compresse, il data model risultante viene chiamato *Snowflake* (vedere Figura 49).

1.3.6 Normalizzazione

La *normalizzazione* è il processo di applicazione delle regole al fine di organizzare la complessità di business in strutture di dati stabili. L'obiettivo di base della normalizzazione è mantenere ogni attributo in un unico posto, al fine di eliminare la ridondanza e le incoerenze che possono derivare da quest'ultima. Il processo richiede una profonda comprensione di ciascun attributo e della relazione di questo con la propria chiave primaria.

Le regole della normalizzazione ordinano gli attributi in base a chiavi primarie ed esterne. L'ordinamento avviene in livelli, con ciascun livello che applica granularità e specificità nella ricerca delle chiavi primarie ed esterne corrette. Ciascun livello comprende una forma normale distinta e ogni livello successivo non deve includere livelli precedenti. I livelli di normalizzazione includono:

- **Prima forma normale (1NF)**: assicura che ogni entità abbia una chiave primaria valida e che ogni attributo dipenda dalla chiave primaria; rimuove i gruppi ripetuti e garantisce che ogni attributo sia atomico (non multivalore). 1NF comprende la risoluzione di relazioni molti-a-molti con un'entità aggiuntiva spesso chiamata entità associativa.

- **Seconda forma normale (2NF)**: assicura che ogni entità abbia la chiave primaria minima e che ogni attributo dipenda dalla chiave primaria completa.

- **Terza forma normale (3NF)**: assicura che ogni entità non abbia chiavi primarie nascoste e che ciascun attributo non dipenda da alcun attributo esterno alla chiave ("la chiave, l'intera chiave e nient'altro che la chiave").

- **Forma normale Boyce/Codd (BCNF)**: risolve chiavi candidate composte sovrapposte. Una chiave candidata è una chiave primaria o alternativa. "Composito" significa più di uno (ossia, due o più attributi nella chiave primaria o alternativa di un'entità) e "sovrapposizione" significa che ci sono regole di business nascoste tra le chiavi.

- **Quarta forma normale (4NF)**: risolve tutte le relazioni molti-a-molti-a-molti (e oltre) in coppie fino a quando non possono essere scomposte in parti più piccole.

- **Quinta forma normale (5NF)**: risolve le dipendenze tra entità in coppie di base e tutte le dipendenze di join utilizzano parti di chiavi primarie.

Solitamente, con i termini "*modello normalizzato*" s'intende che i dati sono nella forma 3NF. Raramente si verificano situazioni che richiedono le forme BCNF, 4NF e 5NF.

1.3.7 Astrazione

L'*astrazione* è la rimozione di dettagli in modo da ampliare l'applicabilità a un'ampia classe di situazioni, preservando allo stesso tempo le proprietà importanti e la natura essenziale di concetti o soggetti. Un esempio di astrazione è la struttura **Parte/Ruolo**, che può essere utilizzata per acquisire il modo in cui le persone e le organizzazioni svolgono determinati ruoli (ad esempio, dipendente e cliente). Non tutti i modeler o gli sviluppatori sono a proprio agio o hanno la capacità di lavorare con l'astrazione. Il modeler deve valutare il costo di sviluppo e mantenimento di una struttura astratta rispetto alla quantità di rilavorazione richiesta se la struttura non astratta deve essere modificata in futuro (Giles 2011).

L'astrazione comprende *generalizzazione* e *specializzazione*. La generalizzazione raggruppa gli attributi e le relazioni comuni delle entità in entità *supertipo (supertype)*, mentre la specializzazione separa gli attributi distintivi all'interno di un'entità in entità *sottotipo (subtype)*. Questa specializzazione si basa solitamente su valori di attributo all'interno di un'istanza di entità.

I *sottotipi* possono essere creati anche usando *ruoli* o *classificazione* per separare le istanze di un'entità in gruppi per funzione. Un esempio è **Partito**, che può avere i sottotipi **Individuo** e **Organizzazione**.

La *relazione di sottotipo* implica che tutte le proprietà del supertipo siano ereditate dal sottotipo. Nell'esempio relazionale mostrato in Figura 52, **Università** e **Scuola superiore** sono i sottotipi di **Scuola**.

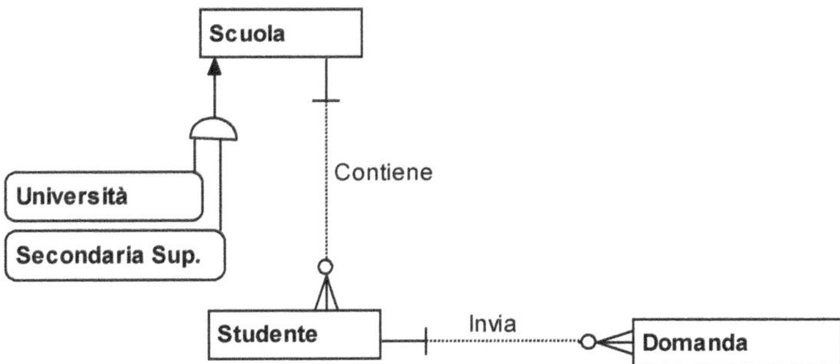

Figura 52 Relazioni di Supertipo e Sottotipo

Il sottotipo riduce la ridondanza su un data model; inoltre, agevola la comunicazione delle similitudini tra quelle che altrimenti sembrerebbero entità distinte e separate.

2. Attività

Questa sezione illustrerà brevemente i passaggi per la creazione di data model concettuali, logici e fisici, nonché per la manutenzione e la revisione dei data model. Saranno discussi sia il forward engineering, sia il reverse engineering.

2.1 Piano per il Data Modeling

Un piano per il data modeling contiene attività come la valutazione dei requisiti organizzativi, la creazione di standard e la determinazione dello storage dei data model.

I deliverable del processo di data modeling includono:

- **Diagramma**: un data model contiene uno o più diagrammi. Il diagramma è l'immagine che acquisisce i requisiti in una forma precisa. Descrive un livello di dettaglio (ad es. concettuale, logico o fisico), uno schema (relazionale, dimensionale, object-oriented, fact-based, time-based o NoSQL) e una notazione all'interno di tale schema (ad es. ingegneria dell'informazione, unified modeling language e object-role modeling).

- **Definizioni**: le definizioni per entità, attributi e relazioni sono essenziali per mantenere la precisione su un data model.

- **Problemi e domande in sospeso**: spesso il processo di data modeling solleva problemi e domande che potrebbero non essere affrontati durante la fase di data modeling. Inoltre, spesso le persone o i gruppi responsabili della risoluzione di questi problemi, o della risposta a queste domande, risiedono al di fuori del gruppo che crea il data model; per tale motivo, viene spesso consegnato un documento contenente la serie di problemi e domande in sospeso correnti. Un esempio di problema in sospeso per il modello studente potrebbe essere: "Se uno **Studente** abbandona gli studi e in seguito li riprende, gli viene assegnato un **Numero di matricola** diverso o mantiene il **Numero di matricola** originale?"

- **Lineage**: per i data model fisici e talvolta logici, è importante conoscere il data lineage, ossia, da dove provengono i dati. Spesso il lineage assume la forma di mappatura di origine/destinazione, in cui è possibile acquisire gli attributi del sistema di origine e del modo in cui popola gli attributi del sistema di destinazione. Il lineage può anche tracciare i componenti del data modeling da concettuale a logico a fisico nella medesima attività di modeling. Esistono due motivi per cui è importante acquisire il lineage durante il data modeling. In primo luogo, il data modeler otterrà una comprensione molto solida dei requisiti dei dati e pertanto sarà nella posizione migliore per determinare gli attributi di origine. In secondo luogo, la determinazione degli attributi di origine può essere uno strumento efficace per convalidare la precisione del modello e della mappatura (ossia, un reality check).

2.2 Creazione del Data Model

Per costruire i modelli, i modeler fanno spesso grande affidamento su precedenti lavori di analisi e modeling. Possono studiare data model e database esistenti, fare riferimento a standard pubblicati e integrare qualsiasi requisito relativo ai dati. Dopo aver studiato questi input, iniziano a costruire il modello. Il modeling è un processo altamente iterativo (Figura 53). I modeler abbozzano il modello, quindi tornano dai professionisti di business e dagli analyst per chiarire termini e regole di business. Quindi, aggiornano il modello e pongono altre domande (Hoberman, 2014).

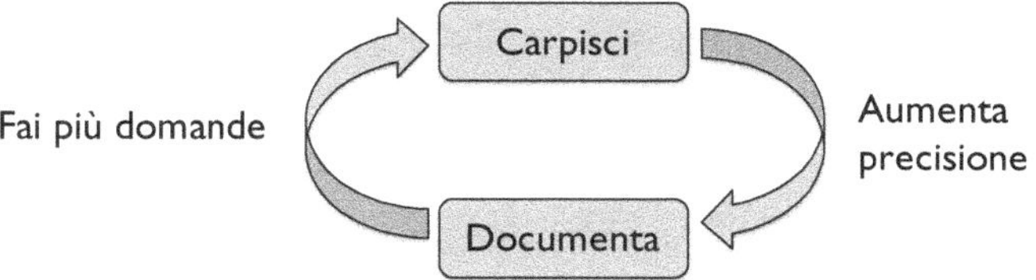

Figura 53 Il modeling è iterativo

2.2.1 Forward Engineering

Il forward engineering è il processo di creazione di una nuova applicazione iniziando con i requisiti. Il CDM viene completato per primo per comprendere l'ambito dell'iniziativa e la terminologia chiave all'interno di tale ambito. Quindi, viene completato il LDM per documentare la soluzione di business, seguito dal PDM per documentare la soluzione tecnica.

2.2.1.1 Data modeling concettuale

La creazione del CDM prevede i seguenti passaggi:

- **Selezionare lo schema**: occorre decidere se il modello di dati deve essere creato seguendo uno schema relazionale, dimensionale, fact-based o NoSQL. Fare riferimento alla discussione precedente sullo schema e su quando scegliere ogni schema (vedere Sezione 1.3.4).

- **Selezionare la notazione**: una volta selezionato lo schema, è possibile scegliere la notazione appropriata, ad esempio IE o object role modeling. La scelta di una notazione dipende dagli standard all'interno di un'organizzazione e dalla familiarità degli utenti di un certo modello con una particolare notazione.

- **Completare il CDM iniziale**: il CDM iniziale deve acquisire il punto di vista di un gruppo di utenti. Non deve complicare il processo cercando di capire come il loro punto di vista "si adatta" agli altri reparti o all'organizzazione nel suo insieme.

  - Occorre raccogliere i concetti di livello più elevato (sostantivi) che esistono per l'organizzazione. I concetti comuni sono **tempo**, **geografia**, **customer/membro/cliente**, **prodotto/servizio** e **transazione**.
  - Quindi è necessario raccogliere le attività (verbi) che collegano questi concetti. Le relazioni possono andare in entrambe le direzioni o coinvolgere più di due concetti. Esempi sono: i **clienti** hanno più **posizioni geografiche** (casa, lavoro, ecc.), le **posizioni geografiche** hanno molti **clienti**. Le **transazioni** si verificano in un **Orario**, presso una **Struttura**, per un **Cliente**, vendendo un **Prodotto**.

- **Incorporare la terminologia aziendale**: una volta che il data modeler ha acquisito la vista degli utenti nelle caselle e nelle linee, acquisisce successivamente la prospettiva aziendale garantendo coerenza con la terminologia e le regole aziendali. Ad esempio, sarebbe necessario un certo lavoro di riconciliazione se il data model concettuale del pubblico avesse un'entità chiamata **Cliente** e la prospettiva aziendale chiamasse questo stesso concetto **Cliente**.

- **Ottenere il Sign-off**: una volta completato il modello iniziale, occorre accertarsi che il modello venga esaminato per le best practice di data modeling e per la sua capacità di soddisfare i requisiti. Di solito, è sufficiente verificare tramite e-mail la precisione del modello.

2.2.1.2 Data Modeling logico

Un data model logico (LDM) acquisisce i requisiti di dati dettagliati nell'ambito di un CDM.

2.2.1.2.1 Analisi dei requisiti informativi

Per identificare i requisiti informativi, occorre anzitutto identificare le esigenze delle informazioni, nel contesto di uno o più processi di business. Come input, i processi di business richiedono prodotti informativi che siano essi stessi l'output di altri processi di business. I nomi di questi prodotti informativi spesso identificano un vocabolario di business essenziale che funge da base per il data modeling. A prescindere dal fatto che i processi o i dati siano modellati in modo sequenziale (in entrambi gli ordini) o contemporaneamente, un'analisi e una progettazione efficaci dovrebbero garantire una visione relativamente equilibrata dei dati (sostantivi) e processi (verbi), con uguale enfasi sia sul processo, sia sul data modeling.

L'analisi dei requisiti comprende la richiesta, l'organizzazione, la documentazione, la revisione, il perfezionamento, l'approvazione e il controllo delle modifiche dei requisiti di business. Alcuni di questi requisiti identificano le esigenze di business di dati e informazioni. Occorre esprimere le specifiche dei requisiti sia in parole, sia in diagrammi.

Il data modeling logico è un mezzo importante per esprimere i requisiti dei dati di business. Per molte persone vale il vecchio adagio, "un'immagine vale più di mille parole". Tuttavia, per alcuni è più difficile gestire le immagini e preferiscono report e tabelle creati da strumenti di data modeling. Molte organizzazioni hanno requisiti formali. La direzione può pilotare la redazione e il perfezionamento delle dichiarazioni di requisiti formali, come "Il sistema deve ..." I documenti di specifica dei requisiti dei dati scritti possono essere gestiti mediante strumenti di gestione dei requisiti. Le specifiche raccolte attraverso i contenuti di tali documenti devono sincronizzarsi accuratamente con i requisiti acquisiti con i data model per facilitare l'analisi dell'impatto, così da poter rispondere a domande del tipo "Quali parti dei miei data model rappresentano o implementano il Requisito X?" o "Perché questa entità è qui?"

2.2.1.2.2 Analisi della documentazione esistente

Può essere spesso un ottimo punto di partenza utilizzare artefatti di dati preesistenti, tra cui data model e database già creati. Anche se i data model non sono aggiornati, parti di essi possono essere utili per iniziare un nuovo modello. In ogni caso, è opportuno accertarsi che qualsiasi lavoro svolto in base ad artefatti esistenti sia convalidato dagli SME in termini di precisione e periodo di validità. Le aziende utilizzano spesso applicazioni in pacchetto, come i sistemi ERP (Enterprise Resource Planning), che possiedono propri data model. La creazione del LDM dovrebbe tenere conto di tali data model e utilizzarli, ove applicabile, o mapparli sul nuovo data model aziendale. Inoltre, potrebbe sussistere utili pattern di data modeling, quale una maniera standard per la modellazione del concetto di Parte Interessata. Numerosi data model di settore rilevano come dovrebbe essere modellato un settore generico, come la vendita al dettaglio o la produzione. Questi pattern o data model di settore possono quindi essere personalizzati per operare nel progetto o iniziativa particolare.

2.2.1.2.3 Aggiunta di entità associative

Le entità associative vengono utilizzate per descrivere le relazioni molti-a-molti (o molti-a-molti-a-molti, ecc.). Un'entità associativa prende gli attributi identificativi dalle entità coinvolte nella relazione e li inserisce in una nuova entità che descrive semplicemente la relazione tra le entità. Ciò consente l'aggiunta di attributi per descrivere tale relazione, come nelle decorrenze e date di scadenza. Le entità associative possono avere più di due genitori. Possono diventare nodi nei database grafici. Nel modeling dimensionale, diventano solitamente tabelle dei fatti.

2.2.1.2.4 Aggiunta di attributi

Occorre aggiungere attributi alle entità concettuali. Un attributo in un data model logico dovrebbe essere atomico e contenere uno e un solo dato (fatto) che non può essere suddiviso in parti più piccole. Ad esempio, un attributo concettuale chiamato numero di telefono si suddivide in diversi attributi logici per codice di tipo di telefono (casa, ufficio, fax, cellulare, ecc.), prefisso del paese, (1 per Stati Uniti e Canada), prefisso interurbano, numero di telefono di base e numero interno.

2.2.1.2.5 Assegnazione dei domini

Illustrati nella Sezione 1.3.3.4, i domini tengono conto della coerenza nel formato e nei set di valori all'interno e tra i progetti. L'**importo delle tasse scolastiche dello Studente** e l'**Importo dello stipendio del Docente**, ad esempio, possono essere assegnati entrambi al dominio **Importo**, che sarà un dominio di valuta standard.

2.2.1.2.6 Assegnazione delle chiavi

Gli attributi assegnati alle entità sono attributi chiave o non chiave. Un attributo chiave aiuta a identificare un'istanza di entità univoca da tutte le altre, completamente (da sola) o parzialmente (in combinazione con altri elementi chiave). Gli attributi non chiave descrivono l'istanza dell'entità ma non aiutano a identificarla in modo univoco. Identificazione di chiavi primarie e alternative.

2.2.1.3 Data Modeling fisico

I data model logici richiedono modifiche e adattamenti per far sì che il design risultante funzioni bene all'interno delle applicazioni di storage. Ad esempio, le modifiche necessarie all'adattamento a Microsoft

Access sarebbero diverse da quelle necessarie all'adattamento a Teradata. In seguito, il termine *tabella* sarà utilizzato per fare riferimento a tabelle, file e schemi; il termine *colonna* per riferirsi a colonne, campi ed elementi; e il termine *riga* per fare riferimento a righe, record o istanze.

2.2.1.3.1 Risoluzione di astrazioni logiche

Le entità di astrazione logica (supertipi e sottotipi) diventano oggetti separati nella progettazione del database fisico utilizzando uno di due metodi.

- **Assorbimento sottotipo**: gli attributi dell'entità sottotipo sono inclusi come colonne che possono essere nascoste in una tabella che rappresenta l'entità supertipo.
- **Partizione supertipo**: gli attributi dell'entità supertipo sono inclusi in tabelle separate create per ciascun sottotipo.

2.2.1.3.2 Aggiunta di dettagli di attributo

È opportuno aggiungere dettagli al modello fisico, come il nome tecnico di ogni tabella e colonna (database relazionali), file e campi (database non relazionali) o schema ed elemento (database XML). Occorre definire il dominio fisico, il tipo di dati fisici e la lunghezza di ciascuna colonna o campo e aggiungere vincoli appropriati (ad esempio, accettabilità di valori nulli e valori predefiniti) per colonne o campi, in particolare per i vincoli NOT NULL.

2.2.1.3.3 Aggiunta di oggetti dati di riferimento

È possibile implementare in un modello fisico piccoli set di valori di dati di riferimento nel data model logico in tre modi comuni:

- **Creare una tabella di codici separata corrispondente**: in funzione del modello, queste possono essere tanto numerose da essere ingestibili.
- **Creare una tabella di codici condivisa principale**: per i modelli con un gran numero di tabelle di codici, ciò consente di comprimerle in un'unica tabella; tuttavia, ciò comporta che una modifica a un elenco di riferimenti modificherà l'intera tabella. Prestare inoltre attenzione a evitare le collisioni di valore dei codici.
- **È opportuno incorporare regole o codici validi nella definizione dell'oggetto appropriato**: creare un vincolo nel codice di definizione dell'oggetto che incorpori la regola o l'elenco. Per gli elenchi di codici utilizzati solo come riferimento per un altro oggetto, può trattarsi di una valida soluzione.

2.2.1.3.4 Assegnazione di chiavi surrogate

È possibile assegnare valori chiave univoci che non siano visibili al business e non abbiano alcun significato o relazione con i dati a cui sono abbinati. Si tratta di un passaggio facoltativo che dipende principalmente dal fatto che la chiave naturale sia grande, composita e ai cui attributi siano assegnati valori che potrebbero variare nel tempo.

Se una chiave surrogata viene assegnata come chiave primaria di una tabella, occorre accertarsi che sia presente una chiave alternativa sulla chiave primaria originale. Ad esempio, se sul LDM la chiave primaria per **Studente** fosse **Nome Studente, Cognome Studente** e **Data di nascita Studente** (ossia, una chiave primaria composita), sul PDM la chiave primaria per **Studente** potrebbe essere la chiave surrogata **ID Studente**. In questo caso, dovrebbe esserci una chiave alternativa definita sulla chiave primaria originale di **Nome studente, Cognome studente** e **Data di nascita studente**.

2.2.1.3.5 Denormalizzazione per performance

In alcune circostanze, la denormalizzazione o l'aggiunta di ridondanza può migliorare le performance a tal punto da superare i costi dello storage duplicato e del processing di sincronizzazione. Le strutture dimensionali sono i principali mezzi di denormalizzazione.

2.2.1.3.6 Indici per performance

Un indice è un percorso alternativo di accesso ai dati nel database per ottimizzare le performance delle query (recupero dei dati). L'indicizzazione può migliorare le performance delle query in molti casi. L'amministratore o lo sviluppatore del database deve selezionare e definire gli indici appropriati per le tabelle del database. I principali prodotti RDBMS supportano molti tipi di indici. Gli indici possono essere univoci o non univoci, clustered o non clustered, partizionati o non partizionati, a colonna singola o multi-colonna, b-tree o bitmap o con hash. Senza un indice appropriato, il DBMS tornerà alla lettura di ciascuna riga della tabella (scansione della tabella) per il recupero di qualsiasi dato. Sulle tabelle di grandi dimensioni, ciò è molto costoso, tuttavia si può provare a creare indici per supportare le query eseguite più frequentemente, utilizzando le colonne a cui si fa più riferimento, in particolare le chiavi (primaria, alternativa ed esterna).

2.2.1.3.7 Partizionamento per performance

È necessario attribuire grande considerazione alla strategia di partizionamento del data model generale (dimensionale), specialmente quando i fatti contengono molte chiavi dimensionali opzionali (sparse). Idealmente, si consiglia il partizionamento su una chiave di data; se ciò non fosse possibile, è necessario uno studio basato sui risultati profilati e sull'analisi del carico di lavoro per proporre e perfezionare il modello di partizionamento successivo.

2.2.1.3.8 Creazione di viste

Le viste possono essere utilizzate per controllare l'accesso a determinati elementi di dati o per incorporare condizioni o filtri di join comuni per standardizzare oggetti o query comuni. Le viste stesse dovrebbero essere pilotate dai requisiti. In molti casi, dovranno essere sviluppate tramite un processo che rispecchi lo sviluppo del LDM e PDM.

2.2.2 Reverse Engineering

Il reverse engineering è il processo di documentazione di un database esistente. Viene anzitutto completato il PDM per comprendere la progettazione tecnica di un sistema esistente, seguito da un LDM per documentare la soluzione di business che il sistema esistente soddisfa, seguito dal CDM per documentare l'ambito e la terminologia chiave all'interno del sistema esistente. La maggior parte degli strumenti di data modeling supporta il reverse engineering di svariati database; tuttavia, la creazione di un layout leggibile degli elementi del modello richiede comunque un modeler. Esistono diversi layout comuni (ortogonali, dimensionali e gerarchici) che possono essere selezionati per avviare il processo, ma l'organizzazione contestuale (raggruppamento di entità per area tematica o funzione) è ancora in gran parte un processo manuale.

2.3 Revisione dei Data Model

Come per altre aree IT, i modelli richiedono un controllo di qualità. Devono essere impiegate costanti pratiche di miglioramento. Tecniche come time-to-value, costi di supporto e validatori della qualità del data model come Data Model Scorecard® (Hoberman, 2009), possono essere utilizzate per valutare la correttezza, completezza e coerenza del modello. Una volta completati, CDM, LDM e PDM diventano strumenti molto utili per qualsiasi ruolo che debba comprendere il modello, dai business analyst agli sviluppatori.

2.4 Gestione dei Data Model

Una volta creati, i data model devono essere mantenuti aggiornati. Gli aggiornamenti dei data model devono essere effettuati quando cambiano i requisiti e frequentemente quando cambiano i processi di business. Nell'ambito di un progetto specifico, spesso quando è necessario modificare il livello di un modello, è necessario modificare il livello di modello superiore corrispondente. Ad esempio, se viene aggiunta una nuova colonna a un data model fisico, è necessario aggiungere tale colonna come attributo al data model logico corrispondente. Una buona pratica alla fine di ogni iterazione di sviluppo è quella di effettuare il reverse engineering dell'ultimo data model fisico e assicurarsi che sia ancora coerente con il corrispondente data model logico. Molti strumenti di data modeling aiutano ad automatizzare questo processo di confronto fisico e logico.

3. Strumenti

Esistono molti tipi di strumenti che possono aiutare i data modeler a completare il proprio lavoro, tra cui data modeling, lineage, strumenti di profilazione dati e repository di metadati.

3.1 Strumenti di Data Modeling

Gli strumenti di data modeling sono strumenti software che rendono automatiche molte delle attività eseguite dal data modeler. Gli strumenti di data modeling di entry-level forniscono funzionalità di disegno di base tra cui un pallet di data modeling che consente all'utente di creare facilmente entità e relazioni. Supportano inoltre il *"rubber banding"*, ossia il ridisegno automatico delle linee di relazione quando le entità vengono spostate. Strumenti di data modeling più sofisticati supportano il forward engineering da strutture concettuali a logiche a strutture di database, consentendo la generazione del linguaggio di definizione dei dati di database (DDL). La maggior parte supporta anche il reverse engineering dal database al data model concettuale. Questi strumenti più sofisticati spesso supportano funzionalità come la convalida degli standard di denominazione, i controlli ortografici, un luogo in cui archiviare i metadati (ad es. definizioni e lineage) e le funzionalità di condivisione (come la pubblicazione sul web).

3.2 Strumenti di lineage

Uno strumento di lineage è un software che consente l'acquisizione e la manutenzione delle strutture di origine per ciascun attributo sul data model. Questi strumenti consentono l'analisi dell'impatto; vale a dire, si possono utilizzare per vedere se una modifica in un sistema o parte del sistema ha effetti in un altro sistema. Ad esempio, l'attributo **Importo lordo delle vendite** potrebbe provenire da diverse applicazioni e richiedere un calcolo per essere inserito: gli strumenti di lineage memorizzano queste informazioni. Microsoft Excel® è uno strumento di lineage di uso frequente. Sebbene sia facile da utilizzare e relativamente economico, Excel non consente un'analisi dell'impatto reale e porta alla gestione manuale dei metadati. Spesso il lineage viene anche acquisito in uno strumento di data modeling, in un repository di metadati o in uno strumento di integrazione dei dati. (Vedere capitoli 11 e 12.)

3.3 Strumenti di profilazione dei dati

Uno strumento di profilazione dei dati può aiutare a esplorare il contenuto dei dati, convalidarlo a fronte dei metadati esistenti e identificare lacune/carenze nella qualità dei dati, nonché carenze negli artefatti dei dati esistenti, quali modelli logici e fisici, DDL e descrizioni dei modelli. Ad esempio, se il business prevede che un Dipendente possa avere solo una posizione di lavoro alla volta, ma il sistema mostra che i Dipendenti hanno più di una posizione lavorativa nello stesso lasso di tempo, questo verrà registrato come un'anomalia dei dati. (Vedere capitoli 8 e 13.)

3.4 Archivi di metadati

Un archivio (repository) di Metadati è uno strumento software che memorizza informazioni descrittive sul data model, tra cui il diagramma e il testo di accompagnamento come le definizioni, insieme ai metadati importati da altri strumenti e processi (sviluppo di software e strumenti BPM, cataloghi di sistema, ecc.). Il repository stesso deve consentire l'integrazione e lo scambio di metadati. Ancora più importante della memorizzazione dei metadati è la loro condivisione. I repository di metadati devono offrire un modo facilmente accessibile per visualizzare ed esplorare i contenuti dell'archivio. In generale, gli strumenti di data modeling comprendono un repository limitato. (Vedere Capitolo 13).

3.5 Pattern di Data Model

I pattern di data model sono strutture di modeling riutilizzabili che possono essere applicate a un'ampia classe di situazioni. Esistono pattern di data model elementari, di assemblaggio e di integrazione. I pattern elementari sono i "rudimenti" del data modeling. Includono modi per risolvere relazioni molti-a-molti e per costruire gerarchie autoreferenziali. I pattern di assemblaggio rappresentano i mattoni che si estendono al mondo del business e dei data modeler. Gli imprenditori sono in gradi di comprenderli: asset, documenti, persone e organizzazioni e simili. Altrettanto importante, sono spesso oggetto di data model pubblicati che possono dare al modeler progetti comprovati, robusti, estensibili e implementabili. I pattern di integrazione forniscono il framework per collegare i pattern di assemblaggio in modo comune (Giles, 2011).

3.6 Modelli di dati di settore

I data model di settore sono data model pre-costruiti per un intero settore, quale sanità, telecomunicazioni, assicurazioni, banche o produzione. Questi modelli sono spesso entrambi di ampia portata e molto dettagliati. Alcuni data model di settore contengono migliaia di entità e attributi. I data model di settore possono essere acquistati tramite i fornitori oppure ottenuti attraverso gruppi di settore, quali ARTS (per la vendita al dettaglio), SID (per le comunicazioni) o ACORD (per l'assicurazione). Ogni data model acquistato dovrà essere personalizzato per "fittare" un'organizzazione, poiché sarà stato sviluppato dalle esigenze di numerose altre organizzazioni. Il livello di personalizzazione richiesto dipenderà dalla vicinanza del modello alle esigenze di un'organizzazione e dal livello di dettaglio delle parti più importanti. In alcuni casi, può essere un riferimento per le attività in corso di un'organizzazione, al fine di aiutare i modeler a realizzare modelli più completi. In altri, può semplicemente risparmiare al data modeler qualche attività di data entry per gli elementi comuni annotati.

4. Best Practice

4.1 Best practice nelle convenzioni di denominazione

Il Registro dei Metadati ISO 11179, una norma internazionale per la rappresentazione dei metadati in un'organizzazione, contiene diverse sezioni relative agli standard dei dati, tra cui gli attributi di denominazione e le definizioni di scrittura.

Le norme di progettazione del data modeling e del database servono come principi guida per soddisfare efficacemente le esigenze dei dati di business, conformarsi alla Enterprise e Data Architecture (vedere Capitolo 4) e garantire la qualità dei dati (vedere Capitolo 14). I data architect, i data analyst e gli amministratori di database devono sviluppare congiuntamente queste norme. Devono integrare le norme IT correlate e non entrarvi in conflitto.

È opportuno pubblicare le norme di denominazione dei data model e del database per ciascun tipo di oggetto di modeling e oggetto di database. Le norme di denominazione sono particolarmente importanti per entità, tabelle, attributi, chiavi, viste e indici. I nomi devono essere univoci e il più possibile descrittivi.

I nomi logici devono essere significativi per gli utenti di business, usando il più possibile parole complete ed evitando tutte le abbreviazioni, tranne quelle familiari. I nomi fisici devono essere conformi alla lunghezza massima consentita dal DBMS, quindi occorre utilizzare le abbreviazioni ove necessario. Mentre i nomi logici utilizzano gli spazi vuoti come separatori tra le parole, i nomi fisici utilizzano in generale i trattini bassi.

Le norme di denominazione devono ridurre al minimo le modifiche dei nomi negli ambienti. I nomi non dovrebbero riflettere il proprio ambiente specifico, come test, QA o produzione. Le parole di classe, che sono gli ultimi termini nei nomi degli attributi come Quantità, Nome e Codice, possono essere utilizzate per distinguere gli attributi dalle entità e i nomi delle colonne da quelli delle tabelle. Possono anche mostrare quali attributi e colonne sono quantitativi invece che qualitativi, il che può essere importante quando si analizzano i contenuti di tali colonne.

4.2 Best practice nella progettazione di database

Nel progettare e costruire il database, il DBA deve tenere presenti i seguenti principi di progettazione (ricordare l'acronimo PRISM):

- **Prestazioni e facilità d'uso**: garantire un accesso rapido e semplice ai dati da parte degli utenti approvati in una forma utilizzabile e rilevante per l'azienda, massimizzando il valore commerciale di applicazioni e dati.

- **Riutilizzabilità**: la struttura del database deve assicurare che, ove appropriato, più applicazioni possano utilizzare i dati e che questi possano servire a molteplici scopi (ad esempio, analisi di business, miglioramento della qualità, pianificazione strategica, gestione delle relazioni con i clienti e miglioramento dei processi). È consigliabile evitare di associare un database, una struttura dati o un oggetto dati a una singola applicazione.

- **Integrità**: i dati devono sempre avere un significato e un valore di business validi, indipendentemente dal contesto, e devono sempre rispecchiare uno stato di business valido. È opportuno applicare vincoli di integrità dei dati il più vicino possibile ai dati e rilevare e segnalare immediatamente violazioni dei vincoli di integrità dei dati.

- **Sicurezza**: dati veri e accurati devono sempre essere immediatamente disponibili agli utenti autorizzati, ma solo a questi ultimi. Devono essere soddisfatte le problematiche riguardanti la privacy di tutti gli stakeholder, tra cui clienti, partner di business ed enti di regolamentazione. Occorre applicare la sicurezza dei dati, come l'integrità dei dati, il più vicino possibile ai dati e rilevare e segnalare immediatamente violazioni della sicurezza.

- **Mantenibilità**: occorre eseguire tutto il lavoro sui dati a un costo che genera valore assicurando che il costo di creazione, archiviazione, manutenzione, utilizzo e smaltimento dei dati non superi il suo valore per l'organizzazione. È necessario garantire la risposta più rapida possibile ai cambiamenti nei processi di business e ai nuovi requisiti di business.

5. Data Model Governance

5.1 Gestione del Data Model e della qualità di progettazione

Data analyst e designer fungono da intermediari tra gli utilizzatori di informazioni (le persone con requisiti di business per i dati) e i produttori di dati che acquisiscono i dati in forma utilizzabile. I data professional devono bilanciare i requisiti in materia di dati degli utilizzatori di informazioni e i requisiti di applicazione dei produttori di dati.

Devono inoltre bilanciare gli interessi di business a breve e a lungo termine. Gli utilizzatori di informazioni hanno bisogno dei dati in modo tempestivo per soddisfare gli obblighi di business a breve termine e di sfruttare le attuali opportunità di business. I team di progetto per lo sviluppo del sistema devono rispettare i vincoli di tempo e budget. Tuttavia, devono anche soddisfare gli interessi a lungo termine di tutti gli stakeholder, garantendo che i dati di un'organizzazione risiedano in strutture di dati che siano sicure, recuperabili, condivisibili e riutilizzabili e che tali dati siano il più possibile corretti, tempestivi, pertinenti e utilizzabili. Pertanto, i data model e i progetti di database devono costituire un ragionevole equilibrio tra le esigenze a breve termine e quelle a lungo termine dell'impresa.

5.1.1 Sviluppo di standard di Data Modeling e Design

Come indicato in precedenza (nella Sezione 4.1), gli standard di data modeling e di progettazione di database forniscono principi guida per soddisfare i requisiti dei dati di business, conformarsi agli standard di Enterprise e Data Architecture e assicurare la qualità dei dati. Gli standard di data modeling e database design devono includere quanto segue:

- Un elenco e una descrizione dei deliverable degli standard di data modeling e di progettazione del database
- Un elenco di nomi standard, abbreviazioni accettabili e regole di abbreviazione per parole non comuni, pertinenti a tutti gli oggetti del data model
- Un elenco di formati di denominazione standard per tutti gli oggetti del data model, tra cui attributi e parole della classe di colonna
- Un elenco e una descrizione dei metodi standard per la creazione e la manutenzione di questi deliverable

- Un elenco e una descrizione dei ruoli e delle responsabilità di data modeling e database design
- Un elenco e una descrizione di tutte le proprietà dei metadati acquisite nel data modeling e nella progettazione di database, tra cui i metadati di business e i metadati tecnici. Ad esempio, le linee guida possono stabilire l'aspettativa che il data model acquisisca il lineage per ciascun attributo.
- Aspettative e requisiti di qualità dei metadati (vedere Capitolo 13)
- Linee guida su come utilizzare gli strumenti di data modeling
- Linee guida per preparare e condurre revisioni del progetto
- Linee guida per il versioning dei data model
- Pratiche che sono sconsigliate

5.1.2 Revisione del Data Model e della qualità di progettazione del database

I team di progetto devono condurre revisioni dei requisiti e revisioni di progettazione del data model concettuale, del data model logico e della progettazione del database fisico. L'ordine del giorno delle riunioni di revisione dovrebbe includere voci di revisione del modello iniziale (se presente), le modifiche apportate al modello e qualsiasi altra opzione che è stata presa in considerazione e rifiutata e in che modo il nuovo modello è conforme a qualsiasi standard di modeling o architettura esistente.

È opportuno condurre revisioni di progettazione con un gruppo di esperti in materia che rappresentino diversi background, abilità, aspettative e opinioni. Potrebbe essere necessario un mandato esecutivo per ottenere risorse di esperti assegnate a queste revisioni. I partecipanti devono essere in grado di discutere diversi punti di vista e raggiungere il consenso di gruppo senza conflitti personali, poiché tutti i partecipanti condividono l'obiettivo comune di promuovere il design più pratico, performante e utilizzabile. È opportuno presiedere ogni revisione di design con un leader che faciliti l'incontro. Il leader crea e si attiene a un ordine del giorno, assicura che tutta la documentazione richiesta sia disponibile e distribuita, sollecita input da tutti i partecipanti, mantiene l'ordine e anima la riunione, e sintetizza i risultati del consenso del gruppo. Molte revisioni di progettazione si avvalgono anche di un segretario per verbalizzare i punti di discussione.

Nelle revisioni dove non si ottiene l'approvazione, il modeler deve rielaborare il progetto per risolvere i problemi. In caso di problemi che il modeler non è in grado di risolvere da solo, la decisione finale dovrebbe spettare al proprietario del sistema rispecchiato dal modello.

5.1.3 Gestione del versioning e dell'integrazione del Data Model

I data model e altre specifiche di progettazione richiedono un attento controllo delle modifiche, proprio come le specifiche dei requisiti e altri deliverable SDLC. È necessario annotare ogni modifica a un data model onde preservare nel tempo il lineage delle modifiche. Se una modifica influisce sul data model logico, ad esempio un requisito di dati di business nuovo o modificato, il data analyst o il data architect deve rivedere e approvare la modifica al modello.

Per ogni modifica si dovrebbe annotare:

- **Perché** il progetto o la situazione ha richiesto la modifica

- **Cosa** e **come** sono variati gli oggetti, tra cui le tabelle con colonne aggiunte, modificate o rimosse, ecc.
- **Quando** la modifica è stata approvata e quando è stata apportata al modello (non necessariamente quando la modifica è stata implementata in un sistema)
- **Chi** ha effettuato la modifica
- **Dove** è stata apportata la modifica (in quali modelli)

Alcuni strumenti di data modeling comprendono archivi che forniscono funzionalità di integrazione e versione del data model. In alternativa, è possibile preservare i data model in esportazioni DDL o nei file XML, controllandoli dentro e fuori da un sistema standard di gestione del codice sorgente, proprio come il codice dell'applicazione.

5.2 Metriche di data modeling

Esistono diversi modi per misurare la qualità di un data model e tutti richiedono uno standard per il confronto. Un metodo che verrà utilizzato per fornire un esempio di convalida del data model è il Data Model Scorecard®, che fornisce 11 metriche di qualità del data model: uno per ciascuna delle dieci categorie che compongono lo Scorecard e un punteggio complessivo in tutte e dieci le categorie (Hoberman, 2015). Tabella 11 contiene il modello Scorecard.

Tabella 11 Modello Data Model Scorecard®

#	Categoria	Punteggio totale	Punteggio del modello	%	Commenti
1	In che misura il modello acquisisce i requisiti?	15			
2	Quanto è completo il modello?	15			
3	In che misura il modello corrisponde al suo schema?	10			
4	Quanto è strutturalmente solido il modello?	15			
5	In che misura il modello sfrutta le strutture generiche?	10			
6	In che misura il modello segue gli standard di denominazione?	5			
7	In che misura il modello è stato predisposto per la leggibilità?	5			
8	Quanto sono valide le definizioni?	10			
9	Quanto è coerente il modello con l'impresa?	5			
10	In che misura i metadati corrispondono ai dati?	10			
	PUNTEGGIO TOTALE	100			

La colonna del punteggio del modello contiene la valutazione del revisore del grado in cui un determinato modello ha soddisfatto i criteri di punteggio, con un punteggio massimo pari al valore visualizzato nella colonna del punteggio totale. Ad esempio, un revisore potrebbe assegnare a un modello un punteggio di 10 su "In che misura il modello acquisisce i requisiti?" La colonna % presenta il punteggio del modello per la categoria diviso per il punteggio totale. Ad esempio, ricevere 10 su 15 porterebbe al 66%. La colonna dei commenti deve documentare informazioni che spiegano il punteggio in maggiore dettaglio o che acquisiscono gli elementi di azione richiesti per correggere il modello. L'ultima riga contiene il punteggio complessivo assegnato al modello, una somma di ciascuna delle colonne.

Di seguito è riportata una breve descrizione di ciascuna categoria:

1. **In che misura il modello acquisisce i requisiti?** Qui ci assicuriamo che il data model rappresenti i requisiti. Se è necessario acquisire informazioni sull'ordine, in questa categoria controlliamo il modello per assicurarci che acquisisca le informazioni sull'ordine. Se è necessario visualizzare il **Numero di studenti** per **Semestre** e **Specializzazione**, in questa categoria ci assicuriamo che il data model supporti questa query.

2. **Quanto è completo il modello?** Qui completezza significa due cose: completezza dei requisiti e completezza dei metadati. Completezza dei requisiti significa che ogni requisito richiesto appare sul modello. Significa anche che il data model contiene solo ciò che viene richiesto e nulla di più. È facile aggiungere strutture al modello anticipando che saranno utilizzate nel prossimo futuro; durante la revisione, annotiamo queste sezioni del modello. Il progetto potrebbe diventare troppo difficile da concretizzare se il modeler include qualcosa che non è mai stato richiesto. Occorre considerare il probabile costo dell'aggiunta di un requisito futuro nel caso in cui questo non si concretizzasse mai. Completezza dei metadati significa che sono presenti anche tutte le informazioni descrittive che circondano il modello; ad esempio, se stiamo rivedendo un data model fisico, ci aspetteremmo che formattazione e nullabilità appaiano sul modello di dati.

3. **In che misura il modello corrisponde al suo schema?** Qui garantiamo che il livello di dettaglio del modello (concettuale, logico o fisico) e lo schema (ad esempio, relazionale, dimensionale, NoSQL) del modello in esame corrispondano alla definizione per questo tipo di modello.

4. **Quanto è strutturalmente solido il modello?** Qui convalidiamo le pratiche di progettazione utilizzate per costruire il modello onde garantire che si possa alla fine costruire un database dal data model. Ciò comprende l'elusione dei problemi di progettazione, ad esempio disponendo di due attributi con lo stesso identico nome nella medesima entità o di un attributo null in una chiave primaria.

5. **In che misura il modello sfrutta le strutture generiche?** Qui confermiamo un uso appropriato dell'astrazione. Passare dalla **posizione del cliente** a una **posizione** più generica, ad esempio, consente al progetto di gestire più facilmente altri tipi di posizioni, quali magazzini e centri di distribuzione.

6. **In che misura il modello segue gli standard di denominazione?** Qui assicuriamo che siano state applicate norme di denominazione corrette e coerenti rispetto al data model. Ci concentriamo sulla denominazione standard di struttura, termine e stile. Struttura significa che vengono utilizzati gli elementi strutturali appropriati per entità, relazioni e attributi. Ad esempio, l'elemento strutturale di un attributo sarebbe l'oggetto dell'attributo, quale "Cliente" o "Prodotto". Termine significa che viene assegnato il nome appropriato all'attributo o all'entità. Termine comprende anche ortografia e abbreviazione corrette. Stile significa che l'aspetto, come maiuscolo o notazione a cammello, è coerente con le pratiche standard.

7. **In che misura il modello è stato predisposto per la leggibilità?** Qui ci assicuriamo che il data model sia di facile lettura. Questa domanda non è la più importante delle dieci categorie. Tuttavia, se il modello è difficile da leggere, potrebbe non trattare con precisione le categorie più importanti sulla scorecard. Posizionare le entità genitore sopra le relative entità figlio, visualizzare insieme le entità correlate e ridurre al minimo la lunghezza della linea di relazione migliorano tutti la leggibilità del modello.

8. **Quanto sono valide le definizioni?** Qui assicuriamo che le definizioni siano chiare, complete e precise.

9. **Quanto è coerente il modello con l'impresa?** Qui garantiamo che le strutture sul data model siano rappresentate in un contesto ampio e coerente, cosicché possa essere parlato nell'organizzazione un insieme di regole e terminologia. Le strutture che compaiono in un data model devono essere coerenti nella terminologia e nell'utilizzo con le strutture che compaiono nei data model correlati, e idealmente con il data model aziendale (EDM), se esistente.

10. **In che misura i metadati corrispondono ai dati?** Qui confermiamo che il modello e i dati effettivi che saranno archiviati all'interno delle strutture risultanti siano coerenti. Ad esempio, la colonna **Cognome_Cliente** contiene davvero il cognome del cliente? La categoria Dati è progettata per ridurre queste sorprese e contribuire a garantire che le strutture sul modello corrispondano ai dati contenuti in queste strutture.

La scorecard fornisce una valutazione complessiva della qualità del modello e identifica aree specifiche di miglioramento.

---

6. Opere Citate / Consigliate

Ambler, Scott. *Agile Database Techniques: Effective Strategies for the Agile Software Developer.* Wiley and Sons, 2003. Print.

Avison, David and Christine Cuthbertson. *A Management Approach to Database Applications.* McGraw-Hill Publishing Co., 2002. Print. Information systems ser.

Blaha, Michael. *UML Database Modeling Workbook.* Technics Publications, LLC, 2013. Print.

Brackett, Michael H. *Data Resource Design: Reality Beyond Illusion.* Technics Publications, LLC, 2012. Print.

Brackett, Michael H. *Data Resource Integration: Understanding and Resolving a Disparate Data Resource.* Technics Publications, LLC, 2012. Print.

Brackett, Michael H. *Data Resource Simplexity: How Organizations Choose Data Resource Success or Failure.* Technics Publications, LLC, 2011. Print.

Bruce, Thomas A. *Designing Quality Databases with IDEF1X Information Models.* Dorset House, 1991. Print.

Burns, Larry. *Building the Agile Database: How to Build a Successful Application Using Agile Without Sacrificing Data Management.* Technics Publications, LLC, 2011. Print.

Carlis, John and Joseph Maguire. *Mastering Data Modeling - A User-Driven Approach.* Addison-Wesley Professional, 2000. Print.

Codd, Edward F. "A Relational Model of Data for Large Shared Data Banks". *Communications of the ACM*, 13, No. 6 (June 1970).

DAMA International. *The DAMA Dictionary of Data Management. 2nd Edition: Over 2,000 Terms Defined for IT and Business Professionals.* 2nd ed. Technics Publications, LLC, 2011. Print.

Daoust, Norman. *UML Requirements Modeling for Business Analysts: Steps to Modeling Success.* Technics Publications, LLC, 2012. Print.

Date, C. J. *An Introduction to Database Systems.* 8th ed. Addison-Wesley, 2003. Print.

Date, C. J. and Hugh Darwen. *Databases, Types and the Relational Model.* 3d ed. Addison Wesley, 2006. Print.

Date, Chris J. *The Relational Database Dictionary: A Comprehensive Glossary of Relational Terms and Concepts, with Illustrative Examples.* O'Reilly Media, 2006. Print.

Dorsey, Paul. *Enterprise Data Modeling Using UML.* McGraw-Hill Osborne Media, 2009. Print.

Edvinsson, Håkan and Lottie Aderinne. *Enterprise Architecture Made Simple: Using the Ready, Set, Go Approach to Achieving Information Centricity.* Technics Publications, LLC, 2013. Print.

Fleming, Candace C. and Barbara Von Halle. The Handbook of Relational Database Design. Addison Wesley, 1989. Print.

Giles, John. *The Nimble Elephant: Agile Delivery of Data Models using a Pattern-based Approach.* Technics Publications, LLC, 2012. Print.

Golden, Charles. *Data Modeling 152 Success Secrets - 152 Most Asked Questions On Data Modeling - What You Need to Know.* Emereo Publishing, 2015. Print. Success Secrets.

Halpin, Terry, Ken Evans, Pat Hallock, and Bill McLean. *Database Modeling with Microsoft Visio for Enterprise Architects.* Morgan Kaufmann, 2003. Print. The Morgan Kaufmann Series in Data Management Systems.

Halpin, Terry. *Information Modeling and Relational Databases.* Morgan Kaufmann, 2001. Print. The Morgan Kaufmann Series in Data Management Systems.

Halpin, Terry. *Information Modeling and Relational Databases: From Conceptual Analysis to Logical Design.* Morgan Kaufmann, 2001. Print. The Morgan Kaufmann Series in Data Management Systems.

Harrington, Jan L. *Relational Database Design Clearly Explained.* 2nd ed. Morgan Kaufmann, 2002. Print. The Morgan Kaufmann Series in Data Management Systems.

Hay, David C. *Data Model Patterns: A Metadata Map.* Morgan Kaufmann, 2006. Print. The Morgan Kaufmann Series in Data Management Systems.

Hay, David C. *Enterprise Model Patterns: Describing the World (UML Version).* Technics Publications, LLC, 2011. Print.

Hay, David C. *Requirements Analysis from Business Views to Architecture.* Prentice Hall, 2002. Print.

Hay, David C. *UML and Data Modeling: A Reconciliation.* Technics Publications, LLC, 2011. Print.

Hernandez, Michael J. *Database Design for Mere Mortals: A Hands-On Guide to Relational Database Design.* 2nd ed. Addison-Wesley Professional, 2003. Print.

Hoberman, Steve, Donna Burbank, Chris Bradley, et al. *Data Modeling for the Business: A Handbook for Aligning the Business with IT using High-Level Data Models.* Technics Publications, LLC, 2009. Print. Take It with You Guides.

Hoberman, Steve. *Data Model Scorecard.* Technics Publications, LLC, 2015. Print.

Hoberman, Steve. *Data Modeling Made Simple with ER/Studio Data Architect.* Technics Publications, LLC, 2013. Print.

Hoberman, Steve. *Data Modeling Made Simple: A Practical Guide for Business and IT Professionals.* 2nd ed. Technics Publications, LLC, 2009. Print.

Hoberman, Steve. *Data Modeling Master Class Training Manual.* 7th ed. Technics Publications, LLC, 2017. Print.

Hoberman, Steve. *The Data Modeler's Workbench. Tools and Techniques for Analysis and Design.* Wiley, 2001. Print.

Hoffer, Jeffrey A., Joey F. George, and Joseph S. Valacich. *Modern Systems Analysis and Design*. 7th ed. Prentice Hall, 2013. Print.

IIBA and Kevin Brennan, ed. *A Guide to the Business Analysis Body of Knowledge (BABOK Guide)*. International Institute of Business Analysis, 2009. Print.

Kent, William. *Data and Reality: A Timeless Perspective on Perceiving and Managing Information in Our Imprecise World*. 3d ed. Technics Publications, LLC, 2012. Print.

Krogstie, John, Terry Halpin, and Keng Siau, eds. *Information Modeling Methods and Methodologies: Advanced Topics in Database Research*. Idea Group Publishing, 2005. Print. Advanced Topics in Database Research.

Linstedt, Dan. *Super Charge Your Data Warehouse: Invaluable Data Modeling Rules to Implement Your Data Vault*. Amazon Digital Services. 2012. Data Warehouse Architecture Book 1.

Muller, Robert. J. *Database Design for Smarties: Using UML for Data Modeling*. Morgan Kaufmann, 1999. Print. The Morgan Kaufmann Series in Data Management Systems.

Needham, Doug. *Data Structure Graphs: The structure of your data has meaning*. Doug Needham Amazon Digital Services, 2015. Kindle.

Newton, Judith J. and Daniel Wahl, eds. *Manual for Data Administration*. NIST Special Publications, 1993. Print.

Pascal, Fabian. *Practical Issues in Database Management: A Reference for The Thinking Practitioner*. Addison-Wesley Professional, 2000. Print.

Reingruber, Michael. C. and William W. Gregory. *The Data Modeling Handbook: A Best-Practice Approach to Building Quality Data Models*. Wiley, 1994. Print.

Riordan, Rebecca M. *Designing Effective Database Systems*. Addison-Wesley Professional, 2005. Print.

Rob, Peter and Carlos Coronel. *Database Systems: Design, Implementation, and Management*. 7th ed. Cengage Learning, 2006. Print.

Schmidt, Bob. *Data Modeling for Information Professionals*. Prentice Hall, 1998. Print.

Silverston, Len and Paul Agnew. *The Data Model Resource Book, Volume 3: Universal Patterns for Data Modeling*. Wiley, 2008. Print.

Silverston, Len. *The Data Model Resource Book, Volume 1: A Library of Universal Data Models for All Enterprises*. Rev. ed. Wiley, 2001. Print.

Silverston, Len. *The Data Model Resource Book, Volume 2: A Library of Data Models for Specific Industries*. Rev. ed. Wiley, 2001. Print.

Simsion, Graeme C. and Graham C. Witt. *Data Modeling Essentials*. 3rd ed. Morgan Kaufmann, 2004. Print.

Simsion, Graeme. *Data Modeling: Theory and Practice*. Technics Publications, LLC, 2007. Print.

Teorey, Toby, et al. *Database Modeling and Design: Logical Design*, 4th ed. Morgan Kaufmann, 2010. Print. The Morgan Kaufmann Series in Data Management Systems.

Thalheim, Bernhard. *Entity-Relationship Modeling: Foundations of Database Technology*. Springer, 2000. Print.

Watson, Richard T. *Data Management: Databases and Organizations*. 5th ed. Wiley, 2005. Print.

CAPITOLO 6

Data Storage e Operations

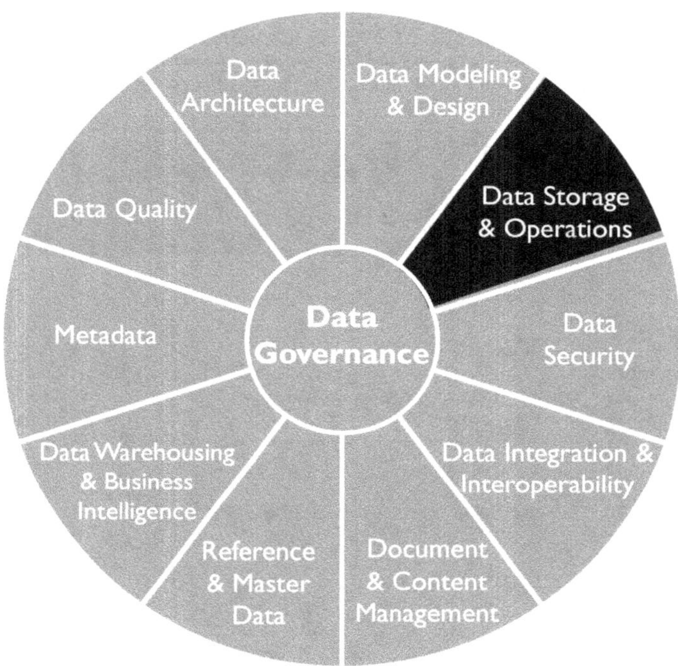

DAMA-DMBOK2 Data Management Framework

Copyright © 2017 by DAMA International

1. Introduzione

Data Storage e Operations comprende la progettazione, l'implementazione e il supporto dei dati archiviati per massimizzarne il valore lungo tutto il loro ciclo di vita, dalla creazione/acquisizione all'eliminazione (vedere Capitolo 1). Data Storage e Operations comprende due attività secondarie:

- **Il supporto del database** si concentra sulle attività correlate al ciclo di vita del dato, dall'implementazione iniziale di un ambiente di database, fino all'ottenimento, l'esecuzione del backup e l'eliminazione dei dati. Comprende anche la garanzia di buone prestazioni del database. Monitoraggio e messa a punto (tuning) sono elementi fondamentali del supporto del database.

- **Il supporto alla tecnologia del database** comprende la definizione di requisiti tecnici che soddisfino esigenze organizzative, la definizione dell'architettura tecnica, la tecnologia d'installazione e amministrazione e la risoluzione delle problematiche connesse alla tecnologia.

Gli amministratori di database (DBA) svolgono un ruolo chiave in entrambi gli aspetti di Data Storage e Operations. Quello del DBA è il ruolo professionale sui dati più consolidato e ampiamente adottato e le pratiche di amministrazione del database sono forse le più mature rispetto a tutte quelle attinenti al Data Management. I DBA svolgono anche ruoli dominanti nelle operazioni sui dati e nell'ambito della sicurezza dei dati. (Vedere Capitolo 7)

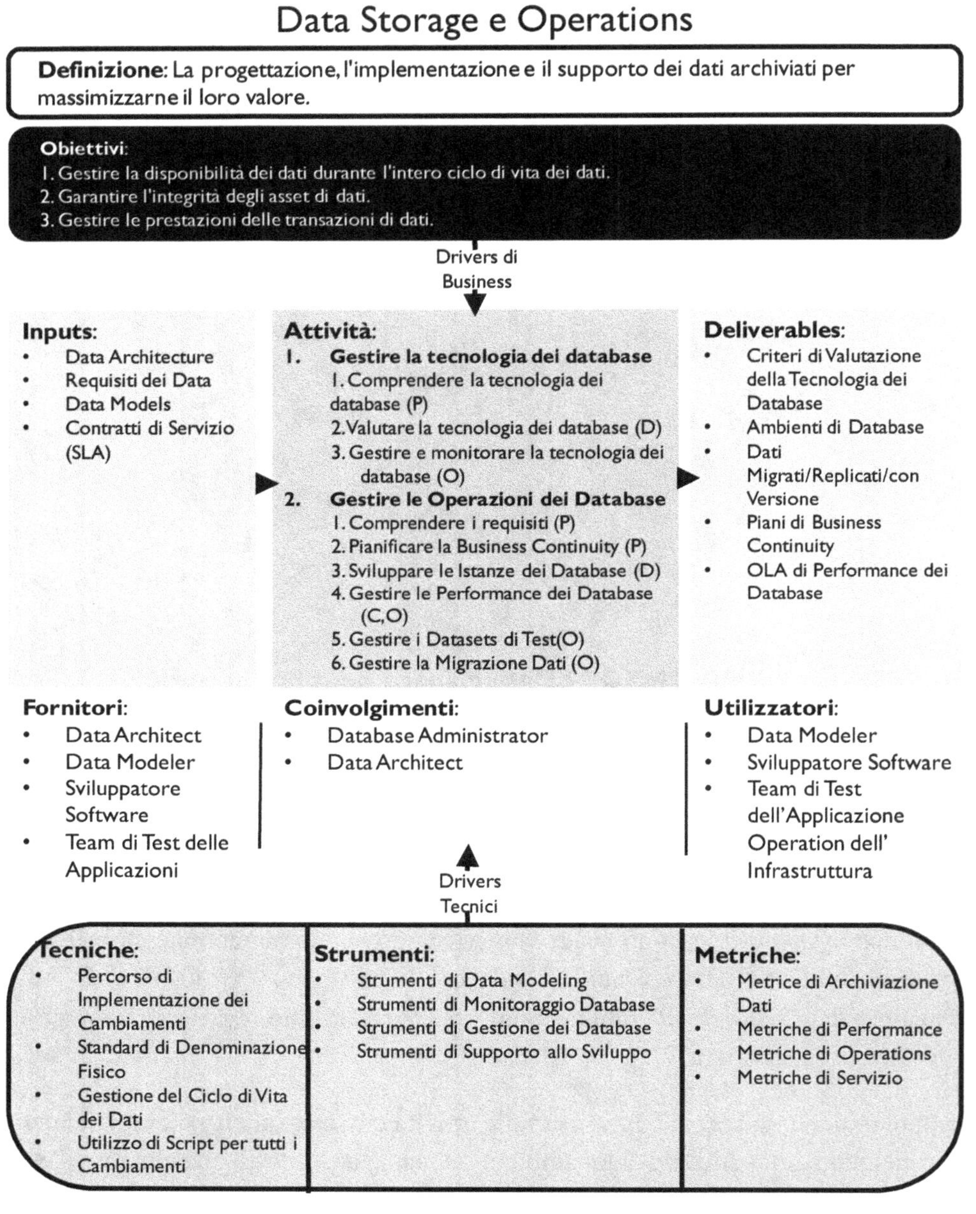

Figura 54 Context Diagram: Data Storage e Operations

1.1 Business Driver

Le aziende si affidano ai sistemi informatici per espletare le proprie operations. Le attività di Data Storage e Operations sono fondamentali per le organizzazioni che fanno affidamento sui dati, quindi la continuità del business è il driver principale di tali attività. Se un sistema diventa non disponibile, le operations dell'azienda potrebbero essere compromesse o interrotte completamente. Un'infrastruttura di Data Storage affidabile per le IT operations riduce al minimo il rischio d'interruzioni.

1.2 Obiettivi e principi

Gli obiettivi del Data Storage e Operations comprendono:

- Gestire la disponibilità dei dati per tutto il ciclo di vita
- Garantire l'integrità dei data asset
- Gestire le prestazioni delle transazioni di dati

Data Storage e Operations rappresenta un aspetto assai tecnico del Data Management. Attenendosi ai principi guida illustrati di seguito, i DBA e gli altri soggetti coinvolti in questo lavoro possono migliorare lo svolgimento della propria mansione e contribuire al lavoro complessivo di Data Management:

- **Identificare e agire sulle opportunità di automazione**: automatizzare i processi di sviluppo del database, sviluppando strumenti e processi che riducano ogni ciclo di sviluppo, errori e rilavorazioni, e minimizzino l'impatto sul team di sviluppo. In questo modo, gli amministratori di database possono adattarsi ad approcci più iterativi (agile) allo sviluppo delle applicazioni. Questo lavoro di miglioramento deve essere svolto in collaborazione con Data Modeling e Data Architecture.

- **Costruire avendo in mente il riutilizzo**: sviluppare e promuovere l'uso di oggetti dati astratti e riutilizzabili onde impedire l'abbinamento rigido delle applicazioni agli schemi del database (la cosiddetta "mancata corrispondenza d'impedenza relazionale dell'oggetto"). A tal fine esistono numerosi meccanismi, tra cui viste di database, trigger, funzioni e stored procedure, oggetti dati applicativi e livelli di accesso ai dati, XML e XSLT, set di dati tipizzati ADO.NET e web services. Il DBA deve essere in grado di valutare l'approccio migliore alla virtualizzazione dei dati. L'obiettivo finale è rendere l'utilizzo del database il più rapido, semplice e "indolore" possibile.

- **Comprendere e applicare le best practices in modo appropriato**: gli amministratori di database devono promuovere standard di database e best practices come requisiti, ma essere abbastanza flessibili da discostarsene se vengono forniti motivi accettabili per tali deviazioni. Gli standard dei database non devono mai rappresentare un ostacolo per il successo di un progetto.

- **Collegare gli standard del database per supportare i requisiti**: ad esempio, il Service Level Agreement (SLA) può rispecchiare i metodi consigliati dal DBA e accettati dagli sviluppatori di garanzia dell'integrità del dato e del Data Security. Lo SLA deve rispecchiare il trasferimento di responsabilità dai DBA al team di sviluppo, se quest'ultimo codificherà le proprie procedure di aggiornamento del database o il livello di accesso ai dati. Ciò impedisce un approccio del tipo "tutto o niente" agli standard.

- **Stabilire le aspettative del ruolo del DBA nel lavoro di progetto**: garantire che la metodologia del progetto comprenda l'onboarding del DBA nella fase di definizione del progetto può aiutare per tutto il SDLC (Software Development Life Cycle). Il DBA può comprendere in anticipo le esigenze del progetto e i requisiti di supporto. Questo migliorerà la comunicazione, chiarendo le aspettative che il team di progetto ripone sul gruppo che si occupa dei dati. Avere un DBA dedicato primario e secondario durante l'analisi e la progettazione chiarisce le aspettative in merito ai compiti, agli standard, allo sforzo lavorativo e alle tempistiche del DBA per il lavoro di sviluppo. I team devono inoltre chiarire le aspettative di supporto dopo l'implementazione.

1.3 Concetti essenziali

1.3.1 Termini di database

La terminologia di database è specifica e tecnica. Lavorando come DBA o con i DBA, è importante comprendere le specifiche di questo linguaggio tecnico:

- **Database**: qualsiasi raccolta di dati memorizzati, a prescindere dalla struttura o dal contenuto. Alcuni database di grandi dimensioni fanno riferimento a istanze e schemi.
- **Istanza**: esecuzione di un software di database che controlla l'accesso a una determinata area di storage. In generale, un'organizzazione avrà più istanze in esecuzione contemporaneamente, utilizzando aree di storage diverse. Ciascuna istanza è indipendente da tutte le altre.
- **Schema**: un sottoinsieme di oggetti di database contenuti all'interno del database o di un'istanza. Si utilizzano gli schemi per organizzare gli oggetti in parti più gestibili. Di solito, uno schema ha un proprietario e un elenco di accessi a specifici contenuti dello schema. Gli schemi servono comunemente a isolare gli oggetti contenenti dati sensibili dalla base di utenti generale, oppure a isolare le viste di sola lettura dalle tabelle sottostanti nei database relazionali. Lo schema può anche essere utilizzato per fare riferimento a una raccolta di strutture di database con qualcosa in comune.
- **Nodo**: un singolo computer che ospita elaborazioni o dati come parte di un database distribuito.
- Per **astrazione del database** s'intende l'utilizzo di un'interfaccia di applicazione (API) comune per la chiamata di funzioni del database, in modo che un'applicazione possa connettersi a più database diversi senza che il programmatore debba conoscere tutte le chiamate delle funzioni di tutti i possibili database. ODBC (Open Database Connectivity) è un esempio di API che consente l'astrazione del database. Tra i vantaggi c'è quello della portabilità, mentre gli svantaggi includono l'impossibilità di utilizzo di specifiche funzioni di database che non siano comuni tra loro.

1.3.2 Gestione del ciclo di vita del dato

Gli amministratori di database mantengono e garantiscono l'accuratezza e la coerenza dei dati lungo il loro intero ciclo di vita attraverso la progettazione, l'implementazione e l'utilizzo di qualsiasi sistema che memorizzi, elabori o recuperi i dati. Il DBA è il custode di tutte le modifiche apportate al database.

Sebbene possano giungere richieste di modifiche da molti attori differenti, è l'amministratore di database che definisce, implementa e controlla le specifiche modifiche da apportare.

La gestione del ciclo di vita del dato comprende l'implementazione di politiche e procedure per l'acquisizione, la migrazione, la conservazione, la scadenza e la cessione dei dati. È opportuno preparare checklist atte a garantire che tutte le attività siano eseguite con un elevato livello di qualità. Gli amministratori di database devono utilizzare un processo controllato, documentato e verificabile per trasferire le modifiche del database applicativo negli ambienti Quality Assurance o Certification (QA) e Produzione (Production). Il processo si avvia solitamente tramite una richiesta di modifica o di assistenza approvata dal responsabile. Il DBA deve avere un piano di riserva per annullare le modifiche in caso di problemi.

1.3.3 Amministratori

Quello di Database Administrator (DBA) è il ruolo professionale relativo ai dati più consolidato e più ampiamente adottato. I DBA svolgono ruoli dominanti nel Data Storage e Operations e ruoli critici nel Data Security (vedere Capitolo 7), nel lato fisico del data modeling e nella progettazione di database (vedere Capitolo 5). Forniscono supporto agli ambienti di sviluppo, test, QA e database per usi speciali.

Non espletano esclusivamente tutte le attività di Data Storage e Operations. Data steward, data architect, amministratori di rete, analisti dei dati e analisti della sicurezza partecipano alla pianificazione delle performance, della conservazione e del ripristino. Questi team potrebbero anche partecipare alle fasi di ottenimento ed elaborazione dei dati da origini esterne.

Molti DBA sono specializzati in DBA di Produzione (Production), Applicazione (Application), Procedurale e Sviluppo (Procedural and Development). Alcune organizzazioni dispongono anche di Network Storage Administrators (NSA) specializzati nel supporto del sistema di data storage distinti da applicazioni o strutture di data storage.

In alcune organizzazioni, ciascun ruolo specializzato fa riferimento a un'organizzazione diversa all'interno dell'IT. I DBA di produzione possono far parte dell'infrastruttura di produzione o dei gruppi di supporto delle operazioni applicative. I DBA di applicazioni, sviluppo e procedure sono a volte integrati nelle organizzazioni di sviluppo delle applicazioni. Gli NSA sono solitamente connessi alle organizzazioni infrastrutturali.

1.3.3.1 DBA di produzione

I DBA di produzione si assumono principalmente la responsabilità di gestione delle operazioni sui dati, tra cui:

- Garantire le prestazioni e l'affidabilità del database, attraverso l'ottimizzazione delle prestazioni, il monitoraggio, la segnalazione degli errori e altre attività

- Implementare meccanismi di backup e ripristino, onde assicurare, in qualsiasi circostanza, il recupero dei dati in caso di perdita

- Implementare meccanismi per il clustering e il failover del database, nel caso sia necessaria la disponibilità continua dei dati

- Eseguire altre attività di manutenzione del database, come l'implementazione di meccanismi di archiviazione dei dati

Come parte della gestione delle operazioni sui dati, i DBA di produzione realizzano i seguenti deliverables:

- Un ambiente di database di produzione, compresa un'istanza del DBMS (Database Management System) sul server di supporto, di dimensioni e capacità sufficienti a garantire prestazioni adeguate, configurato per il livello di sicurezza, affidabilità e disponibilità appropriati. Il Database System Administration è responsabile dell'ambiente DBMS.

- Meccanismi e processi per l'implementazione controllata delle modifiche ai database nell'ambiente di produzione

- Meccanismi atti a garantire disponibilità, integrità e recuperabilità dei dati in risposta a tutte le circostanze che possono comportare perdita o danneggiamento dei dati

- Meccanismi atti a rilevare e segnalare qualsiasi errore che si verifichi nel database, nel DBMS o nel server di dati

- Disponibilità, ripristino e prestazioni del database in conformità con i service level agreements

- Meccanismi e processi di monitoraggio delle prestazioni del database poiché i carichi di lavoro e i volumi dei dati tendono a variare

1.3.3.2 DBA di applicazione

Un DBA di Applicazione (Application) è responsabile di uno o più database in tutti gli ambienti (sviluppo/test, QA e produzione), a differenza dell'amministrazione dei sistemi di database che lo è di tutti gli ambienti. I DBA di Applicazione (Application) riferiscono a volte alle unità organizzative responsabili dello sviluppo e della manutenzione delle applicazioni supportate dai propri database. Reclutare DBA di Applicazione (Application) presenta vantaggi e svantaggi.

I DBA di Applicazione (Application) sono considerati a tutti gli effetti membri del team di supporto dell'applicazione. Concentrandosi su un database specifico, possono fornire un servizio migliore agli sviluppatori di applicazioni. Tuttavia, i DBA di Applicazione (Application) possono facilmente isolarsi e perdere di vista le esigenze sui dati complessive dell'organizzazione e le pratiche DBA comuni. Essi collaborano strettamente con analisti di dati, data modeler e data architect.

1.3.3.3 DBA procedurali e di sviluppo

I DBA Procedurali (Procedural DBA) sono i responsabili della revisione e dell'amministrazione di oggetti di database procedurali. Un DBA Procedurale (Procedural DBA) è specializzato nello sviluppo e nel supporto della logica procedurale controllata ed eseguita dal DBMS: stored procedure, trigger e funzioni definite dall'utente (UDF). Garantisce che questa logica procedurale sia pianificata, implementata, testata e condivisa (riutilizzata).

I DBA di Sviluppo (Development DBA) sono concentrati sulle attività di progettazione dei dati, compresa la creazione e la gestione di database di utilizzo speciale, come i "sandbox" o le aree di esplorazione.

In molti casi, queste due funzioni sono combinate in un'unica posizione.

1.3.3.4 NSA

I Network Storage Administrator si occupano dell'hardware e del software che supportano gli array di data storage. Sistemi multipli di storage array in rete hanno esigenze e requisiti di monitoraggio diversi rispetto ai sistemi di database semplici.

1.3.4 Tipi di architettura di database

Un database può essere classificato come centralizzato o distribuito. Un sistema centralizzato gestisce un singolo database, mentre un sistema distribuito gestisce più database su più sistemi. I componenti di un sistema distribuito possono essere classificati in base all'autonomia dei sistemi componenti in due tipi: federato (autonomo) o non federato (non autonomo). Figura 55 illustra la differenza tra centralizzato e distribuito.

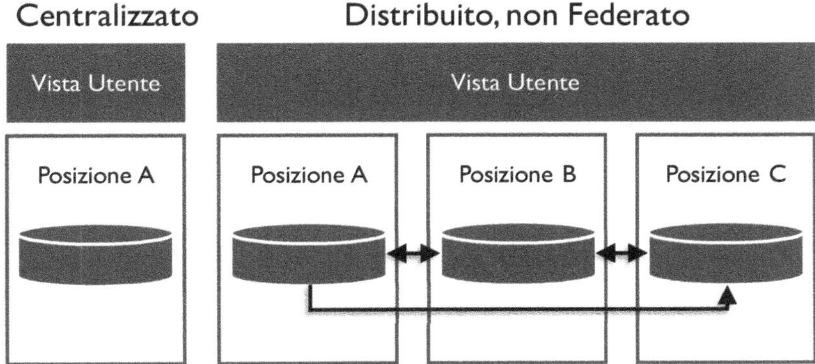

Figura 55 Centralizzato vs. distribuito

1.3.4.1 Database centralizzati

I database centralizzati hanno tutti i dati in un unico sistema e in un unico luogo. Per accedere ai dati, tutti gli utenti si rivolgono a un unico sistema. I database centralizzati possono essere ideali per determinati dati con restrizioni, tuttavia per i dati che devono essere ampiamente disponibili, la centralizzazione può comportare dei rischi. Se, ad esempio, il sistema centralizzato non è disponibile, non esistono alternative per accedere ai dati.

1.3.4.2 Database distribuiti

I database distribuiti consentono un accesso rapido ai dati su un notevole numero di nodi. Le tecnologie dei database distribuiti più diffuse si basano sull'utilizzo di server hardware di base (commodity). Sono studiate per scalare a partire da singoli server fino a migliaia di macchine, ognuna delle quali offre potenza di calcolo e storage locali. Anziché basarsi sull'hardware per garantire un'elevata disponibilità, lo stesso software di gestione del database è progettato per replicare i dati tra i server, offrendo così un servizio altamente disponibile su un cluster di computer. Tale software, inoltre, è progettato per rilevare e gestire i malfunzionamenti. Mentre un determinato computer potrebbe guastarsi, è improbabile che questo accada al sistema nel suo complesso.

Alcuni database distribuiti implementano un paradigma computazionale denominato MapReduce per migliorare ulteriormente le prestazioni. In MapReduce, la richiesta di dati è divisa in molti piccoli frammenti di lavoro, ognuno dei quali può essere eseguito o rieseguito su qualsiasi nodo del cluster. Inoltre, i dati sono co-localizzati sui nodi di calcolo, fornendo un'ampiezza di banda aggregata molto elevata in tutto il cluster. Sia il filesystem sia l'applicazione sono progettati per gestire automaticamente i guasti del nodo.

1.3.4.2.1 Database federati

La federazione esegue il provisioning dei dati senza ulteriore persistenza o duplicazione dei dati di origine. Un sistema di database federato mappa più sistemi di database autonomi in un singolo database federato. I database costitutivi, a volte separati geograficamente, sono interconnessi tramite una rete di computer. Rimangono autonomi ma partecipano a una federazione per consentire una condivisione parziale e controllata dei propri dati. La federazione fornisce un'alternativa alla fusione di database eterogenei. Non si ha una reale integrazione di dati nei database costituenti a causa della federazione dei dati; l'interoperabilità dei dati gestisce invece la visualizzazione dei database federati come un unico oggetto di grandi dimensioni (vedere Capitolo 8). Al contrario, un sistema di database non federato è un'integrazione di componenti DBMS che non sono autonomi; sono controllati, gestiti e governati da un DBMS centralizzato.

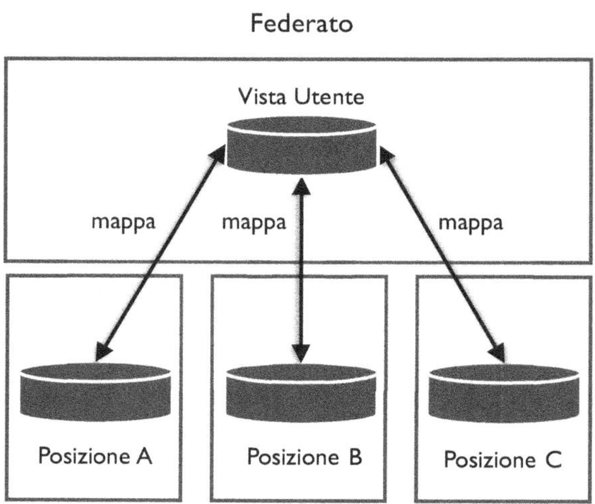

Figura 56 Database federati

I database federati sono la soluzione migliore per progetti d'integrazione eterogenei e distribuiti, come l'integrazione delle informazioni aziendali, la virtualizzazione dei dati, la corrispondenza degli schemi e la gestione di Master Data. Le architetture federate si differenziano in base ai livelli d'integrazione con i sistemi di database di componenti e alla portata dei servizi offerti dalla federazione. Un FDBMS può essere classificato come accoppiato rigidamente o accoppiato liberamente.

I sistemi accoppiati liberamente necessitano di database di componenti per costruire il proprio schema federato. In generale, un utente accede ad altri sistemi di database di componenti utilizzando un linguaggio multi-database, ma ciò elimina qualsiasi livello di trasparenza di posizione, costringendo l'utente ad avere una conoscenza diretta dello schema federato. Un utente importa i dati richiesti da altri database di componenti e li integra con i propri per formare uno schema federato.

I sistemi accoppiati rigidamente sono costituiti da sistemi di componenti che utilizzano processi indipendenti per costruire e pubblicare uno schema federato integrato, come illustrato in Figura 57. Lo stesso schema può essere applicato a tutte le parti della federazione, senza alcuna replica di dati.

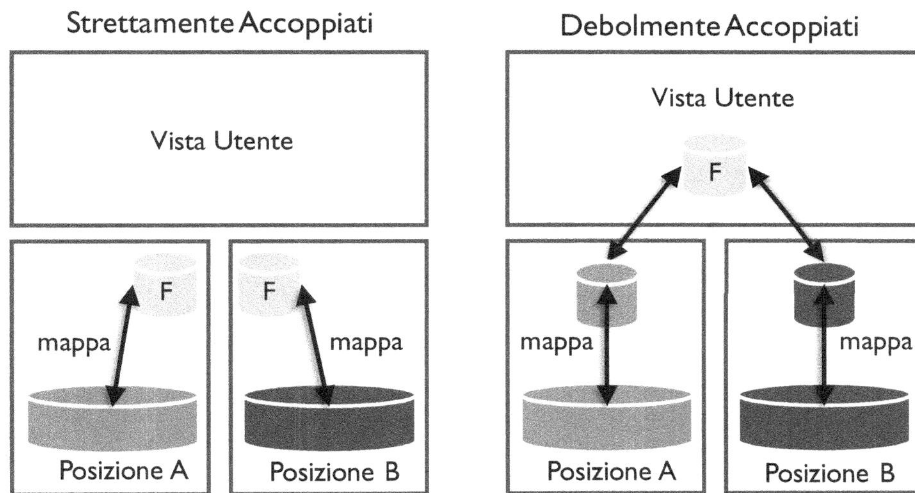

Figura 57 Accoppiamento

1.3.4.2.2 Database Blockchain

I database Blockchain sono un tipo di database federato, utilizzati per gestire in modo sicuro le transazioni finanziarie. Possono anche essere utilizzati per la gestione dei contratti o lo scambio di informazioni sanitarie. Esistono due tipi di strutture: singoli record e blocchi. Ogni transazione ha un record. Il database crea catene di gruppi di transazioni temporizzate (blocchi) che contengono anche informazioni del blocco precedente nella catena. Si utilizzano algoritmi hash per creare informazioni sulle transazioni da memorizzare nei blocchi mentre il blocco è la fine della catena. Quando si crea un nuovo blocco, l'hash del vecchio blocco non dovrebbe cambiare mai, intendendo che nessuna transazione contenuta all'interno di quel blocco può cambiare. Qualsiasi modifica a transazioni o blocchi (manomissione) risulterà evidente quando i valori hash non corrispondono più.

1.3.4.3 Piattaforme di virtualizzazione/cloud

La virtualizzazione (chiamata anche "cloud computing") fornisce servizi di calcolo, software, accesso ai dati e storage per i quali l'utente non è tenuto a conoscere la posizione fisica e la configurazione del sistema che fornisce tali servizi. Il concetto di cloud computing viene spesso paragonato alla rete elettrica: gli utenti finali consumano l'elettricità senza dover capire i dispositivi componenti o l'infrastruttura necessaria a fornire il servizio. In ogni caso, la virtualizzazione può essere realizzata in loco o esternamente.

Il cloud computing è una naturale evoluzione dell'adozione diffusa della virtualizzazione, delle architetture orientate ai servizi e dell'utility computing. Di seguito sono illustrati alcuni metodi di implementazione dei database sul cloud:

- **Immagine di macchina virtuale**: le piattaforme cloud consentono agli utenti di acquistare istanze di macchine virtuali per un periodo limitato. È possibile eseguire un database su queste macchine virtuali. Gli utenti possono caricare la propria immagine della macchina con un database installato su di essa oppure utilizzare immagini di macchine pronte per l'uso che includono già un'installazione ottimizzata di un database.

- **Database-as-a-service (DaaS)**: alcune piattaforme cloud offrono opzioni per l'utilizzo di un database-as-a-service, senza avviare fisicamente un'istanza della macchina virtuale per il database. In questa configurazione, i proprietari dell'applicazione non devono installare e gestire il database da sé. È invece il provider del servizio di database a essere responsabile dell'installazione e della manutenzione del database e i proprietari delle applicazioni pagano in base al loro utilizzo.

- **Hosting di database gestito sul cloud**: in questo caso il database non viene offerto come servizio; al contrario, il provider cloud ospita il database e lo gestisce per conto del proprietario dell'applicazione.

I DBA, in coordinamento con gli amministratori di rete e di sistema, devono stabilire un approccio al progetto integrato e sistematico che includa la standardizzazione, il consolidamento, la virtualizzazione e l'automazione delle funzioni di backup e ripristino dei dati, nonché la sicurezza di queste funzioni.

- **Standardizzazione/consolidamento**: il consolidamento riduce il numero di posizioni di data storage di un'organizzazione, tra cui il numero di data store e processi all'interno di un data center. Sulla base della policy di Data Governance, Data Architect e DBA possono sviluppare procedure standard che comprendano l'identificazione di dati mission critical, la durata della conservazione dei dati, le procedure di crittografia dei dati e le policy di replica dei dati.

- **Virtualizzazione dei server**: le tecnologie di virtualizzazione consentono di sostituire o consolidare le apparecchiature, quali i server di più data center. La virtualizzazione riduce gli investimenti e le spese operative e riduce il consumo di energia. Le tecnologie di virtualizzazione sono utilizzate anche per la creazione di desktop virtuali, che possono quindi essere ospitati nei data center e ceduti in abbonamento. Gartner considera la virtualizzazione un catalizzatore per la modernizzazione (Bittman, 2009). La virtualizzazione fornisce alle operazioni di data storage molta più flessibilità nel fornire spazio di archiviazione (storage provisioning) in ambiente locale o cloud.

- **Automazione**: l'automazione dei dati comporta l'automazione di attività quali provisioning, configurazione, patching e gestione delle conformità (compliance).

- **Sicurezza**: la sicurezza dei dati sui sistemi virtuali deve essere integrata con la sicurezza esistente delle infrastrutture fisiche (vedere Capitolo 7).

1.3.5 Tipi di Database Processing

Esistono due tipi fondamentali di database processing. ACID e BASE sono alle estremità opposte di uno spettro, perciò la coincidenza dei nomi corrispondenti alle estremità dello spettro del pH si rivelano utili. Il Teorema CAP si utilizza per definire quanto un sistema distribuito può corrispondere ad ACID o BASE.

1.3.5.1 ACID

L'acronimo ACID è stato coniato agli inizi degli anni '80 del secolo scorso come vincolo indispensabile per raggiungere l'affidabilità all'interno delle transazioni di database. Da decenni fornisce al processing transazionale una base affidabile di riferimento.[33]

- **Atomicità (Atomicity)**: tutte le operazioni sono eseguite, o nessuna di esse lo è, cosicché se una parte della transazione fallisce, allora l'intera transazione fallisce.

- **Coerenza (Consistency)**: la transazione deve sempre soddisfare tutte le regole definite dal sistema e le transazioni completate a metà devono essere nulle.

- **Isolamento (Isolation)**: ogni transazione è indipendente da se stessa.

- **Durabilità (Durability)**: una volta completata, la transazione non può essere annullata.

Le tecnologie ACID relazionali sono gli strumenti preferenziali nello storage dei database relazionali; la maggior parte utilizza SQL come interfaccia.

1.3.5.2 BASE

L'aumento senza precedenti dei volumi e della variabilità dei dati, la necessità di documentare e archiviare dati non strutturati, la necessità di flussi dati ottimizzati per la lettura, e il conseguente fabbisogno di una maggiore flessibilità in scalabilità, progettazione, processing, costo e disaster recovery hanno dato origine al concetto diametralmente opposto di ACID, opportunamente chiamato BASE:

- **Fondamentalmente disponibile**: il sistema garantisce un certo livello di disponibilità ai dati anche in caso di errori del nodo. I dati potrebbero essere obsoleti, ma il sistema continua comunque a fornire e ad accettare risposte.

---

[33] Jim Gray istituì il concetto. Haerder e Rueter (1983) coniarono il termine ACID.

- **Soft State**: i dati sono in uno stato di flusso costante, quindi durante il processo di elaborazione di una risposta, non vi è garanzia che i dati siano attuali.

- **Coerenza** finale: alla fine i dati saranno coerenti attraverso tutti i nodi e in tutti i database, ma non tutte le transazioni saranno coerenti in ogni momento.

I sistemi di tipo BASE sono comuni negli ambienti Big Data. Le grandi organizzazioni online e le società di social media utilizzano comunemente le implementazioni BASE, poiché la precisione immediata di tutti gli elementi di dati in qualsiasi momento non è necessaria. La Tabella 12 riassume le differenze tra ACID e BASE.

Tabella 12 ACID vs BASE

Elemento	ACID	BASE
Casting (struttura dati)	Lo schema deve esistere	Dinamico
	La struttura della tabella esiste	Regola al volo
	Dati delle colonne digitati	Memorizza dati diversi
Consistency (Coerenza)	Forte Consistency disponibile	Forte, Finale o Nessuna
Focus di processing	Transazionale	Store a valore chiave
Focus di processing	Riga/Colonna	Store wide-column
Storico	Storage di applicazione degli anni '70 del secolo scorso	Storage non strutturato degli anni 2000
Scaling	Product Dependent	Distribuisce automaticamente i dati tra server di base
Origine	Mixture	Open source
Transazione	Sì	Possibile

1.3.5.3 CAP

Il Teorema CAP (o Teorema di Brewer) fu sviluppato in risposta a uno spostamento verso sistemi maggiormente distribuiti (Brewer, 2000). Il teorema afferma che un sistema distribuito non è sempre in grado di rispettare tutte le parti ACID. Più grande è il sistema, minore è la conformità. Un sistema distribuito deve invece prevedere un trade-off tra le proprietà.

- **Coerenza (Consistency)**: il sistema deve operare sempre secondo quanto progettato e previsto.
- **Disponibilità (Availability)**: il sistema deve essere disponibile quando richiesto e deve rispondere a ogni richiesta.
- **Tolleranza della partizione (Partition Tolerance)**: il sistema deve essere in grado di continuare le operazioni in caso di perdita di dati o di errore parziale del sistema.

Il Teorema CAP afferma che al massimo due delle tre proprietà possono esistere in qualsiasi sistema di dati condivisi. Questo è solitamente indicato dalla dichiarazione "scegline due", illustrata in Figura 58.

Un utilizzo interessante di questo teorema guida il progetto Lambda Architecture discusso nel Capitolo 14. Lambda Architecture utilizza due percorsi per i dati: un percorso di Velocità in cui la disponibilità e la tolleranza delle partizioni sono più importanti e un percorso di Batch in cui coerenza e disponibilità sono più importanti.

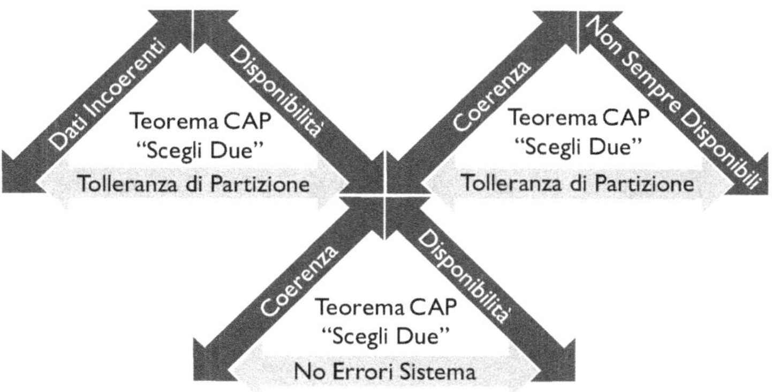

Figura 58 Teorema CAP

1.3.6 Supporti di Data Storage

I dati possono essere archiviati su un'ampia gamma di supporti, tra cui dischi, memoria volatile e unità flash. Alcuni sistemi possono combinare più tipi di storage. Quelli utilizzati più comunemente sono Disco e Storage Area Network (SAN), In-Memory, soluzioni Columnar Compression, Virtual Storage Area Network VSAN, soluzioni di storage basate su cloud, Radio Frequency Identification (RFID), Digital wallet, Data center e storage cloud ibridi, pubblici e privati. (vedere il Capitolo 14)

1.3.6.1 Disco e Storage Area Network (SAN)

Lo storage su disco è un metodo molto stabile per l'archiviazione permanente dei dati. Più tipi di dischi possono esistere sullo stesso sistema. I dati possono essere archiviati in base a schemi di utilizzo, con i dati meno utilizzati archiviati su dischi ad accesso più lento, solitamente più economici dei sistemi a disco ad alte prestazioni.

Gli array di dischi possono essere raccolti in Storage Area Network (SAN). Il trasferimento dei dati su un SAN può non richiedere una rete, poiché i dati possono essere trasferiti sul backplane.

1.3.6.2 In-Memory

I database In-Memory (IMDB) vengono caricati da storage permanente nella memoria volatile quando il sistema viene acceso e tutto il processing avviene all'interno dell'array di memoria, fornendo tempi di risposta più rapidi rispetto ai sistemi basati su disco. La maggior parte dei database In-Memory ha anche funzioni di impostazione e configurazione della durata in caso di spegnimento imprevisto.

Se è possibile garantire che l'applicazione "fitti" la maggior parte/tutti i dati in memoria, allora i database In-Memory possono rendere disponibili ottimizzazioni significative. I IMDB forniscono un tempo di accesso ai dati più prevedibile rispetto ai meccanismi di storage su disco, ma richiedono un investimento significativamente più ingente. Gli IMDB forniscono funzionalità per il processing in tempo reale delle analytics e sono generalmente riservati a questo a causa dell'investimento richiesto.

1.3.6.3 Soluzioni Columnar Compression

I database basati su colonne sono progettati per gestire set di dati in cui i valori dei dati vengono ripetuti in larga misura. In una tabella con 256 colonne, ad esempio, la ricerca di un valore che esiste in una riga recupera tutti i dati nella riga (ed è alquanto vincolata al disco). Lo storage colonnare riduce questa larghezza di banda I/O archiviando i dati della colonna mediante compressione, dove lo stato (ad esempio) viene memorizzato come puntatore verso una tabella di stati, comprimendo la tabella master in modo significativo.

1.3.6.4 Memoria flash

I recenti progressi nello storage di memoria hanno reso la memoria flash o le unità a stato solido (SSD) un'interessante alternativa ai dischi. La memoria flash combina la velocità di accesso dello storage basato sulla memoria con la persistenza dello storage basato su disco.

1.3.7 Ambienti di database

I database sono utilizzati in svariati ambienti durante il ciclo di vita di sviluppo dei sistemi. Durante il test delle modifiche, i DBA devono essere coinvolti nella progettazione delle strutture di dati nell'ambiente di sviluppo. Il team dei DBA deve implementare qualsiasi modifica all'ambiente QA e deve essere l'unico team che implementa le modifiche nell'ambiente di produzione. Le modifiche di produzione devono rispettare rigorosamente i processi e le procedure standard.

Mentre la maggior parte della tecnologia dati consiste in un software in esecuzione su hardware di uso generale, viene utilizzato occasionalmente hardware speciale per supportare requisiti peculiari di data management. I tipi di hardware speciale comprendono appliance di dati: server creati appositamente per la trasformazione e la distribuzione dei dati. Questi server si integrano con l'infrastruttura esistente direttamente come plug-in o perifericamente come connessione di rete.

1.3.7.1 Ambiente di produzione

L'ambiente di produzione è l'ambiente tecnico in cui si verificano tutti i processi di business. La produzione è mission-critical: se questo ambiente cessa di funzionare, i processi di business si interrompono, con conseguenti perdite di redditività e un impatto negativo sui clienti che non riescono ad accedere ai servizi. In caso di emergenza, o per i sistemi di servizio pubblico, la perdita imprevista di una funzione può essere disastrosa.

L'ambiente di produzione è l'ambiente "reale" dal punto di vista del business. Tuttavia, per avere un ambiente di produzione affidabile, devono esistere ed essere utilizzati in modo appropriato altri ambienti non di produzione. Ad esempio, gli ambienti di produzione non devono essere utilizzati per lo sviluppo e i test, poiché tali attività mettono a rischio processi e dati di produzione.

1.3.7.2 Ambienti di pre-produzione

Gli ambienti di pre-produzione vengono utilizzati per sviluppare e testare le modifiche prima che queste siano implementate nell'ambiente di produzione. Negli ambienti di pre-produzione, è possibile rilevare e risolvere i problemi riguardanti le modifiche, senza influire sui normali processi di business. Al fine di rilevare potenziali problemi, la configurazione degli ambienti di pre-produzione deve essere strettamente simile a quella dell'ambiente di produzione.

Per ragioni di spazio e costi, solitamente non è possibile replicare esattamente l'ambiente di produzione in quello di pre-produzione. Nel percorso di sviluppo, più l'ambiente di non produzione è vicino a quello di produzione, più strettamente necessita di coincidere con quest'ultimo. Qualsiasi deviazione dalle apparecchiature e dalla configurazione del sistema di produzione può di per sé creare problemi o errori che non sono correlati alla modifica, complicando la ricerca e la risoluzione dei problemi. I tipi comuni di ambienti di pre-produzione includono quelli di sviluppo, test, supporto e per uso speciale.

1.3.7.2.1 Sviluppo

L'ambiente di sviluppo è solitamente una versione più snella dell'ambiente di produzione. In generale dispone di uno spazio su disco minore, un numero inferiore di CPU, una quantità inferiore di RAM, etc. Gli sviluppatori utilizzano questo ambiente per creare e testare il codice per le modifiche in ambienti separati, che vengono quindi combinati nell'ambiente QA per i test di integrazione completi. In funzione di come sono gestiti i progetti, il reparto di sviluppo può disporre di molte copie dei modelli di dati di produzione. Organizzazioni di maggiori dimensioni potrebbero fornire ai singoli sviluppatori il proprio ambiente da gestire con tutte le autorizzazioni appropriate.

L'ambiente di sviluppo deve essere il primo luogo in cui vengono applicate patch o aggiornamenti da sottoporre a test. Tale ambiente deve essere isolato e trovarsi su hardware fisico diverso rispetto agli ambienti di produzione. A causa dell'isolamento, potrebbe essere necessario copiare i dati dai sistemi di produzione agli ambienti di sviluppo. In molti settori, tuttavia, i dati di produzione sono protetti da regolamentazione; è quindi necessario non trasferire i dati dagli ambienti di produzione senza prima stabilire quali siano le limitazioni in merito. (Vedere Capitolo 7)

1.3.7.2.2 Test

L'ambiente di test è utilizzato per l'esecuzione di controlli di qualità e prove di accettazione degli utenti e, in alcuni casi, test di stress o delle prestazioni. Onde evitare che i risultati dei test siano distorti a causa di differenze ambientali, l'ambiente di test deve prevedere anche lo stesso software e hardware dell'ambiente di produzione. Tali caratteristiche sono particolarmente importante per il test delle prestazioni. Il test può essere collegato o meno tramite rete ai sistemi di produzione per la lettura dei dati di produzione. Gli ambienti di test non devono *mai* scrivere sui sistemi di produzione. Gli ambienti di test sono utilizzati per una molteplicità di scopi::

- **Quality Assurance Test (QA):** utilizzato per testare la funzionalità rispetto ai requisiti.

- **Test di integrazione**: utilizzato per testare nel suo insieme più parti di un sistema che sono state sviluppate o aggiornate in modo indipendente.
- **User Acceptance Test (UAT)**: utilizzato per testare le funzionalità del sistema dal punto di vista dell'utente. I casi d'uso sono gli input più comuni per i test eseguiti in questo ambiente.
- **Test delle prestazioni**: utilizzato per eseguire test ad alto volume o complessità elevata in qualsiasi momento, invece di dover attendere gli orari non lavorativi o influire negativamente sugli orari di punta del sistema di produzione.

1.3.7.2.3 Sandbox o ambienti sperimentali

Il sandbox è un ambiente alternativo che consente connessioni di sola lettura ai dati di produzione e può essere gestito dagli utenti. I sandbox sono utilizzati per sperimentare opzioni di sviluppo e testare ipotesi sui dati o unire dati di produzione a dati sviluppati dall'utente o dati integrativi ottenuti da fonti esterne. I sandbox sono preziosi, ad esempio, quando si esegue un Proof of Concept.

Un ambiente sandbox può essere un sottoinsieme del sistema di produzione, isolato dal processing di produzione o un ambiente completamente separato. Gli utenti del Sandbox hanno spesso diritti CRUD sul proprio spazio in modo da poter convalidare rapidamente idee e opzioni per le modifiche al sistema. Solitamente i DBA hanno poco a che fare con questi ambienti a parte configurarli, concederne l'accesso e monitorarne l'utilizzo. Se le aree del Sandbox sono situate nei sistemi dei database di produzione, queste devono essere isolate onde evitare di influenzare negativamente le operazioni in produzione. Questi ambienti non dovrebbero mai riscrivere nei sistemi di produzione. Gli ambienti del Sandbox possono essere gestiti da macchine virtuali (VM), a meno che i costi di licenza per istanze separate diventino proibitivi.

1.3.8 Organizzazione del database

I sistemi di data storage forniscono un modo per incapsulare le istruzioni necessarie a inserire i dati sui dischi e gestire il processing, in modo tale che gli sviluppatori possano semplicemente utilizzare le istruzioni per manipolare i dati. I database sono organizzati in tre modi generali: gerarchico, relazionale e non relazionale. Queste classi non si escludono a vicenda (vedere Figura 59). Alcuni sistemi di database possono leggere e scrivere dati organizzati in strutture relazionali e non relazionali. I database gerarchici possono essere mappati su tabelle relazionali. I file flat con delimitatori di riga possono essere letti come tabelle con righe ed è possibile definire una o più colonne per la descrizione del contenuto delle righe.

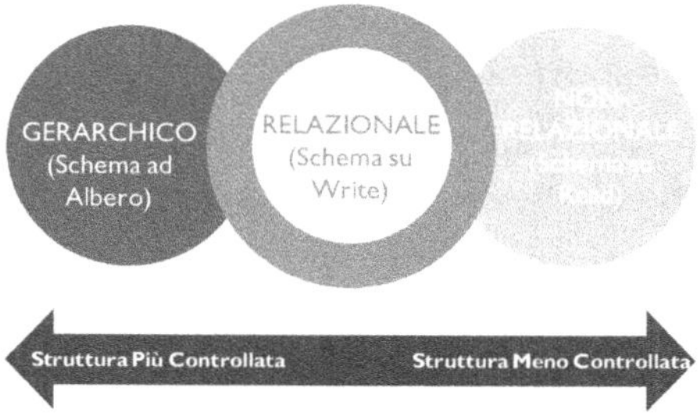

Figura 59 Spettro organizzativo del Database

1.3.8.1 Gerarchico

L'organizzazione gerarchica dei database è il modello di database meno recente che veniva utilizzato nei primi DBMS mainframe ed è la più rigida delle strutture. Nei database gerarchici, i dati sono organizzati in una struttura ad albero con relazioni parent/child (genitore/figlio) obbligatorie: ciascun genitore può avere molti figli, ma ciascun figlio ha un solo genitore (nota anche come relazione 1-a-molti). Gli alberi delle directory sono un esempio di gerarchia. Anche XML utilizza un modello gerarchico. Può essere rappresentato come database relazionale, sebbene la struttura reale sia quella di un percorso trasversale dell'albero.

1.3.8.2 Relazionale

A volte si ritiene che i database relazionali abbiano questa denominazione a causa delle relazioni tra le tabelle. In realtà, non è così. I database relazionali si basano sulla teoria degli insiemi e sull'algebra relazionale, in cui elementi di dati o attributi (colonne) sono correlati a tuple (righe). (Vedere Capitolo 5) Le tabelle sono insiemi di relazioni con struttura identica. Le operazioni insiemistiche (quali unione, intersezione e sottrazione) sono utilizzate per organizzare e recuperare i dati dai database relazionali, sotto forma di Structured Query Language (SQL). Per scrivere i dati, la struttura (schema) deve essere nota in anticipo (schema su scrittura). I database relazionali sono orientati alle righe.

Il sistema di gestione di database (DBMS) di un database relazionale è chiamato RDBMS. Un database relazionale è la scelta predominante per l'archiviazione di dati in costante mutazione. Le variabili sui database relazionali includono Multidimensionale e Temporale.

1.3.8.2.1 Multidimensionale

Le tecnologie di database multidimensionale memorizzano i dati in una struttura che consente la ricerca usando più filtri di elementi di dati contemporaneamente. Questo tipo di struttura viene utilizzato più frequentemente nel Data Warehousing e nella Business Intelligence. Alcuni di questi tipi di database sono proprietari, sebbene la maggior parte dei database di grandi dimensioni sia caratterizzata dalla tecnologia a cubo incorporata come oggetti. Per accedere ai dati si utilizza una variante del linguaggio SQL chiamata MDX o Multidimensional eXpression.

1.3.8.2.2 Temporale

Un database temporale è un database relazionale con supporto integrato per la gestione dei dati riguardanti il tempo. Gli aspetti temporali includono solitamente tempo valido e tempo di transazione. Questi attributi possono essere combinati per formare dati bi-temporali.

- Il **tempo valido** è il lasso di tempo in cui un fatto è vero rispetto all'entità che rappresenta nel mondo reale.

- Il **tempo di transazione** è il periodo durante il quale un fatto memorizzato nel database è considerato vero.

Nel database, è possibile avere timeline diverse dal tempo valido e dal tempo di transazione; ad esempio, il tempo di decisione. In tal caso, il database viene chiamato multi-temporale anziché bi-temporale. I database temporali consentono agli sviluppatori di applicazioni e ai DBA di gestire versioni di dati attuali, proposti e storici nello stesso database.

1.3.8.3 Non relazionale

I database non relazionali possono archiviare dati come semplici stringhe o file completi. I dati di questi file possono essere letti in modi diversi, secondo le necessità (questa caratteristica viene definita "schema su lettura"). I database non relazionali possono essere orientati alle righe, ma non è obbligatorio.

Un database non relazionale fornisce un meccanismo per l'archiviazione e il recupero di dati che adotta modelli di coerenza meno vincolati rispetto ai tradizionali database relazionali. Le motivazioni di questo approccio includono la semplicità di progettazione, la scalabilità orizzontale e un controllo più preciso sulla disponibilità.

I database non relazionali vengono generalmente definiti NoSQL (che significa "Non solo SQL"). Il principale fattore di differenziazione è la struttura di archiviazione stessa, in cui la struttura dei dati non è più legata a un progetto relazionale tabellare. Può essere un albero, un grafico, una rete o un abbinamento di valori-chiave. Il tag NoSQL sottolinea che alcune edizioni possono in effetti supportare le direttive SQL convenzionali. Questi database sono spesso data store altamente ottimizzati destinati a semplici operazioni di recupero e aggiunta. L'obiettivo è migliorare le prestazioni, in particolare per quanto riguarda la latenza e il throughput. I database NoSQL sono sempre più utilizzati nei Big Data e nelle applicazioni web real-time. (Vedere Capitolo 5)

1.3.8.3.1 Orientato alle colonne

I database orientati alle colonne sono utilizzati principalmente nelle applicazioni di Business Intelligence perché possono comprimere i dati ridondanti. Ad esempio, una colonna ID stato ha solo valori univoci, invece di valori ripetuti per milioni di righe.

Esistono dei trade-off tra l'organizzazione orientata alle colonne (non relazionale) e quella orientata alle righe (solitamente relazionale).

- L'organizzazione orientata alle colonne è più efficiente quando occorre calcolare un aggregato su molte righe. Questo vale solo per un sottoinsieme notevolmente più piccolo di tutte le colonne di dati, poiché la lettura di tale sottoinsieme può essere più veloce della lettura di tutti i dati.

- L'organizzazione orientata alle colonne è più efficiente quando si forniscono contemporaneamente nuovi valori di una colonna per tutte le righe, poiché i nuovi dati di colonna possono essere scritti senza toccarne nessun altro nelle righe interessate .

- L'organizzazione orientata alle righe è più efficiente quando si richiedono molte colonne di una singola riga allo stesso tempo e quando la dimensione della riga è relativamente piccola, poiché l'intera riga può essere recuperata con una singola ricerca sul disco.

- L'organizzazione orientata alle righe è più efficiente quando si scrive una nuova riga, se tutti i dati della riga vengono forniti allo stesso tempo; l'intera riga può essere scritta con una singola ricerca sul disco.

- In pratica, i layout di storage orientati alle righe sono adatti per i carichi di lavoro tipo OLTP (Online Transaction Processing), che presentano un notevole carico di transazioni interattive. I layout di storage orientati alle colonne sono adatti per carichi di lavoro tipo OLAP (Online Analytical Processing) (ad esempio, data warehouse), che in generale implicano un numero inferiore di query molto complesse su tutti i dati (magari terabyte).

1.3.8.3.2 Spaziale

Un database spaziale è ottimizzato per l'archiviazione e le query sui dati che rappresentano oggetti definiti in uno spazio geometrico. I database spaziali supportano diversi elementi fondamentali (forme geometriche semplici come quadrato, rettangolo, cubo, cilindro, etc.) e geometrie composte da insiemi di punti, linee e forme.

I sistemi di database spaziali utilizzano gli indici per la ricerca veloce dei valori; tuttavia, il modo in cui la maggior parte dei database indicizza i dati non è ottimale per le query spaziali. Al contrario, i database spaziali utilizzano un indice spaziale per accelerare le operazioni del database e sono in grado di eseguire un'ampia varietà di operazioni spaziali. Secondo lo standard dell'Open Geospatial Consortium, un database spaziale può eseguire una o più delle seguenti operazioni:

- **Misure spaziali**: calcolo di lunghezza di linea, area di poligono, distanza tra geometrie, etc.

- **Funzioni spaziali**: modifica di caratteristiche esistenti per crearne di nuove; ad esempio, fornendo un buffer attorno a esse, intersecando le caratteristiche, etc.

- **Predicati spaziali**: possibilità di esprimere query di tipo vero/falso sulle relazioni spaziali tra le geometrie. Gli esempi comprendono "Due poligono si sovrappongono?" oppure "Esiste una residenza situata entro un miglio dall'area della discarica proposta?"

- **Costruttori di geometria**: creazione di nuove geometrie, solitamente specificando i vertici (punti o nodi) che definiscono la forma.

- **Funzioni dell'osservatore**: query che restituiscono informazioni specifiche su una funzione, come la posizione del centro di un cerchio.

1.3.8.3.3 Oggetto/Elemento multimediale

Un database multimediale comprende un sistema di gestione dello storage gerarchico (Hierarchical Storage Management) per la gestione efficiente di una gerarchia di supporti di memorizzazione magnetici e ottici. Comprende anche una raccolta di classi di oggetti, che rappresenta il fondamento del sistema.

1.3.8.3.4 Database di file flat

Un database di file flat descrive uno dei vari modi per codificare un set di dati come singolo file. Un file flat può essere un file di testo normale o un file binario. In senso stretto, un database di file flat è costituito esclusivamente da dati e contiene record che possono variare in lunghezza e delimitatori. Più in generale, il termine si riferisce a qualsiasi database esistente in un singolo file sotto forma di righe e colonne, senza alcuna relazione o collegamento tra record e campi eccetto la struttura. I file di testo normale di solito contengono un record per riga. Un elenco di nomi, indirizzi e numeri di telefono, scritti a mano su un foglio di carta, è un esempio di un database di file flat. I file flat vengono utilizzati non solo come strumenti di archiviazione dei dati nei sistemi DBMS, ma anche come strumenti di trasferimento dei dati. I database Hadoop utilizzano l'archiviazione file flat.

1.3.8.3.5 Coppia chiave-valore

I database a coppie chiave-valore contengono insiemi di due elementi: un identificatore di chiave e un valore. Questi tipi di database contemplano alcuni utilizzi specifici.

- **Database di documenti**: i database orientati ai documenti contengono raccolte di file, comprendenti sia struttura sia dati. A ogni documento è assegnata una chiave. I database più avanzati orientati ai documenti possono anche memorizzare gli attributi dei contenuti del documento, come date o tag. Questo tipo di database può archiviare documenti sia completi sia incompleti. I database di documenti possono utilizzare strutture XML o JSON (Java Script Object Notation).

- **Database grafici**: i database grafici memorizzano le coppie chiave-valore in cui il focus è sulla relazione tra i nodi, invece che sui nodi stessi.

1.3.8.3.6 Triplestore

Un'entità di dati composta da soggetto-predicato-oggetto è nota come un triplestore. Nella terminologia del Resource Description Framework (RDF), un triplestore è composto da un soggetto che denota una risorsa, il predicato che esprime una relazione tra il soggetto e l'oggetto, e l'oggetto stesso. Un triplestore è un database appositamente creato per la memorizzazione e il recupero di terne di valori sotto forma di espressioni soggetto-predicato-oggetto.

I triplestore possono essere classificati in tre categorie: triplestore nativi, triplestore supportati da RDBMS e triplestore NoSQL.

- I **triplestore nativi** sono quelli implementati da zero e sfruttano il modello di dati RDF per archiviare e accedere in modo efficiente ai dati RDF.
- I **triplestore supportati da RDBMS** sono creati aggiungendo un layer specifico RDF a un RDBMS esistente.
- I **triplestore NoSQL** sono attualmente in fase di studio come possibili gestori di storage per RDF.

I database triplestore sono la soluzione migliore per la gestione di tassonomia e thesaurus, integrazione di dati collegati e portali di knowledge.

1.3.9 Database speciali

Alcune situazioni particolari richiedono tipi di database speciali che sono gestiti in modo diverso rispetto ai database relazionali tradizionali. Gli esempi comprendono:

- Le applicazioni **CAD/CAM (Computer Assisted Design e Computer Assisted Manufacturing)** richiedono un database a oggetti, così come la maggior parte delle applicazioni in tempo reale embedded.

- **I sistemi informativi geografici (GIS)** si avvalgono di database geospaziali speciali, che dispongono come minimo di aggiornamenti annuali dei propri dati di riferimento. Alcuni GIS speciali sono utilizzati per i servizi pubblici (rete elettrica, linee del gas, etc.), per le telecomunicazioni nella gestione della rete o per la navigazione oceanica.

- **Le applicazioni di carrello della spesa** presenti nella maggior parte dei siti web di vendita al dettaglio online utilizzano database XML per archiviare inizialmente i dati degli ordini dei clienti e possono essere utilizzate in tempo reale dai database dei social media per la collocazione della pubblicità su altri siti web.

Alcuni di questi dati vengono quindi copiati in uno o più database OLTP (Online Transaction Processing) o data warehouse tradizionali. Inoltre, molte applicazioni di fornitori standard possono utilizzare database proprietari. Per lo meno, i loro schemi saranno proprietari e per lo più nascosti, anche se si basano su tradizionali DBMS relazionali.

1.3.10 Processi di database comuni

Tutti i database, a prescindere dal tipo, condividono in qualche modo i processi seguenti.

1.3.10.1 Archiviazione

L'archiviazione è il processo di trasferimento dei dati su supporti di conservazione immediatamente accessibili e su supporti con prestazioni di recupero inferiori. Gli archivi possono essere ripristinati sul sistema di origine per un utilizzo a breve termine. I dati che non sono attivamente necessari per supportare i processi delle applicazioni devono essere spostati su un supporto di archiviazione meno costoso, ad esempio disco, nastro o jukebox di CD/DVD. Il ripristino da un archivio deve prevedere semplicemente la copia dei dati dall'archivio al sistema.

I processi di archiviazione devono essere allineati con la strategia di partizionamento per garantire disponibilità e conservazione ottimali. Un approccio solido implica:

- Creazione di un'area di storage secondaria, preferibilmente su un server di database secondario
- Partizionamento delle tabelle di database esistenti in blocchi di archivio
- Replica dei dati necessari meno frequente sul database separato
- Creazione di backup su nastro o su disco
- Creazione di processi di database che periodicamente eliminano i dati non necessari

È opportuno programmare test regolari di ripristino dell'archivio onde evitare sorprese in caso di emergenza.

Se vengono apportate modifiche alla tecnologia o alla struttura di un sistema di produzione, occorre valutare anche l'archivio onde garantire che i dati trasferiti dall'archivio allo storage corrente siano leggibili. Esistono diversi modi per gestire gli archivi non sincronizzati:

- Determinare se o quanto dell'archivio sia necessario conservare. Ciò che non è necessario può essere considerato eliminato.

- Per i cambiamenti tecnologici importanti, ripristinare gli archivi sul sistema di origine prima che la tecnologia cambi, eseguire l'aggiornamento o la migrazione alla nuova tecnologia e rieseguire l'archiviazione dei dati mediante la nuova tecnologia.

- Per gli archivi di alto valore in cui cambiano le strutture del database di origine, ripristinare l'archivio, apportare eventuali modifiche alle strutture di dati e rieseguire l'archiviazione dei dati con la nuova struttura.

- Per gli archivi ad accesso non frequente, laddove cambi la tecnologia o la struttura di origine, mantenere in esecuzione una versione ridotta del vecchio sistema con accesso limitato ed estrarre dagli archivi utilizzando il vecchio sistema, in funzione del fabbisogno.

Gli archivi che non sono recuperabili con la tecnologia attuale sono inutili e mantenere sistemi obsoleti per la lettura di archivi altrimenti impossibili da leggere non è efficiente né conveniente.

1.3.10.2 Proiezioni di capacità e crescita

Si pensi a un database come a una scatola, ai dati come frutta e alle spese generali (indici, ecc.) come materiale di imballaggio. La scatola ha divisori e frutta e materiale di imballaggio vanno nelle celle:

- Anzitutto, decidere la dimensione della scatola che conterrà tutta la frutta e tutto il materiale necessario per l'imballaggio: questa è la Capacità.
- Quanta frutta entrerà nella scatola e con quale velocità?
- Quanta frutta uscirà dalla scatola e con quale velocità?

Decidere se la scatola rimarrà della stessa dimensione nel tempo, o se deve essere estesa nel tempo per contenere più frutta: questa proiezione di quanto e con quale velocità la scatola deve espandersi per contenere la frutta e il materiale di imballaggio in arrivo è la proiezione di crescita. Se la scatola non può espandersi, la frutta deve essere estratta alla stessa velocità con cui viene inserita e la proiezione di crescita è zero.

Quanto tempo deve rimanere la frutta nelle celle? Se la frutta in una cella si disidrata nel tempo, o diventa comunque non fruibile per qualsiasi motivo, deve essere posta in una scatola separata per la conservazione a lungo termine (ossia, archiviata)? Ci sarà mai la necessità di riportare la frutta disidratata nella scatola principale? Trasferire la frutta in un'altra scatola con la possibilità di riportarla nuovamente nella prima scatola è una parte importante dell'archiviazione. In questo modo non sarà necessario espandere né in dimensioni né con frequenza elevata la scatola .

Se la frutta deperisce e non è più fruibile, gettarla via (ossia, eliminare i dati).

1.3.10.3 Change Data Capture (CDC)

Change Data Capture si riferisce al processo per il quale si rileva che i dati sono cambiati e alla garanzia che le informazioni pertinenti alla modifica siano state archiviate in modo appropriato. Viene definita spesso come replica basata su log (log-based replication), la CDC è un modo non invasivo per replicare le modifiche dei dati su un target senza influire sull'origine. In un contesto CDC semplificato, un sistema informatico contiene dati che possono essere variati rispetto a un momento precedente e un secondo sistema informatico che deve rispecchiare la stessa variazione. Invece di inviare l'intero database in rete per rispecchiare solo poche modifiche minori, l'idea è di inviare solo ciò che è variato (delta), in modo che il sistema ricevente possa apportare gli aggiornamenti appropriati.

Esistono due metodi diversi per rilevare e raccogliere le modifiche: il controllo delle versioni dei dati, che valuta le colonne che identificano le righe modificate (ad esempio, colonne di data e ora dell'ultimo aggiornamento, colonne del numero di versione, colonne degli indicatori di stato) oppure leggendo i registri che documentano le modifiche e ne consentono la replica nei sistemi secondari.

1.3.10.4 Eliminazione

Non è corretto presumere che tutti i dati rimarranno per sempre nello storage principale. Alla fine, i dati riempiranno lo spazio disponibile e le prestazioni inizieranno a peggiorare. A quel punto, i dati dovranno essere archiviati, eliminati o entrambi. Altrettanto importante, il valore di alcuni dati peggiorerà e non varrà più la pena conservarli. L'eliminazione è il processo di completa rimozione dei dati dai supporti di storage, in modo tale che non possano essere recuperati. Per l'organizzazione, uno degli obiettivi principali della gestione dei dati è che il loro costo di mantenimento non ne superi il valore. L'eliminazione dei dati riduce costi e rischi. I dati da eliminare sono generalmente ritenuti obsoleti e non necessari, anche a fini regolatori. Alcuni dati possono diventare una responsabilità se mantenuti più a lungo del necessario. L'eliminazione riduce i rischi che tali dati possano essere utilizzati impropriamente.

1.3.10.5 Replica

Per replica (Replication) dei dati s'intende che questi vengono archiviati su più dispositivi di storage. In alcune situazioni, è utile disporre di database duplicati, ad esempio in un ambiente ad alta disponibilità in cui la distribuzione del carico di lavoro tra database identici, in sistemi hardware o addirittura data center diversi può preservare la funzionalità durante i periodi di utilizzo di punta o in caso di disastri (disasters).

La replica può essere attiva o passiva:

- La **replica attiva (Active Replication)** viene eseguita ricreando e memorizzando gli stessi dati in ogni replica da ogni altra replica.
- La **replica passiva (Passive Replication)** implica la ricreazione e l'archiviazione dei dati su una singola replica primaria, quindi trasformandone lo stato risultante in altre repliche secondarie.

La replica ha due dimensioni di scala:

- Il ridimensionamento orizzontale dei dati (Horizontal Data Scaling) ha più repliche di dati.
- Il ridimensionamento verticale dei dati (Vertical Data Scaling) ha repliche di dati posizionate geograficamente più lontano.

La replica multi-master, in cui gli aggiornamenti possono essere inviati a qualsiasi nodo del database, quindi propagati attraverso altri server, è spesso desiderata, ma comportano l'aumento di complessità e di costi. La trasparenza della replica si verifica quando i dati vengono replicati tra i server di database in modo che le informazioni rimangano coerenti in tutto il sistema del database e gli utenti non possano dire, né tanto meno sapere, quale copia del database stiano utilizzando. I due schemi di replica principali sono il mirroring e il log shipping (vedere Figura 60).

- Nel mirroring, gli aggiornamenti al database primario sono replicati immediatamente (relativamente parlando) nel database secondario, come parte di un processo di commit a due fasi.

- Nel log shipping, un server secondario riceve e applica a intervalli regolari copie dei log delle transazioni del database primario.

La scelta del metodo di replica dipende dalla criticità dei dati e dall'importanza che il failover sul server secondario sia immediato. Il mirroring è solitamente un'opzione più costosa rispetto al log shipping. Per un server secondario, il mirroring è efficace; il log shipping può essere utilizzata per aggiornare i server secondari aggiuntivi.

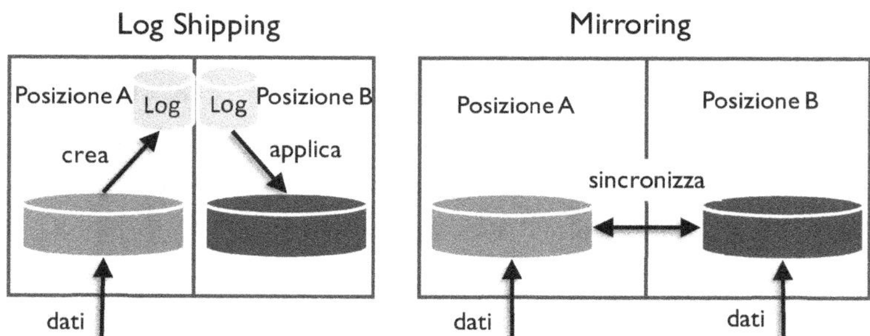

Figura 60 Log Shipping vs. Mirroring

1.3.10.6 Resilienza e recupero

La resilienza nei database è la misura di quanto un sistema è in grado di tollerare le condizioni di errore. Se un sistema può tollerare un elevato livello di errori di processing e continua a funzionare come previsto, è altamente resiliente. Se un'applicazione si arresta in modo anomalo alla prima condizione imprevista, tale sistema non è resiliente. Se il database è in grado di rilevare e interrompere processi anomali o di ripristinarsi automaticamente da errori di processing comuni (ad esempio, runaway query), viene considerato resiliente. Esistono sempre alcune condizioni che nessun sistema è in grado di rilevare in anticipo, come un'interruzione di corrente e tali condizioni sono considerati disastri.

Tre tipi di recupero forniscono le linee guida per la rapidità con cui avviene il recupero e su che cosa esso è focalizzato:

- Il **recupero immediato** da alcuni problemi può essere a volte risolto tramite la progettazione; ad esempio, prevedendo e risolvendo in modo automatico le issues, come quelle che potrebbero essere causate da un failover nel sistema di backup.

- Il **recupero critico** si riferisce a un piano per ripristinare il sistema il più rapidamente possibile, al fine di ridurre al minimo ritardi o interruzioni dei processi di business.

- Per **recupero non critico** s'intende che il ripristino della funzione può essere ritardato finché i sistemi più critici non sono stati ripristinati.

Gli errori di processing dei dati comprendono errori di caricamento dei dati, errori nei risultati delle query e ostacoli al completamento dell'ETL o di altri processi. I metodi comuni per aumentare la resilienza nei sistemi di processing dei dati sono: intercettare e reindirizzare i dati che causano errori, rilevare e ignorare i dati che causano errori e implementare flag nel processing per i passaggi completati, onde evitare di rielaborare i dati o ripetere i passaggi completati quando si riavvia un processo.

Ciascun sistema deve richiedere un certo livello di resilienza (alto o basso). Alcune applicazioni possono richiedere che qualsiasi errore interrompa tutto il processing (bassa resilienza), mentre altre possono richiedere solo che gli errori vengano intercettati e reindirizzati per la revisione, se non completamente ignorati.

Per i dati estremamente cruciali, il DBA dovrà implementare uno schema di replica nel quale i dati si trasferiscono su un'altra copia del database su un server remoto. In caso di errore del database, le applicazioni possono quindi eseguire il "fail over" sul database remoto e continuare il processing.

1.3.10.7 Conservazione

La conservazione dei dati si riferisce alla durata della disponibilità dei dati. La pianificazione della conservazione dei dati dovrebbe far parte della progettazione fisica del database. I requisiti di conservazione influiscono anche sulla pianificazione della capacità.

Anche il Data Security influisce sui piani di conservazione dei dati, poiché alcuni dati devono essere conservati per periodi specifici per motivi legali. La mancata conservazione dei dati per il periodo appropriato può avere conseguenze legali. Analogamente, esistono anche regolamentazioni relative all'eliminazione dei dati. I dati possono diventare una responsabilità se mantenuti più a lungo di quanto specificato. Le organizzazioni devono formulare policy di conservazione basate su requisiti normativi e linee guida sulla gestione del rischio. Queste policy devono guidare le specifiche di eliminazione e archiviazione dei dati.

1.3.10.8 Sharding

Lo sharding è un processo in cui piccoli blocchi del database vengono isolati e possono essere aggiornati in modo indipendente da altri frammenti, cosicché la replica si traduce in una semplice copia di file. Poiché i frammenti sono piccoli, gli aggiornamenti/sovrascritture potrebbero essere ottimali.

2. Attività

Le due attività principali in Data Storage e Operations sono il supporto della tecnologia di database e il supporto delle operazioni di database. Il supporto della tecnologia di database è specifico per la selezione e gestione del software che memorizza e gestisce i dati. Il supporto delle operazioni di database è specifico per i dati e i processi gestiti dal software.

2.1 Gestire la tecnologia di database

La gestione della tecnologia di database deve seguire gli stessi principi e standard per la gestione di qualsiasi tecnologia.

Il modello di riferimento principale per la gestione della tecnologia è l'Information Technology Infrastructure Library (ITIL), un modello di processo di gestione della tecnologia sviluppato nel Regno Unito. I principi ITIL si applicano alla gestione della tecnologia dei dati.[34]

2.1.1 Comprendere le caratteristiche della tecnologia di database

È importante comprendere come funziona la tecnologia e come può fornire valore nel contesto di un particolare business. Il DBA, insieme al resto dei team di servizi dati, lavora a stretto contatto con gli utenti di business e i manager per comprendere le esigenze di dati e informazioni del business. I DBA e i Database Architect combinano le proprie conoscenze degli strumenti disponibili con i requisiti di business, al fine di suggerire le migliori applicazioni possibili della tecnologia per soddisfare le esigenze organizzative.

I Data professional devono anzitutto capire le caratteristiche di una tecnologia di database candidata prima di decidere quale raccomandare come soluzione. Ad esempio, le tecnologie di database che non

---

[34] http://bit.ly/1gA4mpr.

dispongono di funzionalità basate sulle transazioni (ad esempio, commit e rollback) non sono adatte per le situazioni operative che supportano i processi Point-of-Sale.

È necessario evitare di presumere che un singolo tipo di architettura di database o DBMS funzioni per ogni necessità. La maggior parte delle organizzazioni dispone di più strumenti di database installati, per eseguire una serie di funzioni, dall'ottimizzazione delle prestazioni ai backup, alla gestione del database stesso. Solo alcune di queste serie di strumenti hanno standard obbligatori.

2.1.2 Valutare la tecnologia di database

La selezione strategica del software DBMS è particolarmente importante. Il software DBMS ha un impatto importante sull'integrazione dei dati, sulle prestazioni delle applicazioni e sulla produttività del business. Alcuni dei fattori da considerare quando si seleziona il software DBMS comprendono:

- Architettura di prodotto e complessità
- Limiti di volume e velocità, inclusa la velocità di streaming
- Profilo dell'applicazione, ad esempio il processing di transazione, la Business Intelligence e i profili personali
- Funzionalità specifiche, come il supporto di calcolo temporale
- Piattaforma hardware e supporto del sistema operativo
- Disponibilità di strumenti software di supporto
- Benchmark delle prestazioni, comprese le statistiche in tempo reale
- Scalabilità
- Requisiti software, di storage e di memoria
- Resilienza, compresi gestione degli errori e reporting

Alcuni fattori non sono direttamente correlati alla tecnologia stessa, bensì all'organizzazione degli acquisti e ai venditori di strumenti. Per esempio:

- Propensione al rischio tecnico dell'organizzazione
- Disponibilità di professionisti tecnici qualificati
- Costo di proprietà, quali licenze, manutenzione e risorse informatiche
- Reputazione del fornitore
- Policy di supporto del fornitore e programma delle release
- Riferimenti del cliente

Per il business, la spesa per il prodotto, compresa l'amministrazione, le licenze e il supporto, non deve superare il suo valore. Idealmente, la tecnologia dev'essere il più possibile user-friendly e caratterizzata da auto-monitoraggio e auto-amministrazione. In caso contrario, può essere necessario coinvolgere staff con esperienza nell'utilizzo dello strumento.

È una buona idea iniziare con un piccolo progetto pilota o un proof-of-concept (POC), per rendersi conto dei costi e dei vantaggi reali prima di procedere con un'implementazione di produzione in piena regola.

2.1.3 Gestire e monitorare la tecnologia di database

I DBA spesso fungono da supporto tecnico di livello 2, collaborando con gli help desk e il supporto dei fornitori di tecnologia per comprendere, analizzare e risolvere i problemi degli utenti. La chiave per una comprensione e un uso efficaci di qualsiasi tecnologia è la formazione. Le organizzazioni devono accertarsi di avere in atto piani di formazione e budget per tutti coloro che sono coinvolti nell'implementazione, nel supporto e nell'utilizzo dei dati e della tecnologia di database. I piani di formazione devono includere livelli appropriati di cross-training per supportare meglio lo sviluppo delle applicazioni, in particolare lo sviluppo Agile. I DBA devono avere una conoscenza pratica delle capacità di sviluppo di applicazioni, come il data modeling, l'analisi dei casi d'uso e l'accesso ai dati delle applicazioni.

Il DBA avrà la responsabilità di garantire che i database siano sottoposti a backup regolari e di eseguire test di ripristino. Tuttavia, se i dati di questi database devono essere uniti con altri dati esistenti in uno o più database, potrebbe esserci un problema d'integrazione di dati. I DBA non devono semplicemente unire i dati. Al contrario, devono collaborare con altri stakeholder per garantire che i dati possano essere integrati in modo corretto ed efficace.

Quando un business richiede una nuova tecnologia, i DBA lavoreranno con gli utenti del business e gli sviluppatori di applicazioni per garantirne l'uso più efficace, per esplorarne nuove applicazioni e per risolvere eventuali problematiche o questioni che emergono dal suo utilizzo. Successivamente, i DBA implementano nuovi prodotti tecnologici in ambienti di pre-produzione e produzione e dovranno creare e documentare processi e procedure per amministrare il prodotto con il minimo sforzo e spesa.

2.2 Gestire i database

Il supporto dei database, così come fornito dai DBA e Network Storage Administrator (NSA), è al centro del Data Management. I database risiedono su aree di storage gestite. Lo storage gestito può essere piccolo come un'unità a disco su un personal computer (gestito dal sistema operativo) o grande quanto un array RAID su una storage area network o SAN. Anche il supporto di backup è storage gestito.

I DBA gestiscono varie applicazioni di data storage assegnando strutture di storage, mantenendo database fisici (inclusi modelli di dati fisici e layout fisici dei dati, ad esempio assegnazioni a file o aree disco specifici) e stabilendo ambienti DBMS sui server.

2.2.1 Comprendere i requisiti

2.2.1.1 Definire i requisiti di storage

I DBA stabiliscono sistemi di storage per applicazioni DBMS e sistemi di file storage per supportare NoSQL. Gli NSA e i DBA insieme svolgono un ruolo fondamentale nella creazione di sistemi di file storage. I dati entrano nel supporto di storage durante le normali operazioni di business e, in funzione dei requisiti, possono rimanervi permanentemente o temporaneamente. È importante pianificare in anticipo l'aggiunta di spazio supplementare rispetto a quando questo sarà effettivamente necessario. Qualsiasi tipo di manutenzione espletata in caso di emergenza è rischiosa.

Tutti i progetti devono avere una stima della capacità iniziale per il primo anno delle operations e una proiezione di crescita per gli anni successivi. Capacità e crescita devono essere stimate non solo per lo spazio utilizzato dai dati, ma anche per indici, log e qualsiasi immagine ridondante come i mirror.

I requisiti di data storage devono tenere conto della regolamentazione relativa alla conservazione dei dati. Per motivi legali, le organizzazioni sono tenute a conservare alcuni dati per periodi prestabiliti (vedere Capitolo 9). In alcuni casi, potrebbero anche essere obbligate a eliminare i dati dopo un periodo definito. È opportuno discutere delle esigenze di conservazione dei dati con i proprietari degli stessi in fase di progettazione e raggiungere un accordo su come trattare i dati per tutto il loro ciclo di vita.

I DBA lavoreranno con gli sviluppatori di applicazioni e altro staff delle operations, tra cui amministratori di server e storage, per implementare il piano di conservazione dei dati approvato.

2.2.1.2 Identificare gli schemi di utilizzo

I database hanno pattern di utilizzo prevedibili. I tipi di pattern fondamentali comprendono:

- Basato su transazioni
- Basato su scrittura o recupero di grandi data set
- Basato sul tempo (più pesante alla fine del mese, più leggero nei fine settimana, etc.),
- Basato su località (aree più densamente popolate hanno più transazioni, etc.)
- Basato su priorità (alcuni reparti o ID di gruppo hanno priorità più elevata di altri)

Alcuni sistemi avranno una combinazione di questi pattern fondamentali. I DBA devono essere in grado di prevedere flussi e riflussi dei pattern di utilizzo e mettere in atto processi per la gestione dei picchi (quali i query governor o il priority management), nonché sfruttare i valley (processi tardivi che richiedono grandi quantità di risorse finché non esiste un valley pattern). Queste informazioni possono essere utilizzate per mantenere le prestazioni del database.

2.2.1.3 Definire i requisiti di accesso

L'accesso ai dati include attività relative all'archiviazione, al recupero o all'azione su dati contenuti in un database o altro repository. Si tratta semplicemente dell'autorizzazione ad accedere a diversi file di dati.

Esistono diversi linguaggi, metodi e formati standard per accedere ai dati di database e altri repository: SQL, ODBC, JDBC, XQJ, ADO.NET, XML, X Query, X Path e Web Services per i sistemi di tipo ACID. Gli standard dei metodi di accesso di tipo BASE includono C, C++, REST, XML e Java[35]. Alcuni standard consentono la traduzione di dati non strutturati (come HTML o file di testo libero) in strutturati (come XML o SOL).

---

[35] http://bit.ly/1rWAUxS (accesso 2/28/2016) presenta un elenco di tutti i metodi di accesso ai dati per sistemi tipo BASE.

Data architect e DBA possono aiutare le organizzazioni a selezionare i metodi e gli strumenti appropriati necessari per l'accesso ai dati.

2.2.2 Piano per la continuità di business

Le organizzazioni devono pianificare la continuità di business in caso di disastro o evento avverso che impatta sui propri sistemi e sulla loro capacità di utilizzarne i dati. I DBA devono assicurarsi che esista un piano di ripristino per tutti i database e i server di database, inclusi gli scenari che potrebbero comportare la perdita o il danneggiamento dei dati, ad esempio:

- Perdita del server di database fisico
- Perdita di uno o più dispositivi di storage su disco
- Perdita di un database, incluso il database master DBMS, il database di storage temporaneo, il segmento del registro delle transazioni, etc.
- Danneggiamento dell'indice del database o delle pagine di dati
- Perdita del database o dei file system del segmento dei log
- Perdita del database o dei file di backup del log delle transazioni

È opportuno valutare la criticità di ciascun database al fine di poter dare la priorità al relativo ripristino. Alcuni database saranno essenziali per le business operations e dovranno essere ripristinati immediatamente. I database meno critici non saranno ripristinati finché i sistemi primari non saranno operativi. Altri ancora potranno non essere ripristinati affatto; per esempio, se sono delle semplici copie che vengono aggiornate al momento del caricamento.

Il management e il gruppo di continuità di business dell'organizzazione, se esistente, devono esaminare e approvare il piano di recupero dati. Il gruppo DBA deve rivedere regolarmente i piani per controllarne la precisione e la completezza. Conservare una copia del piano, insieme a tutto il software necessario all'installazione e configurazione del DBMS, alle istruzioni e ai codici di sicurezza (ad esempio, la password dell'amministratore) in un luogo sicuro e fuori sede in caso di disastro.

Nessun sistema può essere ripristinato da un disastro se i backup non sono disponibili o se sono illeggibili. I backup regolari sono essenziali per qualsiasi attività di recupero, ma se sono illeggibili, sono assolutamente inutili; il tempo di processing per la creazione di backup illeggibili andrebbe sprecato, insieme all'opportunità per risolvere il problema di tale 'illeggibilità. Conservare tutti i backup in un luogo sicuro e fuori sede.

2.2.2.1 Eseguire i backup

Eseguire i backup dei database e, se appropriato, dei log delle transazioni del database. Il Service Level Agreement (SLA) del sistema deve specificare la frequenza dei backup. Bilanciare l'importanza dei dati rispetto al costo della loro protezione. Per i database di grandi dimensioni, i backup frequenti possono consumare grandi quantità di spazio su disco e risorse del server. Oltre ai backup incrementali, eseguire periodicamente un backup completo di ciascun database. Inoltre, i database devono risiedere su un'area di storage gestita, idealmente un array RAID su una storage area network (SAN), con backup giornaliero su supporti di memorizzazione separati. Per i database OLTP, la frequenza dei backup dei log delle transazioni dipende dalla frequenza di aggiornamento e dalla quantità dei dati interessati. Per i database aggiornati di frequente, i dump dei log più frequenti non solo garantiscono una maggiore protezione, ma riducono anche l'impatto dei backup sulle risorse e sulle applicazioni del server.

I file di backup devono essere conservati su un file system distinto dai database e devono essere sottoposti a backup su un supporto di storage separato, così come specificato nello SLA. Conservare le copie dei backup giornalieri in una struttura esterna sicura. La maggior parte dei DBMS supporta i backup a caldo del database, ossia backup eseguiti mentre le applicazioni sono in esecuzione. Se si verificano alcuni aggiornamenti in transito, questi saranno eseguiti al completamento del backup oppure saranno annullati quando il backup si ricarica. L'alternativa è un backup a freddo eseguito quando il database non è in linea. Tuttavia, un backup a freddo potrebbe non essere un'opzione praticabile se le applicazioni devono essere continuamente disponibili.

2.2.2.2 Ripristino dei dati

La maggior parte dei software di backup offre la possibilità di lettura del backup nel sistema. Il DBA collabora con il team dell'infrastruttura per rimontare il supporto contenente il backup e per eseguire il ripristino. Le utilità specifiche utilizzate per eseguire il ripristino dei dati dipendono dal tipo di database.

I dati nei database di file system possono essere più facili da ripristinare rispetto a quelli nei sistemi di gestione dei database relazionali, che possono avere informazioni di catalogo da aggiornare durante il recupero dei dati, specialmente se il ripristino proviene dai log anziché da un backup completo.

È fondamentale testare periodicamente il recupero dei dati. In questo modo si riducono le brutte sorprese durante un disastro o un'emergenza. Le esercitazioni pratiche si possono eseguire su copie del sistema non di produzione, con infrastruttura e configurazione identiche, oppure, se il sistema prevede un failover, sul sistema secondario.

2.2.3 Sviluppare istanze del database

I DBA sono responsabili della creazione delle istanze di database. Le attività correlate comprendono:

- **Installazione e aggiornamento del software DBMS**: i DBA installano nuove versioni del software DBMS e applicano patch di manutenzione fornite dal produttore DBMS in tutti gli ambienti (dallo sviluppo alla produzione) come indicato dal fornitore e controllati da esperti DBA, specialisti della sicurezza e gestione. Si tratta di un'attività cruciale contro la vulnerabilità agli attacchi e per garantire la costante integrità dei dati nelle installazioni centralizzate e decentralizzate.

- **Manutenzione d'installazioni di più ambienti, incluse diverse versioni DBMS**: i DBA possono installare e gestire più istanze di software DBMS in sandbox, sviluppo, test, test di accettazione utente, test di accettazione del sistema, quality assurance, pre-produzione, hot-fix, ambienti di disaster recovery e produzione, e gestire la migrazione delle versioni del software DBMS ad ambienti relativi alle modifiche e al versioning di sistemi e applicazioni.

- **Installazione e amministrazione della tecnologia dati correlata**: i DBA possono essere coinvolti nell'installazione di software di integrazione di dati e di strumenti di amministrazione dati di terzi.

2.2.3.1 Gestire l'ambiente di storage fisico

La gestione dell'ambiente di storage deve seguire i tradizionali processi SCM (Software Configuration Management) o ITIL (Information Technology Infrastructure Library) per registrare le modifiche alla configurazione del database, alle strutture, ai vincoli, alle autorizzazioni, alle soglie, etc. I DBA devono aggiornare il modello fisico di dati in modo che rispecchi le modifiche agli oggetti di storage come parte di un processo di gestione della configurazione standard. Con uno sviluppo agile (Agile Development) e metodi di programmazione estremi (Extreme Programming), gli aggiornamenti del modello fisico di dati rivestono un ruolo importante nella prevenzione di errori di progettazione o di sviluppo.

I DBA devono applicare il processo SCM per tracciare le modifiche e verificare che i database negli ambienti di sviluppo, test e produzione abbiano tutti i miglioramenti inclusi in ogni release, anche se le modifiche sono estetiche o solo a un livello di dati virtualizzato.

Le quattro procedure necessarie per garantire un processo SCM corretto sono l'identificazione della configurazione, il controllo delle modifiche alla configurazione, l'accounting dello stato della configurazione e gli audit di configurazione.

- Durante il processo di **identificazione della configurazione**, i DBA lavoreranno con amministratori di dati, data architect e data modeler per identificare gli attributi che definiscono ogni aspetto di una configurazione per gli utenti finali. Tali attributi vengono registrati nella documentazione di configurazione e diventano riferimenti base. Una volta che un attributo diventa un riferimento base, è necessario un processo formale di controllo delle modifiche della configurazione per variare tale attributo.

- Il **controllo delle modifiche della configurazione** è un insieme di processi e fasi di approvazione necessari a modificare gli attributi di un elemento di configurazione, facendoli poi ridiventare riferimenti base.

- L'**accounting dello stato della configurazione** consente di registrare e generare report, in qualsiasi momento, sul riferimento base di configurazione associato a ciascun elemento di configurazione.

- **Gli audit di configurazione** si verificano sia alla consegna sia nel momento in cui si effettua una modifica. Ne esistono di due tipi. Un audit di configurazione fisico assicura che un elemento di configurazione sia installato in conformità ai requisiti della relativa documentazione di progettazione dettagliata, mentre un audit di configurazione funzionale assicura che siano ottenuti gli attributi di prestazione di un elemento di configurazione.

Per mantenere l'integrità e la tracciabilità dei dati per il loro intero ciclo di vita, i DBA comunicano le modifiche agli attributi del database fisico a data modeler, sviluppatori e gestori di Metadati.

I DBA devono inoltre gestire le metriche sul volume di dati, le proiezioni di capacità e le prestazioni delle query, nonché statistiche sugli oggetti fisici, al fine di identificare esigenze di replica dei dati, volumi di migrazione dei dati e i checkpoint di data recovery. I database più grandi avranno anche il partizionamento degli oggetti, che deve essere monitorato e mantenuto nel tempo per garantire che l'oggetto mantenga la distribuzione dei dati desiderata.

2.2.3.2 Gestire i controlli di accesso al database

I DBA sono responsabili della gestione dei controlli che consentono l'accesso ai dati. I DBA sorvegliano le seguenti funzioni per proteggere i dati e la loro integrità:

- **Ambiente controllato**: i DBA collaborano con gli NSA per gestire un ambiente controllato per i data asset; questo comprende la gestione di ruoli e autorizzazioni di rete, il monitoraggio 24 ore su 24 e 7 giorni su 7 e il monitoraggio dell'integrità della rete, la gestione dei firewall, la gestione delle patch e l'integrazione di Microsoft Baseline Security Analyzer (MBSA).

- **Sicurezza fisica**: la sicurezza fisica dei data asset è gestita dal monitoraggio basato su protocollo SNMP (Simple Network Management Protocol), dal logging dell'audit sui dati, dal disaster management e dalla pianificazione del backup del database. I DBA configurano e monitorano questi protocolli. Il monitoraggio è particolarmente importante per i protocolli di sicurezza.

- **Monitoraggio**: i sistemi di database sono resi disponibili dal monitoraggio continuo di hardware e software dei server critici.

- **Controlli**: i DBA gestiscono la sicurezza delle informazioni mediante controlli di accesso, auditing del database, rilevamento delle intrusioni e strumenti di valutazione delle vulnerabilità.

Concetti e attività coinvolti nella creazione della sicurezza dei dati sono illustrati nel capitolo 7.

2.2.3.3 Creare contenitori di storage

Tutti i dati devono essere memorizzati su un'unità fisica e organizzati per facilitarne il caricamento, la ricerca e il recupero. I contenitori di storage stessi possono contenere oggetti di storage e ogni livello deve essere mantenuto adeguato al livello dell'oggetto. I database relazionali, ad esempio, hanno schemi contenenti tabelle, mentre quelli non relazionali hanno file system che contengono file.

2.2.3.4 Implementare modelli fisici di dati

I DBA sono generalmente responsabili della creazione e della gestione dell'ambiente di storage fisico dei dati completo basato sul modello fisico di dati. Il modello fisico di dati include oggetti di storage, oggetti di indicizzazione e qualsiasi oggetto di codice incapsulato necessari a imporre le regole di qualità dei dati, connettere oggetti di database e raggiungere le prestazioni del database.

In funzione dell'organizzazione, i data modeler possono fornire il modello di dati e i DBA implementano il layout fisico del modello di dati nello storage. In altre organizzazioni, i DBA possono prendere lo scheletro di un modello fisico e aggiungere tutti i dettagli di implementazione specifici del database, tra cui indici, vincoli, partizioni o cluster, stime di capacità e dettagli di allocazione dello storage.

Per le strutture di database di terzi, fornite come parte di un'applicazione, la maggior parte degli strumenti di data modeling consente il reverse engineering di database di sistema COTS (Commercial Off the Shelf) o ERP (Enterprise Resource Planning), purché lo strumento di modeling sia in grado di leggere il catalogo strumenti dello storage. Questi possono essere usati per sviluppare un modello fisico. DBA o data modeler dovranno comunque rivedere e potenzialmente aggiornare il modello fisico per i vincoli o le relazioni basate su applicazioni; non tutti i vincoli e le relazioni sono installati nei cataloghi di database, specialmente per le applicazioni meno recenti laddove si desideri l'astrazione del database.

Quando i DBA forniscono i data-as-a-service, sono necessari modelli fisici ben mantenuti.

2.2.3.5 Caricare i dati

Quando vengono creati, i database sono vuoti. I DBA li riempiono. Se i dati da caricare sono stati esportati mediante un'utilità di database, potrebbe non essere necessario utilizzare uno strumento di integrazione di dati per caricarli nel nuovo database. Molti sistemi di database presentano funzionalità di caricamento in massa, che richiedono che i dati siano in un formato corrispondente all'oggetto del database di destinazione o che dispongano di una semplice funzione di mappatura per collegare i dati nell'origine all'oggetto target.

Inoltre, molte organizzazioni ottengono alcuni dati da origini esterne di terzi, come elenchi di potenziali clienti acquistati da un intermediario di informazioni, dati di indirizzo e postali o informazioni sui prodotti del fornitore. I dati possono essere concessi in licenza o forniti come servizio di dati aperti, a titolo gratuito; forniti in numerosi formati (CD, DVD, EDI, XML, feed RSS, file di testo); o forniti su richiesta o regolarmente aggiornati tramite un servizio in abbonamento. Alcune acquisizioni richiedono accordi legali. I DBA devono essere a conoscenza di queste restrizioni prima di caricare i dati. È possibile che venga richiesto ai DBA di gestire questi tipi di carichi o di creare la mappa di caricamento iniziale. È opportuno limitare l'esecuzione manuale di questi carichi sulle installazioni o in altre situazioni occasionali oppure accertarsi che siano automatizzati e programmati.

Un approccio gestito all'acquisizione dei dati centralizza la responsabilità dei servizi di abbonamento dati con i data analyst. Il data analyst dovrà documentare l'origine dati esterna nel modello di dati logici e nel dizionario dei dati. Uno sviluppatore può progettare e creare script o programmi per leggere i dati e caricarli in un database. Il DBA sarà responsabile dell'implementazione dei processi necessari a caricare i dati nel database e/o a renderli disponibili all'applicazione.

2.2.3.6 Gestire la replica dei dati

I DBA possono influire sulle decisioni riguardanti il processo di replica dei dati consigliando:

- Replica attiva o passiva

- Controllo della concorrenza distribuito da sistemi di dati distribuiti
- I metodi appropriati per identificare gli aggiornamenti dei dati tramite timestamp o numeri di versione nel processo di controllo della modifica dei dati

Per piccoli sistemi o oggetti dati, aggiornamenti completi dei dati possono soddisfare i requisiti di concorrenza. Per oggetti più grandi, dove la maggior parte dei dati NON cambia, unire le modifiche nell'oggetto dati è più efficiente della copia completa di tutti i dati per ogni modifica. Per oggetti di grandi dimensioni, dove varia la maggior parte dei dati, può comunque essere meglio effettuare un refresh invece di sostenere il costo di numerosi aggiornamenti.

2.2.4 Gestire le prestazioni del database

Le prestazioni del database dipendono da due aspetti interdipendenti: disponibilità e velocità. Le prestazioni comprendono la garanzia della disponibilità di spazio, l'ottimizzazione delle query e altri fattori che consentono a un database di restituire i dati in modo efficiente. Le prestazioni non possono essere misurate senza disponibilità. Un database non disponibile ha una misura di prestazioni pari a zero. I DBA e gli NSA gestiscono le prestazioni del database:

- Impostando e ottimizzando il sistema operativo e i parametri dell'applicazione.

- Gestire la connettività del database. NSA e DBA forniscono guida tecnica e supporto agli utenti IT e di business che necessitano della connettività di database in base a policy applicate tramite standard e protocolli dell'organizzazione.

- Lavorando con programmatori di sistema e amministratori di rete per ottimizzare i sistemi operativi, le reti e il middleware di processing delle transazioni per lavorare con il database.

- Dedicando storage appropriato e consentendo al database di operare con i dispositivi di storage e il software di storage management. Il software di storage management ottimizza l'utilizzo di diverse tecnologie di storage per uno storage economico di dati referenziati meno frequentemente, migrando tali dati su dispositivi di storage meno costosi. Questo si traduce in un tempo di recupero più rapido per i dati principali. I DBA collaborano con gli amministratori di storage per impostare e monitorare procedure di storage management efficaci.

- Fornendo studi di crescita volumetrica atti a supportare l'acquisizione dello storage e le attività generali di gestione di ciclo di vita del dato, conservazione, ottimizzazione, archiviazione, backup, eliminazione e disaster recovery.

- Collaborando con gli amministratori di sistema per fornire carichi di lavoro operativi e benchmark dei data asset implementati che supportano gestione SLA, calcoli di chargeback, capacità del server e rotazione del ciclo di vita all'interno della finestra di pianificazione prescritta.

2.2.4.1 Impostare i livelli di servizio delle prestazioni del database

Le prestazioni del sistema, le prestazioni attese sulla disponibilità e il recupero dei dati e le tempistiche attese di risposta ai problemi da parte dei team sono generalmente disciplinate da SLA (Service Level Agreements) tra organizzazioni di IT data management e i proprietari dei dati (Figura 61).

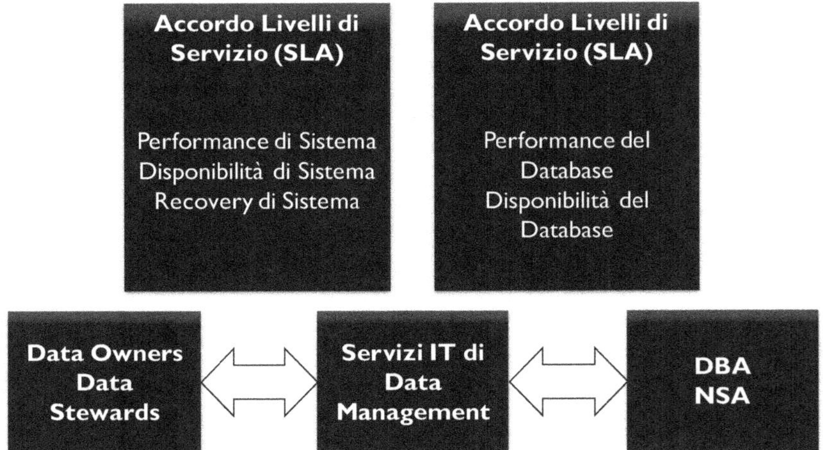

Figura 61 SLA per prestazioni di database e di sistema

In generale, uno SLA identifica gli archi di tempo nei quali si prevede che il database sia disponibile all'uso. Spesso uno SLA identifica un tempo massimo di esecuzione consentito per alcune transazioni di applicazione (un mix di query complesse e aggiornamenti). Se il database non è disponibile come concordato o se i tempi di esecuzione del processo violano lo SLA, i proprietari dei dati chiederanno al DBA di identificare e correggere le cause del problema.

2.2.4.2 Gestire la disponibilità del database

La disponibilità è la percentuale di tempo per la quale un sistema o un database può essere utilizzato per il lavoro produttivo. Man mano che le organizzazioni aumentano l'utilizzo dei dati, aumentano i requisiti di disponibilità, così come i rischi e i costi per dati non disponibili. Per soddisfare la domanda più elevata, le finestre temporali di manutenzione si riducono. Sulla disponibilità influiscono quattro fattori correlati:

- **Gestibilità (Manageability)**: capacità di creare e gestire un ambiente
- **Recuperabilità (Recoverability)**: capacità di ristabilire il servizio dopo l'interruzione e correggere errori causati da eventi imprevisti o guasti dei componenti
- **Affidabilità (Reliability)**: capacità di fornire servizi a determinati livelli per un periodo dichiarato
- **Facilità di manutenzione (Serviceability)**: capacità di identificare l'esistenza di problemi, diagnosticarne la causa e ripararli/risolverli

Molte cose possono impedire la disponibilità dei database, tra cui:

- Interruzioni pianificate
    - Per manutenzione

- o   Per aggiornamenti
- Interruzioni non pianificate
  - o   Perdita dell'hardware del server
  - o   Guasto hardware del disco
  - o   Malfunzionamento del sistema operativo
  - o   Errore del software DBMS
  - o   Perdita del sito del data center
  - o   Errore di rete
- Problemi di applicazione
  - o   Problemi di sicurezza e autorizzazione
  - o   Gravi problemi di prestazioni
  - o   Errori di ripristino
- Problemi sui dati
  - o   Danneggiamento dei dati (a causa di bug, errori di progettazione o errore dell'utente)
  - o   Perdita di oggetti del database
  - o   Perdita di dati
  - o   Errore di replica dei dati
- Errore umano

I DBA sono tenuti a fare tutto il possibile per garantire che i database rimangano online e operativi, tra cui:

- Esecuzione di utilità di backup del database
- Esecuzione di utilità di riorganizzazione del database
- Esecuzione di utilità di raccolta di statistiche
- Esecuzione di utilità di controllo dell'integrità
- Automatizzazione dell'esecuzione di queste utilità
- Sfruttamento del clustering e partizionamento dello spazio tabellare
- Replica dei dati sui database mirror per garantire un'elevata disponibilità

2.2.4.3 Gestire l'esecuzione del database

I DBA stabiliscono e monitorano anche l'esecuzione del database, l'uso dei log delle modifiche dei dati e la sincronizzazione di ambienti duplicati. Le dimensioni e le posizioni dei log richiedono spazio e in alcuni casi possono essere trattate come database basati su file autonomi. Devono essere gestite anche altre applicazioni che consumano i log, onde garantire l'uso dei log corretti al livello di logging richiesto. Maggiore è il numero di dettagli registrati, maggiori sono lo spazio e il processing necessari, che possono influire negativamente sulle prestazioni.

2.2.4.4 Mantenere i livelli di servizio delle prestazioni del database

I DBA ottimizzano le prestazioni del database sia in modo proattivo sia in modo reattivo, monitorando le prestazioni e rispondendo ai problemi in modo rapido e competente. La maggior parte dei DBMS offre la funzionalità di monitoraggio delle prestazioni, consentendo ai DBA di generare report di analisi.

La maggior parte dei sistemi operativi server ha funzionalità di monitoraggio e reporting simili. I DBA devono eseguire regolarmente rapporti sulle attività e sulle prestazioni sia sul DBMS sia sul server, anche durante periodi di attività intensa; devono infine confrontare questi rapporti con quelli precedenti per identificare eventuali trend negativi e salvarli per aiutare ad analizzare i problemi nel tempo.

2.2.4.4.1 Prestazioni delle transazioni vs. prestazioni dei batch

Il movimento dei dati può avvenire in tempo reale attraverso transazioni online. Tuttavia, molte attività di trasferimento e trasformazione dei dati vengono eseguite tramite programmi batch, che possono trasferire i dati tra sistemi o semplicemente eseguire operazioni sui dati all'interno di un sistema. Questi processi batch devono essere completati entro finestre specificate nella pianificazione operativa. I DBA e gli specialisti dell'integrazione di dati monitorano le prestazioni dei processi di dati batch, rilevando i tempi di completamento anomali e gli errori, determinandone le cause alla radice e risolvendoli.

2.2.4.4.2 Rimedio dei problemi

Quando si verificano problemi di prestazioni, i team DBA, NSA e Server Administration devono utilizzare strumenti di monitoraggio e amministrazione del DBMS per identificare l'origine del problema. Motivi comuni delle prestazioni scadenti del database comprendono:

- **Allocazione o conflitto di memoria (Memory allocation or contention)**: un buffer o una cache per i dati.

- **Bloccaggio (Locking and blocking)**: in alcuni casi, un processo in esecuzione nel database può bloccare le risorse del database, quali tabelle o pagine di dati e bloccare un altro processo che le richiede. Se il problema persiste, il DBA può interrompere il processo bloccante. In alcuni casi, può verificarsi il "deadlock" (stallo) di due processi, con ciascun processo che blocca le risorse necessarie all'altro. La maggior parte dei DBMS termina automaticamente uno di questi processi dopo un intervallo di tempo. Questi tipi di problemi sono spesso il risultato di scarsa qualità nel database o nell'applicazione.

- **Statistiche del database non accurate**: la maggior parte dei DBMS relazionali dispone di un ottimizzatore di query incorporato, basato su statistiche memorizzate su dati e indici per prendere decisioni su come eseguire una determinata query nel modo più efficace. Queste statistiche devono essere aggiornate frequentemente, specialmente nei database attivi. In caso contrario, si avranno query poco efficaci.

- **Codifica di scarsa qualità**: forse la causa più comune delle scarse prestazioni del database è l'SQL codificato in modo scadente. Agli sviluppatori di query è richiesta una comprensione di base sul funzionamento dell'ottimizzatore di query SQL. Devono codificare l'SQL in modo da sfruttare al massimo le funzionalità dell'ottimizzatore. Alcuni sistemi consentono l'incapsulamento di SQL complesso in stored procedure, che possono essere precompilate e pre-ottimizzate, piuttosto che incorporate nel codice dell'applicazione o nei file di script.

- **Join di tabelle complessi inefficienti**: utilizzare le viste per predefinire i join di tabelle complessi. Inoltre, evitare l'uso di SQL complesso (ad es. Join di tabelle) nelle funzioni del database; a differenza delle stored procedure, queste non risultano trasparenti per l'ottimizzatore di query.

- **Indicizzazione insufficiente**: codificare query complesse e query che coinvolgono tabelle di grandi dimensioni per utilizzare indici creati sulle tabelle. Creare gli indici necessari a supportare queste query. Prestare attenzione a non creare troppi indici su tabelle fortemente aggiornate, poiché ciò rallenta il processo di aggiornamento.

- **Attività dell'applicazione**: idealmente, le applicazioni devono essere eseguite su un server separato dal DBMS, in modo che non siano in competizione per le risorse. Configurare e mettere a punto i server di database per le massime prestazioni. Inoltre, i nuovi DBMS classi .NET in oggetti di database ed eseguirli ne DBMS. Prestare attenzione nell'utilizzo di questa funzionalità. In certi casi può essere molto utile, tuttavia l'esecuzione del codice dell'applicazione sul server di database può influire sull'interoperabilità, sull'architettura dell'applicazione e sulle prestazioni dei processi del database.

- **Server sovraccarichi**: per i DBMS che supportano più database e applicazioni, potrebbe esserci un punto limite in cui l'aggiunta di ulteriori database ha un effetto negativo sulle prestazioni dei database esistenti. In questo caso, è opportuno creare un nuovo server di database. In aggiunta, si suggerisce di riposizionare i database divenuti molto grandi o che sono utilizzati più pesantemente rispetto a prima, su un altro server. In alcuni casi, è possibile risolvere i problemi con database di grandi dimensioni archiviando i dati meno utilizzati in un'altra posizione o eliminando i dati scaduti o obsoleti.

- **Volatilità del database**: in alcuni casi, un numero elevato di inserimenti ed eliminazioni di tabelle nel breve periodo può creare statistiche di distribuzione del database inaccurate. In questi casi, si consiglia di disattivare l'aggiornamento delle statistiche del database per queste tabelle, poiché le statistiche errate influiranno negativamente sull'ottimizzatore di query.

- **Query runaway**: gli utenti potrebbero lanciare involontariamente l'esecuzione di query che utilizzano la maggior parte delle risorse condivise del sistema. Utilizzare le classifiche o i query governor per interrompere o sospendere queste query finché non possono essere valutate e migliorate.

Una volta identificata la causa del problema, il DBA intraprenderà qualsiasi azione necessaria per risolvere il problema, compresa la collaborazione con gli sviluppatori di applicazioni per migliorare e ottimizzare il codice del database e archiviare o eliminare i dati che non sono più attivamente necessari ai processi applicativi. In casi eccezionali per database di tipo OLTP, il DBA potrebbe considerare di lavorare con il modellatore dati per ristrutturare la parte interessata del database; è opportuno eseguire queste attività solo dopo aver provato altre misure (ad es., la creazione di viste e indici e la riscrittura del codice SQL), e solo dopo un'attenta considerazione delle possibili conseguenze, quali la perdita dell'integrità dei dati o l'aumento della complessità delle query SQL a fronte di tabelle denormalizzate.

Per i database analitici e di reporting di sola lettura, la denormalizzazione per migliorare le prestazioni e la facilità di accesso è la regola invece che l'eccezione e non rappresenta alcuna minaccia o rischio.

2.2.4.5 Mantenere ambienti alternativi

I database non rimangono invariati nel tempo dopo la loro creazione; le regole di business, i processi di business e la tecnologia cambiano. Gli ambienti di sviluppo e test consentono di testare le modifiche prima che vengano introdotte in un ambiente di produzione. I DBA possono creare copie complete o secondarie delle strutture e dei dati del database su altri ambienti per consentire lo sviluppo e il test delle modifiche del sistema. Esistono diversi tipi di ambienti alternativi.

- Gli **ambienti di sviluppo (Development Environment)** sono utilizzati per creare e testare le modifiche che saranno implementate in produzione. L'ambiente di sviluppo deve essere mantenuto per assomigliare il più possibile all'ambiente di produzione, sebbene con risorse ridotte.

- **Gli ambienti di test** hanno diversi scopi: QA, test di integrazione, UAT e test delle prestazioni. Idealmente, l'ambiente di test ha anche lo stesso software e hardware di quello di produzione. In particolare, gli ambienti utilizzati per il test delle prestazioni non dovrebbero avere minori risorse.

- Si utilizzano ambienti **sandbox** o sperimentali per verificare ipotesi e sviluppare nuovi utilizzi dei dati. In generale, i DBA impostano, concedono l'accesso e monitorano l'utilizzo di questi ambienti. Devono inoltre garantire che i sandbox siano isolati e non influenzino negativamente le operazioni di produzione.

- Sono necessari **ambienti di produzione alternativi** per supportare backup offline, failover e sistemi di supporto della resilienza. Questi sistemi devono essere identici ai sistemi di produzione, sebbene il sistema di backup (e ripristino) possa essere ridimensionato in termini di capacità di elaborazione in quanto è principalmente dedicato alle attività di I/O.

2.2.5 Gestire i set di dati di test

I test del software richiedono molto lavoro e rappresentano quasi la metà del costo dello sviluppo del sistema. Test efficienti richiedono dati di test di alta qualità che devono essere gestiti. La generazione dei dati di test è un passaggio cruciale nel test del software.

I dati di test sono dati che sono stati specificamente identificati per testare un sistema. I test possono includere la verifica che un dato insieme di input produca un output previsto o che metta alla prova la capacità della programmazione di rispondere a input insoliti, estremi, eccezionali o imprevisti. I dati di test possono essere completamente inventati o generati usando valori privi di significato oppure essere dati di esempio. I dati di esempio possono essere un sottoinsieme dei dati di produzione effettivi (per contenuto o struttura) o generati dai dati di produzione. I dati di produzione possono essere filtrati o aggregati per creare più serie di dati di esempio, secondo le necessità. Nei casi in cui i dati di produzione contengano dati protetti o soggetti a restrizioni, i dati di esempio devono essere mascherati.

I dati dei test possono essere prodotti in modo mirato o sistematico (come avviene tipicamente nei test di funzionalità) mediante statistiche o filtri, o mediante altri approcci meno focalizzati (come avviene tipicamente in test automatizzati randomizzati ad alto volume). I dati di test possono essere prodotti dal tester, da un programma o da una funzione a supporto del tester o da una copia dei dati di produzione appositamente selezionati e sottoposti a screening. I dati dei test possono essere salvati per il riutilizzo a breve termine, creati e gestiti per supportare i test di regressione, o utilizzati una volta e poi rimossi - sebbene nella maggior parte delle organizzazioni, la pulizia dopo i progetti non includa questo passaggio. I DBA devono monitorare i dati dei test di progetto e assicurarsi che i dati dei test obsoleti vengano eliminati regolarmente onde preservare la capacità del sistema. Per determinati tipi di test non è sempre possibile produrre dati sufficienti, in particolare per i test delle prestazioni. La quantità di dati di test da generare è determinata o limitata da fattori quali il tempo, i costi e la qualità; infine viene interessata anche dalla regolamentazione che limita l'uso dei dati di produzione in un ambiente di test. (Vedere Capitolo 7)

2.2.6 Gestire la migrazione dei dati

La migrazione dei dati è il processo di trasferimento dei dati tra tipi di storage, formati o sistemi computerizzati, con le minime variazioni possibili. La modifica dei dati durante la migrazione è discussa nel Capitolo 8.

La migrazione dei dati è un fattore chiave per qualsiasi implementazione, aggiornamento o consolidamento del sistema. Di solito viene eseguita a livello di codice, essendo automatizzata in base alle regole. Tuttavia, le persone devono assicurarsi che le regole e i programmi siano eseguiti correttamente. La migrazione dei dati avviene per svariati motivi, tra cui sostituzioni o aggiornamenti di server o dispositivi di storage, consolidamento di siti web, manutenzione di server o riposizionamento di data center. La maggior parte delle implementazioni consente che ciò avvenga in modo non disruptive, ad esempio, simultaneamente mentre l'host continua a eseguire I/O sul disco logico (o LUN).

Il livello di dettaglio della mappatura determina la velocità con cui i Metadati possono essere aggiornati, la quantità di capacità supplementare necessaria durante la migrazione e la velocità con cui la posizione precedente viene contrassegnata come libera. Una granularità ridotta significa un aggiornamento più rapido, meno spazio richiesto e una più rapida liberazione dello spazio disponibile.

Molte attività quotidiane che un amministratore di storage deve eseguire possono essere completate in modo semplice e simultaneo utilizzando le tecniche di migrazione dei dati:

- Trasferendo i dati di un dispositivo di storage sovraccarico su un ambiente separato
- Trasferendo i dati su un dispositivo di storage più veloce in base alle esigenze
- Implementando una policy di gestione del ciclo di vita delle informazioni
- Eseguendo la migrazione dei dati dai vecchi dispositivi di storage (sia in fase di eliminazione sia off-lease) su storage offline o cloud

Durante la migrazione viene comunemente eseguito il risanamento (Remediation) automatico e manuale dei dati, per migliorare la qualità dei dati, eliminare le informazioni obsolete o ridondanti e soddisfare i requisiti del nuovo sistema. Le fasi di migrazione dei dati (progettazione, estrazione, risanamento, caricamento, verifica) per le applicazioni di complessità da moderata ad elevata vengono comunemente ripetute diverse volte prima dell'implementazione del nuovo sistema.

3. Strumenti

Oltre agli stessi sistemi di database management, i DBA utilizzano numerosi altri strumenti per la gestione dei database. Ad esempio, strumenti di modellazione e altri strumenti di sviluppo delle applicazioni, interfacce che consentono agli utenti di scrivere ed eseguire query, strumenti di valutazione e modifica dei dati per il miglioramento della qualità degli stessi e strumenti di monitoraggio del carico delle prestazioni.

3.1 Strumenti di modellazione di dati

Gli strumenti di modellazione di dati automatizzano molte delle attività eseguite dal modellatore dati. Alcuni strumenti di modellazione di dati consentono la generazione del linguaggio di definizione dei dati del database (Database Data Definition Language). La maggior parte supporta il reverse engineering dal database a un modello dati. Gli strumenti più sofisticati convalidano gli standard di denominazione, controllano l'ortografia, memorizzano i Metadati come le definizioni e il lineage e consentono persino la pubblicazione sul web. (Vedere Capitolo 5)

3.2 Strumenti di monitoraggio del database

Gli strumenti di monitoraggio del database automatizzano il monitoraggio delle metriche chiave, quali capacità, disponibilità, prestazioni della cache, statistiche degli utenti, etc. e avvisano i DBA e gli NSA sui problemi del database. La maggior parte di tali strumenti può monitorare simultaneamente più tipi di database.

3.3 Strumenti di gestione del database

I sistemi di database includono spesso strumenti di gestione. Inoltre, diversi pacchetti software di terzi consentono ai DBA di gestire più database. Queste applicazioni comprendono funzioni di configurazione, installazione di patch e aggiornamenti, backup e ripristino, clonazione del database, gestione dei test e routine di pulizia dei dati.

3.4 Strumenti di supporto per gli sviluppatori

Gli strumenti di supporto per gli sviluppatori contengono un'interfaccia visiva per la connessione e l'esecuzione di comandi su un database. Alcuni sono inclusi nel software di gestione del database. Altri includono applicazioni di terzi.

4. Tecniche

4.1 Test in ambienti inferiori

Per aggiornamenti e patch dei sistemi operativi, software di database, modifiche di database e modifiche del codice, è prassi installare e testare prima sull'ambiente di livello inferiore, solitamente quello di sviluppo. Una volta testato al livello inferiore, si prosegue installando sui livelli superiori successivi e, per ultimo, sull'ambiente di produzione. In tal modo gli installatori acquisiscono esperienza relativamente all'aggiornamento o alla patch e possono ridurre al minimo le interruzioni negli ambienti di produzione.

4.2 Standard di denominazione fisica

La coerenza nella denominazione accelera la comprensione. Data architect, sviluppatori di database e DBA possono utilizzare gli standard di denominazione per definire Metadati o creare regole per lo scambio di documenti tra organizzazioni.

Lo standard ISO/IEC 11179 - Registri dei Metadati (Metadata registries - MDR), tratta la semantica e la rappresentazione dei dati e la registrazione delle descrizioni di tali dati. Tramite queste descrizioni è possibile acquisire un'accurata comprensione della semantica e un'utile rappresentazione dei dati.

La sezione significativa per i database fisici all'interno di tali standard è la Parte 5 - Principi di denominazione e identificazione, che descrive come formulare convenzioni per la denominazione degli elementi di dati e dei relativi componenti.

4.3 Uso degli script per tutte le modifiche

È estremamente rischioso modificare direttamente i dati in un database. Tuttavia, potrebbe sussistere la necessità (ad esempio una variazione annuale nelle strutture del piano dei conti o a seguito di fusioni e acquisizioni, oppure in caso di emergenze) in cui tali modifiche siano indicate a causa della natura "una tantum" della richiesta e/o della mancanza di strumenti appropriati per gestire tali circostanze. È utile inserire le modifiche da apportare in file di script di aggiornamento e testarle accuratamente in ambienti non di produzione prima di applicarle all'ambiente di produzione.

5. Linee guida per l'implementazione

5.1 Valutazione della prontezza/Valutazione del rischio

Il concetto di valutazione della prontezza e del rischio ruota intorno a due idee centrali: il rischio della perdita di dati e il rischio correlato alla prontezza tecnologica.

- **Perdita dei dati**: i dati possono essere persi a causa di errori tecnici o procedurali o per dolo. Le organizzazioni devono mettere in atto strategie per ridurre questi rischi. I Service Level Agreement spesso specificano i requisiti generali per la protezione; gli SLA devono essere supportati da procedure ben documentate. È necessaria una valutazione continua per garantire che siano presenti solide risposte tecniche onde evitare la perdita di dati per dolo, dal momento che le minacce informatiche sono in continua evoluzione. Si raccomandano audit sui SLA e audit dei dati per valutare e pianificare la riduzione dei rischi.

- **Prontezza tecnologica**: le tecnologie più recenti, quali NoSQL, Big Data, triple store e FDMS richiedono prontezza (Readiness) nelle competenze e nell'esperienza IT. Molte organizzazioni non hanno le competenze necessarie per sfruttare queste nuove tecnologie. DBA, ingegneri di sistema e sviluppatori di applicazioni e utenti di business devono essere pronti a sfruttarne i vantaggi nella BI e in altre applicazioni.

5.2 Organizzazione e cambiamento culturale

Spesso i DBA non promuovono efficacemente il valore del proprio lavoro all'interno dell'organizzazione. Essi hanno il compito di riconoscere le legittime preoccupazioni dei proprietari e degli utilizzatori di dati, bilanciare le necessità di dati a breve e lungo termine, istruire gli altri operatori dell'organizzazione in merito all'importanza delle buone pratiche di gestione dei dati e ottimizzare le pratiche di sviluppo dei dati per garantire il massimo beneficio per l'organizzazione e il minimo impatto minimo sugli utilizzatori di dati. Trattando i dati come un insieme astratto di principi e pratiche e trascurando gli elementi umani coinvolti, i DBA rischiano di diffondere una mentalità di "noi contro di loro" ed essere considerati dogmatici, poco pratici, poco disponibili e ostruzionisti.

Molte incomprensioni, derivanti da differenti schemi di riferimento, contribuiscono a questo problema. In generale, le organizzazioni considerano l'information technology in termini di applicazioni specifiche e non di dati, e solitamente vedono i dati da un punto di vista incentrato sull'applicazione. Il valore a lungo termine per le organizzazioni di dati sicuri, riutilizzabili e di alta qualità, concepiti come risorsa aziendale, non viene riconosciuto né apprezzato con altrettanta facilità.

Gli sviluppatori di applicazioni spesso considerano la gestione dei dati come un impedimento allo sviluppo delle applicazioni stesse, come qualcosa che rende i progetti di sviluppo più lunghi e più costosi senza fornire vantaggi supplementari. I DBA si sono adattati lentamente ai cambiamenti tecnologici (ad esempio, XML, oggetti e architetture orientate ai servizi) e ai nuovi metodi di sviluppo delle applicazioni (ad esempio, Agile Development, XP e Scrum). Gli sviluppatori, d'altro canto, spesso non riescono a riconoscere come le buone pratiche di gestione dei dati possano aiutarli a raggiungere i loro obiettivi a lungo termine di riutilizzo di oggetti e applicazioni e una vera e propria architettura applicativa orientata ai servizi.

I DBA e altri professionisti di data management possono aiutare a superare questi ostacoli organizzativi e culturali. Possono favorire un approccio più utile e collaborativo per soddisfare le esigenze di dati e informazioni dell'organizzazione seguendo i principi guida per identificare e agire sulle opportunità di automazione, costruendo per il riutilizzo, applicando le best practice, collegando gli standard di database ai requisiti di supporto e definendo specifiche di progetto dettagliate. Oltre a ciò, dovrebbero:

- **Comunicare in modo proattivo**: i DBA devono essere in stretta comunicazione con i team di progetto, sia durante lo sviluppo sia dopo l'implementazione, per rilevare e risolvere eventuali problemi il prima possibile. Devono esaminare il codice di accesso ai dati, le stored procedure, le viste e le funzioni del database scritte dai team di sviluppo e aiutare a risolvere eventuali problemi con la progettazione del database.

- **Comunicare con le persone al loro livello e nei loro termini**: è meglio parlare con i businessmen in termini di esigenze di business e ROI e con gli sviluppatori in termini di orientamento agli oggetti, accoppiamento libero e facilità di sviluppo.

- **Rimanere concentrati sul business**: l'obiettivo dello sviluppo delle applicazioni è soddisfare i requisiti di business e ricavare il massimo valore dal progetto.

- **Essere utili**: dire sempre "no" alle persone incoraggia a ignorare gli standard e a trovare vie alternative. Riconoscere le necessità delle persone e non aiutarle nella riuscita diventa reciprocamente dannoso.

- **Apprendere continuamente**: valutare le battute d'arresto riscontrate durante un progetto a titolo di lezioni apprese e applicarle nei progetti futuri. Se insorgono problemi a causa di errori commessi, utilizzarli in futuro come lezioni per compiere le azioni corrette.

Riassumendo, è necessario comprendere gli stakeholder e le loro esigenze e sviluppare standard chiari, concisi, pratici, orientati al business per fare il miglior lavoro possibile, nel miglior modo possibile. Inoltre, è opportuno insegnare e implementare tali standard in modo da offrire il massimo valore agli stakeholder così da guadagnarne il rispetto.

---

6. Data Storage e Operations Governance

6.1 Metriche

Le metriche di Data Storage possono includere:
- Numero di database per tipo
- Statistiche aggregate delle transazioni
- Metriche di capacità, come

- o Quantità di storage utilizzato
- o Numero di contenitori di storage
- o Numero di oggetti di dati in termini di blocchi o pagine committed e uncommitted
- o Dati in coda
- Utilizzo di servizi di storage
- Richieste fatte a fronte dei servizi di storage
- Miglioramenti delle prestazioni delle applicazioni che utilizzano un servizio

Le metriche delle prestazioni possono essere utilizzate per misurare:
- Frequenza e quantità delle transazioni
- Prestazioni delle query
- Prestazioni del servizio API (application programming interface)

Le metriche operative possono consistere in:
- Statistiche aggregate sul tempo di recupero dei dati
- Dimensione di backup
- Misure di data quality
- Disponibilità

Le metriche del servizio possono includere
- Invio del problema, risoluzione e numero di escalation per tipo
- Tempo di risoluzione del problema

I DBA devono discutere la necessità di metriche con i data architect e i team di Data Quality.

6.2 Monitoraggio degli asset informativi

Parte della data storage governance implica la garanzia che un'organizzazione rispetti tutti gli accordi di licenza e i requisiti normativi. È necessario monitorare e condurre con cura audit annuali della licenza del software e dei costi annuali di assistenza, nonché i contratti di locazione del server e altri costi fissi. Non essere conformi agli accordi di licenza pone seri rischi finanziari e legali all'organizzazione.

I dati di audit possono aiutare a determinare il costo totale di proprietà (Total Cost of Ownership – TCO) per ciascun tipo di tecnologia e prodotto tecnologico. Risulta opportuno valutare regolarmente tecnologie e prodotti che stanno diventando obsoleti, non supportati, meno utili o troppo costosi.

6.3 Audit dei dati e convalida dei dati

Un audit dei dati consiste nella valutazione di un set di dati basata su criteri definiti. Solitamente, viene eseguito un audit per indagare su specifici problemi relativi a un set di dati, e tale audit è progettato per determinare se i dati siano stati archiviati in conformità ai requisiti contrattuali e metodologici. L'approccio dell'audit dei dati può comprendere una checklist di progetto specifica e completa, i deliverable richiesti e i criteri di controllo della qualità.

La convalida dei dati è il processo di valutazione dei dati memorizzati a fronte dei criteri di accettazione stabiliti per determinarne la qualità e l'usabilità. Le procedure di convalida dei dati dipendono dai criteri stabiliti dal team Data Quality (se presente) o da altri requisiti degli utilizzatori di dati. I DBA supportano parte degli audit e convalida dei dati:

- Aiutando a sviluppare e a rivedere l'approccio
- Eseguendo lo screening e la revisione dei dati preliminari
- Sviluppando metodi di monitoraggio dei dati
- Applicando tecniche statistiche, geo-statistiche e bio-statistiche per ottimizzare l'analisi dei dati
- Supportando campionamento e analisi
- Rivedendo i dati
- Fornendo supporto al data discovery
- Agendo come SME per domande relative all'amministrazione del database

---

7. Opere Citate / Consigliate

Amir, Obaid. *Storage Data Migration Guide.* 2012. Kindle.

Armistead, Leigh. *Information Operations Matters: Best Practices.* Potomac Books Inc., 2010. Print.

Axelos Global Best Practice (ITIL website). http://bit.ly/1H6SwxC.

Bittman, Tom. "Virtualization with VMWare or HyperV: What you need to know." Gartner Webinar, 25 November, 2009. http://gtnr.it/2rRl2aP, Web.

Brewer, Eric. "Toward Robust Distributed Systems." PODC Keynote 2000. http://bit.ly/2sVsYYv Web.

Dunham, Jeff. *Database Performance Tuning Handbook.* McGraw-Hill, 1998. Print.

Dwivedi, Himanshu. *Securing Storage: A Practical Guide to SAN and NAS Security.* Addison-Wesley Professional, 2005. Print.

EMC Education Services, ed. *Information Storage and Management: Storing, Managing, and Protecting Digital Information in Classic, Virtualized, and Cloud Environments.* 2nd ed. Wiley, 2012. Print.

Finn, Aidan, et al. *Microsoft Private Cloud Computing.* Sybex, 2013. Print.

Finn, Aidan. *Mastering Hyper-V Deployment.* Sybex. 2010. Print.

Fitzsimmons, James A. and Mona J. Fitzsimmons. *Service Management: Operations, Strategy, Information Technology.* 6th ed. Irwin/McGraw-Hill, 2007. Print with CDROM.

Gallagher, Simon, et al. *VMware Private Cloud Computing with vCloud Director.* Sybex. 2013. Print.

Haerder, T. and A Reuter. "Principles of transaction-oriented database recovery". *ACM Computing Surveys* 15 (4) (1983). https://web.stanford.edu/class/cs340v/papers/recovery.pdf Web.

Hitachi Data Systems Academy, *Storage Concepts: Storing and Managing Digital Data.* Volume 1. HDS Academy, Hitachi Data Systems, 2012. Print.

Hoffer, Jeffrey, Mary Prescott, and Fred McFadden. *Modern Database Management.* 7th Edition. Prentice Hall, 2004. Print.

Khalil, Mostafa. *Storage Implementation in vSphere 5.0.* VMware Press, 2012. Print.

Kotwal, Nitin. *Data Storage Backup and Replication: Effective Data Management to Ensure Optimum Performance and Business Continuity.* Nitin Kotwal, 2015. Amazon Digital Services LLC.

Kroenke, D. M. *Database Processing: Fundamentals, Design, and Implementation.* 10th Edition. Pearson Prentice Hall, 2005. Print.

Liebowitz, Matt et al. *VMware vSphere Performance: Designing CPU, Memory, Storage, and Networking for Performance-Intensive Workloads.* Sybex, 2014. Print.

Matthews, Jeanna N. et al. *Running Xen: A Hands-On Guide to the Art of Virtualization.* Prentice Hall, 2008. Print.

Mattison, Rob. *Understanding Database Management Systems.* 2nd Edition. McGraw-Hill, 1998. Print.

McNamara, Michael J. *Scale-Out Storage: The Next Frontier in Enterprise Data Management.* FriesenPress, 2014. Kindle.

Mullins, Craig S. *Database Administration: The Complete Guide to Practices and Procedures.* Addison-Wesley, 2002. Print.

Parsaye, Kamran and Mark Chignell. *Intelligent Database Tools and Applications: Hyperinformation Access, Data Quality, Visualization, Automatic Discovery.* John Wiley and Sons, 1993. Print.

Pascal, Fabian. *Practical Issues in Database Management: A Reference for The Thinking Practitioner.* Addison-Wesley, 2000. Print.

Paulsen, Karl. *Moving Media Storage Technologies: Applications and Workflows for Video and Media Server Platforms.* Focal Press, 2011. Print.

Piedad, Floyd, and Michael Hawkins. *High Availability: Design, Techniques and Processes.* Prentice Hall, 2001. Print.

Rob, Peter, and Carlos Coronel. *Database Systems: Design, Implementation, and Management.* 7th Edition. Course Technology, 2006. Print.

Sadalage, Pramod J., and Martin Fowler. *NoSQL Distilled: A Brief Guide to the Emerging World of Polyglot Persistence.* Addison-Wesley, 2012. Print. Addison-Wesley Professional.

Santana, Gustavo A. *Data Center Virtualization Fundamentals: Understanding Techniques and Designs for Highly Efficient Data Centers with Cisco Nexus, UCS, MDS, and Beyond.* Cisco Press, 2013. Print. Fundamentals.

Schulz, Greg. *Cloud and Virtual Data Storage Networking.* Auerbach Publications, 2011. Print.

Simitci, Huseyin. *Storage Network Performance Analysis.* Wiley, 2003. Print.

Tran, Duc A. *Data Storage for Social Networks: A Socially Aware Approach.* 2013 ed. Springer, 2012. Print. Springer Briefs in Optimization.

Troppens, Ulf, et al. *Storage Networks Explained: Basics and Application of Fibre Channel SAN, NAS, iSCSI, InfiniBand and FCoE.* Wiley, 2009. Print.

US Department of Defense. *Information Operations: Doctrine, Tactics, Techniques, and Procedures.* 2011. Kindle.

VMware. *VMware vCloud Architecture Toolkit (vCAT): Technical and Operational Guidance for Cloud Success.* VMware Press, 2013. Print.

Wicker, Stephen B. *Error Control Systems for Digital Communication and Storage.* US ed. Prentice-Hall, 1994. Print.

Zarra, Marcus S. *Core Data: Data Storage and Management for iOS, OS X, and iCloud.* 2nd ed. Pragmatic Bookshelf, 2013. Print. Pragmatic Programmers.

Data Security

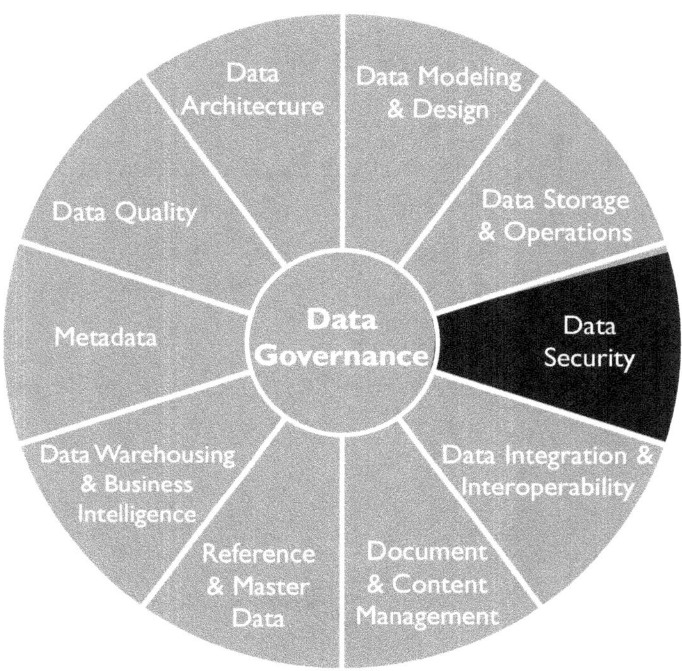

DAMA-DMBOK2 Data Management Framework

Copyright © 2017 by DAMA International

1. Introduzione

Data Security racchiude la pianificazione, lo sviluppo e l'esecuzione delle politiche e procedure di sicurezza necessarie per garantire la corretta autenticazione, autorizzazione, accesso e verifica degli asset di dati e informazioni. Le specifiche della data security (per es.: quali dati necessitano di essere protetti) differiscono a seconda dell'industria e della nazione, ma in ogni caso lo scopo delle pratiche di data security rimane sempre lo stesso: proteggere gli asset di dati e informazioni in ottemperanza alle leggi sulla privacy e la riservatezza, alle clausole contrattuali e alle esigenze del business. Queste esigenze possono nascere da:

- **Stakeholder** (portatori di interesse): le organizzazioni devono riconoscere e garantire i bisogni in termini di privacy e riservatezza di tutti gli stakeholder (a seconda del settore: clienti, pazienti, studenti, cittadini, fornitori, partner d'affari). Ciascuno, all'interno di un'organizzazione, deve essere responsabile fiduciario dei dati degli stakeholder

- **Legislazione**: le leggi che esistono per garantire e proteggere gli interessi delle persone possono avere differenti scopi e finalità: restingere e vincolare l'accesso alle informazioni, oppure assicurarne la disponibilità, trasparenze e responsabilità.

- **Aspetti legati ai dati di business**: ogni organizzazione ha dei dati privati da proteggere, riguardo ai propri clienti, che se efficacemente utilizzati possono portare a dei vantaggi competitivi. Se questi dati confidenziali sono rubati o violati, l'organizzazione può perdere il suo vantaggio competitivo

- **Necessità legittime di accesso (ai dati)**: quando un'organizzazione mette in sicurezza i dati, deve al contempo assicurare e permettere gli accessi legittimi ai dati stessi. I processi di business necessitano per loro natura che le persone in determinati ruoli possano accedere, utilizzare e manutenere i dati.

- **Obblighi contrattuali**: Gli accordi contrattuali e di riservatezza (non-disclosure agreements) hanno anch'essi un'influenza sulla sicurezza dei dati. Un esempio sono gli standard PCI (Payment Card Industry), un accordo tra le compagnie di carte di credito e le singole aziende, che prevedono che certi specifici tipi di dati siano protetti in determinati modi (es. Obbligo di crittografia delle password dei clienti).

Politiche e procedure efficaci sulla sicurezza dei dati assicurano che le persone corrette possano utilizzare e aggiornare i dati nel modo corretto e che di contro tutti gli accessi non consentiti siano impediti (Ray, 2002) (cfr. figura 62).

Figura 62 le sorgenti dei requisiti sulla Data Security

Comprendere e soddisfare gli interessi e i bisogni di privacy e riservatezza di tutti gli stakeholder (come sopra definiti) è il più alto fine di ogni organizzazione. Clienti, fornitori e le relazioni che si allacciano tra gli stakeholder si basano e dipendono dall'utilizzo responsabile dei dati.

Data Security

Definizione: Definizione, pianificazione, sviluppo ed esecuzione di policy e procedure di sicurezza per fornire l'autenticazione, l'autorizzazione, l'accesso e il controllo appropriati degli asset di dati e informazioni.

Obiettivi:
1. Consentire un accesso appropriato e impedire l'accesso inappropriato agli asset di dati aziendali.
2. Comprendere e rispettare tutte le normative e le norme pertinenti in materia di privacy, protezione e riservatezza.
3. Garantire che le esigenze di privacy e riservatezza di tutte le parti interessate siano applicate e controllate.

Drivers di Business

Inputs:
- Obiettivi e Strategia di Business
- Regole di Business e processi
- Requisiti Normativi
- Standard di Enterprise Architecture
- Enterprise Data Model

Attività:
1. Identificare Requisiti Rilevanti di Data Security (P)
2. Definire Policy di Data Security(C)
3. Definire Standard di Data Security (D)
4. Valutare I Rischi attuali di Sicurezza (P)
5. Implementare Controlli e Procedure (O)

Deliverables:
- Architettura di Data security
- Policy di Data security
- Standard di privacy riservatezza sui Dati
- Controlli di sicurezza di accesso ai Dati
- Viste di accesso ai Dati conformi alle Normative
- Classificazioni di sicurezza documentate
- Cronologia di Autenticazione e accesso utenti
- Relazioni di audit di Data Security

Fornitori:
- IT Steering Committee
- Enterprise Architect
- Governo
- Organismi di Regolamentazione

Coinvolgimenti:
- Data Stewards
- Team di Information Security
- Auditor Interni
- Process Analysts

Utilizzatori:
- Utenti Business
- Auditor Normativi

Drivers Tecnici

Tecniche:
- Utilizzo CRUDE Matrix
- Distribuzione Immediata di Security Patch
- Attributi di Data Security nei Metadati
- Esigenze di Sicurezza nei Requisiti di Progetto
- Sanificazione Documenti

Strumenti:
- Sistemi di Controllo Accessi
- Software di Protezione
- Tecnologie di Identity Management
- Software di Identificazione / Prevenzione Intrusioni
- Metadati di Tracciatura
- Data Masking / Encryption

Metriche:
- Metriche di Implementazione della Sicurezza
- Metriche di Consapevolezza della Sicurezza
- Metriche di Protezione dei Dati
- Metriche di Incidenti di Sicurezza
- Rate di Proliferazione di Dati Riservati

(P) Pianificazione, (C) Controllo, (D) Sviluppo, (O) Operations

Figura 63 Context Diagram: Data Security

1.1 Business Drivers

La riduzione del rischio e la crescita del business sono i principali driver nelle attività di data security. Assicurare che i dati di un'organizzazione siano al sicuro riduce i rischi e aumento il vantaggio competitivo, tanto che la sicurezza stessa può essere considerata un prezioso asset.

I rischi nel campo della data security sono associati alla conformità legislativa, alla responsabilità fiduciaria tra impresa e stakeholder, alla reputazione e alla responsabilità morale e legale di proteggere informazioni private e sensibili di dipendenti, business partner e clienti. La mancata conformità legislativa o con gli obblighi contrattuali può essere soggetta a multe e sanzioni, le violazioni ai dati possono causare perdita di reputazione (dell'impresa) e della fiducia dei clienti. (cfr. capitolo2)

Nella misura in cui la crescita di un business include il raggiungimento e la sostenibilità di obiettivi operativi, gli elementi legati alla data security quali violazioni o ingiustificate restrizioni agli operatori nell'accesso ai dati, possono impattare direttamente i risultati operativi. Gli obiettivi di mitigazione e riduzione del rischio e della crescita del business possono essere complementari e di mutuo supporto unicamente se sono integrate in una strategia coerente di gestione e protezione di dati e informazioni.

1.1.1 Riduzione del rischio

Al pari dell'incremento delle regolamentazioni sul tema dati – tipicamente come risposta a furti o violazioni – crescono anche i requisiti di conformità; coloro che si occupano di sicurezza sono sempre più spesso chiamati a gestire non solo la conformità dei sistemi IT, ma anche a gestire politiche, procedure, classificazioni dei dati, regole di accesso e autorizzazione attraverso l'intera organizzazione.

Come molti altri aspetti del data management, il modo migliore è affrontare la data security come un'iniziativa che coinvolge l'intera azienda. Senza infatti un'azione coordinata, ciascun dipartimento e business unit troverebbe soluzioni differenti, potenzialmente fra loro inconsistenti, con l'effetto di aumentare i costi senza assicurare una corretta protezione ai dati. Anche architetture o processi poco efficaci possono generare dei costi dovuti a violazioni o perdita di produttività. Solamente una strategia operativa di sicurezza che sia opportunamente finanziata, orientata e focalizzata sui sistemi e consistente attraverso l'intera impresa può ridurre i rischi. Primo passo per garantire la sicurezza delle informazioni è classificare i dati dell'organizzazione al fine di identificare i dati che necessitano di essere protetti; l'intero processo si compone di questi passi:

- **Identificare e classificare i data asset sensibili**: in funzione dell'organizzazione o dell'impresa, possono esserci un piccolo o grande numero di data asset e uno spettro anch'0esso più o meno ampio di dati sensibili (dati personali, sanitari, finanziari...)

- **Localizzare i dati sensibili all'interno dell'organizzazione**: i requisiti di sicurezza possono essere molto variabili a seconda di dove il dato è memorizzato. Ad es. una grossa mole di dati sensibili in una singola posizione determina degli alti rischi legati al danno arrecabile da una singola violazione

- **Determinare come ciascun asset va protetto**: le misure necessarie per garantire la sicurezza possono variare a seconda del dato, in funzione del contenuto e della tecnologia.

- **Definire come i dati e le informazioni interagiscono con i processi aziendali**: l'analisi dei processi di business è necessaria per definire quale accesso deve essere consentito e sotto quali condizioni.

- Oltre a classificare i dati, è necessario definire le minacce esterne (hacker, organizzazioni criminali) e i rischi interni (posti in essere da dipendenti e processi). Molti dati sono persi o resi pubblici a causa di dipendenti non consapevoli della grande sensibilità dei dati o che bypassano le politiche di sicurezza[36]. I dati di vendita lasciati su un sito web hackerato, il database del personale assunto scaricato su un pc portatile che poi viene rubato, informazioni commerciali sensibili non crittografate lasciate sul computer di un manager che poi viene perso sono tutti risultato di controlli di sicurezza mancanti o non correttamente applicati.

L'impatto che le violazioni della sicurezza hanno avuto negli ultimi anni su imprese e marchi ben affermati è risultato in grosse perdite finanziare e di fiducia dei clienti. Tutto questo con un trend di costante crescita negli anni non solo per quanto riguarda gli attacchi criminosi di hacker che diventano nel tempo più sofisticati e mirati, ma riguarda anche il danno arrecato da minacce interne e esterne che siano o meno intenzionali (Kark, 2009).

In un mondo in cui le infrastrutture del business sono quasi completamente elettroniche, sistemi informatici "fidati" ed affidabili stanno divenendo un elemento di differenziazione e di vantaggio competitivo.

1.1.2 Crescita del Business

Le tecnologie elettroniche stanno diventando pervasive nel mondo degli affari, nei mercati e nelle case. Computer fissi e portatili, smartphone, tablet e altri dispositivi sono elementi sempre più fondamentali sia nel business che nell'amministrazione. L'esplosiva crescita dell'e-commerce ha cambiato il modo con cui le organizzazione offrono beni e servizi; le persone sono divenute avvezze nell'utilizzo di transazioni online per condurre il proprio business e per relazionarsi con banche, fornitori di servizi, uffici amministrativi, un affidabile e-commerce porta a crescita e profitto. La qualità di prodotti e servizi è in relazione alla sicurezza delle informazioni in un modo sempre più diretto: una robusta sicurezza delle informazioni permette di effettuare transazioni e costruisce la fiducia del cliente.

1.1.3 La Sicurezza come Asset

Un approccio alla gestione dei dati sensibili è attraverso i Metadati. Le classificazioni di sicurezza e la sensibilità agli aspetti regolatori possono essere identificati sia a livello di singolo elemento dati che a livello di set di dati; esistono delle tecnologie che permettono di taggare i dati in modo che i metadati 'viaggino' con l'informazione mentre questa attraversa i vari processi aziendali. Sviluppare un archivio

---

[36] Uno studio ha definite che "il 70% dei professionisti di IT afferma che l'uso di programmi non autorizzati è la causa della metà degli episodi di perdita di dati nelle loro aziende. Questo convincimento è più comune nelgli USA (74%), Brasile (75%) e India (79%)." Un report della Ponomon group and Symantic Anti-Virus riporta che "l'errore umano e I problem ai sistemi sono la causa dei due terzi delle violazioni di dati nel 2012. http://bit.ly/1dGChAz, http://symc.ly/1FzNo5l, http://bit.ly/2sQ68Ba, http://bit.ly/2tNEkKY.

centralizzato (master) delle caratteristiche dei dati implica che tutte le parti dell'azienda possono sapere con precisione il livello di protezione che un'informazione sensibile deve avere.

Tramite l'applicazione di uno standard comune, questo approccio permette a vari dipartimenti, business unit, venditori di usare gli stessi Metadati e l'utilizzo di Metadati di sicurezza standardizzati, a sua volta, ottimizza la gestione della protezione, guida l'utilizzo dei dati e i processi di supporto tecnico permettendo l'abbassamento dei costi, aiutando nel prevenire accessi non autorizzati e l'abuso dei dati. Quando un dato sensibile è effettivamente riconosciuto come tale, le organizzazioni possono costruire un rapporto di fiducia sia con i clienti che con i partner. I Metadati relativi alla sicurezza diventano così a loro volta asset strategici per incrementare la qualità delle transazioni, il reporting, le analisi sul business, contemporaneamente riducendo i costi per la protezione delle informazioni e i relativi rischi che la perdita o il furto delle informazioni può causare.

1.2 Obiettivi e Principi

1.2.1 Obiettivi

Gli obiettivi delle attività di data security comprendono:

- Permettere gli accessi consentiti ai dati aziendali e prevenire quelli non idonei
- Assicurare la conformità con regolamentazioni e politiche sul rispetto della privacy, della protezione e della confidenzialità
- Assicurare il rispetto dei requisiti di privacy e confidenzialità di tutti gli stakeholder

1.2.2 Principi

La Data security in un'organizzazione deve seguire questi principi guida:

- **Collaborazione**: la Data Security è un impegno collaborativo che coinvolge gli amministratori delle sicurezza IT, i data steward, i team interni e/o esterni di audit e il dipartimento legale

- **Approccio a livello di azienda**: gli standard e le politiche di Data Security vanno applicate in maniera consistente attraverso l'intera organizzazione

- **Gestione proattiva**: Il successo nella gestione della data security dipende dall'esser proattivi e dinamici, dal coinvolgimento di tutti gli stakeholder, dalla gestione del cambiamento e dal superare i vincoli organizzativi e culturali come ad esempio la tradizionale separazione delle responsabilità tra sicurezza informatica, tecnologia, amministrazione e gestione dei dati e stakeholder

- **Chiara responsabilità**: Ruoli e responsabilità devono essere chiaramente definiti, compresa la 'catena di custodia' (chain of custody) dei dati trasversale a organizzazione e ruoli.

- **Metadata-driven (basata sui metadata)**: la classificazione di sicurezza dei dati è una parte essenziale della definizione stessa dei dati.

- **Ridurre il rischio riducendo l'esposizione**: Minimizzare la proliferazione di dati sensibili e/o confidenziali, soprattutto in ambienti non produttivi.

1.3 Concetti Essenziali

La sicurezza delle informazioni ha un suo specifico vocabolario: conoscere i termini chiave permette un'articolazione più chiara dei requisiti di governance e gestione.

1.3.1 Vulnerabilità

Una *vulnerabilità* è una debolezza o un difetto nel sistema che fa sì che possa essere attaccato con successo e compromesso: in pratica un buco delle difese dell'organizzazione. Alcune vulnerabilità sono chiamate *exploit*.

Esempi di quanto sopra includono reti di computer con protocolli di sicurezza obsoleti, pagine web non protette da password robuste, utenti non edotti sull'ignorare allegati mail da indirizzi sconosciuti, software aziendali non protetti contro la possibilità di cedere il controllo del sistema in caso di attacco hacker.

In molti casi gli ambienti non di produzione risultano essere più vulnerabili rispetto a quelli di produzione: è quindi critico mantenere ambienti separati.

1.3.2 Minacce

Una *minaccia* è un'azione potenzialmente offensiva che può essere intrapresa contro un'organizzazione. Le minacce possono essere interne ed esterne e non necessariamente sono malevole. Una persona interna (all'organizzazione) e poco cauta ed informata può mettere in atto delle azioni offensive senza averne coscienza. Le minacce possono essere relative a specifiche vulnerabilità, che dovranno quindi avere la più alta priorità per la bonifica. Inoltre ogni minaccia dovrebbe essere messa in relazione ad una azione in grado di prevenire la minaccia stessa oppure di limitarne gli effetti dannosi. L'occorrenza di una minaccia è anche chiamato *superficie vulnerabile (attack surface)*.

Esempi di minacce possono essere mail con allegati infetti da virus, processi che saturano i server di rete e determinano l'impossibilità di effettuare le normali transazioni di business (anche detti attacchi di negazione dei servizi – denial of service attack) e anche lo sfruttamento di vulnerabilità note.

1.3.3 Rischio

Il termine *rischio* si riferisce sia alla possibilità della perdita sia alla situazione o condizione che permette la potenziale perdita. Il rischio può essere calcolato per ciascuna possibile minaccia tramite l'uso di questi fattori.

- La probabilità che la minaccia si realizzi e la sua probabile frequenza
- Il tipo e il grado di danno che ogni accadimento può determinare, compreso il danno alla reputazione dell'organizzazione
- L'effetto che il danneggiamento avrà sia sulle entrate che sull'operatività del business
- Il costo di porre rimedio al danno dopo un suo accadimento
- Il costo di prevenire la minaccia, comprendendo le azioni di bonifica sulle vulnerabilità
- Lo scopo e l'obiettivo del presunto attaccante

I rischi possono essere prioritizzati in base alla potenziale gravità del danno arrecato all'azienda o in base alla probabilità di accadimento; le vulnerabilità facilmente sfruttabili determinano le più alte probabilità. Spesso la lista delle priorità è stilata combinando entrambe le metriche e deve essere un processo formalizzato che coinvolge gli stakeholder.

1.3.4 Classificazione del Rischio

La classificazione del rischio descrive la sensibilità dei dati e la probabilità che siano cercati per scopi malevoli o criminali. Le classificazioni quindi sono usate per determinare chi (ad es. persone in quali ruoli) può avere accesso ai dati. La classificazione di sicurezza più elevata di un dato tra quelli a cui un utente ha diritto di accesso, determina la classificazione di sicurezza dell'intero gruppo di dati. Esempi di classificazione:

- **Dati con Rischio Critico (Critical Risk Data – CRD):** le informazioni personali sono oggetto di attacchi aggressivi per utilizzi non autorizzati sia da fonti interne (all'organizzazione) che esterne a causa del loro elevato e immediato valore finanziario. Compromettere i CRD implica non solo un danno all'individuo, ma anche all'impresa a causa di pesanti multe e contravvenzioni, costi legati a trattenere sia clienti che personale interno e infine un danno di immagine e reputazione.

- **Dati ad Alto Rischio (High Risk Data - HRD):** gli HRD sono cercati per utilizzi non autorizzati a causa del loro potenziale diretto valore finanziario. Dato che gli HRD garantiscono all'azienda un margine competitivo, se fossero compromessi esporrebbero l'organizzazione a danni finanziari per perdita di opportunità: la perdita di HRD può causare sfiducia che può portare sia a danni nel business e che può anche determinare azioni legali, a multe e sanzioni così come and un danno di immagine e reputazione.

- **Dati a Rischio Moderato (Moderate High Risk Data - MRD):** si tratta di informazioni aziendali che hanno poco valore per coloro che non ne hanno accesso; comunque l'uso non autorizzato di queste informazioni è probabile che porti ad un danno per l'azienda stessa.

1.3.5 L'Organizzazione per la Data Security

In funzione della dimensione di un'impresa, la sicurezza delle informazioni (tutte le informazioni) dovrebbe essere la principale responsabilità di un gruppo dedicato di Information Security, tipicamente all'interno dell'area dei Sistemi Informativi. Le imprese più grosse spesso hanno una figura dedicata di Chief Information Security Officer (CISO) che riporta direttamente al CIO (Chief Information Officer) o al CEO (Chief Enterprise Officer). In organizzazioni più piccole, dove non c'è personale espressamente dedicato alla sicurezza dei dati, la responsabilità della sicurezza ricade sui gestori dei dati, che comunque, anche in organizzazioni più grandi, devono essere coinvolti nelle attività relative alla sicurezza dei dati.

Nella grandi organizzazioni, coloro che sono dedicati alla sicurezza dei dati possono delegare ai manager del business attività legate alla Data Governance e all'autorizzazione degli utenti; alcuni esempi possono essere il garantire il corretto livello di autorizzazione agli utilizzatori o la conformità alle regolamentazioni vigenti. In questi casi il personale dei Sistemi Informativi, dedicato alla sicurezza dei dati, è più focalizzato su aspetti tecnici della protezione come il contrastare minacce software o attacchi ai sistemi. In ogni caso va assicurata ampia collaborazione tra le figure sia in fase di sviluppo che nei progetti di installazione.

Le opportunità aperte da questa sinergia sono spesso non sfruttate quando le due entità di governo (Sistemi Informativi e Data Management) non hanno un processo organizzato di condivisione dei requisiti di sicurezza e definiti dal regolatore. È necessario che siano in atto delle procedure standard per la reciproca informazione e conoscenza degli aspetti regolatori, delle minacce di perdita dei dati e dei requisisti di protezione dei dati stessi, ed è necessario che tali azioni siano messe in atto nelle fasi iniziali di qualsiasi progetto di sviluppo o installazione di software.

Ad esempio il primo step definito nel Risk Management Framework dal NIST (National Institute of Standards and Technology, USA) è la categorizzazione di tutte le informazioni aziendali[37]. A questo scopo, la creazione di un modello dati è fondamentale, dato che senza una chiara visione di dove sono tutte le informazioni sensibili è impossibile creare un programma globale ed efficace di protezione delle informazioni stesse.

I gestori dei dati (data managers) devono essere attivamente coinvolti insieme agli sviluppatori dei sistemi e ai professionisti della cyber security in modo tale da identificare i dati oggetto di leggi e regolamentazioni, proteggere opportunamente i sistemi più sensibili e far sì che il controllo degli accessi utente possa essere progettato in modo da rafforzare la confidenzialità e l'integrità delle informazioni e la conformità legislativa. Più è grande l'azienda, maggiore è la necessità di un lavoro in team e la certezza di avere un modello dati (enterprise data model) corretto e aggiornato.

1.3.6 I Processi della Sicurezza

I requisiti e le procedure della Data Security sono classificate in 4 gruppi conosciuti con l'acronimo inglese delle 4A: Access (accesso), Audit (verifica), Authentication (autenticazione) e Authorization

---

[37] National Institute of Standards and Technology (USA) http://bit.ly/1eQYolG.

(autorizzazione). Più di recente è stata aggiunta la E di Entitlement (titolarità) al fine di avere una effettiva conformità alle legislazioni e regolamentazioni sui dati. La classificazione delle informazioni, i diritti di accesso, i ruoli, utilizzatori e password sono tutti mezzi utilizzati per l'implementazione delle politiche e il rispetto delle 4A. Un elemento essenziale per comprovare il successo di procedure e processi è il monitoraggio della sicurezza che, al pari degli audit, può essere fatto in modo continuo o discontinuo. Si ricorda infine che gli audit formali vanno condotti da terze parti (siano esse interne o esterne all'organizzazione) al fine di potersi considerare come validi.

1.3.6.1 Le 4A

- **Access (accesso)**: è l'abilitazione degli individui autorizzati ad accedere ai sistemi in modo autorizzato e puntuale. Utilizzato come verbo, *accedere* significa connettersi attivamente ad un sistema informativo per lavorare con i dati; inteso come nome, *accesso* indica che la persona ha l'autorizzazione valida (al momento dell'accesso stesso) ai dati.

- **Audit (verifica)**: esame delle iniziative legate alla sicurezza e le attività utente per assicurare conformità alla legislazione e conformità con le politiche e gli standard aziendali. Le persone incaricate della sicurezza informatica devono periodicamente esaminare rapporti e documenti per verificare la rispondenza a leggi, politiche e standard e gli esiti di tali audit vanno periodicamente pubblicati e resi noti.

- **Authentication (autenticazione)**: è la validazione dell'accesso degli utenti. Quando un utente vuole collegarsi ad un sistema informativo, il sistema deve verificare che l'utente sia effettivamente chi dichiara di essere. Ci sono vari metodi: password, o metodi più restrittivi come token di sicurezza, la risposta a domande predefinite o tramite impronta digitale. Le trasmissioni dati durante il processo di autenticazione devono essere criptata per impedire il furto delle credenziali di autenticazione

- **Authorization (autorizzazione)**: è il garantire i privilegi di accesso a specifiche viste sui dati appropriate al ruolo di chi accede, eseguito tramite un Sistema di Controllo degli Accessi (Access Control System) che verifica la validità delle credenziali di accesso. Tecnicamente questo è un campo nella Active Directory aziendale che indica che l'utilizzatore è stato autorizzato da qualcuno ad accedere a determinati dati e che quella autorizzazione deriva dal fatto che l'utente è titolato all'accesso in virtù del proprio lavoro o della propria posizione all'interno dell'organizzazione

- **Entitlement (titolarità)**: una titolarità è l'insieme di tutti gli elementi dati che sono accessibili da parte di un utente tramite una singola autorizzazione. Un manager incaricato (responsabile) deve decidere e definire che un utilizzatore abbia (o meno) titolarità per accedere alle informazioni, prima che l'accesso e l'autorizzazione siano generate. Risulta quindi necessario avere un inventario dei dati accessibili da ciascuna titolarità, così da garantire che le decisioni sulle titolarità concedibili siano rispettose dei requisiti regolatori e di confidenzialità

1.3.6.2 Il Monitoraggio

I sistemi dovrebbero essere dotati di controlli e monitoraggi che rilevino eventi inattesi, tra cui anche potenziali violazioni di sicurezza. I sistemi che detengono informazioni confidenziali (es. Stipendi, dati finanziari ecc.) tipicamente hanno dei sistemi di monitoraggio attivo real-time che avvisano gli amministratori della sicurezza riguardo ad attività sospette o accessi non consentiti.

Alcuni sistemi agiscono in modo attivo, interrompendo quelle attività che non rispettano specifici profili di accesso; in questi casi l'attività (o l'account) rimangono bloccate fino a che del personale di supporto non valuta gli specifici dettagli.

Al contrario, i sistemi passivi tracciano i cambiamenti nel tempo facendo delle 'foto' del sistema ad intervalli di tempo regolari, confrontando poi il trend riscontrato verso dei benchmark o altri criteri. In questi casi è il sistema che invia dei report automatici al data steward o all'amministratore della sicurezza a seconda di chi è responsabile del dato.

In sintesi mentre il monitoraggio attivo è un meccanismo di 'scoperta', il monitoraggio passivo è un meccanismo di valutazione.

1.3.7 L'Integrità dei Dati

Nell'ambito della sicurezza, l'*integrità dei dati (data integrity)* è la condizione di essere completamente protetti da manipolazioni improprie quali alterazioni, cancellazioni o aggiunte. Come esempio il Sarbanes-Oxley regulation (USA) persegue lo scopo principale di proteggere l'integrità delle informazioni finanziarie tramite l'identificazione delle regole in base alle quali le informazioni di carattere finanziario possono essere create e modificate

1.3.8 La Crittografia

La *crittografia* è il processo di trasformare il testo normale e intellegibile in un codice complesso per nascondere informazioni riservate, per verificare la completezza della trasmissione dell'informazione oppure per verificare l'identità del mittente. I dati criptati non possono essere letti senza una chiave o algoritmo di decrittazione, chiave che viene tenuta segregata e che non può essere ottenuta basandosi su altri elementi contenuti nel medesimo set di dati.. I metodi di crittografia principali sono quattro (hash, simmetrico, con chiave privata e con chiave pubblica) che differiscono in base al livello di complessità e alla struttura delle chiavi.

1.3.8.1 Hash

La crittografia hash utilizza degli algoritmi per convertire i dati in rappresentazioni matematiche. L'esatto algoritmo utilizzato e l'ordine di applicazione deve essere conosciuto al fine di poter decrittare i dati ed ottenere l'informazione originale. L'hashing è anche usato come strumento per la verifica dell'integrità della trasmissione dell'informazione o dell'identità del mittente. I più comuni algoritmi di hashing sono MD5 (Message Digest 5) e SHA (Secura Hashing Algorithm).

1.3.8.2 Chiave Privata (Private-key)

La crittografia a chiave private utilizza una unica chiave per la cifratura dei dati; sia il mittente che il ricevente devono avere la medesima chiave per poter risalire all'informazione originaria. I dati possono essere crittografati un carattere alla volta oppure a blocchi. Algoritmi comunemente utilizzati sono il Data Encryption Standard (DES), il Triple DES (3DES), l'Advanced Encryption Standard (AES), e l'International Data Encryption Algorithm (IDEA), il Cyphers Twofish e il Serpent. L'utilizzo di semplici algoritmi DES è sconsigliato in quanto facilmente attaccabile.

1.3.8.3 Chiave Pubblica (Public-key)

Nella crittografia a chiave pubblica, il mittente e il ricevente hanno chiavi diverse. Il mittente utilizza una chiave pubblica liberamente disponibile, mentre il ricevente utilizza per la decrittazione una chiave privata in suo solo possesso. Questo metodo di crittazione dei dati è particolarmente utile quando molti sorgenti di dati devono inviare informazioni protette a pochi destinatari, come nel caso di un centro di concentrazione e smistamento.

Tra i metodi a chiave pubblica si menzionano il Rivest-Shamir-Adelman (RSA) Key Exchange e il Diffie-Hellman Key Agreement; il PGP (Pretty Good Privacy) è un esempio di applicazione disponibile per la criptografia a chiave pubblica.

1.3.9 Obfuscation o Masking

I dati possono essere resi più difficilmente disponibili tramite l'obfuscation (offuscamento: rendere poco chiaro, confuso) o il masking che rimuove, confonde o altrimenti cambia il modo con cui appaiono i dati, senza però perdere il significato delle informazioni e le relazioni che i dati hanno con altri set di dati (es. relazioni tramite chiavi esterne con altri oggetti o sistemi). I valori degli attributi possono cambiare, ma i nuovi valori sono comunque nel corretto range di validità. L'obfuscation è utile qualora sia necessario mostrare informazioni sensibili per fornire esempi o riferimenti, oppure nel creare set di dati di test a partire da dati di produzione che siano coerenti con le logiche attese dall'applicativo.

Il data masking è un tipo di sicurezza incentrata sui dati stessi che può essere dinamico o persistente, quest'ultima eseguita sui dati 'in movimento' o 'sul posto' (vedere il seguito)

1.3.9.1 Data Masking Persistente

Il data masking persistente altera i dati in modo permanente ed irreversibile, per questo motivo non è solitamente usato in ambienti di produzione, ma piuttosto viene applicato tra l'ambiente di produzione e quello di sviluppo e/o test. Il masking persistente cambia i dati, ma questi devono rimanere utilizzabili per eseguire test sui processi, per le applicazioni che ne fanno uso, per reportistica ecc..

- **Masking persistente 'in movimento' (in-flight)**: questo tipo di masking avviene quando i dati sono mascherati o offuscati durante il loro movimento dalla sorgente (tipicamente l'ambiente di produzione) e la destinazione (tipicamente un ambiente non di produzione). Se opportunamente eseguito è un metodo molto sicuro in quanto non esiste un file o database intermedio in cui i dati sono lasciati non mascherati. Inoltre è un processo che può essere ripetuto nel caso si incontrino problemi durante la prima esecuzione del masking.

- **Masking persistente 'sul posto' (in-place)**: è utilizzato quando sorgente e fonte coincidono. I dati non mascherati sono letti dalla sorgente, modificati e quindi sovrascritti ai dati non mascherati. L'in-place masking viene applicato quando i dati sono in una posizione in cui non dovrebbero trovarsi/esistere e quindi il rischio derivante dalla loro stessa presenza deve essere mitigato; oppure si applica quando esiste una copia dei dati in una posizione sicura che vengono mascherati prima che i dati stessi siano spostati in una posizione non sicura. Il processo 'sul posto' comporta dei rischi: se il processo fallisce durante la sua esecuzione, può essere molto difficoltoso ripristinare i dati nel loro formato originario ed utilizzabile. Per questo motivo il masking 'sul posto' ha poche applicazioni di nicchia, preferendo in linea generale il masking 'in movimento'

1.3.9.2 Data Masking Dinamico

Il data masking dinamico cambia l'aspetto dei dati per l'utente o sistema finale utilizzatore dei dati, senza però cambiare il dato medesimo. Questa modalità può essere molto utile in quei casi in cui l'utilizzatore deve accedere solo ad alcuni dei dati, ma non all'intero data set di cui fanno parte. Ad esempio in un database il numero di carta di credito è 1234 5678 9012 3456, ma l'operatore di un call center che deve unicamente verificare che la carta sia di colui con cui sta parlando, i dati sono mostrati come ** 3456.

1.3.9.3 Masking Methods

Esistono molti metodi per il masking e l'obfuscation dei dati

- **Sostituzione**: sostituzione di singoli caratteri o interi valori o stringhe con quelli contenuti in tabelle di controllo dinamico o secondo modelli standard. Un esempio può essere la sostituzione dei nomi delle persone con dei valori casuali di una lista

- **Rimescolamento (shuffling)**: scambiare dati dello stesso tipo all'interno di un record, oppure scambiare i valori di un medesimo attributo tra vari record (righe di DB). Ad es. mischiare i nomi dei venditori nelle fatture fornitore in modo che il fornitore originale sia sostituito da un altro fornitore (comunque valido) sulla fattura

- **Variabilità temporale**: cambiare le date nel futuro o nel passato di un certo numero di giorni, abbastanza piccolo da preservare i trend, ma al contempo abbastanza grosso per rendere i dati non identificabili.

- **Variabilità del valore**: applicare un fattore percentuale casuale (in aggiunta o in decremento) che sia abbastanza piccolo da preservare i trend, ma al contempo abbastanza grosso per rendere i dati non identificabili.

- **Azzeramento o cancellazione**: rimuovere i dati che non si vuole siano presenti sul sistema di test.

- **Randomizzazione**: sostituire parte o tutti i dati con caratteri casuali oppure con una serie del medesimo carattere

- **Crittazione**: convertire una serie di caratteri riconoscibili e dotati di significato con una serie di caratteri non riconoscibili/senza significato tramite un codice di cifratura. Una possibile versione è l'obfuscation 'sul posto'

- **Masking di espressioni**: cambiare tutti i valori in base al risultato di un'espressione. Ad es. un'espressione che semplicemente forza tutti i valori di un campo di un database senza restrizioni di formato (campo che potenzialmente può contenere dati confidenziali) al valore "questo è un campo di commento"

- **Masking delle chiavi**: definire che il risultato del processo/algoritmo di masking debba essere univoco e ripetibile in quanto utilizzato su campi chiave (o assimilabili) di un DB. Questo tipo di masking è di estrema importanza per l'esecuzione di test, al fine di mantenere, anche dopo il masking, l'integrità delle informazioni all'interno dell'organizzazione

1.3.10 Termini di Sicurezza delle Reti

La sicurezza dei dati comprende sia i dati 'statici' che i dati 'in movimento': questi secondi necessitano di una rete che ne permetta lo spostamento tra sistemi e la protezione da software malevoli, mail infette ecc, non piò più essere completamente demandata ad un firewall. È necessario che ogni macchina che compone il netwrok sia difesa, che i server web abbiano adeguate e sofisticate protezioni in quanto continuamente esposte all'intera comunità di internet.

1.3.10.1 Backdoor

Una *backdoor* è un punto di ingresso in un computer o in un'applicazione nascosto o non presidiato/trascurato che permette ad utenti non autorizzati di bypassare l'inserimento di password per ottenere l'accesso. Le backdoor sono spesso create dagli sviluppatori allo scopo di facilitare la manutenzione oppure, create appositamente in pacchetti software commerciali. Ogni backdoor rappresenta ovviamente un rischio per la sicurezza.

Vanno considerate alla stregua di backdoor anche le password di default utilizzate durante l'installazione del software o delle pagine web e mai modificate che possono essere conosciute da hackers: come ogni altra backdoor, anche queste minano la sicurezza dei sistemi.

1.3.10.2 Bot o Zombie

Un *bot* (abbreviazione di robot) o *zombie* è una workstation il cui controllo è stato preso da un hacker tramite un Trojan, un Virus, il Phishing o il download di un file infetto. Assumendo il controllo da remoto, un bot può essere usato per una serie di attività dolose, come spedire grandi quantità di spam, attaccare e rallentare attività di business tramite l'invio di pacchetti che saturano la rete internet, effettuare trasferimenti illegali di valuta, fare da host per siti web criminali. Una rete costituita da machine infette è detta un *bot-net.*[38]

Nel 2012 è stato stimato che su scala globale il 17% dei computer (quindi circa 187 milioni su un totale dei 1.1 miliardi) non ha una protezione antivirus.[39] Nello stesso anno negli USA il 19,32% degli utenti internet navigava senza alcuna protezione: gran parte di questi sono zombie. Secondo le stime, nel 2016[40] erano operativi 2 miliardi di computer; considerando che pc fissi e portatili rappresentano una parte ormai minoritaria rispetto a smartphone, tablet e altri dispositivi portatili (praticamente tutti utilizzabili per transazioni d'affari), il rischio di esposizione dei dati non può che aumentare.[41]

1.3.10.3 Cookie

A *cookie* is a small data file that a website installs on a computer's hard drive, to identify returning visitors and profile their preferences. Cookies are used for Internet commerce. However, they are also controversial, as they raise questions of privacy because spyware sometimes uses them.

1.3.10.4 Firewall

Un firewall è un software e/o un hardware che filtra il traffico sulla rete per proteggere un singolo computer o un'intera rete da tentativi di accesso non autorizzato o da attacchi al sistema. Un firewall può scansionare sia le comunicazioni in ingresso sia quelle in uscita per l'individuazione di informazioni

---

[38] http://bit.ly/1FrKWR8, http://bit.ly/2rQQuWJ.

[39] http://tcrn.ch/2rRnsGr (17% globally lack AV), http://bit.ly/2rUE2R4, http://bit.ly/2sPLBN4, http://ubm.io/1157kyO (Windows 8 lack of AV).

[40] http://bit.ly/2tNLO0i (2016 number reaches 2 billion.), http://bit.ly/2rCzDCV, http://bit.ly/2tNpwfg.

[41] Cisco Corporation stima che "entro il 2018 ci saranno 8.2 miliardi di dispositivi personali mobile e 2 miliardi di connessioni machine-to-machine (sistemi GPS sulle automobile, sistemi di tracciatura delle spedizioni e dei prodotti manifatturieri, o infine applicazioni medicali che registrano e rendono disponibile lo stato di salute dei pazienti)" http://bit.ly/Msevdw (future numbers of computers and devices).

riservate o regolamentate prevenendo di conseguenza un trasferimento non permesso (Data Prevention Loss). Alcuni firewall possono limitare l'accesso solo a specifici siti web esterni.

1.3.10.5 Perimetro

Con *perimetro* si intende il limite tra l'ambiente interno ad una organizzazione e i sistemi esterni. Tipicamente tra l'ambiente interno ed esterno è posizionato un firewall.

1.3.10.6 DMZ

Una *DMZ* (acronimo dell'inglese Zona De-Militarizzata) è un'area sul confine (perimetro) dell'organizzazione con la presenza di un firewall tra la DMZ stessa e l'organizzazione e un secondo firewall verso i sistemi esterni (internet, vedere Figura 64). Gli ambienti DMZ sono usati per il passaggio (o lo storage temporaneo) dei dati che migrano tra organizzazioni diverse.

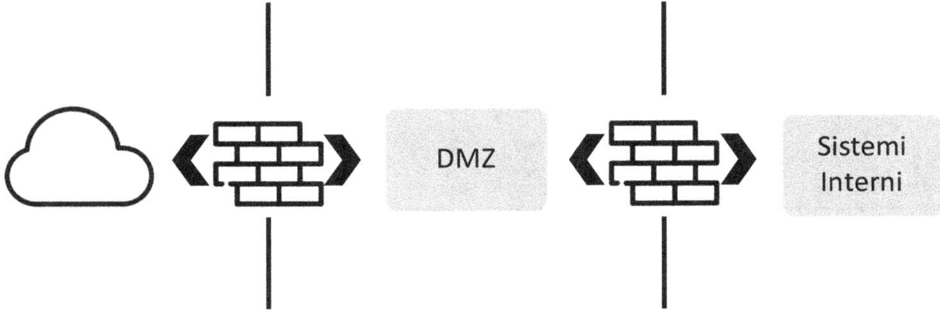

Figura 64 Esempio di DMZ

1.3.10.7 Super User Account

Un *Account Super User* è un account che ha accesso da amministratore al sistema e che va utilizzato solo in emergenza. Le credenziali di accesso di questi account devono essere tenuti assolutamente al sicuro, utilizzate solo a fronte di emergenze, accompagnate da opportuna documentazione e flusso di approvazione e con scadenza in tempi brevi. Ad es. il personale addetto al controllo dei sistemi di produzione può richiedere l'autorizzazione all'accesso a molti sistema: queste autorizzazione devono essere attentamente controllate in termini di tempo, di user ID, di posizione e di altri parametri al fine di prevenire possibili abusi.

1.3.10.8 Key Logger (Log dei Tasti)

I *Key Logger* sono u tipo di attacco software che registra tutti i tasti che una persona preme sulla tastiera e poi invia questi dati verso altri DB in internet. In questo modo ogni password, memo, formula, documento o sito internet visitato è intercettato. Spesso l'installazione di un key logger è legato alla visita di una pagina web infetta, al download di un software infetto, ma anche il semplice download di alcuni tipi di documento possono portare all'infezione di un key logger.

1.3.10.9 Penetration Testing (Test di Penetrazione)

La costruzione di una rete o sito web sicuri è da considerarsi incompleta senza un test che ne comprovi l'effettiva sicurezza. In un Penetration Test (a volte chiamato 'penn test') un hacker 'etico' (anche detto white hacker) interno all'organizzazione o assunto all'esterno, effettua dei tentativi di entrare nel sistema così come farebbe un haker malevolo in modo da individuare le vulnerabilità del sistema. Questi punti di debolezza devono essere sanati prima che l'applicazione sia rilasciata in produzione.

Molti sono contrari agli audit di hacker etici in quanto asseriscono che tali audit siano semplicemente un 'puntare il dito' verso il problema. La verità, nel conflitto in continua evoluzione tra sicurezza e hacker criminali, è che ogni sistema comperato sul mercato o sviluppato internamente contiene delle potenziali vulnerabilità che non potevano essere conosciute al momento della creazione; per questo ogni implementazione software deve essere periodicamente testata. La ricerca delle vulnerabilità di un sistema è un processo continuo.

La prova della necessità continua della mitigazione delle vulnerabilità dei software è il costante flusso di aggiornamenti distribuiti dai venditori di software. Questo continuo flusso di aggiornamento è sinonimo di un corretto e professionale supporto ai clienti ed è il risultato di attacchi etici fatti per conto del venditore.

1.3.10.10 Virtual Private Network (Rete Virtuale Privata - VPN)

Le connessioni VPN utilizzano le connessioni non sicure di internet per creare un percorso (o 'tunnel') sicuro e altamente crittografato all'interno dell'ambiente dell'organizzazione. La VPN permette la comunicazione tra gli utenti (esterni) e la rete interna all'organizzazione tramite l'uso di elementi di autenticazione multipli, con un firewall sul perimetro dell'organizzazione e con una forte crittografia dei dati trasmessi.

1.3.11 Tipi di Data Security

La Data Security non è solamente prevenire l'accesso non autorizzato ai dati, ma anche garantirne l'accesso e l'uso in modo appropriato. L'acceso ai dati sensibili dovrebbe essere permesso previa concessione delle autorizzazioni ('opt-in') e un utente senza il permesso non deve poter vedere i dati o agire nel sistema. Un importante principio di sicurezza è quello del 'Privilegio Minimo' (Least Privilege). Un utente, un processo di sistema o un programma devono poter accedere alle sole informazioni necessarie per i propri legittimi scopi.

1.3.11.1 Sicurezza della Struttura

La prima linea di difesa verso attacchi è la sicurezza dell'infrastruttura (fisica): il minimo requisito è che il data center sia in una stanza chiusa con accesso limitato ai soli addetti autorizzati. Le minacce sociali alla sicurezza (vedere Sezione 1.3.15) riconoscono nell'essere umano il punto più debole della sicurezza della struttura: è quindi necessario assicurare che il personale abbia gli strumenti e la formazione necessaria per proteggere i dati all'interno della struttura.

1.3.11.2 La Sicurezza dei Dispositivi

I dispositivi mobili, tra cui pc portatili, tablet, smartphone, sono intrinsecamente non sicuri in quanto possono essere persi, rubati, attaccati in modo fisico o elettronico da hacker e dato che contengono spesso mail aziendali, indirizzi e documenti possono, se resi pubblici, danneggiare l'azienda, i suoi dipendenti o i clienti.

Il crescente numero di dispositivi e media portatili, richiede che la sicurezza di questi device (sia che siano personali che aziendali) debba essere parte integrante nella strategia dell'architettura di sicurezza dell'intera azienda. Piano che deve prevedere sia il software che l'hardware.

Gli standard di sicurezza dei device comprendono:

- I criteri di accesso relativi alle connessioni quando sono usati dispositivi mobili
- La memorizzazione dei dati su pc portatili, DVD, CD, driver USB
- La cancellazione e dismissione dei dispositivi in accordo con le politiche di gestione dei record dati
- L'installazione di software anti malware e di crittazione dei dati
- Consapevolezza delle vulnerabilità

1.3.11.3 Sicurezza delle Credenziali

Ad ogni utente sono assegnate delle credenziali per avere accesso ad un sistema che nella maggior parte dei casi sono uno User ID e una Password. Ci sono svariati modi con cui le credenziali sono usate nei vari sistemi si un ambiente che dipendono dalla sensibilità dei dati memorizzati nei sistemi e nella possibilità dei sistemi a collegarsi a repository di credenziali.

1.3.11.3.1 Sistemi di Identity Management

Gli utenti, tradizionalmente, hanno account e password diverse a seconda della piattaforma, sistema, applicazione o macchina cui si collegano, approccio che richiede all'utente stesso di gestire molti account e password. Le organizzazioni che hanno delle user directory aziendali possono facilitare la gestione delle password tramite dei meccanismi di sincronizzazione stabiliti fra le diverse ed eterogenee risorse. In questo modo all'utente è richiesto l'inserimento della password una unica volta, tipicamente quando accede al computer, e da questo momento in avanti le autenticazioni e autorizzazioni sono concesse e verificati riferendosi alla user directory. Un sistema di identity management che realizza quanto descritto è conosciuto come 'single-sign-on' ed è soluzione ottimale dal punto di vista utente.

1.3.11.3.2 Standard per lo User ID in Sistemi di Posta

Lo User ID all'interno di un sistema di mail dovrebbe essere univoco. La maggior parte delle aziende utilizza il nome (per intero o abbreviato) e il cognome come ID di mail e di rete (eventualmente con un numero per risolvere eventuali omonimie) che è una soluzione utile per facilitare i contatti essendo i nomi generalmente conosciuti.

Sono di contro non convenienti ID che contengano il numero identificativo aziendale in quanto informazione difficilmente reperibile da persone esterne, oltre che esporre dei dati (l'ID personale) che dovrebbero essere al sicuro all'interno del sistema.

1.3.11.3.3 Standard per le Password

Le password sono la prima 'linea di difesa' nel proteggere l'accesso ai dati. Ogni user account dovrebbe prevedere una password stabilita dall'utente con un livello di complessità sufficientemente alto stabilito tramite standard di sicurezza, ciò che comunemente viene indicato come una password 'forte'.

Quando si genera un nuovo user account viene generata una password temporanea che deve scadere immediatamente dopo l'uso, all'utente deve quindi essere richiesta la creazione di una nuova password per gli accessi successivi, password che non può essere 'vuota'.

La maggior parte degli esperti nel campo della sicurezza raccomandano che all'utente sia imposto il cambio della password in un tempo compreso fra i 45 e i 180 giorni in funzione della natura del sistema, del tipo di dati gestiti, della sensibilità del settore in cui l'azienda opera. Va ricordato però che cambiare password troppo frequentemente introduce dei rischi in quanto spesso in questi casi l'utente annota (es. su post it) la nuova password.

1.3.11.3.4 Identificazione a Fattori Multipli

Alcuni sistemi richiedono delle procedure di identificazione più articolate. Queste possono comprendere l'invio di un messaggio all'utente (es. SMS) con un codice, l'uso di un dispositivo hardware necessario per il login, un riconoscimento biomentrico come l'impronta digitale, il riconoscimento facciale oppure lo scan della retina. Una identificazione a due fattori rende molto più difficile l'autenticazione fraudolenta o il log in un dispositivo utente. Tutti gli utenti autorizzati a informazioni altamente sensibili dovrebbero avere un sistema a due fattori per potersi loggare ai sistemi e alla rete.

.

1.3.11.4 Sicurezza delle Comunicazioni Elettroniche

Gli utenti devono essere educati ad evitare le proprie informazioni personali o qualsiasi informazione riservata o confidenziale tramite mail o altre applicazioni di messaggistica. Questi metodi di comunicazione non sicuri possono infatti essere letti o intercettati e, una volta che l'utente invia il messaggio, non ha più il controllo delle informazioni che ne sono contenute. Ad es. il messaggio può essere inoltrato ad altre persone senza che il mittente ne sia al corrente o che ne dia il consenso.

Tutto questo vale anche per i social media: blog, portali, forum e altri social media (sia in internet che in intranet) dovrebbero essere considerati come mezzi non sicuri e non contenere dati confidenziali o riservati.

1.3.12 Tipi di Limitazioni in Data Security

Due concetti guidano le limitazioni di sicurezza: il livello di confidenzialità dei dati e le normative.

- **Livello di Confidenzialità**: *Confidenziale* significa segreto o privato. L'organizzazione deve definire quali tipi di dati non devono essere noti all'esterno o anche in determinate parti dell'organizzazione stessa. Le informazioni confidenziali vanno distribuite solo in base al principio di 'chi deve sapere' ('need to know') e il livello di confidenzialità va definito sulla base di chi 'deve sapere' determinate informazioni

- **Normativa**: le categorie regolatorie sono assegnate in base a regole esterne (all'organizzazione) come ad es. leggi, trattati, accordi personali, norme industriali. Le informazioni normative sono distribuite in base al criterio di 'chi ha il permesso di sapere' ('allowed to know') e il modo con sui le info sono distribuite è governato dai dettagli definiti dalla norma medesima.

- La principale differenza tra restrizioni per confidenzialità o per norma è l'origine della limitazione: interna per le restrizioni legate al livello di confidenzialità, definita esternamente in caso di regolazioni.

Una ulteriore differenza è che ogni dato o set di dati (che sia un documento o una vista su un DB) ha un unico livello di confidenzialità che è definito in base al dato più sensibile (e quindi di più alta classificazione) all'interno del data set stesso. Al contrario le limitazioni derivanti dalla norma sono additive: un singolo data set può essere soggetto a molte norme e quindi il rispetto completo della norma deve prevedere il rispetto di ogni singola restrizione prevista, oltre che rispettare i requisiti di confidenzialità.

Quando sono applicate alle titolarità dell'utente (che è l'aggregazione di tutti i singoli elementi dati ai quali l'autorizzazione utente permette l'accesso), tutte le policy di protezione devono essere rispettate, indipendentemente che siano di origine interna o esterna.

1.3.12.1 Dati Confidenziali

I requisiti di confidenzialità possono essere alti (ad es. poche persone devono poter avere accesso ai dati delle retribuzioni) o bassi (tutti possono accedere al catalogo prodotti). Uno schema di classificazione tipico può comprendere 2 o più dei 5 livelli di classificazione che sono mostrati sotto:

- **Per il pubblico (general audiences):** le informazioni sono disponibili a tutti, sono pubbliche

- **Ad uso interno (internal use only):** le informazioni sono riservate ai dipendenti o ai membri di un'organizzazione e anche se divulgati il rischio è minimo. I dati possono essere mostrati e discussi al di fuori dell'organizzazione, ma non copiati

- **Confidenziali (confidential):** le informazioni non possono essere divulgate al di fuori dell'organizzazione senza la stesura di uno specifico accordo in essere tra le parti. Le informazioni confidenziali dei clienti non possono essere condivise con gli altri clienti.

- **Strettamente confidenziale (restricted confidential):** le informazioni sono limitate ad individui che coprono determinati ruoli che soddisfano il requisito del 'deve sapere'. Le informazioni strettamente confidenziali necessitano che i singoli si qualifichino tramite meccanismi certificativi

- **Protocollo di confidenzialità (registered confidential):** le informazioni hanno un grado di confidenzialità tanto elevato che chiunque ne debba avere accesso deve sottoscrivere un accordo legale ed assumersi la responsabilità riguardo alla riservatezza dei dati stessi.

Il livello di confidenzialità non ha alcuna implicazione riguardo alle restrizioni imposte dalle normative, Ad esempio non informa il data manager che i dati non devono essere resi pubblici al di fuori della nozione di origine o che alcuni dipendenti non devono avere accesso a determinati dati in base alle normative vigenti (es. HIPAA).

1.3.12.2 Dati Regolamentati

Alcuni tipi di dati sono regolamentati tramite leggi, standard industriali, contratti che determinano come i dati possano essere utilizzati, chi ne può avere accesso e per quali scopi. Dato che esistono svariate normative e regolamenti che spesso regolano gli stessi tipi di dati, è buona norma raggrupparle per argomento in poche categorie o famiglie normative al fine di dare una migliore informazione ai data manager riguardo agli aspetti regolatori.

Ovviamente ogni azienda dovrà sviluppare le sue categorie al fine di soddisfare le proprie necessità in termini di conformità. Nel perseguire questo obiettivo è importante che il processo e le categorie individuate siano il più semplici possibili al fine di garantire l'attuabilità della protezione. Quando le categorie sono fra di loro simili possono essere raggruppate in 'famiglie'. Ogni categoria o famiglia deve poi prevedere una serie di azioni protettive verificabili: non ci si riferisce qui a strumenti organizzativi, ma piuttosto al metodo di applicazione.

Dato che ogni azienda è soggetta a differenti tipi di regolamenti e norme, ogni organizzazione deve sviluppare le sue proprie categorie per soddisfare le sue necessità operative. Ad esempio un'azienda che non ha scambi con l'estero non ha necessità di incorporare le legislazioni riguardanti l'export dei prodotti.

Dato però che tutti gli stati hanno una qualche norma riguardante la privacy dei dati personali e che i clienti è altamente probabile che provengano da ogni parte del mondo, è una strategia saggia e di semplificazione raggruppare tutte le leggi e norme riguardanti la privacy in un'unica famiglia regolatoria e soddisfare i requisiti per tutte le nazioni. Questo modo di agire assicura conformità globale e ha un unico standard da rispettare.

Un esempio del dettaglio necessario per la conformità normativa è il divieto di legge di esporre un certo tipo di dato al di fuori del paese in cui si è originato: questo requisito è presente in molte normative sia nazionali che internazionali.

Il numero considerato ottimale per le categorie in cui raggruppare le azioni derivanti da regolamentazioni è di massimo nove; alcuni esempi sono mostrati nei successivi paragrafi

1.3.12.2.1 Esempi di Famiglie Normative

Alcune leggi individuano gli elementi dati tramite nomi specifici e richiedono che siano protetti secondo determinate specifiche. Non si usa quindi una famiglia differente per ogni elemento dato, ma piuttosto si usa una singola famiglia che accorpa le azioni necessarie per proteggere tutti i dati oggetto della normativa. Alcuni dati relativi alle carte di credito (Payment Card Industry data) ricadono in queste categorie, anche se si tratta di norme contrattuali e non di legislazioni: i contratti PCI sono infatti praticamente identici in tutto il mondo.

- **Informazioni Identificative Personali (Personal Identification Information - PII)**: note anche come PPI (Informazioni Private Personali - Personally Private Information) includono tutte le informazioni che possono identificare la persona (come singolo individuo o come appartenente ad un gruppo). Alcuni esempi sono il nome, l'indirizzo, il numero di telefono, il codice fiscale, l'età, la razza, la religione, l'etnia, la data di nascita, i componenti la famiglia o i nomi degli amici, le informazioni riguardo all'impiego lavorativo tra cui la remunerazione. Le azioni di protezione di questi dati molto simili tra loro sono stabilite dalle Direttive sulla Privacy dell'EU, dal Canadian Privacy law (PIPEDA), dal PIP Act 2003 Giapponese, dagli standard PCI, dai requisiti FTC degli USA ecc.

- **Dati Finanziari Sensibili**: comprendono tutte le informazioni finanziarie, incluse quelle riguardanti azionisti o membri dell'organizzazione a qualsiasi livello, comprese le informazioni che non sono ancora state rese pubbliche. In questa categoria ricadono anche business plan non ancora resi pubblici, acquisizioni, fusioni o spin-off future e pianificate, report riservate riguardo a significativi aspetti (problematici) riguardanti l'azienda, cambi non pianificati del senior management, dati riguardanti le vendite, gli ordinativi e il fatturato. Tutti questi dati possono essere raggruppati in questa categoria e protetti con le medesime politiche e azioni. Negli USA questi aspetti sono coperti dal Insider Trading Laws, SOX (Sarbanes-Oxley) Act, or GLBA (Gramm-Leach-Bliley/Financial Services Modernization Act). Una nota: il Sarbanes-Oxley Act vincola e definisce chi può modificare i dati finanziari, assicurando in questo modo l'integrità dei dati, mentre la Insider Trading law riguarda coloro che possono prendere visione dei dati

- **Dati Medici/sullo Stato di Salute Personale (Personal Health Information - PHI):** includono tutti i dati riguardanti lo stato di salute e/o le cure mediche. Negli Usa questo ambito è coperto dal HIPAA (Health Information Portability and Accountability Act), ma anche altri paesi hanno delle legislazioni analoghe riguardo al trattamento dei dati sanitari. Questo è un ambito in rapida evoluzione, per cui è necessario assicurare che il Board aziendale sia conscio della necessità di seguire le normative in tutti quei paesi in cui svolge attività di business oppure ha dei clienti

- **Informazioni sul grado di educazione:** comprendono tutte le informazioni riguardo alla scolarità a all'educazione di una persona. Negli USA ad es. questo ambito è coperto da FERPA (Family Educational Rights and Privacy Act).

1.3.12.2.2 Regolamenti Industriali o Contrattuali

Alcuni settori industriali hanno degli standard specifici riguardo a come registrare, mantenere e crittografare le informazioni; in alcuni casi viene anche proibito la cancellazione e la pubblicazione o la distribuzione verso destinatari proibiti. Un esempio sono il settore farmaceutico, quelli di sostanze tossiche e pericolose, alimentari, cosmetici e tecnologie avanzate in cui le normative impediscono la trasmissione e la memorizzazione di determinate informazioni al di fuori della nazione di origine oppure, nel caso il divieto non sussista, obbligano alla criptazione dei dati durante la fase di trasmissione.

- Standard per la sicurezza dei dati nell'industria delle carte di credito (Payment Card Industry Data Security Standard - PCI-DSS): il PCC-DSS è lo standard di sicurezza industriale più ampiamente conosciuto. È dedicato a tutte le informazioni che possono permettere l'identificazione di un individuo che abbia un conto presso una organizzazione finanziaria/di credito: il nome, il numero della carta di credito (ogni numero riportato sulla carta) il conto corrente bancario, la data di scadenza. La maggior parte di questi dati sono regolamentati da leggi o altre normative, per cui ogni dato che presenta questo tipo di classificazione nei suoi propri Metadati, dovrebbe essere esaminato con attenzione dai Data Steward ogni volta che viene incluso in un database, un'applicazione, un report, una dashboard oppure in una vista utente.

- **Vantaggi competitive o segreti commerciali:** le aziende che utilizzano metodi, sostanze, formule, progetti, attrezzature, ricette o tecniche operative proprietarie per avere un vantaggio competitivo sono protette da normative industriali e/o dalle leggi sulla proprietà intellettuale.

- **Vincoli contrattuali:** nei contratti con venditori, partner, fornitori un'organizzazione può includere clausole su come specifiche informazioni possono o non possono essere utilizzate dalla controparte e quali informazioni possono essere distribuite o meno. Alcuni esempi sono registrazioni ambientali, report su materiali pericolosi, numero di lotti di produzione, tempi di cottura, luoghi di origine, password, numeri di conto, numeri identificativi (codice fiscale...). Specifiche aziende possono poi comprendere entro questa categoria anche restrizioni riguardo a prodotti finiti oppure a materiali componenti il prodotto stesso

1.3.13 Rischi correlati alla Sicurezza del Sistema

Il primo passo per identificare un rischio è sapere dove i dati sensibili sono memorizzati e quale protezione deve essere adottata per quei dati; è poi necessario identificare i rischi che sono insiti nel sistema stesso. Tra i rischi relativi alla sicurezza del sistema vanno annoverati anche quegli elementi che possono compromettere una rete o un singolo DB. Tutte queste debolezze possono permettere ad un utilizzatore (legittimo) di mal utilizzare delle informazioni, in modo accidentale o intenzionale e permettere la violazione dei dati da parte di hacker.

1.3.13.1 Abuso di Privilegio Eccessivo

A un utente, processo o programma dovrebbe essere consentito di accedere solo alle informazioni consentite dal loro legittimo scopo e nel garantire l'accesso ai dati, andrebbe rispettato il principio del privilegio minimo. Il rischio in cui si incorre è che un utilizzatore con dei privilegi che eccedono le necessità legate alla sua posizione, abusi di questi privilegi in modo accidentale o malevolo. Ad un utente possono essere concessi dei privilegi più ampi di quelli necessari (privilegi eccessivi) semplicemente perché è difficile gestire i diritti degli utenti. Il DBA può non avere il tempo o i metadati necessari per definire e/o aggiornare i meccanismi che controllano i dettagli dei privilegi di accesso per cui ogni utente è titolato. Ne risulta che molti utenti ricevono dei diritti di accesso generici che risultano essere eccessivi rispetto alle mansioni svolte. È proprio questa mancanza di supervisione sui diritti degli utenti una delle ragioni per cui molte normative sui dati si focalizzano sulla gestione della sicurezza dei dati.

La soluzione alla concessione di privilegi eccessivi è il controllo degli accessi tramite query, un meccanismo che riduce i privilegi al minimo in termini di operazioni SQL e dati. Il livello di dettaglio che deve essere raggiunto nella fase di controllo all'accesso ai dati deve estendersi oltre la tabella per arrivare alle singole colonne e righe. Il controllo degli accessi a livello di query è particolarmente utile per intercettare gli abusi di privilegi eccessivi di personale con scopi fraudolenti.

La maggior parte dei software di gestione dei DB integrano ad un qualche livello dei controlli degli accessi tramite query (trigger, sicurezza a livello di riga, sicurezza sulla tabella, viste), ma la natura intrinsecamente manuale di queste funzionalità 'integrate' le rendono nella pratica poco utilizzabili se non nelle soluzioni meno distribuite. Il processo prettamente manuale di definire un controllo degli accessi tramite query esteso a tutti gli utenti e per le singole righe, colonne e operazioni che compongono il DB è estremamente lento e dispendioso. Inoltre (a peggiorare le cose) i controlli e le policy devono essere aggiornati a seguito del cambiamento dei ruoli ricoperti dagli utilizzatori all'interno dell'azienda. Come conseguenza la maggior parte degli amministratori di sistema farebbe fatica a definire una politica di query utile anche per pochi utenti in un determinato momento, meno per molti più utenti nel tempo. Per questo motivo nella grande maggioranza delle organizzazioni sono normalmente usati dei strumenti automatici che rendono il controllo degli accessi tramite query efficace e funzionale.

1.3.13.2 Abuso di Privilegio Legittimo

Gli utenti posso abusare di legittimi privilegi di accesso per finalità non legittime: un esempio può essere un operatore sanitario che possa accedere legittimamente ai dati dei pazienti tramite una applicazione web.

La struttura dell'applicazione web aziendale normalmente pone delle limitazioni agli utenti nel poter visualizzare la storia clinica del paziente, nel non poter accedere simultaneamente a record multipli e nell'impedire la creazione di copie elettroniche dei record. Tuttavia l'operatore può aggirare queste limitazioni sfruttando una connessione diretta al DB tramite un altro sistema (es MS Excel) ed in questo modo recuperare e scaricare l'intera storia clinica del paziente tramite le sue legittime credenziali di accesso.

Vanno considerati due aspetti: l'abuso intenzionali e non. L'abuso intenzionale si verifica quando un impiegato utilizza deliberatamente in modo malevolo i dati dell'organizzazione. Ad esempio un operatore che vuole vendere i dati clinici dei pazienti per denaro o per arrecare danni specifici come il pubblicare (o minacciare la pubblicazione) informazioni sensibili. L'abuso non intenzionale è un rischio molto più comune: un operatore che recupera e memorizza grandi quantità di dati sui pazienti su un pc portatile per quelli che lui considera degli scopi lavorativi legittimi, si espone ad es. al rischio di perdere il portatile o di subire un furto.

Una parziale soluzione all'abuso del legittimo privilegio è il controllo dell'accesso al database applicato a specifiche query, e il rafforzamento delle politiche sull'utilizzo delle macchine finali (endpoint), sul monitoraggio delle posizioni e della quantità delle informazioni scaricate e la riduzione della possibilità degli utenti di avere accesso illimitato ai record contenenti informazioni sensibili a meno che questo non sia richiesto specificamente dalla sua posizione e sia approvato da un responsabile. Ad esempio: mentre è lecito per un agente accedere ai dati personali dei propri clienti, deve essere impedito il download di tutto il DB sul portatile allo scopo di 'risparmiare tempo'.

1.3.13.3 Aumento non Autorizzato di Privilegi

Gli aggressor possono approfittare delle vulnerabilità delle piattaforme software di database per modificare i privilegi di un utente ordinario in quelli di amministratore. Le vulnerabilità possono essere in stored procedure, funzioni integrate, protocolli e anche in espressioni SQL. Ad esempio uno sviluppatore software di un istituto finanziario può approfittare della debolezza di una funzione per ottenere i privilegi da amministratore del DB e quindi ad es. disattivare i meccanismi di audit, creare falsi account o chiuderne altri, trasferire fondi.

La prevenzione dell'aumento non autorizzato dei privilegi sfrutta una combinazione di sistemi tradizionali di prevenzione delle intrusioni (IPS – Intrusion Prevention System) e il controllo a livello di query. Questi sistemi esaminano il traffico dati sul DB per identificare modelli che corrispondono a vulnerabilità note; ad es. se una certa funzione è vulnerabile ad un attacco, un IPS può bloccare tutti gli accessi alle procedure oppure bloccare quelle procedure che possono incorporare possibili attacchi.

La combinazione di IPS con altri indicatori di possibili attacchi, come i controlli degli accessi tramite query, aumentano l'accuratezza nell'identificare i pericoli: un IPS può identificare se una richiesta del

DB accede ad una funzione vulnerabile mentre un controllo degli accessi a livello di query verifica se la richiesta rientra nel comportamento normale dell'utente. Se quindi una singola richiesta indica sia l'accesso ad una funzione vulnerabile che un comportamento anomalo, questo è indice di un probabile attacco in corso.

1.3.13.4 Abuso di Account di Servizio o Condivisi

L'utilizzo degli account di servizio o di quelli generici e condivisi aumenta il rischio che si verifichino falle nella sicurezza e rende difficoltosa la possibilità di risalire fino alla sorgente dell'intrusione. Alcune organizzazioni poi aumentano ulteriormente questo rischio configurando i sistemi di monitoraggio in modo da ignorare gli alert derivanti da questi account. I manager responsabili della sicurezza devono quindi dotarsi di strumenti che gestiscano in modo sicuro gli account di servizio.

1.3.13.4.1 Gli Accounts di Servizio

Gli account di servizio sono convenienti poiché permettono di configurare degli accessi 'ampi' per i processi che li utilizzano. Tuttavia, se usati per altri fini, non sono riconducibili ad uno specifico user o amministratore. A meno che non abbiano accesso alle chiavi di decrittazione, gli account di servizio non rappresentano una minaccia per i dati crittografati e questo è specialmente importante in caso di server che contengono documenti legali, informazioni mediche, segreti commerciali o piani esecutivi.

È buona prassi limitare l'uso degli account di servizio a compiti o comandi specifici su sistemi ben identificati e richiedere motivazione e approvazione all'atto della distribuzione delle credenziali. Valutare anche l'assegnare una nuova password all'account ad ogni volta che l'account viene distribuito, con modalità simili a quelle in uso per i Super User.

1.3.13.4.2 Account Condivisi

Gli account condivisi sono usati quanto un'applicazione non è in grado di gestire il numero di account necessari, quando l'aggiunta di uno user implica uno sforzo considerevole o determina costi per nuove licenze. In presenza di account condivisi, le credenziali di accesso sono in possesso di molti utenti e la password tipicamente non viene cambiata frequentemente per evitare le difficoltà indotte dall'avvisare tutti gli utenti. Per questi motivi e per il fatto che effettivamente determinano una situazione di accessi non governati, l'utilizzo degli account condivisi dovrebbe essere valutato con grande attenzione e comunque mai usati come soluzione di default.

1.3.13.5 Violazione delle Piattaforme

Gli aggiornamenti software e le azioni di prevenzione per la protezione dalle intrusioni dei DB necessitano di un aggiornamento costante dei software di protezione e l'implementazione di uno specifico Sistema di Prevenzione delle Intrusioni (IPS). Un IPS solitamente (ma non sempre) è implementato insieme ad un Sistema di Individuazione delle Intrusioni (IDS - Intrusion Detection

System) con l'obiettivo di prevenire la maggior parte dei tentativi di violazione e di rispondere in modo tempestivo agli eventuali attacchi che hanno superato il sistema di prevenzione. I firewall rappresentano le forme più semplici e primitive di protezione dalle intrusioni, ma la combinazione di accessi via web e strumenti mobile come parte integrante dell'ambiente dei sistemi aziendali, un firewall è ancora necessario, ma insufficiente.

Gli aggiornamenti forniti periodicamente dai produttori di software riducono sicuramente le vulnerabilità, ma solitamente questi aggiornamenti sono realizzati seguendo un programma di manutenzione periodica piuttosto che rilasci immediatamente successivi alla realizzazione degli aggiornamenti stessi. Questo implica che tra due rilasci successivi il database non è completamente protetto; inoltre problemi di compatibilità possono talvolta impedire l'aggiornamento stesso. Il modo per affrontare queste problematiche è l'implementazione di un IPS.

1.3.13.6 Vulnerabilità tramite Iniezioni SQL

Un attacco tramite 'iniezione' di SQL, consiste nell'inserire ('iniettare') delle righe di codice in un canale SQL vulnerabile che può essere una stored procedure o un campo di input in una applicazione web. Il codice SQL inserito viene passato al DB ed eseguito come un comando lecito: in questo modo è possibile ottenere un accesso senza limitazioni all'intero database oggetto dell'attacco.

Le iniezioni di SQL sono usate anche per attaccare i DBMS tramite il passaggio di comandi SQL come parametri di una funzione o di una stored procedure. Un esempio: tipicamente un componente che svolge funzioni di back up ha dei privilegi alti; richiamare in quello specifico componente una funzione vulnerabile ad una manipolazione SQL può permettere ad un utente con privilegi 'standard' di aumentarli fino a divenire DBA e prendere il controllo del DB.

È buona prassi per mitigare questo rischio di verificare e 'sanitizzare' tutti gli input prima di inviarli al server.

1.3.13.7 Password di Default

È una pratica in uso da tempo nell'industria del software di creare degli account di default in fase di installazione dei pacchetti software. Alcuni sono usati durante l'installazione, altri sono utilizzati dagli utenti per poter testare l'applicativo e le funzionalità

Le password di default sono anche parte di molti pacchetti demo, l'installazione di software di altri produttori ne crea di ulteriori. Ad es. un pacchetto di CRM può creare molti account sul database per l'installazione, il test e l'amministrazione degli utenti; SAP crea molti utenti di default durante la fase di installazione e anche chi opera sui DBMS è coinvolto in questa pratica.

Dato che gli hacker sono costantemente alla ricerca di modi semplici per rubare dati sensibili, l'eliminazione delle password di default al termine di una qualsiasi implementazione è un importante step di sicurezza. La riduzione delle minacce ai dati sensibili passa quindi anche attraverso la creazione di username e password specifiche per gli utenti e l'eliminazione della password di default da DBMS.

1.3.13.8 Abuso dei Dati di Backup

I backup hanno lo scopo di ridurre i rischi associati alla perdita dei dati, ma rappresentano al contempo un rischio per la sicurezza. . Ci sono molti casi di perdita di dati di backup, per cui è bene crittografare i backup dei DB in modo da prevenire perdite sia in forma intellegibile, sia durante la fare di spostamento dati, Va posta attenzione anche alla gestione in sicurezza delle chiavi di decrittazione. Le chiavi vanno tenute separate dai dati e devono essere disponibili in casi di urgenza (es. disaster recovery)

1.3.14 Hackeraggio (Hacking)

Il termina *hackeraggio (hacking)* fu coniato quando trovare un modo intelligente e furbo per eseguire dei task al computer era un valore aggiunto. Un hacker è quindi una persona che trova delle modalità nuove ed inesplorate per eseguire delle operazioni in un sistema computerizzato complesso. Un hacker può essere buono o cattivo.

Un hacker etico (white hat hacker) lavora per migliorare il sistema; il termine 'white hat' deriva dai film western dove i buoni hanno sempre il cappello bianco. Il compito di una hacker etico è mettere in evidenza tutte le vulnerabilità che, in sua assenza, sarebbero scoperte solo a fronte di incidenti e malfunzionamenti; il rilascio sistematico di aggiornamenti ai pacchetti e software di sicurezza deriva in gran parte dal lavoro dei white hat hacker.

Un hacker malevolo è qualcuno che intenzionalmente viola o 'commette pirateria' in un sistema computerizzato per rubare informazioni confidenziali o per arrecare danni: tipicamente questi hacker sono alla ricerca di dati finanziari o personali con la finalità di rubare soldi o identità. Agiscono normalmente cercando le password deboli, debolezze di sistema non documentate e note, backdoor. Talvolta sono indicate come black hat hacker (I cattivi dei film avevano i cappelli neri).

1.3.15 Minacce Sociali alla Sicurezza / Phishing

Le minacce sociali alla sicurezza dei dati spesso sono fatte tramite comunicazioni dirette (direttamente di persona, per telefono, via internet) e sono studiate per ingannare le persone che hanno accesso a dati protetti allo scopo di carpire quelle informazioni o di poterne aver accesso, minacce portate da persone a scopi criminali e illegittimi.

Ingegneria sociale (social engineering) è un termine che si riferisce a quegli hacker illegali che ingannano le persone al fine di avere le informazioni o di averne accesso. I metodi usati per convincere gli altri di avere un legittimo diritto di accesso ai dati sono svariati; un modo è quello di contattare varie persone in sequenza, collezionare informazioni man mano e ed utilizzarle per guadagnare la fiducia della persona successiva.

Con *Phishing* si fa riferimento a telefonate, messaggi o mail finalizzati ad indurre il destinatario a fornire informazioni sensibili o private senza che essi se ne rendano conto; spesso si presentano sotto forma di richieste da fonti attendibili. A volte sono formulate come proposte di vendita come sconti o rate particolarmente vantaggiose, ma in realtà richiedono informazioni personali (nomi, password, numero di carta di credito...). Per ridurre i sospetti richiedono al destinatario di 'aggiornare' o 'confermare' alcune informazioni. Messaggi e mail di phishing possono anche guidare l'utente verso chiamate a numeri di telefono che poi sono usati per carpire informazioni personali.. Un tipo di phishing particolare e molto pericoloso è fatto con false mail indirizzate nominalmente a senior executive, viene chiamato 'Spear-phishing for whales' (phishing con la lancia per balene). Sono stati riportati anche casi di hacker che si sono recati personalmente presso le organizzazioni oggetto di attacco per parlare con dipendenti, spacciandosi per venditori o persone interessate, sempre al fine di avere accesso a informazioni sensibili.[42]

1.3.16 Malware

Con il termina *malware* ci si riferisce a quei software creati per danneggiare, cambiare, accedere in modo non autorizzato ad un computer o ad una rete. Virus, worm, spyware, key logger e adware sono tutti esempi di malware. In generale ogni software che viene installato senza autorizzazione può essere ritenuto un malware, almeno per il motivo che occupa spazio su disco e capacità di memoria che il proprietario del sistema non ha autorizzato. Un malware può assumere varie forme a seconda del suo scopo: replicarsi, distruggere, rubare informazioni, monitorare le abitudini).

1.3.16.1 Adware

L'adware è una forma di spyware che entra nel computer attraverso un download da internet. Il suo scopo è monitorare l'utilizzo del computer, come ad es. quali siti web sono visitati. Possono anche inserire oggetti o tool bar nel browser dell'utente. Un adware non è un malware illegale, ma è utilizzato per stilare una completa profilazione della navigazione dell'utente e delle sue abitudini di acquisto in rete al fine di vendere tali informazioni ad agenzie di marketing. Gli adware possono essere utilizzati da altri software per eseguire furti di identità.

1.3.16.2 Spyware

Con spyware ci si riferisce ad un qualsiasi programma che viene inserito in un computer senza permesso per tracciare l'attività online. Questi programmi sfruttano altri programmi così che, ad esempio, quando qualcuno installa su software libero da un sito, anche lo spyware viene installato senza che l'utilizzatore ne sia a conoscenza. Ci sono differenti tipi di spyware che tracciano attività differenti; alcuni monitorano i siti web visitati, altri registrano le sequenze di tasti utilizzati in modo da rubare informazioni personali come numeri di carta di credito, credenziali di accesso, password.

Molti siti web (legali) tra cui i motori di ricerca installano degli spyware per il tracciamento delle attività, che sono una forma di adware.

---

[42] Indagini dell'FBI hanno evidenziato come tecniche di questo tipo siano state usate durante le elezioni presidenziali degli USA nel 2016 (Russiagate). http://bit.ly/2iKStXO.

1.3.16.3 Cavalli di Troia (Trojan Horse)

Il cavallo di Troia era una leggendaria statua in legno di un cavallo che i Greci regalarono ai Troiani al cui interno di erano nascosti dei soldati. I Troiani portarono il cavallo entro le mura della città, facendo così entrare anche i soldati che poterono così attaccare la città.

Tradotto nel linguaggio della sicurezza informatica, un cavallo di Troia è un programma che entra in un computer camuffato da, o incorporato in, software legittimo. Una volta installato un Trojan cancella i file, accede a informazioni personali, installa altri malware, riconfigura il computer, installa dei key logger o trasforma il pc in un bot o zombie per infettare altri computer nella rete.

1.3.16.4 Virus

Un *virus* è un programma che si attacca ad un file eseguibile o ad una applicazione vulnerabile e porta delle conseguenze che possono spaziare dal semplicemente fastidioso al distruttivo. Un virus viene eseguito quando il file infettato viene aperto: dato che un virus necessita sempre di un programma cui appoggiarsi, è l'apertura del file 'ospitante' che rilascia e attiva il virus.

1.3.16.5 Worm

Un *worm* è un programma progettato per riprodursi da solo e spargersi all'interno di una rete. Un computer infettato da un worm spedirà verso l'esterno un flusso continuo di messaggi infetti. Un worm può eseguire molte attività dannose, ma la sua funzione principale è quella di danneggiare la rete consumando larghezza di banda e, potenzialmente, fermare le comunicazioni sulla rete.

1.3.16.6 Sorgenti del Malware

1.3.16.6.1 Messaggistica Istantanea (IM - Instant Messaging)

L'IM permette all'utente di inoltrare messaggi in real time e sta via via divenendo una minaccia per la sicurezza delle reti. Poiché molti sistemi di IM sono stati lenti nell'implementare funzionalità di sicurezza, gli hacker hanno sfruttato i sistemi di IM per spargere virus, spyware, phishing e una vasta varietà di worm. Normalmente questi minacce si infiltrano nei sistemi tramite allegati o direttamente tramite il messaggio stesso.

1.3.16.6.2 Social Network

I siti dei Social Network (Facebook, Twitter, Google+, Linkedin, Instagram, Pinterest) dove gli utenti costruiscono profili personali con cui condividono informazioni personali, opinioni, foto, commenti su blog sono diventati l'obiettivo per una nutrita serie di crimini informatici (es. il furto di identità).

Oltre a rappresentare una minaccia a causa di questi malfattori, questi siti causano rischi anche a causa di dipendenti che possono postare informazioni sensibili della propria azienda o delle informazioni 'interne' che possono influenzare il valore delle azioni dell'azienda. È necessario quindi informare gli utilizzatori dei pericoli e del fatto che qualsiasi cosa pubblicata in Internet diviene di fatto permanente; anche la rimozione dei contenuti non risolve, dato che possono esserne state fatte delle copie. Per questo motivo alcune aziende bloccano con i propri firewall i social network.

1.3.16.6.3 Spam

Con *spam* ci si riferisce ad indesiderate mail commerciali, inviate in blocco a milioni di utenti nella speranza che alcuni rispondano. Un tasso di risposta dell'1% può fruttare milioni di dollari. Molti programmi di mail hanno dei meccanismi per filtrare dei modelli noti di messaggi spam così da ridurre la mole dei messaggi. Questi modelli noti includono:

- Domini noti per la trasmissione di spam
- Numero di indirizzi in CC o in CCN al di sopra di certi limiti
- Corpo della mail costituito solo da un'immagine o un collegamento ipertestuale
- Parole o stringhe di testo ben specifiche

Il rispondere ad un messaggio di spam confermerà al mittente di aver raggiunto un indirizzo mail valido, creando nuovo spam dato che le liste di indirizzi mail validi possono essere venduti ad altri spammer.

I messaggi di spam possono essere anche delle bufale o, peggio, includere del malware con allegati, messaggi testuali e immagini che danno l'apparenza di comunicazioni lecite. Un trucco per scovare lo spam è quello di posizionare il puntatore sopra il link e verificare se l'indirizzo cui rimanda ha o meno elementi che rimandano all'azienda o organizzazione citata nel testo della mail. Un altro modo è la mancanza di un modo per annullare l'iscrizione; ad es. negli USA ogni email pubblicitaria deve contenere un link per annullare l'iscrizione e prevenire l'invio di ulteriori messaggi.

2. Attività

Non esiste un unico modo per implementate la Data Security che soddisfi tutti i necessari requisiti riguardo alla privacy e alla confidenzialità: le normative infatti si concentrano sui fini della sicurezza, non sui mezzi per ottenerla. Così ogni organizzazione deve progettare i suoi propri controlli, dimostrare che questi soddisfino o siano migliorativi rispetto a quanto le norme richiedono, documentare l'implementazione di quei controlli e infine monitorare e misurare la loro efficacia nel tempo. Come in altre Knowledge Area, le attività comprendono l'identificazione dei requisiti, la definizione dello stato attuale al fine di identificare gap e rischi, realizzare e mettere in atto strumenti e processi, verificare le misure di scurezza adottate così da assicurarne l'efficacia.

2.1 Identificare I Requisiti della Data Security

Prima di tutto è importante distinguere tra requisiti di business, normative imposte dal legislatore esterno e le regole imposte dall'applicazione di uno specifico software. Mentre i sistemi applicativi servono come mezzi per far rispettare le regole e le procedure aziendali, è comune che questi stessi sistemi abbiano i loro propri requisiti di sicurezza che si aggiungono a quelli necessari ai processi di business e che stanno diventando sempre più comuni grazie a sistemi pronti per essere utilizzati. È tuttavia necessario sottolineare come questi siano di supporto agli standard organizzativi di sicurezza dei dati.

2.1.1 Requisiti di Business

La realizzazione della Data Security in un'azienda inizia con un'approfondita comprensione dei requisiti di business. I bisogni legati al business, la missione aziendale, la strategia, le dimensioni e il settore industriale cui appartiene definiscono quanto debbano essere rigido il rispetto le regole. Ad esempio il settore finanziario e assicurativo in Europa e negli USA sono estremamente regolati e richiedono quindi l'applicazione di standard molto restrittivi. Al contrario una piccola azienda di rivendita al dettaglio può scegliere di non adottare tutti quei processi e funzioni di Data Security che deve adottare una grande azienda, benché entrambe abbiano il medesimo core business.

È necessario procedere con l'analisi delle regole e dei processi aziendali per identificare i punti di contatto con la sicurezza, dato che ogni evento nel flusso dei processi aziendali può avere requisiti di sicurezza differenti. Strumenti utili nel condurre la mappatura dei fabbisogni e la definizione di gruppi di regole, parametri e permessi sono delle matrici dati – processi e dati – ruoli. Importante è anche la pianificazione degli obiettivi sia di breve che di lungo termine, così da avere delle funzionalità di sicurezza bilanciate ed efficaci.

2.1.2 Requisiti Normativi

Un ambiente globale e in rapido cambiamento impone alle organizzazioni la conformità ad un numero crescente di leggi e regolamentazioni. Gli aspetti etici e legali con cui le aziende devono confrontarsi nell'Età dell'Informazione portano i governi a stabilire nuove leggi e standard che hanno imposto dei severi controlli sulla gestione dei dati e delle informazioni (vedere Capitolo 2).

È quindi opportuno creare un inventario unico di tutte le regolamentazioni rilevanti e i dati interessati da quelle norme, creare un legame con le regole e ai controlli di sicurezza sviluppati per essere conformi a queste regole (vedere Tabella 13). Siccome regolamenti, politiche, azioni necessarie e dati coinvolti cambiano nel tempo, l'inventario deve essere strutturato in modo da essere facile sia da gestire che da mantenere.

Tabella 13 Esempio di tabella per l'inventario delle regole

Normativa	Area Impattata	Link alle Policy di Sicurezza	Controlli Implementati

Alcuni esempi di legislazioni che influenzano la Data Security:

- USA
  - Sarbanes-Oxley Act del 2002
  - Health Information Technology for Economic and Clinical Health (HITECH) Act, deliberator som parte dell'American Recovery and Reinvestment Act del 2009
  - Health Insurance Portability and Accountability Act del 1996 (HIPAA) Security Regulations
  - Gramm-Leach-Bliley I e II
  - SEC laws and Corporate Information Security Accountability Act
  - Homeland Security Act e USA Patriot Act
  - Federal Information Security Management Act (FISMA)
  - California: SB 1386, California Security Breach Information Act
- EU
  - Direttiva sulla Protezione dei Dati(EU DPD 95/46/) AB 1901, Furto di file o DB elettronici
- Canada
  - Canadian Bill 198
- Australia
  - The CLERP Act of Australia

Regolamentazioni che hanno impatto sulla Data Security:

- Payment Card Industry Data Security Standard (PCI DSS), sotto forma di accordi contrattuali per tutte le aziende che lavorano con carte di credito
- EU: l'Accordo Basilea II (Basel II Accord), che impone controlli sulle informazioni a tutti gli istituti finanziari che operano in uno degli stati membri
- US: FTC Standards per la salvaguardia delle informazioni del clienti

La conformità con le regole societarie o con i vincoli del regolatore spesso impongono degli aggiustamenti nei processi di business. Ad es. la necessità di autorizzare l'accesso alle informazioni sanitarie (dati regolamentati) a più gruppi di utenti in modo separato, come imposto dalla HIPAA.

2.2 Definire le Politiche di Data Security

Le organizzazioni devono creare le politiche di Data Security in base ai requisiti sia di business che normativi. Una politica è la dichiarazione di un determinato percorso e di una descrizione di alto livello dei comportamenti ritenuti consoni per raggiungere determinati obiettivi. Le politiche di Data Security descrivono i comportamenti che sono i migliori attuabili per un'organizzazione che desidera proteggere i propri dati. Le politiche devono avere un impatto misurabile, quindi devono essere verificabili e effettivamente verificate.

Le politiche aziendali spesso hanno risvolti legali. Un giudice potrebbe considerare una politica messa in atto per soddisfare un requisito di legge come uno sforzo interno all'organizzazione per essere conforme a quella norma; quindi la mancata conformità con una politica aziendale, a seguito di una violazione dei dati, può avere delle implicazioni legali.

Definire le politiche di sicurezza necessita della collaborazione tra gli amministratori della sicurezza IT, dei responsabili dell'architettura dei sistemi di sicurezza, dei comitati di Data Governance, dei Data Steward, dei gruppi di audit sia interni che esterni, del dipartimento legale. I Data Steward devono anche collaborare con i Privacy Officer (definiti da alcune leggi, specialmente americane, Sarbanes-Oxley supervisors, HIPAA Officers) e con i manager aziendali per sviluppare categorie di Metadati per fini regolatori e applicare tali classificazioni di sicurezza in modo consistente con le definizioni date. Tutte le azioni volte a garantire la conformità normative e regolatoria devono essere fra loro coordinate così da ridurre i costi ed evitare istruzioni e procedure confuse.

2.2.1 I Contenuti delle Politiche di Sicurezza

Politiche di livello differente sono necessarie per governare i diversi aspetti della sicurezza aziendale: Alcuni esempi:

- **Politiche di sicurezza aziendale**: politiche generali per i dipendenti per accedere alle strutture, politiche e standard riguardanti le mail, i livelli di accesso basati sulla posizione o sul titolo, modalità di reporting sulle violazioni della sicurezza

- **Politiche di sicurezza a livello IT**: standard sulle strutture delle directory, sulle password e sulle modalità di identity management

- **Politiche di Data Security**: categorizzazione delle singole applicazioni, ruoli nei DB, gruppi di utenti e sensibilità delle informazioni

Di solito le politiche di Data Security e IT sono parti di una politica di sicurezza integrata tra le due dimensioni, anche se la scelta preferibile sarebbe quella di tenerle separate poiché la Data Security ha un livello di dettaglio più 'fine', sono legate al contenuto (dei dati) e richiedono differenti controlli e procedure. La revisione e l'approvazione delle politiche di Data Security è in capo al Data Governance Board ed è compito del dirigente responsabile del data management sovraintendere e mantenere queste policy.

I dipendenti devono essere formati per capire e seguire le politiche di sicurezza, lo sviluppo deve mirare a rendere i processi e i razionali su cui si reggono chiaramente definiti e realizzabili, facendo in modo che il loro rispetto sia più facile del mancato rispetto. Infine le politiche devono ambire a proteggere e mettere in sicurezza i dati senza ostacolare l'accesso degli utenti alle informazioni.

Le line guida della sicurezza dovrebbero essere redatte in modo da essere facilmente accessibili a tutti (fornitori, consumatori, altri stakeholder), essere disponibili e mantenute aggiornate nell'intranet aziendale o in portali di collaborazione analoghi.

Le politiche, procedure e attività di Data Security dovrebbero essere poi rivalutate periodicamente in modo da ottenere il miglior bilanciamento tra le necessità di sicurezza di tutti gli stakeholder.

2.3 Definire gli Standard della Data Security

Le politiche mirano a dare delle linee guida ai comportamenti, ma non definiscono ogni possibile situazione. Gli standard integrano le politiche e forniscono ulteriori dettagli su come soddisfare gli intendimenti definiti nelle politiche. Ad es. la politica può indicare che le password debbano seguire le linee guida delle password robuste; gli standard che definiscono una password sicura sono dettagliati separatamente. La tecnologia infine rafforza le politiche impedendo che gli utenti creino password che non rispettano gli standard delle password sicure.

2.3.1 Definire i Livelli di Confidenzialità dei Dati

La classificazione della confidenzialità è un importante Metadato che guida il modo con cui agli utenti sono assegnati i privilegi di accesso. Ogni azienda ed organizzazione dovrebbe creare e/o adottare uno schema di classificazione che soddisfi i requisiti di quel particolare business, metodo che sia il più chiaro e semplice possibile e che sia composto da una serie di livelli che vanno dal più basso ('di uso pubblico generale') e quello di massima confidenzialità ('protocollo di confidenza') (vedere Paragrafo 1.3.12.1.).

2.3.2 Definire le Categorie di Regolamentazione dei Dati

Il crescente numero di violazione ai dati resi pubblici, in cui sono stati violati e compromessi dati sensibili personali, ha spinto verso l'introduzione di leggi specifiche per la protezione dei dati. Ulteriori regolamentazioni sono state introdotte a seguito di violazione di dati di natura finanziaria.

Tutto questo ha creato una nuova classe di dati che potremmo definire 'Informazioni Regolamentate'. I requisiti normativi sono un'estensione della sicurezza delle informazioni che richiedono misure addizionali per gestire con efficacia i dettami delle norme. La consultazione di consulenti d'azienda è speso d'aiuto nel determinare quali siano le azioni che le normative richiedono siano implementate; le norme infatti spesso definiscono l'obiettivo, ma è in capo all'azienda definire mezzi e strumenti per raggiungere l'obiettivo di protezione stabilita. Le azioni che possono essere verificate, garantiscono anche prova legale della conformità regolatoria.

Un metodo efficace per gestire le diverse normative riguardo ai dati è quello di analizzarle singolarmente e raggruppare normative simili in categorie, così come i vari rischi sono categorizzati in un ristretto numero di classificazioni.

La presenza di più di cento differenti norme e regole riguardo i dati nel mondo, sarebbe inutile sviluppare delle categorie di sicurezza per ciascuna di queste norme. Molte regolamentazioni, imposte da enti regolatori diversi, hanno le stesse (o molto simili) finalità. Un esempio sono le norme americane, canadesi e giapponesi riguardo agli obblighi contrattuali per la protezione dei dati sensibili dei clienti (PII – Personal Identifiable Information) e molto simili ai requisiti di conformità imposte dalle leggi sulla privacy europee, Queste comunanze sono molto evidenti quando le diverse azioni per la verifica della conformità sono elencate e messe a confronto. Tutte possono quindi essere gestite in modo corretto utilizzando la medesima categoria di azioni protettive.

Un principio cardine per la classificazione della sicurezza e la categorizzazione normativa è quello per cui le informazioni possono essere aggregate così da avere una maggiore o minore sensibilità. Chi sviluppa (un report, un dashboard, una vista di un DB) deve essere a conoscenza di come l'aggregazione influisce sulla classificazione e categorizzazione citate, così che nella fase di sviluppo (del report ecc.) sappia che alcune delle informazioni richieste possono essere dati personali soggetti a privacy, dati interni o relativi a vantaggi competitivi dell'azienda. Il sistema può quindi essere progettato e realizzato in modo da eliminare questi aspetti sensibili oppure, se i dati sono all'interno delle titolarità dell'utilizzatore, rafforzare il rispetto dei requisiti di sicurezza e regolatori al momento dell'autorizzazione dell'utente,

Il risultato di questo lavoro di classificazione è un insieme, formalmente approvato, di classificazioni di sicurezza e categorie normative nonché un processo per intercettare questi Metadati e gestirli in un repository centralizzato in modo che tutti, dipendenti e personale tecnico, conosca la sensibilità delle informazioni che sta manipolando, trasmettendo ed autorizzando.

2.3.3 Definire i Ruoli della Sicurezza

Il controllo dell'accesso ai dati può essere realizzato a livello individuale o di gruppo, a seconda delle necessità. Detto questo, garantire l'accesso e l'aggiornamento dei relativi privilegi per singolo utente implica uno sforzo grosso e ridondante. Se per una organizzazione di dimensioni ridotte questo può essere accettabile, in aziende di grosse dimensioni la modalità che garantisce i maggiori benefici è quella di basare gli accessi in base al ruolo, dando i permessi al gruppo e di conseguenza a tutti gli individui componenti il gruppo.

I gruppi basati sui ruoli permettono di definire i privilegi per ruolo e distribuiscono questi privilegi tramite l'inserimento di ciascun utente in un gruppo. Benché sia tecnicamente possibile che un utente appartenga a più gruppi, questo determinerebbe nella pratica la difficoltà di definire gli esatti privilegi concessi allo specifico utente: quindi, se possibile, la regola è di assegnare un utente ad un unico gruppo. Questo può chiaramente richiedere la creazione di diverse viste utente sui medesimi dati per essere conformi alle normative.

Garantire la consistenza dei dati nella gestione degli utenti e dei ruoli è arduo. Le informazioni riguardanti l'utente (nome, ruolo, ID personale aziendale) devono essere memorizzati in diverse posizioni in modo ridondante, creando delle 'isole' di dati che possono essere in conflitto rappresentando versioni diverse della 'verità'. Per evitare queste problematiche di integrità dei dati, la gestione dei dati identificativi dell'utente e dell'appartenenza ad un gruppo di ruoli dovrebbe essere centralizzata: questo è un requisito di Data Quality per garantire un efficace controllo degli accessi. Con questo modello gli amministratori responsabili della sicurezza creano, modificano e cancellano gli account utente e di gruppo, i cambiamenti fatti alla tassonomia del gruppo e all'appartenenza possono ricevere una specifica approvazione e tutti i cambiamenti possono essere registrati tramite un sistema di change management.

Di contro una gestione delle misure di sicurezza inconsistente o poco appropriata alla realtà aziendale può determinare insoddisfazione negli dipendenti con significativi rischi per l'intera organizzazione: basare la sicurezza sui ruoli implica che i ruoli stessi siano ben definiti e assegnati in modo consistente alla mansione svolta.

Esistono due modi per definire e organizzare i ruoli: in base ad una matrice (si parte dai dati) o in base alla gerarchia (si parte dagli utenti).

2.3.3.1 Matrice per l'Assegnazione dei Ruoli

La mappatura dei ruoli di accesso ai dati può essere fatta tramite una matrice basata sulla confidenzialità dei dati, sulle normative e sulle funzioni utente. Il ruolo di 'Utente Pubblico' può avere accesso ai dati categorizzati come ad accesso generale e non soggetti ad alcune normativa. Un ruolo di marketing può accedere ad informazioni PII ad es. per lo sviluppo di campagne, ma non può avere un accesso a tutti i dati normati o confidenziali dei clienti. Un esempio semplificato è mostrato in Tabella 14.

Tabella 14 Esempio di Matrice di Assegnazione dei Ruoli

	Livello di riservatezza		
	Pubblico generale	**Riservato al cliente**	**Riservato limitato**
Non regolamentato	Ruolo utente pubblico	Ruolo di Client Manager	Ruolo di accesso limitato
PII	Ruolo di marketing	Ruolo di marketing del cliente	Ruolo HR
PCI	Ruolo Finanziario	Ruolo finanziario del cliente	Ruolo finanziario limitato

2.3.3.2 Assegnazione dei Ruoli in base alla Gerarchia

Dopo aver costruito i gruppi dei ruoli a livello ad es. di business unit, organizzare questi ruoli in una scala gerarchica in modo che i ruoli 'figli' limitano ulteriormente i privilegi concessi a livello di ruolo 'padre'. La manutenzione continua di tali gerarchie è una operazione complessa che richiede sistemi di reportistica in grado di scendere fino al livello dei privilegi dell'utilizzatore singolo. La Figura 65 mostra un esempio di gerarchia di ruoli di sicurezza.

2.3.4 Definire i Rischi di Sicurezza Attuali

I rischi per la sicurezza includono quegli elementi che possono compromettere una rete o un singolo database. Il primo step nell'identificazione dei rischi è capire dove i dati sensibili sono memorizzati e quali protezioni sono necessarie per quei dati. Vanno valutati tutti i sistemi secondo queste linee:

- La sensibilità dei dati memorizzati o in transito
- I requisiti necessari per la protezione di quei dati
- Le protezioni attualmente in essere

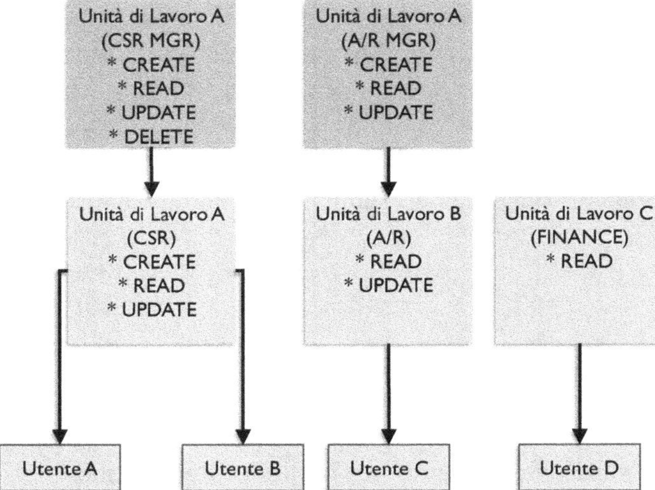

Figura 65 Diagramma di Esempio di una Gerarchia dei Ruoli della Sicurezza

Le evidenze di questo processo di indagine vanno documentate in quanto rappresentano il punto di partenza per future valutazioni. Nell'Unione Europea questo tipo di documento è uno dei requisiti per dimostrare la conformità ai regolamenti sulla privacy. I gap identificati in questa fase vanno colmati tramite il miglioramento dei processi, eventualmente supportati da migliorie nelle tecnologie. Infine gli impatti di questi miglioramenti vanno monitorati e misurati al fine di avere evidenza della effettiva mitigazione dei rischi.

Nelle aziende più grosse è comune far ricorso a White Hat Hacker nella fase di indagine delle vulnerabilità, utilizzando l'opera dell'hacker etico come prova dell'impenetrabilità dei sistemi aziendali e quindi come rafforzamento sul mercato della propria reputazione.

2.3.5 Implementare Controlli e Procedure

L'implementazione e la gestione delle politiche di Data Security sono le responsabilità principali dei responsabili amministratori della sicurezza, in coordinamento con i Data Steward e i team tecnici; ad es. la sicurezza di un database è responsabilità di un DBA.

Le organizzazioni devono porre in atto tutti quei necessari controlli e procedure per soddisfare i requisiti delle politiche per la sicurezza che, come minimo, comprendono:

- Come gli utenti ottengono o perdono i diritti di accesso a sistemi e applicativi
- Come gli utenti sono inseriti o rimossi dai ruoli
- Come sono monitorati i livelli dei privilegi
- Come sono gestite e monitorate le richieste di modifiche degli accessi
- Come sono classificati i dati in accordo con le regole di confidenzialità e le norme in ambito
- Come sono gestite le violazioni ai dati una volta che siano identificate

I requisiti in base ai quali i permessi sono stati originariamente concesse le autorizzazioni utente vanno documentati, in modo da poter togliere le autorizzazioni se tali condizioni decadono.

Per esempio la politica 'mantenere ad un livello appropriato i privilegi utente' può avere come obiettivo di controllo *riesaminare i diritti e i privilegi di DBA e utenti ogni mese*' e di conseguenza devono essere messi in atto e monitorati processi per:

- Validare i permessi assegnati sulla base di quanto registrato nei sistemi di change management riguardo alle richieste di permessi utente
- Avere una approvazione formale al flusso (es. modulo firmato) per registrare e documentare ogni richiesta di cambio di autorizzazione
- Prevedere una procedura per togliere le autorizzazioni ad un utente che non ha più le qualifiche (cambio di mansione o dipartimento) per avere determinati diritti di accesso

A determinati livelli di management tutte le autorizzazioni iniziali e le successive modifiche a singoli utenti e a gruppi autorizzativi vanno richieste, tracciate e approvate in modo formale.

2.3.5.1 Assegnare i Livelli di Confidenzialità

I Data Steward sono i responsabili per le valutazioni e la determinazione dell'appropriato livello confidenzialità sui dati in base all'organizzazione e alla classificazione.

La classificazione per documenti e report andrebbe definita in base al più alto livello di confidenzialità che si trova nel documento (vedere Capitolo 9). Su ogni pagina o schermata andrebbe inserita una label in testata o in pié di pagina con l'indicazione della classificazione, tranne che le informazioni sui prodotti al più basso livello di confidenzialità (ad es. ad accesso generale). Si assume quindi che la mancanza di indicazione identifichi i dati ad accesso generale.

Gli autori del documento e delle informazioni sui prodotti sono i responsabili per valutare, classificare correttamente ed etichettare con l'appropriato livello di confidenzialità ogni documento, ogni database, tabella relazionale, colonna o viste cui l'utente ha titolarità di accesso.

Nelle aziende di maggiori dimensioni, la maggior parte del lavoro per la classificazione e la protezioni sono in capo ad una unità organizzativa dedicata alla sicurezza informatica, che tipicamente si occupa dell'applicazione della classificazione e della protezione fisica della rete. I Data Steward sono responsabili della classificazione.

2.3.5.2 Assegnare le Categorie Normative

Le organizzazioni dovrebbero creare o adottare un approccio tramite classificazione per assicurare l'adeguamento e la conformità alle norme (vedere Paragrafo 3.3.): questi schemi di classificazione forniscono le fondamenta per rispondere alle verifiche interne ed esterne. Fatto questo, le informazioni devono essere analizzate e inserite nello schema. Dato che il personale (tecnico) che si occupa della protezione e sicurezza potrebbe non essere familiare con questi concetti, dato che il loro lavoro non ha a che fare con norme e legislazioni, ma con sistemi di infrastrutture, è necessario fornir loro dei documenti con i requisiti e le azioni da prevedere per la protezione di ciascuna delle categorie.

2.3.5.3 Gestire e Mantenere la Data Security

Dopo aver definito requisiti, politiche e procedure, il compito principale diviene assicurare che non ci siano violazioni ai dati e nel caso capitino, che siano rilevati nel minor tempo possibile. Per avere questo è cruciale il monitoraggio continuo dei sistemi e la verifica dell'esecuzione delle procedure di sicurezza.

2.3.5.3.1 Controllo della Disponibilità dei Dati / Protezione Incentrata sui Dati

Controllare la disponibilità dei dati richiede la gestione delle titolarità utente e di quelle strutture (masking dei dati, creazione di viste...) che tecnicamente realizzano il controllo degli accessi sulla base delle titolarità. Alcuni DB hanno prestazioni migliori in termini di strutture e processi per la protezione dei dati memorizzati (vedere Paragrafo 3.7.).

I manager responsabili della conformità di sicurezza e protezione dovrebbero avere una diretta responsabilità per la progettazione dei profili di titolarità utente che permettano al business di funzionare con regolarità pur in presenza e nel rispetto di forti restrizioni.

Definire i titoli e garantire le autorizzazioni richiede un catalogo dati, una attenta analisi dei bisogni legati ai dati e dei dati visibili per ciascuna titolarità utente, soprattutto in funzione del mix spesso presenti di informazioni molto sensibili con altre con livelli di criticità bassi. In questo un Enterprise Data Model (Data Model a livello di intera azienda) è essenziale per indentificare e localizzare i dati sensibili (vedere Paragrafo 1.1.1.).

Il masking può proteggere i dati che siano inavvertitamente esposti, ma alcune norme e regolamentazioni richiedono la crittazione dei dati, una versione limite del masking 'in place'. L'autorizzazione alla decrittazione dei dati è parte del processo stesso di autorizzazione: gli utenti che hanno accesso alle chiavi di de-crittazione possono vedere in chiaro i dati crittografati, gli altri no.

Anche le viste su DB relazionali sono strumenti per rafforzare i livelli di Data Security: le viste possono limitare l'accesso a certe righe di DB in base al valore dei dati memorizzati o limitare l'accesso di certe colonne che riportano dati confidenziali o regolati.

2.3.5.3.2 Monitorare le Autenticazioni Utente e i Comportamenti all'Accesso

I report sugli accessi sono un requisito base di conformità degli audit. Il monitoraggio delle autenticazioni e il comportamento all'accesso fornisce informazioni su chi si sta connettendo e come accede ai dati e aiuta anche a determinare operazioni non comuni, impreviste o sospette che possono richiede approfondimenti. In questo modo può compensare lacune della pianificazione, progettazione e sviluppo della protezione dei dati..

Decidere cosa necessita di monitoraggio, per quanto tempo e con quali azioni da prendere in caso di allarme, richiede una analisi attenta guidata dal business e dai requisiti normativi. Il monitoraggio raggruppa un ampio spettro di attività: può essere specifico di alcuni set di dati, utenti o ruoli; può essere d'aiuto nel validare l'integrità dei dati, delle configurazioni o dei principali Metadati; può essere specifico per un sistema oppure svolto trasversalmente su sistemi diversi e dipendenti; si può focalizzare su privilegi specifici come la possibilità di scaricare grossi set di dati o di accedere ai dati fuori orario lavorativo.

Il monitoraggio può essere automatizzato, eseguito manualmente oppure una combinazione di automatismi e supervisione 'umana'; va tenuto in conto che il monitoraggio automatico impone delle attività ulteriori ai sistemi oggetto del monitoraggio che può ripercuotersi sulle performance dei sistemi. Delle periodiche istantanee delle attività possono essere utili per intercettare trend oppure per confrontarsi con degli standard. Alla luce di tutto questo, l'identificazione dei parametri di monitoraggio ottimale può richiedere dei cicli iterativi di modifica alle configurazioni.

La registrazione automatica delle operazioni sensibili o inusuali dovrebbe essere parte integrante di ogni implementazione di database. L'assenza di tale monitoraggio implica molti e severi rischi:

- **Rischio legato alle norme**: le organizzazioni con meccanismi di audit deboli saranno sempre più inadempienti verso i requisiti regolamentari imposti dai governi. Il Sarbanes-Oxley (SOX) nel settore dei servizi finanziari e l'Healthcare Information Portability and Accountability Act (HIPAA) nel settore sanitario sono due esempi di norme introdotte dal governo degli Stati Uniti che hanno chiari requisiti sull'audit dei database.

- **Rischio legati a rilevazione e recupero**: i meccanismi di verifica rappresentano una ultima 'linea di difesa'. Se un attacco riesce a superare tutti gli altri meccanismi, l'audit dei dati può identificare l'esistenza di una violazione (dopo che è capitata), può dare indicazioni riguardo ad un particolare utente oppure essere di guida per la riparazione dei danni arrecati

- **Rischi legati alle attività amministrative e di audit**: gli utilizzatori che hanno un accesso da amministratore al DB, che sia ottenuto in modo legittimo o meno, possono impedire che l'audit identifichi attività fraudolente. Le attività stesse di audit dovrebbero essere eseguite senza commistione con quelle degli amministratori del DB o del personale di supporto tecnico ai server

- **Rischio legato a strumenti di audit inadeguati**: le piattaforme software spesso integrano funzioni basilari di audit, ma in realtà hanno parecchie debolezze che ne limitano o precludono l'utilizzo. Quando un utente accede ad un database tramite una applicazione via web (come ad es. SAP, la Suite E-Business di Oracle, PeopleSoft) i meccanismi integrati di audit non hanno conoscenza dell'effettiva identità dello user e quindi tutte le attività sono associate all'account dell'applicazione web stessa: quindi nel caso i log di tali audit evidenzino operazioni fraudolente, non c'è alcuna possibilità di collegarle all'utente effettivo

Per ridurre questo rischio, va implementata una applicazione di audit di rete che è in grado di risolvere molte delle lacune degli strumenti di audit integrati, ma che comunque non è in grado di sopperire alle verifiche periodiche svolte da personale addestrato. Queste applicazioni hanno comunque alcuni aspetti positivi:

- **Performance elevate**: le applicazioni di audit di rete possono lavorare con minimo impatto sulle performance del DB

- **Separazione dei compiti**: possono lavorare in maniera indipendente dall'amministratore di sistema rendono così possibile e in modo consono la separazione tra le attività di audit e quelle di amministrazione

- **Tracciatura di dettaglio delle operazioni**: permette la scoperta, l'indagine e il ripristino dei dati. I log infatti contengono dettagli come il nome dell'applicazione sorgente, il testo completo della query, gli attributi di risposta alla query, il SO sorgente e l'orario

2.3.5.4 Gestione della Conformità delle Politiche di Sicurezza

Gestire la conformità delle politiche legate alla sicurezza comprende delle attività continuative per garantire che le procedure siano seguite e i controlli effettivamente svolti, ma anche per fornire raccomandazioni per soddisfare nuovi requisiti. Il Data Steward deve lavorare in accordo con la Sicurezza Informatica e con il Board aziendale in modo da mantenere coerenza e allineamento tra le politiche operative e i controlli tecnici.

2.3.5.4.1 Gestione della Conformità alle Norme

Gestire la conformità normativa include:

- Misurare la conformità verso gli standard e le procedure autorizzative
- Assicurare che tutti i requisiti siano misurabili e quindi verificabili in fase di audit (es. l'affermazione 'stare attento' non è misurabile)
- Assicurare, tramite l'uso di strumenti e processi standard, che i dati oggetto di regolamentazione siano protetti sia quando memorizzati, sia quando sono in movimento
- Applicare procedure di escalation e di meccanismi di notifica quando si evidenziano potenziali aspetti di non conformità e in presenza della violazione alla conformità verso la norma

I controlli della conformità richiedono dei momenti di verifica. Se ad esempio la policy indica che tutti gli utenti debbano essere formati per poter accedere a determinati dati, l'organizzazione deve essere in grado di dimostrare che ogni utente ha effettivamente seguito un percorso formativo: in assenza di controlli non c'è evidenza della conformità ed inoltre i controlli devono essere progettati in modo che siano verificabili

2.3.5.4.2 Controllo delle Attività di Sicurezza e di Conformità dei Dati

I controlli che le attività volte a garantire la sicurezza dei dati e la conformità a norme e regolamenti siano svolte dovrebbero essere condotti regolarmente e dovrebbero essere rivisti quando sono deliberate nuove norme, quando le regole vigenti sono modificate e periodicamente per assicurarne l'utilità. In tutti i casi menzionati chi effettua tali controlli deve essere indipendente rispetto a dati e processi in oggetto al fine di evitare conflitti di interesse e, di conseguenza, garantire l'integrità delle attività e dei risultati degli audit.

Va sottolineato che l'audit non ha lo scopo di trovare degli errori, ma ha quello di fornire al management e al data governance board delle valutazioni oggettive ed imparziali nonché delle raccomandazioni pratiche e ragionevoli. I principi di Data Security, i documenti sugli standard, le guide all'applicazione, le richieste di modifica, i log relativi al monitoraggio degli accessi, i report e qualsiasi registrazione (elettronica o fisica) sono input per le attività di audit. Oltre ad esaminare lo stato di quanto in essere, gli audit spesso prevedono l'esecuzione di test e verifiche come:

- Analizzare le politiche e gli standard per assicurare che i controlli di conformità siano definiti in modo inequivocabile e soddisfino i requisiti normativi

- Analizzare le procedure e le pratiche per l'autorizzazione degli utenti, per garantire la conformità con gli obiettivi, le politiche, gli standard e i risultati prescritti dalle norme

- Stabilire se gli standard e le procedure autorizzative sono adeguate e allineate alle esigenze della tecnologia

- Verificare che le procedure di escalation e i meccanismi di notifica siano eseguiti quando delle potenziali non conformità sono scoperte oppure quando ci sono delle violazioni legislative

- Rivedere contratti, accordi di condivisione dei dati, obblighi di adeguamento alle norme di terze parti così da assicurare che tutti i partner coinvolti garantiscano il soddisfacimento dei propri obblighi e che l'organizzazione nel suo insieme sia conforme alle leggi che normano la protezione dei dati

- Accertare la maturità delle pratiche di protezione e sicurezza all'interno dell'azienda e accertare che lo stato sulla conformità normativa sia correttamente riportato al senior management e a tutti gli stakeholder

- Dare raccomandazioni sull'adeguamento delle politiche e dell'operatività legate alla conformità normativa

Gli audit relative alla sicurezza dei dati non sono da intendersi come sostitutivi della gestione della sicurezza, ma sono un processo di supporto che devono stabilire se la gestione sta effettivamente perseguendo i propri obiettivi.

---

3. Gli Strumenti

Gli strumenti utilizzati per garantire la sicurezza e la protezione dei dati dipendono, in larga parte, dalle dimensioni dell'azienda, dall'architettura di rete, e dalle politiche e standard in essere.

3.1 Anti-Virus

I software anti-virus proteggono i computer dai virus presenti in Internet; dato che nuovi virus e malware sono creati ogni giorno, è determinante aggiornare con regolarità di software di protezione.

3.2 HTTPS

Un indirizzo internet che inizia con https:// indica che il sito è dotato di un layer per la crittografia dei dati. L'accesso a questi siti è tipicamente permesso tramite l'inserimento di password o di altri meccanismi di autenticazione: la crittografia è usata per l'accesso a dati sensibili oppure per effettuare pagamenti online. Gli utenti vanno formati a verificare l'URL quando stanno effettuando delle operazioni che coinvolgono informazioni sensibili sia in internet sia su siti aziendali; senza un meccanismo di crittografia, chiunque sia sullo stesso segmento di rete può vedere le informazioni in chiaro.

3.3 Tecnologie di Identity Management

I sistemi e le tecnologie di Identity Management memorizzano le credenziali e ne permettono la condivisione con altri sistemi che ne fanno richiesta, esattamente come quando un utente si logga in un sistema. Alcune applicazioni hanno un loro proprio archivio di credenziali, ma dal punto id vista utente è molto più comodo avere le tutte (o almeno la maggior parte) delle applicazioni usino un archivio unico centrale. La gestione delle credenziali avviene tramite protocolli: LDAP (Lightweight Directory Access Protocol) è uno di questi.

Alcune aziende si appoggiano a dei sistemi di 'Password Sicure' che creano un file di password crittografato e memorizzato su ciascun computer utente: gli utenti quindi devono semplicemente ricordare una lunga frase di accesso (una pass-phrase) per accedere al programma così da poter memorizzare le proprie password nel file protetto. Questa funzione può essere svolta anche da un sistema di single-sign-on.

3.4 Software per l'Individuazione e la Prevenzione delle Intrusioni

Nel caso in cui un hacker riesce a superare firewall o altri meccanismi di protezione, è necessario avere uno strumento in grado di individuare l'evento e negare in modo dinamico l'accesso.

Un Sistema per l'Individuazione delle Intrusioni (Intrusion Detection System - IDS) è in grado di notificare a determinate persone un evento di accesso non appropriato. Questi sistemi di Individuazione (Detection) dovrebbero essere connessi, per una protezione ottimale, a Sistemi di Prevenzione delle Intrusioni (Intrusion Prevention System - IPS) che reagiscono immediatamente ad attacchi conosciuti e a inusuali sequenze e combinazioni di comandi. L'individuazione è spesso realizzata tramite l'analisi degli schemi: la conoscenza degli schemi 'normali' infatti permette l'identificazione di eventi fuori dagli schemi e, quando questo si verifica, è possibile emettere un alert per potenziali intrusioni.

3.5 Firewalls

In corrispondenza delle porte dei sistemi aziendali devono essere messi dei firewall che garantiscano sicurezza e che possano effettuare le analisi sui pacchetti senza compromettere le performance del sistema. Nel caso poi che i server siano esposti su internet, è consigliabile avere una sistema di firewall più complesso e sicuro dato che gli attacchi sono camuffati in modo da sfruttare il traffico legittimo opportunamente modificato così da approfittare delle vulnerabilità di server e database.

3.6 Tracking dei Metadati

Strumenti che registrano i Metadati possono essere di aiuto nel tracciare i movimenti dei dati sensibili, ma al contempo rappresentano un rischio poiché diventa possibile ottenere informazioni interne all'azienda tramite i metadati associati ai documenti. L'identificazione dei dati sensibili tramite i metadata rimane comunque il miglior modo per assicurare una adeguata protezione. Dato che la maggior parte delle perdite di dati sensibili è determinato dalla mancata protezione causata dalla non consapevolezza della sensibilità dei dati stessi, il beneficio nell'uso dei metadati sicuramente supera qualsiasi potenziale rischio derivante dall'esposizione dei metadati. Rischio reso ancor più trascurabile dal fatto che è piuttosto facile per un hacker esperto trovare in rete dei dati non protetti. Le persone più ignare di tutti sulla necessità della protezione dei dati sensibili sono manager e dipendenti delle aziende.

3.7 Masking/Criptazione dei Dati

Gli strumenti che fanno masking o criptano le informazioni sono estremamente utili nel limitare la divulgazione di dati sensibili (vedere Paragrafo 1.3.9.).

4. Le Tecniche

Le tecniche per la gestione della sicurezza delle informazioni dipendono dalla dimensione dell'organizzazione, dall'architettura di rete, dal tipo di dati che vanno protetti e dalle norme e standard in essere imposti dal legislatore o da altri organismi regolatori.

4.1 La Matrice CRUD

Creare ed utilizzare delle matrici che mettano in relazione i dati ai processi e i dati ai ruoli (matrici CRUD: Create, Read, Update, Delete) è di aiuto nel mappare le necessità di accesso ai dati, nel guidare la definizione dei ruoli, parametri e permessi legati alla sicurezza. Alcune volte viene aggiunta la E di Execute (matrice CRUDE).

4.2 Distribuzione Immediata dei Pacchetti di Sicurezza

Mettere in pratica un processo per installare nel più breve tempo possibile i pacchetti di sicurezza (e relativi aggiornamenti) e fare in modo che gli utenti non possano procrastinare questa attività. Ad un hacker è sufficiente l'accesso alla root directory di una macchina per poter attaccare con successo l'intera rete.

4.3 Gli Attributi di Sicurezza nei Metadati

Un archivio (repository) di metadati è necessario per assicurare l'integrità e la consistenza del Data Model aziendale su tutti i processi di business. Tra i metadati vanno compresi anche quelli necessari per le classificazioni normative e regolatorie (vedere Paragrafo 1.1.3.). Una struttura di metadati di sicurezza in atto protegge l'intera organizzazione da dipendenti che possono non riconoscere alcuni dati come sensibili. Quando un Data Steward mette in pratica le categorizzazioni di confidenzialità o normative, tali informazioni vanno inserite nell'archivio dei metadati e agganciati ai dati, se la tecnologia supporta tale funzionalità (vedere Paragrafi 3.3.1 e 3.3.2). Le classificazioni vanno utilizzate anche per definire e gestire le titolarità e le autorizzazioni di accesso e per informare gli sviluppatori riguardo ai rischi connessi ai dati sensibili.

4.4 Le Metriche

La misura dei processi di protezione delle informazioni è necessaria per assicurare che la protezione sia efficace così come richiesto e per permettere il miglioramento di tali processi. Alcune metriche sono adatte alla misurazione dei progressi nell'applicazione dei processi: il numero di audit effettuati, i sistemi di protezione installati, gli incidenti rilevati, e l'ammontare dei dati non esaminati presenti a sistema. Misure più sofisticate si concentrano invece sui risultati degli audit oppure sul percorso di crescita dell'organizzazione verso forme di protezione più complete e mature.

Nelle organizzazioni di grosse dimensioni con uno staff dedicato alla sicurezza informatica, gran parte di queste metriche possono già esistere e può essere utile riutilizzarle per creare un processo globale per gestione e la misura delle minacce, per ottimizzare sforzi e attività e prevenire le duplicazioni. È importante anche creare un riferimento, un valore iniziale per ciascuna misura che possa mostrare progressi e andamenti nel tempo.

Molte condizioni e le attività di protezione possono essere misurate e tracciate, ma tra queste bisogna focalizzarsi su quelle che possono essere poi controllate; poche metriche chiave e ben organizzate sono più semplice da gestire rispetto a una grande serie di dati apparentemente (o non facilmente) correlabili. Le azioni e i controlli possono includere anche la formazione per rendere consapevoli i partecipanti dell'importanza delle politiche e delle azioni per esserne conformi.

Dato che diverse organizzazioni ed aziende si confrontano con problematiche simili, di seguito vi è una lista che può aiutare nell'individuare le misurazioni più facilmente e convenientemente applicabili.

4.4.1 Metriche per l'Implementazione della Sicurezza

Queste metriche di sicurezza generale possono essere definite come valori percentuali (positivi):

- Percentuale dei pc aziendali che hanno il pacchetto di protezione aggiornato alla versione più recente
- Percentuale dei pc con software anti malware aggiornato, installato e funzionante
- Percentuale di neoassunti che hanno superato i controlli in background
- Percentuale dei dipendenti che hanno ottenuto più dell'80% di riposte esatte in questionari annuali sulla sicurezza
- Percentuale di unità di business per le quali è stato completato un assessment formale dei rischi
- Percentuale dei processi che sono stati testati con risultato positivo per disaster recovery in caso di incendio, terremoto, tempesta, inondazione, esplosioni ecc.
- Percentuale di non conformità rilevate durante gli audit che sono state risolte

Le tendenze possono essere individuate in metriche definite in forma di liste o statistiche:

- Metriche sulle performance di tutti i sistemi di sicurezza
- Indagini in background e risultati
- Stato dei piani di emergenza e dei piani per assicurare la continuità dei processi di business
- Incidenti, azioni fraudolente e indagini
- Approfondimenti (due diligence) per la conformità e numero delle evidenze che necessitano un'azione correttiva
- Numero di analisi di rischio sui dati eseguite e numero di quelle che evidenziano la necessità di interventi correttivi
- Risultati ed implicazioni degli audit sulle policy, come i controlli sulle politiche di clean desk, eseguiti dai responsabili della sicurezza nei turni serali / notturni
- Statistiche sulle operazioni di sicurezza fisica e di protezione delle postazioni
- Numero di standard documentati (scritti) e accessibili (le politiche)
- Misura delle motivazioni di conformità con le politiche di sicurezza
- Analisi sulla condotta del business e sull'analisi del rischio di reputazione, includendo anche la formazione dei dipendenti
- Rischi potenziali derivanti da dati specifici (finanziari, medici, segreti industriali, informazioni interne riservate)
- Indicatori di confidenza ed influenza tra i manager e i dipendenti come indicatori di come sono percepite le azioni e le politiche per assicurare la sicurezza delle informazioni

Per ciascuna categoria di dati, vanno selezionati un congruo numero di metriche da tenere sotto controllo nel tempo in modo da assicurare la conformità, indirizzare azioni specifiche per prevenire pericoli e dare al board aziendale le indicazioni necessarie alla protezione delle informazioni rilevanti.

4.4.2 Metriche per la Sensibilizzazione alla Sicurezza

La scelta delle corrette metriche va fatta considerando queste aree:

- **I risultati delle valutazioni dei rischi** offrono dei dati qualitativi che devono tornare alle unità di business per renderle ancora più consapevoli delle propria responsabilità

- **Gli eventi e i profili di rischio** identificano delle esposizioni non gestite che necessitano di correzione. L'assenza o il miglioramento (in termini di diminuzione) dell'esposizione ai rischi e la conformità alle policy va determinata eseguendo dei test a seguito di iniziative volte a stimolare la consapevolezza nei cari attori in modo da valutare quanto il messaggio sia recepito

- **Riscontri formali ad indagini ed interviste** identificano il livello di consapevolezza riguardo a sicurezza e protezione. Va anche misurato il numero di dipendenti che hanno completato la formazione su tali temi all'interno dell'intera platea da coinvolgere

- **Indagini, analisi delle lezioni acquisite, interviste con persone coinvolte in incidenti** sono una preziosa fonte di informazioni sui gap relativi alla consapevolezza della sicurezza; le misurazioni possono comprendere quante vulnerabilità sono state risolte

- **I controlli di efficacia dei pacchetti** coinvolgono macchine specifiche che lavorano con informazioni confidenziali e riservate per verificare l'efficacia dei pacchetti di sicurezza stessi. Un sistema automatico per l'aggiornamento dei pacchetti è auspicabile ogni volta che sia possibile

4.4.3 Metriche per la Protezione dei Dati

Ciascuna organizzazione deve individuare quali siano quelli maggiormente pertinenti:

- **Ranking delle criticità** di dati e informazioni specifiche che, se rese non disponibili, hanno un forte impatto sull'azienda

- **Perdite attese annualizzate** per perdite, compromissioni o corruzione di dati dovuti a furti, pirateria o altri eventi dannosi

- **Rischi di perdite di particolari dati** relativi a certe categorie regolatorie e con alta priorità per il recupero

- **Mappa dei rischi relative a dati di specifici processi di business.** I rischi collegati ai terminali di pagamento andrebbero compresi all'interno del profilo di rischio del sistema di pagamento

- **Definizione delle minacce** eseguito in base alla probabilità di un attacco contro alcuni dati di particolare valore e contro i canali di trasmissione dei medesimi dati

- **Definizione della vulnerabilità** di aperti specifiche dei processi di business in cui le informazioni sensibili possono essere esposte in modo intenzionale o accidentale

È infine necessario avere una lista consultabile delle posizioni aziendali in cui sono presenti / propagati i dati sensibili.

4.4.4 Metriche sugli Incidenti

- Tentativi di intrusione riconosciuti e impediti
- ROI sui costi di investimenti relativi alla sicurezza valorizzando come risparmi gli incidenti evitati

4.4.5 Proliferazione dei Dati Confidenziali

Il numero delle copie di dati confidenziali dovrebbe essere misurato e controllato così da ridurne la proliferazione: più sono i luoghi in cui i dati sensibili sono memorizzati, maggiore è il rischio di una violazione.

4.5 Le Necessità sulla Sicurezza nei Requisiti di Progetto

Ogni progetto che ha a che fare con i dati deve affrontare il tema della sicurezza dei sistemi e dei dati. I requisiti di dettaglio per la protezione dei dati e delle applicazioni devono essere individuati nella fase di analisi in modo da guidare la progettazione ed evitare di avere delle retroazioni e correzioni dei processi in fasi di sviluppo più avanzate. Se il team di sviluppo ha chiare le necessità della sicurezza già dall'inizio, può garantire la conformità già a partire dall'architettura di base del sistema. Inoltre tali la conoscenza di tali requisiti può guidare verso la scelta del pacchetto / softhouse più appropriata.

4.6 Ricerca Efficiente dei Dati Crittografati

La ricercar di dati crittografati implica ovviamente la necessità che siano decrittati; un modo per ridurre i dati che necessitano di essere decriptati è di cripatre i criteri di ricerca (es. delle stringhe di testo) utilizzando gli stessi metodi e chiavi usati per i dati stessi e quindi ricercare i match. Eseguire quindi la decrittazione dei soli dati che soddisfano i criteri di ricerca significa agire su una mole minore di dati, con minori costi e rischi durante il processo. Fatto questo passo riapplicare il criterio di ricerca sui dai in chiaro in modo da affinare la ricerca ed ottenere dei risultati più corretti.

4.7 Sanitizzazione dei Documenti

Con 'Sanitizzazione' (Sanitization) dei documenti si intende quel processo di pulitura dei metadati (come ad es. la tracciatura delle modifiche) prima che il documento sia condiviso. In questo modo si limita il rischio di distribuire delle informazioni riservate che possono essere nascoste nei commenti. Soprattutto in caso di contrattazioni, l'accesso a queste informazioni può essere negativo in fase di negoziazione.

5. Linee Guida per l'Implementazione

Il modo con cui implementare la data security dipende da vari fattori: cultura aziendale, natura dei rischi, sensibilità dei dati gestiti dall'azienda e tipologia dei sistemi usati; l'implementazione deve comunque essere guidata da una piano strategico per la protezione e la sicurezza e dall'architettura di supporto.

5.1 Valutazione della Prontezza e del Rischio

L'avere i dati in sicurezza è intimamente connesso alla cultura aziendale. Le aziende spesso agiscono in reazione a delle crisi piuttosto che gestire in modo proattivo le responsabilità e garantendo la verifica delle stesse. Così se avere dei dati perfettamente sicuri è impossibile, il miglior modo per evitare le violazioni è costruire la consapevolezza e la comprensione dei requisiti, politiche e procedure di sicurezza. Questa consapevolezza può essere accresciuta tramite:

- **Formazione**: promuovere gli standard attraverso formazione e iniziative sulla sicurezza a tutti i livelli organizzativi; far seguire alla formazione dei momenti di valutazione (come ad es. dei test online) focalizzati sull'aumentare la consapevolezza dei dipendenti. Formazione e test dovrebbero essere obbligatori e requisisti necessari per la valutazione dei dipendenti

- **Politiche consistenti**: le definizioni delle politiche e della conformità normativa per gruppi di lavoro o interni dipartimenti devono essere allineati con le politiche aziendali. Sponsorizzare una atteggiamento di 'agire localmente' può aiutare nel coinvolgere maggiormente le persone

- **Misurare i benefici indotti**: collegare i benefici di sicurezza alle iniziative di tipo organizzativo: le aziende dovrebbero comprendere degli indicatori riguardo alle attività relative alla sicurezza dei dati nelle proprie BSC (Balanced Score Card) e schede di valutazione dei progetti

- **Definire requisiti di sicurezza verso parti terze**: includere tra gli obblighi contrattuali il rispetto di SLA (Service Level Agreement) sulla sicurezza e sulle azioni necessarie per la protezione dei dati

- **Indurre un senso di urgenza**: enfatizzare i requisiti legali, contrattuali, regolatori così da instillare un senso di urgenza e una necessità per la gestione della sicurezza dei dati

- **Comunicazione continua**: adottare un programma per l'informazione continua dei lavoratori sui temi della sicurezza, delle pratiche sicure nell'uso dei computer e delle minacce incombenti. Una comunicazione continua rafforza il messaggio che la sicurezza è così importante da avere una sponsorizzazione da parte del management

5.2 Cambiamenti Organizzativi e Culturali

Le organizzazioni devono sviluppare delle politiche che permettano di ottenere gli obiettivi di business e al tempo stesso proteggere le informazioni sensibili e soggette a normative dal cattivo utilizzo o dagli accessi non autorizzati. Devono essere considerati gli interessi di tutti gli stakeholder e bilanciati i rischi con la facilità di accesso ai dati. Spesso è in capo alla Data Architecture il bilanciamento di queste necessità finalizzato a creare un sistema sicuro e al tempo stesso efficace. Da un punto di vista comportamentale, è necessario che sia il management che i dipendenti adattino le loro abitudini al fine di avere una efficace protezione dei dati.

In molte grandi aziende, i team responsabili della sicurezza dei dati hanno posto in essere politiche, controlli, strumenti, sistemi di controllo degli accessi e sistemi e dispositivi per la protezione delle informazioni; tutto questo deve essere complementare (e deve essere avvertito come tale) all'attività svolta dai Data Steward (generalmente responsabili della corretta categorizzazione delle informazioni) e dagli amministratori dei dati. I team della sicurezza informatica quindi devono supportare tramite la messa in atto di procedure operative basate sulle politiche di protezione dei dati e delle categorie regolatorie.

Realizzare le misure di Data Security senza considerare e rispettare le attese di clienti e dipendenti espone a insoddisfazione (di clienti e impiegati) e a rischi organizzativi. Per promuovere la conformità, le misure di sicurezza devono considerare anche le aspettative di coloro che lavorano con dati e sistemi: un sistema di sicurezza ben progettato e completo permette un accesso al contempo facile e sicuro a tutti gli stakeholder.

5.3 Visibilità nella Titolarità dei Dati dell'Utente

La titolarità dei dati di ogni utente (somma di tutti i dati che sono disponibili tramite una singola autorizzazione) deve essere rivista durante le implementazioni dei sistemi per identificare la presenza di dati normati. Il conoscere chi può vedere determinati dati necessita dell'uso dei Metadati che riportano le classificazioni legate ai dati di confidenzialità e relative alle norme e anche la gestione della titolarità e delle autorizzazioni stesse. La classificazione della sensibilità secondo le normative vigenti dovrebbe essere parte integrante del processo di definizione dei dati.

5.4 La Data Security in un Mondo in Outsourcing

Tutto può essere esternalizzato, tranne la responsabilità.

Dare in outsourcing le attività IT introduce ulteriori sfide e responsabilità sulla sicurezza dati: aumentano le persone che condivide la responsabilità sui dati in modo trasversale a organizzazioni e confini nazionali; ruoli e responsabilità altrimenti informali devono essere esplicitamente definiti come obblighi contrattuali; i contratti devono specificare responsabilità e mansioni per ciascun ruolo.

Qualsiasi sia la forma, l'esternalizzazione aumenta il rischio per l'organizzazione tra cui va annoverata una certa perdita del controllo sull'ambiente tecnico e sulle persone che lavorano con e sui dati aziendali. Di conseguenza le metriche e i processi di Data Security devono considerare i rischi legati a fornitori esterni sia come rischi interni che come esterni.

Il consolidamento delle pratiche di outsourcing dell'IT ha fatto sì che le aziende rivisitassero i servizi esternalizzati: c'è ormai un largo consenso sul fatto che l'architettura e il 'possesso' dell'IT debbano essere funzioni interne e che quindi sia l'azienda ad avere diretta responsabilità e gestione dell'architettura di protezione. I partner terzi possono avere la responsabilità nell'implementazione di quell'architettura.

Il trasferimento del controllo ma non della responsabilità, introduce la necessità di una più accurata gestione dei rischi e dei meccanismi di controllo, che includono:

- SLA (Service Level Agreements)
- Clausole (dei contratti di esternalizzazione) di limitazione della responsabilità

- Clausole di diritto alla verifica
- Chiara definizione delle conseguenze alle violazioni degli obblighi contrattuali
- Reporting frequente dal terzista sulla protezione e sicurezza
- Possibilità di un monitoraggio indipendente sull'attività del sistema del fornitore
- Audit di sicurezza frequenti e ad ampio spettro
- Comunicazione costante tra l'azienda e il fornitore
- Piena consapevolezza delle differenze nelle legislazioni sui contratti nel caso in cui il fornitore sia di nazionalità diversa (nel caso insorgano dispute legali)

La presenza di esternalizzazione determina la necessità di fare il lineage (tracciare il flusso) dei dati attraverso i sistemi e i singoli utenti per garantire la 'catena di comando' e un beneficio particolare deriva dallo sviluppare le matrici CRUD (Create, Read, Update, Delete) che mappano le azioni e responsabilità sui dati in modo trasversale sui processi di business, gli applicativi, i ruoli e le unità organizzative tramite la tracciatura delle trasformazioni (il lineage) dei dati e della catena delle responsabilità. La matrice CRUD deve includere anche il poter prendere delle decisioni di business o il poter utilizzare alcune funzionalità delle applicazioni (come l'approvazione di ordini e pagamenti).

Per chiarire i ruoli organizzativi, le separazione dei compiti e le responsabilità legate a ciascun ruolo (compresi gli obblighi introdotti dalla data security) uno strumento efficace è la matrice RACI (Responsble, Acoountable, Consulted, Informed). Questa può diventare parte integrante del contratto e delle politiche di sicurezza delle informazioni. Il definire una matrice delle responsabilità (come la RACI) chiarisce non solo la responsabilità (accountablity) ma anche la proprietà (ownership) tra i soggetti coinvolti nell'esternalizzazione dando effettivo supporto a tutte le politiche di data security e alla loro realizzazione.

La responsabilità ultima del mantenimento dei dati è sempre interno all'organizzazione, anche in presenza di attività (operations) IT esternalizzate. È necessario che le parti che stabiliscono fra loro un accordo di outsourcing prevedano gli adeguati meccanismi per la garanzia della conformità.

5.5 La Data Security in Cloud

La rapida crescita del web computing e delle interazioni business-to-business e business-to-consumer hanno esteso i confini dei dati molto al di fuori dei 'muri' delle singole aziende e il cloud computing ha ulteriormente allargato questi orizzonti. La dicitura 'as-a-service' è ormai comune sia nel linguaggio della tecnologie sia in quello del business. 'Data-as-a-Service', 'Software-as-a-Service', 'Platform-as-a-Service' sono termini ormai piuttosto comuni e il cloud computing, o in generale la possibilità di avere risorse per processare dati e informazioni distribuite in internet, sta completando le offerte 'x-as-a-service'.

Le politiche di data security devono tenere in considerazione le differenze nel modo di distribuire i dati nei differenti modelli di servizio e questo include anche la necessità di appoggiarsi e sfruttare standard esterni di sicurezza dei dati.

Nel cloud computing divengono di primaria importanza la condivisione della responsabilità, il definire la catena della custodia e garanzia dei dati (e i diritti che ne derivano) e il definire la proprietà dei dati. Un impatto diretto sulle politiche di dati e di sicurezza lo hanno anche le valutazioni sull'infrastruttura

(es. chi è responsabile del firewall quando un provider di servizi cloud distribuisce il software sul web? Chi ha la responsabilità sui diritti di accesso ai server?)

Tutti questi aspetti portano a dover affinare le politiche di gestione della sicurezza e protezione dei dati (o addirittura a crearne delle nuove) da parte delle aziende e organizzazione di qualsiasi dimensione. Anche se un'azienda non ha delle risorse proprie in cloud, è possibile che i suoi partner li abbiano: nel mondo interconnesso dei dati, l'avere un partner che utilizza servizi in cloud implica che i dati dell'intera organizzazione sono in cloud. Ovviamente gli stessi principi di sicurezza riguardo alla proliferazione dei dati si applicano anche alla produzione di informazioni sensibili e confidenziali.

L'architettura dei data center in cloud interni all'azienda, comprese le virtual machine (benché queste siano potenzialmente più sicure delle fisiche), devono aderire alle medesime politiche di sicurezza applicate all'intera impresa.

6. La Governance della Data Security

Mettere al sicuro e proteggere i sistemi e i dati aziendali richiede la collaborazione tra gli stakeholder e l'IT: le fondamenta di una governance della sicurezza si basano su politiche e procedure chiare e robuste.

6.1 Data Security e Enterprise Architecture

L'Enterprise Architecture definisce i dati e quegli elementi che compongono una azienda, le mutue relazioni, le regole, i principi e le linee guida di business riguardo alle loro trasformazioni. L'Architettura della sicurezza è una parte dell'insieme più ampio dell'Enterprise Architecture che descrive come la sicurezza e la protezione dei dati è messa in pratica per soddisfare sia le esigenze del business che le legislazioni esterne. Questa influenza:

- Gli strumenti usati per gestire la sicurezza
- Gli standard e i meccanismi per la crittografia dei dati
- Le linee guida per l'accesso da parte di fornitori e venditori
- I protocolli di trasmissione dati in internet
- I requisiti riguardo alla documentazione
- Gli standard per l'accesso da remoto
- Le procedure per il monitoraggio delle violazioni delle protezioni

L'architettura è poi particolarmente importante per l'integrazione dei dati tra:

- Sistemi e unità di business
- L'organizzazione e i suoi partner esterni
- L'organizzazione e gli organi regolatori e legislativi

Per esempio, il modello architetturale di un meccanismo di integrazione service-oriented tra due parti richiede una implementazione diversa da quella di un tradizionale EDI (Electronic Data Interchange).

Per un'organizzazione di grandi dimensioni, la funzione di legame formale tra le diverse discipline è fondamentale nel proteggere le informazioni da abusi, furti, esposizioni non volute, perdite. Ciascuna delle parti coinvolte deve avere conoscenza degli elementi di impatto per le altre in modo da poter avere un linguaggio comune e un obiettivo condiviso.

7. Opere Citate / Consigliate

Andress, Jason. *The Basics of Information Security: Understanding the Fundamentals of InfoSec in Theory and Practice.* Syngress, 2011. Print.

Calder, Alan, and Steve Watkins. *IT Governance: An International Guide to Data Security and ISO27001/ISO27002.* 5th ed. Kogan Page, 2012. Print.

Fuster, Gloria González. *The Emergence of Personal Data Protection as a Fundamental Right of the EU.* Springer, 2014. Print. Law, Governance and Technology Series / Issues in Privacy and Data Protection.

Harkins, Malcolm. *Managing Risk and Information Security: Protect to Enable (Expert's Voice in Information Technology).* Apress, 2012. Kindle.

Hayden, Lance. *IT Security Metrics: A Practical Framework for Measuring Security and Protecting Data.* McGraw-Hill Osborne Media, 2010. Print.

Kark, Khalid. "Building A Business Case for Information Security". *Computer World.* 2009-08-10 http://bit.ly/2rCu7QQ Web.

Kennedy, Gwen, and Leighton Peter Prabhu. *Data Privacy: A Practical Guide.* Interstice Consulting LLP, 2014. Kindle. Amazon Digital Services.

Murdoch, Don GSE. *Blue Team Handbook: Incident Response Edition: A condensed field guide for the Cyber Security Incident Responder.* 2nd ed. CreateSpace Independent Publishing Platform, 2014. Print.

National Institute for Standards and Technology (US Department of Commerce website) http://bit.ly/1eQYolG.

Rao, Umesh Hodeghatta and Umesha Nayak. *The InfoSec Handbook: An Introduction to Information Security.* Apress, 2014. Kindle. Amazon Digital Services.

Ray, Dewey E. *The IT professional's merger and acquisition handbook.* Cognitive Diligence, 2012.

Schlesinger, David. *The Hidden Corporation: A Data Management Security Novel.* Technics Publications, LLC, 2011. Print.

Singer, P.W. and Allan Friedman. *Cybersecurity and Cyberwar: What Everyone Needs to Know®.* Oxford University Press, 2014. Print. What Everyone Needs to Know.

Watts, John. *Certified Information Privacy Professional Study Guide: Pass the IAPP's Certification Foundation Exam with Ease!* CreateSpace Independent Publishing Platform, 2014. Print.

Williams, Branden R., Anton Chuvakin Ph.D. *PCI Compliance: Understand and Implement Effective PCI Data Security Standard Compliance.* 4th ed. Syngress, 2014. Print.

Data Integration e Interoperability

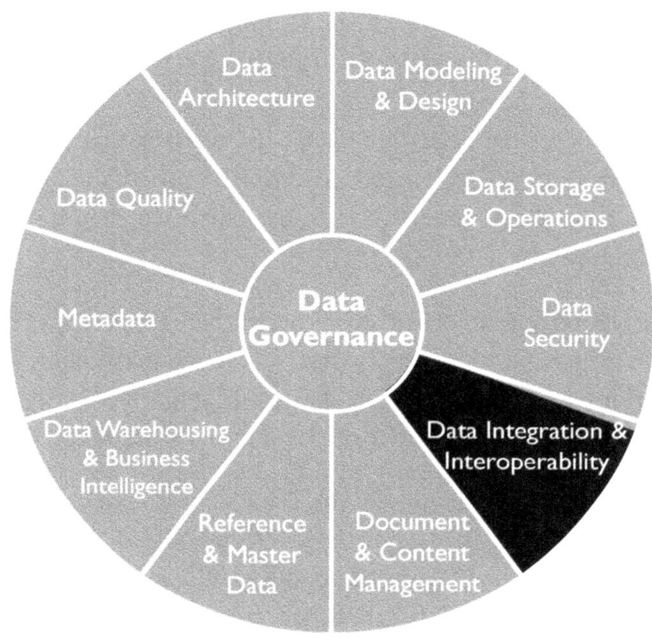

DAMA-DMBOK2 Data Management Framework

Copyright © 2017 by DAMA International

---

1. Introduzione

Integrazione dei dati e interoperabilità (Data Integration & Interoperability, DII) descrive i processi relativi allo spostamento e al consolidamento dei dati all'interno e tra data store, applicazioni e organizzazioni. L'integrazione consolida i dati in forme coerenti, fisiche o virtuali. L'interoperabilità dei dati è la capacità di comunicazione tra più sistemi. Le soluzioni DII abilitano funzioni base di data management da cui dipendono la maggior parte delle organizzazioni:

- Migrazione e conversione dei dati
- Consolidamento dei dati in hub o mart
- Integrazione di pacchetti di fornitori nel portafoglio di applicazioni di un'organizzazione
- Condivisione dei dati tra applicazioni e tra organizzazioni
- Distribuzione dei dati tra data store e data center
- Archiviazione dei dati
- Gestione delle interfacce dati

- Ottenimento e inserimento di dati esterni
- Integrazione di dati strutturati e non strutturati
- Fornitura di intelligence operativa e supporto alle decisioni del management

DII dipende da altre aree di data management:

- **Data Governance**: per disciplinare le regole di trasformazione e le strutture dei messaggi
- **Data Architetcture**: per la progettazione di soluzioni
- **Data Security**: per assicurare che le soluzioni proteggano adeguatamente la sicurezza dei dati, siano essi persistenti, virtuali o in movimento tra applicazioni e organizzazioni
- **Metadata**: per registrare l'inventario tecnico dei dati (persistenti, virtuali e in movimento), il significato di business dei dati, le regole di business per la trasformazione dei dati, la cronologia operativa dei dati e il data lineage
- **Data Storage e Operations**: per la gestione dell'istanza fisica delle soluzioni
- **Data modeling and design**: per la progettazione di strutture di dati, tra cui la persistenza fisica nei database, le strutture di dati virtuali, e messaggi che trasmettono informazioni tra applicazioni e organizzazioni

L'integrazione dei dati e l'interoperabilità sono cruciali per il Data Warehousing e la Business Intelligence, nonché per i Reference Data e il Master Data Management, poiché tutti questi sono focalizzati sulla trasformazione e l'integrazione dei dati dai sistemi di origine a hub di dati consolidati e dagli hub ai sistemi target, dove possono essere forniti agli utilizzatori di dati, sia sistemi che umani.

Sono anche fondamentali per l'area emergente del Big Data management. I Big Data tendono a integrare vari tipi di dati, tra cui i dati strutturati e archiviati nei database, i dati di testo non strutturati nei documenti o nei file, altri tipi di dati non strutturati come quelli audio, video e di streaming. Questi dati integrati possono essere estratti, utilizzati per sviluppare modelli predittivi e implementati nelle attività di intelligence operativa.

1.1 Business Driver

La necessità di gestire in modo efficiente il trasferimento dei dati è un driver primario per il DII. Poiché la maggior parte delle organizzazioni dispone di centinaia o migliaia di database e archivi, la gestione dei processi di trasferimento dei dati tra i data store all'interno dell'organizzazione e da e per altre organizzazioni è diventata una responsabilità centrale di ogni organizzazione di information technology. Il processo di trasferimento dei dati, se non gestito correttamente, può sovraccaricare le risorse e le capacità IT e ridurre i requisiti di supporto delle tradizionali aree applicative e di data management.

La nuova tendenza delle organizzazioni ad acquistare le applicazioni da fornitori di software, anziché svilupparne di personalizzate, ha amplificato la necessità di integrazione dei dati e interoperabilità aziendali. Ogni applicazione acquistata viene fornita con i proprio set di Master Data store, data store di transazione e data store di reportistica, che devono integrarsi con gli altri data store dell'organizzazione. Anche gli Enterprise Resource Planning - ERP, che eseguono le funzioni comuni dell'organizzazione, comprendono raramente, se non addirittura mai, tutti i data store dell'organizzazione. Anche i dati di tali sistemi devono essere integrati con gli altri dati dell'organizzazione.

Data Integration e Interoperability

Definizione: Gestione del movimento e del consolidamento dei dati all'interno e tra applicazioni e organizzazioni.

Obiettivi:
1. Fornire i dati in modo sicuro, in conformità alle normative, nel formato e nel lasso di tempo necessari.
2. Riduzione dei costi e della complessità della gestione delle soluzioni mediante lo sviluppo di modelli e interfacce condivisi.
3. Identificare eventi significativi e attivare automaticamente avvisi e azioni.
4. Supportare business intelligence, analytics, il master data management e gli sforzi di efficienza operativa.

Drivers di Business

Inputs:
- Obiettivi e Strategie di Business
- Esigenze e Standard sui Dati
- Conformità Normativa & Requisiti di Sicurezza
- Architettura Tecnica, e di Dati, Processi Applicazioni
- Semantica dei dati
- Dati Sorgenti

Attività:
1. **Pianificare e Analizzare (P)**
   1. Definire i requisiti dell'integrazione dei dati e del ciclo di vita
   2. Eseguire Data Discovery
   3. Documentare il Data Lineage
   4. Profilare i Dati
   5. Esaminare la conformità delle regole di Business
2. **Progettare Soluzioni DII (P)**
   1. Progettare i componenti della soluzione
   2. Mappare Origini verso Destinazioni
   3. Progettare la Data Orchestration
3. **Sviluppare Soluzioni DII (D)**
   1. Sviluppare Servizi Dati
   2. Sviluppare Data Flow Orchestration
   3. Sviluppare Approccio di Migrazione Dati
   4. Sviluppare Elaborazione Eventi Complessi
   5. Mantenere Metadati DII
4. **Implementare e monitorare (O)**

Deliverables:
- Architettura DII
- Specifiche di Data Exchange
- Accordi di Accesso ai Dati
- Servizi dei Dati
- Soglie e Alert di Elaborazione Eventi Complessi

Fornitori:
- Produttori Data
- IT Steering Committee
- Executives e Managers
- Esperti della Materia

Coinvolgimenti:
- Data Architects
- Business e Data Analysts
- Data Modelers
- Data Stewards
- Sviluppatori ETL, Service, Interfacce
- Project e Program Managers

Utilizzatori:
- Utilizzatori Informazioni
- Operatori della Conoscenza
- Managers e Executives

Drivers Tecnici

Tecniche:
- Integrazione Hub e Spoke
- Extract Transformation Load (ELT)
- Enterprise Application Integration (EAI)
- Service Oriented Architecture (SOA)

Strumenti:
- Motore di Trasformazione Dati
- Server di Virtualizzazione Dati
- Enterprise Service Bus
- Strumenti di Modellazione Dati e Processi
- Strumenti di Data Profiling
- Metadata Repository

Metriche:
- Volumi Dati e velocità di consegna
- Latenza dei Dati
- Time to Market per I Miglioramenti
- Costi e Complessità della Soluzione
- Valore Podotto

(P) Pianificazione, (C) Controllo, (D) Sviluppo, (O) Operations

Figura 66 Context Diagram: integrazione dei dati e interoperabilità

La necessità di gestire la complessità e i costi a essa associati sono motivi per strutturare l'integrazione dei dati da una prospettiva aziendale. Una progettazione aziendale dell'integrazione dei dati è chiaramente più efficiente ed economica rispetto alle soluzioni distribuite o point-to-point. Lo sviluppo di queste ultime tra le applicazioni può comportare migliaia o addirittura milioni di interfacce e mettere velocemente in difficoltà anche le organizzazioni con IT più capaci ed efficienti.

Gli hub di dati come data warehouse e soluzioni di Master Data contribuiscono a ridurre questo problema consolidando i dati necessari a molte applicazioni e fornendo a tali applicazioni viste coerenti dei dati. In modo analogo, la complessità della gestione dei dati operativi e transazionali che devono essere condivisi in tutta l'organizzazione può essere notevolmente ridotta adottando tecniche di integrazione dei dati aziendali, quale l'integrazione hub-and-spoke e modelli di messaggi canonici (canonical message models).

Un altro business driver è la gestione del costo del supporto. Trasferire i dati usando più tecnologie, ciascuna delle quali richiede competenze specifiche di sviluppo e manutenzione, può far aumentare i costi di supporto. Le implementazioni di tool standard possono ridurre i costi di supporto e del personale e migliorare l'efficienza delle attività di troubleshooting. Ridurre la complessità di gestione delle interfacce può ridurre i costi di manutenzione delle stesse e consentire una distribuzione più efficace delle risorse di supporto indirizzandole su altre priorità organizzative. Il DII supporta anche la capacità di un'organizzazione di conformarsi agli standard e alle normative sulla gestione dei dati. I sistemi di DII a livello aziendale consentono il riutilizzo del codice per implementare le regole di conformità e semplificare la verifica di quest'ultima.

1.2 Obiettivi e principi

L'implementazione di pratiche e soluzioni di integrazione dei dati e interoperabilità mira a:
- Rendere i dati disponibili nel formato e nei tempi richiesti dagli utilizzatori dei dati, sia umani sia di sistema

- Consolidare i dati fisicamente e virtualmente in hub di dati

- Ridurre i costi e la complessità della gestione delle soluzioni mediante lo sviluppo di modelli e interfacce condivisi

- Identificare eventi significativi (opportunità e minacce) e attivare automaticamente avvisi e azioni

- Supportare le attività di Business Intelligence, analytic, Master Data Management ed efficienza operativa

Quando un'organizzazione implementa il DII dovrebbe attenersi ai seguenti principi:
- Adottare una prospettiva aziendale nella progettazione onde garantire l'estendibilità futura, ed allo stesso tempo implementare attraverso delivery iterativo e incrementale

- Bilanciare le esigenze dei dati locali con quelle dei dati aziendali, incluso il supporto e la manutenzione.

- Garantire la responsabilità aziendale per la progettazione e le attività di Data Integration and Interoperability. Gli esperti di business dovrebbero essere coinvolti nella progettazione e nella modifica delle regole di trasformazione dei dati, sia persistenti sia virtuali.

1.3 Concetti essenziali

1.3.1 Estrazione, Conversione e Caricamento

Al centro di tutte le aree di Data Integration and Interoperability vi è il processo base di Estrazione, Conversione, Caricamento (Extract, Transform, Load - ETL). Eseguiti fisicamente o virtualmente, in batch o in tempo reale, questi sono i passaggi essenziali per trasferire i dati all'interno e tra applicazioni e organizzazioni. In funzione dei requisiti di integrazione dei dati, il processo ETL può essere eseguito come evento programmato periodicamente (batch) o quando sono disponibili dati nuovi o aggiornati (in tempo reale o event-driven). Il processing dei dati operativi tende ad essere in tempo reale o quasi in tempo reale, mentre i dati necessari per l'analisi o il reporting sono spesso programmati in processi batch.

I requisiti di integrazione dei dati determinano anche se i dati estratti e trasformati vengono archiviati fisicamente in strutture di staging. Lo staging fisico tiene conto di un audit trail dei passaggi che sono avvenuti con i dati e di potenziali riavvii del processo da un punto intermedio. Tuttavia, le strutture di staging occupano spazio su disco e richiedono tempo per la scrittura e la lettura. Le esigenze di integrazione dei dati che richiedono una latenza molto bassa non includono solitamente lo staging fisico dei risultati di integrazione dei dati intermedi.

1.3.1.1 Estrazione

Il processo di estrazione comprende la selezione dei dati richiesti e la loro estrazione dall'origine. I dati estratti vengono quindi organizzati in un data store fisico su disco o su memoria. Se organizzati fisicamente su disco, il data store di staging può essere ubicato nello stesso luogo del data store di origine, di quello target, o entrambi. Idealmente, se questo processo viene eseguito su un sistema operativo, è progettato per utilizzare il minor numero di risorse possibile, al fine di evitare di influire negativamente sui processi operativi. L'elaborazione dei batch al di fuori degli orari di punta è un'opzione per le estrazioni che includono un processing complesso per eseguire la selezione o identificare dati modificati da estrarre.

1.3.1.2 Conversione

Il processo di conversione rende i dati selezionati compatibili con la struttura del data store target. La conversione comprende i casi in cui i dati vengono rimossi dalla fonte quando si trasferiscono sul target, in cui i dati vengono copiati su più target e in cui vengono utilizzati per attivare eventi senza però persistere. Esempi di conversione possono includere

- **Modifiche di formato**: conversione del formato tecnico dei dati; ad esempio, dal formato EBCDIC a quello ASCII

- **Modifiche di struttura: modifiche** alla struttura dei dati; ad esempio, da record denormalizzati a quelli normalizzati

- **Conversione semantica**: conversione dei valori dei dati per mantenere una rappresentazione semantica coerente. Ad esempio, i codici di sesso origine potrebbero includere 0, 1, 2 e 3, mentre i codici di sesso target potrebbero essere rappresentati come SCONOSCIUTO, FEMMINILE, MASCHILE o NON FORNITO.

- **De-duping**: assicurare che, se le regole richiedono valori chiave o record univoci, sia incluso un mezzo per la scansione del target e il rilevamento e la rimozione delle righe duplicate

- **Riordino**: modifica dell'ordine degli elementi di dati o dei record per fittare un pattern definito

La conversione può essere eseguita in batch o in tempo reale, archiviando fisicamente il risultato in un'area di staging o archiviando virtualmente i dati trasformati in memoria fino a quando non si è pronti a passare alla fase di caricamento. I dati risultanti dalla fase di conversione dovrebbero essere pronti per l'integrazione con i dati nella struttura target.

1.3.1.3 Caricamento

La fase di caricamento del processo ETL è la memorizzazione o presentazione fisica del risultato delle trasformazioni nel sistema target. In funzione delle trasformazioni eseguite, dello scopo del sistema target e dell'uso previsto, i dati potrebbero richiedere un'ulteriore elaborazione per essere integrati con altri dati, oppure potrebbero essere in una forma finale, pronti per essere presentati agli utilizzatori.

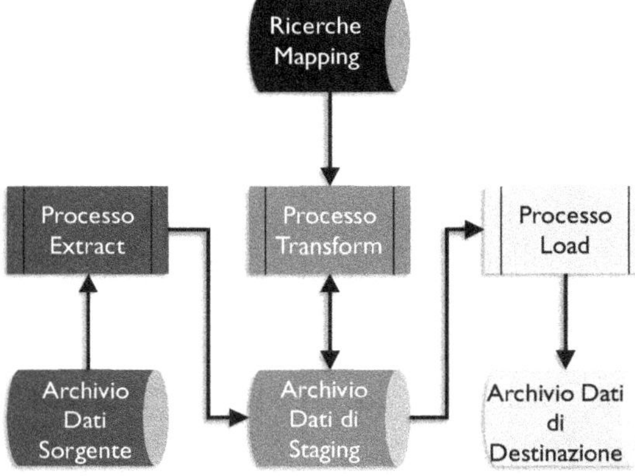

Figura 67 Flusso del processo ETL

1.3.1.4 ETL

Se il sistema target dispone di maggiore capacità di trasformazione rispetto al sistema di origine o al sistema applicativo intermedio, l'ordine dei processi può essere cambiato in Estrazione, Caricamento, Conversione (Extract, Load, Transform - ELT). Il processo ELT consente che le trasformazioni si verifichino dopo il caricamento sul sistema target, spesso come parte del processo. Consente di istanziare i dati di origine sul sistema target come dati non elaborati, che possono essere utili per altri processi. Ciò è comune negli ambienti Big Data dove il processo ELT carica il data lake. (vedere Capitolo 14)

1.3.1.5 Mappatura

Sinonimo di conversione, la *mappatura* è sia il processo di sviluppo della matrice di ricerca dalle strutture di origine a quelle target, sia il risultato di tale processo. Una mappatura definisce le origini da estrarre, le regole di identificazione dei dati per l'estrazione, i target da caricare, le regole per l'identificazione delle righe target per l'aggiornamento (se presenti) e le eventuali regole di trasformazione o calcoli da applicare. Molti strumenti di integrazione dei dati offrono visualizzazioni delle mappature che consentono agli sviluppatori di utilizzare interfacce grafiche per creare il codice di trasformazione.

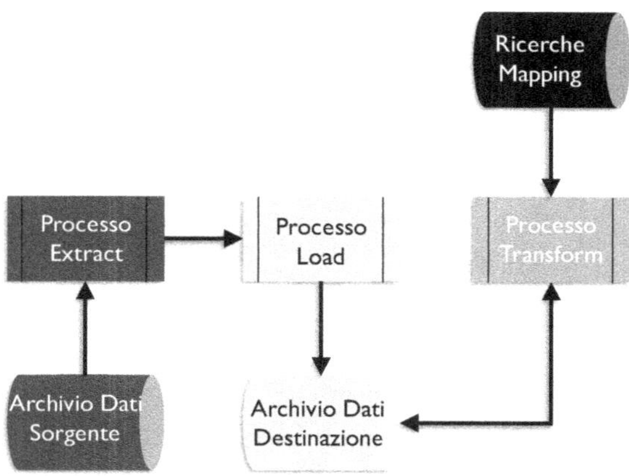

Figura 68 Flusso del processo ELT

1.3.2 Latenza

La latenza è la differenza di tempo tra il momento in cui i dati vengono generati nel sistema di origine e il momento in cui essi sono disponibili per l'uso nel sistema target. Soluzioni diverse di processing dei dati comportano diversi gradi di latenza dei dati. La latenza può essere alta (batch) o bassa (event-driven) o molto bassa (sincrona in tempo reale).

1.3.2.1 Batch

La maggior parte dei dati si sposta tra applicazioni e organizzazioni in gruppi o file, su richiesta di un utilizzatore di dati umano oppure automaticamente in base a una pianificazione periodica. Questo tipo di interazione è chiamato *batch* o *ETL*.

Il movimento dei dati in modalità batch rappresenterà l'intero set di dati in un determinato momento, ad esempio i saldi dei conti alla fine di un periodo, oppure i dati che hanno modificato i valori dall'ultima volta in cui sono stati inviati, come le modifiche d'indirizzo che sono stati effettuate in un giorno. Il set di dati modificati è chiamato *delta* e i dati di un punto nel tempo sono chiamati *snapshot*.

Con soluzioni di integrazione dei dati batch, vi è spesso un ritardo significativo tra l'istante in cui i dati cambiano nell'origine e il momento in cui vengono aggiornati nel target, con conseguente latenza elevata. Il processing in batch è molto utile quando si devono elaborare volumi molto elevati di dati in un breve lasso di tempo. Tende ad essere utilizzato per soluzioni di integrazione dei dati di data warehouse, anche quando sono disponibili soluzioni a bassa latenza.

Per ottenere un processing veloce e una latenza inferiore, alcune soluzioni di integrazione dei dati adottano il processing in micro-batch, che pianifica l'esecuzione di processing in batch con una frequenza molto più elevata di quella giornaliera, ad esempio ogni cinque minuti.

L'integrazione dei dati batch viene utilizzata per conversioni di dati, migrazioni e archiviazione, nonché per l'estrazione e il caricamento di data warehouse e data mart. Esistono rischi associati ai tempi del processing in batch. Per ridurre al minimo i problemi con gli aggiornamenti delle applicazioni, è opportuno pianificare il trasferimento dei dati tra le applicazioni al termine del processing logico del giorno lavorativo o dopo che il processing speciale dei dati è avvenuto durante la notte. Onde evitare set di dati incompleti, i processi che trasferiscono i dati in un data warehouse devono essere pianificati in base alla programmazione giornaliera, settimanale o mensile dei rapporti.

1.3.2.2 Acquisizione dati modificati (change data capture)

L'acquisizione dati modificati (change data capture) è un metodo che serve a ridurre la larghezza di banda applicando dei filtri che consentono d'includere solo i dati che sono cambiati entro un periodo di tempo definito. Tale metodo consiste nel monitorare un set di dati al fine di rilevarne le variazioni (inserimenti, modifiche, eliminazioni), quindi nel passare tali modifiche (i delta) ad altri set di dati, applicazioni e organizzazioni che utilizzano i dati. I dati possono anche essere taggati con identificatori, quali flag o timestamp come parte del processo. L'acquisizione dati modificati può essere data-based oppure log-based. (vedere Capitolo 6).

Esistono tre tecniche per la data-based change data capture.

- Il sistema di origine popola elementi di dati specifici, come timestamp in un intervallo, o codici o flag, che fungono da indicatori di modifica. Il processo di estrazione utilizza le regole per identificare le righe da estrarre.

- I processi del sistema di origine, durante la modifica dei dati, si aggiungono a un semplice elenco di oggetti e identificatori, che verrà poi utilizzato per controllare la selezione dei dati per l'estrazione.

- I processi del sistema di origine copiano i dati modificati in un oggetto separato, che verrà poi utilizzato per il processing dell'estrazione. Non è necessario che tale oggetto si trovi all'interno del database management system.

Questi tipi di estrazione utilizzano funzionalità integrate nell'applicazione di origine, che possono richiedere molte risorse, nonché la possibilità di modificare l'applicazione di origine.

Nelle log-based change data capture, i log delle attività dei dati creati dal sistema di gestione del database vengono copiati ed elaborati, alla ricerca di modifiche specifiche che vengono poi tradotte e applicate a un database target. Le traduzioni complesse possono essere difficili, tuttavia strutture intermedie simili all'oggetto di origine possono essere usate per lo staging di modifiche per ulteriore processing.

1.3.2.3 Near real time ed event-driven

La maggior parte delle soluzioni di integrazione dei dati che non vengono eseguite in batch utilizzano una soluzione near real time o event-driven. I dati vengono elaborati in insiemi più piccoli distribuiti nell'arco della giornata in una pianificazione definita, oppure vengono elaborati quando si verifica un evento, ad esempio un aggiornamento dei dati. Il processing near real time ha una latenza inferiore rispetto a quello in batch e spesso un minore carico di sistema poiché il lavoro viene distribuito nel tempo, ma di solito è più lento di una soluzione di integrazione dei dati sincronizzata. Le soluzioni di integrazione dei dati near real time vengono generalmente implementate mediante un enterprise service bus.

Le informazioni sullo stato e le dipendenze dei processi devono essere monitorate dal processo di caricamento dell'applicazione target. I dati che giungono al target potrebbero non essere disponibili nell'ordine esatto in cui il target necessita di creare i dati target corretti. Ad esempio, è possibile elaborare i Master Data o i dati dimensionali prima dei dati transazionali che utilizzano tali Master Data.

1.3.2.4 Asincrono

In un flusso di dati asincrono, il sistema che fornisce i dati non attende che il sistema ricevente riscontri l'aggiornamento prima di continuare il processing. Asincrono implica che il sistema di invio o di ricezione possa essere off-line per un certo periodo senza che anche l'altro sistema sia off-line.

L'integrazione dei dati asincrona non impedisce all'applicazione di origine di continuare il processing, né rende l'applicazione di origine non disponibile se nessuna delle applicazioni target non è disponibile. Poiché gli aggiornamenti dei dati apportati alle applicazioni in una configurazione asincrona non sono immediati, l'integrazione è chiamata *ear real time*. Il ritardo tra gli aggiornamenti effettuati nell'origine e inoltrati ai set di dati target in un ambiente near real time viene solitamente misurato in secondi o minuti.

1.3.2.5 In real time, sincrono

Ci sono situazioni in cui il ritardo o altre differenze tra i dati di origine e quelli target non sono accettabili. Quando i dati di un set devono essere perfettamente sincronizzati con i dati di un altro set, è necessario utilizzare una soluzione sincrona in tempo reale.

In una soluzione di integrazione sincrona, un processo in esecuzione attende di ricevere conferma da altre applicazioni o processi prima di eseguire la propria attività o transazione successiva. Ciò significa che la soluzione può elaborare un numero inferiore di transazioni perché deve impiegare tempo ad attendere la conferma della sincronizzazione dei dati. Se una qualsiasi delle applicazioni che richiede l'aggiornamento non è disponibile, la transazione non può essere completata nell'applicazione primaria. Questa situazione mantiene i dati sincronizzati ma potenzialmente rende le applicazioni strategiche dipendenti da applicazioni meno cruciali.

Le soluzioni che utilizzano questo tipo di architettura esistono in un continuum basato su quanta differenza può sussistere tra set di dati e quanto vale tale soluzione. I set di dati possono essere mantenuti sincronizzati tramite le funzionalità del database, quali i two-phase commit, che assicurano che non sia effettuato alcun aggiornamento, a meno che tutti gli aggiornamenti in una transazione di business non abbiano esito positivo. Ad esempio, gli istituti finanziari utilizzano soluzioni di two-phase commit per garantire che le tabelle delle transazioni finanziarie siano assolutamente sincronizzate con quelle dei bilanci finanziari. La maggior parte della programmazione non prevede l'uso del two-phase commit. Esiste una minima possibilità che, se un'applicazione viene interrotta in modo imprevisto, un set di dati possa risultare aggiornato mentre l'altro no.

Le soluzioni sincrone in real time richiedono una minore gestione dello stato rispetto alle soluzioni asincrone poiché l'ordine in cui vengono elaborate le transazioni è chiaramente gestito dalle applicazioni di aggiornamento. Tuttavia, possono anche portare a bloccare e ritardare altre transazioni.

1.3.2.6 Bassa latenza (low latency) o streaming

Sono stati compiuti enormi progressi nello sviluppo di soluzioni di integrazione dei dati estremamente veloci. Queste soluzioni richiedono un grande investimento in hardware e software. I costi aggiuntivi delle soluzioni a bassa latenza sono giustificati se un'organizzazione necessità di un trasferimento dei dati estremamente veloce su grandi distanze. I "dati di streaming" fluiscono dai sistemi informatici su base continua in tempo reale immediatamente al verificarsi degli eventi. I flussi di dati acquisiscono eventi come l'acquisto di beni o titoli finanziari, commenti sui social media e letture da sensori che monitorano posizione, temperatura, utilizzo o altri valori.

Le soluzioni di integrazione dei dati a bassa latenza sono progettate per ridurre al minimo i tempi di risposta agli eventi. Possono includere l'uso di soluzioni hardware come il disco a stato solido o soluzioni software come i database in memoria in modo che il processo non debba rallentare per leggere o scrivere sul disco tradizionale. I processi di lettura e scrittura su unità disco tradizionali sono migliaia di volte più lenti rispetto al processing dei dati in memoria o su unità disco a stato solido.

Le soluzioni asincrone sono utilizzate in generale nelle soluzioni a bassa latenza, pertanto le transazioni non devono attendere la conferma dei processi successivi prima di elaborare il dato successivo.

Anche il massive multi-processing, o processing simultaneo, è una configurazione comune in soluzioni a bassa latenza in cui il processing dei dati in arrivo può essere distribuito su più processori contemporaneamente e non subire il collo di bottiglia dovuto a un unico processore o a un esiguo numero di processori.

1.3.3 Replicazione (replication)

Per fornire tempi di risposta migliori agli utenti dislocati in tutto il mondo, alcune applicazioni mantengono copie esatte dei set di dati in più posizioni fisiche. Le soluzioni di replicazione riducono al minimo l'impatto sulle performance di analytic e query sull'ambiente operativo transazionale primario.

Una simile soluzione deve sincronizzare le copie del set di dati distribuite fisicamente. La maggior parte dei sistemi di gestione dei database dispone di utility di replicazione che svolgono questa operazione. Esse funzionano meglio quando i set di dati sono tutti gestiti nella medesima tecnologia del sistema di gestione del database. Le soluzioni di replicazione di solito monitorano il log delle modifiche del set di dati e non il set di dati stesso; eriducono al minimo l'impatto sulle applicazioni operative perché non competono con tali applicazioni per l'accesso al set di dati. Solo i dati del log delle modifiche passano tra le copie replicate. Le soluzioni di replicazione standard sono quasi in tempo reale; vi è un piccolo ritardo tra una modifica di una copia del set di dati e un'altra.

Poiché i vantaggi delle soluzioni di replicazione (effetto minimo sul set di dati di origine e quantità minima di dati trasmessi) sono molto utili, la replicazione viene utilizzata in molte soluzioni di integrazione dei dati, persino in quelle che non includono la distribuzione fisica a lunga distanza. Le utility di gestione del database non richiedono una programmazione estesa, perciò tendenzialmente vi sono pochi bug di programmazione.

Le utility di replicazione funzionano in modo ottimale quando i set di dati di origine e target sono copie esatte l'uno dell'altro. Le differenze tra origine e target comportano rischi per la sincronizzazione. Se l'obiettivo finale non è una copia esatta dell'origine, è necessario mantenere un'area di staging in cui ospitare una copia esatta delle origini. Ciò richiede un utilizzo del disco supplementare e forse tecnologia di database aggiuntiva.

Le soluzioni di replicazione dei dati non sono ottimali se possono verificarsi modifiche ai dati in più siti di copia. Se è possibile che lo stesso dato venga modificato in due siti diversi, sussiste il rischio che i dati vengano desincronizzati o che le modifiche apportate a uno dei siti vengano sovrascritte senza alcun avviso. (vedere Capitolo 6).

1.3.4 Archiviazione

I dati utilizzati raramente o non utilizzati attivamente possono essere trasferiti in una struttura di dati alternativa o in una soluzione di storage meno costosa per l'organizzazione. Le funzioni ETL possono essere utilizzate per trasportare e magari trasformare i dati da archiviare nelle strutture dati dell'ambiente di archiviazione. È possibile utilizzare gli archivi per memorizzare i dati delle applicazioni che vengono dismesse, nonché i dati dei sistemi operativi di produzione che non vengono utilizzati da molto tempo, per migliorare l'efficienza operativa.

È fondamentale monitorare la tecnologia di archiviazione per garantire che i dati siano comunque accessibili all'evolvere della tecnologia. Disporre di un archivio in una struttura meno recente o di un formato non leggibile dalla tecnologia più recente può essere rischioso, soprattutto per i dati ancora richiesti legalmente. (Vedere Capitolo 9)

1.3.5 Formato dei messaggi aziendali/Modello canonico

Un modello di dati canonico (canonical data model) è un modello comune utilizzato da un'organizzazione o da un gruppo di scambio di dati che standardizza il formato in cui i dati saranno condivisi. In un pattern di progettazione d'interazione dati hub-and-spoke, tutti i sistemi che desiderano fornire o ricevere dati interagiscono solo con un hub informativo centrale. I dati vengono trasformati da o verso un sistema di invio o ricezione basato su un formato di messaggio comune o aziendale per l'organizzazione (un modello canonico). (Vedere Capitolo 5) L'uso di un modello canonico limita il numero di trasformazioni di dati necessarie a qualsiasi sistema o organizzazione che scambia dati. Ogni sistema deve trasformare i dati solo da e verso il modello canonico centrale, invece che nel formato di tutti i sistemi con cui potrebbe voler scambiare dati.

Sebbene sviluppare e concordare un formato di messaggi condiviso sia un notevole conseguimento, avere un modello canonico può ridurre significativamente la complessità dell'interoperabilità dei dati in un'azienda e quindi ridurre notevolmente i costi del supporto. La creazione e la gestione del modello di dati canonico comune per tutte le interazioni di dati è un overhead necessario nell'implementazione di una soluzione di integrazione dei dati aziendali mediante un modello di interazione hub-and-spoke. È giustificabile a supporto della gestione delle interazioni dei dati tra più di tre sistemi e cruciale per la gestione delle interazioni dei dati in ambienti con oltre 100 sistemi applicativi.

1.3.6 Modelli di interazione

I modelli di interazione descrivono i modi per stabilire connessioni tra i sistemi al fine di trasferire i dati.

1.3.6.1 Point-to-point

La stragrande maggioranza delle interazioni tra sistemi che condividono dati lo fanno "point-to-point": passano i dati direttamente l'uno all'altro. Questo modello ha senso nel contesto di un piccolo insieme di sistemi. Tuttavia, diventa rapidamente inefficiente e aumenta il rischio organizzativo quando molti sistemi richiedono gli stessi dati dalle stesse origini.

- **Impatti sul processing**: se i sistemi di origine sono operativi, il carico di lavoro proveniente dalla fornitura di dati potrebbe influire sul processing.

- **Gestione delle interfacce**: il numero di interfacce necessarie in un modello di interazione point-to-point è prossimo al numero di sistemi al quadrato (s^2). Una volta create, queste interfacce devono essere mantenute e supportate. Il carico di lavoro per la gestione e il supporto delle interfacce tra i sistemi può diventare rapidamente superiore a quello necessario al supporto dei sistemi stessi.

- **Incoerenza potenziale**: sorgono problemi di progettazione quando più sistemi richiedono versioni o formati di dati differenti. L'uso di più interfacce per ottenere dati porterà a incoerenze nei dati inviati ai sistemi a valle.

1.3.6.2 Hub-and-spoke

Il modello hub-and-spoke, un'alternativa al point-to-point, consolida i dati condivisi (fisicamente o virtualmente) in un hub dati centrale che molte applicazioni possono utilizzare. Tutti i sistemi che desiderano scambiare dati lo fanno attraverso un sistema di controllo dati comune centrale, anziché direttamente tra loro (point-to-point). I data warehouse, i data mart, i data store operativi e gli hub di Master Data Management sono gli esempi più noti di hub di dati.

Gli hub forniscono viste coerenti dei dati con un impatto limitato sulle performance dei sistemi di origine. Inoltre, gli hub di dati riducono al minimo il numero di sistemi ed estrazioni che devono accedere alle origini dati, minimizzando l'impatto sulle risorse del sistema di origine. L'aggiunta di nuovi sistemi al portafoglio richiede soltanto la creazione di interfacce per l'hub dati. L'interazione hub-and-spoke è più efficiente e può essere giustificata in termini di costi anche se il numero di sistemi previsti è relativamente piccolo, ma diventa cruciale per la gestione di un portafoglio di sistemi nell'ordine di centinaia o migliaia.

Gli Enterprise Service Bus (ESB) sono la soluzione di integrazione dei dati per la condivisione quasi in tempo reale dei dati tra molti sistemi, dove l'hub è un concetto virtuale del formato standard o del modello canonico per la condivisione dei dati nell'organizzazione.

Il modello hub-and-spoke potrebbe non essere sempre la soluzione migliore, ad esempio se la sua latenza è inaccettabile o le sue performance sono insufficienti; inoltre, nell'architettura hub-and-spoke, l'hub stesso crea overhead. Una soluzione point-to-point non richiederebbe l'hub;tuttavia, i vantaggi dell'hub superano gli svantaggi dell'overhead non appena tre o più sistemi sono coinvolti nella condivisione dei dati. L'uso del modello di progettazione hub-and-spoke per lo scambio di dati può ridurre drasticamente la proliferazione delle soluzioni di trasformazione e integrazione dei dati e quindi semplificare notevolmente il supporto organizzativo necessario.

1.3.6.3 Publish - Subscribe

Un modello publish e subscribe prevede sistemi che eseguono il pushing dei dati (publish) e altri che ne eseguono il pulling (subscribe). I sistemi che forniscono dati sono elencati in un catalogo di servizi dati, mentre quelli intesi ad utilizzare i dati si iscrivono a tali servizi. Al momento della pubblicazione, i dati vengono inviati automaticamente ai subscriber.

Se più utilizzatori di dati desiderano un determinato set di dati o dati in un determinato formato, sviluppare in modo centralizzato tali dati e renderli disponibili a tutti coloro che ne hanno bisogno garantisce che tutti i componenti ricevano in modo tempestivo un set di dati coerente.

1.3.7 Concetti di architettura DII

1.3.7.1 Accoppiamento applicazioni (Application Coupling)

L'accoppiamento (coupling) descrive il grado di interrelazione di due sistemi. Due sistemi strettamente accoppiati di solito presentano un'interfaccia sincrona, dove un sistema attende una risposta dall'altro. L'accoppiamento stretto rappresenta un'operazione rischiosa: se un sistema non è disponibile, entrambi sono effettivamente non disponibili e il piano di continuità operativa per entrambi deve essere lo stesso. (vedere Capitolo 6).

Ove possibile, l'accoppiamento meno rigido è un design di interfaccia preferibile, in cui i dati vengono passati tra i sistemi senza attendere una risposta e un sistema può non essere disponibile senza causare la non disponibilità dell'altro; inoltre, può essere implementato mediante varie tecniche con servizi, API o code di messaggi. Figura 69 illustra un possibile design di accoppiamento meno rigido.

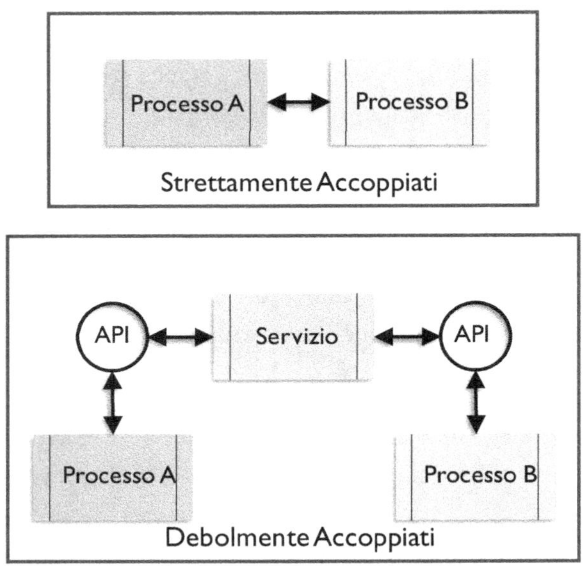

Figura 69 Accoppiamento applicazioni

Un esempio di pattern di design di interazione dei dati accoppiati in modo meno rigido è l'architettura orientata ai servizi che utilizza un Enterprise Service Bus.

Laddove i sistemi siano accoppiati in modo meno rigido, la sostituzione dei sistemi nell'inventario delle applicazioni può teoricamente essere eseguita senza riscrivere i sistemi con cui interagiscono, poiché i punti di interazione sono ben definiti.

1.3.7.2 Orchestrazione e controlli di processo (Orchestration and Process Controls)

Orchestrazione (Orchestration) è il termine utilizzato per descrivere in che modo più processi sono organizzati ed eseguiti in un sistema. Tutti i sistemi che gestiscono messaggi o pacchetti di dati devono essere in grado di gestire l'ordine di esecuzione di tali processi, al fine di preservare coerenza e continuità.

I controlli di processo sono i componenti che garantiscono che la spedizione, la consegna, l'estrazione e il caricamento dei dati siano accurati e completi. Un aspetto spesso trascurato dei controlli di base dell'architettura di trasferimento dei dati, comprende:

- Log di attività del database
- Log dei processi batch
- Allarmi
- Log delle eccezioni
- Diagrammi di dipendenza dei processi con opzioni di correzione, risposte standard

- Informazioni sull'"orologio" di processo (job "clock" information), come la tempistica dei processi dipendenti, la durata prevista dei processi e il tempo (disponibile) della finestra di calcolo

1.3.7.3 Enterprise Application Integration (EAI)

In un modello di integrazione delle applicazioni aziendali (EAI), i moduli software interagiscono tra loro solo attraverso chiamate di interfaccia ben definite (application programming interfaces - API). I data store vengono aggiornati solo dai propri moduli software e altri software non possono raggiungere i dati in un'applicazione ma accedono solo attraverso le API definite. L'EAI si basa su concetti orientati agli oggetti, che enfatizzano il riutilizzo e la capacità di sostituire qualsiasi modulo senza influire su nessun altro.

1.3.7.4 Enterprise Service Bus (ESB)

Un Enterprise Service Bus è un sistema che funge da intermediario tra i sistemi, passando messaggi tra loro. Le applicazioni possono inviare e ricevere messaggi o file tramite ESB e sono incapsulati da altri processi esistenti sull'ESB. Come esempio di accoppiamento meno rigido (loose coupling), l'ESB funge da servizio tra le applicazioni. (Vedere Figura 70).

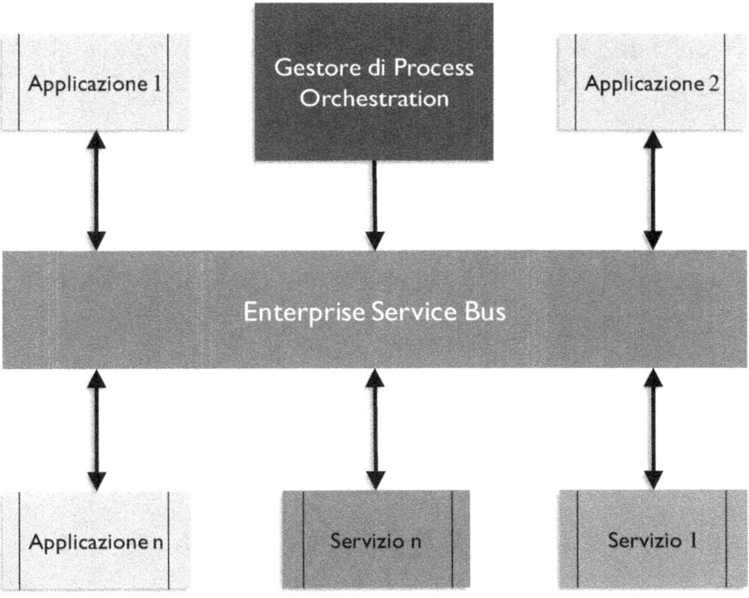

Figura 70 Enterprise Service Bus

1.3.7.5 Architettura orientata ai servizi (Service-Oriented Architecture - SOA)

Le strategie di integrazione dei dati aziendali più mature utilizzano l'idea dell'architettura orientata ai servizi (Service-Oriented Architecture SOA), dove la funzionalità di fornitura o aggiornamento dei dati (o altri servizi dati) può provenire tramite chiamate di servizio ben definite tra le applicazioni. Con questo approccio, le applicazioni non devono avere interazione diretta o conoscenza del funzionamento interno di altre applicazioni. La SOA consente l'indipendenza delle applicazioni e la possibilità per un'organizzazione di sostituire i sistemi senza la necessità di apportare modifiche significative ai sistemi che si interfacciano con essi.

L'obiettivo dell'architettura orientata ai servizi è avere un'interazione ben definita tra i moduli software autonomi. Ogni modulo svolge funzioni (ossia, fornisce servizi) per altri moduli software o per utilizzatori umani. Il concetto chiave è che l'architettura SOA fornisce servizi indipendenti: il servizio non ha alcuna conoscenza preliminare dell'applicazione chiamante e l'implementazione del servizio è una scatola nera per l'applicazione chiamante. Un'architettura orientata ai servizi può essere implementata con varie tecnologie tra cui servizi Web, messaging, RESTful APIs, ecc. Solitamente, i servizi vengono implementati come API (application programming interfaces) che possono essere chiamate dai sistemi applicativi (o da utilizzatori umani). Un registro API ben definito descrive quali opzioni sono disponibili, i parametri che devono essere forniti e le informazioni risultanti che vengono fornite.

I servizi dati (data service), che possono includere l'aggiunta, la cancellazione, l'aggiornamento e il recupero dei dati, sono specificati in un catalogo di servizi disponibili. Per raggiungere gli obiettivi aziendali di scalabilità (supportando le integrazioni tra tutte le applicazioni dell'azienda senza utilizzare una quantità irragionevoli di risorse per farlo) e riutilizzo (disponendo di servizi sfruttati da tutti i richiedenti di dati di un tipo), deve essere istituito un modello di governance forte attorno alla progettazione e alla registrazione di servizi e API. Prima di sviluppare nuovi servizi dati, è necessario assicurarsi che non esistano già servizi in grado di fornire i dati richiesti. Inoltre, i nuovi servizi devono essere progettati per soddisfare i requisiti generali, cosicché non si limitino all'esigenza immediata ma possano essere riutilizzati.

1.3.7.6 Complex Event Processing (CEP)

 Il processing di eventi è un metodo di registrazione e analisi dei flussi di informazioni (dati) su cose che accadono (eventi), derivandone una conclusione. Il Complex Event Processing (CEP) combina dati provenienti da più origini per identificare eventi significativi (come opportunità o minacce) per prevedere comportamenti o attività e attivare automaticamente una risposta in tempo reale, come suggerire a un consumatore un prodotto da acquistare. Le regole sono impostate per guidare il processing e il routing degli eventi.

Le organizzazioni possono utilizzare li processing di eventi complessi per prevedere comportamenti o attività e attivare automaticamente la risposta in tempo reale. Eventi come opportunità potenziali di vendita, clic sul Web, ordini o chiamate al servizio clienti possono verificarsi in vari livelli di un'organizzazione. In alternativa, possono includere news, messaggi di testo, post sui social media, feed di borsa valori, bollettini sul traffico, bollettini meteorologici o altri tipi di dati. Un evento può anche essere definito come un cambiamento di stato, quando una misurazione supera una soglia predefinita di tempo, temperatura o altro valore.

Il CEP presenta alcune sfide relative ai dati. In molti casi, la velocità con cui gli eventi si verificano rende poco pratico recuperare i dati aggiuntivi necessari a interpretare l'evento quando questo si verifica. Il processing efficiente richiede in generale il pre-posizionamento di alcuni dati nella memoria del motore CEP.

Il supporto del processing di eventi complessi richiede un ambiente che possa integrare grandi quantità di dati di vario tipo. A causa del volume e della varietà di dati normalmente coinvolti nella creazione di previsioni, il processing di eventi complessi è spesso legato ai Big Data. Richiede spesso l'uso di tecnologie che supportano requisiti di latenza ultra bassa come il processing di dati di streaming in tempo reale e database in memoria. (vedere Capitolo 14)

1.3.7.7 Federazione e virtualizzazione dei dati (Data Federation and Virtualization)

Se i dati esistono in svariati data store, possono essere riuniti in modi diversi rispetto all'integrazione fisica. La federazione dei dati (Data Federation) fornisce l'accesso a una combinazione di singoli data store, a prescindere dalla struttura. La virtualizzazione dei dati consente di accedere e visualizzare database distribuiti, nonché molteplici data store eterogenei come un unico database. (vedere Capitolo 6).

1.3.7.8 Data-as-a-Service (DaaS)

Software-as-a-service (SaaS) è un modello delivery e licensing. Un'applicazione è autorizzata su licenza a fornire servizi, ma il software e i dati si trovano in un data center controllato dal fornitore del software, invece che nel data center dell'organizzazione licenziataria. Esistono concetti simili di fornitura di vari livelli di infrastruttura informatica "as-a-service" (IT-as-a-service, platform-as-a-service, database-as-a-service).

Una definizione di Data-as-a-Service (DaaS) sono dati concessi in licenza da un fornitore e forniti su richiesta, anziché memorizzati e gestiti nel data center dell'organizzazione licenziataria. Un esempio comune comprende informazioni sui titoli venduti attraverso una borsa valori e i relativi prezzi (attuali e storici).

Sebbene Data-as-a-Service si presti certamente ai fornitori che vendono dati agli stakeholder all'interno di un settore, il concetto di "servizio" viene anche utilizzato all'interno di un'organizzazione per fornire dati aziendali o servizi dati a varie funzioni e sistemi operativi. Le organizzazioni di servizi forniscono un catalogo di servizi disponibili, livelli di servizio e piani tariffari.

1.3.7.9 Integrazione basata su cloud (Cloud-based Integration)

L'integrazione basata su cloud (nota anche come piattaforma di integrazione as-a-service o IPaaS) è una forma di integrazione di sistemi fornita come servizio cloud che si occupa di dati, processi, architettura orientata ai servizi (SOA) e casi d'uso di integrazione delle applicazioni.

Prima dell'emergere del cloud computing, l'integrazione poteva essere classificata come interna o business to business (B2B). I requisiti di integrazione interna sono gestiti attraverso una piattaforma middleware in loco e in generale utilizzano un service bus (ESB) per gestire lo scambio di dati tra sistemi. L'integrazione business-to-business è gestita attraverso gateway EDI (electronic data interchange) o value-added networks (VAN) o mercati.

L'avvento delle applicazioni SaaS ha creato un nuovo tipo di domanda d'integrazione di dati situati al di fuori del data center di un'organizzazione, soddisfatta attraverso l'integrazione basata sul cloud. Fin dalla loro comparsa, molti di questi servizi hanno anche sviluppato la capacità di integrare applicazioni in loco, nonché di funzionare come gateway EDI.

Le soluzioni di integrazione basate su cloud vengono generalmente eseguite come applicazioni SaaS nei data center dei fornitori e non nelle organizzazioni che possiedono i dati da integrare. L'integrazione basata su cloud implica l'interazione con i dati dell'applicazione SaaS da integrare utilizzando i servizi di interazione SOA. (vedere Capitolo 6).

1.3.8 Standard di scambio dati

Gli standard di scambio dati sono regole formali per la struttura degli elementi di dati. L'ISO (International Standards Organization) ha sviluppato standard di scambio dati, così come hanno fatto molti settori. Una specifica di scambio dati è un modello comune utilizzato da un'organizzazione o da un gruppo di scambio dati che standardizza il formato in cui i dati saranno condivisi. Un pattern di scambio definisce una struttura per le trasformazioni di dati necessarie a qualsiasi sistema o organizzazione che scambia dati. I dati devono essere mappati sulla specifica di scambio.

Sebbene sviluppare e concordare un formato di messaggi condiviso sia un notevole conseguimento, disporre di un formato di scambio o di un layout dei dati tra i sistemi concordato può semplificare notevolmente l'interoperabilità dei dati in un'azienda, riducendo i costi del supporto e consentendo una migliore comprensione dei dati.

Il National Information Exchange Model (NIEM) è stato sviluppato per lo scambio di documenti e transazioni tra organizzazioni governative negli Stati Uniti. L'intenzione è che il mittente e il destinatario delle informazioni condividano una comprensione comune e inequivocabile del significato di tali informazioni. La conformità al NIEM garantisce che un insieme di informazioni di base sia ben compreso e abbia lo stesso significato coerente tra le varie comunità, consentendo così l'interoperabilità.

Il NIEM utilizza il linguaggio XML (Extensible Markup Language) per le definizioni dello schema e la rappresentazione degli elementi, che consente di definire la struttura e il significato dei dati attraverso regole di sintassi XML semplici ma attentamente definite.

2. Attività di integrazione dei dati

Le attività di Data Integration and Interoperability comportano il reperimento dei dati dove sono necessari, quando sono necessari e nella forma in cui sono necessari. Le attività di integrazione dei dati seguono un ciclo di vita di sviluppo: iniziano con la pianificazione e passano attraverso la progettazione, lo sviluppo, i test e l'implementazione. Una volta implementati, i sistemi integrati devono essere gestiti, monitorati e migliorati.

2.1 Pianificare e analizzare

2.1.1 Definire i requisiti di integrazione dei dati e del ciclo di vita

La definizione dei requisiti di integrazione dei dati implica la comprensione degli obiettivi di business dell'organizzazione, nonché i dati richiesti e le iniziative tecnologiche proposte per raggiungere tali obiettivi. È inoltre necessario raccogliere tutte le leggi o le regolamentazioni riguardanti i dati da utilizzare. Alcune attività potrebbero dover essere limitate a causa del contenuto dei dati e saperlo in anticipo consentirà di evitare problemi in seguito. I requisiti devono inoltre tenere conto della politica organizzativa relativa alla conservazione dei dati e ad altre parti del ciclo di vita dei dati. Spesso i requisiti per la conservazione dei dati variano a seconda del dominio e del tipo di dati.

I requisiti di integrazione e del ciclo di vita dei dati sono generalmente definiti da business analyst, data steward e data architect nelle varie funzioni, tra cui l'IT, che desiderano disporre dei dati in un determinato luogo, in un determinato formato e integrati con altri dati. I requisiti determinano il tipo di modello di interazione DII, che a sua volta determina la tecnologia e i servizi necessari ad adempiere ai requisiti.

Il processo di definizione dei requisiti crea e rivela Metadati preziosi, che devono essere gestiti per tutto il ciclo di vita dei dati, dalla scoperta (discovery) all'utilizzo nei processi operativi. Più i metadati di un'organizzazione sono completi e precisi, migliore è la capacità della stessa di gestire i rischi e i costi dell'integrazione dei dati.

2.1.2 Eseguire il Data Discovery

Il Data Discovery (scoperta dei dati) deve essere eseguito prima della progettazione. L'obiettivo del data discovery è identificare potenziali origini di dati per l'attività di integrazione dei dati. La scoperta identificherà dove possono essere acquisiti i dati e dove possono essere integrati. Il processo combina una ricerca tecnica, mediante strumenti che leggono i metadati e/o i contenuti effettivi sui set di dati di un'organizzazione, con competenze nella materia (ad esempio, intervistando le persone che lavorano con i dati di interesse).

La scoperta (discovery) comprende anche una valutazione di alto livello della qualità dei dati, per determinare se essi fittano con gli scopi dell'iniziativa di integrazione. Questa valutazione non richiede soltanto la revisione della documentazione esistente e i colloqui con gli esperti in materia, ma anche la verifica delle informazioni raccolte rispetto ai dati reali attraverso la profilazione dei dati o altre analisi. (Vedere Sezione 2.1.4.) In quasi tutti i casi, saranno presenti discrepanze tra ciò che si ritiene vero su un set di dati e ciò che lo è in realtà.

Il data discovery produce o si aggiunge a un inventario di dati organizzativi, che dovrà essere gestito in un repository di metadati. È necessario garantire che la gestione di tale inventario faccia parte delle attività di integrazione: aggiungere o rimuovere data store, documentare le modifiche alla struttura.

La maggior parte delle organizzazioni ha bisogno di integrare i dati dei propri sistemi interni. Tuttavia, le soluzioni di integrazione dei dati possono anche comportare l'acquisizione di dati esterni all'organizzazione. Esiste una quantità enorme e sempre crescente di informazioni preziose disponibili gratuitamente o presso fornitori di dati. I dati provenienti da fonti esterne possono essere estremamente utili se integrati con i dati interni di un'organizzazione. Tuttavia, l'acquisizione e l'integrazione di dati esterni richiede pianificazione.

2.1.3 Documentare il Data Lineage

Il processo di data discovery consentirà inoltre di scoprire informazioni su come i dati fluiscono in un'organizzazione. Queste informazioni possono essere utilizzate per documentare il lineage dei dati ad alto livello: in che modo i dati in analisi vengono acquisiti o creati dall'organizzazione, dove si spostano e vengono modificati all'interno dell'organizzazione e come vengono utilizzati dall'organizzazione per le analytics, il decision-making o l'attivazione di eventi. Il lineage dettagliato può includere le regole in base alle quali i dati vengono modificati e la frequenza dei cambiamenti.

L'analisi del lineage può identificare gli aggiornamenti necessari alla documentazione dei sistemi in uso. L'ETL con codifica personalizzata e altri oggetti di manipolazione dei dati legacy devono essere documentati per garantire che l'organizzazione possa analizzare l'impatto di eventuali modifiche nel flusso di dati.

Il processo di analisi può anche identificare opportunità di miglioramento nel flusso di dati esistente. Ad esempio, scoprire che il codice può essere aggiornato a una semplice chiamata verso una funzione in un tool, o che può essere scartato come non più rilevante. A volte un vecchio tool esegue una trasformazione che viene annullata successivamente nel processo. Trovare e rimuovere queste inefficienze può essere di grande aiuto per il successo del progetto e per la capacità complessiva di un'organizzazione di utilizzare i propri dati.

2.1.4 Profilare i dati

Capire il contenuto e la struttura dei dati è essenziale per una corretta integrazione dei dati. La profilazione dei dati contribuisce a tal fine. La struttura e i contenuti effettivi dei dati differiscono sempre da quanto si presume. A volte le differenze sono piccole; altre volte sono sufficientemente grandi da far fallire l'attività di integrazione. La profilazione può aiutare i team di integrazione a scoprire queste differenze e a utilizzare tali conoscenze per prendere decisioni migliori sul sourcing e sul design. Se la profilazione dei dati viene ignorata, le informazioni che dovrebbero influenzare la progettazione non verranno scoperte fino al collaudo o alle operations.

La profilazione di base prevede l'analisi di quanto segue:

- Formato dei dati così come definito nelle strutture dei dati e dedotto dai dati reali

- Popolamento dei dati, inclusi i livelli di dati null, blank o di default
- Valori dei dati e quanto corrispondono a un insieme definito di valori validi
- Pattern e relazioni interni al set di dati, come campi correlati e regole di cardinalità
- Rapporti con altri set di dati

È necessaria una profilazione più ampia dei potenziali set di dati di origine e target per comprendere in che misura i dati soddisfano i requisiti della particolare iniziativa di integrazione dei dati. È opportuno profilare sia le origini sia i target per capire come trasformare i dati in modo che soddisfino i requisiti.

Un obiettivo della profilazione è valutare la qualità dei dati. Valutare l'idoneità dei dati per un uso specifico richiede la documentazione delle regole di business e la misurazione del livello di conformità dei dati a tali regole. Per valutare la precisione occorre fare un confronto con un set di dati definitivo che sia stato determinato come corretto. Simili set di dati non sono sempre disponibili, perciò la misurazione della precisione potrebbe essere impossibile, soprattutto nell'ambito di un'attività di profilazione.

Come per il data discovery ad alto livello, la profilazione dei dati comprende la verifica delle ipotesi sui dati a fronte dei dati reali. È opportuno acquisire i risultati della profilazione dei dati in un repository di Metadati da utilizzare in progetti successivi e avvalersene per migliorare la precisione dei Metadati esistenti (Olson, 2003). (Vedere Capitolo 13).

I requisiti di profilazione dei dati deve essere bilanciato con le norme di sicurezza e privacy dell'organizzazione. (Vedere Capitolo 7).

2.1.5 Raccogliere le regole di business

Le regole di business sono un sottoinsieme cruciale di requisiti. Una regola di business è una dichiarazione (statement) che definisce o vincola un aspetto dei processi di business. Le regole di business hanno lo scopo di sostenere la struttura dei business o di controllare o influenzare il comportamento del business; esse rientrano in una delle seguenti quattro categorie: definizioni dei termini di business, fatti relativi a termini reciproci, vincoli o asserzioni di azioni e derivazioni.

È opportuno utilizzare le regole di business per supportare Data Integration and Interoperability in vari punti, al fine di:

- Valutare i potenziali set di dati di origine e target
- Dirigere il flusso di dati nell'organizzazione
- Monitorare i dati operativi dell'organizzazione
- Indicare quando attivare automaticamente eventi e avvisi

Per il Master Data Management, le regole di business comprendono quelle di corrispondenza, quelle di unione, quelle di sopravvivenza e quelle di attendibilità. Per l'archiviazione dei dati, il data warehousing e altre situazioni in cui è in uso un data store, le regole di business includono anche le regole di conservazione dei dati.

La raccolta delle regole di business è anche chiamata harvesting o mining delle regole di business. Il business analyst o il data steward possono estrarre le regole dalla documentazione esistente (come casi d'uso (use case), specifiche o system code), oppure possono organizzare workshop e interviste con esperti in materia (subject matter experts - SME) o entrambi.

2.2 Progettare soluzioni di integrazione dei dati

2.2.1 Progettare l'architettura di integrazione dei dati

Le soluzioni di integrazione dei dati devono essere specificate sia a livello aziendale, sia a livello di soluzione individuale (vedere il Capitolo 4). Stabilendo standard aziendali, l'organizzazione risparmia tempo nell'implementazione di soluzioni individuali, poiché le valutazioni e le negoziazioni sono state eseguite in anticipo rispetto alle necessità. Un approccio aziendale consente risparmi nel costo delle licenze attraverso sconti di gruppo e nei costi di gestione di un insieme coerente e meno complesso di soluzioni. Le risorse operative che si supportano e sostengono reciprocamente possono far parte di un pool condiviso.

È possibile progettare una soluzione per soddisfare i requisiti, riutilizzando il maggior numero possibile di componenti di Data Integration and Interoperability esistenti. Un'architettura di soluzione indica le tecniche e le tecnologie che saranno utilizzate; questa comprenderà un inventario delle strutture di dati interessate (sia persistenti che transitive, esistenti e necessarie), un'indicazione dell'orchestrazione e della frequenza del flusso di dati, concern di regolamentazione e sicurezza, e soluzioni correttive e concern relativi a backup e ripristino, disponibilità e archiviazione e conservazione dei dati.

2.2.1.1 Selezionare il modello di interazione

È opportuno determinare quale modello o combinazione di interazione soddisferà i requisiti: hub-and-spoke, point-to-point o publish-subscribe. Se i requisiti corrispondono a un pattern di interazione esistente già implementato, è opportuno riutilizzare il sistema esistente il più possibile, per ridurre le attività di sviluppo.

2.2.1.2 Progettare Data Service o pattern di scambio

Per il trasferimento dei dati, è possibile creare o riutilizzare flussi di integrazione esistenti. Questi data service dovrebbero essere associati a data service simili esistenti, ma occorre prestare attenzione a non creare più servizi pressoché identici, poiché la risoluzione dei problemi e l'assistenza diventano sempre più difficili se i servizi proliferano. Se un flusso di dati esistente può essere modificato per supportare molteplici esigenze, può essere utile apportare tale modifica invece di creare un nuovo servizio.

Qualsiasi progetto di specifica per lo scambio di dati dovrebbe iniziare con standard di settore o altri pattern di scambio già esistenti. Quando possibile, è opportuno apportare modifiche ai pattern esistenti abbastanza generiche da essere utili ad altri sistemi; disporre di pattern di scambio specifici che prevedono solo uno scambio presenta gli stessi problemi delle connessioni point-to-point.

2.2.2 Modellare hub di dati, interfacce, messaggi e data service

Le strutture di dati necessarie a Data Integration and Interoperability comprendono quelle in cui i dati persistono, come gli hub di Master Data Management, data warehouse e mart e data store operativi, e quelli transitori e utilizzati solo per il trasferimento o la trasformazione dei dati, come interfacce, layout dei messaggi e modelli canonici. Entrambi i tipi devono essere modellati. (Vedere Capitolo 5)

2.2.3 Mappare le origini dati sui target

Quasi tutte le soluzioni di integrazione dei dati includono la trasformazione dei dati dalle strutture di origine a quelle target. La mappatura delle origini sui target implica la specifica delle regole per la trasformazione dei dati da una posizione e un formato ad altri.

Per ciascun attributo mappato, una specifica di mappatura:

- Indica il formato tecnico dell'origine e del target
- Specifica le trasformazioni richieste per tutti i punti di staging intermedi tra origine e target
- Descrive come sarà popolato ciascun attributo in un data store target finale o intermedio
- Descrive se i valori dei dati devono essere trasformati; ad esempio, cercando il valore di origine in una tabella che indica il valore target appropriato
- Descrive quali calcoli sono necessari

La trasformazione può essere eseguita con una pianificazione batch o innescata dal verificarsi di un evento in tempo reale. Può essere realizzata attraverso la persistenza fisica del formato target o attraverso la presentazione virtuale dei dati nel formato target.

2.2.4 Progettare l'orchestrazione dei dati

Il flusso di dati in una soluzione di integrazione dei dati deve essere progettato e documentato. L'orchestrazione dei dati (data orchestration) è il pattern dei flussi di dati dall'inizio alla fine, inclusi i passaggi intermedi, necessari a completare la trasformazione e/o la transazione.

L'orchestrazione dell'integrazione dei dati batch indicherà la frequenza del trasferimento e della trasformazione dei dati. Viene solitamente codificata in uno scheduler che innesca l'inizio in un determinato momento, periodicità o al verificarsi di un evento. Il programma può includere più passaggi con dipendenze.

L'orchestrazione dell'integrazione dei dati in tempo reale viene attivata solitamente da un evento, ad esempio dati nuovi o aggiornati. L'orchestrazione dell'integrazione dei dati in tempo reale è generalmente più complessa e implementata su più strumenti. Per sua natura, potrebbe non essere lineare.

2.3 Sviluppare soluzioni di integrazione dei dati

2.3.1 Sviluppare Data Service

È possibile sviluppare servizi per accedere, trasformare e consegnare i dati secondo quanto specificato, abbinando il modello di interazione selezionato. Gli strumenti o le suite dei fornitori sono utilizzate più frequentemente per l'implementazione delle soluzioni di integrazione dei dati, come la trasformazione dei dati, il Master Data Management, il data warehousing, ecc. L'utilizzo di strumenti coerenti o suite standard di fornitori per questi scopi differenti in tutta l'organizzazione può semplificare il supporto operativo e ridurre i costi operativi abilitando soluzioni di supporto condivise.

2.3.2 Sviluppare flussi di dati

I flussi di dati di integrazione o ETL si sviluppano, in generale, all'interno di strumenti specializzati nella gestione di tali flussi in modo proprietario. I flussi di dati batch si sviluppano in uno scheduler (di solito lo scheduler standard aziendale) che gestisce l'ordine, la frequenza e la dipendenza dell'esecuzione delle parti di integrazione dei dati che sono state sviluppate.

I requisiti di interoperabilità possono comprendere lo sviluppo di mappature o punti di coordinamento tra data store. Alcune organizzazioni utilizzano un ESB per l'iscrizione ai dati creati o modificati nell'organizzazione e altre applicazioni per pubblicare le modifiche ai dati. L' enterprise service bus esegue il polling costante delle applicazioni onde verificare se esse dispongono di dati da pubblicare e fornire loro dati nuovi o modificati per i quali sono iscritte.

Lo sviluppo di flussi di integrazione dei dati in tempo reale comporta il monitoraggio di eventi che dovrebbero innescare l'esecuzione di servizi per acquisire, trasformare o pubblicare dati. Questo di solito viene implementato nell'ambito di una o più tecnologie proprietarie e preferenzialmente con una soluzione in grado di gestire l'operazione in tutte le tecnologie.

2.3.3 Sviluppare l'approccio alla migrazione dei dati

I dati devono essere trasferiti quando si implementano nuove applicazioni o quando le applicazioni vengono dismesse o unificate. Questo processo implica la trasformazione dei dati nel formato dell'applicazione ricevente. Pressoché tutti i progetti di sviluppo di applicazioni comportano una certa migrazione dei dati, anche se si tratta solamente del popolamento dei Reference Data. La migrazione non è un processo una tantum, poiché deve essere eseguita sia per le fasi di test che per l'implementazione finale.

I progetti di migrazione dei dati sono spesso sottostimati o progettati in modo insufficiente, in quanto ai programmatori viene detto semplicemente di "spostare i dati", ed essi non svolgono le attività di analisi e progettazione necessarie per l'integrazione dei dati. Quando i dati vengono migrati senza un'adeguata analisi, appaiono spesso diversi da quelli provenienti da un processing normale. Oppure i dati migrati potrebbero non funzionare come previsto con l'applicazione. Profilare i dati delle applicazioni operative principali consente, di solito, di evidenziare quelli che sono stati migrati da una o più generazioni di sistemi operativi precedenti e che non soddisfano gli standard dei dati che entrano nel set di dati attraverso il codice dell'applicazione corrente. (vedere Capitolo 6).

2.3.4 Sviluppare un approccio alla pubblicazione

I sistemi in cui vengono creati o gestiti dati critici devono rendere tali dati disponibili ad altri sistemi dell'organizzazione. I dati nuovi o modificati devono essere inviati da applicazioni che producono dati ad altri sistemi (in particolare hub di dati ed enterprise data bus) al momento della modifica dei dati (event-driven) o in base a pianificazione periodica.

La best practice è istituire definizioni dei messaggi comuni (modello canonico) per i vari tipi di dati dell'organizzazione e consentire agli utilizzatori di dati (applicazioni o individui) che dispongono dell'autorità di accesso appropriata per l'iscrizione a ricevere notifica di eventuali modifiche ai dati di interesse.

2.3.5 Sviluppare flussi di processing di eventi complessi

Lo sviluppo di soluzioni di processing di eventi complessi richiede:

- La preparazione dei dati storici su un individuo, organizzazione, prodotto o mercato e pre-popolamento dei modelli predittivi
- Il processing del flusso di dati in tempo reale per il popolamento completo del modello predittivo e l'identificazione di eventi significativi (opportunità o minacce)
- L'esecuzione dell'azione innescata in risposta alla previsione

La preparazione e la pre-elaborazione dei dati storici necessari nel modello predittivo possono essere eseguite in processi batch notturni o near real-time. Solitamente, alcuni dei modelli predittivi possono essere popolati prima dell'evento scatenante, quale l'identificazione dei prodotti che di solito vengono acquistati insieme in preparazione del suggerimento di acquisto di un articolo aggiuntivo.

Alcuni flussi di processing attivano una risposta a ogni evento nel flusso in tempo reale, come l'aggiunta di un articolo a un carrello della spesa; altri flussi di processing tentano d'identificare eventi particolarmente significativi che innescano un'azione, come un sospetto tentativo di addebito fraudolento su una carta di credito.

La risposta all'identificazione di un evento significativo può essere semplice come l'invio di un avviso o complessa come lo spiegamento automatico delle forze armate.

2.3.6 Mantenere i metadati DII

Come notato in precedenza (vedere Sezione 2.1), durante il processo di sviluppo di soluzioni DII, un'organizzazione creerà e scoprirà metadati preziosi, che sarebbe opportuno gestire e mantenere per garantire la corretta comprensione dei dati nel sistema e per evitare la necessità di riscoprirli per soluzioni future. I metadati affidabili migliorano la capacità di un'organizzazione di gestire i rischi, ridurre i costi e ottenere più valore dai propri dati.

È opportuno documentare le strutture di dati di tutti i sistemi coinvolti nell'integrazione dei dati come origine, target o staging e includere definizioni di business e definizioni tecniche (struttura, formato, dimensione), nonché la trasformazione dei dati tra data store persistenti. Se i metadati di integrazione dei dati sono archiviati in documenti o in un repository di metadati, non devono essere modificati senza un processo di revisione e approvazione da parte di stakeholder sia di business sia tecnici.

La maggior parte dei fornitori di strumenti ETL arricchisce i propri repository di metadati con funzionalità aggiuntive che consentono la supervisione della governance e della stewardship. Se il repository dei metadati viene utilizzato come strumento operativo, può anche includere metadati operativi su quando i dati sono stati copiati e trasformati tra i sistemi.

Di particolare importanza per le soluzioni DII è il registro SOA, che fornisce accesso controllato a un catalogo in evoluzione di informazioni sui servizi disponibili per l'accesso e l'utilizzo dei dati e delle funzionalità in un'applicazione.

2.4 Implementare e monitorare

I data service che sono stati sviluppati e testati devono essere attivati. Il processing dei dati in tempo reale richiede il monitoraggio dei problemi in tempo reale. Occorre istituire parametri che indichino i potenziali problemi del processing, nonché la notifica diretta dei problemi. È necessario stabilire un monitoraggio automatico e manuale delle problematiche, in particolare con l'aumentare della complessità e del rischio delle risposte innescate. Ad esempio, ci sono stati casi in cui problemi con gli algoritmi di trading automatico di titoli finanziari hanno innescato azioni che hanno interessato interi mercati o causato la bancarotta di organizzazioni.

Le funzionalità d'interazione dei dati devono essere monitorate e gestite allo stesso livello di servizio dell'applicazione target o dell'utilizzatore di dati più esigente.

3. Strumenti

3.1 Motore di trasformazione dei dati/strumento ETL

Un motore di trasformazione dei dati (o strumento ETL) è lo strumento principale nella cassetta degli attrezzi dell'integrazione dei dati, fondamentale per ogni programma di integrazione dei dati aziendali. Si tratta di strumenti che solitamente supportano l'esecuzione nonché la progettazione delle attività di trasformazione dei dati.

Esistono strumenti estremamente sofisticati per sviluppare ed eseguire ETL, sia batch sia in tempo reale, fisicamente o virtualmente. Per le soluzioni single use point-to-point, il processing dell'integrazione dei dati viene spesso implementato tramite codifica personalizzata. Le soluzioni a livello aziendale richiedono solitamente l'utilizzo di strumenti atti a eseguire questo processing in modo standard in tutta l'organizzazione.

Le considerazioni di base nella selezione di un motore di trasformazione dei dati dovrebbero includere l'eventuale necessità di gestione della funzionalità batch e real-time, e se debbano essere accolti tanto i dati non strutturati quanto quelli strutturati, poiché esistono strumenti più maturi per il processing orientato al batch dei soli dati strutturati.

3.2 Server di virtualizzazione dei dati

I motori di trasformazione dei dati eseguono di solito l'estrazione, la trasformazione e il caricamento fisico dei dati; tuttavia, i server di virtualizzazione dei dati eseguono l'estrazione, la trasformazione e l'integrazione dei dati virtualmente. I server di virtualizzazione dei dati possono combinare dati strutturati e non strutturati. Un data warehouse è spesso un input per un server di virtualizzazione dei dati, ma un server di virtualizzazione dei dati non sostituisce il data warehouse nell'architettura delle informazioni aziendali.

3.3 Enterprise Service Bus

Con Enterprise Service Bus (ESB) ci si riferisce sia a un modello di architettura software sia a un tipo di middleware orientato ai messaggi, utilizzato per implementare la messaggistica near real time tra data store, applicazioni e server eterogenei che risiedono all'interno della stessa organizzazione. La maggior parte delle soluzioni di integrazione dei dati interni, che necessitano di un'esecuzione più frequente di quella giornaliera, utilizzano questa architettura e questa tecnologia. Più comunemente, si utilizza un ESB in formato asincrono per consentire il libero flusso di dati. Tuttavia, in determinate situazioni, un ESB può essere utilizzato anche in modo sincrono.

L'enterprise service bus implementa le code dei messaggi in entrata e in uscita su ciascuno dei sistemi che partecipano allo scambio di messaggi con un adattatore o un agente installato in ciascun ambiente. Il processore centrale per l'ESB viene di solito implementato su un server separato dagli altri sistemi partecipanti e tiene traccia dei sistemi che hanno sottoscritto l'interesse per i vari tipi di messaggi. Il processore centrale esegue continuamente il polling di ciascun sistema partecipante per i messaggi in uscita e deposita i messaggi in arrivo nella coda dei messaggi per i tipi di messaggi sottoscritti e per i messaggi che sono stati direttamente indirizzati a quel sistema.

Questo modello è chiamato near real-time ("quasi in real time") perché i dati possono richiedere fino a un paio di minuti per passare dal sistema di invio al sistema di ricezione. Si tratta di un modello accoppiato in modo meno rigido e il sistema che invia i dati non attende la conferma della ricezione e l'aggiornamento dal sistema ricevente prima di continuare il processing.

3.4 Motore delle regole di business (Business Rules Engine)

Molte soluzioni di integrazione dei dati dipendono dalle regole di business. Queste regole, forma importante di metadati, possono essere utilizzate nell'integrazione di base e in soluzioni che incorporano il processing di eventi complessi per consentire a un'organizzazione di rispondere agli eventi quasi in tempo reale. Un motore di regole di business che consente agli utenti non tecnici di gestire le regole di business implementate dal software è uno strumento molto prezioso che consentirà l'evoluzione della soluzione a un costo inferiore, poiché un motore di regole di business può supportare le modifiche ai modelli predittivi senza modifiche tecniche al codice. Ad esempio, i modelli che prevedono ciò che un cliente potrebbe voler acquistare possono essere definiti come regole di business invece che modifiche del codice.

3.5 Strumenti di Process e Data Modeling

Gli strumenti di Data Modeling devono essere utilizzati per progettare non solo le strutture di dati target ma anche quelle intermedie necessarie nelle soluzioni di integrazione dei dati. La struttura dei messaggi o i flussi di dati che passano tra i sistemi e le organizzazioni e che di solito non sono persistenti, devono comunque essere modellati. Anche il flusso di dati tra sistemi e organizzazioni deve essere progettato, così come i processi degli eventi complessi.

3.6 Strumento di profilazione dei dati

La profilazione dei dati comporta l'analisi statistica dei contenuti del set di dati per comprendere formato, completezza, coerenza, validità e struttura dei dati. Tutto lo sviluppo di integrazione dei dati e d'interoperabilità deve includere una valutazione dettagliata delle potenziali origini e target dei dati per determinare se i dati effettivi soddisfano le esigenze della soluzione proposta. Poiché la maggior parte dei progetti di integrazione coinvolge una quantità significativa di dati, il mezzo più efficace per condurre questa analisi è utilizzare uno strumento di profilazione dei dati. (Vedere Sezione 2.1.4 e Capitolo 13.)

3.7 Repository di metadati

Un repository di Metadati contiene informazioni sui dati di un'organizzazione, tra cui la struttura dei dati, il contenuto e le regole di business per la gestione dei dati. Durante i progetti di integrazione dei dati, può essere utilizzato uno o più repository di Metadati per documentare la struttura tecnica e il significato di business dei dati di provenienza, trasformazione e destinazione.

Solitamente, le regole relative alla trasformazione dei dati, al data lineage e al processing dei dati, utilizzate dagli strumenti di integrazione dei dati, sono memorizzate anche in un repository di Metadati, così come le istruzioni per i processi pianificati come trigger e frequenza.

In generale, ogni strumento ha il proprio repository di Metadati. Le suite di strumenti dello stesso fornitore possono condividere un repository di Metadati. Un repository di Metadati può essere designato come punto centrale per il consolidamento dei dati dai vari strumenti operativi. (Vedere Capitolo 12)

4. Tecniche

Alcune delle tecniche importanti per la progettazione di soluzioni per l'integrazione dei dati sono descritte nel paragrafo "Concetti essenziali" del presente capitolo. Gli obiettivi di base sono mantenere le applicazioni accoppiate in modo meno rigido, limitare il numero di interfacce sviluppate e che richiedono gestione utilizzando un approccio hub-and-spoke, e creare interfacce standard (o canoniche).

5. Linee guida per l'implementazione

5.1 Valutazione della prontezza/valutazione del rischio (Readiness Assessment / Risk Assessment)

Tutte le organizzazioni hanno già in atto qualche forma di DII, perciò la valutazione di prontezza/rischio (Readiness Assessment / Risk Assessment) dovrebbe riguardare l'implementazione dello strumento di integrazione aziendale o il miglioramento delle capacità per consentire l'interoperabilità.

Il costo dell'implementazione di soluzioni di integrazione dei dati *aziendali* è generalmente giustificato sulla base di un'implementazione riguardante molti sistemi. Si suggerisce di progettare una soluzione di integrazione dei dati aziendali atta a supportare il movimento dei dati tra più applicazioni e organizzazioni, e non solo per la prima da implementare.

Molte organizzazioni impiegano il proprio tempo nel rielaborare soluzioni esistenti anziché apportare ulteriore valore. È opportuno concentrarsi sull'implementazione di soluzioni di integrazione dei dati laddove attualmente sia limitata o non esista alcuna integrazione, invece di sostituire le soluzioni di integrazione dei dati operative con una soluzione aziendale comune in tutta l'organizzazione.

Alcuni progetti di dati possono giustificare una soluzione di integrazione dei dati focalizzata solo su una particolare applicazione, come un data warehouse o un hub di Master Data Management. In questi casi, qualsiasi ulteriore utilizzo della soluzione di integrazione dei dati aggiunge valore all'investimento, poiché il primo utilizzo del sistema ha già ottenuto la giustificazione.

I team di supporto dell'applicazione preferiscono gestire localmente le soluzioni di integrazione dei dati e si accorgeranno che il costo per farlo è inferiore rispetto ad una una soluzione aziendale. Anche i fornitori di software che supportano tali team preferiscono che questi ultimi sfruttino gli strumenti di integrazione dei dati che essi vendono. Pertanto, è necessario sponsorizzare l'implementazione di un programma di integrazione dei dati aziendali da un livello dell'organizzazione aziendale che disponga di sufficiente autorità sulla progettazione della soluzione e sull'acquisto della tecnologia, come ad esempio l' IT enterprise architecture. Inoltre, potrebbe essere necessario incoraggiare la partecipazione dei responsabili dei sistemi applicativi sia attraverso incentivi positivi, come il finanziamento centralizzato della tecnologia di integrazione dei dati, che attraverso incentivi negativi, come il rifiuto di approvare l'implementazione di nuove tecnologie alternative di integrazione dei dati.

I progetti di sviluppo che implementano la nuova tecnologia di integrazione dei dati spesso si concentrano sulla tecnologia e perdono il focus sugli obiettivi di business. È necessario assicurarsi che l'implementazione della soluzione di integrazione dei dati mantenga il focus sugli obiettivi e sui requisiti di business, inclusa l'assicurazione che alcuni dei partecipanti di ciascun progetto siano orientati al business o all'applicazione e che non siano solo gli esperti di strumenti di integrazione dei dati.

5.2 Organizzazione e cambiamento culturale

Le organizzazioni devono stabilire se la responsabilità della gestione delle implementazioni di integrazione dei dati sia centralizzata o se risieda nei team applicativi decentralizzati. I team locali hanno una elevata compresione dei dati nelle proprie applicazioni; mentre i team centrali possono acquisire una profonda conoscenza di strumenti e tecnologie. Molte organizzazioni sviluppano un Center of Excellence specializzato nella progettazione e implementazione di soluzioni di integrazione dei dati aziendali. I team locali e centrali collaborano per sviluppare soluzioni che collegano un'applicazione a una soluzione di integrazione dei dati aziendali. Il team locale deve assumersi la responsabilità primaria della gestione della soluzione e della risoluzione di eventuali problemi, facendo escalation, se necessario, al Center of Excellence.

Le soluzioni di integrazione dei dati sono spesso percepite come puramente tecniche; tuttavia, per garantire valore con successo, devono essere sviluppati sulla base di una profonda conoscenza del business. Le attività di data analysis e data modeling devono essere eseguite da risorse orientate al business. Lo sviluppo di un modello di messaggio canonico, o standard coerente per il modo in cui i dati sono condivisi nell'organizzazione, richiede un grande impegno di risorse che dovrebbe coinvolgere risorse di modeling di business, nonché risorse tecniche. È opportuno rivedere tutta la progettazione e le modifiche alla mappatura della trasformazione dei dati con gli esperti in materia di business in ciascun sistema interessato.

6. Governance DII

Le decisioni sulla progettazione di messaggi di dati, modelli di dati e regole di trasformazione dei dati hanno un impatto diretto sulla capacità di un'organizzazione di utilizzare i propri dati. Queste decisioni devono essere business-driven. Sebbene esistano numerose considerazioni tecniche nell'implementazione delle regole di business, un approccio puramente tecnico al DII può portare a errori nelle mappature e trasformazioni dei dati mentre i dati fluiscono attraverso, dentro e fuori da un'organizzazione.

Gli stakeholder del business sono responsabili della definizione delle regole su come modellare e trasformare i dati; inoltre devono approvare le modifiche a una qualsiasi di queste regole di business. Le regole devono essere acquisite come metadati e consolidate per l'analisi inter-aziendale. L'identificazione e la verifica dei modelli predittivi e la definizione di quali azioni devono essere attivate automaticamente dalle previsioni sono anch'esse funzioni di business.

Senza la certezza che l'integrazione o la progettazione funzionino come previsto, in modo sicuro e affidabile, non può sussistere un'efficace creazione di valore per il business. In DII, il panorama dei controlli di governance per incrementare la credibilità e la fiducia può essere complesso e dettagliato. Un approccio consiste nel determinare quali eventi attivano le revisioni della governance (eccezioni o eventi critici). È possibile mappare ciascun trigger su revisioni in modo che interagiscano con organi di governance. I trigger di evento possono far parte del ciclo di vita dello sviluppo del sistema (System Development Life Cycle - SDLC) in ottica di Stage Gate quando si passa da una fase all'altra o come parte delle User Story. Ad esempio, le checklist di conformità del progetto di architettura possono includere domande come: "Se possibile, state utilizzando l'ESB e i tool?" C'è stata una ricerca di servizi riutilizzabili?

I controlli possono provenire da routine di management governance-driven, come revisioni obbligatorie di modelli, audit di metadati, gating di deliverable e autorizzazioni necessarie per le modifiche alle regole di trasformazione.

Negli accordi sul livello di servizio (Service Level Agreements - SLA) e nei piani di Business Continuity/Disaster Recovery, le soluzioni di integrazione dei dati operativi in tempo reale devono essere incluse nello stesso livello di backup e ripristino del sistema più critico a cui forniscono i dati.

È necessario stabilire politiche atte a garantire che l'organizzazione tragga vantaggio da un approccio aziendale al DII. Ad esempio, è possibile attuare politiche per garantire il rispetto dei principi SOA, la creazione di nuovi servizi solo dopo una revisione dei servizi esistenti e che tutti i dati che fluiscono tra i sistemi passino attraverso l'Enterprise Service Bus.

6.1 Accordi di condivisione dei dati (Data Sharing Agreements)

Prima dello sviluppo di interfacce o del provisioning elettronico dei dati, è opportuno sviluppare un accordo di condivisione dei dati o un memorandum of understanding (MOU) che stipuli le responsabilità e l'uso accettabile dei dati da scambiare, approvato dai data steward di business dei dati in questione. Gli accordi di condivisione dei dati dovrebbero specificare l'uso anticipato e l'accesso ai dati, le limitazioni d'uso, nonché i livelli di servizio previsti, compresi i tempi di attività e i tempi di risposta richiesti. Questi accordi sono particolarmente importanti per le industrie regolamentate o quando sono coinvolti dati personali o informazioni protette.

6.2 DII e Data Lineage

Il Data Lineage è utile per lo sviluppo di soluzioni DII. È anche richiesto spesso per l'utilizzo dei dati da parte degli utilizzatori, ma sta diventando ancora più importante poiché i dati sono integrati tra le organizzazioni. È necessaria la governance per garantire che la conoscenza delle origini e dello spostamento dei dati sia documentata. Gli accordi di condivisione dei dati possono prevedere limitazioni sull'uso dei dati e al fine di rispettare tali limitazioni è necessario sapere dove i dati si spostano e persistono. Esistono standard di conformità emergenti (ad esempio, il regolamento Solvency II in Europa) che impongono alle organizzazioni di essere in grado di descrivere da dove provengono i propri dati e come sono stati modificati nel loro trasferimento attraverso vari sistemi.

Inoltre, quando si apportano modifiche ai flussi di dati, sono necessarie le informazioni di data lineage, che devono essere gestite come parte cruciale dei metadati della soluzione. Il Data Lineage forward e backward (ossia, dove sono stati utilizzati i dati e da dove provengono) è fondamentale come parte dell'analisi dell'impatto necessaria quando si apportano modifiche alle strutture dei dati, ai flussi di dati o al processing dei dati.

6.3 Metriche di integrazione dei dati

Per misurare la portata e i vantaggi dell'implementazione delle soluzioni di integrazione dei dati, è opportuno includere le metriche su disponibilità, volume, velocità, costi e utilizzo:

- Disponibilità dei dati
    - Disponibilità dei dati richiesti
- Volumi e velocità dei dati
    - Volumi di dati trasportati e trasformati
    - Volumi di dati analizzati
    - Velocità di trasmissione
    - Latenza tra aggiornamento e disponibilità dei dati
    - Latenza tra evento e azione attivata
    - Tempo alla disponibilità di nuove origini di dati
- Costi e complessità delle soluzioni
    - Costi di sviluppo e gestione delle soluzioni
    - Facilità di acquisizione di nuovi dati
    - Complessità di soluzioni e operazioni
    - Numero di sistemi che utilizzano soluzioni di integrazione dei dati

7. Opere Citate / Consigliate

Aiken, P. and Allen, D. M. *XML in Data Management.* Morgan Kaufmann, 2004. Print.

Bahga, Arshdeep, and Vijay Madisetti. *Cloud Computing: A Hands-On Approach.* CreateSpace Independent Publishing Platform, 2013. Print.

Bobak, Angelo R. *Connecting the Data: Data Integration Techniques for Building an Operational Data Store (ODS).* Technics Publications, LLC, 2012. Print.

Brackett, Michael. *Data Resource Integration: Understanding and Resolving a Disparate Data Resource.* Technics Publications, LLC, 2012. Print.

Carstensen, Jared, Bernard Golden, and JP Morgenthal. *Cloud Computing - Assessing the Risks.* IT Governance Publishing, 2012. Print.

Di Martino, Beniamino, Giuseppina Cretella, and Antonio Esposito. *Cloud Portability and Interoperability: Issues and Current Trend.* Springer, 2015. Print. SpringerBriefs in Computer Science.

Doan, AnHai, Alon Halevy, and Zachary Ives. *Principles of Data Integration.* Morgan Kaufmann, 2012. Print.

Erl, Thomas, Ricardo Puttini, and Zaigham Mahmood. *Cloud Computing: Concepts, Technology and Architecture.* Prentice Hall, 2013. Print. The Prentice Hall Service Technology Ser. from Thomas Erl.

Ferguson, M. *Maximizing the Business Value of Data Virtualization.* Enterprise Data World, 2012. Web. http://bit.ly/2sVAsui.

Giordano, Anthony David. *Data Integration Blueprint and Modeling: Techniques for a Scalable and Sustainable Architecture.* IBM Press, 2011. Print.

Haley, Beard. *Cloud Computing Best Practices for Managing and Measuring Processes for On-demand Computing, Applications and Data Centers in the Cloud with SLAs.* Emereo Publishing, 2008. Print.

Hohpe, Gregor and Bobby Woolf. *Enterprise Integration Patterns: Designing, Building, and Deploying Messaging Solutions.* Addison-Wesley Professional, 2003. Print.

Inmon, W. *Building the Data Warehouse.* 4th ed. Wiley, 2005. Print.

Inmon, W., Claudia Imhoff, and Ryan Sousa. *The Corporate Information Factory.* 2nd ed. Wiley 2001, Print.

Jamsa, Kris. *Cloud Computing: SaaS, PaaS, IaaS, Virtualization, Business Models, Mobile, Security and More.* Jones and Bartlett Learning, 2012. Print.

Kavis, Michael J. *Architecting the Cloud: Design Decisions for Cloud Computing Service Models (SaaS, PaaS, and IaaS).* Wiley, 2014. Print. Wiley CIO.

Kimball, Ralph and Margy Ross. *The Data Warehouse Toolkit: The Complete Guide to Dimensional Modeling.* 2nd ed. Wiley, 2002. Print.

Linthicum, David S. *Cloud Computing and SOA Convergence in Your Enterprise: A Step-by-Step Guide.* Addison-Wesley Professional, 2009. Print.

Linthicum, David S. *Enterprise Application Integration.* Addison-Wesley Professional, 1999. Print.

Linthicum, David S. *Next Generation Application Integration: From Simple Information to Web Services.* Addison-Wesley Professional, 2003. Print.

Loshin, David. *Master Data Management.* Morgan Kaufmann, 2009. Print.

Majkic, Zoran. *Big Data Integration Theory: Theory and Methods of Database Mappings, Programming Languages, and Semantics.* Springer, 2014. Print. Texts in Computer Science.

Mather, Tim, Subra Kumaraswamy, and Shahed Latif. *Cloud Security and Privacy: An Enterprise Perspective on Risks and Compliance.* O'Reilly Media, 2009. Print. Theory in Practice.

Reese, George. *Cloud Application Architectures: Building Applications and Infrastructure in the Cloud.* O'Reilly Media, 2009. Print. Theory in Practice (O'Reilly).

Reeve, April. *Managing Data in Motion: Data Integration Best Practice Techniques and Technologies.* Morgan Kaufmann, 2013. Print. The Morgan Kaufmann Series on Business Intelligence.

Rhoton, John. *Cloud Computing Explained: Implementation Handbook for Enterprises.* Recursive Press, 2009. Print.

Sarkar, Pushpak. *Data as a Service: A Framework for Providing Reusable Enterprise Data Services.* Wiley-IEEE Computer Society Pr, 2015. Print.

Sears, Jonathan. *Data Integration 200 Success Secrets - 200 Most Asked Questions On Data Integration - What You Need to Know.* Emereo Publishing, 2014. Kindle.

Sherman, Rick. *Business Intelligence Guidebook: From Data Integration to Analytics.* Morgan Kaufmann, 2014. Print.

U.S. Department of Commerce. *Guidelines on Security and Privacy in Public Cloud Computing.* CreateSpace Independent Publishing Platform, 2014. Print.

Van der Lans, Rick. *Data Virtualization for Business Intelligence Systems: Revolutionizing Data Integration for Data Warehouses.* Morgan Kaufmann, 2012. Print. The Morgan Kaufmann Series on Business Intelligence.

Zhao, Liang, Sherif Sakr, Anna Liu, and Athman Bouguettaya. *Cloud Data Management.* Springer; 2014. Print.

CAPITOLO 9

Document e Content Management

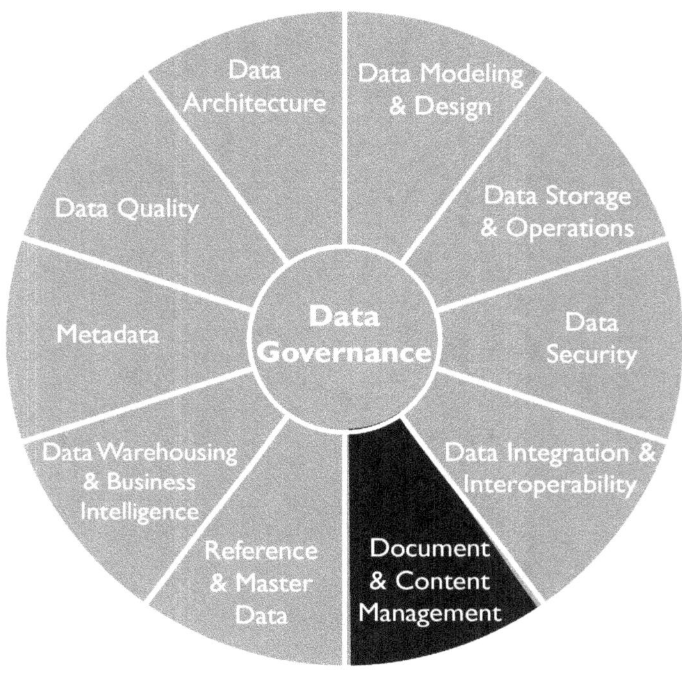

DAMA-DMBOK2 Data Management Framework

Copyright © 2017 by DAMA International

1. Introduzione

Document and Content Management (Gestione dei Documenti e dei Contenuti) comporta il controllo dell'acquisizione, conservazione, accesso ed utilizzo dei dati e delle informazioni archiviati al di fuori dei database relazionali (relational databases).[43] Il suo compito è quello di preservare l'integrità di documenti ed altre informazioni non strutturate o semi strutturate, ed allo stesso tempo permetterne l'accesso, rendendolo simile ad una serie di operazioni di data management relative ai database relazionali. Questa presenta però anche finalità strategiche: vi sono infatti molte organizzazioni i cui dati non strutturati hanno una relazione diretta con quelli strutturati. Le scelte riguardanti la gestione di questi contenuti dovrebbero quindi essere applicate con coerenza. Inoltre, ci si

---

[43] Le tipologie di dati non strutturati si sono evolute rispetto ai primi anni 2000, poiché la capacità di acquisizione ed archiviazione di informazioni digitali è cresciuta. Il concetto di *dato non strutturato* continua a riferirsi ad un'informazione che non sia stata predefinita da un modello, sia questo relazionale o di altro tipo.

aspetta che i documenti ed i contenuti non strutturati siano di elevata qualità e sicuri, come lo solo altri tipi di dati. Garantire sicurezza e qualità richiede controllo, un'architettura affidabile, ed una buona gestione dei Metadati.

Document e Content Management

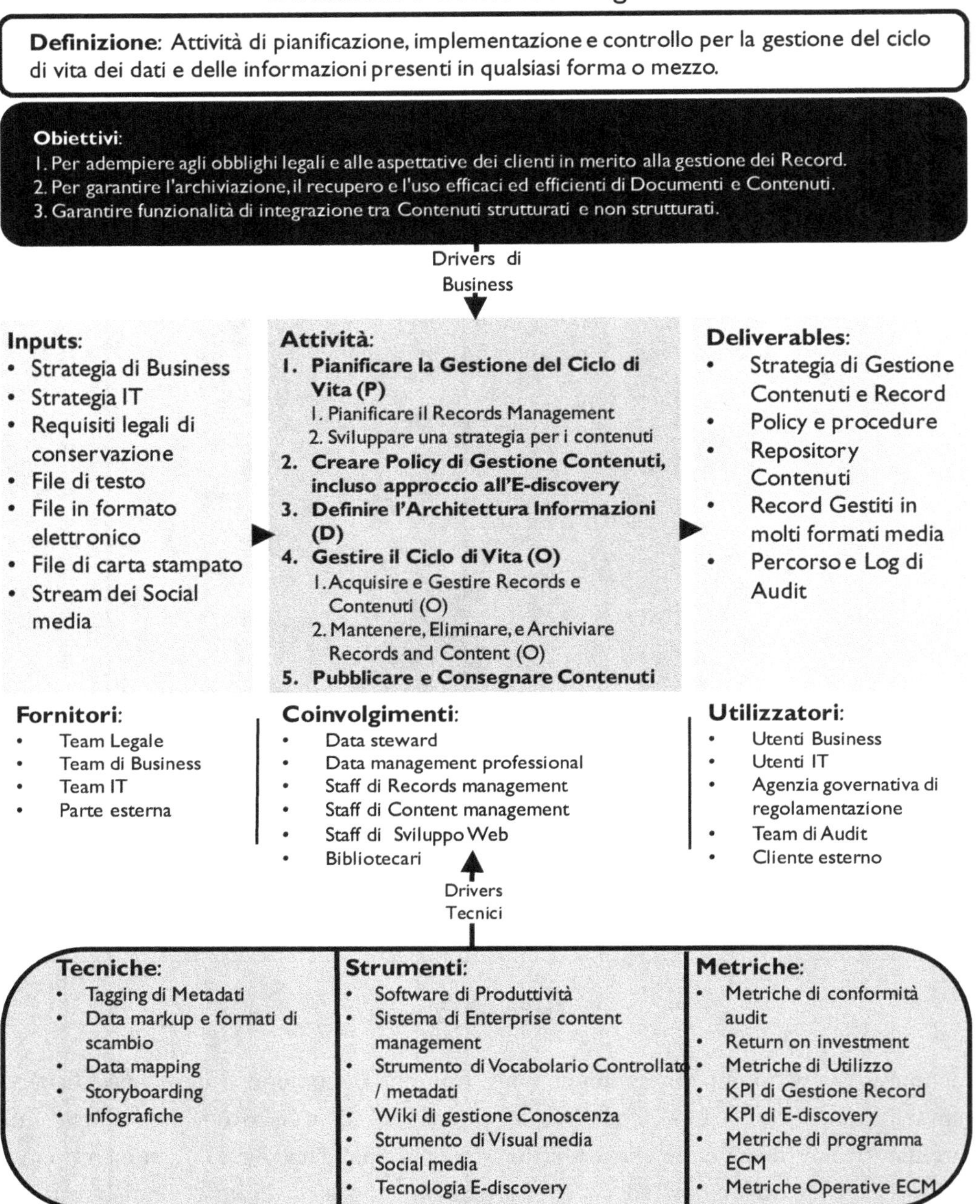

Figura 71 Context Diagram: Documents e Content

1.1 Business Drivers

I business driver primari relativi al management dei documenti e dei contenuti includono la conformità alle normative (regulatory compliance), la possibilità di poter rispondere a contenziosi ed a richieste di e-discovery, ed i requisiti di continuità operativa. Una buona gestione dei record può inoltre aiutare l'organizzazione a diventare più efficiente. Siti web ben organizzati e semplici da navigare, derivanti da una gestione ontologica efficace e da una serie di altre strutture atte a facilitare la ricerca, portano ad un miglioramento della soddisfazione del cliente e del personale.

Una serie di leggi e regolamenti impone alle organizzazioni di conservare record relativi a determinate attività. Molte aziende inoltre presentano politiche, standard e best practice proprie relative all'archiviazione dei record, che includono sia documenti cartacei che informazioni archiviate elettronicamente (electronically stored information, ESI). Una buona gestione dei record è necessaria per garantire la continuità operativa, e permettere all'organizzazione di rispondere in caso di contenzioso.

Con e-discovery si intende il processo di ricerca di informazioni nei record elettronici che potrebbero servire come prova in caso di azione legale. Con lo sviluppo delle tecnologie relative alla creazione, conservazione ed utilizzo dei dati, il volume di informazioni archiviate elettronicamente è cresciuto in maniera esponenziale; alcuni di questi dati saranno sicuramente interessati da contenziosi o richieste di enti regolari.

La capacità di un'organizzazione di rispondere ad una richiesta di e-discovery dipende da quanto proattivamente abbia gestito informazioni come mail, chat, pagine web e documenti elettronici, oltre al mero utilizzo dei dati e dei Metadati. I Big Data sono diventati un driver per ricerche e-discovery più efficienti, per una conservazione dei record ed una più attenta governance delle informazioni.

Una maggiore efficienza è un driver per il miglioramento della gestione dei documenti: i progressi tecnologici nella gestione di questi documenti sta aiutando le organizzazioni nella linearizzazione dei processi, nella gestione del workflow, nell'eliminazione di compiti manuali ripetitivi e nel favorire la collaborazione. Questo tipo di tecnologia ha il beneficio aggiunto di permettere alle persone di individuare, accedere e condividere i documenti più velocemente, oltre a prevenirne la perdita, fattore molto importante per l'e-discovery. Vi è anche un risparmio economico derivato dal minore utilizzo dello spazio occupato dagli archivi finisci e dalla riduzione dei costi di gestione dei documenti.

1.2 Obiettivi e Principi

Gli obiettivi dell'implementazione di migliori abitudini relative al Document and Content Management includono:

- Assicurare una ricerca ed uso efficaci ed efficienti di dati ed informazioni in formati non strutturati

- Assicurare le funzionalità di integrazione tra dati strutturati e non strutturati

- Ottemperare agli obblighi legali ed alle aspettative del cliente

La gestione di Document and Content si basa sui seguenti principi guida:

- Ognuno all'interno di un'organizzazione ha un ruolo per il futuro dell'azienda. Tutti devono creare, usare, ricercare e smaltire i record in accordo con le politiche e le procedure stabilite.

- Gli esperti nella gestione dei record ed i loro contenuti dovrebbero essere coinvolti in toto nella pianificazione e nella gestione delle politiche. Regolamentazioni best practice potrebbero variare notevolmente in base al settore industriale o alla giurisdizione legale.

Anche senza la presenza di professionisti del record management all'interno dell'organizzazione, chiunque può essere formato per capirne le sfide, le modalità e le problematiche. Una volta formati, i business steward ed altre figure possono collaborare per sviluppare un approccio efficace nella gestione dei record.

Nel 2009, ARMA International, un'organizzazione no-profit che si occupa della gestione di record ed informazioni, ha pubblicato una serie di Generally Acceptable Recordkeeping Principles® (GARP)[44], una serie di Principi Generalmente Accettabili per la Compilazione di Record, che descrivono le modalità con le quali i record di un business dovrebbero essere tenuti. Forniscono inoltre una struttura per la gestione dei record e delle informazioni, con le relative metriche. Di seguito viene riportata la prima frase di ciascun principio; ulteriori informazioni possono essere trovate sul sito di ARMA.

- **Principio di Responsabilizzazione (Principle of Accountability)**: Un'organizzazione dovrebbe nominare come senior executive persone idonee, e adottare politiche e processi per guidare lo staff e garantire l'idoneità del programma.

- **Principio di Integrità (Principle of Integrity)**: Un programma di gestione delle informazioni dovrebbe essere implementato in modo da fornire ai record ed alle informazioni generate o gestite dall'organizzazione un'appropriata garanzia di autenticità ed affidabilità.

- **Principio di Protezione (Principle of Protection)**: Un programma di gestione delle informazioni dovrebbe essere implementato in modo da poter garantire un livello ragionevole di protezione alle informazioni personali o che comunque richiedono protezione.

- **Principio di Conformità (Principle of Compliance)**: Un programma di gestione delle informazioni dovrebbe essere implementato in conformità con le leggi applicabili ed altre autorità competenti, oltre che con le politiche aziendali.

- **Principio di Disponibilità (Principle of Availability)**: Un'organizzazione dovrebbe conservare le proprie informazioni in modo da assicurare il recupero dei dati in maniera rapida, efficiente ed accurata.

- **Principio di Conservazione (Principle of Retention)**: Un'organizzazione dovrebbe conservare le proprie informazioni per un periodo di tempo appropriato, prendendo in considerazione tutti i requisiti operativi, legali, regolamentari e fiscali, oltre a quelli riguardanti tutte le autorità competenti.

---

[44] ARMA International, ARMA Generally Accepted Recordkeeping Principles®, http://bit.ly/2tNF1E4.

- **Principio di Smaltimento (Principle of Disposition):** Un'organizzazione dovrebbe assicurare uno smaltimento sicuro ed appropriato delle proprie informazioni in ottemperanza alle proprie politiche e, ove applicabili, ai regolamenti ed alle autorità competenti.

- **Principio di Trasparenza (Principle of Transparency):** Un'organizzazione dovrebbe documentare le proprie politiche, processi e attività, incluse le informazioni relative ai programmi di governance, in modo che siano disponibili e comprensibili per lo staff ed altre parti interessate.

1.3 Concetti Essenziali

1.3.1 Contenuto

Un documento è per il contenuto quello che il secchio è per l'acqua: un contenitore. Per *Contenuto* ci si riferisce ai dati ed alle informazioni dentro ad un file, un documento, o ad un sito web. Il contenuto viene spesso gestito basandosi sui concetti rappresentati dai documenti, oltre che sulla loro tipologia ed il loro status. I contenuti presentano un ciclo di vita. Nella loro forma più completa, alcuni contenuti diventano per determinate organizzazioni elementi relativi ai record. I record ufficiali vengono trattati in maniera diversa rispetto ad altri tipi di contenuto.

1.3.1.1 Management dei Contenuti (Content Management)

Il *Content management* include tutti i processi, le tecnologie e le tecniche relative all'organizzazione, catalogazione e strutturazione delle informazioni in modo che queste possano essere archiviate, pubblicate e riutilizzate in modalità differenti.

Il ciclo di vita dei contenuti può essere attivo, con cambiamenti giornalieri tramite processi controllati per la loro creazione e modifica; oppure può essere più statico, con solo occasionali cambiamenti minori. I contenuti possono essere gestiti in maniera formale (rigorosamente archiviati, gestiti, verificati, conservati o smaltiti) oppure informale, tramite aggiornamenti ad hoc.

La gestione dei contenuti risulta particolarmente importante nel caso di siti web e portali, ma le differenti tecniche di indicizzazione basate su parole chiave o l'organizzazione tassonomica possono essere applicate a differenti piattaforme tecnologiche. Quando l'ambito del content management riguarda un'intera azienda, ci si riferisce ad un Enterprise Content Management (ECM).

1.3.1.2 Metadati dei Contenuti (Content Metadata)

I Metadati risultano essenziali nella gestione di dati non strutturati, ossia sia ciò che viene tradizionalmente identificato come contenuto e documento e ciò che oggi viene definito come "Big Data". Senza i Metadati risulterebbe impossibile catalogare ed organizzare i contenuti. I Metadati per dati non strutturati sono basati su:

- **Formato**: Spesso il formato dei dati determina le modalità di accesso ai dati stessi (come ad esempio un indice elettronico per una serie di dati elettronici non strutturati).

- **Ricercabilità**: Nel caso in cui fossero già esistenti strumenti da utilizzare per i relativi dati non strutturati.

- **Autodocumentazione**: Nel caso in cui i Metadati fossero autodocumentati (come ad esempio i filesystem); in questo caso lo sviluppo sarebbe minimo, in quanto verrebbero semplicemente adottati gli strumenti esistenti.

- **Modelli esistenti**: Nel caso in cui gli schemi ed i modelli esistenti fossero applicabili o adattabili (come nel caso di cataloghi di librerie).

- **Argomento dei contenuti**: Gli ambiti più facilmente ricercati dalle persone.

- **Requisiti**: Necessità di completezza e dettaglio nella ricerca (come nel caso delle industrie farmaceutiche o nucleari[45]). Per questo potrebbero rendersi necessari Metadati dettagliati a livello di contenuti, e strumenti in grado di etichettare e identificare i contenuti.

In genere, la gestione dei Metadati riguardanti dati non strutturati diventa il mantenimento di una serie di riferimenti incrociati tra i differenti schemi locali e la serie ufficiale di Metadati aziendali. I record managers ed i professionisti che si occupano di Metadati riconoscono la presenza di metodi integrati all'interno dell'organizzazione per quei documenti, record ed altri contenuti che devono essere conservati per diversi anni, ma affermano anche come questi metodi siano spesso costosi da riorganizzare. In alcune organizzazioni vi è un team centralizzato responsabile per il mantenimento dei riferimenti incrociati tra gli indici di gestione dei record, le tassonomie ed anche i dizionari di varianti.

1.3.1.3 Content Modeling

Con *modellazione dei contenuti (content modeling)* si intende il processo di conversione di concetti di contenuti logici in tipologie di contenuto, attributi ed altri tipi di dati relazionali. Un attributo descrive qualcosa di specifico e distinguibile riguardo al contenuto con cui si correla. La tipologia di dato restringe il tipo di informazione che l'attributo può contenere, permettendone la validazione e l'elaborazione. Metadata management e data modeling sono tecniche utilizzate per lo sviluppo di un content model.

Vi sono due livelli di content modeling: il primo è il livello di informazione di prodotto (information product), che porta alla creazione di deliverable come ad esempio un sito web; il secondo è il livello di componente, che analizza ancora più in dettaglio gli elementi che formano il modello di information product. Il livello di dettaglio del modello dipende dalla definizione voluta per il riutilizzo e la struttura.

I modelli di contenuto supportano la pianificazione dei contenuti guidandone la creazione e promuovendone il riutilizzo; essi favoriscono l'uso di contenuto adattivo, format-free e indipendente

---

[45] Queste industrie hanno la responsabilità di fornire indicazioni riguardanti la movimentazione di determinati materiali. Le case farmaceutiche, per esempio, devono conservare un record dettagliato di come un composto sia stato creato, testato e movimentato, prima di concedere l'autorizzazione all'utilizzo ad altre persone.

dal tipo di device utilizzato. I modelli diventano le specifiche per i contenuti implementati in strutture come lo schema di definizione di tipo XML, tabelle o stylesheets.

1.3.1.4 Metodi di Content Delivery

I contenuti devono essere modulari, strutturati e riutilizzabili, indipendentemente dal tipo di dispositivo o piattaforma utilizzati. Metodi di delivery includono pagine web, stampe ed app, oltre che eBooks con audio e video interattivi. La conversione dei contenuti nel formato XML nelle fasi iniziali del workflow favorisce il riutilizzo attraverso i differenti canali mediatici.

I sistemi di content delivery sono di tipo "push", "pull" o interattivi.

- **Push**: in un delivery system di tipo push, gli utenti possono scegliere il tipo di contenuto che gli verrà poi inviato in base ad uno schedule predeterminato. Il Syndication è un tipo di delivery push che prevede che un ente che crei contenuti pubblicati successivamente in più luoghi. Il Really Simple Syndication (RSS) è un esempio di meccanismo di content delivery di tipo push; esso distribuisce contenuti (come ad esempio feed) a syndacate news e altri contenuti web a richiesta.

- **Pull**: in un delivery system di tipo pull, è l'utente stesso a richiedere i contenuti tramite Internet. Un esempio di sistema di tipo pull si ha quando un acquirente visita un sito di vendite online.

- **Interattivo**: I metodi di delivery di tipo interattivo, come punti di vendita elettronici di terze parti (electronic point of sale, EPOS) tramite app o interazione con siti web (ad esempio per un'iscrizione), necessitano di uno scambio di grandi volumi di dati in tempo reale tramite differenti enterprise application. Alcune opzioni per la condivisione di dati tra diverse application includono Enterprise Application Integration (EAI), Changed Data Capture, Data Integration ed EII. (Vedi Capitolo 8.)

1.3.2 Vocabolari Controllati (Controlled Vocabularies)

Un *vocabolario controllato (controlled vocabulary)* è una lista ben definita di vocaboli esplicitamente approvati ed utilizzati per indicizzare, catalogare, etichettare, ordinare e recuperare contenuti tramite la ricerca ed il browsing. Un vocabolario controllato è necessario per organizzare in maniera sistematica documenti, record e contenuti. I vocabolari variano nella complessità partendo da semplici liste o pick list, a set di sinonimi o authority list, a tassonomie, fino ad arrivare, per i casi più complessi, a dizionari ed ontologie. Un esempio di controlled vocabulary è il Dublin Core, utilizzato per catalogare le pubblicazioni.

Una serie di politiche ben definite controlla chi aggiunge termini al vocabolario (ad esempio un tassonomista o indicizzatore, o un librarian). I librarian hanno specifiche conoscenze nella teoria e sviluppo dei vocabolari controllati. L'utente che utilizzi un elenco potrà applicare solo termini presenti nella lista della sua area di interesse. (Vedi Capitolo 10.)

Idealmente i vocabolari controllati dovrebbero essere in linea con i nomi e le definizioni inseriti nel modello dati concettuale dell'azienda. Un approccio bottom up per raccogliere termini e concetti potrebbe essere quello di inserirli in una folksonomia (folksonomy), un insieme di termini e concetti identificati attraverso parole chiave.

I vocabolari controllati costituiscono un tipo di Reference Data i cui valori e definizioni, come per altri dati di questo tipo, devono essere gestiti per questioni di completezza e fruibilità. Possono essere anche visti come Metadati, in quanto aiutano la definizione e supportano l'uso di altri dati. Vengono descritti in questo capitolo in quanto Document and Content Management (Gestione di Documenti e Contenuti) è il principale caso di utilizzo per i vocabolari controllati.

1.3.2.1 Gestione dei Vocabolari (Vocabulary Management)

Poiché i vocabolari evolvono col tempo, necessitano di gestione. L'ANSI/NISO Z39.19-2005 è uno standard Americano, che fornisce linee guida per la Costruzione, Formazione e Gestione di Vocabolari Controllati Monolinguistici, e definisce la gestione dei vocabolari come un modo per "migliorare l'efficacia dei sistemi di archiviazione e ricerca di informazioni, la navigazione web, ed altri sistemi il cui obiettivo sia quello di identificare e ritrovare contenuti tramite qualche sorta di descrizione di tipo linguistico. Il principale obiettivo del vocabulary control è di ottenere consistenza nella descrizione degli oggetti di contenuto e di facilitare la loro ricerca" (to improve the effectiveness of information storage and retrieval systems, web navigation systems, and other environments that seek to both identify and locate desired content via some sort of description using language. The primary purpose of vocabulary control is to achieve consistency in the description of content objects and to facilitate retrieval.)[46]

Il Vocabulary management ha la funzione di definire, richiamare, importare e mantenere qualsiasi vocabolario. Di seguito alcune domande chiave per permettere la focalizzazione del vocabulary management sugli utilizzi, i fruitori, gli standard e la gestione:

- Quali concetti di informazione supporterà questo vocabolario?

- A chi si rivolge questo vocabolario? Quali processi supportano? Qual è il loro ruolo?

- Perché questo vocabolario è necessario? Supporterà applicazioni, gestione dei contenuti o analytics?

- Quale organo decisionale è responsabile per la definizione dei termini scelti?

- Quali sono i vocabolari esistenti utilizzati dai diversi gruppi per classificare le informazioni? Dove sono localizzati? Come sono stati creati? Chi sono i loro soggetti esperti in materia? Vi è qualche tipo di rischio sulla sicurezza o privacy per qualcuno di essi?

- Esistono standard per soddisfare questo bisogno? Vi è qualche rischio nell'utilizzare degli standard esterni rispetto a quelli interni? Con che frequenza viene aggiornato lo standard e qual

---

[46] http://bit.ly/2sTaI2h.

è il grado di cambiamento per ogni aggiornamento? Gli standard sono accessibili in un formato facile da importare / mantenere in modo efficiente?

I risultati di questo assessment garantiranno una data integration ed aiuteranno ad instaurare degli standard interni, inclusi vocabolari preferenziali associati tramite funzioni terminologiche e di relazioni tra i termini.

Se questo tipo di assessment non viene svolto, un ente all'interno di un'organizzazione potrebbe comunque definire dei vocabolari preferenziali, ma questi risulterebbero compartimentati, progetto per progetto, portando a maggiori costi di integrazione e maggiori problematiche relative alla qualità dei dati. (Vedi Capitolo 13.)

1.3.2.2 Vocabulary Views e Vocabolari Micro-Controllati

Una *vocabulary view* è un sottogruppo di vocabolari controllati, che copre solo una parte limitata di argomenti all'interno del dominio del vocabolario controllato. Le vocabulary view sono necessarie quando l'obiettivo è quello di utilizzare un vocabolario standard contenente un grande numero di termini, non tutti rilevanti per la ricerca di determinate informazioni. Ad esempio, una view contenente solo termini relativi alla Business Unit di Marketing non conterrà termini rilevanti solo per l'ambito Finance.

Le vocabulary view migliorano la fruibilità delle informazioni limitando il contenuto a ciò che risulti appropriato per gli utenti. Si può definire una serie di vocaboli preferiti per una vocabulary view manualmente, oppure tramite regole aziendali che agiscano su dati o Metadati predefiniti. Possono essere definite regole per stabilire quale termine includere per ogni vocabulary view.

Un *vocabolario micro-controllato (micro-controlled vocabulary)* è una vocabulary view contenente termini altamente specifici non presenti nel vocabolario generale. Un esempio di vocabolario micro-controllato può essere un dizionario medico contenente sottocategorie per ogni disciplina medica. Questi termini dovrebbero essere mappati nella struttura gerarchica del vocabolario più generale. Un vocabolario micro-controllato risulta coerente con le relazioni presenti tra i suoi termini.

Vocabolari micro-controllati risultano necessari quando l'obiettivo è quello di servirsi di un vocabolario standard, ma i contenuti non sono sufficienti e vi è la necessità di gestire aggiunte ed estensioni per uno specifico gruppo di utenti di quelle informazioni. La costruzione di un vocabolario micro-controllato comincia con gli stessi step di una vocabulary view, ma include anche l'inserimento o l'associazione di termini preferenziali aggiuntivi che si differenziano da quelli preesistenti per l'indicazione di una fonte differente.

1.3.2.3 Termini e Pick Lists

Le liste di termini non sono nient'altro che elenchi. Non descrivono quindi relazioni tra i termini. Pick list, liste web a tendina ed elenchi di scelte nei menu per i sistemi informativi utilizzano liste di termini. Non forniscono praticamente alcun tipo di supporto all'utente, ma aiutano a controllare le ambiguità riducendo il dominio dei valori.

Le pick list sono spesso situate in profondità nelle applicazioni. Software di content management possono aiutare a trasformare pick list e vocabolari controllati in liste consultabili dalla home page. Queste pick list sono gestite come forma di tassonomie all'interno del software.

1.3.2.4 Gestione dei Termini (Term Management)

Lo standard ANSI/NISO Z39.19-2005 definisce il termine come "Una o più parole descriventi un concetto" ("One or more words designating a concept.").[47] Come i vocabolari, così anche i singoli termini richiedono una gestione. La Gestione dei Termini (Term Management) include tra l'altro anche lo stabilire come questi termini vengano definiti e classificati inizialmente e come queste informazioni vengano mantenute quando iniziano ad essere utilizzate in sistemi differenti. I termini dovrebbero essere gestiti tramite una serie di processi di governance. Per gli amministratori potrebbe essere necessario monitorare affinché i feedback degli stakeholder vengano presi in considerazione prima che i termini vengano modificati. Lo standard Z39.19 definisce un *temine preferenziale* come uno di due o più sinonimi o varianti lessicali scelto come termine inclusivo in un vocabolario controllato.

La gestione dei termini include lo stabilire le relazioni tra i termini in un vocabolario controllato. Vi sono tre differenti tipi di relazioni:

- **Relazione a termini equivalenti**: una relazione tra differenti termini in un vocabolario controllato che porta all'utilizzo di uno o più termini al posto di quello da cui il riferimento incrociato è partito. Questo è il sistema di mappatura dei termini maggiormente utilizzato in funzioni IT, e stabilisce che un termine o un valore proveniente da un sistema o vocabolario sia lo stesso di un altro, in modo da poter permettere alle tecnologie di integrazione (integration technologies) di creare una mappatura ed una standardizzazione.

- **Relazione gerarchica**: una relazione tra differenti termini in un vocabolario controllato che rappresenta relazioni partendo da quelle più ampie (generali) fino a quelle più ristrette (specifiche), oppure relazioni insieme-parte (whole-part relationship).

- **Relazione tra termini correlati**: un termine collegato dal punto di vista associativo ma non gerarchico ad un altro termine in un vocabolario controllato.

1.3.2.5 Set di Sinonimi and Authority Lists

Un *set di sinonimi (synonym ring)* è un insieme di termini con significato grossomodo equivalente. Un set di sinonimi permette all'utente che effettua una ricerca su uno dei termini di accedere ai contenuti relativi ad ognuno di quei termini. Lo sviluppo manuale di un set di sinonimi è volto alla ricerca, non all'indicizzazione. Offre un controllo sui sinonimi, e tratta allo stesso modo questi ultimi ed i parasinonimi. Sono utilizzati quando l'ambiente di indicizzazione ha un vocabolario non controllato o dove non vi è indicizzazione. I motori di ricerca e diversi record di Metadata hanno set di sinonimi.

---

[47] http://bit.ly/2sTaI2h.

(Vedi Capitolo 13.) I set di sinomini possono risultare complicati da implementare nelle interfacce utente.

Una *authority list* è un vocabolario controllato di termini descrittivi creato per semplificare il recupero di informazioni in un determinato dominio o area. Il trattamento dei termini non risulta lo stesso di quello dei set di sinonimi; in questo caso vi è un termine preferito, mentre gli altri sono considerati varianti. Un file di authority consente il confronto incrociato tra sinonimi e varianti per ogni termine, in modo da guidare l'utente da un termine non preferito ad uno preferito. La lista potrebbe eventualmente contenere definizioni riguardanti questi termini. Le authority list dovrebbero avere dei gestori, e potrebbero presentare una struttura. Un esempio è dato dalle Sezioni Tematiche della Libreria del Congresso Americano. (Vedi Sezione 1.3.2.1.)

1.3.2.6 Tassonomie

Tassonomia è un termine generale riferibile a qualsiasi tipo di classificazione o vocabolario controllato. L'esempio più conosciuto di tassonomia è il sistema di classificazione per gli esseri viventi sviluppato dal biologo svedese Linneo.

Nella gestione dei contenuti, una *tassonomia* è una struttura di nomenclatura contenente un vocabolario controllato utilizzato per delineare gli argomenti e permettere la navigazione nei sistemi di ricerca. Le tassonomie aiutano a ridurre le ambiguità e a verificare i sinonimi. Una tassonomia gerarchica potrebbe contenere vari tipi di relazioni parent/child, utili sia all'indicizzazione che alla ricerca. Queste tassonomie vengono utilizzate per creare interfacce di tipo drill-down.

Le tassonomie possono presentare strutture differenti:

- Una **tassonomia piatta** non presenta relazioni tra la serie di categorie controllate. Tutte le categorie risultano uguali. Ciò risulta simile ad un elenco; un esempio può essere una lista di nazioni.

- Una **tassonomia gerarchica** è una struttura ramificata dove i nodi sono messi in relazione da una regola. Una gerarchia ha almeno due livelli ed è bidirezionale. Scalando la gerarchia si ha un'espansione delle categorie; discendendola le categorie diminuiscono. Un esempio può essere la geografia, partendo dal continente fino ad arrivare all'indirizzo.

- Una **poligerarchia** è una struttura ramificata con più di una regola per ogni nodo relazionale. Nodi figli (child) possono presentare genitori (parent) multipli, che a loro volta possono presentare set multipli di genitori (grandparent). Il percorso può quindi risultare complicato e particolare attenzione deve essere posta sull'evitare passaggi non validi: fino alla cima della struttura ad albero tramite un nodo in relazione con i parent, ma non con i grandparents. Strutture poligerarchiche complicate potrebbero essere rappresentate meglio tramite una tassonomia sfaccettata.

- Una **tassonomia sfaccettata** (facet taxonomy) assomiglia ad una stella dove ogni nodo è associato al nodo centrale. Ogni faccia è un attributo relativo all'oggetto posto al centro. Un esempio è un Metadato, dove ogni attributo (creatore, titolo, diritti di accesso, keywords, versione, etc.) è una faccia di un contenuto.

- Una **tassonomia reticolare** (network taxonomy) utilizza strutture sia gerarchiche che sfaccettate. Ogni coppia di nodi in questa tassonomia stabilisce dei collegamenti basati sulle loro associazioni. Un esempio potrebbe essere un motore di raccomandazione (... se ti è piaciuto quello, potrebbe piacerti anche questo...). Un altro esempio è un dizionario.

In considerazione del quantitativo di dati generato, anche le tassonomie meglio definite richiedono un flagging automatico, correzioni e regole di routing. Se le tassonomie non vengono curate, verranno inutilizzate o produrranno risultati incorretti. Questo comporta il rischio per enti e staff soggetti a regolamentazioni di non risultare più conformi. Ad esempio, in una tassonomia finanziaria, il termine preferito potrebbe essere "Postemployment". I contenuti potrebbero provenire da un sistema che lo classifica come "Post-Emplyment", "Post Employment", o anche "Post Retirement". Per risolvere queste problematiche, sarebbe opportuno definire un set di sinonimi e le relative relazioni tra i termini (US GAAP, 2008).

Le organizzazioni sviluppano le proprie tassonomie per formalizzare il pensiero collettivo riguardo ad argomenti specifici per il proprio lavoro. Le tassonomie sono particolarmente importanti nella presentazione e ricerca di informazioni su siti web, in quanto molti motori di ricerca si basano su precise corrispondenze di termini e possono trovare solo elementi con il medesimo tagging o che utilizzino la parola allo stesso modo.

1.3.2.7 Schemi di Classificazione e Tagging

Gli *schemi di classificazione* sono codici che rappresentano un vocabolario controllato. Questi schemi sono spesso gerarchici e potrebbero contenere parole a loro associate, come nel caso del Sistema Decimale Dewey e la Classificazione della Libreria del Congresso Americano (per le classi e sottoclassi principali). Il Sistema Decimale Dewey, oltre ad essere una tassonomia a base numerica, è anche un'espressione multilinguistica per la codifica di argomenti, in quanto i numeri possono essere "decodificati" in qualunque linguaggio.

Le *folksonomie (folksonomies)* sono schemi di classificazione per termini e nomi di contenuti online ottenuti tramite parole chiave di uso comune. Gli utenti individuali ed i gruppi le usano per annotare e dividere in categorie i contenuti digitali. In genere non presentano gerarchie o termini preferenziali. Le folksonomie non vengono in genere considerate autorevoli o applicabili all'indicizzazione dei documenti poiché non sono degli esperti a compilarle. Ciò nonostante, poiché riflettono direttamente il vocabolario degli utenti, offrono il potenziale di poter migliorare la ricerca di informazioni. I termini provenienti da folksonomie possono essere collegati quindi a vocabolari controllati strutturati.

1.3.2.8 Dizionari

Un *dizionario (thesaurus)* è un tipo di vocabolario controllato utilizzato per la ricerca di contenuti. Combina le caratteristiche degli elenchi di sinonimi e delle tassonomie. Un dizionario fornisce informazioni riguardo ad ogni termine, e la sua relazione con altri termini. Queste relazioni possono essere di tipo gerarchico (parent/child o generale/specifico), associativo ("vedi anche") o equivalente (sinonimi o altre forme utilizzate). I sinonimi devono risultare equivalenti in maniera accettabile in ogni contesto possibile. Un dizionario può includere anche definizioni, citazioni, etc.

I dizionari possono essere utilizzati per organizzare i contenuti non strutturati, evidenziare relazioni tra contenuti provenienti da media differenti, migliorare la navigazione web, e ottimizzare la ricerca. Quando un utente inserisce un termine, il sistema può utilizzare un dizionario non esposto (non direttamente disponibile all'utente) per indirizzare automaticamente la ricerca ad un termine simile. In alternativa, il sistema può suggerire termini collegati con i quali l'utente può continuare la ricerca.

Gli standard che forniscono assistenza nella creazione di dizionari includono ISO 25964 e ANSI/NISO Z39.19.10.2.2.1.5 Ontologies.

1.3.2.9 Ontologie

Una *ontologia* è un tipo di tassonomia che rappresenta una serie di concetti e le loro relazioni all'interno di un dominio. Le ontologie forniscono la rappresentazione della conoscenza primaria nel Web Semantico, e vengono utilizzate nello scambio di informazioni tra differenti applicazioni di Web Semantico.[48]

Linguaggi ontologici come il Resource Description Framework Schema (RDFS) vengono utilizzati per sviluppare ontologie tramite la codifica la conoscenza di specifici ambiti. Possono includere regole di ragionamento a supporto dei processi per una certa conoscenza. L'OWL (Web Ontology Language), un'estensione del RDFS, è una sintassi formale di definizione per le ontologie.

Le ontologie descrivono classi (concetti), individui (casi), attributi, relazioni ed eventi. Una ontologia può essere una raccolta di tassonomie e dizionari di vocabolario comune per la rappresentazione di una conoscenza e lo scambio di informazioni. Le ontologie sono spesso messe in relazione con gerarchie tassonomiche di classi e definizioni con una relazione sottointesa, come ad esempio scomporre un comportamento intelligente in tanti elementi comportamentali semplificati e poi in strati.

Vi sono due differenze principali tra la tassonomia (come un data model) e una ontologia:

- Una tassonomia fornisce la classificazione dei contenuti di dati per una determinata area concettuale. Un modello di dati evidenzia in maniera specifica l'elemento al quale un attributo appartiene e la sua validità. In una ontologia, invece, gli elementi, attributi e i concetti dei contenuti possono essere completamente mischiati. Le differenze vengono identificate tramite Metadati od altre relazioni.

- In una tassonomia o in un data model, ciò che viene definito è ciò che è conosciuto al sistema, niente di più. Si presume che ci si riferisca ad un ambiente chiuso. In una ontologia, le relazioni possibili vengono dedotte basandosi sulla natura delle relazioni esistenti, quindi anche qualcosa

---

[48] Il Web Semantico, conosciuto anche come Linked Data Web o Web 3.0 è un'evoluzione del corrente Web dove i significati (ovvero gli elementi semantici) sono processabili dalla macchina. Disporre di una macchina (computer) in grado di "comprendere maggiormente" semplifica la ricerca, condivisione e la combinazione di dati ed informazioni.

di non esplicitamente dichiarato può risultare vero. In questo caso si assume che si tratti di un ambiente aperto.

Mentre la gestione delle tassonomie si è evoluta sotto la Biblioteconomia, oggi le arti e le scienze della tassonomia e dell'ontologia ricadono sotto la gestione dello spazio semantico. (Vedi Capitolo 10.)

Dato che il processo di modellazione delle ontologie è in un certo senso soggettivo, è importante evitare i più comuni trabocchetti che potrebbero causare ambiguità e confusione:

- Mancata distinzione tra relazioni di tipo instance-of e subclass-of
- Modellare gli eventi come relazioni
- Mancanza di chiarezza ed unicità dei termini
- Modellare i ruoli come classi
- Mancato riutilizzo
- Confondere la semantica di modelli di linguaggio e di concetti
- Utilizzare un tool basato sul web e indipendente dalla piattaforma (ad esempio OOPS!) come validazione ontologia può essere utile per la previsione e sistemazione di errori comuni (pitfalls).

1.3.3 Documenti e Record

I *documenti* sono elementi elettronici o cartacei contenenti informazioni riguardanti le operazioni da svolgere, i requisiti su come e quando eseguire compiti o funzioni, e i rapporti sulla loro esecuzione e le relative decisioni. I documenti possono comunicare e condividere informazioni e conoscenza. Alcuni esempi includono procedure, protocolli, metodi e specifiche.

Solo una sottocategoria di documenti verrà identificata come record. I *record* forniscono prove sul fatto che le azioni abbiano effettivamente avuto luogo e che le decisioni siano state prese in accordo con le procedure; possono essere utilizzati come prove per le attività aziendali di business e per le procedure regolamentari. In genere i record vengono creati dalle persone, ma anche strumenti di monitoraggio possono fornire dati per la creazione automatica dei record.

1.3.3.1 Document Management

La *gestione dei documenti (document management)* incorpora tutti i processi, le tecniche e le tecnologie necessarie al controllo e all'organizzazione dei documenti e record durante il loro arco di vita. Ciò include la conservazione, catalogazione ed il controllo, sia per documenti elettronici che cartacei. Oggi più del 90% dei documenti creati è in formato elettronico. Pur divenendo sempre più utilizzati i documenti paperless, il mondo è ancora pieno di storici formati da documenti cartacei.

In generale la gestione dei documenti riguarda i file, con poco interesse sul loro contenuto. Le informazioni contenute all'interno del file potrebbero guidarne la gestione, ma la gestione dei documenti considera i file come un'entità singola.

Pressioni provenienti sia dal mercato che dai regolamenti si concentrano sulle tempistiche, i luoghi, il trasporto e la distruzione relativi alla conservazione dei record.

Regolamenti e statuti, come il U.S. Sarbanes-Oxley Act e il E-Discovery Amendments to the Federal Rules of Civil Procedure e il Canada's Bill 198, costituiscono punti di attenzione per i responsabili di corporate compliance, i quali spingono per la standardizzazione delle operazioni di gestione dei record all'interno delle loro organizzazioni. La gestione del ciclo di vita dei documenti e dei record include:

- **Inventario**: Identificazione dei documenti / record esistenti e nuovi.
- **Politiche**: Creazione, approvazione ed applicazione di politiche relative ai documenti / record, comprese politiche relative alla loro conservazione.
- **Classificazione** dei documenti / record.
- **Archiviazione**: Archiviazione a breve e lungo termine di documenti / record fisici ed elettronici.
- **Recupero e Circolazione**: Consentire l'accesso e la circolazione dei documenti / record in accordo con le politiche, gli standard di sicurezza e controllo, ed i requisiti legali.
- **Conservazione e Smaltimento**: Archiviazione e distruzione di documenti / record in accordo con le esigenze organizzative, gli statuti e le regolamentazioni.

I data management professional hanno il ruolo di stakeholders per quanto riguarda le decisioni relative alla catalogazione e conservazione dei documenti. Devono promuovere una certa coerenza tra i dati base di tipo strutturato e quelli più specifici non strutturati. Ad esempio, se i report finali di output necessitassero di un'appropriata documentazione storica, i dati strutturati in un ambiente di tipo OLRP o di magazzino potrebbero essere sollevati dal conservare i dati base del report.

I documenti vengono spesso sviluppati all'interno di gerarchie, dove alcuni risultano più dettagliati di altri. La Figura 72, basata su un testo preso dall' ISO 9000 Introduction and Support Package: Guidance on the Documentation Requirements of ISO 9001, Clause 4.2, rappresenta un paradigma documento-centrico, appropriato per il governo o l'esercito. L'ISO 9001 descrive i componenti minimi di un sistema di quality management base. Enti commerciali potrebbero avere differenti gerarchie per i documenti o diversi flussi a supporto delle operazioni di business.

1.3.3.2 Records Management

La gestione dei documenti include la gestione dei record, che tuttavia richiede alcuni requisiti specifici.[49] Il record management include l'intero ciclo di vita: dalla creazione od acquisizione del record, alla sua analisi, distribuzione, organizzazione e recupero, fino ad arrivare al suo smaltimento. I record possono essere fisici (ad esempio documenti, memo, contratti, rapporti o microfilm); elettronici (ad esempio contenuti di e-mail, allegati e messaggi istantanei); contenuti in un sito web; qualsiasi tipo di media ed hardware; e dati di qualsiasi tipo registrati in database. Record ibridi, come ad esempio le

---

[49] Lo standard ISO 15489 definisce il record management come "Il settore di management responsabile per il controllo efficiente e sistematico della creazione, ricezione, manutenzione, uso e smaltimento di record, incluso il processo di acquisizione e conservazione sotto forma di record di prove ed informazioni riguardati attività e transazioni di business sotto forma di record" ("The field of management responsible for the efficient and systematic control of the creation, receipt, maintenance, use and disposition of records, including the processes for capturing and maintaining evidence of and information about business activities and transactions in the form of records.") http://bit.ly/2sVG8EW.

"aperture card" (record cartaceo con un chip in microfilm contenente dettagli o materiale di supporto) combina diversi formati. Un *record vitale (vital record)* è un tipo di record necessario per far ripartire le operazioni di un'organizzazione nell'eventualità di qualche disastro.

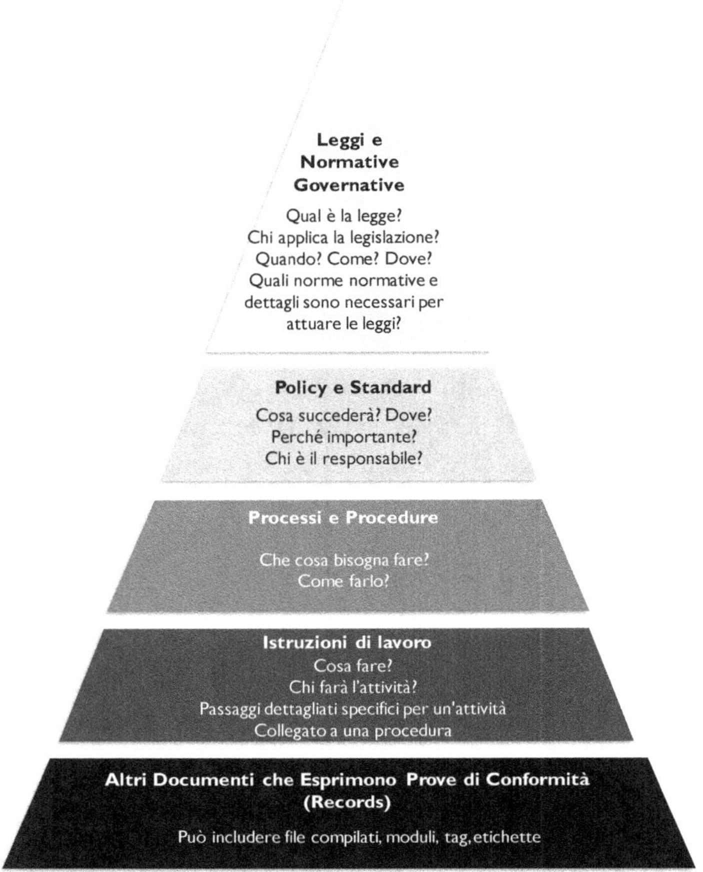

Figura 72 Document Hierarchy based on ISO 9001-4.2

Record affidabili sono importanti non solo per la loro conservazione, ma anche per questioni regolamentari. La presenza di firme sul record contribuisce alla sua integrità. Altre operazioni relative all'integrità includono la verifica di un evento (ad esempio assistendovi in tempo reale) ed il controllo delle informazioni dopo l'evento.

Record ben predisposti possono presentare alcune caratteristiche come:

- **Contenuto**: Il contenuto deve essere accurato, completo ed affidabile.

- **Contesto**: Informazioni descrittive (Metadati) riguardanti il creatore del record, la data di creazione, o le relazioni con altri record dovrebbero essere raggruppate, strutturate e mantenute assieme al record al momento della sua creazione.

- **Timelines**: Un record dovrebbe essere creato immediatamente dopo l'avvenire di un evento, azione o decisione.

- **Permanenza**: Una volta indicati come record, questi non possono essere cambiati per la durata legale della loro esistenza.

- **Struttura**: L'aspetto e la disposizione del contenuto di un record dovrebbero essere ben chiari. Dovrebbero essere registrati sui form o tabelle idonei. Il contenuto dovrebbe essere leggibile, la terminologia utilizzata consistente.

Molti record esistono sia in formato elettronico che cartaceo. La gestione dei record impone che l'organizzazione sappia quale copia (elettronica o cartacea) sia la "copia di record" ufficiale, che soddisfa gli obblighi relativi alla sua conservazione. Una volta identificata la copia di record, l'altra può essere smaltita in maniera sicura.

1.3.3.3 Digital Asset Management

Il *Digital Asset Management* (DAM) è un procedimento simile alla gestione dei documenti che si focalizza sull'archiviazione, localizzazione ed utilizzo di documenti media complessi come video, loghi, fotografie, etc.

1.3.4 Data Map

Una *Mappa di Dati (Data Map)* è un inventario di tutte le fonti di dati ESI (ESI data sources), tutte le applicazioni e di tutti gli ambienti IT che comprendono i proprietari delle applicazioni, i custodi (custodians), le posizioni geografiche rilevanti, ed altri tipi di dati.

1.3.5 E-discovery

Discovery è un termine legale riferito ad una fase pre-processo in una causa legale dove entrambe le parti richiedono informazioni l'una sull'altra per ricercare fatti utili al caso e per testare la solidità delle tesi dell'altra parte. L'US Federal Rules of Civil Procedure (FRCP) supervisiona la ricerca di prove in cause legali ed altri casi civili dal 1938. Le regole relative alle discovery cartacee sono state applicate per decenni anche alle e-discovery, fino al 2006, quando un emendamento al FRCP ha adattato le pratiche di discovery e i requisiti delle ESI per i procedimenti legali.

Altre regolamentazioni globali hanno requisiti specifici per permettere ad un'organizzazione di produrre delle prove elettroniche. Alcuni esempi includono l'UK Bribery Act, Dodd-Frank Act, Foreign Account Tax Compliance Act (FATCA), Foreign Corrupt Practices Act, EU Data Protection Reculations and Rules, legislazioni globali antitrust, regolamentazioni specifiche per settore, e regole procedurali dei tribunali locali.

I documenti elettronici presentano in genere dei Metadati (che potrebbero essere disponibili anche per documenti cartacei) che possono giocare un ruolo importante come prove. I requisiti legali provengono da alcune procedure legali chiave come l'e-discovery e pratiche di archiviazione di dati e record, il processo di legal hold notification (LHN) ed altre pratiche legali di difesa.

La Figura 73 rappresenta un Electronic Discovery Reference Model di alto livello sviluppato da EDRM, una organizzazione per gli standard e le linee guida relative all'e-discovery. Questo schema fornisce un approccio all'e-discovery che risulta essere utile per il personale coinvolto nell'identificare il come ed il quando i dati interni rilevanti siano stati archiviati, quali policy di conservazione siano applicabili, quali dati non siano accessibili, e quali strumenti siano disponibili per supportare questo processo di identificazione.

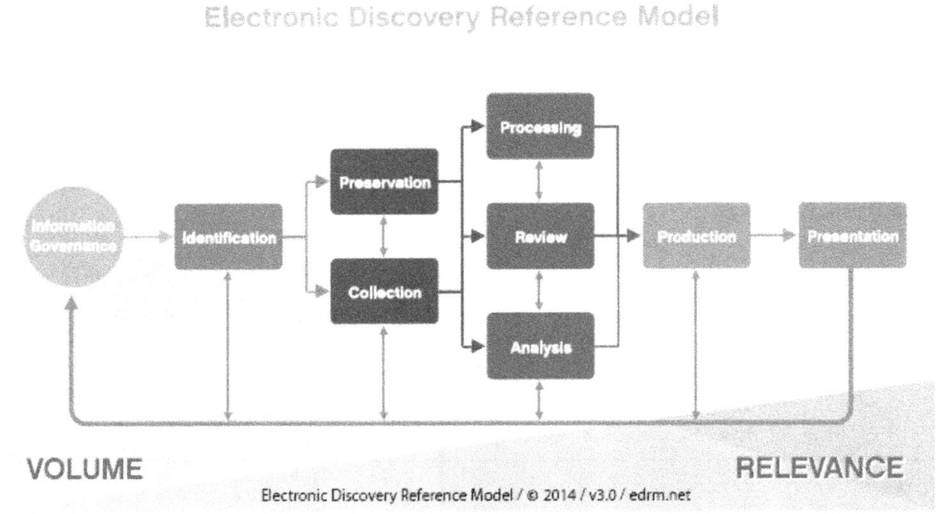

Figura 73 Electronic Discovery Reference Model[50]

Il modello EDRM presume che una data governance o una information governance siano attive. Il modello include otto fasi di e-discovery, che possono essere iterative. Col procedere dell'e-discovery, il volume di dati ed informazioni che possono essere scoperti si riduce notevolmente, mentre ne aumenta fortemente la rilevanza.

La prima fase, Identificazione, ha due sottofasi: Valutazione Iniziale del Caso e Valutazione Iniziale dei Dati (non rappresentate nel diagramma). Nella Valutazione Iniziale del Caso, vi è la valutazione del caso legale stesso per la ricerca di informazioni pertinenti, chiamate informazioni descrittive o Metadati (ad esempio parole chiave, range di dati, etc.). Nella Valutazione Iniziale dei Dati vengono valutate le tipologie di dati rilevanti al caso e la loro localizzazione. Il data assessment dovrebbe identificare le policies relative alla conservazione o smaltimento dei dati rilevanti in modo da preservare le ESI. Dovrebbero essere svolti colloqui con il personale responsabile del record management, i custodi (custodians) od i proprietari dei dati, oltre che al personale IT in modo da ottenere informazioni pertinenti. Il personale coinvolto dovrebbe inoltre comprendere il background del caso, il suo interesse legale, ed il loro ruolo nella controversia.

Le fasi successive nel modello sono Preservazione e Raccolta. Preservazione assicura che i dati identificati come potenzialmente rilevanti siano posti sotto custodia legale e non vadano distrutti. La Raccolta include l'acquisizione ed il trasferimento dei dati identificati dall'azienda al proprio consulente legale in modalità legalmente difendibili.

Durante la fase di Elaborazione i dati vengono de-duplicati, controllati ed analizzati per determinare quali tra di essi avanzeranno verso la fase successiva di Review. In questa fase i documenti vengono

---

[50] EDRM (edrm.net). I contenuti postati su EDRM.net sono in licenza sotto una Creative Commons Attribution 3.0 Unported License.

identificati in modo da poter essere presentati in risposta alle richieste. La Review identifica inoltre i documenti privilegiati che verranno trattenuti. La maggior parte delle operazioni di selezione dipende dai Metadati associati ai documenti. Una fase di elaborazione segue la Review poiché porta l'analisi dei contenuti a comprendere le circostanze, i fatti e le prove potenziali nella controversia o in fase di investigazione e per permettere i processi di ricerca e review.

L'Elaborazione e la Review dipendono da analisi, ma viene definita una fase di Analisi separata che si concentra sul contenuto. L'obiettivo dell'analisi dei contenuti è quello di comprenderne le circostanze, i fatti e le prove potenziali nella controversia o in fase di investigazione, in modo da poter formulare una strategia in risposta alla situazione legale.

Nella fase di Produzione, i dati e le informazioni vengono fornite alle parti opposte, in base a specifiche pre-accordate. Le fonti originali per le informazioni possono essere file, fogli di calcolo, mail, database, disegni, fotografie, dati da applicazione proprietarie, dati da siti web, registrazioni ed altro. Le ESI possono essere raccolte, elaborate ed espletate in vari formati. La *produzione nativa* mantiene il formato originale del file, la *produzione quasi nativa* altera il formato originale tramite estratti e conversioni. Le ESI possono essere fornite in formato di immagine, o quasi cartaceo. I *Fielded data* sono Metadati od altre informazioni estratte da file nativi durante l'elaborazione dell'ESI e prodotti in file di testo non delimitati o file XML. La paternità dei materiali forniti durante la fase di Produzione è importante, al fine di evitare accuse di alterazione dei dati o delle informazioni fornite.

Mostrare le ESI durante deposizioni, udienze e processi è parte della fase di Presentazione. Le ESI esibite possono essere presentate nei formati cartacei, quasi cartacei, quasi nativi e nativi per supportare o negare elementi del caso. Vengono utilizzati per far risaltare informazioni seguenti, avallare fatti e posizioni esistenti, o convincere una audience.

1.3.6 Information Architecture

L'Information Architecture è il processo di creazione di una struttura per un elemento di informazione o un contenuto. Include i seguenti componenti:

- Vocabolari controllati
- Tassonomie e ontologie
- Mappe di navigazione
- Mappe di Metadati
- Specifiche di ricerca funzionale
- Use case
- User flows

L'insieme della information architecture e delle strategie dei contenuti descrivono il "cosa" – ovvero quale contenuto verrà gestito dal sistema.

Per un documento o un sistema di gestione dei contenuti, l'information architecture identifica i collegamenti e le relazioni tra i documenti ed i contenuti, specifica i requisiti e gli attributi dei documenti, e definisce la struttura del contenuto in un documento o in un sistema di gestione dei contenuti. L' information architecture è centrale nello sviluppo di siti web efficaci. Una storyboard funge da base per un web project, facendo da struttura per l'approccio al design, definendo gli elementi che devono essere inseriti in ogni pagina web, e mostrando i flussi di navigazione ed informazione relativi a come le pagine funzionano insieme. Questo permette lo sviluppo di modelli di navigazione, menu ed altri componenti necessari per la gestione e l'utilizzo del sito.

1.3.7 Motore di Ricerca

Un motore di ricerca è un software che cerca le informazioni basandosi sui termini e recupera siti web che possiedono questi termini tra i loro contenuti. Un esempio di motore di ricerca è Google. Le funzioni di ricerca richiedono diversi componenti: un software per il motore di ricerca vero e proprio, uno software ragno (spider software) che percorra il Web ed archivi gli Uniform Resource Locators (URL) dei contenuti trovati, indicizzando le parole chiave ed il testo incontrato, ed una serie di regole per il ranking.

1.3.8 Modello Semantico

Un *modello semantico* è un tipo di modellazione di conoscenza che descrive una rete di concetti (idee od argomenti d'interesse) ed altre relazioni. Incorporati all'interno di sistemi di informazione, i modelli semantici permettono all'utente di porre domande riguardanti l'informazione in maniera non tecnica. Ad esempio, un modello semantico è in grado di mappare le tabelle e le viste di un database in base a concetti che risultino utili ad utenti business.

I modelli semantici contengono oggetti e legami. Gli oggetti semantici sono elementi rappresentati nel modello. Possono avere attributi con cardinalità e domini, e identificatori. La loro struttura può essere semplice, composta, mista, ibrida, associata, del tipo parent / subtype, o archetype / version. I legami rappresentano le associazioni o classi di associazioni in un UML. I modelli aiutano nell'identificazione di schemi e tendenze, e nella scoperta di relazioni tra elementi di informazione che risulterebbero altrimenti differenti. Nel fare ciò, aiutano a permettere l'integrazione dei dati tra differenti domini di conoscenza o subject area. Le ontologie e i vocabolari semantici sono elementi critici nella modellazione semantica.

L'integrazione dei dati utilizza le ontologie in svariate modalità differenti. Una singola ontologia potrebbe essere utilizzata come modello di riferimento. Nel caso di molteplici fonti di dati, ogni singola fonte può quindi essere modellata utilizzando una ontologia e mappata in seguito verso le altre ontologie. L'approccio ibrido utilizza ontologie multiple integrate nel complesso con un vocabolario comune.

1.3.9 Ricerca Semantica

La ricerca semantica si concentra sul significato ed il contesto invece che su parole chiave predeterminate. Un motore di ricercar semantico può utilizzare l'intelligenza artificiale per identificare le corrispondenze di query basandosi sulle parole ed il loro contesto. Un tale motore di ricerca può analizzare per localizzazione, intento, variazioni linguistiche, sinonimi e corrispondenza dei concetti.

I requisiti per una ricerca semantica includono il capire cosa gli utenti vogliano, che significa pensare come loro. Se un utente vuole che il motore di ricerca funzioni con un linguaggio naturale, vorrà molto probabilmente che il contenuto web si comporti in questo modo. La sfida nelle agenzie di marketing è quella di incorporare associazioni e parole chiave che siano rilevanti sia per gli utenti che per i loro brand.

I contenuti web ottimizzati per la semantica includono parole chiave naturali, invece di dipendere sul rigido inserimento di parole chiave. Alcuni tipi di parole chiave semantiche includono: parole chiave centrali che contengano variazioni; parole chiave tematiche per termini concettualmente collegati; e sistemi di parole chiave che predicono ciò che gli utenti vogliono chiedere. Il contenuto può essere maggiormente ottimizzato tramite la rilevanza dei contenuti ed "il valore della condivisione" (sharewhorthiness), e la condivisione di contenuti tramite l'integrazione dei social media.

Gli utenti di Business Intelligence (BI) e analytics tool spesso hanno richieste per le ricerche semantiche. Gli strumenti di BI necessitano di flessibilità in modo che gli utenti business possano trovare le informazioni di cui hanno bisogno in analisi, rapporti e dashboard. L'utilizzo dei Big Data presenta similarmente la necessità di trovare significati comuni in dati dai formati più disparati.

1.3.10 Dati Non Strutturati

Si stima che fino all'80% di tutti i dati archiviati sia gestito al di fuori di database relazionali. Questi dati non strutturati non possiedono un modello di dati che permetta agli utenti di capire il contenuto e come sia organizzato; non risulta etichettato o strutturato in righe e colonne. Il termine *non strutturato* è in qualche modo fuorviante, in quanto la struttura è spesso presente in documenti, grafici ed altri formati, come ad esempio capitoli e intestazioni. Alcuni si riferiscono ai dati archiviati al di fuori di database relazionali come *non tabulari* o *semi strutturati*. Non vi è un singolo termine che descriva il vasto volume di formati differenti delle informazioni elettroniche create ed archiviate nel mondo d'oggi.

I dati non strutturati si trova in diversi formati: documenti di testo, posta elettronica, social media, chat, flat files, foglio di calcolo, file XML, messaggi transazionali, rapporti, grafici, immagini digitali, microfilm, registrazioni video e audio. Un'enorme quantità di dati non strutturati esiste anche in forma cartacea.

I principi fondamentali della gestione dei dati si applicano sia ai dati strutturati che a quelli non strutturati. I dati non strutturati sono un asset aziendale di valore. L'archiviazione, l'integrità, la sicurezza, la qualità dei contenuti, l'accesso e l'utilizzo efficace guidano la gestione di questi dati. I dati non strutturati richiedono data governance, un'architettura, Metadati di sicurezza e una determinata qualità di dati.

I dati non strutturati e semi strutturati sono diventati di giorno in giorno più importante nel data warehousing e nella Business Intelligence. I data warehouse ed i loro modelli di dati potrebbero includere indici strutturati per aiutare gli utenti a trovare ed analizzare i dati non strutturati. Alcuni database includono la capacità di gestire gli URL verso dati non strutturati che si comportano come hyperlink quando richiamati da una tabella di database. I dati non strutturati presenti in data lakes vengono descritti nel Capitolo 14.

1.3.11 Workflow

Lo sviluppo dei contenuti dovrebbe essere gestito tramite un workflow che assicuri che questi vengano creati nelle giuste tempistiche e che ricevano un'adeguata approvazione. I componenti di workflow possono includere la creazione, l'elaborazione, il routing, la regolamentazione, l'amministrazione, la sicurezza, la firma elettronica, le deadline, l'escalation (in caso di problemi), il reporting e la consegna. Il workflow dovrebbe essere automatizzato tramite l'utilizzo di un content management system (CMS) o di un sistema isolato, invece che gestirlo tramite un processo manuale.

Un CMS ha il beneficio aggiunto di fornire un controllo di versione. Quando un contenuto viene controllato da un CMS, gli verrà registrata la data, assegnato un numero di versione ed etichettato con il nome della persona che ha effettuato gli aggiornamenti.

Il workflow deve essere ripetibile, e contenere idealmente gli step procedurali più comuni per una varietà di contenuti. Più workflow e template potrebbero essere necessari in caso di differenze significative tra i tipi di contenuti. Risulta importante allinearsi con gli stakeholders ed i punti di distribuzione (distribution points; includendo quelli tecnologici). Le deadline devono essere affinate per migliorare il workflow, in caso contrario si rischiano ritardi nei flussi di lavoro oppure che vi sia confusione su quale stakeholder sia responsabile di una determinata parte di workflow.

2. Attività

2.1 Pianificazione della Gestione del Ciclo di Vita

Le attività di gestione dei documenti comprendono la pianificazione del ciclo di vita di un documento, dalla sua creazione o ricezione, passando per la sua distribuzione, archiviazione, recupero e l'eventuale distruzione. La pianificazione include lo sviluppo di un sistema di classificazione / indicizzazione e di tassonomie che permettano la conservazione ed il recupero dei documenti. Altro aspetto importante, la pianificazione del ciclo di vita richiede la creazione di politiche specifiche per i record.

Innanzitutto, bisogna identificare l'unità organizzativa responsabile per la gestione dei documenti e dei record. Quell'unità coordina l'accesso e la distribuzione sia interna che esterna, ed integra una serie di best practice e flussi di processo con altri dipartimenti all'interno dell'organizzazione. Essa deve inoltre sviluppare un piano generale di gestione dei documenti che includa piani di business continuity per documenti e record vitali. L'unità si assicura di seguire politiche di retention allineate con gli standard aziendali e le regolamentazioni governative; inoltre si assicura che i record indispensabili per le necessità di lungo termine siano archiviati in maniera appropriata, e che altri vengano distrutti alla fine del loro ciclo di vita in accordo con i requisiti, gli statuti e le regolamentazioni organizzative.

2.1.1 Pianificazione della Gestione dei Record

La gestione dei record comincia con una chiara definizione su ciò che costituisce un record. Il team che definisce i record per una determinata area funzionale dovrebbe includere SME da quell'area assieme a personale che sia in grado di comprendere il sistema che permette la gestione dei record.

Gestire record elettronici richiede decisioni riguardo a dove conservare i record correnti, attivi e dove archiviare quelli meno recenti. Nonostante la grande diffusione di media elettronici, i record cartacei non scompariranno nell'immediato futuro. Un approccio alla gestione dei record dovrebbe mettere in conto la presenza di record e dati non strutturati di tipo cartaceo oltre a quelli strutturati elettronici.

2.1.2 Sviluppo di una Strategia per i Contenuti

La pianificazione della gestione dei contenuti dovrebbe supportare direttamente l'approccio dell'organizzazione, in modo da poter fornire contenuti rilevanti ed utili in modo efficace e comprensibile. Un piano dovrebbe considerare i driver dei contenuti (i motivi per i quali quei contenuti risultano necessari), la loro creazione e trasmissione. I requisiti relativi ai contenuti dovrebbero guidare scelte di tipo tecnologico, come ad esempio la scelta di un sistema di gestione dei contenuti.

Una strategia per i contenuti dovrebbe cominciare con un inventario relativo allo stato di fatto e un gap assessment. La strategia stabilisce come il contenuto verrà priorizzato, organizzato, e fruito. L'assessment spesso rivela come ottimizzare la produzione, il workflow ed i processi di approvazione per la creazione di contenuti.

Permettere alle persone di trovare diversi tipi di contenuto tramite una categorizzazione dei Metadati ed un'ottimizzazione del motore di ricerca (serach engine optimization, SEO) è un processo fondamentale per ogni strategia relativa ai contenuti. Fornisce raccomandazioni relative alla creazione dei contenuti, la loro pubblicazione e gestione. Politiche, standard e linee guida applicabili ai contenuti ed il loro ciclo di vita sono utili per sostenere e far evolvere la strategia dei contenuti di un'organizzazione.

2.1.3 Creazione di Politiche sul Trattamento dei Contenuti

Le politiche codificano i requisiti descrivendo i principi, la direzione e le linee guida d'azione. Aiutano i dipendenti a comprendere ed attenersi ai requisiti per la gestione di documenti e record.

La maggior parte dei programmi di document management presentano politiche collegate a:

- Ottemperanza e conformità rispetto agli audit
- Identificazione e protezione dei record vitali
- Motivazioni e tempistiche relative alla conservazione dei record (ossia retention schedule)
- Come rispondere ad ordini di conservazione delle informazioni (information hold orders - ordini speciali di protezione); questi sono requisiti relativi alla conservazione di informazioni per un'azione legale, anche se la data di scadenza relativa alla conservazione dei documenti è scaduta

- Requisiti per l'archiviazione dei record in sito o esternamente
- Utilizzo e manutenzione di hard drive e dispositivi di rete condivisa
- Gestione delle e-mail, svolta dal punto di vista del management dei contenuti
- Adeguati metodi di smaltimento per i record (ad esempio tramite fornitori pre-approvati e con la ricezione di certificati di distruzione)

2.1.3.1 Politiche per i Social Media

In aggiunta a questi argomenti standard, molte organizzazioni stanno sviluppando politiche in risposta all'utilizzo dei nuovi media. Ad esempio, un'organizzazione deve definire se i contenuti di social media postati su Facebook, Twitter, LinkedIn, chat room, blog, wiki, o forum online costituiscano un record, soprattutto nel caso in cui i dipendenti postino durante la conduzione di operazioni di business utilizzando un account dell'organizzazione.

2.1.3.2 Policies di Accesso ai Dispositivi

Considerando che ci si sta spostando sempre di più verso IT con BYOD (bring-your-own-devices), BYOA (bring-your-own-apps), e WYOD (wear-your-own-devices), le funzioni di gestione dei contenuti e dei record devono lavorare con questi scenari in modo da poter assicurare la conformità, la sicurezza e la privacy.

Le policies dovrebbero distinguere tra contenuto informale (ad esempio Dropbox ed Evernote) e quello formale (ad esempio contratti e accordi), per poter mettere in atto controlli sul contenuto formale. Le politiche possono fornire anche linee guida relative al contenuto informale.

2.1.3.3 Trattamento dei Dati Sensibili

Alle organizzazioni viene legalmente richiesto di difendere la privacy identificando e proteggendo i dati sensibili. Data Security e/o Data Governance stabiliscono in genere le tipologie di confidenzialità, identificando quali elementi siano confidenziali o riservati. Chi produce o compone contenuti deve applicare queste classificazioni. I documenti, le pagine web, ed altri elementi di contenuto devono essere segnalati come sensibili sulla base di politiche e requisiti legali. Ona volta identificati, i dati sensibili vengono o mascherati o, se appropriato, eliminati. (Vedi Capitolo 7.)

2.1.3.4 Rispondere ai Contenziosi

Le organizzazioni dovrebbero essere preparate all'eventualità di richieste relative a controversie tramite e-discovery proattive ("spera per il meglio; preparati al peggio"). Dovrebbero creare e gestire un inventario delle loro fonti di dati ed i rischi associati ad ognuna di esse. Identificando fonti di dati che potrebbero possedere informazioni rilevanti, potrebbero rispondere tempestivamente a notifiche legali di trattenimento e prevenire la perdita di dati. Per automatizzare il processo di e-discovery dovrebbero essere dispiegate le tecnologie appropriate.

2.1.4 Definizione dell'Architettura d'Informazione dei Contenuti

Molti sistemi di informazione come web semantici, motori di ricerca, web social mining, records compliance and risk management, geographic information systems (GIS) ed applicazioni di Business Intelligence contengono dati strutturati e non strutturati, documenti, testi, immagini, etc. Gli utenti devono inviare le loro richieste in una forma comprensibile al meccanismo del sistema di ricerca per poter ottenere informazioni da questi. Ugualmente, la catalogazione dei documenti e dei dati strutturati e non strutturati deve essere descritta / indicizzata in un formato che permetta al meccanismo di ricerca di identificare i dati corrispondenti rilevanti e l'informazione in maniera rapida. Le richieste dell'utente potrebbero essere imperfette, in quanto potrebbero portare al ritrovamento di materiale sia rilevante che non rilevante, o di non recuperare affatto informazioni pertinenti.

Chi fa ricerca utilizza o un'indicizzazione basata sui contenuti oppure i Metadati. La progettazione di una catalogazione si concentra su opzioni decisionali riguardanti aspetti chiave o attributi di indici basati sui bisogni e sulle preferenze degli utenti. Si concentrano anche sulla gestione del vocabolario e sulla sintassi per combinare termini individuali in intestazioni o elementi ricercati.

I professionisti del data management potrebbero avere a che fare con vocabolari e termini controllati nel trattamento di Reference Data (vedi Sezione 1.2.2.1) e Metadati riguardo a dati e contenuti non strutturati. (Vedi Capitolo 12.) Essi dovrebbero assicurare che ci sia un coordinamento delle attività volte a costruire vocabolari controllati, indici, schemi di classificazione per il recupero delle informazioni, e attività relative alla modellazione di dati e Metadati svolte come parte di progetti ed applicazioni di data management.

2.2 Gestione del Ciclo di Vita

2.2.1 Acquisizione di Contenuti e Record

L'acquisizione di contenuti è il primo passo per poterli gestire. I contenuti elettronici si trovano spesso in un formato adatto alla conservazione in depositi digitali. Per ridurre il rischio di perdita o danneggiamento dei record, i contenuti cartacei devono essere scannerizzati e caricati nel sistema aziendale, indicizzati ed archiviati nei repository. È possibile l'utilizzo di firme digitali.

Quando il contenuto viene acquisito, sarebbe da etichettare (indicizzare) con Metadati appropriati, come ad esempio (requisito minimo) un identificativo di documento o immagine, la data e l'ora di acquisizione, il titolo e l'autore. I Metadati risultano necessari per il recupero delle informazioni, oltre che per permettere la comprensione dell'ambito del contenuto. Workflow automatizzati e tecnologie di riconoscimento possono aiutare il processo di acquisizione ed inserimento, fornendo percorsi di verifica.

Alcune piattaforme di social media offrono la possibilità di acquisire registrazioni. Salvare il contenuto di un social media in un deposito lo rende disponibile per una review, meta-etichettatura e meta-classificazione, e la sua gestione come record. I Web crawlers possono acquisire versioni di siti web; tramite strumenti di Web capture, application-programming interfaces (API), e feed RSS possono acquisire contenuti come pure gli strumenti i social media export tools. Record provenienti dai social media possono essere acquisite anche manualmente, oltre che tramite workflow automatici e predefiniti.

2.2.2 Gestione delle Versioni e Controllo

Lo Standard ANSI 859 possiede tre livelli di controllo dei dati, basati sulla criticità dei dati e sul danno percepito che si avrebbe se questi venissero corrotti o non risultassero disponibili: formale, di revisione e di custodia:

- Il **controllo formale** richiede un'inizializzazione di cambiamento formale, tramite una valutazione d'impatto, scelte provenienti dalla change auhority, e una valutazione completa sullo status dell'implementazione e validazione per gli stakeholder

- Il **controllo di revisione** è meno formale, notifica gli stakeholder ed aggiorna le versioni quando risulta necessario un cambiamento

- Il **controllo di custodia** è il meno formale, richiede semplicemente un salvataggio sicuro ed una metodologia di recupero

La Tabella 15 mostra un esempio di elenco di data asset ed i suoi possibili livelli di controllo.

Tabella 15 Livelli di Controllo per Documenti secondo ANSI-859

Data Asset	Formale	Revisione	Custodia
Elenco di action item		x	
Agende			X
Risultati degli audit		x	X
Budget	x		
DD 250			X
Proposta finale			X
Dati e report finanziari	x	x	X
Dati delle Risorse Umane		x	
Minute dei meeting			X
Notifiche meeting e lista partecipanti		x	X
Piani di progetto (inclusi i progetti di data management e configuration management)	x		
Proposta (durante il processo)		x	
Programmi	x		
Stati di Avanzamento Lavori (SAL)	x		
Studi di settore		x	
Materiale formativo	x	x	
Documenti di lavoro			X

L'ANSI 859 raccomanda di prendere in considerazione i seguenti criteri quando si vuole determinare il livello di controllo da applicare ad un data asset:

- Costi di fornitura ed aggiornamento dell'asset
- Impatto di progetto, se i cambiamenti presenteranno costi significativi o conseguenze sulle tempistiche
- Altre conseguenze del cambiamento nell'azienda o nel progetto
- Necessità di riutilizzare l'asset o versioni precedenti dell'asset
- Mantenimento di uno storico del cambiamento (quando richiesto dall'azienda o dal progetto)

2.2.3 Backup e Recupero

Il sistema di gestione dei documenti / record deve essere incluso nelle attività aziendali generali di backup e recupero, includendo la pianificazione di una business continuity e recupero in caso di disastro. Un programma di record vitali consente all'azienda l'accesso a record necessari per la continuazione delle proprie attività anche in caso di disastro, e permette di ritornare alle attività normali dopo quest'ultimo. I record vitali devono essere identificati, e devono essere sviluppati e implementati piani per la loro protezione e recupero. Un gestore di record (record manager) dovrebbe essere coinvolto nei processi di risk mitigation e business continuity, per assicurarsi che queste attività considerino la sicurezza dei record vitali.

I disastri includono interruzione di corrente, errore umano, problemi di rete e hardware, malfunzionamenti del software, attacchi malevoli, oltre che disastri naturali. Un Piano di Business Continuity (o Piano per Disaster Recovery) contiene policy , procedure e informazioni create per mitigare l'impatto di minacce ai dati di un'organizzazione, inclusi i documenti, e per recuperarli nel più breve tempo possibile, con un'interruzione minima, in caso di disastro.

2.2.4 Gestione della Conservazione e dello Smaltimento

Una gestione efficace dei documenti / record richiede policy e procedure chiare, specialmente riguardo alla conservazione e allo smaltimento dei documenti. Una policy di conservazione e smaltimento definisce le tempistiche in base alle quali i documenti con valore operativo, legale, fiscale o storico devono essere gestiti. Essa definisce quando documenti inattivi possano essere trasferiti in strutture di archiviazione secondarie, come la conservazione off-site. La policy inoltre specifica i processi da osservare, e i metodi e le tempistiche per lo smaltimento dei documenti. I requisiti legali e regolamentari devono essere tenuti in considerazione quando si implementano i retention.

I gestori di record (record manager) o i proprietari di asset di informazioni monitorano affinché i team di lavoro tengano in considerazione i requisiti di privacy e di protezione dati, e intraprendono azioni per prevenire il furto d'identità.

La conservazione dei documenti prevede alcune considerazioni riguardanti i software. L'accesso a record elettronici può richiedere specifiche versioni di software e sistemi operativi. Un cambiamento tecnologico tanto semplice come l'installazione di un nuovo software può rendere i documenti non leggibili o inaccessibili.

Le informazioni senza valore aggiunto dovrebbero essere rimosse dalle proprietà dell'azienda, per evitare uno spreco di spazio fisico ed elettronico, oltre ai costi relativi al loro mantenimento. Vi è anche un rischio legato alla conservazione di materiale dopo il suo periodo di durata legale, in quanto queste informazioni potrebbero rimanere recuperabili in caso di controversie.

Ciò nonostante, molte aziende non danno priorità alla rimozione di materiale senza valore, poiché:

- Le policy non sono adeguate
- Un'informazione può essere senza valore per una persona ma può averne per un'altra
- Difficoltà nel predire la possibile necessità futura di record fisici / elettronici attualmente senza valore aggiunto
- Non vi è buy-in per la Gestione dei Record
- Risulta impossibile decidere quali record eliminare
- Percezione di costo circa la decisione di rimuovere i record fisici ed elettronici
- Lo spazio elettronico è economico, risulta quindi più facile comprare più spazio quando ve n'è bisogno rispetto al processo di rimozione

2.2.5 Audit di Documenti / Record (record)

La gestione di documenti / record richiede alcune verifiche periodiche per assicurarsi che le giuste informazioni arrivino alle giuste persone nel giusto momento per le attività decisionali o operative. La Tabella 16 contiene alcuni esempi di misure di audit.

Tabella 16 Esempi di misure di audit

Componente Document / Records Management	Esempi Misura di Audit
Inventario	Ogni posizione nell'inventario viene identificata in maniera univoca
Archiviazione	Aree d'archiviazione per i documenti / record fisici presentano spazio adeguato ad accoglierne la crescita.
Affidabilità e Accuratezza	Vengono eseguiti controlli a campione per confermare che i documenti / record siano un riflesso adeguato di ciò che sia stato creato o ricevuto.
Classificazione e Indicizzazione schemi	I piani per i Metadati e i file di documenti sono ben descritti.
Accesso e Recupero	Gli utenti finali trovano e recuperano facilmente le informazioni critiche.
Processo di Retention	Il programma di retention è strutturato in maniera logica o dal dipartimento o dalle principali funzioni organizzative.
Metodi di Smaltimento	Documenti / record vengono smaltiti come consigliato.
Sicurezza e Confidenzialità	Violazioni della confidenzialità di documenti / record e la loro perdita vengono registrati come incidenti di sicurezza e gestiti in maniera appropriata.
Comprensione organizzativa della gestione di documenti / record	Viene fornita un'adeguata formazione agli stakeholder e allo staff riguardo ai ruoli e alle responsabilità relativi alla gestione di documenti / record

Una verifica include in genere i seguenti step:

- Definire i driver dell'organizzazione e identificare gli stakeholder che comprendano il "perché" della gestione dei documenti / record
- Raccogliere dati riguardanti il processo (il "come"), una volta determinato cosa esaminare / misurare e quali strumenti usare (come standard, parametri, sondaggi)
- Riportare i risultati
- Sviluppare un piano d'azione per i passi successivi e le relative tempistiche

2.3 Pubblicare e Trasmettere i Contenuti

2.3.1 Fornire Accesso, Ricerca e Recupero

Una volta che il contenuto è stato descritto da Metadati / parole chiave che lo etichettino e lo classifichino all'interno dell'architettura di informazione appropriata, è disponibile per la ricerca e l'utilizzo. Portali che consentono il mantenimento di profili utente può essere d'aiuto a questi ultimi per trovare file non strutturati. I motori di ricerca possono recuperare materiale basandosi su parole chiave; alcune organizzazioni utilizzano motori di ricerca interni per far recuperare le informazioni ai dipendenti.

2.3.2 Trasmettere Tramite Canali Appropriati

Siamo di fronte ad un cambiamento nelle aspettative di trasmissione (delivery) in quanto gli utenti dei contenuti oggi esigono di poter consumare ed utilizzare i contenuti da un dispositivo di loro scelta. Molte organizzazioni stanno ancora creando contenuti in formati come MS Word per poi passarlo in formato HTML, o per trasmetterlo ad una determinata piattaforma, in una determinata risoluzione, per una certa dimensione di schermo. Se si desidera un altro mezzo di comunicazione, questo contenuto deve essere preparato per quel mezzo (ad esempio deve essere stampato). Vi è il rischio che ogni contenuto modificato debba essere riportato al suo formato originale. Quando dati strutturati provenienti da database sono formattati in HTML, diventa difficile recuperare il dato strutturato originale, in quanto la separazione del dato dalla formattazione non è sempre un processo facile.

3. Strumenti

3.1 Enterprise Content Management Systems

Un Enterprise Content Management (ECM) può consistere in una piattaforma di componenti chiave o una serie di applicazioni che possono essere integrate completamente o utilizzate separatamente. Queste componenti, discusse in seguito, possono trovarsi all'interno dell'azienda o all'esterno, nel cloud.

I report possono essere trasmessi tramite una serie di strumenti, che includono stampanti, e-mail, siti web, portali e messaggistica, oltre che attraverso l'interfaccia di un sistema di gestione dei documenti. A seconda dello strumento, gli utenti possono effettuare la richiesta tramite drill-down, viste, download / check-in e out, e a richiesta stampare i report. La possibilità di aggiungere, cambiare o eliminare i report organizzati in cartelle ne facilita la gestione. La conservazione può essere impostata per una pulizia automatica o per l'archiviazione su altri supporti, come hard disk, CD-ROM, COLD (Computer Output to Laser Disk), etc. I report possono essere conservati anche su un archivio cloud. Come già osservato, la conservazione di contenuti in formati illeggibili o obsoleti è un rischio per l'organizzazione. (Vedi Capitoli 6 e 8, Sezione 3.1.8.)

Il confine tra la gestione dei documenti e quella dei contenuti non è ben definito, in quanto i processi di business e i ruoli si intrecciano, e i fornitori cercano di ampliare il più possibile il mercato per i loro prodotti.

3.1.1 Document Management

Un *document management system* è un'applicazione utilizzata per tracciare ed archiviare documenti elettronici e scansioni di documenti cartacei. I sistemi di librerie per i documenti, per la posta elettronica e la gestione delle immagini sono strumenti di gestione dei documenti specializzati. Normalmente un sistema di document management fornisce funzioni di archiviazione, controllo versioni, sicurezza, gestione dei Metadati, indicizzazione dei contenuti, e recupero. Funzioni avanzate possono includere la visualizzazione dei Metadati per i documenti.

I documenti vengono creati all'interno di sistemi di gestione dei documenti, o acquisiti tramite scanner o software OCR. Questi documenti elettronici devono essere catalogati tramite parole chiave o testo durante il processo di acquisizione in modo che possano poi essere ritrovati. Vengono in genere conservati Metadati per ogni documento, come ad esempio il nome del creatore, la data di creazione, revisione ed archiviazione. I documenti possono essere catalogati per essere recuperati tramite un identificativo univoco per il documento o specificando alcuni termini parziali di ricerca relativi all'identificativo e / o tramite parti dei Metadati attesi. Questi ultimi possono venire estratti automaticamente dal documento, oppure aggiunti dall'utente. I record bibliografici per i documenti sono dati strutturati descrittivi, normalmente in formato Machine-Readable Cataloging (MARC), che vengono archiviati localmente in database di librerie e resi disponibili globalmente tramite cataloghi condivisi, in accordo con autorizzazioni per la privacy e permessi.

Alcuni sistemi presentano potenzialità avanzate come il supporto per documenti composti e la replicazione dei contenuti. I software per l'elaborazione di testo creano un documento composto e lo integrano con elementi non testuali come fogli di calcolo, video, audio ed altri tipi di multimedia. Inoltre, un documento composto può essere un insieme organizzato di interfacce utente che forma una singola vista integrata.

La conservazione dei documenti include una serie di funzioni per la gestione dei documenti stessi. Un archivio di documenti permette funzioni di check-in e check.out, versioning, collaborazione, confronto, archiviazione, visualizzazione status, migrazione da un sistema di archiviazione ad un altro, e smaltimento. Potrebbe anche permettere l'accesso e la gestione delle versioni di documenti esterni al suo archivio (ad esempio in un ambiente di condivisione di file o cloud).

Alcuni sistemi di gestione dei documenti hanno moduli per poter supportare differenti tipi di workflow, come:

- Workflow manuali che indicano dove gli utenti mandano i documenti
- Workflow basati su regole, dove queste vengono create per stabilire il flusso di documenti all'interno di un'organizzazione
- Regole dinamiche che permettono workflow differenti in base al contenuto

I sistemi di gestione dei documenti hanno un modulo di gestione dei diritti dove gli amministratori permettono l'accesso in base al tipo di documento e alle credenziali. Alcune organizzazioni potrebbero stabilire che certi tipi di documenti necessitino di procedure aggiuntive di sicurezza e controllo. Restrizioni per la sicurezza, incluse le restrizioni di privacy o di confidenzialità, si applicano durante la creazione e la gestione di un documento, oltre che durante la sua trasmissione. Una firma elettronica assicura tra le altre cose l'identità del mittente e l'autenticità del messaggio.

Alcuni sistemi si focalizzano maggiormente sul controllo e la sicurezza di dati ed informazioni, invece che sul loro accesso, utilizzo e recupero, specialmente in settori di intelligence, militare, e di ricerca scientifica. Anche industrie altamente competitive e regolamentate, come ad esempio i settori farmaceutico e finanziario, implementano misure di controllo e sicurezza estensive.

3.1.1.1 Gestione di Asset Digitali

Considerando che le funzionalità necessarie sono simili, molti sistemi di gestione di documenti includono la gestione di asset digitali. Ciò comporta la gestione di elementi come video, audio, musica e fotografie digitali; ed i suoi compiti includono la catalogazione, l'archiviazione e il recupero di asset digitali.

3.1.1.2 Elaborazione di Immagini

Un sistema di elaborazione di immagini acquisisce, trasforma e gestisce le immagini di documenti cartacei ed elettronici. Le funzioni di acquisizione utilizzano tecnologie come la scansione, il riconoscimento ottico ed intelligente dei caratteri, o l'elaborazione del formato. Gli utenti possono indicizzare o inserire i Metadati all'interno del sistema e salvare in archivio l'immagine digitalizzata.

Le tecnologie di riconoscimento includono il riconoscimento ottico dei caratteri (optical character recognition, OCR), che è la conversione meccanica o elettronica di testo scansionato (digitalizzato), stampato o scritto a mano in forme che possano essere riconosciute dal software del computer. Il riconoscimento intelligente dei caratteri (intelligent character recognition, ICR) è un sistema OCR più avanzato in grado di relazionarsi con scrittura a mano in stampatello e corsivo. Entrambi sono importanti per la conversione di grosse quantità di moduli o dati non strutturati in formato CMS.

L'elaborazione di moduli è l'acquisizione di moduli stampati tramite la scansione o tecnologie di riconoscimento. I moduli inviati tramite siti web possono essere acquisiti fintanto che il sistema sia in grado di riconoscere il layout, la struttura, la logica e i contenuti.

A parte le immagini dei documenti, altri tipi di immagini come fotografie digitali, infografiche, immagini digitali spaziali e non spaziali possono essere conservate in archivi. Alcuni sistemi di ECM sono in grado di inserire diversi tipi di documenti digitalizzati e immagini all'interno di archivi integrati, come informazioni di tipo COLD, file .wav e .wmv (audio), XML e messaggi sanitari di tipo HL7.

Le immagini vengono spesso create tramite software di computer o fotocamere invece che da fonti cartacee. I formati di file binari includono tipi vettoriali e raster (bitmap) oltre che i formati .DOC di MS Word. Le immagini vettoriali utilizzano formule matematiche al posto dei singoli blocchi colorati, e sono ottime per creare grafiche che necessitino di un ridimensionamento costante. I formati file per questo tipo di immagini includono .EPS, .AI, o .PDF. Le immagini raster utilizzano un numero fisso di pixel colorati per formare un'immagine completa, e non possono essere ridimensionati senza comprometterne la risoluzione. Esempi di file raster includono i formati .JPEG, .GIF, .PNG, o .TIFF.

3.1.1.3 Sistemi di Gestione Record

Un sistema di gestione dei record offre funzionalità quali automazione dell'archiviazione e dello smaltimento, supporto per e-discovery, ed archiviazione a lungo termine per ottemperare ai requisiti legali e regolamentari. Dovrebbe supportare un programma di record vitali per conservare materiale critico per il business. Questo tipo di sistema può essere integrato con un sistema di gestione documenti.

3.1.2 Content Management System

Un content management system viene utilizzato per raccogliere, organizzare, indicizzare e recuperare contenuto, conservandolo sia come componente che come documento intero, mantenendo allo stesso tempo i collegamenti tra i componenti. Un CMS può anche fornire supporto relativo alla revisione dei contenuti all'interno dei documenti. Mentre un sistema di gestione dei documenti può fornire funzionalità di gestione dei contenuti per i documenti sotto il suo controllo, un sistema di gestione dei contenuti è essenzialmente indipendente rispetto al luogo e alle modalità di conservazione dei documenti.

I sistemi di gestione dei contenuti amministrano tutto l'intero ciclo di vita degli elementi. Ad esempio, un sistema di gestione per contenuto web controlla il sito tramite strumenti autorizzativi, di collaborazione e di gestione basati su un'organizzazione centrale. Può comprendere la creazione di contenuto user-friendly, workflow e gestione dei cambiamenti, e funzioni di distribuzione per gestire applicazioni di tipo intranet, Internet o extranet. Queste funzioni possono includere un design responsivo e capacità di adattamento per supportare una serie di dispositivi cliente. Componenti aggiuntivi possono includere la ricerca, il confronto dei documenti, la firma elettronica, il content analytics e le mobile applications.

3.1.3 Workflow di Contenuti e Documenti

Gli strumenti di workflow supportano i processi di business, contenuti dei percorsi e documenti, assegnano incarichi lavorativi, tracciano gli status e creano audit trails. Un workflow permette la revisione e l'approvazione del contenuto prima della sua pubblicazione.

3.2 Strumenti di Collaborazione

I sistemi di collaborazione di gruppo permettono l'acquisizione, l'archiviazione, il workflow e la gestione di documenti pertinenti ad attività di team. L'utilizzo di social network permette agli singoli individui e ai team di condividere documenti e contenuti tra di loro e di relazionarsi con gruppi esterni per input tramite blog, wiki, RSS e tagging.

3.3 Vocabolari Controllati e Strumenti per Metadati

Gli strumenti che aiutano a sviluppare o gestire vocabolari controllati o Metadati spaziano dai software di produttività d'ufficio, archivi di Metadati, e strumenti di BI, fino ai document and content management systems. Ad esempio:

- Data model utilizzati come guide per i dati di un'organizzazione
- Document management system e software di produttività d'ufficio
- Archivi di Metadati, glossari o directory
- Tassonomie e schemi di riferimento incrociati tra varie tassonomie
- Indici per collezioni (ad esempio un particolare prodotto, mercato o installazione), file di sistema, sondaggi d'opinione, archivi, location, o offsite holdings
- Motori di ricerca
- Strumenti di BI che incorporino dati non strutturati
- Dizionari d'impresa e di funzione
- Raccolte di report pubblicati, contenuti, bibliografie e cataloghi

3.4 Formati Standard di Markup e Exchange

Le applicazioni informatiche non possono processare direttamente dati / contenuti non strutturati. Formati standard di markup e exchange facilitano la condivisione di dati attraverso i sistemi informativi e Internet.

3.4.1 XML

Extensible Markup Language (XML) fornisce un linguaggio per poter rappresentare dati e informazioni sia strutturati che non strutturati. XML utilizza Metadati per descrivere il contenuto, la struttura, e le regole di business per ogni documento o database.

XML richiede la traduzione della struttura dei dati in una struttura di documento per lo scambio dati. XML etichetta gli elementi dei dati per identificarne il significato. Riferimenti e semplici nesting forniscono le relazioni tra gli elementi dei dati.

Il campo dei nomi di XML fornisce un metodo per poter evitare un conflitto di nomi quando due documenti differenti utilizzano lo stesso nome d'elemento. Precedenti metodi di marcatura includono, per nominarne alcuni, HTML e SGML.

La necessità di gestione per il contenuto compatibile con XML è cresciuta per una serie di ragioni:

- XML fornisce la capacità di integrare dati strutturati di database relazionali con dati non strutturati. I dati non strutturati possono essere archiviati in DBMS BLOB (binary large object) relazionali o in file XML.

- XML può integrare dati strutturati con altri non strutturati in documenti, rapporti, e-mail, immagini, grafici, file audio e video. La modellazione dei dati dovrebbe prendere in considerazione la creazione di rapporti non strutturati da dati strutturati, e includere termini per creare workflow di correzione errori, backup, recovery e archiviazione.

- XML può anche costruire portali d'impresa o corporate, (Business-to-Business [B2B], Business-to-Costumer [B2C]), che forniscono agli utenti un singolo punto d'accesso per una varietà di contenuti.

- XML permette l'identificazione e l'etichettatura di dati / contenuti non strutturati in modo che le applicazioni dei computer possano comprenderli ed elaborarli. In questo modo, dati strutturati si aggiungono a contenuto non strutturato. Una specifica di Extensible Markup Interface (XMI) consiste in una serie di regole per la creazione di un documento XML contenente gli effettivi Metadati e quindi fungendo da "struttura" per un XML.

3.4.2 JSON

JSON (JavaScript Object Notation) è un formato standard aperto e leggero per lo scambio di dati. Il suo formato testo è indipendente dal linguaggio e facile da analizzare, ma utilizza convenzioni proveniente da linguaggi C-family.

Come alternativa a XML, JSON viene utilizzato per trasmettere dati tra un server e un'applicazione web. JSON è un modo simile ma più compatto rispetto a XML per rappresentare, trasmettere e interpretare dati. sia i contenuti di tipo XML che quelli JSON possono essere riportati utilizzando tecnologia REST.

3.4.3 RDF e Relative Specifiche W3C

Resource Description Framework (RDF), una struttura comune utilizzata per descrivere informazioni riguardante qualsiasi risorsa Web, è un modello dati standard per lo scambio di informazioni via Web. Le risorse RDF sono salvate in un triplestore, un database utilizzato per archiviare e ricercare query semantiche utilizzando SPARQL.

RDF effettua dichiarazioni riguardanti le risorse nella forma di espressioni soggetto (risorsa)-predicato (nome proprietà)-oggetto(valore proprietà) o triple. Normalmente soggetto-predicato-oggetto vengono descritti da un URI (Uniform Resource Identifier), ma il soggetto e l'oggetto potrebbero essere nodi vuoti e l'oggetto potrebbe essere un literal (valori e stringhe nulle non sono supportati). Un URI identifica la relazione tra risorse oltre che alle due estremità del collegamento o del triple. La forma di URI più comune è l'URL (uniform resource locator). Questo permette a dati strutturati o semi strutturati di essere condivisi attraverso applicazioni.

Il Web Semantico necessita di accesso sia ai dati che alle relazioni trai i gruppi da dati. l'insieme di gruppi di dati correlati è conosciuto anche come Linked Data. Un URI fornisce un modo generico per identificare qualsiasi entry esistente. HTML fornisce un modo per strutturare e collegare i documenti dal Web. RDF rappresenta un modello dati generico, basato su grafici che collega i dati descriventi altri elementi.

RDF utilizza XML come una sintassi di codifica. Vede i Metadati come dati (ad esempio autore, data di creazione, etc.). Le risorse descritte di RDF permettono l'associazione di significati semantici alle risorse. RDFS (RDF Schema) fornisce un vocabolario di modellazione dati per informazioni RDF ed è un'estensione di un vocabolario RDF base. SKOS (Simple Knowledge Organization System) è un vocabolario RDF (ovvero, un'applicazione del modello dati RDF per acquisire dati rappresentati come una gerarchia di concetti). Qualsiasi tipo di classificazione, tassonomia o vocabolario può essere rappresentata in SKOS. OWL (W3C Web Ontology Language) è un'estensione di vocabolario di RDF. È un linguaggio di markup semantico per la pubblicazione e condivisione di documenti OWL (ontologie) sul Web. Viene utilizzato quando l'informazione contenuta nei documenti deve essere processata da applicazioni e non da umani. Sia RDF che OWL sono standard di Web Semantico che forniscono una struttura per la condivisione e il riutilizzo di dati, e permettono inoltre l'integrazione di dati e l'interoperabilità via Web.

RDF può essere utile con la "varietà" caratteristica del Big Data. Se i dati sono accessibili tramite un modello triple RDF, le informazioni provenienti da fonti differenti possono essere mischiate e il linguaggio di ricerca SPARQL può essere utilizzato per trovare connessioni e schemi senza dover predefinire un modello. Come viene descritto da W3C "l'RDF possiede caratteristiche che facilitano la fusione dei dati anche se gli schemi sottostanti differiscono, e supporta in maniera specifica l'evoluzione degli schemi nel tempo senza dover cambiare tutti gli utenti dei dati." ("RDF has features that facilitate data merging even if the underlying schemas differ, and it specifically supports the evolution of schemas over time without requiring all the data consumers to be changed.")[51] Può integrare i dati più disparati provenienti da numerose fonti e formati e poi può ridurre o rimpiazzare i set di dati (noti come data fusion) tramite un allineamento semantico. (Vedi Capitolo 14.)

3.4.4 Schema.org

Etichettare il contenuto con marcatori semantici (ad esempio, come definito dalla open source Schema.org) rende più facile per i motori di ricerca semantici indicizzare il contenuto e per i web

---

[51] W3C, "Resource Description Framework (RDF)," http://bit.ly/1k9btZQ.

crawlers di far corrispondere il contenuto con la ricerca. Schema.org fornisce una serie di vocabolari condivisi o schemi per il markup on-page in modo che i principali motori di ricerca possano comprenderli. Si concentra sul significato delle parole nelle pagine web, oltre che sui termini e le parole chiave.

Gli snippet sono testo che appare sotto ogni risultato della ricerca. Rich snippet sono le informazioni dettagliate su ricerche specifiche (ad esempio, il rating a stelle sotto un link). Per crearli, il contenuto delle pagine web deve essere formattato in maniera appropriata con dati strutturati come Metadati (una serie di etichette introdotte con HTML5) e vocabolari condivisi provenienti da Schema.org.

L'insieme di vocabolari di Schema.org può essere utilizzato per l'interoperabilità di dati strutturati (ad esempio, con JSON).

3.5 Tecnologia di E-discovery

E-discovery comprende spesso la review di grandi quantità di documenti. Le tecnologie per l'e-discovery offrono numerose funzionalità e tecniche come l'assessment di casi iniziali, la raccolta, identificazione, preservazione, elaborazione, il riconoscimento ottico dei caratteri (optical character recognition, OCR), la selezione, l'analisi delle similarità, e l'analisi degli argomenti delle e-mail. La review tecnologicamente assistita (technology-assisted review, TAR) è un workflow o processo dove un team può rivedere determinati documenti e segnarli come rilevanti o meno. Queste decisioni diventano un input per il motore di codifica predittivo che controlla e seleziona i documenti rimanenti in base alla loro rilevanza. Un'altra caratteristica deve essere anche il supporto per la gestione delle informazioni.

4. Tecniche

4.1 Manuale di Risposta a Controversie (Litigation Response Playbook)

La e-discovery comincia all'inizio di una causa legale. Un'organizzazione può però pianificare la risposta a controversie legali attraverso lo sviluppo di un manuale contente gli obiettivi, i parametri e le responsabilità prima dell'inizio di un grosso progetto di discovery.

Il manuale definisce l'ambito obiettivo dell'e-discovery e valuta la presenza di gap tra l'ambiente corrente e quello target. Documenta i processi di business per il ciclo di vita delle attività di e-discovery e identifica i ruoli e le responsabilità del team di e-discovery. Un manuale può anche permettere a un'organizzazione di identificare i rischi e prevenire in maniera proattiva situazioni che potrebbero portare a controversie.

Per compilare un manuale:

- Stabilire un elenco delle policy e procedure per specifici dipartimenti (Legale, Gestione dei Record, IT).

- Raggruppare le policy per argomenti, come controversie legali, ritenzione di documenti, archiviazione, e backup.
- Valutare le potenzialità degli strumenti IT come l'indicizzazione, la ricerca e il recupero di e-discovery, la segregazione di dati e gli strumenti di protezione oltre che alle sorgenti / sistemi ESI non strutturati.
- Identificare e analizzare le problematiche legali pertinenti.
- Sviluppare un piano di comunicazione e formazione per aggiornare gli impiegati sulle aspettative
- Identificare materiale che potrebbe essere preparato in anticipo per essere adattato a un caso legale.
- Analizzare i servizi dei fornitori nel caso in cui fossero richiesti servizi esterni.
- Sviluppare un procedimento sul come gestire una notifica e su come mantenere il manuale aggiornato.

4.2 Mappa di Dati per Risposta a Controversie (Litigation Response Data Map)

La e-discovery presenta spesso un periodo di tempo limitato (ad esempio, 90 giorni). Fornire ai procuratori una mappa di dati dell'ambiente IT e ESI disponibile può permettere ad un'organizzazione una risposta più efficace. Una mappa di dati è un catalogo di sistemi di informazione. Descrive i sistemi e la loro funzione, le informazioni che contengono, le policy di retention, e altre caratteristiche. I cataloghi spesso identificano sistemi di record, applicazioni origine, archivi, copie per il ripristino in caso di disastro, o backup, e media utilizzati per ognuno di questi. Una mappa di dati dovrebbe essere completa, in modo da contenere tutti i sistemi. Considerando che le e-mail sono spesso oggetto di analisi in una controversia legale, la mappa dovrebbe descrivere anche come le e-mail vengano conservate, elaborate e utilizzate. Mappare i processi di business per elencare i sistemi e documentare i ruoli degli utenti può permettere la valutazione e la documentazione dei flussi di informazione.

Il processo di creazione della mappa di dati dimostra il valore della creazione di Metadati come parte del processo di gestione dei documenti. I Metadati risultano infatti fondamentali per la ricerca, e forniscono inoltre ai documenti ESI un contesto e permettono di associare casi, trascrizioni, impegni, etc. con i relativi documenti di supporto.

Una mappa dati relativa alle e-discovery può indicare quali record siano già accessibili e quali no. Vi sono regole di e-discovery differenti per queste due categorie. I dati inaccessibili devono essere identificati e le ragioni per cui sono inaccessibili devono essere documentate. Per rispondere in maniera appropriata a una controversia, un'organizzazione dovrebbe avere un inventario dei record archiviato offsite, contenente anche l'archiviazione cloud esterna.

Gli inventari di Sistema sono spesso già esistenti. Ad esempio, potrebbero essere gestiti da Architettura Dati, Gestione dei Metadati o Gestione degli Asset IT. Le funzioni di gestione legale e / o dei record dovrebbero determinare quale delle precedenti possa essere estesa per obiettivi di e-discovery.

5. Linee Guida per l'Implementazione

Implementare un ECM è uno sforzo a lungo termine che può essere percepito come costoso. Come per ogni iniziativa d'impresa, deve essere approvato da numerosi stakeholder, e deve trovare supporto finanziario da un comitato esecutivo per i fondi necessari. Nel caso di un grosso progetto vi è il rischio di incorrere a tagli di budget, oscillazioni del business, cambiamenti nel management o inerzia. Per minimizzare i rischi, occorre assicurarsi che siano i contenuti, non la tecnologia, a guidare le decisioni riguardanti l'implementazione di un ECM. Bisogna mostrare il valore della configurazione dei workflow intorno ai fabbisogni dell'azienda.

5.1 Valutazione della Reattività / Valutazione dei Rischi

Lo scopo di una valutazione di reattività per un ECM è quello di identificare le aree dove sia necessario un miglioramento della gestione dei contenuti, e di determinare quanto l'organizzazione sia adattabile per poter cambiare i suoi processi in modo da raggiungere questi requisiti. Un modello di Valutazione di Maturità di Gestione dei Dati può aiutare questo processo. (Vedi Capitolo 15.)

Alcuni fattori di successo critici per l'ECM sono simili a quelli presenti in progetti IT (ad esempio supporto esecutivo, coinvolgimento degli utenti, la loro formazione, change management, cultura aziendale, e comunicazione). Alcuni fattori specifici di successo per l'ECM includono la valutazione dei contenuti e la classificazione per i contenuti esistenti, un'appropriata architettura informativa, il supporto ai cicli di vita dei contenuti, la definizione dei tags più appropriati per i Metadati, e la capacità di personalizzare le funzioni di una soluzione ECM. Poiché queste ultime involvono complessità tecniche e procedurali, l'organizzazione deve assicurarsi di avere le risorse necessarie per supportare il processo.

Possono emergere rischi durante l'implementazione di un ECM dovuti alla dimensione del progetto, alla difficoltà nell'interazione con altre applicazioni software, a problematiche di processo e organizzative, e agli sforzi richiesti per la migrazione dei contenuti. La mancanza di formazione per i membri chiave del team e il personale interno possono portare a un utilizzo irregolare. Altri rischi includono l'assenza di policy, processi e procedure o la mancanza di comunicazione con gli stakeholder.

5.1.1 Maturità nella Gestione dei Record

ARMA's Generally Accepted Recordkeeping Principles® (Vedi sezione 1.2) può guidare la valutazione da parte di un'organizzazione delle sue policy e pratiche relative alla Gestione dei Record. Assieme a GARP, ARMA International possiede un Information Governance Maturity Model che può aiutare la valutazione del programma e dei processi di gestione dei record di un'azienda.[52] Questo Maturity Model descrive le caratteristiche di gestione delle informazioni e dell'ambiente di conservazione dei record in cinque livelli di maturità per ciascuno degli otto principi GARP:

---

[52] ARMA International, Information Governance Maturity Model, http://bit.ly/2sPWGOe.

- **Level 1 Sub-Standard**: La gestione delle informazioni e le tematiche di conservazione record non sono considerate o lo sono in minima parte

- **Level 2 In Development**: Prima consapevolezza sul fatto che la gestione di informazioni e record possa avere un impatto sull'organizzazione

- **Level 3 Essential**: Requisiti minimi che devono essere considerati per raggiungere i requisisti legali e regolamentari

- **Level 4 Proactive**: Un programma di gestione di informazioni proattivo è stato stabilito, ed è focalizzato sul suo miglioramento continuo

- **Level 5 Transformational**: La gestione delle informazioni è integrata nell'infrastruttura aziendale e nei processi di business

Si possono applicare numerosi standard per la valutazione tecnica dei sistemi e applicazioni di gestione dei record. Ad esempio:

- DoD 5015.2 Electronic Records Management Software Applications Design Criteria Standard
- ISO 16175, Principles and Functional Requirements for Records in Electronic Office Environments
- The Model Requirements for the Management of Electronic Records (MoReq2)
- The Records Management Services (RMS) specification from the Object Management Group (OMG)

I gap e i rischi individuati nelle valutazioni di reattività per la gestione dei record dovrebbero essere analizzati per valutarne i potenziali impatti nell'organizzazione. I business sono soggetti a normative che stabiliscono il mantenimento e la distruzione sicura dei record. Se un'organizzazione non cataloga i suoi record è già a rischio, poiché non è in grado di sapere se i suoi record siano stati rubati o distrutti. Un'organizzazione può arrivare a dover spendere tempo e denaro nel tentativo di ritrovare record nel caso in cui non siano stati predisposti programmi funzionali per la conservazione di record. Il mancato adempimento dei requisiti regolamentari può portare a multe salate. Non identificare e proteggere i record vitali può portare un'azienda ad essere fuori dal mercato.

5.1.2 Valutazione di E-discovery

Una valutazione di reattività dovrebbe esaminare e identificare le opportunità di miglioramento per il programma di risposta alle controversie. Un programma maturo deve specificare chiaramente i ruoli e le responsabilità, i protocolli di conservazione, le metodologie di raccolta dati, e i processi di divulgazione. Sia il programma che i processi risultanti dovrebbero essere documentati, difendibili e valutabili.

Il programma deve comprendere i cicli di vita delle informazioni dell'organizzazione e sviluppare una mappa dati ESI per le fonti dati (Vedi Sezione 2.1.3.4). Visto che la conservazione dei dati è un requisito legale, le politiche di retention dovrebbero essere revisionate e valutate in maniera proattiva in previsione di una controversia. Dovrebbe esistere un piano d'implementazione veloce (che favorisca la cooperazione con IT) in caso di avvio di procedure legali. Il rischio di non avere risposte legali proattive dovrebbe essere valutato e quantificato. Alcune volte le organizzazioni rispondono solo se coinvolte in una controversia, e in quel caso vi è una corsa per trovare le informazioni e i documenti rilevanti da visionare. Quasi sicuramente questo tipo di organizzazione o eccede nello specificare il quantitativo di dati da conservare (ossia, tutto), oppure non possiede politiche di smaltimento dati. Non avere un programma di conservazione per i dati e le informazioni può portare a responsabilità legali nel caso in cui vecchi record fossero richiesti per una e-discovery, ma non risultassero disponibili.

5.2 Cambiamenti Organizzativi e di Cultura

Il cambiamento nelle persone potrebbe risultare maggiormente sfidante di quello delle tecnologie. Potrebbero sorgere problematiche relative all'adozione di pratiche gestionali nelle attività quotidiane e nel far utilizzare alle persone l'ECM. In questi casi, l'ECM potrebbe portare a un aumento dei compiti; ad esempio, dover scansionare i documenti e definire i relativi Metadati.

Spesso le organizzazioni gestiscono le informazioni, record inclusi, in modo settoriale, creando silos di informazioni che ostacolano la gestione appropriata e condivisa dei dati. Un approccio d'impresa olistico per la gestione dei contenuti e dei record può eliminare la percezione dell'utente di dover conservare copie dei contenuti. La soluzione ideale sarebbe quella di un archivio unico, gestito centralmente e in sicurezza, con politiche ben definite e processi applicati in tutta l'azienda. Formare e comunicare riguardo ai processi, alle politiche e agli strumenti risulta fondamentale per il successo di un programma di gestione documenti o di ECM.

Privacy, protezione dati, confidenzialità, proprietà intellettuale, crittografia, uso etico e identità sono temi importanti che i professionisti della gestione di documenti e contenuti devono considerare in collaborazione con altri impiegati, manager e legislatori. Un'organizzazione centralizzata ha spesso a che fare con procedimenti per migliorare l'accesso alle informazioni, per controllare la crescita di materiale che sottrarrebbe spazio dagli uffici, ridurre i costi operativi, minimizzare i rischi di controversie, salvaguardare le informazioni vitali, e promuovere un miglior decision-making.

Sia la gestione dei contenuti che quella dei record devono essere elevate dal punto di vista organizzativo, e non essere considerate come funzioni di basso livello o di poca priorità. In industrie fortemente regolate, la funzione di Gestione di Record e Informazioni (Records and Information Management, RIM) deve essere strettamente allineata con la funzione legale aziendale assieme a quella di e-discovery. Se l'organizzazione ha l'obiettivo di migliorare l'efficienza operativa migliorando la gestione delle informazioni, allora la RIM dovrebbe essere allineata con il marketing o un gruppo operativo di supporto. Se l'organizzazione vede la RIM come parte dell'IT, la sua funzione deve relazionarsi direttamente con il CIO o il CDO. Spesso funzioni RIM vengono trovate in programmi di ECM o di Enterprise Information Management (EIM).

6. Gestione dei Documenti e dei Contenuti

6.1 Information Governance Frameworks

Documenti, record e altri contenuti non strutturati rappresentano un rischio per l'organizzazione. Gestire questo rischio e acquisire valore da questa informazione necessitano entrambi di governance. I driver includono:

- Ottemperanza legislativa e regolamentare
- Smaltimento legalmente difendibile dei record
- Preparazione proattiva per e-discovery
- Sicurezza di informazioni sensibili
- Gestione di aree a rischio come e-mail e Big Data

Stanno emergendo programmi per l'amministrazione di informazioni di successo. Una serie di principi è rappresentata da quelli di ARMA GARP® (vedi Sezione 1.2). Altri principi includono:

- Assegnazione di responsabilità tramite executive sponsorship
- Formare i dipendenti riguardo alle responsabilità dell'amministrazione di informazioni
- Classificare le informazioni sotto i corretti codici di record o categorie di tassonomia
- Assicurare l'autenticità e l'integrità delle informazioni
- Stabilire che i record ufficiali siano elettronici se non diversamente specificato
- Sviluppare politiche di allineamento per sistemi di business e di terze parti con gli standard di governance delle informazioni
- Conservare, gestire, rendere accessibili, monitorare e verificare gli archivi e i sistemi aziendali approvati per i record e i contenuti
- Rendere sicure le informazioni confidenziali o personali identificabili
- Controllare la proliferazione non necessaria delle informazioni
- Smaltire le informazioni giunte alla fine del loro ciclo di vita
- Attenersi alle richieste di informazione (ad esempio, discovery, citazioni, etc.)
- Miglioramento continuo

L'Information Governance Reference Model (IGRM) (Figura 74) mostra le relazioni tra l'Amministrazione delle Informazioni e le altre funzioni organizzative. L'anello esterno include gli stakeholder responsabili della messa in opera di policy, standard, processi, strumenti e infrastrutture messe in pratica per gestire le informazioni. Il centro mostra un diagramma di ciclo di vita dove ogni componente del ciclo è rappresentata col colore dello/degli stakeholder che esegue quel componente. L'IGRM completa il GARP® di ARMA.

La sponsorship da parte di qualcuno vicino o all'interno dell'area "C" è un requisito per la formazione e il mantenimento di un programma di Information Governance. Viene creato un Information Council interfunzionale di livello senior o un Comitato Guida, i cui incontri sono regolari. Il Comitato è responsabile per la strategia aziendale di Information Governance strategy , per le procedure operative, le linee guida sulle tecnologie e sugli standard, la comunicazione e la formazione, il controllo e la ricerca di fondi. Le policy di Information Governance vengono definite per ogni aree degli stakeholder, dopodiché la tecnologia più idonea viene utilizzata per la loro applicazione.

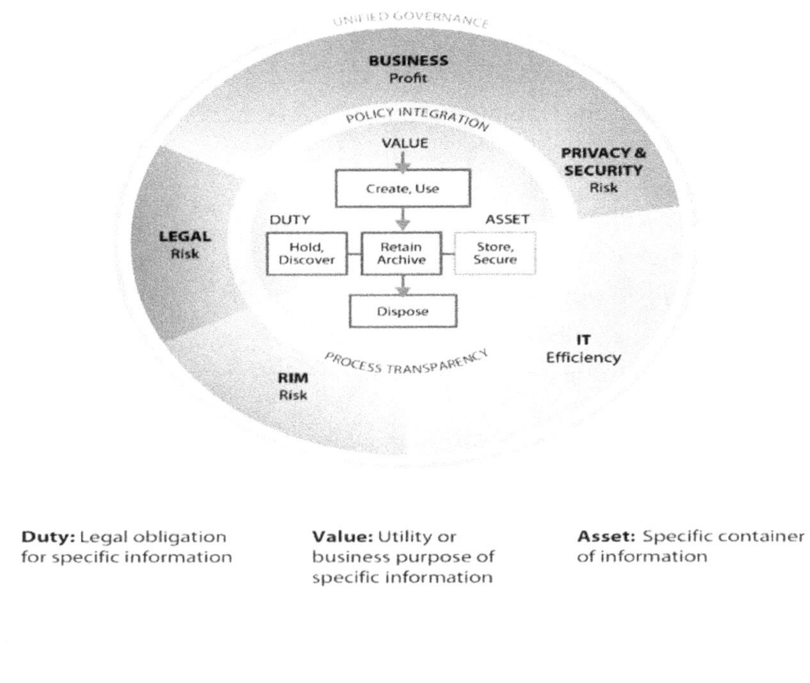

Figura 74 Information Governance Reference Model[53]

6.2 Proliferazione di Informazioni

Generalmente, i dati non strutturati crescono molto più velocemente di quelli strutturati; questo aumenta la sfida per la loro gestione. I dati non strutturati non sono necessariamente legati a una funzione di business o a un dipartimento; la loro proprietà può essere difficile da identificare. Può risultare molto complicato classificarne il contenuto, visto che gli obiettivi di business non possono sempre essere dedotti dal sistema. Dati non strutturati senza gestione o in assenza dei Metadati possono rappresentare un rischio. Essi possono essere mal rappresentati e, se non ne si conosce il contenuto, possono essere mal utilizzati o presentare problemi di privacy. (Vedi Capitolo 14.)

6.3 Gestione della Qualità del Contenuto

La gestione di dati non strutturati richiede l'efficace collaborazione tra i data steward e gli altri professionisti del data management e della gestione dei record. Ad esempio, un business data steward

---

[53] EDRM (edrm.net). Il contenuto postato su EDRM.net è in licenza sotto un Creative Commons Attribution 3.0 Unported License.

può aiutare nella definizione di un portale web, di tassonomie d'impresa, di indici per motori di ricerca e di issue relative alla gestione dei contenuti.

La gestione dei documenti e dei contenuti si concentra su policy relative alla conservazione, alla firma elettronica, ai formati di report, e alla loro distribuzione. Le policy implicano o stabiliscono aspettative nei confronti della qualità. Informazioni accurate, complete e aggiornate aiutano nel prendere decisioni; informazioni di buona qualità migliorano il vantaggio competitivo e aumentano l'efficacia organizzativa. Definire contenuti di qualità richiede la comprensione del contesto della loro produzione e utilizzo.

- **Produttori**: Chi crea il contenuto e perché lo fa?

- **Clienti**: Chi utilizza le informazioni e per quali scopi?

- **Tempistiche**: Quando è richiesta l'informazione? Ogni quanto deve essere aggiornata o vi si deve accedere?

- **Formato**: I client hanno bisogno dell'informazione in un formato specifico per raggiungere i loro obiettivi? Esistono formati non accettabili?

- **Consegna**: Come verrà consegnata l'informazione? Come vi accederanno i clienti? Come verrà messa in azione la sicurezza per prevenire l'accesso inappropriato a contenuto elettronico?

6.4 Metriche

I Key Performance Indicators (KPI) sono misure sia qualitative che quantitative utilizzate per valutare la performance organizzativa nei confronti dei suoi obiettivi. I KPI possono essere sviluppati a livello strategico e operativo. Alcuni potrebbero essere appropriati per entrambi i livelli, soprattutto se misurano funzioni di ciclo di vita o di rischio.

6.4.1 Gestione dei Record (Records Management)

A livello strategico, i KPI possono essere sviluppati all'interno di aree di conformità della gestione dei record con i requisiti regolamentari (ad esempio, il tempo necessario per raggiungere i requisiti) e / o della loro amministrazione (ad esempio, conformità con le policy). A livello operativo, i KPI possono essere sviluppati all'interno di aree di record management relative a risorse (ad esempio, costi operativi e di capitale), formazione (ad esempio, numero di corsi eseguiti, numero di dipendenti formati e a quale livello), operazioni giornaliere di gestione dei record (ad esempio, percentuali SLA di incontri utenti), e / o integrazione di funzioni di gestione di record con altri sistemi di business (ad esempio, percentuale d'integrazione).

I criteri per misurare il successo dell'implementazione di un sistema di record management possono includere le seguenti percentuali:

- Percentuale dei documenti ed e-mail totali per utente identificati come corporate record

- Percentuale dei corporate record identificati dichiarati come tali e posti sotto controllo dei record
- Percentuale totale dei record archiviati che presentano la corretta applicazione di regole di retention

Queste percentuali possono poi essere confrontate per determinare le best practice.

A volte, misurare il successo dell'implementazione della gestione dei record è una semplice questione di budget. Una valutazione finanziaria può determinare a quale livello di implementazione un sistema elettronico di record management sia meno costoso dell'acquisizione di maggiore spazio per la conservazione di record cartacei.

Il modello dei principi e le categorie del GARP di ARMA possono essere una guida nella definizione dei KPI. La piattaforma software di Information Governance Assessment di ARMA può identificare le informazioni relative a rischi di conformità e sviluppare parametri per la maturità dei programmi di governance in aree come quella dei record elettronici e della e-discovery (ad esempio, per le controversie legali).

6.4.2 E-discovery

Un KPI comune per la e-discovery è la riduzione dei costi. Un altro può essere l'efficienza ottenuta acquisendo informazioni in anticipo invece che retroattivamente (ad esempio, il quantitativo medio di giorni necessario per l'adempimento di richieste di e-discovery). Un terzo tipo di KPI è quanto velocemente un'azienda sia in grado di implementare un processo di notifica legale (legal hold notification, LHN).

L'analisi dell'e-discovery è fondamentale per avere una percentuale maggiore di vittorie nelle controversie. Il modello ERDM può guidare nello sviluppo di KPI basati sui requisiti per ciascuna fase. ERDM pubblica anche un Modello di Parametri relativo alle e-discovery.[54] Gli elementi primari di Volume, Tempo, e Costi sono al centro e sono circondati dai sette aspetti delle attività di e-discovery (Attività, Custodian, Sistemi, Media, Stauts, Formato, QA) che possono influenzare gli outcome degli elementi centrali.

6.4.3 ECM

I KPI dovrebbero venire sviluppati in modo da poter misurare i benefici sia tangibili che non tangibili dell'ECM. I benefici tangibili includono l'aumento di produttività, la riduzione dei costi, il miglioramento della qualità delle informazioni, e una maggior conformità. Benefici intangibili includono un miglioramento nelle collaborazioni e una semplificazione nelle routine lavorative e nei workflow.

Con il consolidamento di un ECM, i KPI si concentreranno sulle metriche di programma e operative. Le metriche di programma includono indicatori sui progetti di ECM, sull'adozione e sui livelli di

---

[54] EDRM Metrics Model, http://bit.ly/2rURq7R.

soddisfazione degli utenti. Le metriche operative includono i classici KPI, come gli indicatori di downtime, numero degli utenti, etc.

Le metriche ECM specifiche come l'utilizzo degli archivi (ad esempio, il confronto tra quantitativo utilizzato con l'implementazione di ECM vs il quantitativo pre-ECM) e le performance di ricerca (search retrieval) possono essere utilizzate come KPI. La search retrieval viene misurata tramite precisione e recall. La precisione è la proporzione di documenti recuperati effettivamente rilevanti. Il recall è la quantità d i documenti rilevanti che sono stati effettivamente recuperati.

Nel tempo si possono sviluppare KPI relativi al valore delle soluzioni di business.

- KPI finanziari possono includere i costi per i sistemi ECM, la riduzione dei costi collegata all'archiviazione fisica, e la diminuzione percentuale dei costi operativi.

- KPI per i clienti possono includere la percentuale di problemi risolti a primo contatto e il numero di complaint dei clienti.

- KPI che rappresentano processi di business interni più efficaci e produttivi possono includere la percentuale di riduzione dell'utilizzo di carta, la percentuale della diminuzione di errori derivanti dall'utilizzo di workflow e processi automatizzati

- KPI relativi al training possono includere il numero di sessioni di formazione per il management e per l'area non manageriale.

- KPI relativi alla mitigazione dei rischi possono includere la riduzione dei costi di discovery, e il numero richieste di verifiche di tracciamento per e-discovery.

---

7. Opere Citate / Consigliate

Boiko, Bob. *Content Management Bible*. 2nd ed. Wiley, 2004. Print.

Diamond, David. *Metadata for Content Management: Designing taxonomy, metadata, policy and workflow to make digital content systems better for users*. CreateSpace, 2016. Print.

Hedden, Heather. *The Accidental Taxonomist*. Information Today, Inc., 2010. Print.

Lambe, Patrick. *Organising Knowledge: Taxonomies, Knowledge and Organisational Effectiveness*. Chandos Publishing, 2007. Print. Chandos Knowledge Management.

Liu, Bing. *Web Data Mining: Exploring Hyperlinks, Contents, and Usage Data*. 2nd ed. Springer, 2011. Print. Data-Centric Systems and Applications.

Nichols, Kevin. *Enterprise Content Strategy: A Project Guide*. XML Press, 2015. Print.

Read, Judith and Mary Lea Ginn. *Records Management*. 9th ed. Cengage Learning, 2015. Print. Advanced Office Systems and Procedures.

Rockley, Ann and Charles Cooper. *Managing Enterprise Content: A Unified Content Strategy*. 2nd ed. New Riders, 2012. Print. Voices That Matter.

Smallwood, Robert F. *Information Governance: Concepts, Strategies, and Best Practices*. Wiley, 2014. Print. Wiley CIO.

US GAAP Financial Statement Taxonomy Project. *XBRL US GAAP Taxonomies*. v1.0 Technical Guide Document Number: SECOFM-USGAAPT-TechnicalGuide. Version 1.0. April 28, 2008 http://bit.ly/2rRauZt.

CAPITOLO 10

Reference e Master Data

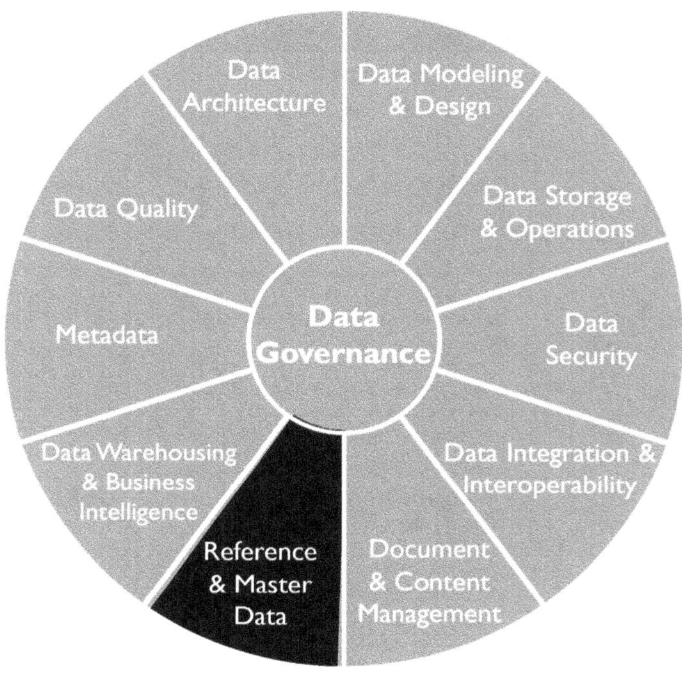

DAMA-DMBOK2 Data Management Framework

Copyright © 2017 by DAMA International

---

1. Introduzione

In qualsiasi organizzazione, certi dati sono necessari in tutte le aree, processi e sistemi di business. Se tali dati sono condivisi e tutte le unità di business possono accedere agli stessi elenchi di clienti, codici di località geografiche, elenchi di unità di business, opzioni di consegna, elenchi di parti, codici di centri di costo contabili, codici fiscali governativi e agli altri dati utilizzati per gestire il business, ne trarranno vantaggio l'organizzazione complessiva e i relativi clienti. Le persone che utilizzano i dati, in generale presumono che esista un livello di coerenza in tutta l'organizzazione, finché non vedono dati eterogenei.

Nella maggior parte delle organizzazioni, sistemi e dati evolvono in modo più organico rispetto a quanto vorrebbero i data management professional. Soprattutto nelle grandi organizzazioni, vari progetti e iniziative, fusioni e acquisizioni e altre attività di business si traducono in più sistemi che eseguono sostanzialmente le stesse funzioni, isolati l'uno dall'altro. Queste condizioni portano inevitabilmente a incongruenze nella struttura dei dati e nei valori dei dati tra i sistemi. Questa variabilità aumenta costi e rischi. Entrambi possono essere ridotti attraverso la gestione di Master Data e Reference Data.

Figura 75 Context Diagram: Reference e Master Data

1.1 Business Driver

I driver più comuni per l'avvio di un programma di Master Data Management sono:

- **Soddisfare i requisiti dei dati dell'organizzazione**: più aree all'interno di un'organizzazione necessitano di accedere agli stessi set di dati, con la certezza che questi siano completi, aggiornati e coerenti. I Master Data spesso costituiscono la base di questi set di dati (ad esempio, determinare se un'analisi comprende tutti i clienti dipende dall'avere una definizione di cliente applicata in modo coerente).

- **Gestione della qualità dei dati**: incoerenze dei dati, problemi di qualità e lacune, portano a decisioni errate o a opportunità perse; il Master Data Management riduce questi rischi consentendo una rappresentazione coerente delle entità strategiche per l'organizzazione.

- **Gestione dei costi di integrazione di dati**: i costi di integrazione di nuove origini di dati in un ambiente già complesso sono più elevati in assenza di Master Data, quest'ultimo riduce le variazioni nel modo in cui le entità critiche sono definite e identificate.

- **Riduzione del rischio**: i Master Data possono consentire la semplificazione dell'architettura di condivisione dei dati per ridurre costi e rischi associati a un ambiente complesso.

I driver per la gestione dei Reference Data sono simili. I Reference Data gestiti a livello centrale consentono alle organizzazioni di:

- Soddisfare i requisiti dei dati per più iniziative e ridurre i rischi e i costi dell'integrazione di dati attraverso l'uso di Reference Data coerenti

- Gestire la qualità dei Reference Data

Mentre le iniziative data-driven dell'organizzazione si concentrano sui dati transazionali (aumento delle vendite o della quota di mercato, riduzione dei costi, dimostrazione della conformità), la capacità di sfruttare tali dati transazionali dipende fortemente dalla disponibilità e dalla qualità dei Reference e Master Data. Il miglioramento della disponibilità e della qualità dei Reference e Master Data ha un notevole impatto sulla qualità complessiva dei dati e della fiducia del business nei dati. Questi processi presentano ulteriori vantaggi per un'organizzazione tra cui: la semplificazione del panorama IT, il miglioramento dell'efficienza e della produttività e, con questi, il potenziale per migliorare l'esperienza del cliente.

1.2 Obiettivi e principi

Gli obiettivi di un programma di Reference e Master Data Management comprendono:

- La garanzia che l'organizzazione disponga di Reference e Master Data completi, coerenti, attuali e autorevoli in tutti i processi organizzativi

- L'abilitazione della condivisione di Reference e Master Data tra tutte le funzioni e applicazioni aziendali

- Riduzione dei costi e riduzione della complessità dell'utilizzo e dell'integrazione dei dati attraverso standard, modelli di dati comuni e schemi di integrazione

Il Reference e Master Data Management fa riferimento ai seguenti principi guida:

- **Dati condivisi**: i Reference e Master Data devono essere gestiti in modo che siano condivisibili all'interno dell'organizzazione.

- **Proprietà**: i Reference e Master Data appartengono all'organizzazione e non a una particolare applicazione o reparto. Poiché sono ampiamente condivisi, richiedono un alto livello di stewardship.

- **Qualità**: il Reference e Master Data Management richiede un monitoraggio di Data Quality e governance costanti.

- **Stewardship**: i Business Data Stewards sono responsabili del controllo e della garanzia della qualità dei Reference Data.

- **Controllo delle modifiche:**

  o In un determinato istante, i valori dei Master Data devono rappresentare la migliore comprensione dell'organizzazione di ciò che è preciso e attuale. Le regole di corrispondenza che modificano i valori devono essere applicate con cautela e supervisione. Qualsiasi chiave generata da unificazione o suddivisione dev'essere reversibile.

  o Le modifiche ai valori dei Reference Data devono seguire un processo definito; le modifiche devono essere approvate e comunicate prima di essere implementate.

- **Autorità**: i Master Data devono essere replicati solo dal System of record. Può essere necessario un sistema di riferimento per consentire la condivisione dei Master Data in tutta l'organizzazione.

1.3 Concetti essenziali

1.3.1 Differenze tra Reference e Master Data

Tipi di dati differenti svolgono ruoli diversi all'interno di un'organizzazione. Tali dati hanno anche requisiti di gestione differenti. Viene spesso fatta una distinzione tra Transazione e Master Data, nonché tra Master Data e Reference Data. Malcolm Chisholm ha proposto una tassonomia di dati a sei livelli che comprende Metadata, Reference Data, dati di struttura aziendale, dati di struttura delle transazioni, dati delle transazioni e dati di auditing delle transazioni (Chisholm, 2008; Talburt e Zhou, 2015). All'interno di questa tassonomia, Chisholm definisce i Master Data come un'aggregazione di Reference Data, dati di struttura aziendale e dati di struttura delle transazioni:

- i **Reference Data** ad esempio, tabelle di codici e descrizioni, sono dati utilizzati esclusivamente per caratterizzare altri dati all'interno di un'organizzazione o esclusivamente per mettere in relazione i dati in un database con informazioni oltre i confini dell'organizzazione.

- I **dati di struttura aziendale**, ad esempio, un piano dei conti, consentono la segnalazione delle attività di business per responsabilità di business.

- I **dati di struttura delle transazioni,** ad esempio, gli identificativi dei clienti, descrivono le cose che devono essere presenti affinché avvenga una transazione: prodotti, clienti, fornitori.

La definizione di Chisholm distingue i Master Data dai dati di attività delle transazioni, che registrano i dettagli delle transazioni, e dai dati di auditing delle transazioni, che descrivono lo stato delle transazioni, nonché dai Metadata, che descrivono altri dati (Chisholm, 2008). A questo proposito, la definizione di Chisholm è simile alla definizione del DAMA Dictionary: i *Master Data* sono "i dati che forniscono il contesto per i dati delle attività di business sotto forma di concetti comuni e astratti che si riferiscono all'attività. Include i dettagli (definizioni e identificatori) di oggetti interni ed esterni coinvolti nelle transazioni di business, come clienti, prodotti, dipendenti, fornitori e domini controllati (valori di codice)" (DAMA, 2009).

Per molte persone i Master Data includono sia i dati di struttura delle transazioni sia i dati di struttura aziendale. La definizione di Master Data di David Loshin si allinea ampiamente a queste tipologie, in quanto descrive gli oggetti di Master Data come oggetti di core business utilizzati in applicazioni differenti in tutta l'organizzazione, insieme ai relativi Metadata, attributi, definizioni, ruoli, connessioni e tassonomie. Gli oggetti inclusi nei Master Data rappresentano quelle "cose" che contano di più per un'organizzazione: quelle che sono registrate nelle transazioni, segnalate, misurate, analizzate (Loshin, 2008).

I Master Data richiedono l'identificazione e/o lo sviluppo di una versione attendibile della verità per ciascuna istanza di entità concettuale, quale prodotto, luogo, conto, persona od organizzazione, e il mantenimento del periodo di validità di tale versione. La sfida principale con i Master Data è la risoluzione dell'entità (detta anche gestione dell'identità), il processo di discernimento e gestione delle associazioni tra i dati provenienti da sistemi e processi differenti. Le istanze dell'entità rappresentate dalle righe dei Master Data saranno rappresentate in modo diverso tra i sistemi. Il Master Data Management lavora per risolvere queste differenze al fine di identificare coerentemente le singole istanze dell'entità (ossia, clienti specifici, prodotti, etc.) in contesti diversi. Questo processo deve essere anche gestito nel tempo, in modo che gli identificativi di queste istanze di entità dei Master Data rimangano coerenti.[55]

I Reference Data e i Master Data condividono scopi concettualmente simili. Entrambi forniscono un contesto critico per la creazione e l'utilizzo di dati transazionali. I Reference Data forniscono anche un contesto per i Master Data. Consentono di comprendere i dati in modo significativo. È importante sottolineare che entrambi sono risorse condivise che devono essere gestite a livello aziendale. Avere più istanze degli stessi Reference Data è inefficiente e porta inevitabilmente a un'incoerenza tra di loro. L'incoerenza porta all'ambiguità e l'ambiguità introduce rischi per un'organizzazione. Un programma di Reference Data o Master Data Management comprende l'intera gamma di funzioni di gestione dei dati (Data Governance, Data Quality, Metadata Management, Integrazione di dati, etc.).

I Reference Data hanno anche caratteristiche che li distinguono da altri tipi di Master Data (ad esempio, dati di struttura aziendale e transazionale): - sono meno volatili. -   sono   generalmente   meno

---

[55] John Talburt and Yinle Zhou (2015) describe the two step process in ER: first, determine whether two records refer to the same entity, then merge and reconcile data in the records in order to create a master record. They refer to Entity Identity Information Management (EIIM) as the process of ensuring that "an entity under management in the MDM system is consistently labeled with the same unique identifier from process to process."

complessi e più piccoli dei set di Master Data o Dati transazionali. - hanno meno righe e meno colonne. Le problematiche di risoluzione di risoluzione dell'entità non fanno parte del Reference Data Management.

Il focus della gestione dei dati differisce tra Reference e Master Data:

- **Il Master Data Management** (MDM) implica il controllo dei valori e degli identificativi dei Master Data che consentono un uso coerente, tra i sistemi, dei dati più accurati e puntuali sulle entità di business essenziali. Gli obiettivi del MDM includono la garanzia della disponibilità di valori precisi e attuali, riducendo al contempo i rischi associati a identificatori ambigui (quelli identificati con più di un'istanza di un'entità e quelli che si riferiscono a più di un'entità).

- **Il Reference Data Management** (RDM) implica il controllo sui valori di dominio definiti e sulle relative definizioni. L'obiettivo del RDM è garantire che l'organizzazione abbia accesso a un set completo di valori precisi e attuali per ciascun concetto rappresentato.

Una sfida del Reference Data Management è quella della proprietà o responsabilità di definizione e manutenzione. Alcuni Reference Data provengono da organizzazioni esterne che li utilizzano; alcuni attraversano i confini organizzativi interni e potrebbero non essere di proprietà di un singolo reparto, mentre altri Reference Data potrebbero essere creati e gestiti all'interno di un reparto, ma hanno un potenziale valore altrove all'interno dell'organizzazione. Determinare la responsabilità di ottenimento dei dati e di gestione degli aggiornamenti fa parte del RDM. La mancanza di responsabilità introduce rischi, poiché le differenze nei Reference Data possono causare fraintendimento nel contesto dei dati (come quando due unità di business hanno valori differenti per classificare lo stesso concetto).

Poiché i Master Data e Reference Data forniscono un contesto per le transazioni, modellano i dati delle transazioni che entrano in un'organizzazione durante le operations (ad esempio, nei sistemi CRM ed ERP). Inoltre, inquadrano l'analisi eseguita sui dati delle transazioni.

1.3.2 Reference Data

Come indicato, i *Reference Data* sono tutti i dati utilizzati per caratterizzare o classificare altri dati o per correlare i dati a informazioni esterne a un'organizzazione (Chisholm, 2001). I Reference Data più elementari sono costituiti da codici e descrizioni, ma alcuni Reference Data possono essere più complessi e incorporare mappature e gerarchie. I Reference Data esistono praticamente in ogni archivio di dati. Le classificazioni e le categorie possono includere stati o tipi (ad es., Stato dell'ordine: Nuovo, In corso, Chiuso, Cancellato). Le informazioni esterne possono includere informazioni geografiche o standard (ad esempio, codice paese: DE, US, TR).

I Reference Data possono essere memorizzati in modi differenti per soddisfare le diverse esigenze: ad esempio, necessità di integrazione di dati (mappature di dati per la standardizzazione o controlli di qualità) o funzionalità di un'applicazione (anelli di sinonimi per abilitare la ricerca). Possono esserci anche esigenze in considerazione di interfacce utente specifiche per i dispositivi (ad esempio, lingue multiple). Le tecniche di storage comuni utilizzano:

- Tabelle di codici nei database relazionali, collegate tramite chiavi esterne ad altre tabelle per mantenere le funzioni di integrità referenziale all'interno del sistema di gestione del database

- Sistemi di Reference Data Management che mantengono entità di business, valori consentiti, di stato futuro o indesiderati e regole di mappatura dei termini per supportare un più ampio utilizzo all'interno di applicazioni e integrazione dei dati

- Metadata specifici di attributo dell'oggetto per specificare valori consentiti con focus sull'API o sull'accesso all'interfaccia utente

Il Reference Data Management implica il controllo e la manutenzione di valori di dominio definiti, definizioni e relazioni all'interno e tra i valori di dominio. L'obiettivo del Reference Data Management è garantire che i valori siano coerenti e attuali tra le diverse funzioni e che i dati siano accessibili all'organizzazione. Come altri dati, i Reference Data richiedono i Metadata. Un importante attributo dei Metadata per i Reference Data è la loro origine, come, ad esempio, l'Authority che disciplina i Reference Data standard del settore.

1.3.2.1 Struttura dei Reference Data

In funzione del livello di dettaglio e della complessità di ciò che rappresentano i Reference Data, questi ultimi possono essere strutturati come un semplice elenco, un riferimento incrociato o una tassonomia. Occorre considerare la capacità di utilizzo e gestione dei Reference Data quando li si struttura all'interno di un database o di un sistema di Reference Data Management.

1.3.2.1.1 Elenchi

La forma più semplice di Reference Data accoppia un valore di codice con una descrizione in un elenco, come ad esempio in Tabella 17. Il valore del codice è l'identificatore principale, il valore di riferimento in forma breve che appare in altri contesti. La descrizione indica che cosa rappresenta il codice. La descrizione può essere visualizzata al posto del codice su schermate, pagine, elenchi a discesa e report. Si osservi che in questo esempio, il valore del codice per Regno Unito è GB in base agli standard internazionali e non UK, anche se quest'ultima è una forma abbreviata comune utilizzata in molte forme di comunicazione. Durante la definizione dei requisiti dei Reference Data è necessario pervenire ad un equilibrio tra conformità agli standard e usabilità.

Tabella 17 Elenco di riferimento semplice

Valore codice	Descrizione
US	Stati Uniti d'America
GB	United Kingdom (Great Britain)

A seconda del contenuto e della complessità dei Reference Data, potrebbero essere necessari attributi aggiuntivi per definire il significato del codice. Le definizioni forniscono informazioni che la sola etichetta non fornisce. Le definizioni compaiono raramente nei report o negli elenchi a discesa; tuttavia, vengono visualizzate in punti, quali le funzioni della Guida delle applicazioni, che aiutano nell'utilizzo appropriato dei codici nel contesto.

Gli elenchi, come qualsiasi Reference Data, devono soddisfare i requisiti degli utilizzatori dei dati, inclusi i requisiti di livello di dettaglio appropriato. Se un elenco di valori è destinato a supportare la classificazione dei dati da parte di utenti occasionali, è probabile che un elenco altamente dettagliato causi problemi di qualità dei dati e difficoltà di adozione. Analogamente, un elenco di valori troppo generici impedirebbe ai knowledge worker di acquisire un livello di dettaglio sufficiente. Per soddisfare tali casi, è opportuno gestire elenchi distinti che siano correlati anziché tentare di avere un unico elenco che sia standard per tutte le comunità di utenti.

Tabella 18 fornisce un esempio relativo ai codici di stato per i ticket dell'help desk. Senza le informazioni fornite dalla definizione, lo stato del ticket sarebbe ambiguo per chiunque non avesse familiarità con il sistema. Questa differenziazione è particolarmente necessaria per le classificazioni che guidano le metriche delle prestazioni o altre analytics di Business Intelligence.

Tabella 18 Elenco di riferimento semplice esteso

Codice	Descrizione	Definizione
1	Nuovo	Indica un ticket appena creato senza una risorsa assegnata
2	Assegnato	Indica un ticket cui è stata assegnata una risorsa definita
3	Lavoro in corso	Indica che la risorsa assegnata ha iniziato a lavorare al ticket
4	Risolto	Indica che la richiesta è stata presumibilmente soddisfatta da parte della risorsa assegnata
5	Cancellata	Indica che la richiesta è stata cancellata in base all'interazione con il richiedente
6	In sospeso	Indica che la richiesta non può procedere senza ulteriori informazioni
7	Soddisfatta	Indica che la richiesta è stata soddisfatta e verificata dal richiedente

1.3.2.1.2 Cross-reference lists

Varie applicazioni possono utilizzare set di codici differenti per rappresentare lo stesso concetto. Questi set di codici possono avere un livello di dettaglio diverso oppure identico con valori diversi. Le cross reference lists traducono codici di valore differenti. Tabella 19 presenta un riferimento incrociato del codice di stato USA (un esempio di rappresentazioni multiple allo stesso livello di dettaglio). I codici di stato del servizio postale degli Stati Uniti sono codici alfabetici a due caratteri; FIPS utilizza un numero per esprimere lo stesso concetto: il codice di stato ISO include anche un riferimento al paese.

Tabella 19 Elenco di riferimenti incrociati

Codice Stato USPS	Codice Stato ISO	Codice stato numerico FIPS	Abbreviazione stato	Nome stato	Nome stato formale
CA	US-CA	06	Calif.	California	Stato della California
KY	US-KY	21	Ky.	Kentucky	Commonwealth del Kentucky
WI	US-WI	55	Wis.	Wisconsin	Stato del Wisconsin

I requisiti linguistici possono influire sulla struttura dei Reference Data. Gli elenchi multilingue sono un'istanza specifica di un elenco di riferimenti incrociati. Mentre gli elenchi di codici forniscono un formato standard leggibile automaticamente, i glossari specifici della lingua forniscono contenuti utilizzabili. Tabella 20 fornisce un esempio della norma ISO 3166. Esistono diversi modi per gestire gli elenchi multilingue in base al numero di lingue e set di caratteri coinvolti. Non occorre normalizzare gli elenchi affinché siano efficaci. La struttura denormalizzata rende assai più facile comprendere le relazioni.

Tabella 20 Elenco riferimenti multilingue

Codice paese ISO 3166-1 alpha-2	Nome inglese	Nome locale	Nome locale Alfabeto locale	Nome francese	...
CN	Cina	Zhong Guo	中国/中國	Chine	

1.3.2.1.3 Tassonomie

 Le strutture di Reference Data tassonomici acquisiscono informazioni a diversi livelli di specificità. Ad esempio, un codice postale statunitense può essere esso stesso una categoria significativa ed esiste all'interno di una città, una contea e uno stato. Queste relazioni possono essere espresse all'interno della tabella di riferimento e possono essere eseguiti più livelli di analisi mediante il codice ZIP come driver.

Le tassonomie consentono la classificazione dei contenuti e la navigazione a più livelli a supporto della Business Intelligence. I Reference Data tassonomici possono essere memorizzati in una relazione ricorsiva. Gli strumenti di gestione della tassonomia mantengono anche informazioni gerarchiche. Tabella 21 e Tabella 22 mostrano esempi di due tassonomie gerarchiche comuni. In entrambi i casi, la gerarchia comprende un codice, una descrizione e un riferimento a un codice genitore che classifica i singoli codici. Ad esempio, in Tabella 21, Piante floreali (10161600) è un codice genitore per rose, stelle di Natale e orchidee. In Tabella 22, il commercio al dettaglio (440000) è il genitore dei negozi di alimentari e bevande (445000), che è il genitore dei negozi di specialità alimentari (445200).

Tabella 21 UNSPSC (Classificazione prodotti e servizi standard universale)

Valore codice	Descrizione	Codice genitore
10161600	Piante floreali	10160000
10161601	Piante di rose	10161600
10161602	Piante di stelle di Natale	10161600
10161603	Piante di orchidea	10161600
10161700	Fiori recisi	10160000
10161705	Rose recise	10161700

Tabella 22 NAICS (sistema di classificazione industriale del Nord America)[56]

Valore codice	Descrizione	Codice genitore
440000	Commercio al dettaglio	440000
445000	Negozi di alimentari e bevande	440000
445200	Rivenditori di specialità culinarie	445000
445210	Mercati di carne	445200
445220	Mercati di pesce e frutti di mare	445200
445290	Altri negozi di specialità alimentari	445200
445291	Negozi di prodotti da forno	445290
445292	Negozi di confetteria e frutta a guscio	445290

---

56 http://bit.ly/1mWACqg.

1.3.2.1.4 Ontologie

Alcune organizzazioni includono ontologie utilizzate per gestire il contenuto dei siti web come parte dei Reference Data. Esse si adattano a questa categoria in quanto sono utilizzate per caratterizzare altri dati o per mettere in relazione dati organizzativi con informazioni oltre i confini dell'organizzazione. Le ontologie possono anche essere intese come una forma di Metadata. Le ontologie e altre tassonomie complesse devono essere gestite in modo simile alla gestione dei Reference Data; in particolare, i valori devono essere completi, attuali e chiaramente definiti. Le best practice per il mantenimento delle ontologie sono simili a quelle per la gestione dei Reference Data. Uno dei casi d'uso principali per le ontologie è il Content Management. Sono descritti più dettagliatamente nel capitolo 9.

1.3.2.2 Reference Data interni o proprietari

Molte organizzazioni creano Reference Data per supportare processi e applicazioni interni. Spesso questi dati di riferimento proprietari crescono organicamente nel tempo. Parte del RDM include la gestione di questi set di dati e, idealmente, la creazione di coerenza tra loro, laddove questa coerenza serva all'organizzazione. Ad esempio, se business unit differenti utilizzano termini diversi per descrivere lo stato di un account, è difficile per chiunque nell'organizzazione determinare il numero complessivo di clienti serviti in un determinato momento. Aiutando a gestire i set di Reference Data interni, i Data Steward devono bilanciare la necessità di avere parole comuni per le stesse informazioni e la necessità di flessibilità dove i processi differiscono l'uno dall'altro.

1.3.2.3 Reference data di settore

Reference Data di settore è un termine generico per descrivere set di dati creati e gestiti da associazioni di settore o enti governativi, invece che da singole organizzazioni, al fine di fornire uno standard comune per codificare concetti importanti. Questa codifica porta ad una comune comprensione dei dati ed è un prerequisito per la loro condivisione e interoperabilità. Ad esempio, i codici di classificazione internazionale delle malattie (ICD) forniscono un modo comune per classificare le condizioni di salute (diagnosi) e trattamenti (procedure), così da avere un approccio coerente per fornire assistenza sanitaria e comprendere i risultati. Se ogni medico e ogni ospedale creassero il proprio codice per le malattie, sarebbe praticamente impossibile capire tendenze e pattern.

I Reference Data di settore sono prodotti e mantenuti esternamente alle organizzazioni che li utilizzano, ma sono necessari per comprendere le transazioni all'interno di tali organizzazioni. Potrebbero essere necessari per supportare specifiche attività di Data Quality Management (ad es. elenchi di attività/esercizi commerciali), calcoli commerciali (ad es. tassi di cambio) o aumento dei dati d'impresa (ad es. dati di marketing). Questi set di dati variano ampiamente, in funzione del settore e del singolo set di codici. (Vedere Capitolo 10).

1.3.2.4 Dati geografici o geo-statistici

I riferimenti geografici o geo-statistici consentono la classificazione o l'analisi in base alle caratteristiche geografiche. Ad esempio, i rapporti dell'ufficio anagrafe descrivono la densità della popolazione e i cambiamenti demografici a supporto della pianificazione e della ricerca di mercato. La cronologia meteorologica mappata su una rigorosa classificazione geografica può supportare la gestione delle scorte e la pianificazione promozionale.

1.3.2.5 Reference Data computazionali

Molte attività di business si basano sull'accesso a calcoli comuni e coerenti. Ad esempio, i calcoli dei tassi di cambio si basano su tabelle gestite dei valori di cambio con timestamp. I Reference Data computazionali differiscono dagli altri tipi a causa della frequenza con cui cambiano. Molte organizzazioni acquistano questo tipo di dati da terzi che ne garantiscono completezza e precisione. Se si cercasse di gestire questi dati internamente si verificherebbero probabilmente problemi di latenza.

1.3.2.6 Metadata Standard su un set di Reference Data

I Reference Data, come gli altri dati, possono cambiare nel tempo. Data la loro importanza all'interno di qualsiasi organizzazione, è fondamentale gestire i Metadata chiave sui set di Reference Data onde garantire che il proprio lineage e periodo di validità siano compresi e mantenuti. Tabella 23 fornisce esempi di tali Metadata.

Tabella 23 Attributi dei Metadata di Reference Data critici

Informazioni chiave su un set di Reference Data	Descrizione
Nome formale	Ufficiale, soprattutto se nome esterno del set di Reference Data (ad esempio, ISO 3166-1991 Elenco dei codici paese)
Nome interno	Nome associato al set di dati all'interno dell'organizzazione (ad esempio, Codici Paese - ISO)
Provider dati	La parte che fornisce e mantiene il set di Reference Data. Questo può essere esterno (ISO), interno (un reparto specifico) o esterno-esteso (ottenuto da una parte esterna, quindi esteso e modificato internamente).
Origine set di dati del provider dati	Descrizione di dove è possibile ottenere i set di dati del provider dati. Può trattarsi probabilmente di un URI (Universal Resource Identifier) all'interno o all'esterno della rete aziendale.
Numero dell'ultima versione del provider dati	Se disponibile e gestito, descrive l'ultima versione del set di dati del provider dati esterno in cui le informazioni possono essere aggiunte o rese obsolete dalla versione nell'organizzazione
Data ultima versione del provider dati	Se disponibile e gestito, descrive quando è stato l'ultimo aggiornamento dell'elenco standard
Numero di versione interno	Numero di versione del set di Reference Data corrente o numero di versione dell'ultimo aggiornamento applicato al set di dati
Data di riconciliazione della versione interna	Data dell'ultimo aggiornamento del set di dati in base all'origine esterna
Data dell'ultimo aggiornamento della versione interna	Data dell'ultima modifica del set di dati. Questo non implica riconciliazione con una versione esterna.

1.3.3 Master Data

I Master Data sono dati sulle entità di business (ad es. dipendenti, clienti, prodotti, strutture finanziarie, asset e sedi) che forniscono il contesto per le transazioni e le analisi di business. Un'entità è un oggetto del mondo reale (persona, organizzazione, luogo o cosa). Le entità sono rappresentate da istanze di entità, sotto forma di dati/record. I Master Data devono rappresentare i dati più autorevoli e più accurati disponibili sulle entità di business chiave. Se gestiti correttamente, i valori dei Master Data sono attendibili e possono essere utilizzati con sicurezza.

In generale, le regole di business disciplinano il formato e gli intervalli consentiti dei valori dei Master Data. I Master Data più comuni nelle organizzazioni comprendono dati su:

- **Parti**, costituite da individui, organizzazioni e relativi ruoli, quali clienti, cittadini, pazienti, venditori, fornitori, agenti, business partner, concorrenti, dipendenti o studenti
- **Prodotti e servizi**, sia interni che esterni
- **Strutture finanziarie**, come contratti, conti di contabilità generale, centri di costo o centri di profitto
- **Posizioni**, quali indirizzi e coordinate GPS

1.3.3.1 System of Record, System of Reference

Quando sussistono versioni potenzialmente differenti della "verità", è necessario distinguerle. Per fare ciò, è necessario sapere da dove provengono o da dove si accede ai dati e quali dati sono stati predisposti per usi particolari. Un *sistema di registrazione (system of record)* è un sistema qualificato in cui i dati vengono creati/acquisiti e/o gestiti attraverso un insieme definito di regole e aspettative (ad esempio, un sistema ERP può essere il sistema di registrazione per le vendite ai clienti). Un *sistema di riferimento (system of reference)* è un sistema qualificato in cui gli utilizzatori dei dati possono ottenere dati affidabili a supporto delle transazioni e delle analisi, anche se le informazioni non hanno avuto origine nel sistema di riferimento. Le applicazioni MDM, gli hub di condivisione dei dati e i data warehouse spesso fungono da sistemi di riferimento.

1.3.3.2 Trusted Source, Golden Record

Una *Trusted Source* è riconosciuta come la "migliore versione della verità" sulla base di una combinazione di regole automatizzate e stewardship manuale del contenuto dei dati. Una fonte attendibile può anche essere definita Single View, 360° View. Qualsiasi sistema MDM deve essere gestito in modo che sia una fonte attendibile. All'interno di una fonte attendibile, i record che rappresentano i dati più precisi sulle istanze di entità possono essere indicati come *Golden Record*.

Il termine *Golden Record* può essere fuorviante. Tech Target definisce un Golden Record come la "singola versione della verità, dove per 'verità' si intende il riferimento a cui gli utenti possono rivolgersi quando vogliono assicurarsi di avere la versione corretta di un'informazione. Il golden record racchiude tutti i dati di ogni sistema di registrazione (System of Record - SOR) all'interno di una particolare organizzazione".[57]

Tuttavia, le due parti di questa definizione mettono in discussione il concetto, poiché i dati in sistemi differenti potrebbero non allinearsi in "un'unica versione della verità".

Nell'ambito di qualsiasi attività sui Master Data, l'unione/risoluzione di dati da più origini in un "Golden Record" non significa pervenire sempre ad una rappresentazione completa al 100% e precisa al 100% di tutte le entità all'interno dell'organizzazione (specialmente nelle organizzazioni che hanno più SOR che forniscono dati all'ambiente dei Master Data). Promettere che i dati siano "d'oro" quando non lo sono può minare la fiducia degli utilizzatori dei dati.

Ecco perché alcuni preferiscono il termine *Trusted Source* per riferirsi "migliore versione che abbiamo" di Master Data. In questo modo si pone l'accento sul modo in cui i dati vengono definiti e gestiti per giungere alla versione migliore. Aiuta inoltre i diversi utilizzatori dei dati a vedere i componenti della "versione singola" che sono importanti per loro. L'area finanziaria e attuariale hanno spesso una prospettiva diversa della "versione singola" del cliente rispetto a quella dell'area marketing. La *Trusted Source* fornisce molteplici prospettive di entità di business così come identificate e definite dai Data Stewards.

1.3.3.3 Master Data Management

Come descritto nell'introduzione del capitolo, il Master Data Management implica il controllo sui valori dei Master Data e sugli identificativi che consentono un uso coerente, tra i sistemi, dei dati più precisi e puntuali sulle entità di business essenziali. Gli obiettivi comprendono la garanzia della disponibilità di valori precisi e attuali, riducendo al contempo il rischio di identificatori ambigui.

Gartner definisce il Master Data Management come "una disciplina compatibile con la tecnologia in cui business e IT lavorano insieme per assicurare l'uniformità, la precisione, la stewardship, la coerenza semantica e l'affidabilità degli asset dei Master Data ufficiali condivisi dell'azienda. I Master Data sono l'insieme coerente e uniforme di identificatori e attributi estesi che descrivono le entità centrali dell'impresa, tra cui clienti, clienti potenziali, cittadini, fornitori, siti, gerarchie e piano dei conti ".[58]

La definizione di Gartner sottolinea che il MDM è una disciplina composta da persone, processi e tecnologia. Non è una soluzione applicativa specifica. Sfortunatamente, l'acronimo MDM (Master Data Management) viene spesso utilizzato per fare riferimento a sistemi o prodotti utilizzati per gestire i Master Data.[59]

---

[57] http://bit.ly/2rRJI3b.

[58] http://gtnr.it/2rQOT33.

[59] Note that, throughout the DAMA-DMBOK, *MDM* refers to the overall process of managing Master Data, rather than to just the tools used to manage this data.

Le applicazioni di MDM possono facilitare i metodi (talvolta in modo particolarmente efficace), tuttavia l'utilizzo di un'applicazione di MDM non garantisce che i Master Data vengano gestiti per soddisfare le esigenze organizzative.

La valutazione dei requisiti di MDM di un'organizzazione comprende l'identificazione di quanto segue:

- A quali ruoli, organizzazioni, luoghi e cose si fa ripetutamente riferimento
- Quali dati sono utilizzati per descrivere persone, organizzazioni, luoghi e cose
- Come sono definiti e strutturati i dati, inclusa la loro granularità
- Dove sono creati/forniti, archiviati e resi disponibili i dati, e dove si accede a essi
- Come si modificano i dati mentre sono trasferiti tra i sistemi all'interno dell'organizzazione
- Chi utilizza i dati e per quali scopi
- Quali criteri si utilizzano per comprendere la qualità e l'affidabilità dei dati e le relative origini

Il Master Data Management è sfidante ed esprime un tema fondamentale relativo ai dati: le persone scelgono modi diversi di rappresentare concetti simili e la riconciliazione tra queste rappresentazioni non è sempre semplice; altrettanto importante, le informazioni cambiano nel tempo e considerare sistematicamente tali cambiamenti richiede pianificazione, conoscenza dei dati e competenze tecniche. In poche parole, occorre lavoro.

Qualsiasi organizzazione che abbia riconosciuto la necessità del MDM probabilmente ha già un panorama sistemico complesso, con molteplici modi di acquisire e memorizzare riferimenti a entità del mondo reale. A causa della crescita organica nel tempo o di fusioni e acquisizioni, i sistemi che hanno fornito input al processo di MDM possono avere definizioni differenti delle stesse entità e molto probabilmente standard diversi per il Data Quality. A causa di questa complessità, è meglio accostarsi al Master Data Management procedendo con un dominio di dati alla volta. Iniziare in piccolo, con un numero limitato di attributi, e scalare nel tempo.

La pianificazione del Master Data Management comprende diversi passaggi di base. All'interno di un dominio:

- Identificare le origini possibili che forniranno una visione completa delle entità dei Master Data
- Sviluppare regole per abbinare e unire in modo preciso istanze delle entità
- Stabilire un approccio per identificare e ripristinare i dati abbinati e uniti in modo non appropriato
- Stabilire un approccio per la distribuzione dei dati attendibili ai sistemi di tutta l'azienda

L'esecuzione del processo, tuttavia, non è così semplice come questi passaggi sembrano implicare, poiché il MDM è un processo di gestione del ciclo di vita. Le attività cruciali per il ciclo di vita comprendono:

- Stabilire il contesto delle entità dei Master Data, comprese le definizioni degli attributi associati e le condizioni del loro utilizzo. Questo processo richiede governance.
- Identificare più istanze della stessa entità rappresentata all'interno e tra le origini dei dati; costruire e mantenere identificatori e riferimenti incrociati per consentire l'integrazione delle informazioni.
- Riconciliare e consolidare i dati tra le origini per fornire un record principale o la migliore versione della verità. I record consolidati forniscono una visione combinata delle informazioni

tra i sistemi e cercano di risolvere le incoerenze nella denominazione degli attributi e nel valore dei dati.

- Individuare istanze abbinate o unite in modo non corretto e accertarsi che siano risolte e associate correttamente agli identificatori.
- Provisioning dell'accesso a dati attendibili tra le applicazioni, tramite letture dirette, servizi dati o feed di replica in archivi di dati transazionali, di warehousing o analitici.
- Applicare l'utilizzo dei valori dei Master Data all'interno dell'organizzazione. Questo processo richiede anche governance e gestione del cambiamento per garantire una prospettiva aziendale condivisa.

1.3.3.4 Fasi di processing chiave di Master Data Management

Le fasi di processing chiave per il MDM sono illustrate in Figura 76. Comprendono la gestione del modello di dati; l'acquisizione dei dati; la convalida, standardizzazione e arricchimento dei dati; la risoluzione dell'entità; la stewardship e la condivisione.

In un ambiente di MDM completo, il modello di dati logici sarà istanziato fisicamente su più piattaforme. Questo costituisce una guida all'implementazione della soluzione di MDM, fornendo la base dei servizi di integrazione di dati; inoltre, dovrebbe guidare il modo in cui le applicazioni sono configurate per sfruttare le funzionalità di riconciliazione dei dati e di verifica della qualità dei dati.

Figura 76 Fasi di processing chiave per il MDM

1.3.3.4.1 Gestione del modello dati

Il lavoro dei Master Data mette in luce l'importanza della definizione di dati logici chiari e coerenti. Il modello deve aiutare l'organizzazione a superare il "gergo da sistema". Termini e definizioni utilizzati all'interno di un sistema di origine possono avere senso all'interno dei confini di tale sistema, ma non sempre hanno senso a livello aziendale. Per i Master Data, termini e definizioni utilizzati a livello aziendale devono rientrare nel contesto di business dell'intera organizzazione e non dipendere necessariamente dai valori dei dati che contribuiscono al sistema di origine.

Per gli attributi che costituiscono i Master Data, la granularità della definizione e i valori dei dati associati devono anch'essi avere senso in tutta l'organizzazione. I sistemi di origine possono presentare lo stesso nome di attributo ma i valori dei dati si trovano in contesti completamente diversi a livello aziendale. In modo analogo, i sistemi di origine possono presentare attributi denominati in modo diverso che, a livello aziendale, si fondono in un singolo attributo e i cui valori dei dati si trovano nel contesto appropriato. A volte, più attributi sono presentati da un'unica fonte e i relativi valori sono utilizzati per derivare un singolo valore di dati per un attributo definito a livello aziendale.

1.3.3.4.2 Acquisizione dei dati

Anche all'interno di una determinata origine, i dati che rappresentano la stessa istanza dell'entità possono apparire diversi, come illustrato in Tabella 24, dove vi sono incongruenze nel modo in cui sono presentati nomi, indirizzi e numeri di telefono. A questo esempio verrà fatto nuovamente riferimento nel seguito del capitolo.

Tabella 24 Dati di origine così come ricevuti dal sistema di MDM

ID origine	Nome	Indirizzo	Telefono
123	John Smith	123 Main, Dataland, SQ 98765	
234	J. Smith	123 Main, Dataland, DA	2345678900
345	Jane Smith	123 Main, Dataland, DA	234-567-8900

La pianificazione, la valutazione e l'integrazione di nuove origini di dati nella soluzione di Master Data Management devono essere un processo affidabile e ripetibile. Le attività di acquisizione dei dati implicano:

- Ricezione e risposta a nuove richieste di acquisizione dell'origine dati
- Esecuzione di valutazioni rapide, ad hoc, di corrispondenza e di alto livello sulla qualità dei dati mediante strumenti di pulizia e profilazione dei dati
- Valutazione e comunicazione della complessità dell'integrazione dei dati con i richiedenti per aiutarli nella loro analisi costi-benefici
- Pilotaggio dell'acquisizione dei dati e relativo impatto sulle regole di corrispondenza
- Finalizzazione delle metriche di qualità dei dati per la nuova origine dati
- Identificazione dei responsabili del monitoraggio e del mantenimento della qualità dei dati di una origine di dati
- Completamento dell'integrazione nell'ambiente di data management complessivo

1.3.3.4.3 Convalida, standardizzazione e arricchimento dei dati

Per abilitare la risoluzione delle entità, i dati devono essere resi il più coerenti possibile. Ciò comporta, come minimo, la riduzione della variazione di formato e la riconciliazione dei valori. Dati di input coerenti riducono la possibilità di errori nell'associazione dei record. I processi di preparazione comprendono:

- **Convalida**: identificazione di dati dimostrabili come erronei o probabilmente errati o in difetto (ad esempio, la rimozione di indirizzi e-mail chiaramente falsi)

- **Standardizzazione:** la garanzia che il contenuto dei dati sia conforme ai valori dei Reference Data (ad es. codici di paese), formati (ad es. numeri telefonici) o campi (ad es. indirizzi)
- **Arricchimento:** aggiunta di attributi che possono migliorare i servizi di risoluzione delle entità (ad es. DUNS Number e Ultimate DUNS Number di Dun and Bradstreet per mettere in relazione i record della società, ID Acxiom o Experian Consumer per i singoli record)

Tabella 25 illustra i risultati del processo di pulizia e standardizzazione nell'esempio di Tabella 24. Gli indirizzi che avevano avuto formati diversi ora sono riconoscibilmente gli stessi. I numeri di telefono includono la formattazione standard.

Tabella 25 Dati di input standardizzati e arricchiti

ID origine	Nome	Indirizzo (pulito)	Telefono (pulito)
123	John Smith	123 Main, Dataland, SQ 98765	
234	J. Smith	123 Main, Dataland, SQ 98765	+1 234 567 8900
345	Jane Smith	123 Main, Dataland, SQ 98765	+1 234 567 8900

1.3.3.4.4 Risoluzione delle entità e gestione degli identificatori

La *risoluzione delle entità* (entity resolution) è il processo per determinare se due riferimenti a oggetti del mondo reale si riferiscono allo stesso oggetto o a oggetti diversi (Talburt, 2011). La risoluzione delle entità è un processo decisionale. I modelli per l'esecuzione del processo differiscono in base all'approccio che adottano per determinare la somiglianza tra due riferimenti. Mentre la risoluzione avviene sempre tra coppie di riferimenti, il processo può essere sistematicamente esteso per includere set di dati di grandi dimensioni. La risoluzione delle entità è cruciale per il MDM, poiché il processo di abbinamento e unione dei record consente la costruzione del set di Master Data.

La risoluzione delle entità include una serie di attività (estrazione dei riferimenti, preparazione dei riferimenti, risoluzione dei riferimenti, gestione delle identità, analisi delle relazioni) che consentono di gestire nel tempo l'identità delle istanze dell'entità e la relazione tra le istanze dell'entità. All'interno del processo di risoluzione dei riferimenti, due riferimenti possono essere identificati come rappresentanti la stessa entità, attraverso il processo di determinazione dell'equivalenza. Questi riferimenti possono quindi essere collegati tramite un valore (un identificatore globale) che indica che sono equivalenti (Talburt, 2011).

1.3.3.4.4.1 Corrispondenza (Matching)

La *corrispondenza (Matching)* , detta anche "candidate identification",, è il processo di identificare come record diversi possano essere correlati a una singola entità. I rischi di questo processo sono:

- **Falsi positivi:** due riferimenti che non rappresentano la stessa entità sono collegati con un unico identificatore. Ciò si traduce in un unico identificatore che fa riferimento a più di un'istanza di entità del mondo reale.

- **Falsi negativi**: due riferimenti rappresentano la stessa entità ma non sono collegati con un unico identificatore. Ciò si traduce in più identificatori che si riferiscono alla stessa entità del mondo reale quando si prevede che ogni istanza abbia un solo identificatore.

Entrambe le situazioni vengono affrontate attraverso un processo chiamato *analisi di somiglianza* o *abbinamento*, in cui viene valutato il grado di similitudine tra due record qualsiasi, spesso basato sulla corrispondenza approssimativa ponderata tra i corrispondenti valori degli attributi. Se il punteggio supera una soglia specificata, si considera che i due record rappresentino la stessa entità (una corrispondenza). Attraverso l'analisi della similitudine, è possibile riconoscere lievi variazioni nei dati e consolidare i valori dei dati. I due approcci di base, che possono essere utilizzati congiuntamente, sono uno deterministico e l'altro probabilistico:

- Gli **algoritmi** deterministici, come l'analisi e la standardizzazione, si basano su schemi e regole definiti per l'assegnazione di pesi e punteggi per determinare la similitudine. Gli algoritmi deterministici sono prevedibili in quanto gli schemi abbinati e le regole applicate producono sempre gli stessi risultati. Questo tipo di abbinamento funziona immediatamente con performance relativamente buone, ma la bontà di tali prestazioni è funzione delle situazioni previste dalle persone che hanno sviluppato le regole.

- Gli **algoritmi** probabilistici si basano su tecniche statistiche per valutare la probabilità che qualsiasi coppia di record rappresenti la stessa entità. Essi si basano sulla capacità di prelevare campioni di dati per il training dell'algoritmo osservando i risultati previsti per un sottoinsieme dei record e ottimizzando il matcher affinché si autoregoli sulla base di analisi statistiche. Tali matcher non si basano sulle regole, perciò i risultati possono essere non deterministici. Tuttavia, poiché le probabilità possono essere affinate in base all'esperienza, i matcher probabilistici sono in grado di migliorare la precisione di abbinamento quando vengono analizzati più dati.

1.3.3.4.4.2 Risoluzione dell'identità

Alcune corrispondenze si verificano con grande sicurezza, sulla base di corrispondenze esatte di dati tra più campi. Altre corrispondenze sono suggerite con minore sicurezza a causa di valori in conflitto. Per esempio:

- Se due record condividono lo stesso cognome, nome, data di nascita e numero di previdenza sociale, ma l'indirizzo è diverso, è lecito ritenere che si riferiscano alla stessa persona che ha cambiato il proprio indirizzo postale?

- Se due record condividono lo stesso numero di previdenza sociale, indirizzo e nome, ma il cognome è diverso, è lecito ritenere che si riferiscano alla stessa persona che ha cambiato il proprio cognome? La probabilità aumentata o diminuisce in base al sesso e all'età?

- Come cambiano questi esempi se non è noto il numero di previdenza sociale di un record? Quali altri identificatori sono utili per determinare la probabilità di una corrispondenza? Che livello di confidenza occorre all'organizzazione per sostenere una corrispondenza?

Tabella 26 illustra la conclusione del processo per i record di esempio in Tabella 24 e Tabella 25. Qui per le ultime due istanze di entità (ID origine 234 e 345) è stato determinato che rappresentano la stessa persona (Jane Smith), mentre la prima (ID origine 123) è identificata come rappresentante di una persona diversa (John Smith).

Tabella 26 Identificazione del candidato e risoluzione dell'identità

ID origine	Nome	Indirizzo (pulito)	Telefono (pulito)	ID candidato	ID parte
123	John Smith	123 Main, Dataland, SQ 98765		XYZ	1
234	J. Smith	123 Main, Dataland, SQ 98765	+1 234 567 8900	XYZ, ABC	2
345	Jane Smith	123 Main, Dataland, SQ 98765	+1 234 567 8900	ABC	2

Anche nei casi di elevato impegno profuso, le decisioni di corrispondenza si rivelano spesso errate. È essenziale mantenere la cronologia delle corrispondenze in modo che queste possano essere annullate in casi di errori. Le metriche del tasso di corrispondenza consentono alle organizzazioni di monitorare l'impatto e l'efficacia delle proprie regole di inferenza delle corrispondenze. La rielaborazione delle regole di corrispondenza può aiutare a identificare candidati con corrispondenza migliore con la ricezione di nuove informazioni da parte del processo di risoluzione delle entità.

1.3.3.4.4.3 Workflow di corrispondenza/Tipi di riconciliazione

Le regole di corrispondenza per i vari scenari richiedono workflow diversi:

- Le **regole di corrispondenza per l'identificazione dei duplicati** si concentrano su un insieme specifico di elementi di dati che identificano in modo univoco un'entità e identificano le opportunità di unione senza agire automaticamente. I Business Data Steward possono esaminare tali eventi e decidere come agire caso per caso.

- Le **regole match-link** identificano e mettono in riferimento incrociato i record che sembrano essere correlati a un master record senza aggiornarne il contenuto. Le regole match-link sono facili da implementare e particolarmente facili da annullare.

- Le **regole match-merge** abbinano i record e uniscono i dati di tali record in un unico record unificato, riconciliato e completo. Se le regole si applicano a tutte le origini dati, è opportuno creare un singolo record, univoco e completo in ciascun archivio dati. È necessario utilizzare come minimo dati attendibili di un archivio dati per integrare i dati in altri archivi, inserendo i valori mancanti o sostituendo quelli ritenuti imprecisi.

Le regole match-merge sono complesse e cercano di fornire la versione unificata e riconciliata delle informazioni su più record e più origini dati. La complessità è dovuta alla necessità di identificare quale campo di quale origine può essere attendibile sulla base di una serie di regole. Ogni nuova origine dati introdotta può modificare queste regole nel tempo. Le complessità relative alle regole match-merge comprendono la complessità operativa della riconciliazione dei dati e il costo dell'annullamento dell'operazione in caso di falsa unione.

Il Match-link è un'operazione più semplice, poiché agisce sul registro dei riferimenti incrociati e non sui singoli attributi del record di Master Data unificato, anche se può essere più difficile presentare informazioni complete da più record.

È opportuno rivalutare periodicamente le regole match-merge e match-link perché i livelli di confidenza cambiano nel tempo. Molti motori di corrispondenza dati forniscono correlazioni statistiche dei valori dei dati per aiutare a stabilire livelli di confidenza. (Vedere Capitolo 13).

1.3.3.4.4.4 Master Data ID Management

La gestione dei Master Data implica la gestione degli identificatori. Esistono due tipi di identificatori che devono essere gestiti tra tutte le origini dati di un ambiente di MDM: ID globali e informazioni sui riferimenti incrociati (x-Ref).

Un *ID globale* è l'identificatore univoco assegnato e gestito dalla soluzione di MDM associato ai record riconciliati. Il suo scopo è identificare in modo univoco l'istanza dell'entità. Nell'esempio in Tabella 26, una volta stabilito che più record rappresentavano la stessa istanza di entità, il valore "ABC" veniva assegnato a entrambi come ID candidato. I record sono stati risolti nel singolo ID parte di "2".

Gli ID globali devono essere generati da un'unica soluzione autorizzata, a prescindere dalla tecnologia utilizzata per eseguire le attività di integrazione dei Master Data, onde evitare qualsiasi rischio di valori duplicati. Gli ID globali possono essere numeri o GUID (Global Unique Identifier), purché sia possibile mantenerne l'univocità. La complessità chiave che deve essere gestita per la generazione di ID globali è relativa a come mantenere l'ID globale corretto (per eseguire gli aggiornamenti dei dati a valle appropriati) a causa di un "unmerge-remerge" (annulla unione-riesegui unione). *X-Ref Management* è la gestione della relazione tra ID origine e ID globale. Il X-Ref Management deve includere funzionalità di gestione della cronologia delle mappature per supportare le metriche del tasso di corrispondenza e per esporre i servizi di ricerca atti ad abilitare l'integrazione di dati.

1.3.3.4.4.5 Gestione delle affiliazioni

La gestione delle affiliazioni (affiliation management) consiste nell'istituire e mantenere la relazione tra i record di Master Data delle entità che hanno relazioni nel mondo reale. Esempi includono affiliazioni di proprietà (ad esempio, la società X è una filiale della società Y, un esempio di relazione genitore-figlio) o altre associazioni (ad esempio, la persona XYZ lavora presso la società X).

La progettazione della Data architecture di una soluzione di MDM deve decidere se sfruttare le relazioni genitore-figlio, le relazioni di affiliazione o entrambe per una data entità.

- **Le relazioni di affiliazione** offrono la massima flessibilità attraverso la logica di programmazione. Il tipo di relazione può essere utilizzato per esporre tali dati in una gerarchia genitore-figlio. Molte soluzioni a valle, come reportistica o strumenti di navigazione degli account, vorrebbero avere una vista gerarchica delle informazioni.

- **Le relazioni genitore-figlio** richiedono meno logica di programmazione poiché la struttura di navigazione è implicita. Tuttavia, se la relazione cambia e non è disponibile alcuna struttura di affiliazione, ciò potrebbe influire sulla qualità dei dati e sulle dimensioni di Business Intelligence.

1.3.3.4.5 Condivisione dei dati e stewardship

Sebbene gran parte del lavoro di Master Data Management possa essere automatizzato tramite strumenti che consentono il processing di un gran numero di record, è comunque necessaria la stewardship per risolvere le situazioni in cui i dati vengono abbinati in modo errato. Idealmente, le lezioni apprese dal processo di stewardship possono essere utilizzate per migliorare gli algoritmi di abbinamento e ridurre i casi di lavoro manuale. (Vedere Capitoli 3 e 8).

1.3.3.5 Party Master Data

I *Party Master Data* comprendono dati su individui, organizzazioni e sui ruoli che questi ricoprono nelle relazioni di business. Nell'ambiente commerciale, le parti comprendono clienti, dipendenti, venditori, partner e concorrenti. Nel settore pubblico, le parti sono generalmente i cittadini. Le forze dell'ordine si concentrano su indagati, testimoni e vittime. Le organizzazioni non-profit si concentrano su membri e donatori. Nel settore sanitario, invece, l'attenzione è rivolta a pazienti e operatori; nell'istruzione, sugli studenti e sui docenti.

I sistemi di Customer Relationship Management (CRM) gestiscono i Master Data sui clienti. L'obiettivo del CRM è fornire informazioni complete e precise su ogni singolo cliente.

Un aspetto essenziale del CRM è la sua capacità d'identificare dati duplicati, ridondanti o in conflitto provenienti da sistemi diversi e determinare se i dati rappresentano uno o più clienti. Il CRM deve essere in grado di risolvere valori conflittuali, riconciliare le differenze e rappresentare accuratamente l'attuale knowledge del cliente. Questo processo richiede regole solide e conoscenza di struttura, granularità, lineage e qualità delle origini dei dati.

I sistemi specializzati di MDM svolgono funzioni simili per individui, organizzazioni e relativi ruoli, dipendenti e fornitori. A prescindere dal settore o dal focus, la gestione dei business Party Master Data pone sfide peculiari:

- La complessità dei ruoli e delle relazioni svolti da individui e organizzazioni
- La difficoltà nell'identificazione univoca
- Il numero di origini dati e le differenze tra loro
- I molteplici canali di comunicazione mobile e social
- L'importanza dei dati
- Le aspettative su come i clienti vogliono essere coinvolti

I Master Data sono particolarmente complessi per le parti che ricoprono più ruoli all'interno di un'organizzazione (ad esempio, un dipendente che è anche un cliente) e che utilizzano diversi punti di contatto o metodi di coinvolgimento (ad esempio, l'interazione tramite un'applicazione per dispositivi mobili collegata a un sito di social media).

1.3.3.6 Master Data finanziari

I Master Data finanziari includono dati su unità di business, centri di costo, centri di profitto, conti di contabilità generale, budget, proiezioni e progetti. In generale, un sistema di pianificazione delle risorse aziendali (ERP) funge da hub centrale per i Master Data finanziari (piano dei conti), con i dettagli del progetto e le transazioni create e gestite in una o più applicazioni "spoke". Ciò è particolarmente comune nelle organizzazioni con funzioni di back-office distribuite.

Le soluzioni di Master Data finanziari non solo creano, gestiscono e condividono le informazioni; molte possono anche simulare come le variazioni ai dati finanziari esistenti possono influire sui risultati economici dell'organizzazione. Le simulazioni dei Master Data finanziari fanno spesso parte dei moduli di pianificazione, analisi e reporting di Business Intelligence, nonché applicativi di budget e previsione più semplici. Attraverso queste applicazioni, le versioni delle strutture finanziarie possono essere modellate per comprendere i potenziali impatti finanziari. Una volta presa una decisione, le modifiche strutturali concordate possono essere divulgate a tutti i sistemi appropriati.

1.3.3.7 Master Data legali

I Master Data legali comprendono dati su contratti, regolamenti e altre questioni legali. I Master Data legali consentono l'analisi di contratti per entità differenti che forniscono gli stessi prodotti o servizi, per consentire una migliore negoziazione o combinare contratti in accordi generali.

1.3.3.8 Master Data di prodotto

I Master Data di prodotto possono concentrarsi sui prodotti e servizi interni di un'organizzazione o su prodotti e servizi a livello di settore (compresi i concorrenti). Tipi di soluzioni Master Data di prodotto differenti supportano funzioni di business diverse.

- **Il Product Lifecycle Management (PLM)** si concentra sulla gestione del ciclo di vita di un prodotto o servizio dal concepimento, allo sviluppo, produzione, vendita/consegna, assistenza e smaltimento. Le organizzazioni implementano sistemi PLM per ridurre il time to market. Nei settori con lunghi cicli di sviluppo del prodotto (fino a ben 8-12 anni nell'industria farmaceutica), i sistemi PLM consentono alle organizzazioni di tracciare i costi dei processi e degli accordi legali lungo l'evoluzione dei concept di prodotto da idee a potenziali prodotti, eventualmente caratterizzati da differenti nomi e accordi di licenza.

- **Il Product Data Management (PDM)** supporta le funzioni di ingegneria e produzione acquisendo e consentendo la condivisione sicura di informazioni sul prodotto come documenti di progettazione (ad es. disegni CAD), ricette (istruzioni di fabbricazione), procedure operative standard e distinte materiali. La funzionalità PDM può essere abilitata tramite sistemi specifici o applicazioni ERP.

- I **dati di prodotto nei sistemi Enterprise Resource Planning (ERP)** si concentrano su SKU (Stock Keeping Unit) per supportare i processi dall'immissione degli ordini fino alla gestione degli stock, livello in cui le singole unità possono essere identificate attraverso svariate tecniche.

- I **dati di prodotto nei sistemi MES (Manufacturing Execution System)** sono focalizzati sulle scorte di materie prime, semi-lavorati e prodotti finiti, dove questi ultimi si legano a prodotti che possono essere immagazzinati e ordinati attraverso il sistema ERP. Questi dati sono importanti anche sui sistemi logistici e di supply chain.

- I **dati di prodotto in un sistema di Customer Relationship Management** (CRM) che supporta le interazioni di marketing, vendita e assistenza possono includere la famiglia di prodotti e i marchi, l'associazione dei rappresentanti di vendita e la gestione territoriale dei clienti, nonché le campagne di marketing.

Molti master di prodotto sono strettamente legati ai sistemi di Reference Data Management.

1.3.3.9 Master Data di posizione

I Master Data di posizione offrono la possibilità di tracciare e condividere informazioni geografiche e di creare relazioni o territori gerarchici basati sui dati geografici. Per i dati di posizione, il confine tra Reference Data e Master Data è molto sottile. Ecco la differenza:

- In generale, i **Reference Data di posizione** comprendono dati geopolitici, come paesi, stati o province, contee, città, codici postali e coordinate geografiche di posizionamento, quali latitudine, longitudine e altitudine. Questi dati cambiano raramente e le modifiche vengono gestite da organizzazioni esterne. I Reference Data di posizione possono anche comprendere regioni geografiche e territori di vendita definiti dall'organizzazione.

- I **Master Data di posizione** includono gli indirizzi delle parti di business, nonché quelli delle strutture delle sedi di proprietà dell'organizzazione. Man mano che le organizzazioni crescono o si contraggono, questi indirizzi cambiano più frequentemente rispetto agli altri Reference Data di posizione.

Vari settori necessitano di dati scientifici terrestri speciali (dati geografici su faglie sismiche, pianure alluvionali, suolo, precipitazioni annuali e aree a grave rischio meteorologico) e dati sociologici correlati (popolazione, etnia, reddito e rischio terroristico), generalmente forniti da fonti esterne.

1.3.3.10 Master Data di settore: elenchi di riferimento

Gli elenchi di riferimento sono liste qualificate di entità di Master Data (società, persone, prodotti, etc.) che le organizzazioni possono acquistare e utilizzare come base delle loro transazioni. Mentre gli elenchi di riferimento sono creati da organizzazioni esterne, una versione gestita e riconciliata delle informazioni viene mantenuta nei sistemi dell'organizzazione.

Esempi di elenchi di riferimento concessi in licenza includono l'elenco Dun and Bradstreet's (D&B) Company Directory of worldwide Company Headquarters, Subsidiaries, and Branch locations e il American Medical Association's Prescriber Database.

Gli elenchi di riferimento consentono l'utilizzo dei Master Data:

- Fornendo un punto di partenza per la corrispondenza e il collegamento di nuovi record. Ad esempio, in un ambiente con cinque origini dati, ciascuna origine può essere confrontata con l'elenco (5 punti di confronto) invece che l'una rispetto all'altra (10 punti di confronto).
- Fornendo ulteriori elementi di dati che potrebbero non essere così facilmente disponibili al momento della creazione del record (ad esempio, per un medico, questo può includere lo stato della licenza medica; per un'azienda, una classificazione del settore NAICS a sei cifre).

Poiché i record di un'organizzazione corrispondono e si riconciliano con gli elenchi di riferimento, il record attendibile si discosterà dal record di riferimento con la tracciabilità verso altri record di origine, fornendo attributi e regole di trasformazione.

1.3.4 Architettura di condivisione dei dati

Esistono diversi approcci architetturali di base per l'integrazione dei Reference e Master Data. Ogni area oggetto di Master Data avrà probabilmente il proprio sistema di record. Ad esempio, il sistema delle risorse umane solitamente funge da sistema di registrazione dei dati dei dipendenti. Un sistema CRM potrebbe fungere da sistema di registrazione per i dati dei clienti, mentre un sistema ERP potrebbe fungere da sistema di registrazione dei dati finanziari e di prodotto.

Il modello di architettura dell'hub di condivisione dei dati mostrato in Figura 77 Esempio di rappresenta un'architettura hub-and-spoke per i Master Data. L'hub di Master Data è in grado di gestire le interazioni con gli elementi spoke come i sistemi di origine, le applicazioni di business e gli archivi dati, minimizzando allo stesso tempo il numero di punti di integrazione. Un hub dati locale può estendere e ridimensionare l'hub dei Master Data. (Vedere Capitolo 8).

Ciascuno dei tre approcci di base per l'implementazione di un ambiente hub di Master Data presenta vantaggi e svantaggi:

- Un **Registro (Registry)** è un indice che punta ai Master Data nei vari sistemi di registrazione. I sistemi di registrazione gestiscono i Master Data locali per le proprie applicazioni. L'accesso ai Master Data proviene dall'indice principale. Un registro è relativamente facile da implementare perché richiede poche modifiche nei sistemi di registrazione. Ma spesso sono necessarie query complesse per assemblare i Master Data da più sistemi. Inoltre, è necessario implementare più regole di business per risolvere le differenze semantiche tra sistemi in più punti.

- In un **Hub di Transazioni (Transaction Hub),** le applicazioni si interfacciano con l'hub per accedere e aggiornare i Master Data. I Master Data esistono all'interno dell'hub di transazioni e non all'interno di alcun'altra applicazione. L'hub di transazioni è il sistema di registrazione dei

Master Data. Gli Hub di transazioni consentono una migliore governance e forniscono un'origine coerente di Master Data. Tuttavia, è costoso rimuovere la funzionalità di aggiornamento dei Master Data dai sistemi di registrazione esistenti. Le regole di business sono implementate in un unico sistema: l'hub.

* Un **approccio consolidato** è un ibrido tra Registro e Hub di Transazioni. I sistemi di registrazione gestiscono i Master Data locali per le proprie applicazioni. I Master Data sono consolidati in un archivio comune e resi disponibili da un hub di condivisione dei dati, il sistema di riferimento per i Master Data. Questo elimina la necessità di accedere direttamente dai sistemi di registrazione. L'approccio consolidato offre una visione aziendale con un impatto limitato sui sistemi di registrazione. Tuttavia, implica la replica dei dati e sarà presente latenza tra l'hub e i sistemi di registrazione.

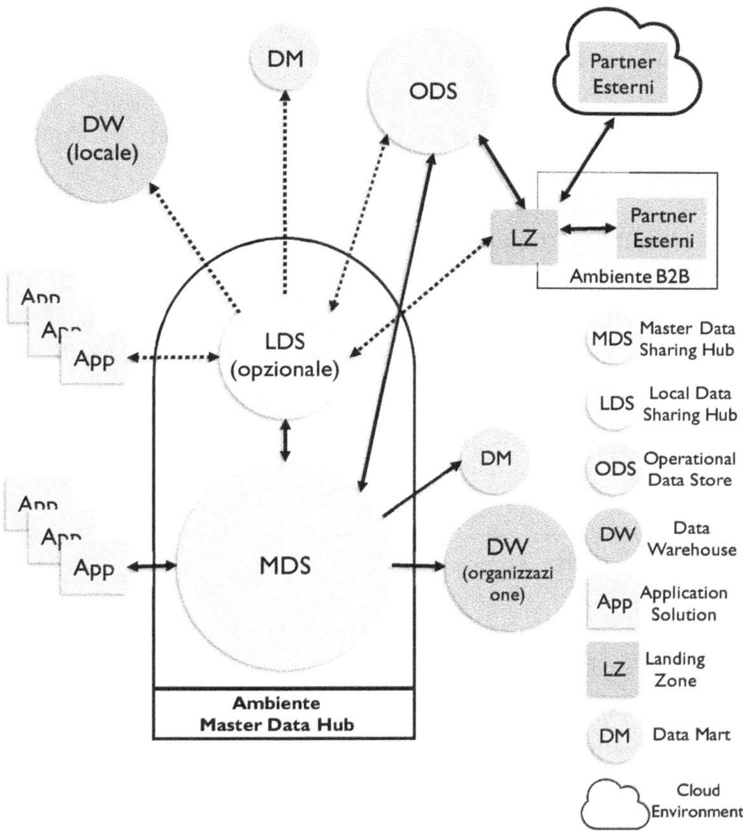

Figura 77 Esempio di architettura di condivisione dei Master Data

2. Attività

Come sottolineato nella Sezione 1.3.1, i Master Data e i Reference Data condividono determinate caratteristiche (sono risorse condivise che forniscono contesto e significato per altri dati e devono essere gestite a livello aziendale), tuttavia differiscono anche in modi importanti (gli insiemi di Reference Data sono più piccoli, meno volatili, non richiedono abbinamento, unione e collegamento, etc.). La sezione delle attività descriverà anzitutto le attività associate al MDM, quindi descriverà quelle relative ai Reference Data.

2.1 Attività di MDM

2.1.1 Definire driver e requisiti di MDM

Ogni organizzazione presenta diversi driver e criticità legati al MDM, influenzati dal numero e dal tipo di sistemi, dalla loro età, dai processi di business che supportano e dal modo in cui i dati vengono utilizzati sia per le transazioni sia per gli analytics. I driver spesso includono opportunità per migliorare il servizio clienti e/o l'efficienza operativa, nonché per ridurre i rischi legati alla privacy e alla conformità. Le criticità includono le differenze nel significato e nella struttura dei dati tra i sistemi. Queste sono spesso legate a barriere culturali: alcune unità di business potrebbero non voler sostenere i costi di modifica dei propri processi, anche se il cambiamento è presentato come positivo per l'intera impresa.

È relativamente semplice definire i requisiti per i Master Data all'interno di un'applicazione. È più difficile definire requisiti standard tra le applicazioni. La maggior parte delle organizzazioni vorrà accostarsi a un'area tematica dei Master Data o persino a un'entità alla volta. È necessario definire le priorità degli sforzi relativi ai Master Data in base al costo/beneficio dei miglioramenti proposti e alla complessità relativa dell'area tematica dei Master Data. È consigliato iniziare con la categoria più semplice per apprendere dal processo.

2.1.2 Stimare e valutare le origini dati

I dati nelle applicazioni esistenti costituiscono la base delle attività di Master Data Management. È importante capire la struttura e il contenuto di questi dati e dei processi attraverso i quali tali dati vengono raccolti o creati. Un esito delle attività di MDM può essere il miglioramento dei Metadata generati attraverso l'attività di valutazione della qualità dei dati esistenti. Un obiettivo della valutazione è capire quanto completi siano i dati in relazione agli attributi che comprendono i Master Data; questo processo include il chiarimento delle definizioni e della granularità di tali attributi. A un certo punto, durante la definizione e la descrizione degli attributi, insorgeranno problemi semantici; a tal fine, i Data Steward dovranno collaborare con le aree di business alla riconciliazione e all'accordo sulla denominazione degli attributi e sulle definizioni a livello aziendale. (Vedere i capitoli 3 e 13).

L'altra parte della valutazione delle origini è capire la qualità dei dati. I problemi di qualità dei dati complicheranno un progetto di Master Data, cosicché il processo di valutazione comprenda la risoluzione delle cause alla radice dei problemi relativi ai dati. È necessario non presumere mai che i dati siano di alta qualità - è più conservativo supporre che non siano di alta qualità; in ogni caso risulta fondamentale valutare sempre la qualità e idoneità di un ambiente di Master Data.

La più grande sfida, come notato, è costituita dalla disomogeneità tra le origini. I dati possono essere di alta qualità all'interno di una determinata origine, ma comunque non fittare con i dati di altre origini, a causa delle differenze strutturali e delle differenze nei valori con cui sono rappresentati attributi simili. Le iniziative relative ai Master Data offrono l'opportunità di definire e implementare standard nelle applicazioni in cui i dati sono creati o raccolti.

Per alcune entità di Master Data, come cliente o fornitore, è possibile acquistare dati standardizzati (come gli elenchi di riferimento) per consentire l'attività di MDM. Diversi fornitori hanno servizi che forniscono dati puliti relativi a singole persone o entità o professioni di business (ad esempio, operatori sanitari), che possono essere confrontati con i dati interni di un'organizzazione per migliorare le informazioni di contatti, indirizzi e nomi (vedere Capitolo 10). Oltre a valutare la qualità dei dati esistenti, è anche necessario comprendere la tecnologia che supporta la raccolta di input per un'attività di MDM: la tecnologia esistente influenzerà l'approccio architetturale del MDM.

2.1.3 Definire l'approccio architetturale

L'approccio architetturale al MDM dipende dalla strategia di business, dalle piattaforme delle origini di dati esistenti e dai dati stessi, in particolare la loro lineage e volatilità, e le implicazioni di alta o bassa latenza. L'architettura deve tenere conto del l'utilizzo dei dati e dei modelli di condivisione. Gli strumenti di manutenzione dipendono sia dai requisiti di business sia dalle opzioni dell'architettura; tali strumenti aiutano a definire e allo stesso tempo dipendono dall'approccio alla stewardship e manutenzione.

Il numero di sistemi di origine da integrare nella soluzione di Master Data e le piattaforme di tali sistemi devono essere presi in considerazione nel determinare l'approccio all'integrazione. La dimensione e la diffusione geografica di un'organizzazione influenzeranno anch'esse l'approccio all'integrazione. Le piccole organizzazioni possono utilizzare efficacemente un hub di transazioni, mentre un'organizzazione globale con più sistemi ha maggiori probabilità di utilizzare un registro. Un'organizzazione con unità di business "a silos" e molteplici sistemi di origine può decidere che un approccio consolidato sia il percorso corretto da seguire. È opportuno che esperti di dominio di business, Data Architect ed Enterprise Architect forniscano una prospettiva sull'approccio.

L'architettura dell'hub di condivisione dei dati è particolarmente utile quando non esiste un chiaro sistema di registrazione per i Master Data. In questo caso, più sistemi forniscono i dati; nuovi dati o aggiornamenti da un sistema possono essere riconciliati con i dati già forniti da un altro sistema. L'hub di condivisione dei dati diventa l'origine del contenuto dei Master Data per data warehouse o data marts, riducendo la complessità degli estratti e i tempi di processing per la trasformazione, la correzione e la riconciliazione dei dati. Ovviamente, i data warehouse devono rispecchiare le modifiche apportate all'hub di condivisione dei dati per scopi di storicizzazione, mentre lo stesso hub di condivisione dei dati potrebbe dover rispecchiare solo lo stato attuale.

2.1.4 Modellare i Master Data

Il Master Data Management è un processo di integrazione dei dati. Per ottenere risultati coerenti e gestire l'integrazione di nuove origini man mano che un'organizzazione si espande, è necessario definire un modello dei dati all'interno delle aree tematiche. Un modello logico o canonico può essere definito sulle aree tematiche all'interno dell'hub di condivisione dei dati. Ciò consentirebbe di stabilire definizioni a livello aziendale di entità e attributi dell'area tematica. (Vedere Capitoli 5 e 8)

2.1.5 Definire la stewardship e i processi di manutenzione

Le soluzioni tecniche possono fare un notevole lavoro di abbinamento, unione e gestione degli identificativi dei record master. Tuttavia, il processo richiede anche stewardship, non solo per indirizzare i record che sono scartati dal processo, ma anche per rimediare e migliorare i processi che ne causano in primo luogo lo scarto. I progetti di MDM devono tenere conto delle risorse necessarie a supportare la qualità costante dei Master Data. È necessario analizzare i record, fornire feedback ai sistemi di origine e fornire input che possano essere utilizzati per ottimizzare e migliorare gli algoritmi che guidano la soluzione di MDM.

2.1.6 Stabilire policy di governance per imporre l'utilizzo dei Master Data

Il lancio iniziale di un'attività di Master Data è impegnativo e richiede molta attenzione; i reali vantaggi (efficienza operativa, qualità superiore, migliore servizio clienti) giungono quando le persone e i sistemi iniziano a utilizzare i Master Data. Lo sforzo complessivo deve includere una roadmap affinché i sistemi adottino valori e identificatori dei master data come input per i processi. È necessario stabilire loop chiusi unidirezionali tra i sistemi per mantenere la coerenza dei valori in tutti i sistemi.

2.2 Attività sui Reference Data

2.2.1 Definire driver e requisiti

I driver principali per il Reference Data Management sono l'efficienza operativa e qualità dei dati superiore. La gestione centralizzata dei Reference Data è più conveniente rispetto al fatto che più unità di business mantengano i propri set di dati; questa, inoltre, riduce il rischio di incoerenza tra i sistemi. Alcuni set di Reference Data sono più importanti di altri; set di Reference Data complessi richiedono più lavoro per la configurazione e la manutenzione rispetto a quelli semplici. I set di Reference Data più importanti devono soddisfare i requisiti di un sistema di Reference Data Management. Una volta messo in atto un tale sistema, è possibile impostare nuovi set di Reference Data come parte dei progetti. I set di Reference Data esistenti devono essere gestiti in base a una pianificazione pubblicata.

2.2.2 Valutare le origini dati

La maggior parte dei set di Reference Data standard di settore può essere ottenuta dalle organizzazioni che li creano e li gestiscono. Alcune organizzazioni forniscono tali dati gratuitamente; altre richiedono il pagamento di una commissione. Anche gli intermediari confezionano e vendono Reference Data, spesso con funzionalità a valore aggiunto. In funzione del numero e del tipo di set di Reference Data necessari a un'organizzazione, potrebbe essere preferibile l'acquisto da un fornitore, soprattutto se quest'ultimo garantisce la consegna di aggiornamenti in base a una pianificazione prestabilita ed esegue il controllo di qualità di base sui dati.

Molte organizzazioni si affidano anche a Reference Data creati e gestiti internamente. Determinare l'origine dei dati di riferimento locali o interni è spesso più difficile che farlo per i Reference Data standard di settore. Come nel caso dei Master Data, le origini interne per i Reference Data devono essere identificate, confrontate e valutate. I proprietari dei dati esistenti devono comprendere i vantaggi della gestione centralizzata e concordare di supportare i processi di stewardship dei dati per il bene dell'azienda.

2.2.3 Definire l'approccio architetturale

Prima di acquistare o creare uno strumento di gestione dei Reference Data, è fondamentale tenere conto dei requisiti e delle sfide poste dai Reference Data da gestire. Ad esempio, la volatilità dei dati (la maggior parte dei Reference Data è relativamente statica, ma alcuni di essi sono piuttosto volatili), la frequenza degli aggiornamenti e i modelli di utilizzo. È opportuno determinare se sia necessario conservare i dati storicizzati sulle modifiche ai valori o alle definizioni dei valori. Se l'organizzazione acquisterà i dati da un fornitore, occorre tenere in considerazione il metodo di consegna e d'integrazione.

L'approccio architetturale deve riconoscere che, invariabilmente, alcuni Reference Data dovranno essere aggiornati manualmente. Occorre assicurarsi che l'interfaccia per gli aggiornamenti sia semplice e che possa essere configurata per applicare regole di immissione dei dati di base, ad esempio garantire che le relazioni genitore/figlio siano mantenute nei Reference Data che comprendono le gerarchie. Lo strumento di RDM deve consentire agli Steward di effettuare aggiornamenti ad hoc senza la necessità di supporto tecnico e includere workflow atti a garantire che le approvazioni e le notifiche siano automatizzate. I Data Steward devono programmare aggiornamenti dei quali sono a conoscenza in modo da effettuare l''allineamento rispetto alla pubblicazione di nuovi codici. Gli utilizzatori dei dati devono essere informati di tutte le modifiche, nei casi in cui i Reference Data guidino la logica di programmazione, deve essere valutato e tenuto in considerazione il potenziale impatto delle modifiche, prima dell'introduzione delle stesse.

2.2.4 Modellare i set di Reference Data

Molte persone vedono i Reference Data come semplici codici e descrizioni. Tuttavia, molti Reference Data sono più complicati. Ad esempio, un set di dati di ZIP Code solitamente comprende informazioni sullo stato e sulla contea, nonché altri attributi geo-politici. Al fine di consentire un uso a lungo termine e stabilire Metadata precisi, nonché per il processo di manutenzione stesso, è utile creare modelli di set di Reference Data. I modelli aiutano gli utilizzatori dei dati a comprendere le relazioni all'interno del set di Reference Data e possono essere utilizzati per stabilire regole sulla qualità dei dati.

2.2.5 Definire la stewardship e i processi di manutenzione

I Reference Data richiedono stewardship per garantire che i valori siano completi e attuali e che le definizioni siano chiare e comprensibili. In alcuni casi, gli steward saranno direttamente responsabili della manutenzione pratica dei Reference Data; in altri casi, potranno facilitarne il processo. Ad esempio, se diverse unità di business richiedono Reference Data per supportare lo stesso concetto, uno steward può facilitare le discussioni che definiscono valori comuni.

Come parte del processo di stewardship, è utile acquisire Metadata di base su ciascun set di Reference Data. Ciò può comprendere: nome dello steward, organizzazione originaria, frequenza prevista degli aggiornamenti, pianificazione degli aggiornamenti, processi che utilizzano i Reference Data, se le versioni storicizzate dei dati devono essere conservate e altro (vedere Sezione 1.3.2.6). Documentare quali processi utilizzano i Reference Data consentirà una comunicazione più efficace in merito alle modifiche ai dati.

Molti strumenti di Reference Data Management includono workflow per gestire la revisione e l'approvazione delle modifiche ai Reference Data. Questi workflow dipendono dall'identificazione di chi all'interno di un'organizzazione è responsabile del contenuto dei Reference Data.

2.2.6 Stabilire politiche di governance dei Reference Data

Un'organizzazione ottiene valore da un repository di Reference Data gestito a livello centralizzato solo se le persone utilizzano effettivamente i dati di tale repository. A tal fine, è importante attuare policy che disciplinino la qualità e impongano l'uso dei Reference Data da quel repository, sia direttamente attraverso la pubblicazione dallo stesso o indirettamente da un sistema di riferimento popolato con i dati del repository centrale.

3. Strumenti e tecniche

Il MDM richiede strumenti appositamente progettati per consentire la gestione delle identità. Il Master Data Management può essere implementato tramite strumenti di integrazione dei dati, strumenti di correzione dei dati, archivi di dati operativi (Operational Data Store - ODS), hub di condivisione dei dati (data sharing hub - DSH) o applicazioni di MDM specifiche. Diversi fornitori offrono soluzioni in grado di coprire una o più aree tematiche relative ai Master Data. Altri fornitori promuovono l'uso dei propri prodotti software di integrazione dati e servizi di implementazione per creare soluzioni di Master Data personalizzate.

Le soluzioni "a pacchetto" per prodotto, account e parti nonché i servizi "a pacchetto" di controllo della qualità dei dati possono velocizzare la partenza di grandi programmi. Incorporare tali servizi può consentire alle organizzazioni di utilizzare le migliori soluzioni, integrandole nella propria architettura di business per soddisfare esigenze specifiche.

4. Linee guida per l'implementazione

Il Master Data Management e il Reference Data Management sono forme di integrazione dei dati. I principi di implementazione che si applicano all'integrazione e all'interoperabilità dei dati si applicano al MDM e RDM. (Vedere Capitolo 8).

Le funzionalità di MDM e RDM non possono essere implementate dall'oggi al domani, in quanto le soluzioni richiedono conoscenze tecniche e di business specializzate. Le organizzazioni devono prevedere di implementare le soluzioni di Reference e Master Data in modo incrementale attraverso una serie di progetti definiti in una roadmap di implementazione, con priorità in base alle esigenze di business e guidati da un'architettura complessiva.

Si osservi che i programmi di MDM falliscono in mancanza di una governance adeguata. I Data governance professional devono comprendere le sfide del MDM e RDM e valutare la maturità e la capacità dell'organizzazione di risolverle. (Vedere Capitolo 15).

4.1 Rispettare l'architettura dei Master Data

Stabilire e seguire un'architettura di riferimento adeguata è fondamentale per la gestione e la condivisione dei Master Data all'interno di un'organizzazione. L'approccio all'integrazione deve tenere conto della struttura organizzativa del business, del numero di sistemi di registrazione distinti, dell'implementazione della data governance, dell'importanza dell'accesso e della latenza dei valori dei dati e del numero di sistemi e applicazioni che utilizzano i Master Data.

4.2 Monitorare il movimento dei dati

I processi di integrazione di dati per i Master e Reference Data devono essere studiati in modo da garantire l'estrazione e la distribuzione tempestive dei dati in tutta l'organizzazione. Poiché i dati fluiscono all'interno di un ambiente di condivisione di Reference e Master Data, il flusso di dati deve essere monitorato al fine di:

- Mostrare in che modo sono condivisi e utilizzati i dati in tutta l'organizzazione
- Identificare il data lineage da/per sistemi e applicazioni amministrativi
- Assistere nella root cause analysis dei problemi
- Mostrare l'efficacia delle tecniche di inserimento dei dati e di integrazione degli utilizzi
- Indicare la latenza dei valori dei dati dai sistemi di origine ai sistemi di utilizzo
- Determinare la validità delle regole di business e delle trasformazioni eseguite all'interno dei componenti di integrazione

4.3 Gestire la modifica dei Reference Data

Poiché i Reference Data sono una risorsa condivisa, non possono essere modificati arbitrariamente. La chiave per un Reference Data Management di successo è la volontà organizzativa di rinunciare al controllo locale dei dati condivisi. Per ottenere ciò è necessario implementare processi, atti a ricevere e a rispondere alle richieste di modifica dei Reference Data. Il Data Governance Council deve garantire l'implementazione di policy e procedure per la gestione delle modifiche ai dati all'interno degli ambienti di Reference e Master Data.

Le modifiche ai Reference Data dovranno essere gestite. Modifiche minori possono interessare solo poche righe di dati. Ad esempio, quando l'Unione Sovietica si suddivise in stati indipendenti, il termine *Unione Sovietica* divenne obsoleto e furono aggiunti nuovi codici. Nel settore sanitario, i codici di procedura e diagnosi vengono aggiornati annualmente per tenere conto del perfezionamento dei codici esistenti, dell'abrogazione dei codici e dell'introduzione di nuovi codici. Revisioni importanti dei Reference Data influiscono sulla struttura dei dati. Ad esempio, i codici diagnostici ICD-10 sono strutturati in modi assai diversi da quelli ICD-9. ICD10 ha un formato diverso ed esistono valori diversi per gli stessi concetti. Ancora più importante, ICD-10 ha ulteriori principi di organizzazione. I codici ICD10 hanno una granularità differente e sono molto più specifici, perciò sono veicolate più informazioni in un singolo codice. Di conseguenza, ce ne sono molti altri (a partire dal 2015, i codici ICD-10 erano 68.000, rispetto ai 13.000 ICD-9).[60]

L'uso obbligatorio dei codici ICD-10 negli Stati Uniti nel 2015 ha richiesto una notevole pianificazione. Le aziende del settore sanitario hanno dovuto apportare modifiche al sistema, nonché adeguamenti alla reportistica interessata per tenere conto del nuovo standard.

I tipi di modifiche comprendono:

- Modifiche a livello di riga a set di Reference Data esterni
- Modifiche strutturali a set di Reference Data esterni
- Modifiche a livello di riga a set di Reference Data interni
- Modifiche strutturali a set di Reference Data interni
- Creazione di nuovi set di Reference Data

Le modifiche possono essere pianificate/programmate oppure ad hoc. Le modifiche pianificate, come gli aggiornamenti mensili o annuali dei codici standard di settore, richiedono una governance inferiore rispetto agli aggiornamenti ad hoc. Il processo di richiesta di nuovi set di Reference Data deve tenere conto di potenziali utilizzi aggiuntivi rispetto alle richieste originali.

Le richieste di modifica devono seguire un processo definito, come illustrato in Figura 78. Quando vengono ricevute le richieste, gli stakeholder devono essere informati in modo da poter valutare gli impatti. Se le modifiche richiedono approvazione, è necessario organizzare gli incontri/meeting necessari a ottenerla. Infine, le modifiche devono essere comunicate in modo appropriato.

---

[60] http://bit.ly/1SSpds9 (accessed 8/13/16).

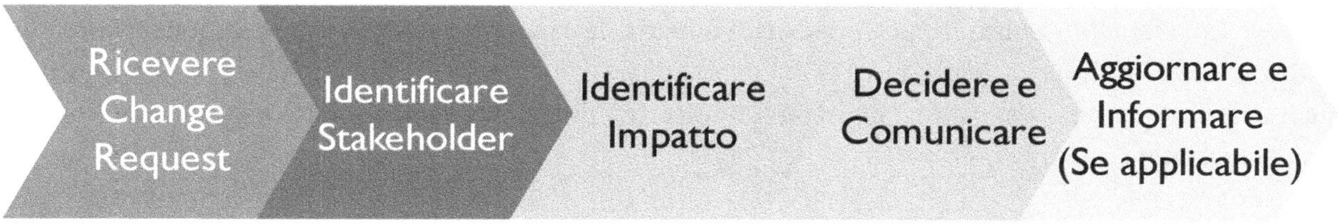

Figura 78 Processo di richiesta di modifica dei Reference Data

4.4 Accordi di condivisione dei dati

La condivisione e l'utilizzo di Reference Data e Master Data in un'organizzazione richiede la collaborazione tra più parti interne dell'organizzazione e talvolta con parti esterne a essa. Per garantire un accesso e un uso corretti, è necessario stabilire accordi di condivisione che determinino quali dati possano essere condivisi e a quali condizioni. L'applicazione di tali accordi aiuterà in caso di problemi relativi alla disponibilità dei dati o alla qualità dei dati introdotti nell'ambiente di condivisione. Queste attività dovrebbero essere guidate dal programma di Data Governance e possono coinvolgere Data Architect, Data Provider, Data Steward, Application Developer, Business Analyst, nonché responsabili di compliance/privacy e responsabili della sicurezza.

I responsabili dell'ambiente di condivisione dei dati hanno l'obbligo nei confronti degli utilizzatori dei dati a valle di fornire dati di alta qualità. Per adempiere a questa responsabilità, essi dipendono dai sistemi a monte. Devono essere stabiliti gli SLA e le metriche atte a misurare la disponibilità e la qualità dei dati condivisi. Inoltre, devono essere messi in atto i processi per affrontare le cause alla radice (root cause) dei problemi relativi alla qualità o alla disponibilità dei dati. Infine, deve essere adottato un approccio standard alle comunicazioni per tenere informate tutte le parti interessate sull'esistenza di problemi e sullo stato delle azioni correttive. (Vedere Capitolo 8).

5. Organizzazione e cambiamento culturale

Il Reference e Master Data Management richiede alle persone di rinunciare al controllo di alcuni dei loro dati e processi al fine di creare risorse condivise. Non è sempre una cosa facile da ottenere. Mentre i professionisti della gestione dei dati sono in grado di capire che la gestione locale dei dati è rischiosa, le persone che li gestiscono localmente hanno il proprio lavoro da svolgere e possono percepire le attività di MDM o RDM come un'ulteriore complicazione dei loro processi.

Per fortuna, molte persone riconoscono che questi sforzi sono fondamentalmente sensati, in quanto, ad esempio, è meglio avere una visione completa e accurata di un singolo cliente piuttosto che avere più viste parziali.

Migliorare la disponibilità e la qualità dei Reference Data e dei Master Data richiederà senza dubbio modifiche alle procedure e alle pratiche tradizionali. Le soluzioni devono essere individuate e implementate in base alla disponibilità organizzativa attuale e alle esigenze future legate alla mission e alla vision dell'organizzazione.

Forse il cambiamento culturale più impegnativo riguarda la governance: determinare quali individui sono responsabili di quali decisioni - Data Steward di business, Data Architect, manager e dirigenti - e quali decisioni i team di stewardship, i comitati direttivi dei programmi e il Data Governance Council devono prendere in modo collaborativo.

6. Reference e Master Data Governance

Poiché sono risorse condivise, i Reference Data e i Master Data richiedono governance e stewardship. Non tutte le incoerenze dei dati possono essere risolte tramite l'automazione. Alcune richiedono che le persone parlino tra loro. Senza governance, le soluzioni di Reference e Master Data saranno solo ulteriori utility per l'integrazione dei dati, incapaci di esprimere tutto il loro potenziale.

I processi di governance determineranno:

- Le origini di dati da integrare
- Le regole sulla qualità dei dati da applicare
- Le regole di condizioni d'uso cui attenersi
- Le attività da monitorare e la frequenza di monitoraggio
- I livelli di priorità e di risposta delle attività di data stewardship
- Come devono essere rappresentate le informazioni per soddisfare le esigenze degli stakeholder
- I gate di approvazione standard, aspettative nell'implementazione di RDM e MDM

I processi di governance permettono anche di unificare gli stakeholder di compliance e legale degli utilizzatori dei dati a garantire che i rischi organizzativi vengano ridotti attraverso la definizione e l'integrazione di policy di privacy, sicurezza e conservazione.

Come processo costante, la data governance deve avere la capacità di rivedere, ricevere e considerare nuovi requisiti e modifiche alle regole esistenti, rendendo al contempo disponibili principi, regole e linee guida a coloro che utilizzano i Reference e Master Data.

6.1 Metriche

Alcune metriche possono essere legate alla qualità dei Reference e Master Data e ai processi che supportano tali attività:

- **Qualità dei dati e conformità**: i dashboard di Data Quality (DQ) possono descrivere la qualità dei Reference e Master Data. Queste metriche devono indicare la confidenza (in percentuale) di un'entità di area tematica o attributo associato e la propria idoneità all'uso (fit-for-purpose) in tutta l'organizzazione.

- **Attività di modifica dei dati**: l'auditing del lineage dei dati attendibili (trusted data) è imperativo per migliorare la qualità dei dati in un ambiente di condivisione dei dati. Le metriche devono indicare il tasso di variazione dei valori dei dati. Queste metriche forniranno informazioni dettagliate sui sistemi che forniscono dati all'ambiente di condivisione e possono essere utilizzate per ottimizzare gli algoritmi nei processi di MDM.

- **Inserimento e consumo dei dati**: i dati vengono forniti da sistemi a monte e utilizzati da sistemi e processi a valle. Queste metriche devono indicare e tracciare quali sistemi forniscono dati e quali aree di business utilizzano dati dell'ambiente di condivisione.

- **Service Level Agreement**: gli SLA devono essere istituiti e comunicati a collaboratori e utilizzatori, al fine di garantire l'utilizzo e l'adozione dell'ambiente di condivisione dei dati. Il livello di aderenza agli SLA può fornire informazioni sia sui processi di supporto sia sui problemi tecnici e di dati che potrebbero rallentare l'applicazione del MDM.

- **Copertura del ruolo di Data Steward**: queste metriche devono indicare il nome o il gruppo responsabile del contenuto dei dati e la frequenza con cui viene valutata la copertura. Possono essere utilizzate per identificare gap del supporto.

- **Total Cost of Ownership (TCO)**: vi sono molti fattori che influenzano questa metrica e diversi modi di rappresentarla. Dal punto di vista della soluzione, i costi possono includere infrastrutture, licenze software, personale di supporto, costi di consulenza, formazione, etc. L'efficacia di questa metrica si basa in gran parte sulla sua coerente applicazione all'interno dell'organizzazione.

- **Volume di condivisione e utilizzo dei dati**: i volumi di inserimento e utilizzo dei dati devono essere monitorati per determinare l'efficacia dell'ambiente di condivisione dei dati. Queste metriche devono indicare il volume e la velocità dei dati definiti, inseriti e utilizzati da e per l'ambiente di condivisione dei dati.

---

7. Opere Citate / Consigliate

Abbas, June. *Structures for Organizing Knowledge: Exploring Taxonomies, Ontologies, and Other Schema*. Neal-Schuman Publishers, 2010. Print.

Abernethy, Kenneth and J. Thomas Allen. *Exploring the Digital Domain: An Introduction to Computers and Information Fluency*. 2nd ed., 2004. Print.

Allen Mark and Dalton Cervo. *Multi-Domain Master Data Management: Advanced MDM and Data Governance in Practice*. Morgan Kaufmann, 2015. Print.

Bean, James. *XML for Data Architects: Designing for Reuse and Integration*. Morgan Kaufmann, 2003. Print. The Morgan Kaufmann Series in Data Management Systems.

Berson, Alex and Larry Dubov. *Master Data Management and Customer Data Integration for a Global Enterprise*. McGraw-Hill, 2007. Print.

Brackett, Michael. *Data Sharing Using a Common Data Architecture*. Wiley, 1994. Print. Wiley Professional Computing.

Cassell, Kay Ann and Uma Hiremath. *Reference and Information Services: An Introduction*. 3d ed. ALA Neal-Schuman, 2012. Print.

Cervo, Dalton and Mark Allen. *Master Data Management in Practice: Achieving True Customer MDM*. Wiley, 2011. Print.

Chisholm, Malcolm. "What is Master Data?" BeyeNetwork, February 6, 2008. http://bit.ly/2spTYOA Web.

Chisholm, Malcolm. *Managing Reference Data in Enterprise Databases: Binding Corporate Data to the Wider World.* Morgan Kaufmann, 2000. Print. The Morgan Kaufmann Series in Data Management Systems.

Dreibelbis, Allen, et al. *Enterprise Master Data Management: An SOA Approach to Managing Core Information.* IBM Press, 2008. Print.

Dyche, Jill and Evan Levy. *Customer Data Integration: Reaching a Single Version of the Truth.* John Wiley and Sons, 2006. Print.

Effingham, Nikk. *An Introduction to Ontology.* Polity, 2013. Print.

Finkelstein, Clive. *Enterprise Architecture for Integration: Rapid Delivery Methods and Techniques.* Artech House Print on Demand, 2006. Print. Artech House Mobile Communications Library.

Forte, Eric J., et al. *Fundamentals of Government Information: Mining, Finding, Evaluating, and Using Government Resources.* Neal-Schuman Publishers, 2011. Print.

Hadzic, Fedja, Henry Tan, Tharam S. Dillon. *Mining of Data with Complex Structures.* Springer, 2013. Print. Studies in Computational Intelligence.

Lambe, Patrick. *Organising Knowledge: Taxonomies, Knowledge and Organisational Effectiveness.* Chandos Publishing, 2007. Print. Chandos Knowledge Management.

Loshin, David. *Enterprise Knowledge Management: The Data Quality Approach.* Morgan Kaufmann, 2001. Print. The Morgan Kaufmann Series in Data Management Systems.

Loshin, David. *Master Data Management.* Morgan Kaufmann, 2008. Print. The MK/OMG Press.

Menzies, Tim, et al. *Sharing Data and Models in Software Engineering.* Morgan Kaufmann, 2014. Print.

Millett, Scott and Nick Tune. *Patterns, Principles, and Practices of Domain-Driven Design.* Wrox, 2015. Print.

Stewart, Darin L. *Building Enterprise Taxonomies.* Mokita Press, 2011. Print.

Talburt, John and Yinle Zhou. *Entity Information Management Lifecycle for Big Data.* Morgan Kauffman, 2015. Print.

Talburt, John. *Entity Resolution and Information Quality.* Morgan Kaufmann, 2011. Print.

CAPITOLO 11

Data Warehousing e Business Intelligence

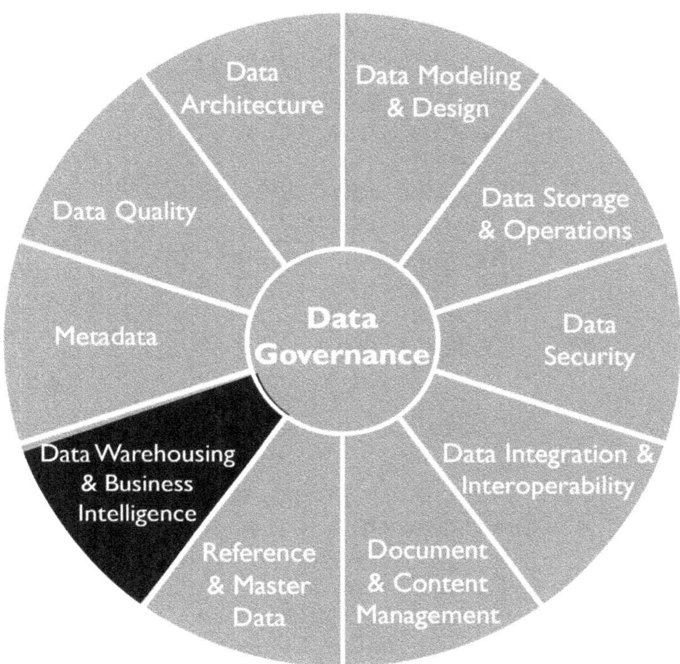

DAMA-DMBOK2 Data Management Framework

Copyright © 2017 by DAMA International

1. Introduzione

Til concetto di Data Warehouse è emerso negli anni '80, quando la tecnologia ha permesso alle organizzazioni di integrare i dati provenienti da una serie di fonti in un modello comune di dati. I dati integrati promettevano di fornire informazioni sui processi operativi e di aprire nuove possibilità di sfruttare i dati per prendere decisioni e creare valore organizzativo. Inoltre, i Data Warehouse sono stati visti come un mezzo per ridurre la proliferazione dei sistemi di supporto alle decisioni (DSS), la maggior parte dei quali si basava sugli stessi dati aziendali di base. Il concetto di "Warehouse aziendale" offriva un modo per ridurre la ridondanza dei dati, migliorare la coerenza delle informazioni e consentire a un'azienda di utilizzare i propri dati per prendere decisioni migliori.

Data Warehousing e Business Intelligence

Definizione: Pianificazione, implementazione e processi di controllo per fornire dati di supporto decisionale e supportare i knowledge worker impegnati nella creazione di report, query e analisi.

Obiettivi:
1. Creare e gestire l'ambiente tecnico e i processi tecnici e di business necessari per fornire dati integrati a supporto delle funzioni operative, dei requisiti di conformità e delle attività di business intelligence.
2. Sostenere e consentire un'efficace analisi di business e il processo decisionale da parte dei knowledge worker

Drivers di Business

Inputs:
- Requisiti di Business
- Requisiti di Scalabilità, Operativi, di Infrastruttura & Supporto
- Requisiti di Data Quality, Sicurezza e Accesso
- Strategia IT
- Policy IT & Standard relativi
- Feed di dati interni
- Master e Reference Data
- Dati Settore e esterni

Attività:
1. Comprendere i requisiti (P)
2. Definire e gestire il DW e l'Architettura BI (P)
3. Sviluppare il Data Warehouse e i Data Marts (D)
4. Popolare il Data Warehouse (D)
5. Implementare il Portfolio Business Intelligence (D)
6. Mantenere i Prodotti Dati (O)

Deliverables Principali:
- Architettura DW e BI
- Prodotti Dati
- Processo di Popolamento
- Attività di Governance
- Lineage Dictionary
- Piano di Apprendimento & Adoption
- Piano di Rilascio
- Processo di Supporto alla Produzione
- Attività di Ottimizzazione del Carico
- Monitoraggio attività BI

Fornitori:
- Business Executive
- Organismo di Governance
- Enterprise Architecture
- Produttori di Dati
- Utilizzatori Informazione
- Esperti della Materia

Coinvolgimenti:
- Sponsors & Owner di Prodotto
- Architetti e Analysts
- Specialisti DW/BI (Piattaforma BI, Archiviazione Dati, Gestione Informaizoni)
- Project Management
- Change Management

Utilizzatori:
- Utilizzatori Informazioni
- Clienti
- Managers e Executives

Drivers Tecnici

Tecniche:
- Prototipi per Guidare i Requisiti
- Self Service BI
- Dati di Audi Ricercabili

Strumenti:
- Metadata Repositories
- Strumenti di Integrazione Dati
- Applicazioni Analitiche

Metriche:
- Metriche di Utilizzo
- Soddisfazioen Clienti/Utenti
- Percentuale di Copertura Area
- Metriche di Risposta/Performance

(P) Pianificazione, (C) Controllo, (D) Sviluppo, (O) Operations

Figura 79 Context Diagram: DW/BI

I Data Warehouse hanno cominciato ad essere costruiti seriamente negli anni '90. Da allora (e soprattutto con la contemporanea evoluzione della Business Intelligence come motore primario delle decisioni aziendali), i Data Warehouse sono diventati "mainstream". La maggior parte delle imprese dispone di Data Warehouse e il warehousing è il nucleo riconosciuto della gestione dei dati aziendali. Anche se ben consolidato, il Data Warehouse continua ad evolversi. Con la creazione di nuove forme di dati a velocità crescente, stanno emergendo nuovi concetti, come i data lake, che influenzeranno il futuro del Data Warehouse. Si vedano i capitoli 8 e 15.

1.1 Business Driver

Il driver principale per il data warehousing è quello di supportare le funzioni operative, i requisiti di conformità e le attività di Business Intelligence (anche se non tutte le attività di BI dipendono dai dati del Data Warehouse). Alle organizzazioni viene sempre più spesso richiesto di fornire dati che dimostrino di aver soddisfatto i requisiti normativi. Poiché contengono dati storici, i warehouse sono spesso il mezzo per rispondere a tali richieste. Tuttavia, il supporto di Business Intelligence continua ad essere la ragione principale per un Data Warehouse. La BI fornisce una visione dell'organizzazione, dei suoi clienti e dei suoi prodotti. Un'organizzazione che agisce sulla base delle conoscenze acquisite dalla BI può migliorare l'efficienza operativa e il vantaggio competitivo. Con la maggiore quantità di dati disponibili a una maggiore velocità, la BI si è evoluta dalla valutazione di retrospettiva all'analisi predittiva.

1.2 Obiettivi e principi

Le organizzazioni implementano i Data Warehouse per poter:

- Sostenere l'attività di Business Intelligence
- Consentire un'analisi aziendale e un processo decisionale efficace
- Trovare modi per innovare sulla base delle analisi dei dati a disposizione.

L'implementazione di un Data Warehouse dovrebbe seguire questi principi guida:

- **Concentrarsi sugli obiettivi di business:** Assicuratevi che DW sia al servizio delle priorità organizzative e risolva i problemi aziendali.

- **Iniziare pensando alla fine del ciclo di vita:** Lasciate che la priorità di business e la portata della consegna dei dati finali nello spazio BI guidino la creazione del contenuto DW.

- **Pensare e progettare globalmente; agire e costruire localmente:** Fatevi guidare dall'architettura, ma costruite e distribuite in modo incrementale, attraverso progetti mirati o smart che consentono un più immediato ritorno sull'investimento.

- **Sintetizzare e ottimizzare per ultimo, non prima di tutto:** costruire sui dati atomici. Aggregare e riassumere per soddisfare i requisiti e garantire le prestazioni, non per sostituire il dettaglio.

- **Promuovere la trasparenza e il self-service:** Più il contesto (metadati di tutti i tipi) forniti, più i consumatori di dati saranno in grado di ricavare valore dai dati. Tenere informati gli stakeholder sui dati e sui processi di integrazione dei dati.

- **Costruire metadati insieme al warehouse:** Critico per il successo del DW è la capacità di spiegare i dati. Per esempio, essere in grado di rispondere a domande di base come "Perché questa somma X? "Come è stata calcolata" e "Da dove provengono i dati? I metadati dovrebbero essere catturati come parte del ciclo di sviluppo e gestiti come parte delle operazioni in corso.

- **Collaborare:** Collaborare con altre iniziative relative ai dati, in particolare quelle per la governance dei dati, la qualità dei dati e i metadati.

- **Una taglia unica non si adatta a tutti:** Utilizzare gli strumenti e i prodotti giusti per ogni gruppo di consumatori di dati.

1.3 Concetti essenziali

1.3.1 Business Intelligence

Il termine Business Intelligence (BI) ha due volti e non un solo significato. Da una parte, si riferisce ad un tipo di analisi dei dati per comprendere le attività e le opportunità organizzative. I risultati di tale analisi sono utilizzati per migliorare il successo organizzativo. Quando si dice che i dati hanno la chiave del vantaggio competitivo, si articola la promessa insita nell'attività di Business Intelligence: che se un'organizzazione pone le giuste domande sui propri dati, può ottenere informazioni sui propri prodotti, servizi e clienti che le consentono di prendere decisioni migliori su come raggiungere i propri obiettivi strategici. In secondo luogo, la Business Intelligence si riferisce ad un insieme di tecnologie che supportano questo tipo di analisi dei dati. Come evoluzione degli strumenti di supporto alle decisioni, gli strumenti di BI consentono l'interrogazione, il data mining, l'analisi statistica, il reporting, la modellazione di scenari, la visualizzazione dei dati e il dashboarding. Sono utilizzati per tutto, dal budgeting all'analisi avanzata.

1.3.2 Data Warehouse

Un *Data Warehouse (DW)* è una combinazione di due componenti primari: Un database integrato di supporto alle decisioni e i relativi programmi software utilizzati per raccogliere, pulire, trasformare e memorizzare i dati da una varietà di fonti operative ed esterne. Per supportare i requisiti storici, analitici e di BI, un Data Warehouse può anche includere Data Mart dipendenti, che sono copie di dati dal warehouse. Nel suo contesto più ampio, un Data Warehouse include qualsiasi data store o estratto utilizzato per supportare la consegna dei dati per scopi di BI. Un Enterprise Data Warehouse (EDW) è un Data Warehouse centralizzato progettato per soddisfare le esigenze di BI dell'intera organizzazione. Un EDW aderisce a un modello dati aziendale per garantire la coerenza delle attività di supporto decisionale in tutta l'azienda.

1.3.3 Data Warehousing

Il *Data Warehousing* descrive i processi operativi di estrazione, pulizia, trasformazione, controllo e carico che mantengono i dati in un Data Warehouse. Il processo di data warehousing si concentra sull'abilitazione di un contesto aziendale integrato e storico sui dati operativi, applicando le regole aziendali e mantenendo relazioni appropriate con i dati aziendali. Il data warehousing include anche processi che interagiscono con i repository di metadati.

Tradizionalmente, il data warehousing si concentra sui dati strutturati: elementi in campi definiti, sia in file che in tabelle, come documentato nei modelli di dati. Con i recenti progressi tecnologici, lo spazio BI e DW ora comprende dati semi-strutturati e non strutturati. I dati semi-strutturati, definiti come elementi elettronici organizzati come entità semantiche senza affinità di attributi richiesta, precedono XML ma non HTML; un trasferimento EDI potrebbe servire da esempio. I dati non strutturati si riferiscono a dati non predefiniti attraverso un modello di dati. Poiché i dati non strutturati esistono in una vasta gamma di formati e comprendono elementi quali e-mail, testo in formato libero, documenti aziendali, video, foto e pagine web, per citarne alcuni, la definizione di un costrutto di archiviazione fattibile che sostenga i carichi di lavoro analitico all'interno della governance del Warehouse è stata una sfida ancora da superare.

1.3.4 Approcci al Data Warehousing

Gran parte della conversazione su ciò che costituisce un Data Warehouse è stata guidata da due influenti leader di pensiero - Bill Inmon e Ralph Kimball - che hanno approcci diversi per modellare e sviluppare i warehouse. Inmon definisce un Data Warehouse come "una raccolta di dati orientata al soggetto, integrata, variabile nel tempo e non volatile a supporto del processo decisionale del management". Per memorizzare e gestire i dati viene utilizzato un modello relazionale normalizzato. Kimball definisce un warehouse come "una copia dei dati delle transazioni specificamente strutturata per l'interrogazione e l'analisi". L'approccio di Kimball richiede un modello dimensionale. (Vedere capitolo 5.)

Mentre Inmon e Kimball sostengono approcci diversi per la costruzione di warehouse, le loro definizioni riconoscono idee di base simili:

- I warehouse conservano i dati di altri sistemi
- L'atto di memorizzazione comprende l'organizzazione dei dati in modo da aumentarne il valore.
- I Warehouse rendono i dati accessibili e utilizzabili per l'analisi
- Le organizzazioni costruiscono Warehouse perché hanno bisogno di mettere a disposizione degli stakeholder autorizzati dati affidabili e integrati.
- I Data Warehouse servono a molti scopi, dal supporto del flusso di lavoro alla gestione operativa fino all'analisi predittiva.

1.3.5 Fabbrica di informazioni aziendali (Inmon)

La Corporate Information Factory (CIF) di Bill Inmon è uno dei due modelli primari per il data warehousing. Le parti che compongono la definizione di Data Warehouse di Inmon, "una raccolta non volatile di dati storici di sintesi e di dettaglio", descrivono i concetti che supportano il CIF e sottolineano le differenze tra Warehouse e sistemi operativi.

- **Orientato al soggetto:** Il Data Warehouse è organizzato in base alle principali entità di business, piuttosto che focalizzarsi su una funzione o applicazione.

- **Integrato:** I dati nel Warehouse sono unificati e coesivi. Le stesse strutture chiave, la codifica e la decodifica delle strutture, le definizioni dei dati, le convenzioni di denominazione sono applicate in modo coerente in tutto il Warehouse. Grazie all'integrazione dei dati, i Data Warehouse non sono semplicemente una copia dei dati operativi. Il Warehouse diventa invece un sistema di registrazione dei dati.

- **Variante temporale:** Il Data Warehouse memorizza i dati così come esistono in un determinato momento. I record nel DW sono come istantanee. Ognuna di esse riflette lo stato dei dati in un determinato momento. Ciò significa che l'interrogazione dei dati sulla base di un periodo di tempo specifico produrrà sempre lo stesso risultato, indipendentemente dal momento in cui l'interrogazione viene inviata.

- **Non-volatile:** nel DW, i record non vengono normalmente aggiornati come nei sistemi operativi. Invece, i nuovi dati vengono aggiunti ai dati esistenti. Un insieme di record può rappresentare stati diversi della stessa transazione.

- **Dati aggregati e dettagliati:** I dati nel DW includono dettagli delle transazioni a livello atomico, così come dati riassuntivi. I sistemi operativi raramente aggregano i dati. Quando i Warehouse sono stati istituiti per la prima volta, le considerazioni sui costi e sullo spazio hanno spinto la necessità di riassumere i dati. I dati riassunti possono essere persistenti (memorizzati in una tabella) o non persistenti (resi in una vista) in ambienti DW contemporanei. Il fattore decisivo per decidere se persistere o meno i dati è di solito la performance.

- **Storico:** il focus dei sistemi operativi sono i dati correnti. Anche i Warehouse contengono dati storici. Spesso ne ospitano grandi quantità.

Inmon, Claudia Imhoff e Ryan Sousa descrivono il data warehousing nel contesto della Corporate Information Factory (CIF). Si veda la figura 80. I componenti CIF includono:

- **Applicazioni** Le applicazioni eseguono processi operativi. I dati di dettaglio delle applicazioni vengono introdotti nel Data Warehouse e negli archivi di dati operativi (ODS) dove possono essere analizzati.

- **Area di Staging:** Un database che si trova tra i database di origine operativa e i database di destinazione. L'area di staging dei dati è il luogo in cui avviene lo svolgimento dell'effort di estrazione, trasformazione e carico. Non viene utilizzato dagli utenti finali. La maggior parte dei dati nell'area di staging dei dati è transitoria, anche se in genere c'è una quantità relativamente piccola di dati persistenti.

- **Integrazione e trasformazione:** Nel livello di integrazione, i dati provenienti da fonti diverse vengono trasformati in modo da poter essere integrati nella rappresentazione/modello aziendale standard nel DW e nell'ODS.

- **Memorizzazione dei dati operativi (Operational Data Storage):** Un ODS è un database integrato di dati operativi. Può essere ricavato direttamente da applicazioni o da altri database. Gli ODS contengono generalmente dati correnti o a breve termine (30-90 giorni), mentre un DW contiene anche dati storici (spesso diversi anni di dati). I dati negli ODS sono volatili, mentre i Data Warehouse sono stabili. Non tutte le organizzazioni utilizzano ODS. Si sono evoluti per soddisfare l'esigenza di dati a bassa latenza. Un ODS può servire come fonte primaria per un Data Warehouse; può anche essere utilizzato per controllare un Data Warehouse.

- **Datamarts:** I Data Mart di dati forniscono dati preparati per l'analisi. Questi dati sono spesso un sottoinsieme di Data Warehouse progettato per supportare particolari tipi di analisi o un gruppo specifico di consumatori di dati. Ad esempio, i mart possono aggregare i dati per supportare analisi più rapide. La modellazione dimensionale (utilizzando tecniche di denormalizzazione) è spesso utilizzata per progettare mart di dati orientati all'utente.

- **Data Mart operativo (OpDM):** Un OpDM è un Data Mart focalizzato sul supporto decisionale tattico. E 'ricavato direttamente da un ODS, piuttosto che da un DW. Condivide le caratteristiche dell'ODS: contiene dati correnti o a breve termine. Il suo contenuto è volatile.

- **Data Warehouse:** Il DW fornisce un unico punto di integrazione dei dati aziendali per supportare il processo decisionale del management, l'analisi strategica e la pianificazione. I dati confluiscono in un DW dai sistemi applicativi e dall'ODS, e fluiscono verso i Data Marts, di solito in una sola direzione. I dati che necessitano di correzione vengono scartati, corretti alla fonte e, idealmente, ri-alimentati attraverso il sistema.

- **Rapporti operativi:** I report vengono emessi dagli archivi di dati.

- **Dati di riferimento, master e dati esterni:** Oltre ai dati transazionali delle applicazioni, il CIF include anche i dati necessari per comprendere le transazioni, come i dati di riferimento e i dati anagrafici. L'accesso ai dati comuni semplifica l'integrazione nel DW. Mentre le applicazioni consumano i dati anagrafici e di riferimento attuali, il DW richiede anche i valori storici e i tempi di validità (vedere capitolo 10).

La figura 80 mostra il movimento all'interno del CIF, dalla raccolta e creazione di dati tramite applicazioni (a sinistra) alla creazione di informazioni tramite Mart e analisi (a destra). Lo spostamento da sinistra a destra include altre modifiche. Ad esempio,

- Lo scopo passa dall'esecuzione di funzioni operative all'analisi.
- Gli utenti finali dei sistemi passano dai lavoratori in front line ai responsabili delle decisioni.
- L'utilizzo del sistema passa da operazioni fisse ad usi ad hoc
- I requisiti di tempo di risposta sono più flessibili (le decisioni strategiche richiedono più tempo rispetto alle operazioni quotidiane)
- Sono coinvolti molti più dati in ogni operazione, interrogazione o processo.

I dati in DW e mart differiscono da quelli delle applicazioni:

- I dati sono organizzati per soggetto invece che per funzione
- I dati sono dati integrati piuttosto che " accumulati".
- I dati sono variabili nel tempo rispetto al valore attuale.
- I dati hanno una maggiore latenza in DW rispetto alle applicazioni
- Sono disponibili più dati storici in DW che nelle applicazioni.

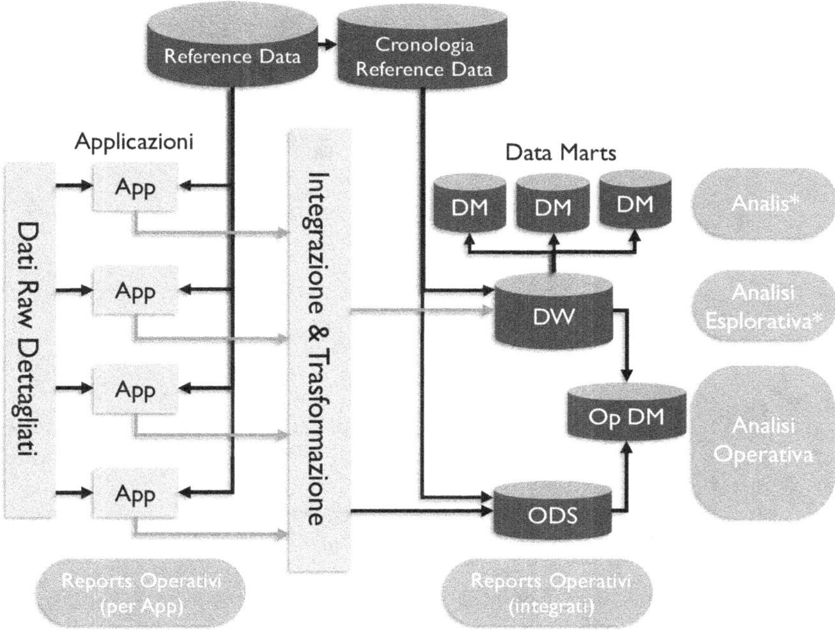

Figura 80 La Corporate Information Factory

1.3.6 Data Warehouse dimensionale (Kimball)

Il Data Warehouse dimensionale di Kimball è l'altro modello primario per lo sviluppo del DW. Kimball definisce un Data Warehouse semplicemente come "una copia dei dati delle transazioni specificamente strutturata per l'interrogazione e l'analisi" (Kimball, 2002). Tuttavia, la "copia" non è esatta. I Data Warehouse sono memorizzati in un modello di dati dimensionali. Il modello dimensionale è stato progettato per consentire ai consumatori di comprendere e utilizzare i dati, consentendo al tempo stesso le prestazioni delle query..[61] Non è normalizzato nel modo in cui è un modello di relazione tra entità..

Spesso denominati Star Schema, i modelli dimensionali sono costituiti da fatti, che contengono dati quantitativi sui processi aziendali (ad esempio, numeri di vendita), e dimensioni, che memorizzano attributi descrittivi relativi ai dati di fatto e consentono ai consumatori di rispondere alle domande sui fatti (ad esempio, quante unità di prodotto X sono state vendute in questo trimestre?). (Vedi Capitolo 5.) Tabelle di fatti multipli condivideranno le dimensioni comuni, o conformi, tramite un "bus", simile a un bus in un computer.[62] È possibile integrare più Data Mart a livello aziendale collegando il bus di dimensioni conformi.

La matrice del DW-bus mostra l'intersezione dei processi aziendali che generano dati di fatto e aree di dati che rappresentano le dimensioni. Esistono opportunità di dimensioni conformi quando più processi multipli utilizzano gli stessi dati. La tabella 27 è un esempio di matrice di bus. In questo esempio, i

---

[61] http://bit.ly/1udtNC8.

[62] Il termine bus deriva dal background di ingegneria elettrica di Kimball, dove un bus era qualcosa che forniva energia comune a una serie di componenti elettrici.

processi aziendali per le vendite, l'inventario e gli ordini richiedono tutti i dati relativi a data e prodotto. Le vendite e l'inventario richiedono entrambi i dati del negozio, mentre l'inventario e gli ordini richiedono i dati del venditore. Data, Prodotto, Negozio e Venditore sono tutti candidati per dimensioni conformi. Al contrario, Warehouse non è condiviso; è usato solo da Inventario.

Tabella 27 Esempio di DW-Bus Matrix

Processi di Business	Aree Tematiche				
	Data	Prodotto	Negozio	Venditore	Magazzino
Vendite	X	X	X		
Inventario	X	X	X	X	X
Ordini	X	X		X	
Candidati Dimensioni Uniformate	*Sì*	*Sì*	*Sì*	*Sì*	*Sì*

La matrice DW-bus aziendale può essere utilizzata per rappresentare i requisiti di contenuto dati a lungo termine per il sistema DW/BI, indipendentemente dalla tecnologia. Questo strumento consente ad un'organizzazione di gestire gli sforzi di sviluppo. Ogni implementazione costruisce un incremento dell'architettura complessiva. Ad un certo punto, esistono schemi dimensionali sufficienti per mantenere la promessa di un ambiente integrato di Data Warehouse aziendale.

La Figura 81 rappresenta la visione di Kimball Data Warehouse Chess Pieces dell'architettura DW/BI. Si noti che il Data Warehouse di Kimball è più esteso di quello di Inmon. Il DW comprende tutti i componenti nelle aree di stadiazione e presentazione dei dati.

- **Sistemi di sorgenti operative:** Applicazioni operative/transazionali dell'impresa. Questi creano i dati che sono integrati nell'ODS e nel DW. Questo componente è equivalente ai sistemi applicativi del diagramma CIF.

- **Area di staging (stadiazione) dati:** Lo staging di Kimball include l'insieme dei processi necessari per integrare e trasformare i dati per la presentazione. Può essere confrontato con una combinazione di integrazione, trasformazione e componenti DW di CIF. Kimball si concentra sull'efficiente consegna finale dei dati analitici, un ambito più piccolo della gestione aziendale dei dati di Inmon. Il DW aziendale di Kimball può inserirsi nell'architettura dell'area di data staging.

- **Area di presentazione dei dati:** Simile ai Data Marts nel CIF. La differenza architettonica chiave è un paradigma di integrazione di un 'DW Bus', come le dimensioni condivise o conformate che unifica i diversi Data Mart.

- **Strumenti di accesso ai dati:** L'approccio di Kimball si concentra sulle esigenze di dati degli utenti finali. Queste esigenze guidano l'adozione di strumenti appropriati per l'accesso ai dati.

1.3.7 Componenti dell'architettura DW

Un ambiente di Data Warehouse comprende una raccolta di componenti architettonici che devono essere organizzati per soddisfare le esigenze dell'impresa. La Figura 82 illustra i componenti architettonici del DW/BI e del Big Data Environment discussi in questa sezione. L'evoluzione dei Big Data ha cambiato il panorama DW/BI aggiungendo un altro percorso attraverso il quale i dati possono essere introdotti in azienda.

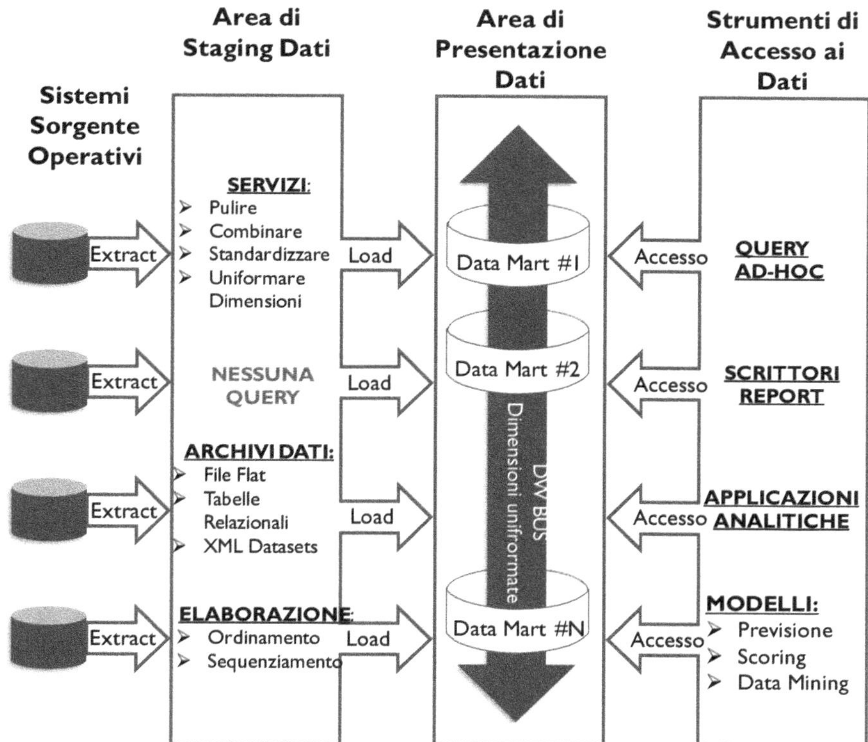

Figura 81 Kimball's Data Warehouse Chess Pieces[63]

La figura 82 illustra anche aspetti del ciclo di vita dei dati. I dati si spostano dai sistemi sorgente in un'area di staging dove possono essere puliti e arricchiti man mano che vengono integrati e memorizzati nel DW e/o in un ODS. Dal DW è accessibile tramite mart o cubi e può essere utilizzato per vari tipi di reportistica. Big Data passa attraverso un processo simile, ma con una differenza significativa: mentre la maggior parte dei Warehouse integra i dati prima di atterrare nelle tabelle, le soluzioni Big Data ingeriscono i dati prima di integrarli. La BI di Big Data può includere l'analisi predittiva e il data mining, oltre alle forme più tradizionali di reporting. (Vedere capitolo 14.)

1.3.7.1 Sistemi sorgente

I sistemi sorgente, a sinistra della Figura 82, includono i sistemi operativi e i dati esterni da inserire nell'ambiente DW/BI. Questi includono tipicamente sistemi operazionali come le applicazioni CRM, Contabilità e Risorse Umane, nonché sistemi verticali che differiscono a seconda dell'industria. Possono essere inclusi anche dati provenienti da fornitori e fonti esterne, così come DaaS, contenuti web e qualsiasi risultato del calcolo dei Big Data.

1.3.7.2 Data Integration

L'integrazione dei dati comprende l'estrazione, la trasformazione e il carico (ETL), la virtualizzazione dei dati e altre tecniche di trasferimento dei dati in una comune forma e ubicazione. In un ambiente SOA, i livelli dei servizi dati fanno parte di questo componente. Nella Figura 82, tutte le frecce rappresentano processi di integrazione dei dati. (Vedi Capitolo 8.)

---

[63] Adapted from Kimball and Ross (2002). Used with permission.

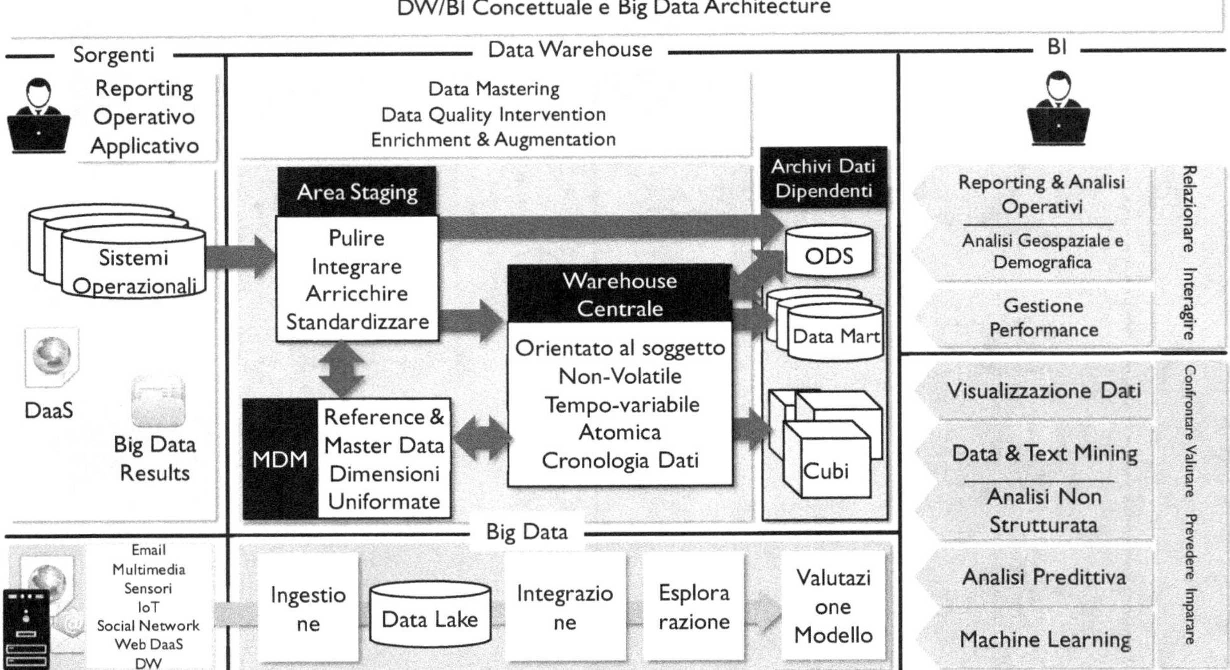

Figura 82 DW/BI Concettuale e Big Data Architecture

1.3.7.3 Aree di Data Storage

Il Warehouse ha una serie di aree di storage:

- **Area di staging:** Un'area di staging è un archivio dati intermedio tra un'origine dati originale e l'archivio dati centralizzato. I dati vengono messi a disposizione in modo che possano essere trasformati, integrati e preparati per il caricamento.

- **Dimensioni conformi ai Reference Data e ai Master Data:** I Reference Data e i Master Data possono essere memorizzati in repository separati. Il Data Warehouse alimenta i nuovi dati anagrafici e viene alimentato da contenuti di dimensioni conformi dai repository separati.

- **Warehouse Centrale:** Una volta trasformati e preparati, i dati DW di solito persistono nello strato centrale o atomico. Questo strato mantiene tutti i dati atomici storici e l'ultima istanza dell'esecuzione batch. La struttura dei dati di quest'area è sviluppata e influenzata in base alle esigenze di prestazioni e ai modelli di utilizzo. Diversi elementi di progettazione sono messi in gioco:

    o Il rapporto tra la key business e le key surrogate per le prestazioni.
    o Creazione di indici e chiavi esterne per supportare le dimensioni
    o Modificare le tecniche di acquisizione dati (CDC) utilizzate per rilevare, mantenere e memorizzare la history.

- **Operational Data Storage (ODS):** L'ODS è una versione di un archivio centrale persistente che supporta latenze più basse, e quindi l'uso operativo. Poiché l'ODS contiene una finestra temporale di dati e non lo storico, può essere aggiornato molto più rapidamente di un warehouse. A volte i flussi in tempo reale vengono istantaneamente catturati a intervalli predefiniti nell'ODS per consentire la reportistica e l'analisi integrate. Nel corso del tempo, con la crescente frequenza di aggiornamenti in funzione delle esigenze aziendali e la crescente tecnologia e tecniche per integrare i dati in tempo reale nel DW, molte installazioni hanno unito i loro ODS nell'architettura DW o Data Mart esistente.

- **Data Marts**: Un Data Mart è un tipo di data store spesso utilizzato per supportare i livelli di presentazione dell'ambiente di Data Warehouse. Viene inoltre utilizzato per presentare un sottoinsieme dipartimentale o funzionale del DW per la reportistica integrata, l'interrogazione e l'analisi delle informazioni storiche. Il Data Mart è orientato a una specifica area tematica, a un singolo reparto o a un singolo processo aziendale. Può anche costituire la base di un Warehouse virtualizzato in cui i mart combinati costituiscono l'entità di Warehouse risultante. I processi di integrazione dei dati aggiorneranno, allineeranno o espanderanno il contenuto dei vari Mart dal livello di persistenza.

- **Cubes**: Tre classici approcci di implementazione supportano l'Online Analytical Processing (OLAP). I loro nomi si riferiscono a tipi di database sottostanti, come Relazionale, Multi-dimensionale e Ibrido.

1.3.8 Tipi di gestione del caricamento

Il data warehousing prevede due tipi principali di processi di integrazione dei dati: caricamento dei dati storici e aggiornamenti successivi. I dati storici vengono solitamente caricati una sola volta, o poche volte durante l'elaborazione dei dati, e poi non verranno mai più caricati. Gli aggiornamenti successivi sono pianificati ed eseguiti in modo da mantenere aggiornati i dati nel warehouse.

1.3.8.1 Dati Storici

Un vantaggio di un Data Warehouse è che è in grado di acquisire la cronologia dettagliata dei dati che memorizza. Esistono diversi metodi per catturare questo dettaglio. Un'organizzazione che vuole catturare lo storico dovrebbe progettare in base ai propri requisiti. Essere in grado di riprodurre istantanee point-in-time richiede un approccio diverso dalla semplice presentazione dello stato attuale.

Il Data Warehouse di Inmon suggerisce che tutti i dati sono memorizzati in un unico livello di Data Warehouse. Questo livello memorizza dati puliti, standardizzati e governati a livello atomico. Un livello comune di integrazione e trasformazione facilita il riutilizzo attraverso le implementazioni di delivery. Un modello di dati aziendali è necessario per il raggiungimento del risultato. Una volta convalidato, questo singolo data store è disponibile a diversi utilizzatori di dati tramite un Data Mart strutturato a stella.

Il Data Warehouse Kimball suggerisce che il Data Warehouse è composto da una combinazione di Data Mart dipartimentali contenenti dati puliti, standardizzati e governati. I Data Marts memorizzeranno la storia a livello atomico. Le dimensioni e i fatti conformi forniranno informazioni a livello aziendale.

In un altro approccio Il Data Vault, pulisce e standardizza come parte di un processo di staging. La cronologia è memorizzata in una struttura atomica normalizzata, vengono definiti il surrogato dimensionale, le chiavi primarie e alternative. Bisognerà garantire la relazione tra il business e la chiave surrogata in modo che rimanga intatto il ruolo secondario del vault - questo sarà lo storico del Data Mart. I facts persistono qui come strutture atomiche. Il vault è quindi disponibile per una varietà di utilizzatori di dati tramite Data Mart. Mantenendo la storia all'interno del vault, è possibile ricaricare i facts quando gli incrementi successivi introducono cambiamenti di granularità. Sarà poi possibile virtualizzare il livello di presentazione, facilitando la distribuzione incrementale agile e lo sviluppo collaborativo con la comunità aziendale. Un processo di materializzazione finale può implementare un più tradizionale Data Mart a stella per il consumo dell'utente finale di produzione.

1.3.8.2 Acquisizione Dati Batch Change

I Data Warehouse sono spesso caricati quotidianamente e serviti da una finestra notturna di batch. Il processo di carico può ospitare una vasta gamma di rilevamenti delle modifiche, in quanto ogni sistema sorgente può richiedere tecniche di acquisizione delle modifiche differenti.

Le tecniche di registro del database sono presumibilmente adatte per le applicazioni sviluppate internamente, poiché è improbabile che le applicazioni acquistate dal fornitore possano tollerare modifiche con trigger o overhead aggiuntivi. I carichi con timestamp o tabella di log sono i più comuni. I carichi completi si verificano quando si tratta di sistemi legacy costruiti senza funzionalità di time stamping (esistono applicazioni senza database) o quando si applicano determinate condizioni di recupero batch.

La Tabella 28 riassume le differenze tra le tecniche di acquisizione dei dati delle modifiche, compresa la loro complessità e velocità relativa. La colonna di sovrapposizione identifica se ci può essere una duplicazione dei dati tra i cambiamenti del sistema sorgente e l'ambiente di destinazione. Quando la sovrapposizione è "Sì", questi dati di modifica possono essere già presenti. Quando l'indicatore Elimina è impostato su "Sì", il metodo di modifica dei dati tiene traccia di eventuali cancellazioni che si sono verificate nel sistema sorgente - utile per le dimensioni in scadenza non più in uso. Quando le cancellazioni non sono monitorate dal sistema sorgente, sono necessari ulteriori sforzi per determinare quando si verificano. (Vedere il Capitolo 8.)

Tabella 28 Comparazione di Tecniche di CDC

Metodo	Requisiti Sistema Origine	Complessità	Fact Load	Dimension Load	Sovrapposizione	Cancellazioni
Time stamped Delta Load	Le modifiche nel sistema di origine vengono contrassegnate con la data e l'ora di sistema.	Bassa	Veloce	Veloce	Sì	No
Tabella Log Delta Load	Le modifiche al sistema di origine vengono acquisite e archiviate nelle tabelle di log	Media	Nominale	Nominale	Sì	Sì
Transazioni Database Log	Il database cattura le modifiche nel log delle transazioni	Alta	Nominale	Nominale	No	Sì
Messaggi Delta	Le modifiche del sistema di origine vengono pubblicate come messaggi [near] real-time	Estrema	Lento	Lento	No	Sì
Completo Load	Nessun indicatore di modifica, tabelle estratte per intero e confrontate per identificare i cambiamenti	Semplice	Lento	Nominale	Sì	Sì

1.3.8.3 Near real time e real time

Con l'avvento della BI operativa (o Operational Analytics) che spinge per una minore latenza e una maggiore integrazione dei dati in real-time o near-real-time nel Data Warehouse, sono emersi nuovi approcci architettonici per affrontare l'inclusione di dati volatili. Ad esempio, un'applicazione comune della BI operativa è il provisioning automatizzato dei dati delle diverse macchine bancarie (Pos, Sportelli di prelievo, etc). Quando si effettua una transazione bancaria, i saldi storici e i nuovi saldi derivanti da azioni bancarie immediate devono essere presentati al cliente bancario in tempo reale. Due concetti chiave di progettazione necessari per l'approvvigionamento dei dati in tempo quasi reale sono l'isolamento del cambiamento e le alternative all'elaborazione in batch.

L'impatto delle modifiche rispetto ai nuovi dati volatili deve essere isolato dalla maggior parte dei dati storici e non volatili del DW. Gli approcci architettonici tipici per l'isolamento includono una combinazione di partizioni di costruzione e l'uso di query di unione per le diverse partizioni. Le alternative all'elaborazione in batch gestiscono i requisiti di latenza sempre più brevi per la disponibilità dei dati nel DW. Ci sono tre tipi principali: trickle feeds, messaging e streaming, che si differenziano per il luogo in cui i dati vengono accumulati in attesa di essere elaborati. (Vedi capitolo 8.)

- **Trickle feeds (accumulo nella sorgente):** Piuttosto che funzionare su un programma notturno, i trickle feed eseguono carichi batch su un programma più frequente (ad esempio, orario, ogni 5 minuti) o quando viene raggiunta una soglia (ad esempio, 300 transazioni, 1G di dati). Questo permette di effettuare alcune elaborazioni durante il giorno, ma non così intensamente come con un processo batch notturno dedicato. È necessario fare in modo che, se un batch di alimentazione a cascata richiede più tempo tra un feed e l'altro, l'alimentazione successiva viene ritardata in modo che i dati vengano caricati nell'ordine corretto.

- **Messaggistica (accumulo nel bus):** L'interazione dei messaggi in tempo reale o quasi-reale è utile quando pacchetti di dati estremamente piccoli (messaggi, eventi o transazioni) vengono pubblicati su un bus man mano che si verificano. I sistemi di destinazione si sottoscrivono al bus ed elaborano in modo incrementale i pacchetti nel Warehouse in base alle necessità. I sistemi di origine e i sistemi di destinazione sono indipendenti l'uno dall'altro. Data-as-a-Service (DaaS) utilizza spesso questo metodo.

- **Streaming (accumulo nel sistema target):** Piuttosto che attendere un programma o una soglia basata sulla fonte, un sistema target raccoglie i dati mentre vengono ricevuti in un'area buffer o una coda, e li elabora in ordine. L'interazione dei risultati o qualche aggregato può apparire in un secondo momento come feed aggiuntivo al warehouse.

---

2. Attività

2.1 Capire i requisiti

Lo sviluppo di un Data Warehouse è diverso dallo sviluppo di un sistema operazionale. I sistemi operazionali dipendono da requisiti specifici e precisi. I Data Warehouse riuniscono dati che saranno utilizzati in modi diversi. Inoltre, l'utilizzo si evolverà nel tempo man mano che gli utenti analizzano ed esplorano i dati. Prendetevi del tempo nelle fasi iniziali per porre domande relative alle capacità e alle fonti di dati a supporto di queste capacità. Questo tempo di progettazione si ripaga di costi di rielaborazione ridotti in un secondo momento, quando l'elaborazione dei dati viene testata utilizzando le fonti di dati reali.

Nella raccolta dei requisiti per i progetti DW/BI, iniziate con gli obiettivi e la strategia di business. Identificare e delimitare le aree di business, quindi identificare e intervistare gli operatori aziendali appropriati. Chiedete loro cosa fanno e perché. Catturate le domande specifiche che si pongono ora e quelle che vogliono porre ai dati. Documentate come distinguono e categorizzano gli aspetti importanti delle informazioni. Laddove possibile, definire e acquisire le metriche e i calcoli delle prestazioni chiave. Queste possono scoprire regole di business che forniscono la base per l'automazione delle aspettative di qualità dei dati.

Catalogate i requisiti e assegnateli in ordine di priorità tra quelli necessari per la produzione, per la vita e l'adozione del warehouse e quelli che possono aspettare. Cercate articoli semplici e preziosi per avviare la produttività del rilascio iniziale del progetto. Una redazione dei requisiti di progetto DW/BI dovrebbe inquadrare l'intero contesto delle aree di business e/o dei processi che rientrano nell'ambito di competenza.

2.2 Definire e mantenere l'architettura DW/BI

L'architettura DW/BI dovrebbe descrivere da dove provengono i dati, dove, quando, perché e come vanno in un warehouse. Il 'come' include il dettaglio hardware e software e il framework organizzativo per riunire tutte le attività. I requisiti tecnici dovrebbero includere le prestazioni, la disponibilità e le esigenze di tempo. (Si vedano i capitoli 4 e 8.)

2.2.1 Definire l'architettura tecnica DW/BI

Le migliori architetture DW/BI disegneranno un meccanismo per collegare i report di livello transazionale e di livello operativo in un DW atomico. Questo meccanismo proteggerà il DW dal dover trasportare ogni dettaglio transazionale. Un esempio è fornire un meccanismo di visualizzazione di report operativi chiave o moduli basati su una chiave transazionale, come il numero di fattura. I clienti vorranno sempre tutti i dettagli disponibili, ma alcuni dei dati operativi, come i lunghi campi di descrizione, hanno valore solo nel contesto del report originale, e non forniscono valore analitico.

Un'architettura concettuale è il punto di partenza. Molte attività sono necessarie per allineare correttamente i requisiti non funzionali alle esigenze di business. La prototipazione può rapidamente dimostrare o confutare i punti chiave prima di impegnarsi in costose tecnologie o architetture. Inoltre, potenziare la comunità aziendale con programmi di conoscenza e di adozione sostenuti da un team di gestione del cambio autorizzato aiuterà la transizione e il successo operativo continuo.

Un'estensione naturale di questo processo di trasformazione è il mantenimento, o almeno la convalida, del modello dati aziendale. Poiché l'attenzione è focalizzata su quali strutture dati sono in uso e da quali aree organizzative, verificare l'implementazione fisica rispetto al modello logico. Effettuare eventuali aggiornamenti in caso di omissioni o errori.

2.2.2 Definire i processi di gestione DW/BI

Per affrontare la gestione della produzione con un processo di manutenzione coordinata e integrata, con rilascio regolare alla comunità aziendale. È fondamentale stabilire un piano di rilascio standard (cfr. sezione 2.6). Idealmente, il team di progetto di warehouse dovrebbe gestire ogni aggiornamento del prodotto di dati distribuito come se si trattasse di una release software che offre nuove funzionalità. Stabilire un programma per le release consente di avere un piano annuale della domanda e delle risorse e un programma di consegna standard. Sarà necessario utilizzare una release interna per modificare la pianificazione unificata, le aspettative delle risorse e i dati stimati che ne derivano.

L'istituzione di un processo di rilascio efficace garantisce che il management comprenda che si tratta di un processo proattivo incentrato sui dati e non di un prodotto installato, affrontato attraverso la risoluzione reattiva dei problemi. È fondamentale lavorare in modo proattivo e collaborativo in un team interfunzionale per aumentare e migliorare continuamente le funzionalità - i sistemi di supporto reattivo riducono la loro implementazione.

2.3 Sviluppare il Data Warehouse e i Data Marts

In genere, i progetti DW/BI hanno tre percorsi di sviluppo simultanei:

- **Dati:** I dati necessari per supportare l'analisi che l'azienda vuole fare. Questa traccia comprende l'identificazione delle fonti migliori per i dati e la progettazione di regole su come i dati vengono corretti, trasformati, integrati, memorizzati e resi disponibili per l'uso da parte delle applicazioni. Questa fase comprende anche la decisione su come gestire i dati che non soddisfano le aspettative.

- **Tecnologia:** I sistemi e i processi di back-end che supportano l'archiviazione e il movimento dei dati. L'integrazione con l'impresa esistente è fondamentale, in quanto il warehouse non è un'isola a sé stante. Le architetture aziendali, in particolare le specialità tecnologiche e applicative, di solito gestiscono questo percorso.

- **Business Intelligence tools:** La suite di applicazioni necessarie ai consumatori di dati per ottenere informazioni significative dai prodotti di dati distribuiti.

2.3.1 Mappa delle sorgenti per i target

La mappatura sorgente-scopo stabilisce regole di trasformazione per entità ed elementi di dati da singole fonti a un sistema target. Tale mappatura documenta anche il lignaggio per ogni data element disponibile nell'ambiente di BI, riportandolo alle rispettive fonti.

La parte più difficile di ogni sforzo di mappatura è la determinazione di collegamenti validi o equivalenze tra elementi di dati in sistemi multipli. Bisognerà considerare lo sforzo di consolidare i dati in un DW da sistemi multipli di fatturazione o di gestione degli ordini. È probabile che le tabelle e i campi che contengono dati equivalenti non abbiano gli stessi nomi o strutture.

Una tassonomia solida è necessaria per mappare gli elementi di dati in sistemi diversi in una struttura coerente nel DW. Il più delle volte, questa tassonomia è il modello logico dei dati. Il processo di mappatura deve anche considerare se i dati in strutture diverse devono essere aggiunti, modificati o inseriti.

2.3.2 Rimediare e trasformare i dati

Le attività di bonifica o pulizia dei dati applicano gli standard e correggono e migliorano i valori di dominio dei singoli elementi di dati. La bonifica è particolarmente necessaria per i carichi iniziali in cui è coinvolta una storia significativa. Per ridurre la complessità del sistema di destinazione, i sistemi di origine dovrebbero essere resi responsabili del risanamento e della correzione dei dati.

Bisognerá sviluppare strategie per le righe di dati che vengono caricati ma che sono considerate non corrette. Una politica per l'eliminazione di vecchi record può causare qualche scompiglio con le relative tabelle e chiavi surrogate, la scadenza di una riga e il caricamento dei nuovi dati come una riga completamente nuova può essere un'opzione migliore.

Una strategia di carico ottimale può includere la creazione di voci di dimensione per adattare i dati di fatto. Tale processo deve tenere conto di come aggiornare e far scadere tali dati. Le strategie di carico pessimistiche dovrebbero includere un'area di riciclo dei dati che di fatto che non possono essere associati alle corrispondenti dimension keys. Queste voci richiedono notifiche, avvisi e rapporti appropriati per assicurarsi che siano tracciati e ricaricati in seguito. I lavori concreti dovrebbero prendere in considerazione prima il caricamento di voci riciclate, poi l'elaborazione del contenuto appena arrivato.

La trasformazione dei dati si concentra sulle attività che implementano le regole di business all'interno di un sistema tecnico. La trasformazione dei dati è essenziale per l'integrazione dei dati. Definire le regole corrette per l'integrazione dei dati spesso richiede il coinvolgimento diretto dei Data Steward e di altre SMEs. Le regole dovrebbero essere documentate in modo da poter essere disciplinate. Gli strumenti di integrazione dei dati svolgono questi compiti. (Cfr. capitolo 8).

2.4 Popolare il Data Warehouse

La parte più importante del lavoro in qualsiasi progetto DW/BI è la preparazione e l'elaborazione dei dati. Le decisioni di progettazione e i principi per il dettaglio dei dati contenuti nel DW sono una priorità fondamentale per l'architettura DW/BI. La pubblicazione di regole chiare su quali dati saranno disponibili solo attraverso relazioni operative (come nel caso dei dati non-DW) è fondamentale per il successo degli sforzi del DW/BI.

I fattori chiave da considerare quando si definisce un approccio alla popolazione sono la latenza richiesta, la disponibilità delle fonti, le finestre batch o gli intervalli di caricamento, i database di destinazione, gli aspetti dimensionali e la coerenza temporale del Data Warehouse e del Data Mart. L'approccio deve anche riguardare l'elaborazione della qualità dei dati, il tempo necessario per eseguire le trasformazioni, le dimensioni e gli scarti di dati in ritardo.

Un altro aspetto della definizione di un approccio alla popolazione è incentrato sul processo di acquisizione dei dati in cambiamento: rilevare i mutamenti nel sistema sorgente, integrandoli insieme e allineando i processi nel tempo. Diversi database forniscono ora funzionalità di acquisizione dei log su cui gli strumenti di integrazione dei dati possono operare direttamente, in modo che il database dica all'utente cosa è cambiato. I processi di scripting possono essere scritti o generati dove questa funzione non è disponibile. Diverse tecniche sono a disposizione dei team di progettazione e costruzione per l'integrazione e l'allineamento della latenza su feed eterogenei.

Il primo incremento apre la strada ad un ulteriore sviluppo delle capacità e all'inserimento di nuove unità di business. Sono necessarie molte nuove tecnologie, processi e competenze, nonché un'attenta pianificazione e attenzione ai dettagli. Gli incrementi a valle devono basarsi su questo elemento fondamentale, per cui si raccomandano maggiori investimenti per sostenere dati di alta qualità, architettura tecnica e passaggio alla produzione. Creare processi per facilitare e automatizzare l'identificazione tempestiva degli errori dei dati con l'integrazione del flusso di lavoro dell'utente finale.

2.5 Implement the Business Intelligence Portfolio

Implementare il BI Portfolio significa identificare gli strumenti giusti per le giuste comunità di utenti all'interno o tra le varie business unit. Trovare le somiglianze attraverso l'allineamento dei processi aziendali comuni, l'analisi delle prestazioni, gli stili di gestione e i requisiti.

2.5.1 Ragguppare gli Utenti secondo i Requisiti

Nella definizione dei gruppi di utenti target, c'è uno spettro di esigenze di BI. In primo luogo, conoscere i gruppi di utenza e poi abbinare lo strumento ai gruppi di utilizzatori dell'azienda. Da un lato dello schermo sono gli sviluppatori IT interessati all'estrazione dei dati, che si concentrano sulle funzionalità avanzate. Dall'altro lato, gli utilizzatori di informazioni possono desiderare un accesso rapido ai report precedentemente sviluppati ed eseguiti. Questi utilizzatori possono desiderare un certo grado di interattività, come la profondità, filtri, ordinamento, o possono voler vedere solo un report statico.

Gli utenti possono spostarsi da una classe all'altra man mano che le loro competenze aumentano o che svolgono funzioni diverse. Un supply chain manager, ad esempio, potrebbe voler visualizzare un report statico sui dati finanziari, ma un report altamente interattivo per l'analisi dell'inventario. Un analista finanziario e un manager di linea responsabile delle spese possono essere utenti di potere quando si analizzano le spese totali, ma sono soddisfatti di un rapporto statico di una bolletta telefonica. Dirigenti e manager utilizzeranno una combinazione di report fissi, cruscotti e schede di valutazione. I manager e gli utenti del potere tendono a voler forare in questi report, andando sempre più in profondità per identificare le cause primarie dei problemi (possono richiedere di arrivare al singolo dato). I clienti esterni possono utilizzare uno qualsiasi di questi strumenti come parte della loro esperienza.

2.5.2 Match tra gli strumenti e i requisiti dell'utente

Il mercato offre una gamma impressionante di strumenti di reporting e di analisi. I principali fornitori di BI offrono funzionalità classiche di report pixel-perfect che un tempo erano il dominio dei report delle applicazioni. Molti fornitori di applicazioni offrono funzionalità di analisi incorporate con contenuti standard prelevati da cubi pre-popolati o tabelle aggregate. La virtualizzazione ha offuscato le linee di confine tra le fonti di dati in sede e i dati esterni acquistati o aperti, e in alcuni casi fornisce un'integrazione report-centrica controllata dall'utente su richiesta. In altre parole, è prudente per le aziende utilizzare infrastrutture comuni e meccanismi di consegna. Questi includono il web, la posta elettronica e le applicazioni per l'invio di tutti i tipi di informazioni e report, di cui DW/BI è un sottoinsieme.

Molti fornitori stanno ora combinando i relativi strumenti di BI, attraverso fusioni e acquisizioni o nuovi sviluppi e stanno offrendo BI Suite. Le suite sono l'opzione primaria a livello di Enterprise Architecture, ma dato che la maggior parte delle organizzazioni hanno già acquistato singoli strumenti, o abbracciato strumenti open source, è probabile che emergono domande sulla sostituzione rispetto alla coesistenza. Ricordate che ogni strumento di BI ha un prezzo che richiede risorse di sistema, supporto, formazione e integrazione architettonica.

2.6 Mantenere i dati dei prodotti

Un Warehouse implementato e i suoi strumenti di BI rivolti al cliente è da considerarsi un prodotto di dati. I miglioramenti (estensioni, ampliamenti o modifiche) di una piattaforma DW esistente dovrebbero essere implementati in modo incrementale.

Mantenere lo scopo di un incremento ed eseguire un percorso critico per gli elementi di lavoro chiave può essere una sfida in un ambiente di lavoro dinamico. Definire le priorità con i partner commerciali e concentrare il lavoro sui miglioramenti obbligatori.

2.6.1 Gestione delle release

La gestione delle release è fondamentale per un processo di sviluppo incrementale che accresce nuove capacità, migliora l'implementazione della produzione e garantisce la fornitura di una manutenzione regolare su tutte le risorse distribuite. Questo processo manterrà il Warehouse aggiornato, pulito e funzionante al meglio. Tuttavia, questo processo richiede lo stesso allineamento tra IT e Business del modello di Data Warehouse e le capacità di BI. Si tratta di uno sforzo di miglioramento continuo.

La Figura 83 illustra un esempio di processo di rilascio, basato su una pianificazione trimestrale. Nel corso dell'anno, ci sono tre release business-driven e una release basata sulla tecnologia (per soddisfare i requisiti interni al Warehouse). Il processo dovrebbe consentire uno sviluppo incrementale del Warehouse e la gestione dell'arretrato di requisiti.

2.6.2 Gestire i dati del ciclo di vita dello sviluppo prodotto

Mentre gli utilizzatori di dati utilizzano il DW esistente, il team DW si sta preparando per la prossima iterazione, con la consapevolezza che non tutti gli item andranno in produzione. Sarà necessario allineare le iterazioni ai rilasci con un elenco di lavoro in arretrato prioritizzato da parte delle business unit. Ogni iterazione estenderà un incremento esistente o aggiungerà nuove funzionalità integrando una business unit. Le release allineeranno le funzionalità alla business unit, mentre l'iterazione allineerà le funzionalità alla configurazione gestita dal product manager.

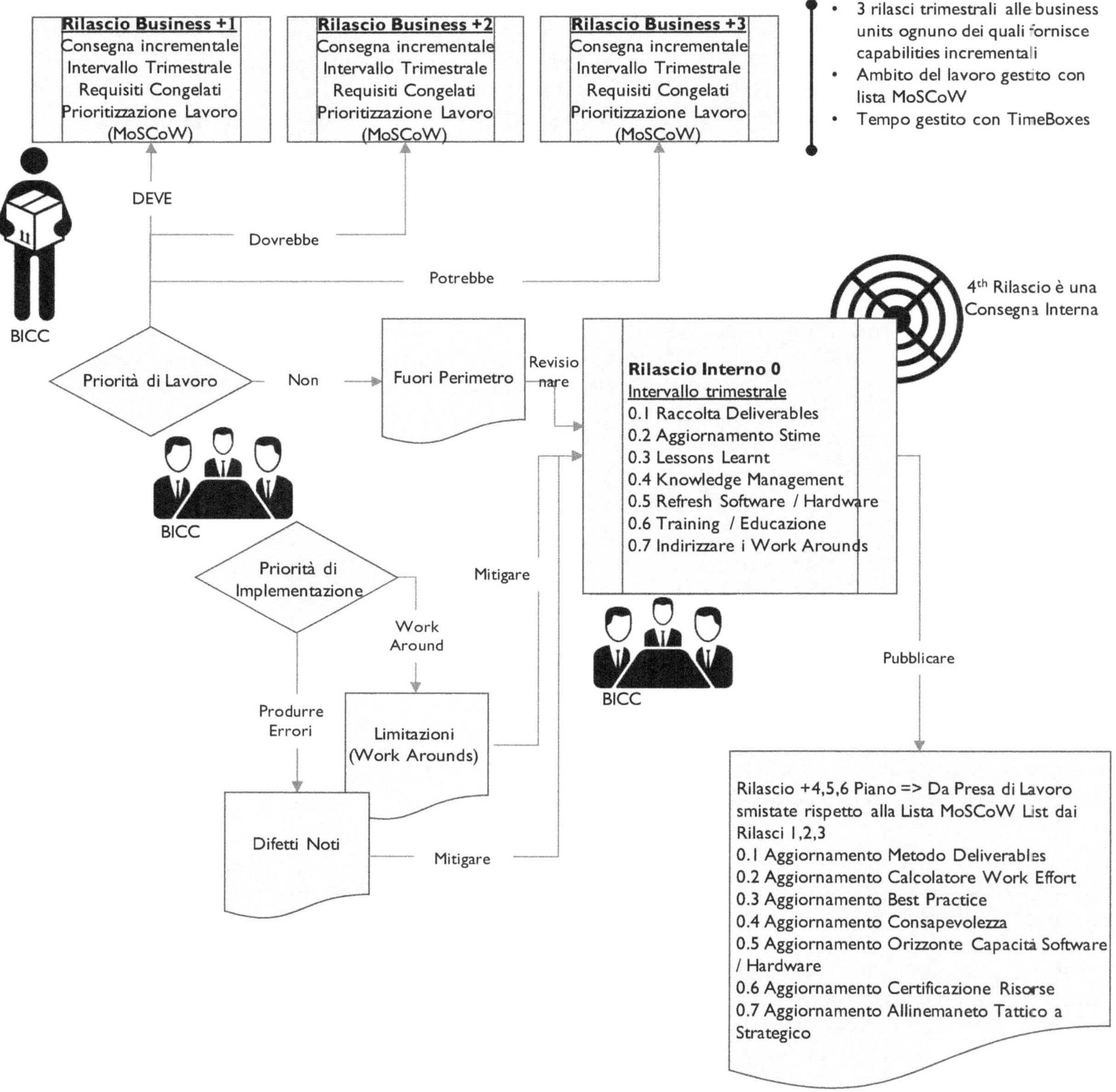

Figura 83 Esempio di Processo di Release

Quegli elementi che le aziende ritengono pronti e fattibili per ulteriori indagini possono essere rivisti, adattati se necessario, e poi promossi in un ambiente pilota o sandbox, dove gli utenti aziendali studiano nuovi approcci, sperimentano nuove tecniche, o sviluppano nuovi modelli o algoritmi di apprendimento. Quest'area può vedere meno governance e supervisione rispetto ad altre aree di business-facing, ma è necessaria una qualche forma di priorità sandbox.

Simile al tradizionale ambiente di controllo qualità o di test, analizza gli elementi dell'area pilota per verificarne l'inserimento nel mondo della produzione. Il modo in cui gli articoli pilota funzionano bene determina i loro passi successivi. Fare attenzione a non promuovere ciecamente e senza riguardo alla qualità dei dati a valle o a questioni di governance. La durata della produzione è solo una misura essenziale: deve essere della massima qualità pratica per essere in produzione.

Gli articoli che superano la fase pilota e sono considerati pronti per la produzione sia da parte delle imprese che dei rappresentanti IT possono essere promossi alla produzione come nuovi prodotti di dati. Questo completa un'unica iterazione.

Gli articoli che non superano la fase pilota possono essere interamente rifiutati o restituiti allo sviluppo per la messa a punto. Forse è necessario un ulteriore supporto da parte del team DW in questo momento per far avanzare l'articolo nella prossima fase di promozione.

2.6.3 Monitoraggio e messa a punto dei processi di carico

Monitorare l'elaborazione del carico sul sistema per rilevare eventuali colli di bottiglia e dipendenze. Impiegare tecniche di ottimizzazione del database dove e quando necessario, comprese le strategie di partizionamento, di backup e di ripristino. L'archiviazione è un argomento difficile nel data warehousing.

Gli utenti spesso considerano il Data Warehouse come un archivio attivo a causa delle lunghe cronologie che vengono costruite e non volute, in particolare se le fonti OLAP (On Line Analytical Processing) hanno abbandonato i record, perché il Data Warehouse risulta impegnato nell'archiviazione. (Vedere capitolo 6.)

2.6.4 Monitoraggio e messa a punto dell'attività e delle prestazioni della BI

Una delle migliori pratiche per il monitoraggio e la messa a punto della BI è la definizione e la visualizzazione di un insieme di metriche di valutazione della soddisfazione dei clienti. I tempi medi di risposta delle query e il numero di utenti per giorno, settimana o mese sono esempi di metriche utili. Oltre alle misure statistiche disponibili dai sistemi, è utile effettuare regolarmente indagini sui clienti DW/BI.

Una revisione regolare delle statistiche e dei modelli di utilizzo è essenziale. I rapporti che forniscono la frequenza e l'utilizzo delle risorse dei dati, le query e i rapporti consentono un prudente miglioramento. La messa a punto dell'attività di BI è analoga al principio di profilazione delle applicazioni per sapere dove sono i colli di bottiglia e dove applicare gli sforzi di ottimizzazione. La creazione di indici e aggregazioni è più efficace se effettuata in base a modelli di utilizzo e statistiche. Gli enormi guadagni di performance possono derivare da semplici soluzioni, come la pubblicazione dei risultati giornalieri completati, a un report che viene eseguito centinaia o migliaia di volte al giorno.

Trasparenza e visibilità sono i principi chiave che dovrebbero guidare il monitoraggio DW/BI. Più si possono esporre i dettagli delle attività DW/BI, più i consumatori possono vedere e capire cosa sta succedendo (e avere fiducia nella BI), e meno supporto diretto al cliente finale sarà necessario. Fornire un cruscotto che esponga lo stato di alto livello delle attività di consegna dei dati, con capacità di drill-down, è una delle migliori pratiche che consente di ottenere informazioni on-demand-pull sia dal personale di supporto che dai clienti.

L'aggiunta di misure di qualità dei dati aumenterà il valore di questo cruscotto dove le prestazioni non sono solo velocità e tempi. Utilizza le mappe di calore per visualizzare il carico di lavoro sull'infrastruttura, il flusso di dati e la conformità ai livelli degli accordi operativi.

3. Tools

La scelta del set iniziale di strumenti può essere un processo lungo. Comprende il tentativo di soddisfare requisiti a breve termine, specifiche non funzionali e i requisiti di prossima generazione ancora da creare. I criteri decisionali, gli strumenti di implementazione dei processi e l'offerta di servizi professionali possono facilitare e accelerare questa attività. È fondamentale valutare non solo le posizioni convenzionali di build o di acquisto, ma anche l'opzione di affitto fornita come Software-as-a-Service. Il noleggio di strumenti SaaS e delle relative competenze è ponderato rispetto ai costi di costruzione ex-novo o di distribuzione dei prodotti acquistati dai fornitori. Considerare anche i costi di aggiornamento in corso e i potenziali costi di sostituzione. L'allineamento a un OLA (Operational Level Agreement) può colmare i costi previsti e fornire input per la definizione di tariffe e sanzioni convincenti in caso di violazioni dei termini.

3.1 Repository di metadati

Le grandi organizzazioni si trovano spesso con molti strumenti di fornitori diversi, ognuno dei quali viene distribuito potenzialmente in versioni diverse. La chiave di questo sforzo è la capacità di cucire metadati insieme da una varietà di fonti diverse. L'automazione e l'integrazione della popolazione di questo archivio può essere ottenuta con una varietà di tecniche. (Vedi Capitolo 13.)

3.1.1 Data Dictionary / Glossary

Un dizionario dei dati è necessario per supportare l'uso di un DW. Il dizionario descrive i dati in termini di business e include altre informazioni necessarie per l'utilizzo dei dati (ad esempio, tipi di dati, dettagli della struttura, restrizioni di sicurezza). Spesso il contenuto del dizionario dei dati proviene direttamente dal modello logico dei dati. Bisognerà pianificare metadati di alta qualità assicurando che i modellisti adottino un approccio disciplinato nella gestione delle definizioni come parte del processo di modellazione.

In alcune organizzazioni, gli utenti business partecipano attivamente allo sviluppo del dizionario dei dati, fornendo, definendo e poi curando le correzioni alle definizioni degli elementi dei dati dell'area tematica. Abbracciare questa attività attraverso uno strumento di collaborazione, monitorare le attività attraverso un Centro di Eccellenza e garantire che i contenuti creati attraverso questa attività siano mantenuti nel modello logico. Garantire l'accordo tra i contenuti aziendali e il modello fisico dei dati tecnici ridurrà il rischio di errori e rielaborazioni a valle. (Vedere Capitolo 13.)

3.1.2 Dati e lineage dei modelli di dati

Molti strumenti di integrazione dei dati offrono un'analisi del lineage che tiene conto sia del codice della popolazione sviluppato che del modello fisico dei dati e del database. Alcuni offrono interfacce web per monitorare e aggiornare le definizioni e altri metadati. Il lineage dei dati documentati serve a molti scopi:

- Indagine sulle cause alla radice dei problemi di dati
- Analisi d'impatto per modifiche di sistema o problemi di dati
- Capacità di determinare l'affidabilità dei dati, in base alla loro origine

Sarà necessario cercare di implementare uno strumento integrato di impatto e di lineage in grado di comprendere tutte le parti mobili coinvolte nel processo di carico, così come la reportistica e l'analisi dell'utente finale. I rapporti di analisi dell'impatto delineeranno quali componenti sono interessati da un potenziale cambiamento, velocizzando e razionalizzando le attività di stima e manutenzione.

Molti processi aziendali chiave, relazioni e terminologie vengono catturati e spiegati durante lo sviluppo del modello dei dati. Il modello logico dei dati contiene molte di queste informazioni, che spesso vengono perse o ignorate durante lo sviluppo o la produzione. È fondamentale garantire che queste informazioni non vengano scartate e che i modelli logici e fisici siano aggiornati dopo l'implementazione e siano in sincronia.

3.2 Strumenti per l'integrazione dei dati

Gli strumenti di integrazione dei dati vengono utilizzati per popolare un Data Warehouse. Oltre a svolgere il lavoro di integrazione dei dati, essi consentono di pianificare i lavori in modo tale da consentire la consegna di dati complessi da più fonti. Nella selezione di uno strumento, tengono conto anche di queste caratteristiche che consentono la gestione del sistema:

- Audit di processo, controllo, riavvio e programmazione
- La capacità di estrarre selettivamente gli elementi di dati al momento dell'esecuzione e di passare tale estratto a un sistema a valle a fini di audit
- Controllo di quali operazioni possono o non possono essere eseguite e riavvio di un run fallito o interrotto (vedi capitolo 8)

Una varietà di strumenti di integrazione dei dati offre anche capacità di integrazione con il portafoglio di BI, supportando l'importazione e l'esportazione di messaggi di flusso di lavoro, e-mail o anche livelli semantici. L'integrazione del flusso di lavoro può guidare l'identificazione dei difetti di qualità dei dati, la risoluzione e i processi di escalation. La messaggistica attraverso la posta elettronica o l'elaborazione degli avvisi guidata dalla posta elettronica è una pratica comune soprattutto per i dispositivi mobili. Inoltre, la capacità di fornire un target di dati come livello semantico può essere un candidato alla virtualizzazione dei dati per implementazioni agili.

3.3 Tipi di strumenti di Business Intelligence

La maturità del mercato della BI, e una vasta gamma di strumenti di BI disponibili, rende rara la possibilità per le aziende di costruire i propri strumenti di BI. Lo scopo di questa sezione è quello di introdurre i tipi di strumenti disponibili nel mercato della BI e di fornire una panoramica delle loro caratteristiche principali con informazioni che aiutino a far corrispondere gli strumenti alle capacità appropriate a livello di cliente. Gli strumenti di BI si stanno evolvendo rapidamente, consentendo una transizione da un reporting standardizzato e guidato dall'IT a un'esplorazione dei dati self-service e guidata dal business.

- **Il reporting operativo** (Reportistica operazionale) è l'applicazione di strumenti di BI per analizzare le tendenze del business, sia a breve termine (mese su mese) che a più lungo termine (anno su anno). Il reporting operativo può anche aiutare a scoprire tendenze e modelli. Utilizzare la BI tattica per supportare le decisioni di business a breve termine.

- **Il Business Performance Management (BPM)** include la valutazione formale di metriche allineate agli obiettivi organizzativi. Questa valutazione avviene solitamente a livello esecutivo. Bisognerà utilizzare la BI strategica per supportare gli obiettivi e i traguardi aziendali a lungo termine.

- **L'analisi descrittiva e self-service** fornisce la BI alle prime linee del business, dove le capacità analitiche guidano le decisioni operative. L'analitica operativa accoppia le applicazioni di BI con le funzioni e i processi operativi, per guidare le decisioni in tempo quasi reale. Il requisito di bassa latenza (acquisizione e consegna dei dati in tempo quasi reale) guiderà l'approccio architettonico alle soluzioni di analisi operativa. L'architettura orientata ai servizi (SOA) e i Big Data diventano necessari per supportare pienamente l'analitica operativa (vedi capitoli 8 e 15).

3.3.1 Reportistica operazionale

Il reporting operativo coinvolge gli utenti aziendali che generano report direttamente dai sistemi transazionali, dalle applicazioni operative o da un Data Warehouse. Questa è tipicamente una funzionalità dell'applicazione. Spesso le aree di business iniziano a utilizzare un DW per il reporting operativo, specialmente se la governance DW/BI è scarsa, o se il DW contiene dati aggiuntivi che migliorano i dati operativi e di transazione. Spesso i report appariranno come query ad hoc, quando in realtà si tratta di semplici report o vengono utilizzati per avviare il flusso di lavoro. Dal punto di vista della gestione dei dati, la chiave è capire se i dati necessari per questa reportistica esistono all'interno dell'applicazione stessa, o se questa richiede il miglioramento dei dati dal DW o dall'archivio dati operativi.

Gli strumenti di esplorazione dei dati e di reporting, talvolta chiamati strumenti di interrogazione ad hoc, consentono agli utenti di creare i propri report o di creare output per l'utilizzo da parte di altri. Essi sono meno interessati al layout preciso perché non cercano di generare una fattura o simili. Tuttavia, vogliono includere grafici e tabelle in modo rapido e intuitivo. Spesso i report creati dagli utenti commerciali diventano report standard, non utilizzati esclusivamente per ricerche di business ad hoc.

Le esigenze di reporting delle operazioni di business sono spesso diverse dalle esigenze di business query e reporting. Con le query e la reportistica di business, la fonte dei dati è di solito un Data Warehouse o un Data Mart (anche se non sempre). Mentre l'IT sviluppa i rapporti di produzione, i power user e gli utenti di business ad hoc sviluppano i propri rapporti con strumenti di business query. Utilizzate i report generati con gli strumenti di business query individualmente, a livello di reparto o di impresa.

La produzione di reporting supera il confine DW/BI e spesso interroga i sistemi transazionali per produrre elementi operativi come fatture o estratti conto bancari. Gli sviluppatori dei report di produzione tendono ad essere personale IT.

Gli strumenti tradizionali di BI coprono abbastanza bene alcuni metodi di visualizzazione dei dati come tabelle, diagrammi a torta, diagrammi a linee, diagrammi di area, diagrammi a barre, istogrammi e altre tipologie. Le visualizzazioni dei dati possono essere fornite in un formato statico, come un rapporto pubblicato, o in un formato online più interattivo; e alcuni supportano l'interazione con l'utente finale dove le capacità di scendere in dettaglio (drill through) o di filtrare i risultati facilitano l'analisi dei dati all'interno della visualizzazione. Altri consentono all'utente di modificare la visualizzazione su richiesta. (Vedi capitolo 14).

3.3.2 Business Performance Management

Il Performance Management è un insieme di processi organizzativi integrati e applicazioni progettate per ottimizzare l'esecuzione della strategia di business; le applicazioni includono il budgeting, la pianificazione e il consolidamento finanziario. Ci sono state diverse importanti acquisizioni in questo segmento, in quanto i fornitori ERP e i fornitori di BI vedono qui grandi opportunità di crescita e ritengono che la BI e il Performance Management stiano convergendo. La frequenza con cui i clienti acquistano BI e Performance Management dallo stesso fornitore dipende dalle capacità del prodotto.

In generale, la tecnologia di Performance Management consente ai processi di contribuire al raggiungimento degli obiettivi organizzativi. La misurazione ed un ciclo di feedback con rinforzo positivo sono elementi chiave. All'interno dello spazio BI, ciò ha assunto la forma di molte applicazioni aziendali strategiche, come il budgeting, la previsione o la pianificazione delle risorse. Un'altra specializzazione si è formata in questo settore: la creazione di scorecard guidate da dashboard per l'interazione con l'utente. I cruscotti, come quelli che si trovano nelle automobili, forniscono all'utente finale le necessarie informazioni sintetiche o aggregate con gli aggiornamenti più recenti (Eckerson, 2005).

3.3.3 Applicazioni analitiche operative

Henry Morris di IDC ha coniato il termine Analytic Applications (Applicazioni analitiche) negli anni '90, chiarendo come esse siano diverse dagli strumenti OLAP e BI in generale (Morris, 1999). Le applicazioni analitiche includono la logica e i processi per estrarre i dati da sistemi sorgente ben noti, come i sistemi ERP dei fornitori, un modello di dati per il Data Mart, e report e dashboard pre-costruiti. Essi forniscono alle aziende una soluzione pre-costruita per ottimizzare un'area funzionale (gestione delle persone, ad esempio) o verticale del settore (retail analytics, ad esempio). Diversi tipi di applicazioni analitiche includono applicazioni per clienti, finanziarie, di supply chain, di produzione e di risorse umane.

3.3.3.1 Analisi multidimensionale – OLAP

L'elaborazione analitica online (OLAP) si riferisce a un approccio per fornire prestazioni rapide per le query analitiche multidimensionali. Il termine OLAP è nato, in parte, per fare una chiara distinzione dall'OLTP, Online Transactional Processing. L'output tipico delle query OLAP è in un formato a matrice. Le dimensioni formano le righe e le colonne della matrice e i fattori, o misure, sono i valori all'interno della matrice. Concettualmente, questo si illustra come un cubo. L'analisi multidimensionale con i cubi è particolarmente utile quando ci sono modi ben noti in cui gli analisti vogliono guardare le sintesi dei dati.

Un'applicazione tradizionale è l'analisi finanziaria, dove gli analisti vogliono attraversare ripetutamente le gerarchie conosciute per analizzare i dati; per esempio, la data (come Anno, Trimestre, Mese, Settimana, Giorno), l'organizzazione (come Regione, Paese, Business Unit, Dipartimento), e la gerarchia dei prodotti (come Categoria di Prodotto, Linea di Prodotto, Prodotto). Molti strumenti oggi incorporano i cubi OLAP nella loro impronta software e alcuni addirittura automatizzano e integrano senza soluzione di continuità il processo di definizione e di popolazione. Ciò significa che qualsiasi utente in qualsiasi processo aziendale può tagliare a fette e tagliare a dadini i propri dati. Allineate questa capacità di potenza con gli utenti nelle comunità dell'area tematica e distribuitela lungo un canale self-service che consente a questi utenti selezionati di analizzare i loro dati a modo loro.

In genere, gli strumenti OLAP hanno sia un componente server (Back End) che un componente rivolto al cliente finale installato sul desktop o disponibile sul web (Front End). Alcuni componenti del desktop sono accessibili dall'interno di un foglio di calcolo che appare come un menu o una voce di funzione incorporata. L'architettura selezionata (ROLAP, MOLAP, HOLAP) guiderà gli sforzi di sviluppo ma comune a tutti sarà la definizione della struttura del cubo, le esigenze di aggregazione, l'aumento dei metadati e l'analisi della scarsità dei dati.

La strutturazione del cubo in base ai requisiti funzionali desiderati può richiedere la suddivisione di dimensioni maggiori in cubi separati per soddisfare le esigenze di stoccaggio, di popolazione o di calcolo. Si possono utilizzare livelli di aggregazione per garantire che il calcolo e il recupero delle formule desiderate avvenga entro i tempi di risposta concordati. L'aumento delle gerarchie da parte dell'utente finale consente di soddisfare i requisiti di aggregazione, di calcolo o di popolazione. Inoltre, la scarsità dei dati del cubo può richiedere l'aggiunta o la rimozione di strutture aggregate o l'affinamento delle esigenze di materializzazione nel livello dei Data Warehouse che lo rifornisce.

Il provisioning della sicurezza basata sui ruoli o del testo multilingue all'interno del cubo può richiedere dimensioni extra, funzioni aggiuntive, calcoli o, a volte, la creazione di strutture cubiche separate. Trovare un equilibrio tra la flessibilità dell'utente finale, le prestazioni e i carichi di lavoro del server significa che ci si deve aspettare una certa flessibilità. La procedura di negoziazione si verifica tipicamente durante i processi di caricamento e può richiedere cambiamenti di gerarchia, cambiamenti di struttura aggregata o oggetti di dati materializzati di Warehouse aggiuntivi. Sarà necessario trovare il giusto equilibrio tra il conteggio dei cubi, il carico di lavoro del server e la flessibilità fornita, in modo che l'aggiornamento avvenga in modo tempestivo, e i cubi forniscono query affidabili e coerenti senza elevati costi di storage o di utilizzo del server.

Il valore degli strumenti di elaborazione analitica on-line (OLAP) e dei cubi e la riduzione della possibilità di confusione e di interpretazione errata, allineando il contenuto dei dati con il modello mentale dell'analista. L'analista può navigare attraverso il database e la schermata per un particolare sottoinsieme di dati, modificando l'orientamento dei dati e definendo i calcoli analitici. Slice-and-dice è il processo di navigazione avviato dall'utente chiamando la visualizzazione delle pagine in modo interattivo, attraverso la specificazione delle fette tramite rotazioni e drill down / up. Le operazioni OLAP più comuni includono Slice-and-dice, drill down, drill up, roll up e pivot.

- **Slice:** Una slice è un sottoinsieme di un array multidimensionale corrispondente ad un singolo valore per uno o più membri delle dimensioni non presenti nel sottoinsieme.

- **Dice:** Il dice è una slice su più di due dimensioni di un cubo dati, o più di due slice consecutivi.

- **Drill down / up:** La Drilling verso il basso o verso l'alto è una tecnica analitica specifica con la quale l'utente naviga tra i livelli di dati, che vanno dal più sintetico (verso l'alto) al più dettagliato (verso il basso).

- **Roll-up:** Un roll-up comporta il calcolo di tutte le relazioni di dati per una o più dimensioni. Per fare questo, definire una relazione o una formula di calcolo.

- **Pivot:** Un pivot cambia l'orientamento dimensionale di un report o di una pagina visualizzata.

Tre approcci classici di implementazione supportano l'elaborazione analitica online.

- **Relational Online Analytical Processing (ROLAP):** ROLAP supporta l'OLAP utilizzando tecniche che implementano la multidimensionalità nelle tabelle bidimensionali dei sistemi di gestione di database relazionali (RDBMS). Le unioni di schemi a stella sono una tecnica comune di progettazione di database utilizzata negli ambienti ROLAP.

- **Multi-dimensional Online Analytical Processing (MOLAP):**MOLAP supporta OLAP utilizzando una tecnologia di database multidimensionale proprietaria e specializzata.

- **Hybrid Online Analytical Processing (HOLAP):** Questa è semplicemente una combinazione di ROLAP e MOLAP. Le implementazioni HOLAP permettono di memorizzare una parte dei dati in forma MOLAP e un'altra parte dei dati in ROLAP. Le implementazioni variano sul controllo che un progettista ha per variare il mix di partizionamento.

---

4. Tecniche

4.1 Prototipi per i requisiti di guida

Si consiglia di definire rapidamente le priorità dei requisiti prima dell'inizio delle attività di implementazione, creando una serie di dati dimostrativi e applicando le fasi di discovery in un'attività congiunta di prototipazione. I progressi nelle tecnologie di virtualizzazione dei dati possono alleviare alcuni dei tradizionali problemi di implementazione attraverso tecniche di prototipazione collaborativa.

La profilazione dei dati contribuisce alla prototipazione e aiuta a ridurre i rischi associati ai dati inattesi. Il DW è spesso il primo luogo in cui il "disagio" di dati di scarsa qualità nei sistemi sorgente o nelle funzioni di data entry diventa evidente. La profilazione rivela anche le differenze tra le fonti che possono presentare ostacoli all'integrazione dei dati. I dati possono essere di alta qualità all'interno delle fonti, ma poiché le fonti sono diverse, il processo di integrazione dei dati diventa più complicato.

La valutazione dello stato dei dati di origine porta a stime iniziali più accurate per quanto riguarda la fattibilità e la portata dello sforzo. La valutazione è importante anche per stabilire le aspettative appropriate. Pianificate di collaborare con il gruppo o i gruppi di lavoro sulla qualità e la governance dei dati e di attingere alle competenze di altre SME per comprendere le discrepanze e i rischi dei dati. (Vedi capitoli 11 e 13).

4.2 Self-Service BI

Il self-service è un canale di erogazione fondamentale all'interno del portafoglio di BI. Questo tipicamente incanala l'attività dell'utente all'interno di un portale governato dove, a seconda dei privilegi dell'utente, viene fornita una varietà di funzionalità che vanno dalla messaggistica, agli avvisi, alla visualizzazione dei report di produzione pianificata, all'interazione con i report analitici, allo sviluppo di report ad hoc e, naturalmente, al dashboarding e alla score carding. I report possono essere inviati al portale su orari standard, per essere recuperati dagli utenti a loro piacimento. Gli utenti possono anche estrarre i dati eseguendo i report dall'interno del portale. Questi portali condividono contenuti al di là dei confini organizzativi.

L'estensione dello strumento di collaborazione verso l'esterno verso la comunità degli utenti può anche fornire hints and tips self-service, una comunicazione integrata sullo stato del carico, sulle prestazioni complessive e sui progressi del rilascio, nonché forum di dialogo. Mediate i contenuti del forum attraverso il canale di supporto e poi facilitate con sessioni di gruppi di utenti attraverso il canale di manutenzione.

Gli strumenti di visualizzazione e di analisi statistica consentono una rapida esplorazione e scoperta dei dati. Alcuni strumenti consentono la costruzione business-centrica di dashboard come oggetti che possono essere rapidamente condivisi, rivisti e rivitalizzati. Un tempo dominio esclusivo dell'IT e degli sviluppatori, molte tecniche di modellazione, calcolo e visualizzazione dei dati possono ora essere utilizzate dalla comunità aziendale. Questo offre un certo grado di distribuzione del carico di lavoro e gli sforzi di integrazione possono essere facilmente prototipizzati attraverso i canali di business e poi materializzati e ottimizzati dall'IT.

4.3 Dati di audit che possono essere interrogati

Al fine di mantenere il lineage, tutte le strutture e i processi dovrebbero avere la capacità di creare e conservare le informazioni di audit in una granularità utile per la tracciabilità e la reportistica. Permettere agli utilizzatori di interrogare questi dati di audit permette agli utenti di verificare in prima persona la condizione e l'arrivo dei dati, il che migliora la fiducia degli utenti. Le informazioni di audit consentono anche una risoluzione più dettagliata dei problemi quando sorgono anomalie con i dati. Conservare il lineage è anche consigliato a livello di compliance.

5. Linee guida per l'implementazione

Un'architettura stabile in grado di scalare per soddisfare le esigenze future è fondamentale per il successo di un Data Warehouse. È obbligatorio un team di supporto alla produzione in grado di gestire il carico giornaliero, l'analisi e il feedback degli utenti finali. Inoltre, per sostenere il successo, assicurarsi che i team del Warehouse e della business unit siano allineati.

5.1 Valutazione della prontezza / Valutazione del rischio

Ci può essere un divario tra quando un'organizzazione abbraccia una nuova iniziativa e quando ha la capacità di sostenerla. I progetti di successo iniziano con una check list dei prerequisiti. Tutti i progetti IT dovrebbero avere un supporto di business, essere allineati con la strategia e avere un approccio architetturale definito. Inoltre, un DW dovrebbe:

- Definire la sensibilità dei dati e i vincoli di sicurezza

- Eseguire la selezione dell'utensile

- Risorse sicure

- Creare un processo di ingestione per valutare e ricevere i dati di origine

Occorre identificare e inventariare i dati sensibili o riservati nel warehouse. Questi dati dovranno essere mascherati (pseudoanonimizzati) o oscurati per evitare l'accesso da parte di personale non autorizzato. Ulteriori vincoli possono essere applicati quando si considera l'outsourcing per l'implementazione o le attività di manutenzione.

Occorre tenere conto dei vincoli di sicurezza prima di selezionare gli strumenti e di assegnare le risorse. Assicuratevi che siano stati seguiti i processi di governance dei dati per la revisione e l'approvazione. I progetti DW/BI rischiano di riorientarsi o di essere completamente cancellati a causa di questi fattori generali.

5.2 Roadmap per la release

Poiché richiedono un grande sforzo di sviluppo, i warehouse sono costruiti in modo incrementale. Qualunque sia il metodo scelto per la realizzazione, sia esso a cascata, iterativo o agile, dovrebbe tenere conto dello stato finale desiderato. Ecco perché una roadmap è un valido strumento di pianificazione. Il metodo combinato con i processi di manutenzione può essere sia flessibile che adattivo per bilanciare le pressioni della consegna dei singoli progetti con gli obiettivi generali di dati e infrastrutture riutilizzabili.

Si suggerisce un approccio incrementale che sfrutti la matrice del DW-bus come strumento di comunicazione e di marketing. Usate le priorità stabilite dal business, legate a metriche di esposizione, per determinare quanto rigore e spese generali applicare ad ogni incremento; una piccola consegna da una sola fonte può permettere un rilassamento delle regole, specialmente quando l'esposizione limitata si fa sentire, nel caso in cui tali problemi siano realizzati dall'organizzazione.

Ogni incremento modificherà le capacità esistenti o aggiungerà capacità nuove di zecca tipicamente allineate con una nuova unità di business a bordo. Applicare un processo coerente di esigenze e capacità per determinare la prossima business unit a bordo. Mantenere un ordine di ritorno o un elenco di elementi di lavoro per identificare le capacità in sospeso e le priorità di business. Determinare eventuali dipendenze tecniche che richiedono la consegna in un ordine diverso. Poi confezionare questo lavoro in una release del software. Ogni release può essere consegnata a un ritmo concordato: trimestrale, mensile, settimanale o anche più veloce, se necessario. Gestire i rilasci con i partner di business assemblando una roadmap: un elenco di rilasci per data e per capacità.

5.3 Gestione della configurazione

La gestione della configurazione si allinea alla roadmap di rilascio e fornisce le necessarie cuciture di back office e script per automatizzare lo sviluppo, il test e il passaggio alla produzione. Inoltre marca il modello in base al rilascio a livello di database, e lega la base di codice a quel marchio in modo automatizzato, in modo che i programmi generati manualmente, i programmi generati e il contenuto dello strato semantico siano armonizzati in tutto l'ambiente e controllati in base alla versione.

5.4 Organizzazione e cambio culturale

Iniziare e mantenere una costante attenzione al business durante tutto il ciclo di vita di DW/BI è essenziale per il successo. Guardare alla catena del valore dell'impresa è un buon modo per comprendere il contesto aziendale. I processi di business specifici della catena del valore di un'azienda forniscono un contesto naturale orientato al business in cui inquadrare le aree di analisi.

Soprattutto, allineare i progetti dietro le reali esigenze di business e valutare il necessario supporto aziendale, considerando questi fattori critici di successo:

- **Business sponsorship**: Esiste una sponsorizzazione esecutiva adeguata, cioè un comitato direttivo identificato e impegnato e un finanziamento adeguato? I progetti DW/BI richiedono una forte sponsorizzazione esecutiva.

- **Obiettivi e portata del business:** C'è una necessità di business chiaramente identificata, uno scopo e uno scopo per lo sforzo?

- **Risorse aziendali:** C'è un impegno da parte della direzione aziendale per la disponibilità e l'impegno degli esperti in materia di business appropriati? La mancanza di impegno è un punto comune di fallimento e una ragione sufficiente per fermare un progetto DW/BI fino a quando l'impegno non viene confermato.

- **Prontezza del business:** Il partner è pronto per una consegna incrementale a lungo termine? Si sono impegnati a creare centri di eccellenza per sostenere il prodotto nelle future release? Quanto è ampio il divario medio di conoscenze o competenze all'interno della comunità di destinazione e può essere superato con un singolo incremento?

- **Allineamento della visione:** In che misura la strategia IT supporta la Business Vision? È fondamentale garantire che i requisiti funzionali desiderati corrispondano alle capacità di business che sono o possono essere sostenute nella roadmap IT immediata. Qualsiasi deviazione significativa o lacuna materiale nell'allineamento delle capacità può bloccare o bloccare un programma DW/BI.

5.4.1 Team Dedicati

Molte organizzazioni hanno un team dedicato per gestire le operazioni in corso nell'ambiente di produzione. (Vedi Capitolo 6). Un insieme separato di addetti che gestiscono il prodotto dati consegnato è utile per l'ottimizzazione del carico di lavoro in quanto questo gruppo ha compiti ripetitivi su un ciclo di calendario e può essere ulteriormente utilizzato per qualsiasi elemento di escalation, mentre il canale di manutenzione vedrà i picchi di carico di lavoro allineati a specifici deliverable.

Un gruppo di supporto di front office interagisce con il team di manutenzione per favorire le relazioni tra i reparti e garantire che le attività critiche siano affrontate nelle prossime release. Notifica al team le eventuali carenze da affrontare. Un team di supporto di back office nelle operazioni assicura che la configurazione della produzione sia stata eseguita come richiesto. Essi intensificheranno gli avvisi e riferiranno sullo stato della produzione.

6. DW/BI Governance

I settori altamente regolamentati e che necessitano di un reporting incentrato sulla conformità trarranno grande beneficio da un Data Warehouse ben gestito. Fondamentale per un supporto continuo e vitale per la pianificazione del rilascio è garantire che le attività di governance siano completate e affrontate durante l'implementazione. Sempre più organizzazioni stanno estendendo il loro ciclo di vita di sviluppo del software con specifici deliverable mirati a soddisfare le esigenze di governance. I processi di governance del Warehouse dovrebbero essere allineati con la gestione del rischio. Dovrebbero essere guidati dal business, poiché diversi tipi di aziende hanno esigenze diverse (ad esempio, le società di marketing e pubblicità utilizzeranno i loro dati in modo diverso dalle istituzioni finanziarie). I processi di governance dovrebbero mitigare il rischio, non limitare l'esecuzione.

Le funzioni più critiche sono quelle che governano l'area di scoperta o di perfezionamento gestita dal business, e quelle che assicurano la qualità incontaminata all'interno del Warehouse stesso. Poiché l'area di affinamento guida tutti i confini dell'iniziativa, sono necessarie procedure di handshake e di buon funzionamento per istanziare, operare, trasferire e scartare i dati in queste aree. L'archiviazione dei dati e gli orizzonti temporali sono elementi chiave negli accordi di confine in quanto aiutano ad evitare la proliferazione. Il monitoraggio di questi ambienti e i programmi per determinare i termini di longevità sono inclusi nelle sessioni dei gruppi di utenti e nelle riunioni di gestione. Caricare i dati nel Warehouse significa assegnare tempo, risorse e sforzi di programmazione per vedere i dati corretti, credibili e di alta qualità arrivare alla comunità degli utenti finali, naturalmente in modo tempestivo.

Considerate gli eventi una tantum o a uso limitato come parte del ciclo di vita, e magari limitateli all'interno dell'area pilota stessa, o all'interno di un'area "sandbox" controllata dall'utente. I processi di analisi in tempo reale possono alimentare i risultati aggregati allineati nel tempo nel Data Warehouse attraverso un processo automatizzato. La politica è definita per le procedure attuate nell'ambiente in tempo reale e la governance si applica all'intermediazione dei risultati nel Warehouse per il consumo organizzativo.

Applicare la discriminazione dei dati agli articoli conosciuti o catalogati gestiti attraverso una matrice di mitigazione dell'esposizione al rischio. Gli articoli con un'esposizione considerata elevata, e con un basso livello di mitigazione o una difficile individuazione precoce, richiedono funzioni di governance per ridurre il rischio associato. A seconda della sensibilità dei dati in esame, può anche essere necessario uno spazio di lavoro separato per il personale locale selezionato. Una revisione approfondita con il personale addetto alla sicurezza aziendale e il personale legale durante la formazione della politica crea una rete di sicurezza finale.

6.1 Abilitare il riconoscimento aziendale

Un fattore chiave di successo è l'accettazione dei dati da parte delle aziende, inclusi i dati comprensibili, la loro qualità verificabile e il loro lineage dimostrabile. L'approvazione dei dati da parte dell'azienda deve far parte del test di accettazione degli utenti. Eseguire test strutturati e casuali dei dati nello strumento di BI rispetto ai dati nei sistemi di origine durante il carico iniziale, e dopo alcuni cicli di aggiornamento del carico, per soddisfare i criteri di approvazione. Il rispetto di questi requisiti è fondamentale per ogni implementazione DW/BI. Considerare, in anticipo, alcuni sottocomponenti architetturali di importanza critica, insieme alle loro attività di supporto:

- **Modello concettuale dei dati:** Quali informazioni sono fondamentali per l'organizzazione? Quali sono i concetti chiave del business e come sono collegati tra loro?

- **Il ciclo di feedback sulla qualità dei dati:** Come vengono identificati e risolti i problemi relativi ai dati? In che modo i proprietari dei sistemi in cui hanno origine i problemi sono informati sui problemi e sono ritenuti responsabili della loro soluzione? Qual è il processo di risoluzione dei problemi causati dai processi di integrazione dei dati DW?

- **Metadati end-to-end:** In che modo l'architettura supporta il flusso integrato end-to-end dei metadati? In particolare, l'accesso al significato e al contesto è progettato nell'architettura? Come rispondono i consumatori di dati a domande di base come "Cosa significa questo rapporto?" o "Cosa significa questa metrica?"

- **Lineage di dati verificabile end-to-end:** Gli elementi esposti agli utenti commerciali sono tracciabili ai sistemi di origine in modo automatizzato e mantenuto? Un sistema di registrazione è identificato per tutti i dati?

6.2 Soddisfazione del cliente/utente

La percezione della qualità dei dati determinerà la soddisfazione del cliente, ma la soddisfazione dipende anche da altri fattori, come la comprensione dei dati da parte degli utilizzatori e la capacità di risposta del team operativo ai problemi identificati. La raccolta, la comprensione e l'azione sul feedback dei clienti può essere facilitata attraverso incontri regolarmente programmati con i rappresentanti degli utenti. Tale interazione può anche aiutare il team del Warehouse a condividere le informazioni sulla roadmap di rilascio e a capire come gli utilizzatori di dati stanno utilizzando il warehouse.

6.3 Accordi sul livello di servizio

Le aspettative commerciali e tecniche per gli ambienti devono essere specificate nei Service Level Agreements (SLAs). Spesso i tempi di risposta, la conservazione dei dati e i requisiti di disponibilità differiscono notevolmente tra le classi di esigenze aziendali e i rispettivi sistemi di supporto (ad esempio, ODS contro DW contro Data Mart).

6.4 Strategia di reporting

Assicurare che esista una strategia di reporting all'interno e all'interno del Portafoglio BI. Una strategia di reporting include standard, processi, linee guida, best practice e procedure. Garantirà agli utenti informazioni chiare, accurate e tempestive. La strategia di reporting deve riguardare:

- Accesso di sicurezza per garantire che solo gli utenti aventi diritto abbiano accesso agli elementi sensibili dei dati
- Meccanismi di accesso per descrivere come gli utenti vogliono interagire, segnalare, esaminare o visualizzare i loro dati
- Tipo di comunità di utenti e strumento appropriato per consumarlo con
- Natura dei rapporti, sintesi, dettaglio, eccezione, nonché frequenza, tempi, distribuzione e formati di archiviazione
- Potenziale utilizzo delle capacità di visualizzazione per la fornitura di output grafico
- Scambi tra tempestività e prestazioni

I report standard dovrebbero essere valutati periodicamente per garantire che siano ancora validi, poiché la sola esecuzione dei report comporta dei costi di stoccaggio e di elaborazione. I processi di implementazione e manutenzione e le attività di gestione sono fondamentali. Allineare gli strumenti di reporting appropriati alla comunità aziendale è un fattore critico di successo. A seconda delle dimensioni e della natura dell'organizzazione, ci sono probabilmente molti strumenti di reporting diversi utilizzati in una varietà di processi. Assicuratevi che il fruitore sia in grado di utilizzare al meglio gli strumenti di reporting; gli utenti più sofisticati avranno esigenze sempre più complesse. Mantenere una matrice decisionale basata su queste richieste per determinare gli aggiornamenti o la selezione di strumenti futuri.

Anche il monitoraggio e il controllo della governance delle fonti di dati sono di vitale importanza. Garantire che i livelli di dati appropriati siano forniti in modo sicuro al personale autorizzato e che i dati degli abbonamenti siano accessibili secondo i livelli concordati.

Un Centro di Eccellenza può fornire formazione, set di start-up, progettazione di best practice, suggerimenti e trucchi per le fonti di dati e altre soluzioni o artefatti per aiutare gli utenti aziendali ad orientarsi verso un modello di self-service. Oltre alla gestione della conoscenza, questo centro può fornire comunicazioni tempestive attraverso lo sviluppatore, il designer, l'analista e le comunità di utenti abbonati.

6.5 Metriche

6.5.1 Uso delle metriche

Le metriche di utilizzo DW includono tipicamente il numero di utenti registrati, così come gli utenti connessi o gli utenti connessi contemporanei. Queste metriche mostrano quante persone all'interno dell'organizzazione utilizzano il Data Warehouse. Il numero di account utente autorizzati per ogni strumento è un ottimo inizio, soprattutto per i revisori dei conti. Tuttavia, quante persone si collegano effettivamente a tale strumento è una misura migliore, e quante richieste (o equivalenti di richieste) vengono inviate da una comunità di utenti per periodo di tempo è una misura tecnica ancora migliore, specialmente per la pianificazione della capacità. Consentono misurazioni multiple di analisi quali gli utenti di audit, la capacità di interrogazione generata dall'utente e gli utenti consumatori.

6.5.2 Percentuali di copertura per area tematica

Le percentuali di copertura delle aree tematiche misurano la quantità di warehouse (dal punto di vista della topologia dei dati) a cui ogni reparto ha accesso. Esse evidenziano anche quali dati sono condivisi tra i vari reparti e quali non lo sono, ma potrebbero esserlo.

La mappatura delle fonti operative ai target è un'altra estensione naturale, che rafforza e convalida il lineage e i metadati già raccolti, e può fornire analisi di penetrazione per cui i sistemi di origine sono in uso analitico da parte di quali reparti. Questo può aiutare a focalizzare gli sforzi di tuning su quelle richieste analitiche ad alto impatto, mitigando qualsiasi modifica agli oggetti di provenienza fortemente utilizzati.

6.5.3 Metriche di risposta e di performance

La maggior parte degli strumenti di interrogazione misura il tempo di risposta. Recupera le metriche di risposta o di performance dagli strumenti. Questi dati informeranno le metriche sul numero e il tipo di utenti.

I tempi di carico del raccolto per ogni prodotto di dati in formato grezzo dai processi di popolazione. Questi dovrebbero essere espressi anche come percentuale del supporto previsto: così un mart che si prevede venga aggiornato quotidianamente e caricato in una finestra di quattro ore è supportato al 100% quando viene caricato in quattro ore. Applicare questo processo anche agli estratti generati per la lavorazione a valle.

La maggior parte degli strumenti conserverà, in un log o repository, i record delle query, il refresh dei dati e i tempi di estrazione dei dati per gli oggetti forniti agli utenti. Dividere questi dati in oggetti pianificati ed eseguiti, ed esprimere come conteggi grezzi sia tentato che riuscito. Gli oggetti molto popolari o le query con prestazioni scadenti sono probabilmente bisognosi di attenzione prima che le metriche di soddisfazione ne risentano. Questo può guidare l'analisi dei difetti, la pianificazione della manutenzione, così come la pianificazione della capacità se un gruppo di oggetti fallisce regolarmente. La riparazione può variare a seconda dello strumento, ma a volte la creazione o l'eliminazione di un indice può portare a grandi miglioramenti. (Vedi Capitolo 6.)

Un seguito naturale è la validazione e l'adeguamento dei livelli di servizio. Aggiustare gli oggetti che hanno costantemente fallito nella prossima release, o in assenza di finanziamenti necessari, il livello di supporto deve essere ridotto.

7. Opere Citate / Consigliate

Adamson, Christopher. *Mastering Data Warehouse Aggregates: Solutions for Star Schema Performance*. John Wiley and Sons, 2006. Print.

Adelman, Sid and Larissa T. Moss. *Data Warehouse Project Management*. Addison-Wesley Professional, 2000. Print.

Adelman, Sid, Larissa Moss and Majid Abai. *Data Strategy*. Addison-Wesley Professional, 2005. Print.

Adelman, Sid, et al. *Impossible Data Warehouse Situations: Solutions from the Experts*. Addison-Wesley, 2002. Print.

Aggarwal, Charu. *Data Mining: The Textbook*. Springer, 2015. Print.

Biere, Mike. *Business Intelligence for the Enterprise*. IBM Press, 2003. Print.

Biere, Mike. *The New Era of Enterprise Business Intelligence: Using Analytics to Achieve a Global Competitive Advantage*. IBM Press, 2010. Print. IBM Press.

Brown, Meta S. *Data Mining for Dummies*. For Dummies, 2014. Print. For Dummies.

Chorianopoulos, Antonios. *Effective CRM using Predictive Analytics*. Wiley, 2016. Print.

Delmater, Rhonda and Monte Hancock Jr. *Data Mining Explained; A Manager's Guide to Customer-Centric Business Intelligence*. Digital Press, 2001. Print.

Dyche, Jill. E-Data: *Turning Data Into Information With Data Warehousing*. Addison- Wesley, 2000. Print.

Eckerson, Wayne W. *Performance Dashboards: Measuring, Monitoring, and Managing Your Business*. Wiley, 2005. Print.

Han, Jiawei, Micheline Kamber and Jian Pei. *Data Mining: Concepts and Techniques*. 3rd ed. Morgan Kaufmann, 2011. Print. The Morgan Kaufmann Ser in Data Management Systems.

Hastie, Trevor, Robert Tibshirani, and Jerome Friedman. *The Elements of Statistical Learning: Data Mining, Inference, and Prediction*. 2nd ed. Springer, 2011. Print. Springer Series in Statistics.

Hill, Thomas, and Paul Lewicki. *Statistics: Methods and Applications*. Statsoft, Inc., 2005. Print.

Howson, Cindi. *Successful Business Intelligence: Unlock the Value of BI and Big Data*. 2nd ed. Mcgraw-Hill Osborne Media, 2013. Print.

Imhoff, Claudia, Lisa Loftis, and Jonathan G. Geiger. *Building the Customer-Centric Enterprise: Data Warehousing Techniques for Supporting Customer Relationship Management*. John Wiley and Sons, 2001. Print.

Imhoff, Claudia, Nicholas Galemmo, and Jonathan G. Geiger. *Mastering Data Warehouse Design: Relational and Dimensional Techniques*. John Wiley and Sons, 2003. Print.

Inmon, W. H., Claudia Imhoff, and Ryan Sousa. *The Corporate Information Factory*. 2nd ed. John Wiley and Sons, 2000. Print.

Inmon, W.H., and Krish Krishnan. *Building the Unstructured Data Warehouse*. Technics Publications, LLC., 2011. Print.

Josey, Andrew. *TOGAF Version 9.1 Enterprise Edition: An Introduction*. The Open Group, 2011. Kindle. Open Group White Paper.

Kaplan, Robert S and David P. Norton. *The Balanced Scorecard: Translating Strategy into Action*. Harvard Business Review Press, 1996. Kindle.

Kimball, Ralph, and Margy Ross. *The Data Warehouse Toolkit: The Definitive Guide to Dimensional Modeling*. 3d ed. Wiley, 2013. Print.

Kimball, Ralph, et al. *The Data Warehouse Lifecycle Toolkit*. 2nd ed. Wiley, 2008. Print.

Kimball, Ralph. *The Data Warehouse ETL Toolkit: Practical Techniques for Extracting, Cleaning, Conforming, and Delivering Data*. Amazon Digital Services, Inc., 2007. Kindle.

Linoff, Gordon S. and Michael J. A. Berry. *Data Mining Techniques: For Marketing, Sales, and Customer Relationship Management*. 3rd ed. Wiley, 2011. Print.

Linstedt, Dan. *The Official Data Vault Standards Document (Version 1.0) (Data Warehouse Architecture)*. Amazon Digital Services, Inc., 2012. Kindle.

Loukides, Mike. *What Is Data Science?* O'Reilly Media, 2012. Kindle.

Lublinsky, Boris, Kevin T. Smith, and Alexey Yakubovich. *Professional Hadoop Solutions*. Wrox, 2013. Print.

Malik, Shadan. *Enterprise Dashboards: Design and Best Practices for IT*. Wiley, 2005. Print.

Morris, Henry. "Analytic Applications and Business Performance Management." *DM Review Magazine*, March, 1999. http://bit.ly/2rRrP4x.

Moss, Larissa T., and Shaku Atre. *Business Intelligence Roadmap: The Complete Project Lifecycle for Decision-Support Applications*. Addison-Wesley Professional, 2003. Print.

Ponniah, Paulraj. *Data Warehousing Fundamentals: A Comprehensive Guide for IT Professionals*. Wiley-Interscience, 2001. Print.

Provost, Foster and Tom Fawcett. *Data Science for Business: What you need to know about data mining and data-analytic thinking*. O'Reilly Media, 2013. Print.

Reeves, Laura L. *A Manager's Guide to Data Warehousing*. Wiley, 2009. Print.

Russell, Matthew A. *Mining the Social Web: Data Mining Facebook, Twitter, LinkedIn, Google+, GitHub, and More*. 2nd ed. O'Reilly Media, 2013. Print.

Silverston, Len, and Paul Agnew. *The Data Model Resource Book Volume 3: Universal Patterns for Data Modeling*. Wiley, 2008. Print.

Simon, Alan. *Modern Enterprise Business Intelligence and Data Management: A Roadmap for IT Directors, Managers, and Architects*. Morgan Kaufmann, 2014. Print.

Thomsen, Erik. *OLAP Solutions: Building Multidimensional Information Systems*. 2nd ed. Wiley, 2002. Print.

Vitt, Elizabeth, Michael Luckevich and Stacia Misner. *Business Intelligence*. Microsoft Press, 2008. Print. Developer Reference.

WAGmob. *Big Data and Hadoop*. WAGmob, 2013. Kindle.

Wremble, Robert and Christian Koncilia. *Data Warehouses and Olap: Concepts, Architectures and Solutions*. IGI Global, 2006. Print.

CAPITOLO 12

Metadata Management

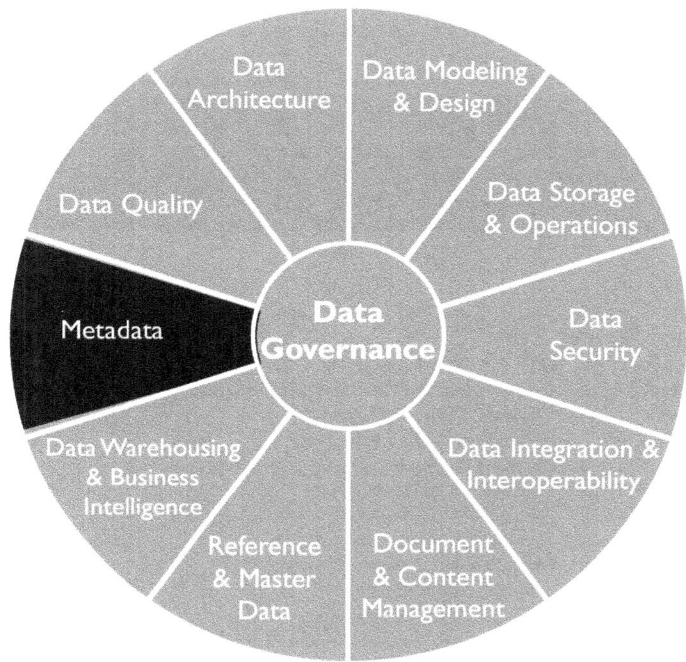

DAMA-DMBOK2 Data Management Framework

Copyright © 2017 by DAMA International

La definizione più comune di metadati, "dati sui dati", è ingannevolmente semplice. Il tipo di informazioni che possono essere classificate come metadati è molto ampio. I metadati includono informazioni su processi tecnici e aziendali, regole e vincoli relativi ai dati e strutture logiche e fisiche dei dati. Descrivono i dati stessi (ad esempio, banche dati, elementi di dati, modelli di dati), i concetti che i dati rappresentano (ad esempio, processi aziendali, sistemi applicativi, codice software, infrastruttura tecnologica) e le connessioni (relazioni) tra i dati e i concetti. I metadati aiutano un'organizzazione a comprendere i suoi dati, i suoi sistemi e i suoi flussi di lavoro. Permette la valutazione della qualità dei dati ed è parte integrante della gestione di database e altre applicazioni. Contribuiscono alla capacità di elaborare, mantenere, integrare, proteggere, controllare e governare altri dati.

Per comprendere il ruolo vitale dei metadati nella gestione dei dati, immaginate una grande biblioteca, con centinaia di migliaia di libri e riviste, ma senza catalogo. Senza un catalogo, i lettori potrebbero anche non sapere come iniziare a cercare un libro specifico o addirittura un argomento specifico. Il catalogo non solo fornisce le informazioni necessarie (quali libri e materiali sono di proprietà della biblioteca e dove sono archiviati), ma permette anche agli utenti di trovare i contenuti utilizzando diversi punti di partenza (area tematica, autore o titolo). Senza il catalogo, trovare un libro specifico sarebbe difficile se non impossibile. Un'organizzazione senza metadati è come una biblioteca senza un catalogo.

I metadati sono essenziali per la gestione e l'utilizzo dei dati (vedi i riferimenti multipli ai metadati in tutto il DAMA-DMBOK). Tutte le grandi organizzazioni producono e utilizzano molti dati. In un'organizzazione, diversi individui avranno diversi livelli di conoscenza dei dati, ma nessuno saprà tutto sui dati. Queste informazioni devono essere documentate, altrimenti l'organizzazione rischia di perdere preziose conoscenze su se stessa. I metadati forniscono il mezzo principale per catturare e gestire le conoscenze organizzative sui dati. Tuttavia, la gestione dei metadati non è solo una sfida di gestione della conoscenza, ma è anche una necessità di gestione del rischio. I metadati sono necessari per garantire che un'organizzazione possa identificare dati privati o sensibili e che possa gestire il ciclo di vita dei dati a proprio vantaggio e per soddisfare i requisiti di conformità e ridurre al minimo l'esposizione al rischio.

Metadata Management

Definizione: Attività di pianificazione, implementazione e controllo per consentire l'accesso a metadati integrati di alta qualità

Obiettivi:
1. Fornire una comprensione organizzativa dei termini di business e dell'utilizzo.
2. Raccogliere e integrare metadati da diverse sorgenti.
3. Fornire un modo standard per accedere ai metadati.
4. Garantire la qualità e la sicurezza dei metadati.

Drivers di Business

Inputs:
- Requisiti di Business
- Problemi sui Metadati
- Data Architecture
- Metadati di Business
- Metadati Tecnici
- Metadati di Processo
- Metadati Operativi
- Metadati di Data Governance

Attività:
1. **Definire Strategia di Metadati (P)**
2. **Comprendere i Requisiti di Metadati (P)**
   1. Requisiti di Utente Business
   2. Requisiti di Utente Tecnico
3. **Definire Architettura dei Metadati (P)**
   1. Creare MetaModel (D)
   2. Applicare gli Standards sui Metadati (C)
   3. Gestire gli Archivi di Metadati (C)
4. **Creare e Mantenere Metadati (O)**
   1. Integrare i Metadati (O)
   2. Distribuire e Consegnare Metadati (O)
5. **Query, Report e Analisi sui Metadati**

Deliverables:
- Strategia dei Metadati
- Standard dei Metadati
- Architettura dei Metadati
- MetaModel
- Metadati Unificati
- Archivi dei Metadati
- Data Lineage
- Analisi Impatti
- Analisi delle Dipendenze
- Processo di Controllo dei Metadati

Fornitori:
- Business Data Stewards
- Data Managers
- Organismi di Data Governance
- Data Modelers
- Database Administrators

Coinvolgimenti:
- Data Stewards
- Project Managers
- Data Architects
- Business Analysts
- System Analysts

Utilizzatori:
- Analisti Sviluppatori Applicazioni
- Data Integrators
- Utenti Business
- Knowledge Workers
- Clienti & Collaboratori
- Data Scientists
- Giornalisti di Dati

Drivers Tecnici

Tecniche:
- Data Lineage e Analisi Impatti
- Metadati per Ingestione dei Big Data

Strumenti:
- Strumenti di Gestione del Repository dei Metadati
- Repositori di Metadati in altri Strumenti

Metriche:
- Scorecard di Copertura Metadati
- Contributo al Repository dei Metadati
- Report di Utilizzo dei Metadati
- Scorecard di Qualità dei Metadati

(P) Pianificazione, (C) Controllo, (D) Sviluppo, (O) Operations

Figura 84 Context Diagram: Metadata

Senza metadati affidabili, un'organizzazione non sa quali dati ha, cosa rappresentano, da dove provengono, come si muovono attraverso i sistemi, chi vi ha accesso, o cosa significa che i dati siano di alta qualità. Senza metadati, un'organizzazione non può gestire i propri dati come una risorsa. Infatti, senza Metadati, un'organizzazione potrebbe non essere in grado di gestire i propri dati in modo efficiente ed efficace.

Con l'evoluzione della tecnologia, è aumentata anche la velocità di generazione dei dati. I metadati tecnici sono diventati parte integrante del modo in cui i dati vengono spostati e integrati. Lo standard ISO/IEC 11179 del Metadata Registry Standard, ISO/IEC 11179, ha lo scopo di consentire lo scambio di dati basato sui metadati in un ambiente eterogeneo, sulla base di definizioni esatte dei dati. I metadati presenti in XML e in altri formati consentono l'utilizzo dei dati. Altri tipi di tagging dei metadati consentono lo scambio di dati mantenendo i significanti di proprietà, i requisiti di sicurezza, ecc. (Si veda il capitolo 8.)

Come per altri dati, i metadati richiedono una gestione. Con l'aumento della capacità delle organizzazioni di raccogliere e memorizzare i dati, il ruolo dei metadati nella gestione dei dati diventa sempre più importante. Per essere guidata dai dati, un'organizzazione deve essere guidata dai metadati.

1.1 Business Drivers

I dati non possono essere gestiti senza metadati. Inoltre, i metadati stessi devono essere gestiti. Metadati affidabili e ben gestiti aiutano a:

- Aumentare la fiducia nei dati fornendo contesto e consentendo la misurazione della qualità dei dati.
- Aumentare il valore delle informazioni strategiche (ad esempio, Master Data o Dati Maestro) abilitando molteplici utilizzi.
- Migliorare l'efficienza operativa identificando dati e processi ridondanti
- Impedire l'uso di dati obsoleti o errati
- Ridurre i tempi di ricerca orientata ai dati
- Migliorare la comunicazione tra gli utilizzatori di dati e i professionisti IT
- Creare un'analisi d'impatto accurata, riducendo così il rischio di fallimento del progetto
- Migliorare il time-to-market riducendo i tempi del ciclo di vita dello sviluppo del sistema
- Ridurre i costi di formazione e ridurre l'impatto del turnover del personale attraverso una documentazione completa del contesto, della storia e dell'origine dei dati.
- Sostenere la conformità normativa (GDPR, RDA, Basilea Compliance)

I metadati aiutano a rappresentare le informazioni in modo coerente, ottimizzando le capacità del flusso di lavoro e proteggendo le informazioni sensibili, in particolare quando è richiesta la conformità normativa. Le organizzazioni ottengono più valore dalle loro risorse di dati se i loro dati sono di alta qualità. La qualità dei dati dipende dalla governance. Poiché spiega i dati e i processi che consentono alle organizzazioni di funzionare, i metadati sono fondamentali per la governance dei dati. Se i metadati sono una guida ai dati in un'organizzazione, allora devono essere ben gestiti. La cattiva gestione dei metadati porta a:

- Processi di gestione di dati e dati ridondanti
- Dizionari replicati e ridondanti, repository, repository e altri metadati di storage
- Definizioni incoerenti degli elementi di dati e dei rischi associati all'uso improprio dei dati.
- Fonti e versioni di metadati concorrenti e contrastanti che riducono la fiducia degli utilizzatori di dati.
- Dubbi sull'affidabilità dei metadati e dei dati

Una gestione dei metadati ben eseguita consente una comprensione coerente delle risorse di dati e uno sviluppo cross-organizzativo più efficiente.

1.2 Obbiettivi e Principi

Gli obiettivi della gestione dei metadati includono:

- Documentare e gestire la conoscenza organizzativa della terminologia aziendale relativa ai dati al fine di garantire che le persone comprendano il contenuto dei dati e possano utilizzarli in modo coerente.

- Raccogliere e integrare metadati da fonti diverse per garantire che le persone comprendano le somiglianze e le differenze tra i dati provenienti da diverse parti dell'organizzazione.

- Garantire la qualità, la coerenza, la valuta e la sicurezza dei metadati

- Fornire modalità standard per rendere i metadati accessibili agli utilizzatori di metadati (persone, sistemi e processi).

- Stabilire o applicare l'uso di norme tecniche sui metadati per consentire lo scambio di dati.

L'implementazione di una soluzione di metadati di successo segue questi principi guida:

- Commitment organizzativo: Sicuro Commitment organizzativo (supporto e finanziamento del senior management) per la gestione dei metadati come parte di una strategia globale di gestione dei dati come asset aziendale.

- Strategia: Sviluppare una strategia di metadati che tenga conto di come i metadati saranno creati, mantenuti, integrati e accessibili. La strategia dovrebbe guidare i requisiti, che dovrebbero essere definiti prima di valutare, acquistare e installare i prodotti di gestione dei metadati. La strategia per i metadati deve essere in linea con i professionisti del settore.

- Prospettiva aziendale: Adottare una prospettiva aziendale per garantire l'estensibilità futura, ma implementare attraverso delivery iterativa e incrementale per portare valore.

- Socializzazione: Comunicare la necessità dei metadati e lo scopo di ogni tipo di metadati; la socializzazione del valore dei metadati incoraggerà l'uso commerciale e, cosa importante, il contributo delle competenze aziendali.

- Accesso: Assicurarsi che i membri dello staff sappiano come accedere e utilizzare i metadati.

- Qualità: Riconoscere che i metadati sono spesso prodotti attraverso processi esistenti (modellazione dei dati, SDLC, definizione dei processi aziendali) e ritenere i proprietari dei processi responsabili della qualità dei metadati.

- Audit: Impostare, applicare e verificare gli standard per i metadati per semplificare l'integrazione e consentirne l'uso.

- Miglioramento: Creare un meccanismo di feedback in modo che gli utilizzatori possano informare il team di gestione dei metadati di metadati non corretti o non aggiornati.

1.3 Concetti Essenziali

1.3.1 Metadata vs. Data

Come indicato nell'introduzione al capitolo, i metadati sono una categoria di dati e dovrebbero essere gestiti come tali. Una domanda che alcune organizzazioni si trovano ad affrontare è dove tracciare la linea di demarcazione tra i dati che non sono metadati e i dati che sono metadati. Concettualmente, questa linea è correlata al livello di astrazione rappresentato dai dati. Ad esempio, nel reporting sul rilascio della sorveglianza dell'US National Security Administration sull'uso del telefono delle persone negli Stati Uniti, i numeri di telefono e gli orari delle chiamate sono stati abitualmente indicati come "metadati", il che implica che i dati "reali" comprendevano solo il contenuto delle conversazioni telefoniche. Il buon senso riconosce che anche i numeri di telefono e la durata delle telefonate sono solo dati semplici.

Una regola empirica potrebbe essere che i metadati di una persona sono dati di un'altra persona. Anche qualcosa che sembra un metadato (ad esempio, una lista di nomi di colonne) può essere solo un dato generico - se, ad esempio, questi dati erano l'input per un'analisi volta a comprendere il contenuto dei dati in diverse organizzazioni.

Per gestire i loro metadati, le organizzazioni non dovrebbero preoccuparsi delle distinzioni filosofiche. Dovrebbero invece definire requisiti di metadati incentrati su ciò per cui hanno bisogno di metadati (per creare nuovi dati, comprendere i dati esistenti, consentire il movimento tra sistemi, accedere ai dati, condividere i dati) e i dati di origine per soddisfare questi bisogni.

1.3.2 Tipologie di Metadati

I metadati sono spesso suddivisi in tre tipi: business, tecnici e operazionali. Queste categorie consentono alle persone di comprendere la gamma di informazioni che rientrano nell'ombrello generale dei metadati, nonché le funzioni attraverso le quali i metadati sono prodotti. Detto questo, le categorie potrebbero anche portare a confusione, specialmente se le persone vengono coinvolte in domande su quale categoria appartiene un insieme di metadati o chi dovrebbe usarlo. È meglio pensare a queste categorie in relazione alla provenienza dei metadati, piuttosto che a come vengono utilizzati. In relazione all'uso, le distinzioni tra i tipi di metadati non sono severe. Il personale tecnico e operativo utilizza metadati " business " e viceversa.

Al di fuori della tecnologia dell'informazione, ad esempio in letteratura o nella scienza dell'informazione, i metadati sono descritti utilizzando un diverso insieme di categorie:

- I metadati descrittivi (ad esempio, titolo, autore e soggetto) descrivono una risorsa e consentono l'identificazione e il recupero.
- I metadati strutturali descrivono le relazioni all'interno e tra le risorse e i loro componenti (ad esempio, numero di pagine, numero di capitoli).
- I metadati amministrativi (ad esempio, numeri di versione, date di archiviazione) sono utilizzati per gestire le risorse nel corso del loro ciclo di vita.

Queste categorie possono essere utili per informare il processo di definizione dei requisiti dei metadati.

1.3.2.1 Metadati di Business

I *metadati di business* si concentrano principalmente sul contenuto e sulle condizioni dei dati e includono dettagli relativi alla governance dei dati. I Business Metadata comprendono i nomi non tecnici e le definizioni di concetti, aree tematiche, entità e attributi; tipi di dati sugli attributi e altre proprietà degli attributi; descrizioni di range; calcoli; algoritmi e regole di business; valori di dominio validi e relative definizioni. Esempi di metadati di business includono:

- Definizioni e descrizioni di insiemi di dati, tabelle e colonne
- Regole di business, regole di trasformazione, calcoli e derivazioni
- Modelli di dati
- Regole di qualità dei dati e risultati delle misurazioni
- Orari di aggiornamento dei dati
- Provenienza dei dati e data lineage
- Standard per i dati
- Designazione del sistema di registrazione per i data element

- Vincoli di valore validi
- Informazioni di contatto delle parti interessate (ad es. proprietari dei dati, data steward)
- Livello di sicurezza/privacy dei dati
- Problemi noti con i dati
- Note sull'utilizzo dei dati

1.3.2.2 Metadati Tecnici

I *metadati tecnici* forniscono informazioni sui dettagli tecnici dei dati, sui sistemi che memorizzano i dati e sui processi che li spostano all'interno e tra i sistemi. Esempi di metadati tecnici includono:
- Tabella del database fisico e nomi delle colonne
- Proprietà della colonna
- Proprietà degli oggetti del database
- Permessi di accesso
- Regole CRUD dei dati (creare, sostituire, aggiornare e cancellare)
- Modelli di dati fisici, compresi i nomi delle tabelle di dati, le chiavi e gli indici
- Rapporti documentati tra i modelli di dati e gli asset fisici
- Dettagli del lavoro ETL
- Definizioni dello schema dei formati di file
- Documentazione per la mappatura sorgente-obiettivo
- Documentazione del lineage di dati, comprese le informazioni sull'impatto delle modifiche a monte e a valle
- Nomi e descrizioni di programmi e applicazioni
- Aggiornamento dei contenuti del ciclo di lavoro e delle dipendenze
- Regole di ripristino e di backup
- Diritti di accesso ai dati, gruppi, ruoli

1.3.2.3 Metadati Operazionali

I *metadati operazionali* descrivono in dettaglio il trattamento e l'accesso ai dati. Ad esempio:
- Registri di esecuzione del lavoro per i programmi batch
- Storia degli estratti e dei risultati
- Anomalie di schedulazione
- Risultati di audit, bilanciatura, misure di controllo
- Registri degli errori
- Rapporti e richieste di modelli di accesso, frequenza e tempo di esecuzione
- Piano di manutenzione ed esecuzione delle versioni e delle patch, livello di patch attuale
- Backup, conservazione, data di creazione, disposizioni per il ripristino d'emergenza
- Requisiti e disposizioni SLA
- Modelli volumetrici e d'uso
- Regole di archiviazione e conservazione dei dati, relativi archivi
- Criteri di pulizia
- Regole e accordi di condivisione dei dati
- Ruoli e responsabilità tecniche, contatti

1.3.3 ISO / IEC 11179 Metadata Registry Standard

Lo standard ISO/IEC 11179, ISO/IEC 11179, fornisce un quadro di riferimento per la definizione di un registro di metadati. È stato progettato per consentire lo scambio di dati basato sui metadati, sulla base di definizioni esatte dei dati, a partire dagli elementi di informazione. Lo standard è strutturato in diverse parti:

- Parte 1: Quadro per la generazione e la standardizzazione degli elementi di dati
- Parte 3: Attributi di base degli elementi di dati
- Parte 4: Regole e linee guida per la formulazione delle definizioni dei dati
- Parte 5: Principi di denominazione e identificazione degli elementi di dati
- Parte 6: Registrazione degli elementi di dati

1.3.4 Metadati sui dati non strutturati

Per sua natura, tutti i dati hanno una qualche struttura, anche se non tutti sono formalmente strutturati nelle righe, colonne e registri dei database relazionali. Tutti i dati che non sono in un database o file di dati, inclusi documenti o altri supporti, sono considerati dati non strutturati. (Si vedano i capitoli 9 e 14.)

I metadati sono essenziali tanto per la gestione dei dati non strutturati quanto per la gestione dei dati strutturati - forse ancora di più. Ripensate all'analogia del catalogo schede dall'introduzione al capitolo. Libri e riviste in una biblioteca sono buoni esempi di dati non strutturati. L'uso primario dei metadati in un catalogo a schede è quello di trovare il materiale che si sta cercando, qualunque sia il loro formato.

I metadati per i dati non strutturati includono metadati descrittivi, come le informazioni del catalogo e le parole chiave del theasurus; metadati strutturali, come i tag, le strutture dei campi, il formato; metadati amministrativi, come le fonti, gli orari di aggiornamento, i diritti di accesso e le informazioni di navigazione; metadati bibliografici, come le voci del catalogo della biblioteca; metadati di mantenimento dei record, come le policy di mantenimento; e metadati di protezione, come le condizioni di archiviazione e memorizzazione e le regole di conservazione. (Vedi Capitolo 9.)

Mentre la maggior parte delle asserzioni sui metadati per i dati non strutturati sono collegate alle tradizionali problematiche di gestione dei contenuti, stanno emergendo nuove pratiche di gestione dei dati non strutturati nei data lake. Le organizzazioni che vogliono sfruttare i data lake, utilizzando piattaforme Big Data come Hadoop, stanno scoprendo che devono catalogare i dati ingeriti per consentire un accesso successivo. La maggior parte di esse mette in atto processi per raccogliere metadati come parte dell'ingestione dei dati. Un insieme minimo di attributi di metadati deve essere raccolto per ogni oggetto immesso nel Data lake (ad esempio, nome, formato, fonte, versione, data di ricezione, ecc.) Questo produce un catalogo dei dati contenuti del Datal lake.

1.3.5 Fonti di metadati

Come dovrebbe essere chiaro dai tipi di metadati, i metadati possono essere raccolti da molte fonti diverse. Inoltre, se i metadati provenienti da applicazioni e database sono stati ben gestiti, possono essere semplicemente raccolti e integrati. Tuttavia, la maggior parte delle organizzazioni non gestisce bene i metadati a livello di applicazione, perché i metadati sono spesso creati come sottoprodotto dell'elaborazione delle applicazioni piuttosto che come prodotto finale (cioè, non viene creato tenendo conto del consumo). Come per altre forme di dati, c'è molto lavoro di preparazione dei metadati prima che possano essere integrati.

La maggior parte dei metadati operativi viene generata man mano che i dati vengono elaborati. La chiave per utilizzare questi metadati è di raccoglierli in una forma utilizzabile e garantire che i responsabili dell'interpretazione abbiano gli strumenti necessari per farlo. Si tenga presente che l'interpretazione dei dati in luoghi come i registri degli errori richiede metadati che descrivono i registri. Allo stesso modo, gran parte dei metadati tecnici può essere raccolta da oggetti di database.

E' possibile decodificare la conoscenza dei dati da sistemi esistenti e raccogliere metadati aziendali da dizionari di dati, modelli e documentazione di processo esistenti (Loshin, 2001; Aiken, 1995), ma ci sono dei rischi nel farlo. Il rischio maggiore è non sapere quanta cura sia stata posta nello sviluppo e nel perfezionamento delle definizioni in primo luogo. Se le definizioni sono sottosviluppate o ambigue, allora non forniranno agli utilizzatori le informazioni di cui hanno bisogno per comprendere i dati che stanno utilizzando.

E' meglio essere consapevoli di sviluppare intenzionalmente le definizioni piuttosto che accettare semplicemente quelle esistenti. Lo sviluppo delle definizioni richiede tempo e le giuste competenze (ad esempio, abilità di scrittura e di facilitazione). Questo è il motivo per cui lo sviluppo di metadati aziendali richiede una buona amministrazione. (Vedi Capitolo 3.)

Gran parte dei metadati tecnici necessari per gestire i database e i metadati aziendali (o funzionali) necessari per utilizzare i dati possono essere raccolti e sviluppati come parte del lavoro di progetto. Ad esempio, il processo di modellazione dei dati richiede discussioni sul significato dei dati e sulla loro relazione. Le conoscenze condivise durante tali discussioni dovrebbero essere acquisite e preparate per essere utilizzate nei dizionari di dati, nei glossari aziendali e in altri archivi. Gli stessi modelli di dati includono dettagli importanti sulle caratteristiche fisiche dei dati. Si dovrebbe dedicare del tempo per garantire che gli oggetti del progetto contengano metadati di alta qualità che siano in linea con gli standard aziendali.

I metadati aziendali ben definiti possono essere riutilizzati da progetto a progetto e possono favorire una comprensione coerente di come i concetti aziendali sono rappresentati in diversi set di dati. Come parte dello sviluppo intenzionale dei metadati in modo da poterli riutilizzare, un'organizzazione può anche pianificare l'integrazione dei metadati. Ad esempio, può sviluppare un inventario dei sistemi e tutti i metadati relativi a un particolare sistema possono essere etichettati con lo stesso identificatore di sistema.

La creazione di metadati per conto proprio raramente funziona bene. La maggior parte delle organizzazioni non finanzierà questo tipo di sforzi e, anche quando lo fanno, è improbabile che mettano in atto processi di manutenzione. Da questo punto di vista, come in altri, i metadati sono come gli altri dati: Dovrebbe essere creato come il prodotto di un processo ben definito, utilizzando strumenti che ne supportano la qualità complessiva. Gli amministratori e altri professionisti della gestione dei dati dovrebbero assicurare che vi siano processi in atto per mantenere i metadati relativi a questi processi. Ad esempio, se un'organizzazione raccoglie metadati critici dai suoi modelli di dati, dovrebbe assicurare che ci sia un processo di gestione del cambio per mantenere i modelli aggiornati.

Per dare un senso dell'ampiezza dei metadati in qualsiasi organizzazione, viene qui delineata una serie di fonti, in ordine alfabetico piuttosto che di priorità.

1.3.5.1 Repository di metadati delle applicazioni

Un repository di metadati si riferisce alle tabelle fisiche in cui sono memorizzati i metadati. Spesso queste sono integrate in strumenti di modellazione, strumenti di BI e altre applicazioni. Man mano che un'organizzazione matura, vorrà integrare i metadati dai repository in queste applicazioni per consentire agli utilizzatori di guardare attraverso l'ampiezza delle informazioni.

1.3.5.2 Business Glossary

Lo scopo di un glossario aziendale è quello di documentare e memorizzare i concetti di business di un'organizzazione e la terminologia, le definizioni e le relazioni tra questi termini.

In molte organizzazioni, il glossario aziendale è semplicemente un foglio di calcolo. Tuttavia, man mano che le organizzazioni maturano, spesso acquistano o costruiscono glossari che contengono informazioni solide e la capacità di gestirle nel tempo. Come per tutti i sistemi orientati ai dati, i glossari aziendali dovrebbero essere architettati per tenere conto di hardware, software, database, processi e risorse umane con ruoli e responsabilità differenti. L'applicazione del glossario aziendale è strutturata in modo da soddisfare i requisiti funzionali dei tre pubblici principali:

- **Business Users:** Analisti di dati, analisti di ricerca, dirigenti e personale dirigente utilizzano il glossario aziendale per comprendere la terminologia e i dati.

- **Data Steward:** I Data Steward utilizzano il glossario aziendale per gestire il ciclo di vita dei termini e delle definizioni e per migliorare la conoscenza dell'impresa associando gli asset di dati con i termini del glossario; ad esempio, collegando i termini a metriche aziendali, report, analisi della qualità dei dati o componenti tecnologiche. I responsabili della gestione dei dati sollevano problemi terminologici e di utilizzo e aiutano a risolvere le differenze all'interno dell'organizzazione.

- **Utenti tecnici:** Gli utenti tecnici utilizzano il glossario aziendale per prendere decisioni in materia di architettura, progettazione di sistemi e sviluppo e per condurre analisi di impatto.

Il glossario aziendale dovrebbe contenere attributi di termini aziendali come:

- Nome del termine, definizione, acronimo o abbreviazione ed eventuali sinonimi
- Business unit e/o applicazione responsabile della gestione dei dati associati alla terminologia
- Nome della persona che identifica il termine e data di aggiornamento
- Categorizzazione o associazione tassonomia per il termine (associazione funzionale aziendale)
- Definizioni contrastanti che richiedono una soluzione, la natura del problema, il calendario di azione
- Errori comuni in termini di incomprensioni
- Algoritmi che supportano le definizioni
- Lineage
- Fonte ufficiale o autorevole per i dati che supportano il concetto.

Ogni implementazione del glossario aziendale dovrebbe avere una serie di relazioni di base a supporto dei processi di governance. Si raccomanda alle organizzazioni di non 'stampare il glossario' perché il contenuto del glossario non è statico. I Data Steward sono generalmente responsabili per lo sviluppo, l'uso, le operazioni e il reporting del glossario. Il reporting include, il monitoraggio di nuovi termini e definizioni che non sono stati ancora rivisti, quelli in stato di attesa e quelli che mancano di definizioni o altri attributi. (Si veda la Sezione 6.4.)

La facilità d'uso e la funzionalità possono variare notevolmente. Più semplice e facile è la ricerca nel glossario aziendale, più è probabile che venga utilizzato il contenuto del glossario. Tuttavia, la caratteristica più importante di un glossario è che contiene un contenuto robusto.

1.3.5.3 Business Intelligence (BI) Tools

Gli strumenti di Business Intelligence producono vari tipi di metadati rilevanti per la progettazione della Business Intelligence, tra cui informazioni generali, classi, oggetti, elementi derivati e calcolati, filtri, report, campi di report, layout dei report, utenti dei report, frequenza di distribuzione dei report e canali di distribuzione.

1.3.5.4 Configuration Management Tools

Gli strumenti di gestione della configurazione o database (CMDB) forniscono la capacità di gestire e mantenere metadati specificamente legati agli asset IT, alle relazioni tra di essi e ai dettagli contrattuali dell'asset. Ogni asset del database CMDB è denominato elemento di configurazione (CI). I metadati standard sono raccolti e gestiti per ogni tipo di IC. Molte organizzazioni integrano il CMDB con i processi di change management per identificare i relativi asset o applicazioni interessate da una modifica ad un asset specifico. I repository forniscono meccanismi per collegare gli asset del repository dei metadati ai dettagli dell'implementazione fisica effettiva nel CMDB per fornire un quadro completo dei dati e delle piattaforme.

1.3.5.5 Data Dictionaries

Un dizionario dei dati definisce la struttura e il contenuto dei set di dati, spesso per un singolo database, applicazione o datawarehouse. Il dizionario può essere utilizzato per gestire i nomi, le descrizioni, la struttura, le caratteristiche, i requisiti di archiviazione, i valori predefiniti, le relazioni, l'unicità e altri attributi di ogni elemento di dati in un modello. Dovrebbe anche contenere definizioni di tabelle o file. I dizionari dei dati sono incorporati in strumenti di database per la creazione, il funzionamento e la manipolazione dei dati in essi contenuti. Per rendere disponibili questi metadati agli utilizzatori di dati, devono essere estratti dal database o dagli strumenti di modellazione. I dizionari dei dati possono anche descrivere nella terminologia aziendale quali elementi di dati sono disponibili per la comunità, forniti sotto quali restrizioni di sicurezza e utilizzati in ciascun processo aziendale. Il tempo può essere risparmiato durante la definizione, la pubblicazione e il mantenimento di un livello semantico per il reporting e l'analisi sfruttando il contenuto direttamente dal modello logico. Tuttavia, come notato in precedenza, le definizioni esistenti dovrebbero essere usate con cautela, specialmente in un'organizzazione con un basso livello di maturità nella gestione dei metadati.

Molti processi aziendali chiave, relazioni e terminologie sono spiegati durante lo sviluppo del modello di dati. Queste informazioni, catturate nel modello logico dei dati, vengono spesso perse quando le strutture fisiche vengono messe in produzione. Un dizionario dei dati può aiutare a garantire che queste informazioni non vengano perse completamente per l'organizzazione e che i modelli logici e fisici siano mantenuti in accordo dopo l'implementazione della produzione.

1.3.5.6 Data Integration Tools

Molti strumenti di integrazione dei dati sono utilizzati per gli eseguibili per spostare i dati da un sistema ad un altro o tra diversi moduli all'interno dello stesso sistema. Molti di questi strumenti generano file temporanei, che possono contenere copie o copie derivate dei dati. Questi strumenti sono in grado di caricare dati da varie fonti e quindi di operare sui dati caricati, attraverso il raggruppamento, la correzione, la riformattazione, l'unione, il filtraggio o altre operazioni, e quindi generare dati di output, che vengono distribuiti alle posizioni di destinazione. Documentano il lineage mentre i dati si muovono tra i sistemi. Qualsiasi soluzione di successo di metadati deve essere in grado di utilizzare i metadati del lineage mentre si muovono attraverso gli strumenti di integrazione ed esporlo come un lineage olistico dalle fonti effettive alle destinazioni finali.

Gli strumenti di integrazione dei dati forniscono interfacce applicative (API) per consentire a repository di metadati esterni di estrarre le informazioni sul lineage e i metadati dei file transitori. Una volta che il repository Metadata raccoglie le informazioni, alcuni strumenti possono generare un diagramma olistico del lineage per qualsiasi elemento di dati. Gli strumenti di integrazione dei dati forniscono anche metadati sull'esecuzione delle varie operazioni di integrazione dei dati, tra cui l'ultima esecuzione riuscita, la durata e lo stato del lavoro. Alcuni repository di metadati possono estrarre le statistiche di runtime e i metadati di integrazione dei dati ed esporli insieme agli elementi di dati. (Si vedano i capitoli 6 e 8.)

1.3.5.7 Database Management e System Catalog

I cataloghi dei database sono un'importante fonte di metadati. Essi descrivono il contenuto dei database, insieme alle informazioni sul dimensionamento, le versioni del software, lo stato di implementazione, l'uptime della rete, l'uptime dell'infrastruttura, la disponibilità e molti altri attributi operativi dei metadati. La forma più comune di database è quella relazionale. I database relazionali gestiscono i dati come un insieme di tabelle e colonne, dove una tabella contiene una o più colonne, indici, vincoli, viste e procedure. Una soluzione di metadati dovrebbe essere in grado di connettersi ai vari database e set di dati e di leggere tutti i metadati esposti dal database. Alcuni degli strumenti del repository di metadati possono integrare i metadati esposti dagli strumenti di gestione del sistema per fornire un quadro più olistico degli asset fisici catturati.

1.3.5.8 Data Mapping Management Tools

Gli strumenti di gestione della mappatura vengono utilizzati durante la fase di analisi e progettazione di un progetto per trasformare i requisiti in specifiche di mappatura, che possono poi essere utilizzate direttamente da uno strumento di integrazione dati o utilizzate dagli sviluppatori per generare codice di integrazione dati. La documentazione di mappatura è spesso contenuta in documenti excel in tutta l'azienda. I vendor stanno ora considerando repository centralizzati per le specifiche di mappatura con la possibilità di eseguire il controllo delle versioni e l'analisi dei cambiamenti tra le versioni. Molti strumenti di mappatura si integrano con strumenti di integrazione dei dati per automatizzare la generazione dei programmi di integrazione dei dati e la maggior parte può scambiare dati con altri repository di metadati e dati di riferimento. (Vedere capitolo 8.)

1.3.5.9 Data Quality Tools

Gli strumenti di qualità dei dati valutano la qualità dei dati attraverso regole di convalida. La maggior parte di questi strumenti fornisce la possibilità di scambiare i punteggi di qualità e i modelli di profili con altri repository di metadati, consentendo all'archivio di metadati di allegare i punteggi di qualità ai beni fisici rilevanti. L'importanza della qualitá é tale che deve essere definita com un processo continuo per questo si parla di "ciclo di vita del dato"

1.3.5.10 Directories and Catalogs

Mentre i dizionari e i glossari dei dati contengono informazioni dettagliate sulla terminologia, le tabelle e i campi, una directory o un catalogo contiene informazioni sui sistemi, le fonti e le posizioni dei dati all'interno di un'organizzazione. Una directory di metadati è particolarmente utile agli sviluppatori e ai supervisori dei dati, come i team di data stewardship e gli analisti dei dati, per capire la portata dei dati nell'impresa, sia per ricercare problemi o per trovare informazioni su come trovare nuove applicazioni.

1.3.5.11 Event Messaging Tools

Gli strumenti di messaggistica di eventi spostano i dati tra sistemi diversi. Per farlo, richiedono molti metadati. Generano anche metadati che descrivono questo movimento. Questi strumenti includono interfacce grafiche attraverso le quali gestiscono la logica del movimento dei dati. Possono esportare i dettagli di implementazione delle interfacce, la logica di movimento e l'elaborazione delle statistiche in altri repository di metadati.

1.3.5.12 Modeling Tools e Repository

Gli strumenti di modellazione dei dati sono utilizzati per costruire vari tipi di modelli di dati: concettuali, logici e fisici. Questi strumenti producono metadati rilevanti per la progettazione dell'applicazione o del modello di sistema, come aree tematiche, entità logiche, attributi logici, relazioni tra entità e attributi, super tipi e sottotipi, tabelle, colonne, indici, chiavi primarie ed esterne, vincoli di integrità e altri tipi di attribuzione dai modelli. I repository di metadati possono ingerire i modelli creati da questi strumenti e integrare i metadati importati nel repository. Gli strumenti di modellazione sono spesso la fonte del contenuto del dizionario dei dati.

1.3.5.13 Reference Data Repository

I documenti di riferimento dei dati (Reference Data) descrivono i dati di business e le descrizioni dei vari tipi di dati elencati (domini) e il loro uso contestuale in un sistema. Gli strumenti utilizzati per gestire i Dati di Riferimento sono anche in grado di gestire le relazioni tra i vari valori codificati all'interno dello stesso dominio o tra domini diversi. Queste soluzioni forniscono normalmente la possibilità di inviare i Dati di Riferimento raccolti ad un repository di Metadati, che a sua volta fornirà meccanismi per associare i Dati di Riferimento al glossario aziendale e alle ubicazioni in cui sono fisicamente implementati come colonne o campi.

1.3.5.14 Service Registries

Un registro dei servizi gestisce e memorizza le informazioni tecniche relative ai servizi e agli endpoint di servizio dal punto di vista di un'architettura orientata ai servizi (SOA). Ad esempio, definizioni, interfacce, operazioni, parametri di input e output, policy, versioni e scenari di utilizzo a campione. Alcuni dei metadati più importanti relativi ai servizi includono la versione del servizio, la posizione del servizio, il centro dati, la disponibilità, la data di implementazione, la porta del servizio, l'indirizzo IP, la porta delle statistiche, il timeout della connessione e il timeout del tentativo di connessione. I registri dei servizi possono essere interrogati per soddisfare diverse esigenze, come la visualizzazione di un elenco di tutti i servizi disponibili, servizi con una versione specifica, servizi obsoleti o dettagli su un servizio specifico. I servizi possono anche essere rivisti per un potenziale riutilizzo. Le informazioni contenute in questi repository forniscono fatti importanti su quali dati esistono e come si muovono tra i vari sistemi o applicazioni. I metadati negli archivi di servizio possono essere estratti e incorporati con metadati raccolti da altri strumenti per fornire un quadro completo di come i dati si muovono tra i vari sistemi.

1.3.5.15 Altri Metadata Store

Altri metadati store includono elenchi specializzati come registri di eventi, elenchi di fonti o interfacce, set di codici, lessici, schemi spaziali e temporali, riferimenti spaziali e distribuzione di set di dati geografici digitali, repository di repository e regole di business.

1.3.6 Tipologie di Architettura dei Metadati

Come altre forme di dati, i metadati hanno un ciclo di vita. Concettualmente, tutte le soluzioni di gestione dei metadati includono livelli architettonici che corrispondono ai punti del ciclo di vita dei metadati:

- Creazione e approvvigionamento di metadati
- Archiviazione di metadati in uno o più repository
- Integrazione dei metadati
- Consegna dei metadati
- Uso dei metadati
- Controllo e gestione dei metadati

Diversi approcci architettonici possono essere utilizzati per reperire, archiviare, integrare, mantenere e rendere accessibili agli utilizzatori i metadati.

1.3.6.1 Architettura centralizzata dei metadati

Un'architettura centralizzata consiste in un unico repository di metadati che contiene copie di metadati provenienti dalle varie fonti. Le organizzazioni con risorse IT limitate, o quelle che cercano di automatizzare il più possibile, possono scegliere di evitare questa opzione di architettura. Le organizzazioni che cercano un alto grado di coerenza all'interno del repository comune di metadati possono beneficiare di un'architettura centralizzata.

I vantaggi di un Repository centralizzato includono:

- Elevata disponibilità, in quanto indipendente dai sistemi sorgente
- Recupero rapido dei metadati, poiché il repository e la query risiedono insieme
- Strutture di database risolte non influenzate dalla natura proprietaria di sistemi commerciali o di terzi
- I metadati estratti possono essere trasformati, personalizzati o migliorati con metadati aggiuntivi che potrebbero non risiedere nel sistema sorgente, migliorando la qualità.

Alcuni limiti dell'approccio centralizzato includono:

- Processi complessi sono necessari per garantire che le modifiche ai metadati sorgente siano rapidamente replicate nel repository.
- La manutenzione di un deposito centralizzato può essere costosa
- L'estrazione potrebbe richiedere moduli personalizzati o middleware
- La convalida e la manutenzione del codice personalizzato può aumentare le richieste sia per il personale IT interno che per i fornitori di software.

La Figura 85 mostra come i metadati sono raccolti in un repository di metadati autonomo con un proprio archivio interno di metadati. L'archivio interno viene popolato attraverso un'importazione programmata (frecce) dei metadati dai vari strumenti. A sua volta, il repository centralizzato espone un portale che consente agli utenti finali di inviare le loro richieste. Il portale dei metadati passa la richiesta al repository centralizzato dei metadati. Il repository centralizzato soddisferà la richiesta dei metadati raccolti. In questo tipo di implementazione, non è supportata la possibilità di passare direttamente la richiesta dell'utente a vari strumenti. La ricerca globale tra i metadati raccolti dai vari strumenti è possibile grazie alla raccolta di vari metadati nel repository centralizzato.

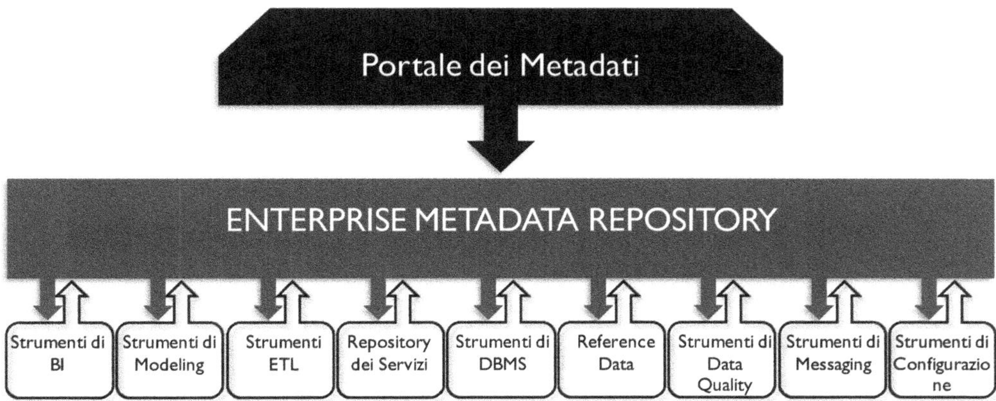

Figura 85 Architettura Centralizzata dei Metadati

1.3.6.2 Architettura distribuita dei metadati

Un'architettura completamente distribuita mantiene un unico punto di accesso. Il motore di recupero dei metadati risponde alle richieste dell'utente recuperando i dati dai sistemi sorgente in tempo reale; non esiste un repository persistente. In questa architettura, l'ambiente di gestione dei metadati mantiene i cataloghi dei sistemi sorgente e le informazioni di ricerca necessarie per elaborare efficacemente le richieste e le ricerche degli utenti. Un comune object request broker o un protocollo middleware simile accede a questi sistemi sorgente.

I vantaggi dell'architettura distribuita dei metadati include:

- I metadati sono sempre aggiornati e validi il più possibile, perché vengono recuperati dalla fonte.
- Le query sono distribuite, possibilmente migliorando i tempi di risposta e di processo
- Le richieste di metadati provenienti da sistemi proprietari si limitano all'elaborazione delle query piuttosto che richiedere una comprensione dettagliata delle strutture dati proprietarie, riducendo al minimo gli sforzi di implementazione e manutenzione richiesti.
- Lo sviluppo dell'elaborazione automatizzata delle query di metadati è probabilmente più semplice e richiede un intervento manuale minimo.
- L'elaborazione in batch è ridotta, senza processi di replica o sincronizzazione dei metadati

Anche le architetture distribuite hanno dei limiti:

- Nessuna possibilità di supportare voci di metadati definite dall'utente o inserite manualmente, poiché non esiste un repository in cui inserire queste aggiunte.
- Standardizzazione della presentazione di metadati da sistemi diversi
- Le capacità di interrogazione sono direttamente influenzate dalla disponibilità dei sistemi sorgente partecipanti.
- La qualità dei metadati dipende esclusivamente dai sistemi sorgente partecipanti.

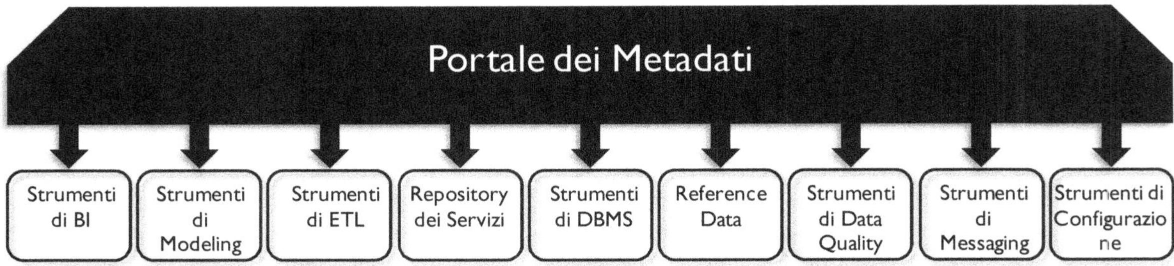

Figura 86 Architettura Distribuita dei Metadati

La figura 86 illustra un'architettura distribuita di metadati. Non esiste un archivio centralizzato di metadati e il portale passa le richieste degli utenti allo strumento appropriato da eseguire. Poiché non esiste un archivio centralizzato per i metadati da raccogliere dai vari strumenti, ogni richiesta deve essere delegata fino alle fonti; di conseguenza, non esiste la possibilità di una ricerca globale tra le varie fonti di metadati.

1.3.6.3 Architettura ibrida dei metadati

Un'architettura ibrida combina le caratteristiche delle architetture centralizzate e distribuite. I metadati si spostano ancora direttamente dai sistemi sorgente in un repository centralizzato. Tuttavia, la progettazione del repository tiene conto solo dei metadati aggiunti dall'utente, degli elementi critici standardizzati e delle aggiunte da fonti manuali.

L'architettura trae vantaggio dal recupero quasi in tempo reale dei metadati dalla sua fonte e dai metadati migliorati per soddisfare le esigenze degli utenti nel modo più efficace, quando necessario. L'approccio ibrido riduce lo sforzo per l'intervento IT manuale e le funzionalità di accesso personalizzato ai sistemi proprietari. I metadati sono il più possibile attuali e validi al momento dell'utilizzo, in base alle priorità e alle esigenze dell'utente. L'architettura ibrida non migliora la disponibilità del sistema.

La disponibilità dei sistemi sorgente è una limitazione, perché la natura distribuita dei sistemi back-end gestisce l'elaborazione delle query. Sono necessarie risorse aggiuntive per collegare i risultati iniziali con l'aumento dei metadati nel repository centrale prima di presentare all'utente finale i risultati ottenuti.

Molte organizzazioni possono beneficiare di un'architettura ibrida, comprese quelle che hanno metadati operativi in rapida evoluzione, quelle che necessitano di metadati coerenti e uniformi e quelle che registrano una crescita sostanziale dei metadati e delle fonti di metadati. Le organizzazioni con un maggior numero di metadati statici e profili di crescita dei metadati più piccoli potrebbero non vedere il massimo potenziale da questa architettura alternativa.

1.3.6.4 Architettura dei metadati bidirezionale

Un altro approccio architettonico avanzato è l'architettura bidirezionale dei metadati, che permette ai metadati di cambiare in qualsiasi parte dell'architettura (fonte, integrazione dei dati, interfaccia utente) e quindi il feedback viene coordinato dal repository (broker) alla fonte originale.

Diverse sono le sfide di questo approccio. Il progetto costringe il repository di metadati a contenere l'ultima versione della fonte di metadati e lo costringe a gestire anche le modifiche alla fonte. I cambiamenti devono essere sistematicamente intercettati e quindi risolti. Ulteriori set di interfacce di processo per collegare il repository alle fonti di metadati devono essere costruiti e mantenuti.

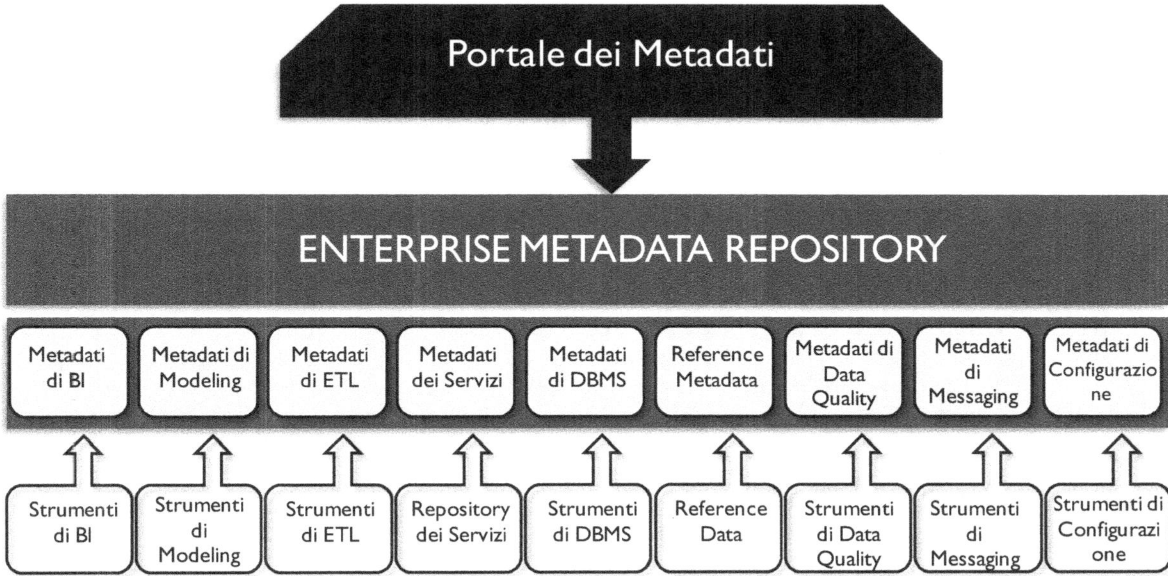

Figura 87 Architettura Ibrida dei Metadati

La figura 87 illustra come i metadati comuni provenienti da fonti diverse vengono raccolti in un archivio di metadati centralizzato. Gli utenti inviano le loro richieste al portale dei Metadati, che passa la richiesta ad un archivio centralizzato. Il repository centralizzato cercherà di soddisfare la richiesta dell'utente dai metadati comuni raccolti inizialmente dalle varie fonti. Quando la richiesta diventa più specifica o l'utente ha bisogno di metadati più dettagliati, il repository centralizzato delegherà alla fonte specifica per ricercare i dettagli specifici. La ricerca globale tra i vari strumenti è disponibile grazie ai metadati comuni raccolti nel repository centralizzato.

2. Attività

2.1 Definire la strategia dei metadati

Una strategia di metadati descrive come un'organizzazione intende gestire i propri metadati e come si sposterà dallo stato attuale alle pratiche future. Una strategia per i metadati dovrebbe fornire un quadro di riferimento per i team di sviluppo per migliorare la gestione dei metadati. Lo sviluppo dei requisiti per i metadati aiuterà a chiarire i fattori trainanti della strategia e a identificare i potenziali ostacoli alla sua attuazione.

La strategia include la definizione della futura architettura dei metadati da parte dell'organizzazione e le fasi di implementazione necessarie per raggiungere gli obiettivi strategici. Le fasi includono:

- **Avviare la pianificazione della strategia di metadati:** L'obiettivo dell'iniziazione e della pianificazione è quello di consentire al team della strategia dei metadati di definire i propri obiettivi a breve e lungo termine. La pianificazione comprende la stesura di una mappa, il campo di applicazione e gli obiettivi in linea con gli sforzi globali di governance e la definizione di un piano di comunicazione a sostegno di tali sforzi. Gli stakeholder chiave dovrebbero essere coinvolti nella pianificazione.

- **Condurre interviste ai principali stakeholder:** Le interviste con le controparti funzionali e tecniche forniscono una base di conoscenza per la strategia dei metadati.

- **Valutare le fonti di metadati esistenti e l'architettura dell'informazione:** La valutazione determina il grado relativo di difficoltà nel risolvere i problemi dei metadati e dei sistemi individuati nelle interviste e nella revisione della documentazione. Durante questa fase, è necessario effettuare interviste dettagliate ai principali responsabili IT ed esaminare la documentazione delle architetture di sistema, dei modelli di dati, ecc.

- **Sviluppare la futura architettura dei metadati:** Affinare e confermare la visione futura e sviluppare in questa fase l'architettura target a lungo termine per l'ambiente dei metadati gestiti. Questa fase deve tenere conto delle componenti strategiche, come la struttura organizzativa, l'allineamento con la governance e la gestione dei dati, l'architettura dei metadati gestiti, l'architettura di delivery dei metadati, l'architettura tecnica e l'architettura di sicurezza.

- **Sviluppare un piano di implementazione graduale:** Convalidare, integrare e dare priorità ai risultati delle interviste e delle analisi dei dati. Documentare la strategia per i metadati e definire un approccio di implementazione graduale per passare dall'ambiente dei metadati gestiti esistente a quello futuro.

La strategia si evolverà nel tempo, poiché i requisiti dei metadati, l'architettura e il ciclo di vita dei metadati saranno compresi al meglio.

2.2 Comprendere i requisiti dei metadati

I requisiti dei metadati iniziano con il contenuto: Quali metadati sono necessari e a quale livello. Per esempio, i nomi fisici e logici devono essere catturati sia per le colonne che per le tabelle. Il contenuto dei metadati è molto ampio e i requisiti provengono sia dagli utilizzatori di dati commerciali che da quelli tecnici. (Cfr. sezione 1.3.2.)

Ci sono anche molti requisiti incentrati sulle funzionalità associate a una soluzione completa di metadati:

- **Volatilità:** Con quale frequenza saranno aggiornati gli attributi e i set di metadati.

- **Sincronizzazione**: Tempistica degli aggiornamenti in relazione ai cambiamenti di origine

- **Cronologia**: Se le versioni storiche dei metadati devono essere conservate o meno

- **Diritti di accesso:** Chi può accedere ai metadati e come accedono, insieme a specifiche funzionalità di interfaccia utente per l'accesso.

- **Struttura:** Come saranno modellati i metadati per la memorizzazione

- **Integrazione:** Il grado di integrazione dei metadati provenienti da fonti diverse; regole di integrazione

- **Manutenzione:** Processi e regole per l'aggiornamento dei metadati (registrazione e rinvio per approvazione)

- **Management:** Ruoli e responsabilità nella gestione dei metadati

- **Qualità:** Requisiti di qualità dei metadati

- **Sicurezza:** Alcuni metadati non possono essere esposti perché rivelano l'esistenza di dati altamente protetti o sensibili

2.3 Definire l'architettura dei metadati

Un sistema di gestione dei metadati deve essere in grado di estrarre metadati da molte fonti. Progettare l'architettura per essere in grado di scansionare le varie fonti di metadati e aggiornare periodicamente il repository. Il sistema deve supportare gli aggiornamenti manuali dei metadati, le richieste, le ricerche e le esplorazioni di metadati da parte di vari gruppi di utenti.

Un ambiente di metadati gestito dovrebbe isolare l'utente finale dalle varie e disparate fonti di metadati. L'architettura dovrebbe fornire un unico punto di accesso per l'archivio di metadati. Il punto di accesso deve fornire tutte le relative risorse di metadati in modo trasparente all'utente. Gli utenti devono essere in grado di accedere ai metadati senza essere a conoscenza dei diversi ambienti delle fonti di dati. Nelle soluzioni di analisi e Big Data, l'interfaccia può avere funzioni definite dall'utente (UDF) per attingere a vari set di dati e l'esposizione dei metadati all'utente finale è inerente a tali personalizzazioni. Con una minore dipendenza dalle UDF nelle soluzioni, gli utenti finali raccoglieranno, ispezioneranno e utilizzeranno i set di dati in modo più diretto e i vari metadati di supporto saranno solitamente più esposti.

La progettazione dell'architettura dipende dai requisiti specifici dell'organizzazione. Tre approcci tecnici architettonici alla costruzione di un repository comune di metadati imitano gli approcci alla progettazione di data warehouse: centralizzato, distribuito e ibrido (si veda la Sezione 1.3.6). Tutti questi approcci tengono conto dell'implementazione del repository e di come funzionano i meccanismi di aggiornamento.

2.3.1 Creare un MetaModello

E' necessario creare un modello di dati per il Metadata repository, o MetaModello, come una delle prime fasi di progettazione dopo il completamento della strategia dei metadati e la comprensione dei requisiti di business. Diversi livelli di MetaModello possono essere sviluppati in base alle necessità; un modello concettuale di alto livello, che spiega le relazioni tra i sistemi, e un MetaModello di livello inferiore che dettaglia le attribuzioni, per descrivere gli elementi e i processi di un modello. Oltre ad essere uno strumento di pianificazione e un mezzo per articolare i requisiti, il MetaModello è di per sé una preziosa fonte di metadati.

La figura 88 mostra un MetaModello campione di un repository di metadati. Le caselle rappresentano le entità principali di alto livello, che contengono i dati.

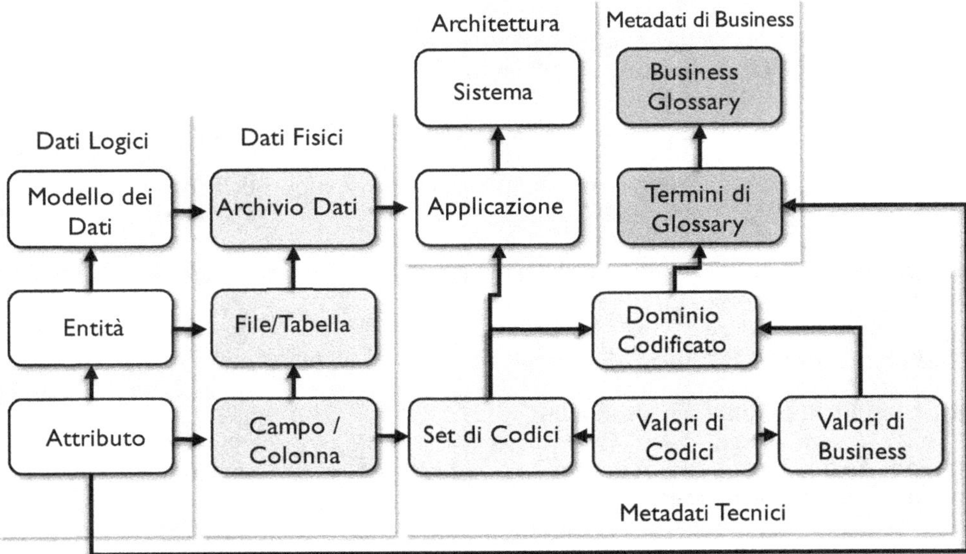

Figura 88 Esempio di MetaModello di Repository di Metadati

2.3.2 Applicare gli standard di metadati

La soluzione di metadati deve essere conforme agli standard interni ed esterni concordati, come indicato nella strategia di metadati. I metadati dovrebbero essere monitorati per verificarne la conformità mediante attività di governance. Gli standard interni dell'organizzazione per i metadati includono convenzioni di denominazione, attribuzioni personalizzate, sicurezza, visibilità ed elaborazione della documentazione (con uno storico delle versioni approvate e respinte). Gli standard di metadati esterni dell'organizzazione includono i formati di scambio dati e la progettazione di interfacce di programmazione delle applicazioni.

2.3.3 Gestire i Metadata Stores

Implementare attività di controllo per gestire l'ambiente dei metadati. Il controllo dei repository è il controllo del movimento dei metadati e degli aggiornamenti dei repository eseguiti dallo specialista dei metadati. Queste attività sono di natura amministrativa e comprendono il monitoraggio e la risposta a report, avvisi, registri di lavoro e la risoluzione di vari problemi nell'ambiente dei repository implementati. Molte attività di controllo sono standard per le operazioni sui dati e la manutenzione delle interazioni. Le attività di controllo dovrebbero avere una supervisione sulla governance dei dati.

Le attività di controllo includono:
- Pianificazione e monitoraggio dei lavori
- Analisi statistica del carico
- Backup, recupero, archiviazione, pulizia
- Modifiche alla configurazione
- Ottimizzazione delle prestazioni
- Query di analisi statistiche
- Generazione di query e report
- Gestione della sicurezza

Le attività di controllo qualità includono:
- Garanzia di qualità, controllo qualità

- Frequenza dell'aggiornamento dei dati - set di corrispondenza ai timeframe
- Rapporti di metadati mancanti
- Relazione sui metadati relativi al aging

Le attività di gestione dei metadati includono:

- Caricamento, scansione, importazione ed etichettatura degli asset
- Mappatura e movimento delle sorgenti
- Versioni
- Gestione dell'interfaccia utente
- Collegamento di set di dati per la manutenzione dei metadati - per il provisioning NOSQL
- Collegamento dei dati all'acquisizione dati interna - collegamenti personalizzati e metadati del lavoro
- Licenze per fonti di dati e mangimi esterni
- Miglioramento dei dati Metadati, ad esempio, Link to GIS

E il training, incluso:

- Istruzione e formazione degli utenti e dei data steward
- Generazione e analisi delle metriche di gestione
- Formazione sulle attività di controllo, interrogazione e reporting

2.4 Creare e mantenere i metadati

Come descritto nella Sezione 1.3.5, i metadati sono creati attraverso una serie di processi e memorizzati in molti luoghi all'interno di un'organizzazione. Per essere di alta qualità, i metadati devono essere gestiti come prodotto. I buoni metadati non sono creati accidentalmente. Richiedono una pianificazione. (Vedi Capitolo 13.)

Diversi principi generali di gestione dei metadati descrivono i mezzi per gestire i metadati in termini di qualità:

- **Rendicontazione:** Riconoscere che i metadati sono spesso prodotti attraverso processi esistenti (modellazione dei dati, SDLC, definizione dei processi aziendali) e ritenere i proprietari dei processi responsabili della qualità dei metadati.
- **Standard:** Impostare, applicare e verificare gli standard per i metadati per semplificare l'integrazione e consentirne l'uso.
- **Miglioramento:** Creare un meccanismo di feedback in modo che gli utilizzatori possano informare il team di gestione dei metadati di metadati non corretti o non aggiornati. Come altri dati, i metadati possono essere profilati e ispezionati per la qualità. La sua manutenzione dovrebbe essere programmata o completata come parte verificabile del lavoro di progetto.

2.4.1 Integrare i Metadati

I processi di integrazione raccolgono e consolidano i metadati provenienti da tutta l'azienda, compresi i metadati provenienti da dati acquisiti al di fuori dell'azienda. L'archivio dei metadati dovrebbe integrare i metadati tecnici estratti con i metadati di business (funzionali), i processi e i metadati di gestione. I metadati possono essere estratti utilizzando adattatori, scanner, applicazioni bridge o accedendo direttamente ai metadati in un archivio dati sorgente. Gli adattatori sono disponibili con molti strumenti software di terze parti, oltre che con gli strumenti di integrazione dei metadati. In alcuni casi, gli adattatori saranno sviluppati utilizzando le API dello strumento.

Le sfide sorgeranno nell'integrazione che richiederà la governance. L'integrazione di set di dati interni, dati esterni come le statistiche di governance e dati provenienti da moduli non elettronici, come white paper, articoli su riviste o rapporti, può sollevare numerose domande sulla qualità e sulla semantica.

Converrà realizzare la scansione degli archivi in due distinti momenti.

- **Interfaccia proprietaria:** In un processo di scansione e caricamento in un unico passaggio, uno scanner raccoglie i metadati da un sistema sorgente, quindi chiama direttamente il componente del caricatore specifico del formato per caricare i metadati nel repository. In questo processo, non c'è un file di output specifico per il formato e la raccolta e il caricamento dei metadati avviene in un unico passaggio.
- **Interfaccia semi-proprietaria:** In un processo in due fasi, uno scanner raccoglie i metadati da un sistema sorgente e li invia in un file di dati specifico per il formato. Lo scanner produce solo un file di dati che l'archivio ricevente deve essere in grado di leggere e caricare in modo appropriato. L'interfaccia è un'architettura più aperta, in quanto il file è leggibile con molti metodi.

Un processo di scansione utilizza e produce diversi tipi di file durante il processo:

- **File di controllo:** Contenente la struttura sorgente del modello di dati
- **File di riutilizzo:** Contenente le regole per la gestione del riutilizzo dei carichi di processo
- **File di log:** Prodotti durante ogni fase del processo, uno per ogni scansione o estrazione e uno per ogni ciclo di carico.
- **File temporanei e di backup:** Utilizzati durante il processo o per la tracciabilità

Utilizzare un'area di staging di metadati non permanenti per archiviare file temporanei e di backup. L'area di staging supporta i processi di rollback e recupero e fornisce un audit trail intermedio per assistere i responsabili degli archivi quando si indaga sulla fonte dei metadati o su problemi di qualità. L'area di staging può assumere la forma di una directory di file o di un database.

Gli strumenti di integrazione dei dati utilizzati per il data warehousing e le applicazioni di Business Intelligence sono spesso utilizzati efficacemente nei processi di integrazione dei metadati. (Vedere capitolo 8.)

2.4.2 Distribuire e rilasciare metadati

I metadati sono rilasciati agli utilizzatori di dati e a applicazioni o strumenti che richiedono i feed di metadati. I meccanismi di delivery comprendono:

- Siti intranet di metadati per la navigazione, la ricerca, l'interrogazione, il reporting e l'analisi.
- Rapporti, glossari e altri documenti
- Data warehouse, data marts e strumenti di BI (Business Intelligence)
- Strumenti di modellazione e sviluppo software
- Messaggistica e transazioni
- Servizi web e interfacce di programmazione delle applicazioni (API)
- Soluzioni di interfaccia organizzativa esterna (ad esempio, soluzioni di supply chain)

La soluzione di metadati spesso si collega a una soluzione di Business Intelligence, in modo che sia semplice valutare il grado di qualità degli stessi. Ma non solo. I metadati che provengono dalla BI generalmente sono ricchi di informazioni utili sul modello dei dati e sul lineage degli stessi. Un collegamento fornisce un mezzo di integrazione nella consegna della BI all'utente finale. Allo stesso modo, alcune soluzioni CRM (Customer Relationship Management) o altre soluzioni ERP (Enterprise Resource Planning) possono richiedere l'integrazione dei metadati a livello di consegna dell'applicazione.

I metadati vengono scambiati con organizzazioni esterne utilizzando file (testo, XML o strutturati JSON) o attraverso web services.

2.5 Interrogazione, rapporto e analisi dei metadati

I metadati guidano l'uso degli asset dei dati. Utilizzare i metadati nella Business Intelligence (reporting e analisi), nelle decisioni aziendali (operative, tattiche, strategiche) e nella semantica aziendale (cosa dicono, cosa significano - gergo aziendale'). Un repository di metadati deve avere un'applicazione front-end che supporti le funzionalità di ricerca e recupero necessarie per tutta questa conduzione e gestione degli asset di dati. L'interfaccia fornita agli utenti aziendali può avere un insieme di requisiti funzionali diversi da quelli degli utenti tecnici e degli sviluppatori. Alcuni report facilitano lo sviluppo futuro, come l'analisi dell'impatto dei cambiamenti (Lineage Inverso), o la risoluzione dei problemi con definizioni diverse per i progetti di data warehouse e di Business Intelligence, come ad esempio i report di data lineage.

3. Strumenti

Lo strumento principale utilizzato per gestire i metadati è l'archivio dei metadati. Questo includerà un livello di integrazione e spesso un'interfaccia per gli aggiornamenti manuali. Gli strumenti che producono e utilizzano i metadati diventano fonti di metadati che possono essere integrati a loro volta in un repository.

3.1 Strumenti per la gestione dei metadati nei repository

Gli strumenti di gestione dei metadati offrono la possibilità di gestire i metadati in una posizione centralizzata (repository). I metadati possono essere inseriti manualmente o estratti da varie altre fonti attraverso connettori specializzati. I repository di metadati forniscono anche la possibilità di scambiare metadati con altri sistemi. Anche gli strumenti di gestione dei metadati e gli stessi repository sono una fonte di metadati, specialmente in un modello architetturale ibrido di metadati o in implementazioni aziendali di grandi dimensioni. Gli strumenti di gestione dei metadati consentono lo scambio dei metadati raccolti con altri repository di metadati, consentendo la raccolta di metadati vari e diversi da fonti diverse in un repository centralizzato, o consentendo l'arricchimento e la standardizzazione dei diversi metadati mentre si spostano nei vari repository.

4. Tecniche

4.1 Lineage dei dati e analisi dell'impatto

Un vantaggio chiave della scoperta e della documentazione dei metadati sugli asset fisici è quello di fornire informazioni su come i dati vengono trasformati mentre si spostano tra i sistemi. Molti strumenti di metadati contengono informazioni su ciò che accade ai dati all'interno dei loro ambienti e offrono la possibilità di visualizzare il lineage attraverso l'arco dei sistemi o delle applicazioni che si interfacciano. L'attuale versione del lineage basata sul codice di programmazione è denominata "As Implemented Lineage". Al contrario, il lineage descritto nei documenti di specifiche di mappatura è indicato come "As Designed Lineage".

I limiti di un lineage si basano sulla copertura del sistema di gestione dei metadati. I repository di metadati specifici per funzione o gli strumenti di visualizzazione dei dati hanno informazioni sul lineage dei dati nell'ambito degli ambienti con cui interagiscono, ma non forniscono visibilità a ciò che sta accadendo ai dati al di fuori dei loro ambienti.

I sistemi di gestione dei metadati importano il lineage "As Implemented" dai vari strumenti in grado di fornire questo dettaglio del lineage e quindi incrementano il lineage dei dati con gli elementi '"As Designed" dai punti in cui i dettagli dell'implementazione effettiva non sono recuperabili. Il processo di collegamento dei pezzi del data lineage é denominato "stitching" (cucitura). Il risultato è una visualizzazione olistica dei dati mentre si muovono dalle sue posizioni originali (fonte ufficiale o sistema di registrazione) fino al momento del loro arrivo al destino finale.

La figura 89 mostra un campione di data element lineage. Nel leggere questo, l'elemento di dati aziendali "Total Backorder", che è fisicamente implementato come colonna zz_total, dipende da altri 3 elementi di dati: Unità di costo in centesimi" fisicamente implementato come "yy_unit_unit_cost", "Tax in Ship to State" implementato in "yy_tax" e "Back Order Quantity" implementato in "yy_qty".

Sebbene un grafico di linea, come nella Figura 89, descriva ciò che sta accadendo ad un particolare elemento di dati, non tutti gli utenti aziendali lo possono comprendere. Livelli più elevati di lineage (ad esempio, "System Lineage") riassumono i movimenti a livello di sistema o di applicazione. Molti strumenti di visualizzazione forniscono la capacità di zoom-in / zoom-out, per mostrare il lineage degli elementi di dati nel contesto del lineage del sistema. Ad esempio, la Figura 90 mostra un esempio di lineage di sistema, in cui a colpo d'occhio, il movimento generale dei dati viene compreso e visualizzato a livello di sistema o di applicazione.

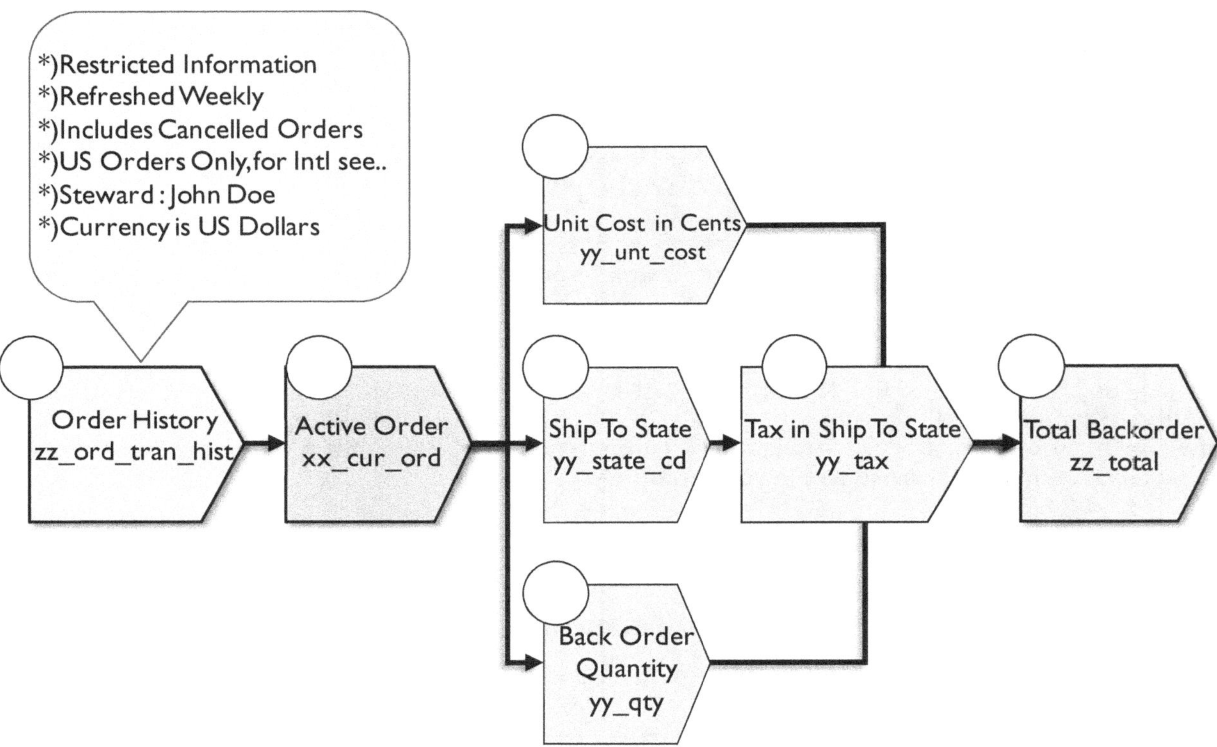

Figura 89 Esempio di diagramma di flusso dell'elemento di dati campione Lineage Flow Diagramma di flusso

Con l'aumentare del numero di elementi di dati in un sistema, la scoperta del lineage diventa complessa e difficile da gestire. Per raggiungere con successo gli obiettivi aziendali, una strategia di scoperta e importazione di asset nell'archivio dei metadati richiede pianificazione e progettazione. Il successo della scoperta del lineage deve tenere conto sia dell'orientamento commerciale che tecnico:

- **Focalizzazione sul business:** Limitare il lineage discovery agli elementi di dati prioritari per l'azienda. Iniziare dalle località di destinazione e risalire ai sistemi di origine da cui provengono i dati specifici. Limitando gli asset scansionati a quelli che spostano, trasferiscono o aggiornano gli elementi di dati selezionati, questo approccio consentirà agli utenti dei dati aziendali di capire cosa sta accadendo allo specifico elemento di dati mentre si muove attraverso i sistemi. Se abbinato alle misurazioni della qualità dei dati, il lineage può essere utilizzato per individuare i punti in cui la progettazione del sistema ha un impatto negativo sulla qualità dei dati.

- **Focalizzazione tecnica:** Iniziare dai sistemi di origine e identificare tutti gli utilizzatori immediati, quindi identificare tutti gli utilizzatori successivi del primo set identificato e continuare a ripetere questi passaggi fino a quando tutti i sistemi sono identificati. Gli utenti di tecnologia beneficiano maggiormente della strategia di scoperta del sistema per aiutare a rispondere alle varie domande sui dati. Questo approccio consentirà agli utenti della tecnologia e alle aziende di rispondere alle domande sulla scoperta di elementi di dati in tutta l'azienda, come "Dov'è il numero di previdenza sociale" o generare report di impatto come "Quali sistemi sono interessati se la larghezza di una specifica colonna viene modificata? Questa strategia, tuttavia, può essere complessa da gestire.

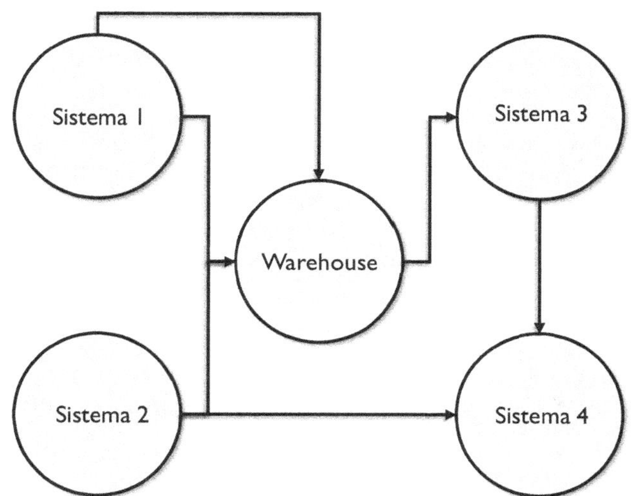

Figura 90 Esempio di diagramma di flusso del lineage di un sistema

Molti strumenti di integrazione dei dati offrono un'analisi del lineage che considera non solo il codice della popolazione sviluppata, ma anche il modello di dati e il database fisico. Alcuni offrono interfacce web per il monitoraggio e l'aggiornamento delle definizioni. Questi iniziano ad assomigliare ai glossari aziendali.

Il lineage documentato aiuta sia le aziende che i tecnici ad utilizzare i dati. Senza di essa, molto tempo viene sprecato nello studio di anomalie, potenziali impatti dei cambiamenti o risultati sconosciuti. Cercate di implementare uno strumento integrato per l'impatto e il lineage in grado di comprendere tutte le parti mobili coinvolte nel processo di carico, nonché la reportistica e l'analisi dell'utente finale. I rapporti di impatto delineano quali componenti sono interessati da un potenziale cambiamento accelerando e snellendo le attività di valutazione e manutenzione.

4.2 Metadati per l'ingestione di big data

Molti professionisti della gestione dei dati hanno familiarità e confidenza con i data store strutturati, dove ogni articolo può essere chiaramente identificato ed etichettato. Oggi, tuttavia, molti dati sono disponibili in formati meno strutturati. Alcune fonti non strutturate saranno interne all'organizzazione, mentre altre saranno esterne. In entrambi i casi, non è più necessario portare fisicamente i dati in un unico luogo. Attraverso le nuove tecnologie, il programma andrà ai dati invece di spostare i dati nel programma, riducendo la quantità di movimento dei dati e velocizzando l'esecuzione del processo. Tuttavia, il successo della gestione dei dati in un data lake dipende dalla gestione dei metadati.

I tag di metadati dovrebbero essere applicati ai dati al momento dell'ingestione. I metadati possono quindi essere utilizzati per identificare il contenuto dei dati disponibili per l'accesso nel data lake. Molti motori di ingestione profilano i dati man mano che vengono ingeriti. Il profiling dei dati può identificare domini, relazioni e problemi di qualità dei dati. Può anche abilitare il tagging. In caso di ingestione, è possibile aggiungere tag di metadati per identificare dati sensibili o privati (come ad esempio le informazioni di identificazione personale - PPI). Gli scienziati dei dati possono aggiungere in sicurezza, identificatori testuali e codici che rappresentano i cluster comportamentali. (Vedere capitolo 14.)

5. Linee Guida di Implementazione

Conviene implementare un ambiente di metadati gestiti in fasi incrementali per ridurre al minimo i rischi per l'organizzazione e facilitare la sua accettazione. Implementare repository di metadati utilizzando una piattaforma di database relazionale aperta. Ciò consente lo sviluppo e l'implementazione di vari controlli e interfacce che potrebbero non essere previsti all'inizio di un progetto di sviluppo di un repository.

Il contenuto del repository dovrebbe essere generico nella progettazione, non solo riflettendo il design del database del sistema sorgente. Disegnare i contenuti in linea con gli esperti dell'area tematica aziendale e sulla base di un modello completo di metadati. La pianificazione dovrebbe tenere conto dell'integrazione dei metadati in modo che gli utilizzatori di dati possano vedere tra le diverse fonti di dati. La possibilità di farlo sarà una delle capacità più preziose del repository. Dovrebbe ospitare le versioni attuali, pianificate e storiche dei metadati.

Spesso, la prima implementazione è un progetto pilota per dimostrare i concetti e imparare a gestire un ambiente di metadati. L'integrazione dei progetti di metadati nella metodologia di sviluppo IT è necessaria. Ci saranno variazioni a seconda dell'architettura e dei tipi di archiviazione.

5.1 Readiness Assessment / Risk Assessment

Avere una solida strategia per i metadati aiuta tutti a prendere decisioni più efficaci. In primo luogo, le persone dovrebbero essere consapevoli dei rischi derivanti dalla mancata gestione dei metadati. Valutare il grado in cui la mancanza di metadati di alta qualità potrebbe portare alla mancanza di metadati di alta qualità e a queste evidenze:

- Errori di giudizio dovuti a presupposti errati, incompleti o non validi o alla mancata conoscenza del contesto dei dati.

- Esposizione di dati sensibili, che possono mettere a rischio clienti o dipendenti, o influenzare la credibilità dell'azienda e portare a spese legali per l'incomplimento delle varie compliance

- Rischio che il piccolo gruppo di PMI che conosce i dati se ne vada e porti con sé le loro conoscenze.

Il rischio è ridotto quando un'organizzazione adotta una solida strategia di metadati. La prontezza organizzativa è affrontata da una valutazione formale dell'attuale maturità nelle attività di metadati. La valutazione dovrebbe includere gli elementi critici dei dati aziendali, i glossari di metadati disponibili, il lineage, i processi di data profiling e di qualità dei dati, la maturità MDM (Master Data Management) e altri aspetti. I risultati della valutazione, in linea con i professionisti del settore, costituiranno la base per un approccio strategico al miglioramento delle pratiche di gestione dei metadati. Una valutazione formale fornisce anche la base per un business case, una sponsorizzazione e un finanziamento.

La strategia per i metadati può essere parte di una strategia globale di governance dei dati o può essere il primo passo verso l'implementazione di un'efficace governance dei dati. Una valutazione dei metadati dovrebbe essere condotta attraverso un'ispezione obiettiva dei metadati esistenti, insieme a interviste con le principali parti interessate. I risultati di una valutazione del rischio comprendono una strategia e una tabella di marcia.

5.2 Cambiamento organizzativo e culturale

Come altre iniziative di gestione dei dati, le iniziative di metadati incontrano spesso resistenze culturali. Il passaggio da un ambiente di metadati non gestito a uno gestito richiede lavoro e disciplina. Non è facile da fare, anche se la maggior parte delle persone riconosce il valore di metadati affidabili. La prontezza organizzativa è una delle principali preoccupazioni, così come lo sono i metodi di governance e controllo.

La gestione dei metadati è una priorità bassa in molte organizzazioni. Un insieme essenziale di metadati ha bisogno di coordinamento e impegno in un'organizzazione. Può trattarsi di strutture di dati di identificazione dei dipendenti, numeri di polizza assicurativa, numeri di identificazione dei veicoli o specifiche di prodotto che, se modificate, richiederebbero importanti revisioni di molti sistemi aziendali. Cercate quel buon esempio in cui il controllo otterrà benefici immediati in termini di qualità dei dati in azienda. Costruire l'argomento a partire da esempi concreti e rilevanti per il business.

L'implementazione di una strategia di governance dei dati aziendali richiede il supporto e l'impegno del senior management. Richiede che il personale aziendale e tecnologico sia in grado di lavorare a stretto contatto in modo interfunzionale.

6. Governance dei metadati

Le organizzazioni dovrebbero determinare i loro requisiti specifici per la gestione del ciclo di vita dei metadati e stabilire processi di governance per soddisfare tali requisiti. Si raccomanda di assegnare ruoli e responsabilità formali alle risorse dedicate, specialmente nelle grandi aree critiche per l'azienda. I processi di governance dei metadati stessi dipendono da metadati affidabili, in modo che il team incaricato della gestione dei metadati possa testare i principi sui metadati che creano e utilizzano.

6.1 Controlli di processo

Il team di governance dei dati dovrebbe essere responsabile della definizione degli standard e della gestione dei cambiamenti di stato per i metadati - spesso con software di workflow o di collaborazione - e può essere responsabile delle attività promozionali e dello sviluppo della formazione o della formazione vera e propria in tutta l'organizzazione.

Una governance dei metadati più matura richiederà termini e definizioni aziendali per progredire attraverso vari cambiamenti di stato o gate di governance; ad esempio, da un termine candidato, a quello approvato, a quello pubblicato e a un punto finale del ciclo di vita della sostituzione o dismissione. Il team di governance può anche gestire le associazioni di termini aziendali, come i termini correlati, così come la categorizzazione e il raggruppamento dei termini.

L'integrazione della strategia dei metadati nell'SDLC è necessaria per garantire che i metadati modificati vengano raccolti quando vengono modificati. Questo aiuta a garantire che i metadati rimangano aggiornati.

6.2 Documentazione delle soluzioni di metadati

Un catalogo generale di metadati comprenderà le fonti e gli obiettivi attualmente in campo di applicazione. Si tratta di una risorsa per gli utenti IT e commerciali e può essere divulgata alla comunità di utenti come guida a "che cosa è dove" e per fissare aspettative su ciò che troveranno:

- Stato di attuazione dei metadati
- Fonte e archivio di metadati di destinazione

- Informazioni sul calendario degli aggiornamenti
- Conservazione e versioni conservate
- Contenuto
- Dichiarazioni di qualità o avvertenze (ad esempio, valori mancanti)
- Sistema di registrazione e altri stati delle fonti di dati (ad esempio, copertura della cronologia dei contenuti dei dati, ritiro o sostituzione delle bandiere)
- Strumenti, architetture e persone coinvolte
- Informazioni sensibili e strategia di rimozione o strategia di mascheramento della fonte

Nei documenti e nella gestione dei contenuti, le mappe dei dati mostrano informazioni simili. Anche la visualizzazione dell'intero panorama dei sistemi di integrazione dei metadati viene mantenuta come parte della documentazione dei metadati. (Vedere capitolo 9.)

6.3 Standard e linee guida per i metadati

Gli standard di metadati sono essenziali nello scambio di dati con i partner commerciali operativi. Le aziende si rendono conto del valore della condivisione delle informazioni con clienti, fornitori, partner e organismi di regolamentazione. La necessità di condividere metadati comuni per supportare l'uso ottimale delle informazioni condivise ha generato molti standard settoriali.

Adottare standard di metadati basati sull'industria e sensibili al settore nelle prime fasi del ciclo di pianificazione. Utilizzare gli standard per valutare le tecnologie di gestione dei metadati. Molti fornitori leader supportano diversi standard e alcuni possono aiutare a personalizzare gli standard basati sull'industria e sensibili al settore.

I fornitori di strumenti forniscono supporto XML e JSON o REST per lo scambio di dati per i loro prodotti di gestione dei dati. Usano la stessa strategia per unire i loro strumenti in suite di soluzioni. Le tecnologie, tra cui l'integrazione dei dati, i database relazionali e multidimensionali, la gestione dei requisiti, la reportistica di Business Intelligence, la modellazione dei dati e le regole di business, offrono funzionalità di importazione ed esportazione dei dati e dei metadati tramite XML. I fornitori mantengono i loro schemi XML proprietari e le definizioni del tipo di documento (DTD) o più comunemente le definizioni dello schema XML (XSD). L'accesso a tali definizioni avviene tramite interfacce proprietarie. È necessario uno sviluppo personalizzato per integrare questi strumenti in un ambiente di gestione dei metadati.

6.4 Metriche

È difficile misurare l'impatto dei metadati senza aver prima misurato l'impatto della mancanza di metadati. Come parte della valutazione del rischio, ottenere metriche sulla quantità di tempo che gli utilizzatori dedicano alla ricerca di informazioni, al fine di mostrare miglioramenti dopo che la soluzione di metadati è stata implementata. L'efficacia dell'implementazione dei metadati può essere misurata anche in termini di completezza dei metadati stessi, delle routine di gestione ad essi associate e dell'utilizzo dei metadati. Le metriche suggerite sugli ambienti di metadati includono:

- **Completezza dell'archivio metadati:** Confrontare la copertura ideale dei metadati aziendali (tutti gli artefatti e tutte le istanze all'interno del contesto) con la copertura effettiva. Fare riferimento alla strategia per le definizioni di contesto.

- **Maturità della gestione dei metadati:** Metriche sviluppate per giudicare la maturità dei metadati dell'impresa, basate sull'approccio alla valutazione della maturità del Capability Maturity Model (CMM-DMMM). (Vedi Capitolo 15.)

- **Rappresentazione degli steward:** L'impegno organizzativo nei confronti dei metadati come valutato dalla nomina degli steward, la copertura in tutta l'impresa per la gestione e la documentazione dei ruoli nella descrizione delle mansioni.

- **Uso dei metadati:** L'assorbimento degli utenti nell'utilizzo dell'archivio di metadati può essere misurato in base ai conteggi di login dell'archivio. Il riferimento ai metadati da parte degli utenti nella pratica commerciale è una misura più difficile da tracciare. Misure aneddotiche sulle indagini qualitative possono essere richieste per catturare questa misura.

- **Attività del Business Glossary:** Uso, aggiornamento, risoluzione delle definizioni, copertura.

- **Conformità dei dati del servizio Master Data:** Mostra il riutilizzo dei dati nelle soluzioni SOA. I metadati sui servizi dati aiutano gli sviluppatori a decidere quando un nuovo sviluppo potrebbe utilizzare un servizio esistente.

- **Qualità della documentazione dei metadati:** Valutare la qualità della documentazione dei metadati attraverso metodi automatici e manuali. I metodi automatici includono l'esecuzione di logiche di collisione su due fonti, la misurazione della loro corrispondenza e l'andamento nel tempo. Un altro sistema metrico misurerebbe la percentuale di attributi che hanno definizioni, con trend nel tempo. I metodi manuali includono un'indagine casuale o completa, basata sulle definizioni aziendali di qualità. Le misure di qualità indicano la completezza, l'affidabilità, la validità, ecc. dei metadati nel repository.

- **Disponibilità dell'archivio di metadati:** Uptime, tempo di elaborazione (batch e query).

---

7. Opere Citate / Consigliate

Aiken, Peter. *Data Reverse Engineering: Slaying the Legacy Dragon.* 1995.

Foreman, John W. Data Smart: *Using Data Science to Transform Information into Insight.* Wiley, 2013. Print.

Loshin, David. *Enterprise Knowledge Management: The Data Quality Approach.* Morgan Kaufmann, 2001.

Marco, David. *Building and Managing the Meta Data Repository: A Full Lifecycle Guide.* Wiley, 2000. Print.

Milton, Nicholas Ross. *Knowledge Acquisition in Practice: A Step-by-step Guide.* Springer, 2007. Print. Decision Engineering.

Park, Jung-ran, ed. *Metadata Best Practices and Guidelines: Current Implementation and Future Trends.* Routledge, 2014. Print.

Pomerantz, Jeffrey. *Metadata.* The MIT Press, 2015. Print. The MIT Press Essential Knowledge ser.

Schneier, Bruce. *Data and Goliath: The Hidden Battles to Collect Your Data and Control Your World.* W. W. Norton and Company, 2015. Print.

Tannenbaum, Adrienne. *Implementing a Corporate Repository: The Models Meet Reality.* Wiley, 1994. Print. Wiley Professional Computing.

Warden, Pete. *Big Data Glossary.* O'Reilly Media, 2011. Print.

Zeng, Marcia Lei and Jian Qin. *Metadata.* 2nd ed. ALA Neal-Schuman, 2015. Print.

Data Quality

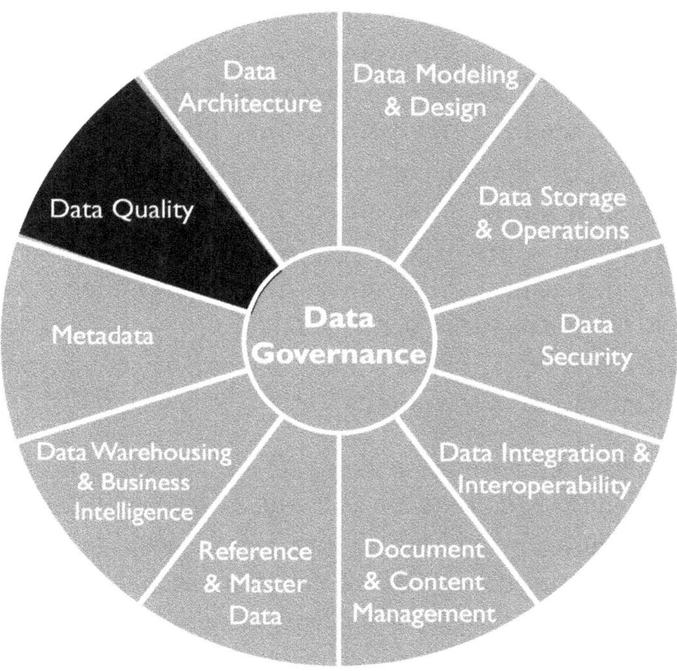

DAMA-DMBOK2 Data Management Framework

Copyright © 2017 by DAMA International

1. Introduzione

Un management efficace dei dati implica una serie di processi complessi e correlati che consentono a un'organizzazione di utilizzare i propri dati per raggiungere obiettivi strategici. Il data management include la capacità di progettare i dati per le applicazioni, archiviarli e accedervi in modo sicuro, condividerli in modo appropriato, imparare da essi e garantire che soddisfino le esigenze aziendali. Un'ipotesi alla base delle asserzioni sul valore dei dati è che i dati stessi siano affidabili e fidati. In altre parole, di alta qualità.

Tuttavia, molti fattori possono minare tale presupposto contribuendo a dati di scarsa qualità: mancanza di comprensione degli effetti dei dati di scarsa qualità sul successo dell'organizzazione, cattiva pianificazione, progettazione di sistemi "a silos", processi di sviluppo incoerenti, documentazione incompleta, mancanza di standard, o mancanza di governance. Molte organizzazioni non riescono a definire ciò che rende i dati "fit for purpose". Tutte le discipline di data management contribuiscono alla qualità e i dati di alta qualità che supportano l'organizzazione dovrebbero essere l'obiettivo di tutte le discipline di data management. Poiché decisioni o azioni non informate da parte di chiunque interagisca con i dati possono risultare in dati di scarsa qualità, la produzione di dati di alta qualità richiede impegno e coordinamento interfunzionali. Le organizzazioni e i team dovrebbero essere consapevoli di ciò e dovrebbero pianificare dati di alta qualità, eseguendo processi e progetti in modo da tenere conto dei rischi relativi a condizioni impreviste o inaccettabili nei dati.

Poiché nessuna organizzazione ha processi aziendali perfetti, processi tecnici perfetti o attività di data management perfette, tutte le organizzazioni incontrano problemi legati alla qualità dei loro dati. Le organizzazioni che gestiscono formalmente la qualità dei dati hanno meno problemi di quelle che lasciano al caso la qualità dei dati. Il data quality management formalizzato è simile al continuous quality management per i prodotti. Include gestire i dati attraverso il loro ciclo di vita, stabilendo standard, costruendo qualità nei processi che li creano, trasformano e archiviano e misurando i dati rispetto agli standard. Il data management a questo livello richiede in genere un team del programma di Data Quality. Il team del programma di Data Quality è responsabile dell'impegno dei professionisti di business e tecnici di data management e del lavoro di applicazione delle tecniche di data quality management per garantire che i dati siano idonei all'utilizzo per una pluralità di scopi. Il team sarà probabilmente coinvolto in una serie di progetti attraverso i quali è possibile stabilire processi e migliori pratiche affrontando problemi di dati ad alta priorità.

Poiché il data quality management implica la gestione del ciclo di vita dei dati, un programma di Data Quality avrà anche responsabilità operative relative all'utilizzo dei dati. Ad esempio, riferire sui livelli di data quality e impegnarsi nell'analisi, nella quantificazione e nella definizione delle priorità delle tematiche relative ai dati. Il team è anche responsabile di lavorare con coloro che necessitano di dati per svolgere il proprio lavoro per garantire che i dati soddisfino le loro esigenze e di lavorare con coloro che creano, aggiornano o eliminano i dati nel corso del loro lavoro per garantire che li gestiscano correttamente. La data quality dipende da tutti coloro che interagiscono con i dati, non solo dai data management professional.

Come nel caso della Data Governance e del data management nel loro insieme, il data quality management è un programma, non un progetto. Comprenderà sia i lavori di progettazione che quelli di manutenzione, insieme a un impegno per le comunicazioni e la formazione. Ancora più importante, il successo a lungo termine del programma di miglioramento della data quality dipende dal fatto che un'organizzazione cambi la sua cultura e adotti una mentalità di qualità. Come affermato in *The Leader's Data Manifesto*: un cambiamento fondamentale e duraturo richiede una leadership impegnata e il coinvolgimento delle persone a tutti i livelli in un'organizzazione. Le persone che utilizzano i dati per svolgere il proprio lavoro, che nella maggior parte delle organizzazioni rappresentano una percentuale molto elevata di dipendenti, devono guidare il cambiamento. Uno dei cambiamenti più importanti su cui concentrarsi è come le rispettive organizzazioni gestiscono e migliorano la qualità dei loro dati.[64]

---

[64] Per il testo completo di *The Leader's Data Manifesto*, vedi http://bit.ly/2sQhcy7.

Data Quality Management

Definizione: La pianificazione, l'implementazione e il controllo delle attività che applicano tecniche di gestione della qualità dei dati, al fine di garantire che siano adatti allo scopo e soddisfino le esigenze degli utilizzatori.

Obiettivi:
1. Sviluppare un approccio regolato per rendere i dati adatti allo scopo in base alle esigenze degli utilizzatori di dati.
2. Definire standard, requisiti e specifiche per i controlli della qualità dei dati come parte del ciclo di vita dei dati.
3. Definire e implementare processi per misurare, monitorare e creare report sui livelli di qualità dei dati.
4. Identificare e promuovere opportunità per migliorare la qualità dei dati, attraverso miglioramenti dei processi e dei sistemi.

Drivers di Business

Inputs:
- Policy e Standard Dati
- Esigenze di Data Quality
- Requisiti Business
- Regole di Business
- Requisiti Dati
- Metadati di Business
- Metadati Tecnici
- Sorgenti Dati e Archivi
- Data Lineage

Attività:
1. **Definizione di Dati di Alta Qualità (P)**
2. **Definire una Strategia di Qualità dei Dati (P)**
3. **Definire Ambito dell'Assessment Iniziale (P)**
   1. Identificare i Dati Critici
   2. Identificare Regole e Patterns Esistenti
4. **Eseguire Assessment Iniziale di Data Quality (P)**
   1. Identificare e assegnare priorità ai problemi
   2. Eseguire analisi root cause dei problemi
5. **Identificare & Prioritizzare Miglioramenti**
   1. Prioritizzare le Azioni in base all'Impatto Aziendale
   2. Sviluppare Azioni Preventive e Correttive
   3. Confermare Azioni Pianificate
6. **Sviluppare e Distribuire Operazioni di Data Quality (D)**
   1. Sviluppare le Procedure Operative di Data Quality
   2. Correggere gli Errori di Data Quality
   3. Misurare e Monitorare Data Quality
   4. Report su Livelli e Risultati di Data Quality

Deliverables:
- Framework e Strategia do Data Quality
- Organizzazione del Programma di Data Quality
- Analisi da Data Profiling
- Raccomandazioni basate su analisi della root cause
- Procedure DQM
- Reports di Data Quality
- Reports di Governance di Data Quality
- Data Quality Service Level Agreements
- Policies e Linee Guida di DQ

Fornitori:
- Business Management
- Esperti della Materia
- Data Architects
- Data Modelers
- Specialist di Sistemi
- Data Stewards
- Business Process Analysts

Coinvolgimenti:
- CDO
- Data Quality Analysts
- Data Stewards
- Data Owners
- Data Analysts
- Database Administrators
- Data Professionals
- DQ Managers
- Operations IT
- Architetti di Integrazione Dati
- Team di Conformità

Utilizzatori:
- Utilizzatori Business di Dati
- Data Stewards
- Data Professionals
- IT Professionals
- Knowledge Workers
- Organismi di Data Governance
- Organizzazioni Partner
- Centri di Eccellenza

Drivers Tecnici

Tecniche:
- Controlli Spot utilizzanto Sottoinsiemi Multipli
- Tags e Note per Marcare I Problemi dei Dati
- Root Cause Analysis
- Controllo di Processo Statistico

Strumenti:
- Motori di PRofilazione, strumenti query
- Templates di Regole di Data Quality
- Controllo di Quality Check e Moduli di Codice Audit

Metriche:
- Metriche di Governance e Conformità
- Risultati delle Misure di Data Quality
- Trend di Miglioramento
- Metriche di Gestione Issue

(P) Pianificazione, (C) Controllo, (D) Sviluppo, (O) Operations

Figura 91 Context Diagram: Data Quality

1.1 Business Driver

I business drivers per stabilire un programma formale di data quality management includono:

- Aumentare il valore dei dati organizzativi e le opportunità di utilizzarli
- Ridurre i rischi e i costi associati a dati di scarsa qualità
- Migliorare l'efficienza e la produttività dell'organizzazione
- Proteggere e migliorare la reputazione dell'organizzazione

Le organizzazioni che desiderano ottenere valore dai propri dati riconoscono che i dati di alta qualità sono più preziosi dei dati di bassa qualità. I dati di scarsa qualità sono rischiosi (vedere il capitolo 1). Essi possono danneggiare la reputazione di un'organizzazione, causando penali, entrate perse, clienti persi ed esposizione negativa ai media. I requisiti normativi spesso richiedono dati di alta qualità. Inoltre, molti costi diretti sono associati a dati di scarsa qualità. Per esempio:

- Impossibilità di fatturare correttamente
- Aumento delle chiamate al servizio clienti e riduzione della capacità di risolverle
- Perdita di entrate dovuta a opportunità commerciali mancate
- Ritardo di integrazione durante fusioni e acquisizioni
- Maggiore esposizione alle frodi
- Perdita dovuta a decisioni aziendali sbagliate guidate da dati errati
- Perdita di affari a causa della mancanza di una buona reputazione creditizia

I dati di alta qualità non sono fini a sé stessi; sono un mezzo per il successo organizzativo. Dati affidabili non solo mitigano il rischio e riducono i costi, ma migliorano anche l'efficienza. I dipendenti possono rispondere alle domande in modo più rapido e coerente quando lavorano con dati affidabili. Passano meno tempo a cercare di capire se i dati sono corretti e più tempo a utilizzarli per ottenere informazioni dettagliate, prendere decisioni e servire i clienti.

1.2 Obiettivi e Principi

I programmi di Data Quality si concentrano su questi obiettivi generali:

- Sviluppo di un approccio regolato per rendere i dati 'fit for purpose', in base ai requisiti degli utilizzatori dei dati
- Definizione di standard e specifiche per i controlli di data quality nell'ambito del ciclo di vita dei dati
- Definizione e implementazione di processi per misurare e monitorare i livelli di data quality
- Individuazione e promozione di opportunità per migliorare la data quality, attraverso modifiche a processi e sistemi e commitment in attività che migliorano in maniera misurabile la data quality in base alle esigenze degli utilizzatori dei dati

I programmi di Data Quality dovrebbero essere guidati dai seguenti principi:

- **Criticità:** un programma di data quality dovrebbe concentrarsi sui dati più critici per l'azienda e i suoi clienti. Le priorità di miglioramento dovrebbero essere basate sulla criticità dei dati e sul livello di rischio se i dati non sono corretti.

- **Gestione del ciclo di vita:** la data quality deve essere gestita lungo tutto il ciclo di vita dei dati, dalla creazione o acquisizione fino allo smaltimento. Ciò include la gestione dei dati mentre si trasferiscono all'interno e tra i sistemi (vale a dire, ogni collegamento nella catena di dati dovrebbe garantire che l'output dei dati sia di alta qualità).

- **Prevenzione:** l'obiettivo di un programma di Data Quality dovrebbe essere la prevenzione degli errori e delle condizioni dei dati che ne riducono l'usabilità; non dovrebbe essere focalizzato sulla semplice correzione dei record.

- **Eliminazione delle cause alla radice:** il miglioramento della qualità dei dati va oltre la correzione degli errori. I problemi di data quality dovrebbero essere compresi e affrontati alla radice, piuttosto che in modo sintomatico. Poiché queste cause sono spesso correlate alla progettazione di processi o sistemi, il miglioramento della data quality spesso richiede modifiche ai processi e ai sistemi che li supportano.

- **Governance:** le attività di Data Governance devono supportare lo sviluppo di dati di alta qualità e le attività del programma di Data Quality devono supportare e sostenere un ambiente di dati governato.

- **Standards-driven:** tutte le parti interessate nel ciclo di vita dei dati hanno requisiti di data quality. Per quanto possibile, tali requisiti dovrebbero essere definiti sotto forma di standard misurabili e aspettative rispetto alle quali misurare la data quality.

- **Misurazione obiettiva e trasparenza:** i livelli di data quality devono essere misurati in modo obiettivo e coerente. Le misurazioni e la metodologia di misurazione dovrebbero essere condivise con le parti interessate poiché sono gli arbitri della qualità.

- **Incorporato nei processi aziendali:** i proprietari dei processi aziendali sono responsabili della qualità dei dati prodotti attraverso i loro processi. Devono applicare standard di data quality nei loro processi.

- **Applicazione sistematica:** i proprietari dei sistemi devono applicare sistematicamente i requisiti di data quality.

- **Connesso ai livelli di servizio:** i report sulla data quality e la gestione delle issue devono essere integrati nei Service Level Agreements (SLA).

1.3 Concetti Essenziali

1.3.1 Data Quality

Il termine *data quality* si riferisce sia alle caratteristiche associate a dati di alta qualità sia ai processi utilizzati per misurare o migliorare la qualità dei dati. Questi doppi usi possono essere fonte di confusione, quindi è di aiuto separarli e chiarire cosa costituisce un dato di alta qualità.[65]

I dati sono di alta qualità nella misura in cui soddisfano le aspettative e le esigenze degli utilizzatori di dati. Cioè, se i dati sono adatti agli scopi per i quali vogliono applicarli. Sono di bassa qualità se non sono adatti a tali scopi. La data quality dipende quindi dal contesto e dalle esigenze dell'utilizzatore dei dati. Una delle sfide nella gestione della data quality è che le aspettative relative alla qualità non sono sempre note. I clienti non sono in grado di articolarle. Spesso le persone che gestiscono i dati non richiedono nemmeno questi requisiti. Tuttavia, se i dati devono essere affidabili e fidati, i data management professional devono comprendere meglio i requisiti di qualità dei propri clienti e come misurarli. Questa deve essere una ridefinizione continua, poiché i requisiti cambiano nel tempo man mano che le esigenze aziendali e le forze esterne si evolvono.

1.3.2 Dati Critici

La maggior parte delle organizzazioni possiede molti dati, non tutti con la stessa importanza. Un principio della gestione della data quality è quello di concentrare le attività di miglioramento sui dati più importanti per l'organizzazione e i suoi clienti. In questo modo viene definito lo scope ed il focus del programma e ciò consente di avere un impatto diretto e misurabile sulle esigenze di business. Mentre i driver specifici per le criticità differiranno a seconda del settore, ci sono caratteristiche comuni tra le organizzazioni. I dati possono essere valutati, a seconda che siano richiesti da:

- Report normativi
- Report finanziari
- Politica aziendale
- Ongoing operations
- Strategia aziendale, in particolare le attività per la differenziazione competitiva

I Master Data sono critici per definizione. Set di dati o singoli elementi di dati possono essere valutati per criticità in base ai processi che li utilizzano, alla natura dei report in cui appaiono o al rischio finanziario, normativo o di reputazione per l'organizzazione se qualcosa dovesse "andare storto" con i dati.[66]

---

[65] Nel DAMA-DMBOK2, abbiamo cercato di evitare di usare le parole data quality senza chiarire il loro contesto. Ad esempio, facendo riferimento a *dati di alta qualità* o *dati di bassa qualità* e alle *attività di lavoro sulla qualità dei dati* o alle *attività di qualità dei dati*.

[66] Vedi Jugulum (2014), Capitoli 6 e 7 per un approccio alla razionalizzazione dei dati critici.

1.3.3 Dimensioni di Data Quality

Una *Dimensione di Data Quality* è un aspetto misurabile o caratteristica dei dati. Il termine dimensione viene utilizzato per stabilire la connessione alle dimensioni nella misurazione di oggetti fisici (ad es. lunghezza, larghezza, altezza). Le dimensioni della data quality forniscono un vocabolario per la definizione dei requisiti di data quality. Da lì, possono essere utilizzati per definire i risultati della valutazione iniziale della data quality e delle misurazioni successive. Al fine di misurare la data quality, un'organizzazione deve stabilire caratteristiche che sono sia importanti per i processi aziendali (che valga la pena misurare) sia misurabili. Le dimensioni forniscono una base per regole misurabili, che a loro volta dovrebbero essere direttamente collegate ai potenziali rischi nei processi critici.

Ad esempio, se i dati nel campo dell'indirizzo e-mail del cliente sono incompleti, non saremo in grado di inviare informazioni sui prodotti ai nostri clienti via e-mail e perderemo potenziali vendite. Pertanto, misureremo la percentuale di clienti per i quali abbiamo indirizzi e-mail utilizzabili e miglioreremo i nostri processi fino a quando non avremo un indirizzo e-mail utilizzabile per almeno il 98% dei nostri clienti.

Molti pensatori leader nella data quality hanno pubblicato serie di dimensioni.[67] I tre più influenti sono descritti qui perché forniscono informazioni su come pensare a cosa significhi avere dati di alta qualità, nonché su come misurare la data quality. Lo Strong-Wang framework (1996) si concentra sulla percezione dei dati da parte degli utilizzatori. Descrive 15 dimensioni in quattro categorie generali di qualità dei dati:

- DQ Intrinseco
    - Accuratezza (Accuracy)
    - Oggettività
    - Credibilità
    - Reputazione
- DQ Contestuale
    - Valore aggiunto
    - Rilevanza
    - Tempestività
    - Completezza
    - Quantità appropriate di dati
- DQ Rappresentazionale
    - Interpretabilità
    - Facilità di comprensione
    - Coerenza rappresentativa
    - Rappresentazione concisa
- DQ Accessibilità
    - Accessibilità
    - Sicurezza dell'accesso

---

[67] Oltre agli esempi dettagliati qui e numerosi articoli accademici su questo argomento, vedere Loshin (2001), Olson (2003), McGilvray (2008) e Sebastian-Coleman (2013) per discussioni dettagliate sulle dimensioni della data quality. Vedi Myers (2013) per un confronto delle dimensioni.

In *Data Quality for the Information Age* (1996), Thomas Redman ha formulato un insieme di dimensioni di data quality radicate nella struttura dei dati. Redman definisce un elemento di dati come un "triplo rappresentabile" (representable "triple"): un valore dal dominio di un attributo all'interno di un'entità. Le dimensioni possono essere associate a qualsiasi componente di dati: il modello (entità e attributi) nonché i valori. Redman include la dimensione della rappresentazione, che definisce un insieme di regole per la registrazione di elementi di dati. All'interno di queste tre categorie generali (modello di dati, valori di dati, rappresentazione), descrive più di due dozzine di dimensioni. Includono quanto segue:

Modello di Dati:

- Contenuto:
    - Rilevanza dei dati
    - La capacità di ottenere i valori
    - Chiarezza delle definizioni
- Livello di dettaglio:
    - Granularità degli attributi
    - Precisione dei domini di attributi
- Composizione:
    - Naturalezza: l'idea che ogni attributo dovrebbe avere una "controparte semplice" nel mondo reale e che ogni attributo dovrebbe rappresentare un singolo fatto sull'entità
    - Identificazione: ogni entità dovrebbe essere distinguibile da ogni altra entità
    - Omogeneità
    - Ridondanza minima necessaria
- Consistenza:
    - Coerenza semantica dei componenti del modello
    - Coerenza strutturale degli attributi tra i tipi di entità
- Reazione al cambiamento:
    - Robustezza
    - Flessibilità

Valori Dati:

- Accuratezza
- Completezza
- Attualità
- Consistenza

Rappresentazione:

- Appropriatezza
- Interpretabilità
- Portabilità
- Precisione del formato
- Flessibilità del formato
- Capacità di rappresentare valori nulli

- Uso efficiente della memoria
- Istanze fisiche di dati in accordo con i loro formati

Redman riconosce che la coerenza di entità, valori e rappresentazione può essere compresa in termini di vincoli. Diversi tipi di coerenza sono soggetti a diversi tipi di vincoli.

In *Improving Data Warehouse and Business Information Quality* (1999), Larry English presenta una serie completa di dimensioni divisa in due grandi categorie: intrinseca e pragmatica.[68] Le caratteristiche intrinseche sono indipendenti dall'uso dei dati. Le caratteristiche pragmatiche sono associate alla presentazione dei dati e sono dinamiche; il loro valore (qualità) può cambiare a seconda dell'uso dei dati.

- Caratteristiche **intrinseche** della qualità
  - Conformità delle definizioni
  - Completezza di valori
  - Validità o conformità delle regole aziendali
  - Accuratezza verso una fonte surrogata
  - Accuratezza verso la realtà
  - Precisione
  - Non duplicazione
  - Equivalenza di dati ridondanti o distribuiti
  - Coerenza di dati ridondanti o distribuiti
- Caratteristiche **pragmatiche** della qualità
  - Accessibilità
  - Tempestività
  - Chiarezza contestuale
  - Usabilità
  - Integrità della derivazione
  - Correttezza o completezza dei fatti

Nel 2013, DAMA UK ha prodotto un white paper che descrive sei dimensioni fondamentali della qualità dei dati:

- **Completezza**: la percentuale di dati archiviati rispetto al potenziale del 100%.
- **Unicità**: nessuna istanza (cosa) dell'entità verrà registrata più di una volta in base al modo in cui tale cosa viene identificata.
- **Tempestività**: il livello a cui i dati rappresentano la realtà nel momento richiesto.
- **Validità**: i dati sono validi se sono conformi alla sintassi (formato, tipo, intervallo) della sua definizione.
- **Accuratezza**: il livello in cui i dati descrivono correttamente l'oggetto o l'evento "mondo reale" che viene descritto.
- **Consistenza**: l'assenza di differenza, quando si confrontano due o più rappresentazioni di una "cosa" con una definizione.

---

[68] English ha ampliato e rivisto le sue dimensioni in *Information Quality Applied* (2009).

Il white paper di DAMA UK descrive anche altre caratteristiche che incidono sulla qualità. Sebbene il white paper non chiami queste dimensioni, esse funzionano in un modo simile al DQ contestuale e rappresentativo di Strong e Wang e alle caratteristiche pragmatiche di English.

- **Usabilità**: i dati sono comprensibili, semplici, pertinenti, accessibili, mantenibili e al giusto livello di precisione?

- **Problemi di tempistica** (oltre la tempestività stessa): è stabile e allo stesso tempo "responsive" rispetto alle legittime richieste di modifica?
- **Flessibilità**: i dati sono comparabili e compatibili con altri dati? Hanno raggruppamenti e classificazioni utili? Possono essere riproposti? Sono facili da manipolare?
- **Confidenza**: sono in atto i processi di Data Governance, Data Protection e Data Security? Qual è la reputazione dei dati? Essa è verificata o verificabile?
- **Valore**: esiste un buon rapporto costi / benefici per i dati? Viene utilizzato in modo ottimale? Mette in pericolo la sicurezza o la privacy delle persone o le responsabilità legali dell'impresa? Supporta o contraddice l'immagine aziendale o il messaggio aziendale?

Sebbene non vi sia un unico insieme concordato di dimensioni della data quality, queste formulazioni contengono idee comuni. Le dimensioni includono alcune caratteristiche che possono essere misurate in modo obiettivo (completezza, validità, conformità del formato) e altre che dipendono fortemente dal contesto o dall'interpretazione soggettiva (usabilità, affidabilità, reputazione). Indipendentemente dai nomi utilizzati, le dimensioni si concentrano sull'esistenza di dati sufficienti (completezza), sulla correttezza (accuratezza, validità), sull'adeguatezza (coerenza, integrità, unicità), sull'aggiornamento (tempestività), accessibile, utilizzabile e sicuro. La Tabella 29 contiene le definizioni di un insieme di dimensioni della qualità dei dati, sulle quali esiste un accordo generale e descrive gli approcci per misurarle.

Tabella 27 Dimensioni Comuni di Data Quality

Dimensione di Qualità	Descrizione
Accuracy (Accuratezza)	La accuracy si riferisce al livello in cui i dati rappresentano correttamente le entità della "vita reale". La accuracy è difficile da misurare, a meno che un'organizzazione non sia in grado di riprodurre la raccolta di dati o confermare manualmente l'accuratezza dei record. La maggior parte delle misure di accuratezza si basano sul confronto con una fonte di dati che è stata verificata come accurata, come un sistema di registrazione o dati da una fonte affidabile (ad esempio, Dun e Bradstreet Reference Data).
Completeness	La completezza si riferisce alla presenza di tutti i dati richiesti. La completezza può essere misurata a livello di set di dati, record o colonna. Il set di dati contiene tutti i record previsti? I record sono stati compilati correttamente? (I record con stati diversi possono avere aspettative diverse per completezza.) Le colonne / gli attributi vengono popolati al livello previsto? (Alcune colonne sono obbligatorie. Le colonne opzionali vengono popolate solo in condizioni specifiche.) Assegnare regole di completezza a un set di dati con diversi livelli di vincolo: attributi obbligatori che richiedono un valore, elementi di dati con valori condizionali e facoltativi e valori di attributo inapplicabili. Le misurazioni del livello del set di dati possono richiedere il confronto con una "source of record" o possono essere basate sui livelli storici della popolazione.

Dimensione di Qualità	Descrizione
Consistency	La consistenza può fare riferimento a garantire che i valori dei dati siano rappresentati in modo coerente all'interno di un set di dati e tra set di dati, e associati in modo coerente tra i set. Può anche fare riferimento alla dimensione e alla composizione dei set di dati tra sistemi o nel tempo. La consistenza può essere definita tra un set di valori di attributo e un altro set di attributi all'interno dello stesso record (consistenza a livello di record), tra un set di valori di attributo e un altro set di attributi in record diversi (consistenza tra record) o tra un set di valori di attributo e lo stesso attributo impostati all'interno dello stesso record in diversi punti nel tempo (consistenza temporale). La consistenza può anche essere utilizzata per fare riferimento alla consistenza del formato. Fare attenzione a non confondere la consistenza con accuratezza o correttezza. Le caratteristiche che dovrebbero essere coerenti all'interno e tra i set di dati possono essere utilizzate come base per la standardizzazione dei dati. La standardizzazione dei dati si riferisce al condizionamento dei dati di input per garantire che i dati soddisfino le regole per contenuto e formato. La standardizzazione dei dati consente una corrispondenza più efficace e facilita risultati coerenti. Incapsula i vincoli di consistenza come un insieme di regole che specificano relazioni coerenti tra i valori degli attributi, attraverso un record o un messaggio, o lungo tutti i valori di un singolo attributo (come un intervallo o un elenco di valori validi). Ad esempio, ci si potrebbe aspettare che il numero di transazioni giornaliere non superi il 105% del numero medio corrente di transazioni degli ultimi 30 giorni.
Integrity	L'integrità dei dati (o coerenza) include idee associate a completezza, accuratezza e coerenza. Nei dati, l'integrità di solito si riferisce all'integrità referenziale (coerenza tra oggetti dati tramite una chiave di riferimento contenuta in entrambi gli oggetti) o coerenza interna all'interno di un set di dati in modo tale che non vi siano buchi o parti mancanti. I set di dati senza integrità vengono considerati danneggiati o presentano perdita di dati. I set di dati senza integrità referenziale hanno "orfani" - chiavi di riferimento non valide o "duplicati" - righe identiche che possono influire negativamente sulle funzioni di aggregazione. Il livello di record orfani può essere misurato come conteggio non elaborato o come percentuale del set di dati.
Reasonability	La ragionevolezza richiede che un modello di dati soddisfi le aspettative. Ad esempio, se una distribuzione delle vendite in un'area geografica ha senso in base a ciò che è noto sui clienti in quell'area. La misurazione della ragionevolezza può assumere forme diverse. Ad esempio, la ragionevolezza può essere basata sul confronto con dati di benchmark o istanze passate di un set di dati simile (ad esempio, vendite del trimestre precedente). Alcune idee sulla ragionevolezza possono essere percepite come soggettive. In tal caso, collaborare con gli utilizzatori dati per articolare la base delle loro aspettative sui dati per formulare confronti oggettivi. Una volta stabilite le misurazioni di riferimento della ragionevolezza, queste possono essere utilizzate per confrontare oggettivamente nuove istanze dello stesso set di dati al fine di rilevare il cambiamento. (Vedi Sezione 4.5.)
Timeliness	Il concetto di tempestività dei dati si riferisce a diverse caratteristiche dei dati. Le misure di tempestività devono essere comprese in termini di volatilità attesa: la frequenza con cui è probabile che i dati cambino e per quali motivi. L'attualità dei dati indica se i valori dei dati sono la versione più aggiornata delle informazioni. I dati relativamente statici, ad esempio alcuni Reference Data come i codici dei paesi, possono rimanere aggiornati per un lungo periodo. I dati volatili rimangono aggiornati per un breve periodo. Alcuni dati, ad esempio, i prezzi delle azioni su pagine Web finanziarie, saranno spesso mostrati con l'orario, in modo che gli utilizzatori di dati comprendano il rischio che i dati siano cambiati da quando sono stati registrati. Durante il giorno, mentre i mercati sono aperti, tali dati verranno aggiornati frequentemente. Una volta chiusi i mercati, i dati rimarranno invariati, ma saranno ancora attuali, poiché il mercato stesso è inattivo. La latenza misura il tempo tra il momento in cui i dati sono stati creati e quelli in cui sono stati resi disponibili per l'uso. Ad esempio, l'elaborazione in batch durante la notte può dare una latenza da 1 giorno alle 8am per i dati immessi nel sistema durante il giorno precedente, ma solo un'ora per i dati generati durante l'elaborazione in batch. (Vedi capitolo 8.)

Dimensione di Qualità	Descrizione
Uniqueness / Deduplication	L'unicità afferma che nessuna entità esiste più di una volta all'interno del set di dati. L'asserzione dell'unicità delle entità all'interno di un set di dati implica che un valore chiave si riferisce a ciascuna entità unica, e solo a quella specifica entità, all'interno del set di dati. Misurare l'unicità testando la struttura chiave. (Vedi capitolo 5.)
Validity	La validità indica se i valori dei dati sono coerenti con un dominio definito di valori. Un dominio di valori può essere un insieme definito di valori validi (come in una tabella di riferimento), un intervallo di valori o un valore che può essere determinato tramite regole. Il tipo di dati, il formato e la precisione dei valori previsti devono essere presi in considerazione nella definizione del dominio. I dati possono anche essere validi solo per un determinato periodo di tempo, ad esempio i dati generati da RFID (ID radiofrequenza) o alcuni set di dati scientifici. Convalida i dati confrontandoli con i vincoli del dominio. Tieni presente che i dati potrebbero essere validi (ad esempio, potrebbero soddisfare i requisiti del dominio) e non essere comunque accurati o correttamente associati a determinati record.

La Figura 92 allinea le dimensioni della data quality e i concetti associati a tali dimensioni. Le frecce indicano significative sovrapposizioni tra concetti e dimostrano inoltre che non esiste un accordo su un insieme specifico. Ad esempio, la dimensione dell'accuratezza è associata a "concorda con il mondo reale" e "abbina alla fonte concordata" e anche ai concetti associati alla validità, come "derivazione corretta".

1.3.4 Data Quality e Metadata

I Metadati sono fondamentali per il data quality management. La data quality si basa su quanto i dati soddisfino i requisiti degli utilizzatori dei dati. I Metadati definiscono ciò che rappresentano i dati. Avere un solido processo attraverso il quale vengono definiti i dati supporta la capacità di un'organizzazione di formalizzare e documentare gli standard e i requisiti attraverso i quali è possibile misurare la data quality. La data quality riguarda il soddisfacimento delle aspettative; i Metadati sono uno dei mezzi principali per chiarire tali aspettative.

Metadati ben gestiti possono anche supportare le attività per migliorare la data quality. Un repository di Metadati può contenere i risultati delle misurazioni della data quality in modo che questi siano condivisi all'interno dell'organizzazione e il team di data quality possa lavorare per raggiungere il consenso su priorità e driver per il miglioramento. (Vedi capitolo 12.)

1.3.5 Data Quality ISO Standard

ISO 8000, lo standard internazionale per la qualità dei dati, è stato sviluppato per consentire lo scambio di dati complessi in una forma neutrale per l'applicazione. Nell'introduzione allo standard, ISO afferma: "La capacità di creare, raccogliere, archiviare, conservare, trasferire, elaborare e presentare i dati per supportare i processi aziendali in modo tempestivo ed economico richiede sia una comprensione delle caratteristiche dei dati che di determinarne la qualità e la capacità di misurare, gestire e riferire sulla data quality."

ISO 8000 definisce le caratteristiche che possono essere testate da qualsiasi organizzazione nella catena di fornitura dei dati per determinare obiettivamente la conformità dei dati alla ISO 8000.[69]

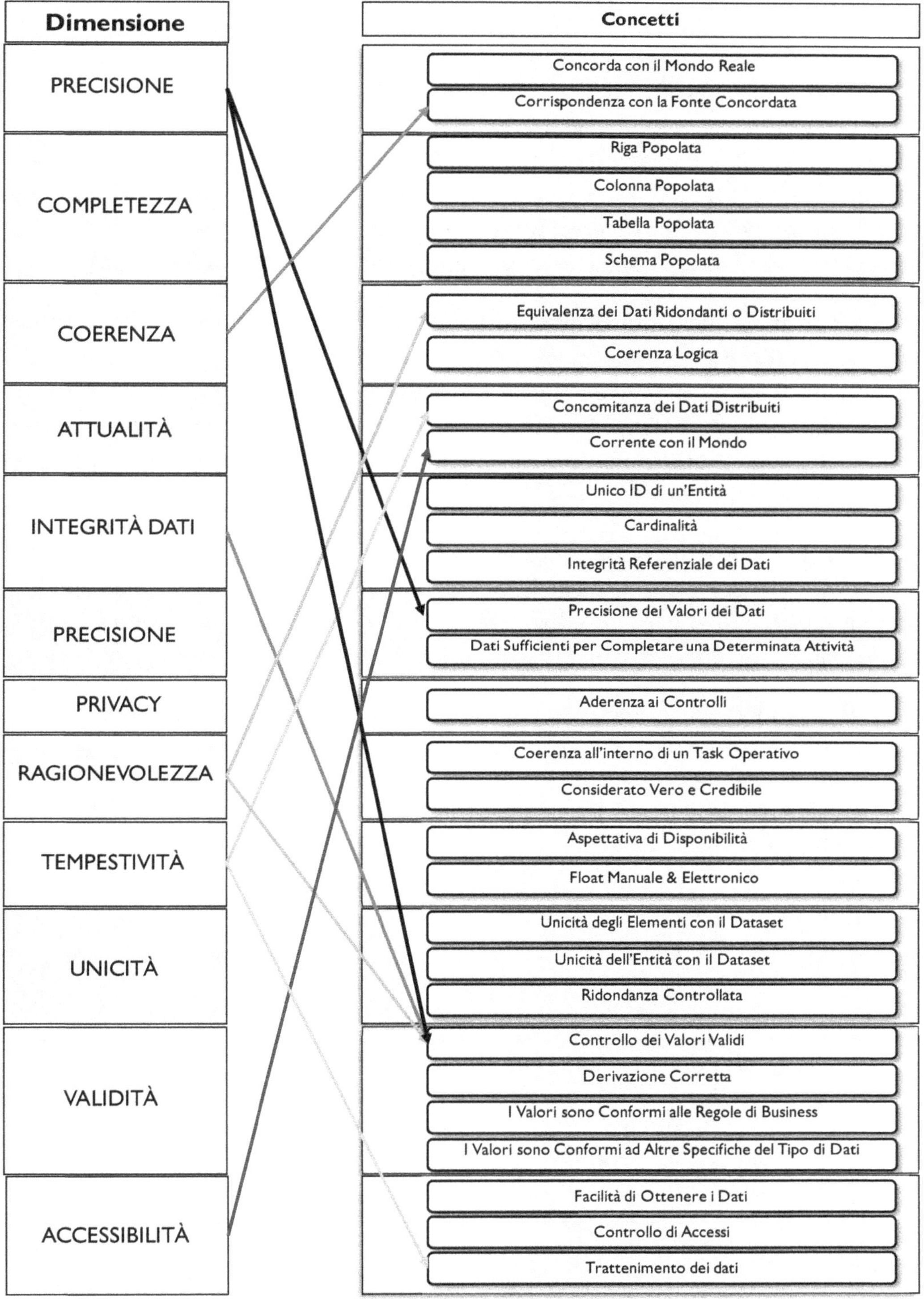

Figura 92 Relazione Tra Dimensioni di Data Quality[70]

La prima parte pubblicata della ISO 8000 (parte 110, pubblicata nel 2008) si concentrava sulla sintassi, sulla codifica semantica e sulla conformità alle specifiche dei dati master. Altre parti progettate per lo standard includono la parte 100 - Introduzione, la parte 120 - Provenienza, la parte 130 - Precisione e la parte 140 - Completezza.[71]

ISO definisce i dati di qualità come "dati portabili che soddisfano i requisiti dichiarati"[72] Lo standard di data quality è correlato al lavoro complessivo dell'ISO sulla portabilità e conservazione dei dati. I dati sono considerati "portabili" se possono essere separati da un'applicazione software. I dati che possono essere utilizzati o letti solo tramite una specifica applicazione software concessa in licenza sono soggetti ai termini della licenza software. Un'organizzazione potrebbe non essere in grado di utilizzare i dati creati a meno che tali dati non possano essere separati dal software utilizzato per crearli.

Per soddisfare i requisiti dichiarati è necessario che tali requisiti siano definiti in modo chiaro e inequivocabile. ISO 8000 è supportato tramite ISO 22745, uno standard per la definizione e lo scambio di dati anagrafici. ISO 22745 definisce come devono essere costruite le dichiarazioni sui requisiti dei dati, fornisce esempi in XML e definisce un formato per lo scambio di dati codificati. ISO 22745 crea dati portatili etichettandoli utilizzando un Dizionario tecnico aperto conforme a ISO 22745 come il Dizionario tecnico aperto ECCMA (eOTD).

L'intenzione della ISO 8000 è di aiutare le organizzazioni a definire quali sono e non sono dati di qualità, consentire loro di richiedere dati di qualità utilizzando convenzioni standard e di verificare di aver ricevuto dati di qualità utilizzando quegli stessi standard. Quando si seguono gli standard, i requisiti possono essere confermati attraverso un programma per computer.

ISO 8000 - Parte 61 Il modello di riferimento del processo di "information e data quality management" è in fase di sviluppo.[73] Questo standard descriverà la struttura e l'organizzazione della gestione della data quality, inclusi:

- Data Quality Planning
- Data Quality Control
- Data Quality Assurance
- Data Quality Improvement

1.3.6 Ciclo di Vita del Miglioramento della Data Quality

La maggior parte degli approcci per migliorare la data quality si basa sulle tecniche di miglioramento della qualità nella fabbricazione di prodotti fisici.[74] In questo paradigma, i dati sono intesi come il

---

70 Adattato da Myers (2013), usato con permesso.

[71] http://bit.ly/2sANGdi.

[72] http://bit.ly/2rV1oWC.

[73] http://bit.ly/2sVik3Q.

prodotto di un insieme di processi. Nella sua forma più semplice, un processo è definito come una serie di passaggi che trasformano gli input in output. Un processo che crea dati può consistere in una fase (raccolta dati) o in più fasi: raccolta dati, integrazione in un data warehouse, aggregazione in un data mart, ecc. In qualsiasi fase, i dati possono essere influenzati negativamente. Possono essere raccolti in modo errato, eliminati o duplicati tra sistemi, allineati o aggregati in modo errato, ecc. Il miglioramento della data quality richiede la capacità di valutare la relazione tra input e output, al fine di garantire che gli input soddisfino i requisiti del processo e che gli output siano conformi alle aspettative. Poiché gli output di un processo diventano input per altri processi, i requisiti devono essere definiti lungo l'intera catena di dati.

Un approccio generale al miglioramento della data quality, mostrato nella Figura 93, è una versione del ciclo Shewhart / Deming .[75] Basato sul metodo scientifico, il ciclo Shewhart / Deming è un modello di risoluzione dei problemi noto come "plan-do-check-act". Il miglioramento arriva attraverso una serie definita di passaggi. La condizione dei dati deve essere misurata rispetto agli standard e, se non soddisfa gli standard, è necessario identificare e correggere le cause alla radice della discrepanza rispetto agli standard. Le cause alla radice possono essere trovate in una qualsiasi delle fasi del processo, tecnico o non tecnico. Una volta corretti, i dati devono essere monitorati per garantire che continuino a soddisfare i requisiti.

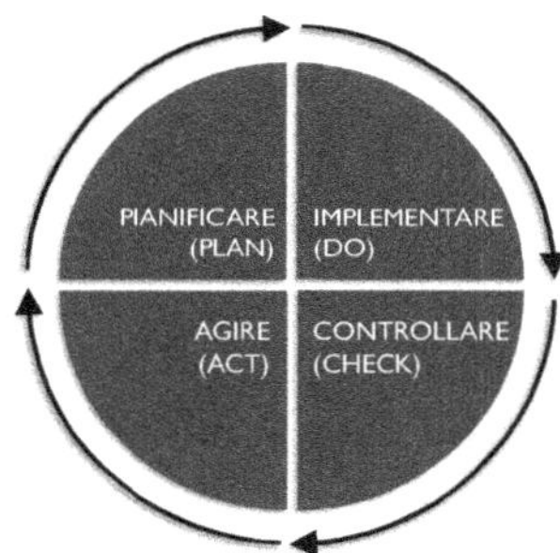

Figura 93 The Shewhart Chart

Per un determinato set di dati, un ciclo di gestione della Data Quality inizia identificando i dati che non soddisfano i requisiti degli utilizzatori e le tematiche relative ai dati che ostacolano il raggiungimento degli obiettivi aziendali. I dati devono essere valutati rispetto alle dimensioni chiave della qualità e ai requisiti aziendali noti. Le cause alla radice dei problemi dovranno essere identificate in modo tale che le parti interessate possano comprendere i costi della risoluzione e i rischi di non porre rimedio ai problemi. Questo lavoro viene spesso svolto in collaborazione con Data Steward e altri stakeholders.

Nella fase *Plan*, il team di data quality (DQ) valuta l'ambito, l'impatto e la priorità dei problemi noti e valuta le alternative per affrontarli. Questo piano dovrebbe basarsi su una solida base di analisi delle cause alla radice dei problemi. Dalla conoscenza delle cause e dell'impatto delle tematiche, è possibile comprendere costi / benefici, determinare la priorità e formulare un piano di base per affrontarle.

---

[74] Vedi Wang (1998), English (1999), Redman (2001), Loshin (2001), e McGilvray (2008). Vedi Pierce (2004) per una panoramica della letteratura relativa al concetto di dati come prodotto.

[75] Vedi American Society for Quality: http://bit.ly/1lelyBK Plan-Do-Check-Act è stato originato da Walter Shewhart e reso popolare da W. Edwards Deming. Il 6 Sigma Define, Measure, Analyze, Improve, Control (DMAIC) è una variazione di questo ciclo.

Nella fase *Do*, il team di DQ guida le attività per affrontare le cause alla radice dei problemi e pianificare un monitoraggio continuo dei dati. Per le cause alla radice basate su processi non tecnici, il team di DQ può collaborare con i process owner per implementare le modifiche. Per le cause alla radice che richiedono modifiche tecniche, il team di DQ dovrebbe collaborare con i team tecnici per garantire che i requisiti siano implementati correttamente e che le modifiche tecniche non introducano errori.

La fase *Check* prevede il monitoraggio attivo della data quality misurata rispetto ai requisiti. Finché i dati soddisfano le soglie definite per la qualità, non sono necessarie ulteriori azioni. I processi saranno considerati sotto controllo e rispondenti ai requisiti aziendali. Tuttavia, se i dati scendono al di sotto delle soglie di qualità accettabili, è necessario adottare ulteriori misure per portarli a livelli accettabili.

La fase *Act* è dedicata alle attività per affrontare e risolvere i problemi di data quality emergenti. Il ciclo si riavvia, poiché vengono valutate le cause dei problemi e proposte soluzioni. Il miglioramento continuo si ottiene avviando un nuovo ciclo. I nuovi cicli iniziano se:

- Misurazioni esistenti scendono al di sotto delle soglie
- Nuovi set di dati sono oggetto di indagine
- Nuovi requisiti di data quality emergono per i set di dati esistenti
- Modifica delle regole, degli standard o delle aspettative aziendali

Il costo per ottenere i dati corretti la prima volta è minore dei costi derivanti dal generare dati errati e correggerli in un secondo momento. Costruire la qualità nei processi di data management sin dall'inizio costa meno che adeguarli. Il mantenimento di dati di alta qualità durante l'intero ciclo di vita dei dati è meno rischioso rispetto al tentativo di migliorare la qualità in un processo esistente. Inoltre, genera un impatto minore sull'organizzazione. Stabilire criteri per la data quality all'inizio di un processo o di un sistema è un segno di un'organizzazione di data management matura. Ciò richiede governance e disciplina, nonché collaborazione interfunzionale.

1.3.7 Tipi di Regole Aziendali sulla Data Quality

Le regole aziendali descrivono come le imprese dovrebbero operare internamente, al fine di avere successo ed essere conformi al mondo esterno. Le regole aziendali sulla data quality descrivono come dovrebbero esistere i dati per essere utili e utilizzabili all'interno di un'organizzazione. Queste regole possono essere allineate alle dimensioni della qualità e utilizzate per descrivere i requisiti di data quality. Ad esempio, una regola aziendale secondo cui tutti i campi dei codici di stato devono essere conformi alle abbreviazioni degli Stati Uniti può essere applicata dagli elenchi di selezione e dalle data integration lookup. È quindi possibile misurare il livello di record validi o non validi.

Le regole aziendali sono di solito implementate nei software oppure utilizzando template di documenti per il data entry. Alcuni tipi comuni di regole aziendali:

- **Conformità definita**: confermare che la stessa comprensione delle definizioni dei dati sia implementata e utilizzata correttamente nei processi all'interno dell'organizzazione. La conferma include un accordo algoritmico su campi calcolati, inclusi eventuali limiti temporali o locali e regole di interdipendenza e di rollup dello stato.

- **Presenza di valore e completezza del record**: regole che definiscono le condizioni in cui i valori mancanti sono accettabili o inaccettabili.

- **Conformità del formato**: uno o più pattern specificano i valori assegnati a un elemento dati, come gli standard per la formattazione dei numeri di telefono.

- **Appartenenza al dominio del valore**: specificare che il valore assegnato di un elemento dati sia incluso in quelli elencati in un dominio del valore dati definito, ad esempio Codici postali statunitensi a due caratteri per un campo STATO.

- **Conformità del range**: un valore assegnato a un elemento di dati deve essere compreso in un intervallo numerico, lessicografico o temporale definito, ad esempio maggiore di 0 e minore di 100 per un intervallo numerico.

- **Conformità della mappatura**: indica che il valore assegnato a un elemento di dati deve corrispondere a uno selezionato da un dominio di valori che mappa ad altri domini di valori corrispondenti equivalenti. Il dominio di dati STATO fornisce di nuovo un buon esempio, poiché i valori di stato possono essere rappresentati utilizzando domini di valore diversi (codici postali USPS, codici a 2 cifre FIPS, nomi completi) e questi tipi di regole convalidano che sia 'AL" che "01" siano "Alabama".

- **Regole di coerenza**: asserzioni condizionali che si riferiscono al mantenimento di una relazione tra due (o più) attributi in base ai valori effettivi di tali attributi. Ad esempio, indirizzare la convalida laddove i codici postali corrispondano a determinati Stati o province.

- **Verifica della precisione**: confronta un valore di dati con un valore corrispondente in un sistema di record o altra fonte verificata (ad es. Dati di marketing acquistati da un fornitore) per verificare che i valori corrispondano.

- **Verifica dell'unicità**: regole che specificano quali entità devono avere una rappresentazione univoca e se esiste un solo record per ogni oggetto del mondo reale rappresentato.

- **Convalida della tempestività**: regole che indicano le caratteristiche associate alle aspettative di accessibilità e disponibilità dei dati.

Altri tipi di regole possono comportare l'aggregazione di funzioni applicate a insiemi di istanze di dati (vedere Sezione 4.5). Esempi di controlli di aggregazione includono:

- Convalida della ragionevolezza del numero di record in un file. Ciò richiede la conservazione delle statistiche nel tempo per generare trend.

- Convalida della ragionevolezza di un importo medio calcolato da una serie di transazioni. Ciò richiede la fissazione di soglie per il confronto e può essere basato su statistiche temporali.

- Convalida dello scostamento previsto nel conteggio delle transazioni per un periodo di tempo specificato. Ciò richiede la conservazione delle statistiche nel tempo e il loro utilizzo per stabilire soglie.

1.3.8 Cause Comuni di Problemi di Data Quality

I problemi di data quality possono emergere in qualsiasi momento del ciclo di vita dei dati, dalla creazione allo smaltimento. Quando esaminano le cause alla radice, gli analisti dovrebbero cercare potenziali "colpevoli", come problemi nel data entry, l'elaborazione dei dati, la progettazione del sistema e l'intervento manuale nei processi automatizzati. Molti problemi avranno molteplici cause e fattori impattanti (soprattutto se le persone hanno creato modi per aggirarli). Queste cause implicano anche modi per prevenirle: attraverso il miglioramento della progettazione dell'interfaccia, il collaudo delle regole sulla data quality come parte dell'elaborazione, un focus sulla data quality all'interno della progettazione del sistema e controlli rigorosi sull'intervento manuale nei processi automatizzati.

1.3.8.1 Problemi Causati da Mancanza di Leadership

Molte persone ritengono che la maggior parte dei problemi di data quality siano causati da errori di immissione dei dati. Una comprensione più sofisticata riconosce che le lacune o la cattiva esecuzione dei processi aziendali e tecnici causano molti più problemi rispetto agli errori di digitazione. Tuttavia, il buon senso e la ricerca indicano che molti problemi di data quality sono causati da una mancanza di effort organizzativo nei confronti dei dati di alta qualità, che a sua volta deriva da una mancanza di leadership, sotto forma di governance e management.

Ogni organizzazione dispone di risorse di informazioni e dati utili per le sue operations. In effetti, le operations di ogni organizzazione dipendono dalla capacità di condividere informazioni. Nonostante ciò, poche organizzazioni gestiscono queste risorse con rigore. All'interno della maggior parte delle organizzazioni, la disparità di dati (differenze nella struttura dei dati, nel formato e nell'uso dei valori) è un problema più grande dei semplici errori; può essere un grave ostacolo all'integrazione dei dati. Uno dei motivi per cui i programmi di data management si concentrano sulla definizione dei termini e sul consolidamento del linguaggio sui dati è perché questo è il punto di partenza per ottenere dati più coerenti.

Molti programmi di governance e di informazione sono guidati esclusivamente dalla conformità, piuttosto che dal potenziale valore che deriva dai dati come risorsa. Una mancanza di riconoscimento da parte della leadership significa una mancanza di impegno all'interno di un'organizzazione per il data management come risorsa, compresa la gestione della sua qualità (Evans and Price, 2012). (Vedi Figura 94.)

Gli ostacoli a un'efficace data quality management includono:[76]

- Mancanza di consapevolezza da parte della leadership e del personale
- Mancanza di business governance
- Mancanza di leadership e management
- Difficoltà nella giustificazione dei miglioramenti
- Strumenti inappropriati o inefficaci per misurare il valore

---

[76] Adattato da *The Leader's Data Manifesto.* https://dataleaders.org/.

Queste barriere hanno effetti negativi su esperienza del cliente, produttività, morale, efficacia organizzativa, entrate e vantaggio competitivo. Aumentano i costi di gestione dell'organizzazione e introducono rischi. (Vedi capitolo 11.)

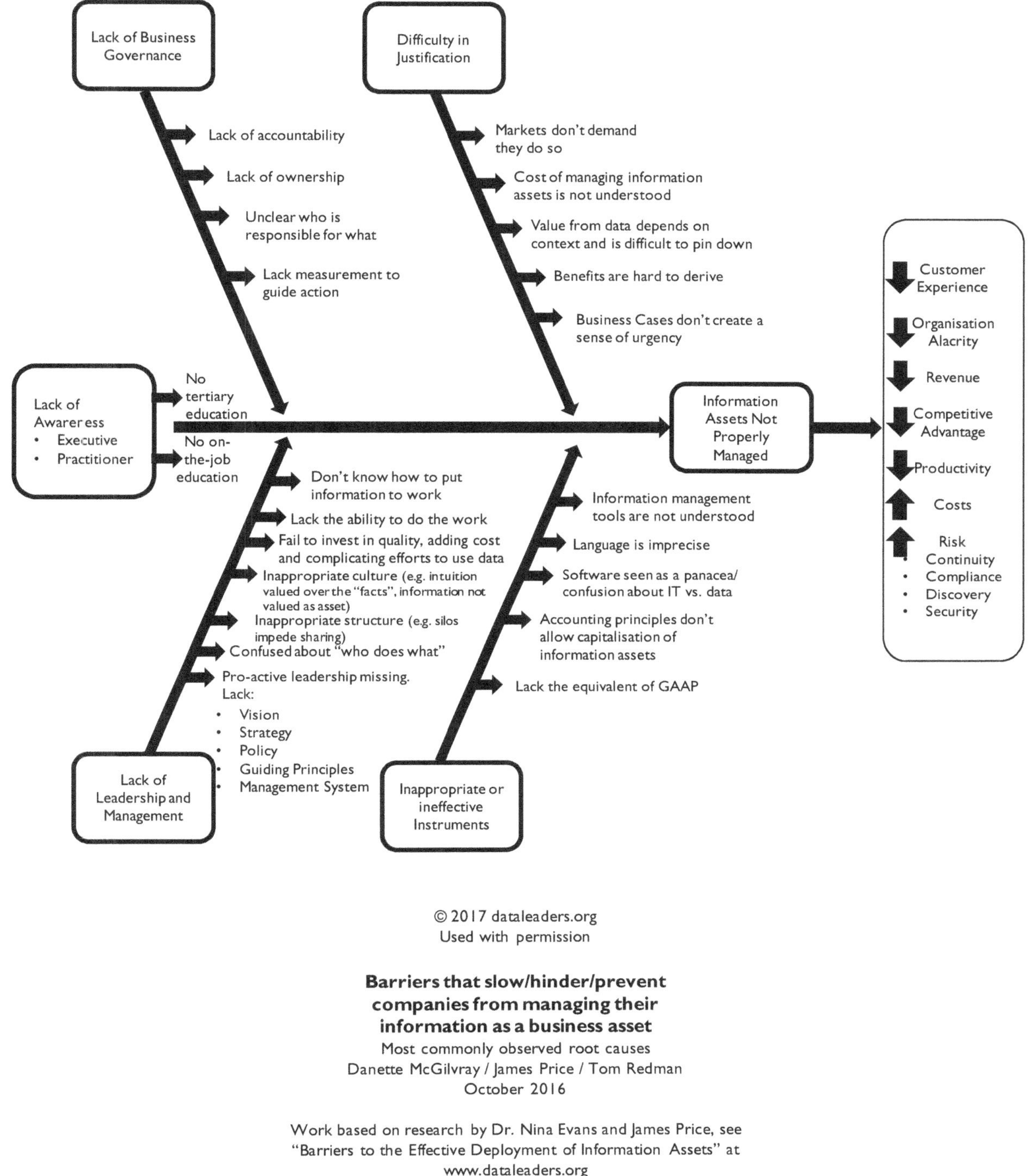

Figura 94 Ostacoli alla Gestione delle Informazioni come Risorse Aziendali [77]

---

[77] Diagramma sviluppato da Danette McGilvray, James Price, e Tom Redman. Usato su permesso. https://dataleaders.org/.

1.3.8.2 Problemi Causati dai Processi di Inserimento Dati

- **Problemi di interfaccia di immissione dei dati**: interfacce di immissione dei dati (data entry) progettate in modo errato possono contribuire ai problemi di data quality. Se un'interfaccia di immissione dati non dispone di controlli per impedire l'inserimento di dati errati nel sistema, è probabile che i processori prendano scorciatoie, come saltare i campi non obbligatori e non aggiornare i campi di default.

- **Posizionamento della voce di elenco**: anche le semplici funzionalità delle interfacce di registrazione dei dati, come l'ordine dei valori all'interno di un elenco a discesa, possono contribuire agli errori di registrazione dei dati.

- **Sovra utilizzo dei campi**: alcune organizzazioni riutilizzano i campi nel tempo per scopi di business diversi anziché apportare modifiche al modello di dati e all'interfaccia utente. Questa pratica si traduce in una popolazione incoerente e confusa dei campi.

- **Problemi di formazione**: la mancanza di conoscenza del processo può comportare l'immissione errata dei dati, anche se sono in atto controlli e modifiche. Se i data processors non sono consapevoli dell'impatto di dati errati o se sono incentivati per la velocità, piuttosto che per l'accuratezza, è probabile che facciano scelte basate su driver diversi dalla data quality.

- **Modifiche ai processi aziendali**: i processi aziendali cambiano nel tempo e con queste modifiche vengono introdotte nuove regole aziendali e requisiti di data quality. Tuttavia, le modifiche alle regole di business non sono sempre integrate nei sistemi in modo tempestivo o completo. Si verificheranno errori di dati se un'interfaccia non viene aggiornata per soddisfare requisiti nuovi o modificati. Inoltre, è probabile che i dati vengano influenzati a meno che le modifiche alle regole aziendali non vengano propagate in tutto il sistema.

- **Esecuzione incoerente dei processi aziendali**: è probabile che i dati creati attraverso processi eseguiti in modo incoerente siano incoerenti. L'esecuzione incoerente può essere dovuta a problemi di formazione o documentazione nonché a cambiamenti dei requisiti.

1.3.8.3 Problemi Causati dalle Funzioni di Elaborazione dei Dati

- **Presupposti errati sulle fonti di dati**: possono verificarsi problemi di produzione a causa di errori o modifiche, documentazione del sistema inadeguata o obsoleta o trasferimento inadeguato delle conoscenze (ad esempio, quando le PMI lasciano senza documentare le loro conoscenze). Le attività di consolidamento del sistema, come quelle associate a fusioni e acquisizioni, si basano spesso su conoscenze limitate sulla relazione tra sistemi. Quando è necessario integrare più sistemi di origine e feed di dati, c'è sempre il rischio che i dettagli vengano persi, in particolare con livelli variabili di conoscenza delle fonti disponibili e tempistiche rigorose.

- **Regole aziendali obsolete**: nel tempo, le regole aziendali cambiano. Dovrebbero essere periodicamente riviste e aggiornate. Se esistesse una misurazione automatica delle regole, dovrebbe essere aggiornato anche il processo tecnico per misurarle. Se non venisse aggiornato, i problemi potrebbero non essere identificati o verranno prodotti falsi positivi (o entrambi).

- **Strutture dati modificate**: i sistemi di origine possono cambiare struttura senza informare gli utilizzatori downstream (sia umani che di sistema) o senza fornire tempo sufficiente per tenere conto delle modifiche. Ciò può comportare valori non validi o altre condizioni che impediscono lo spostamento e il caricamento dei dati, o modifiche più sottili che potrebbero non essere rilevate immediatamente.

1.3.8.4 Problemi Causati dalla Progettazione del Sistema

- **Mancato rispetto dell'integrità referenziale**: l'integrità referenziale è necessaria per garantire dati di alta qualità a livello di applicazione o di sistema. Se l'integrità referenziale non viene applicata o se la convalida è disattivata (ad esempio, per migliorare i tempi di risposta), possono sorgere vari problemi di data quality:
  - Dati duplicati che infrangono le regole di unicità
  - Righe orfane, che possono essere incluse in alcuni report ed escluse da altri, portando a più valori per lo stesso calcolo
  - Impossibilità di eseguire l'aggiornamento a causa di requisiti di integrità referenziale ripristinati o modificati
  - Dati imprecisi dovuti all'assegnazione di valori predefiniti ai dati mancanti

- **Mancato rispetto dei vincoli di unicità**: più copie di istanze di dati all'interno di una tabella o di un file dovrebbero contenere istanze univoche. Se non ci sono controlli sufficienti per l'unicità delle istanze o se i vincoli univoci sono disattivati nel database per migliorare le prestazioni, i risultati dell'aggregazione dei dati possono essere sopravvalutati.

- **Inesattezze e lacune nella codifica**: se la mappatura o il layout dei dati non sono corretti o le regole per l'elaborazione dei dati non sono accurate, i dati elaborati avranno problemi di qualità, che vanno da calcoli errati a dati assegnati o collegati a campi non corretti, chiavi o relazioni.

- **Inesattezze del modello di dati**: se le ipotesi all'interno del modello di dati non sono supportate dai dati effettivi, ci saranno problemi di data quality che vanno dalla perdita di dati a causa del superamento della lunghezza dei campi da parte dei dati effettivi, ai dati assegnati a ID o chiavi non corretti.

- **Sovra utilizzo dei campi**: il riutilizzo dei campi nel tempo per scopi diversi, anziché modificare il modello di dati o il codice può causare serie di valori confusi, significato poco chiaro e potenzialmente problemi strutturali, come chiavi assegnate in modo errato.

- **Mancata corrispondenza temporanea dei dati**: in assenza di un dizionario dei dati consolidato, più sistemi potrebbero implementare disparati formati di data o tempistiche, che a loro volta comportano una mancata corrispondenza e una perdita di dati quando la sincronizzazione avviene tra sistemi di origine diversi.

- **Master Data Management debole**: il Master Data Management acerbo può portare alla scelta di fonti inaffidabili per i dati, che possono causare problemi di data quality che sono molto difficili da trovare fino a quando non viene smentita l'assunzione che l'origine dei dati sia accurata.

- **Duplicazione dei dati**: la duplicazione dei dati non necessaria è spesso il risultato di un cattivo data management. Esistono due tipi principali di problemi di duplicazione indesiderati:

  o **Fonte Singola - Istanze Locali Multiple**: ad esempio, istanze dello stesso cliente in più tabelle (simili o identiche) nello stesso database. Sapere quale istanza è la più accurata per l'uso può essere difficile senza una conoscenza specifica del sistema.

  o **Fonti Multiple - Istanza Singola**: istanze di dati con più fonti autorevoli o system of record. Ad esempio, istanze di singoli clienti provenienti da più sistemi di point of sale. Durante l'elaborazione di questi dati per l'uso, possono essere presenti aree di archiviazione temporanea duplicate. Le regole di unione determinano quale sorgente ha la priorità sulle altre durante l'elaborazione in aree di dati di produzione permanenti.

1.3.8.5 Problemi Causati dalla Risoluzione dei Problemi

Le patch di dati manuali sono le modifiche apportate direttamente sui dati nel database, non attraverso le regole aziendali nelle interfacce o nell'elaborazione dell'applicazione. Si tratta di script o comandi manuali generalmente creati in fretta e utilizzati per "correggere" i dati in caso di emergenza, come inserimento intenzionale di dati errati, interruzione della sicurezza, frode interna o causa esterna per l'interruzione dell'attività.

Come qualsiasi codice non testato, hanno un alto rischio di causare ulteriori errori a causa di conseguenze indesiderate, modificando più dati del necessario o non propagando la patch a tutti i dati storici interessati dal problema originale. La maggior parte di tali patch modifica anche i dati in atto, anziché preservare lo stato precedente e aggiungere righe corrette.

Queste modifiche NON sono generalmente annullabili senza un ripristino completo dal backup in quanto è presente solo il registro del database per mostrare le modifiche. Pertanto, queste scorciatoie sono fortemente scoraggiate: rappresentano opportunità per violazioni della sicurezza e interruzioni del business maggiori di quanto potrebbe causare una corretta correzione. Tutte le modifiche dovrebbero passare attraverso un processo di change management regolato.

1.3.9 Data Profiling

La *Profilazione dei Dati* (Data Profiling) è una forma di analisi dei dati utilizzata per ispezionare i dati e valutarne la qualità. La profilazione dei dati utilizza tecniche statistiche per scoprire la vera struttura, il contenuto e la qualità di una raccolta di dati (Olson, 2003). Un motore di profilazione produce statistiche che gli analisti possono utilizzare per identificare modelli nel contenuto e nella struttura dei dati. Per esempio:

- **Conteggio dei nulli**: identifica i nulli esistenti e consente di verificare se sono consentiti o meno

- **Valore Max/Min**: identifica valori anomali, come i negativi
- **Lunghezza Max/Min**: identifica valori anomali o invalidi per campi con requisiti di lunghezza specifici
- **Distribuzione della frequenza** dei valori per le singole colonne: consente la valutazione della ragionevolezza (ad es., la distribuzione dei codici paese per le transazioni, l'ispezione di valori che si verificano frequentemente o di rado, nonché la percentuale dei record popolati con valori predefiniti)
- **Tipo e format dei dati**: identifica il livello di non conformità ai requisiti di formato, nonché l'identificazione di formati imprevisti (ad es. numero di decimali, spazi incorporati, valori di esempio)

La profilazione include anche l'analisi a colonne incrociate, che può identificare colonne sovrapposte o duplicate ed esporre dipendenze di valori incorporate. L'analisi tra tabelle esplora i set di valori sovrapposti e aiuta a identificare le relazioni di chiave esterna. La maggior parte degli strumenti di profilazione dei dati consente di analizzare in dettaglio i dati analizzati per ulteriori indagini.

I risultati del motore di profilazione devono essere valutati da un analista per determinare se i dati sono conformi alle regole e ad altri requisiti. Un buon analista può utilizzare i risultati della profilazione per confermare relazioni note e scoprire caratteristiche e modelli nascosti all'interno e tra i set di dati, comprese le regole aziendali e i vincoli di validità. La profilazione viene generalmente utilizzata come parte della scoperta dei dati per i progetti (in particolare i progetti di integrazione dei dati; vedere il capitolo 8) o per valutare lo stato attuale dei dati destinati a migliorare. I risultati della profilazione dei dati possono essere utilizzati per identificare le opportunità per migliorare la qualità dei dati e dei Metadati (Olson, 2003; Maydanchik, 2007).

Sebbene la profilazione sia un modo efficace per comprendere i dati, è solo un primo passo per il miglioramento della data quality. Consente alle organizzazioni di identificare potenziali problemi. La risoluzione dei problemi richiede altre forme di analisi, tra cui l'analisi dei processi aziendali, l'analisi del data lineage e un'analisi più approfondita dei dati che possono aiutare a isolare le cause alla radice dei problemi.

1.3.10 Data Quality e Processamento dei Dati

Mentre il focus degli sforzi per il miglioramento della data quality è spesso sulla prevenzione degli errori, essa può anche essere migliorata attraverso alcune forme di elaborazione dei dati. (Vedi capitolo 8.)

1.3.10.1 Data Cleansing

Data Cleansing o *Scrubbing* trasforma i dati per renderli conformi agli standard dei dati e alle regole del dominio. La pulizia include il rilevamento e la correzione di errori di dati per portare la data quality a un livello accettabile.

Costa denaro e introduce il rischio di correggere continuamente i dati attraverso il cleansing. Idealmente, la necessità di pulizia dei dati dovrebbe diminuire nel tempo, poiché le cause alla radice dei problemi dei dati vengono risolte. La necessità di pulizia dei dati può essere affrontata tramite:

- Implementazione di controlli per prevenire errori di immissione dei dati
- Correzione dei dati nel sistema di origine
- Miglioramento dei processi aziendali che creano i dati

In alcune situazioni, la correzione su base continuativa può essere necessaria, in quanto la rielaborazione dei dati in un sistema di medie dimensioni è più economica di qualsiasi altra alternativa.

1.3.10.2 Miglioramento dei Dati

Il miglioramento o l'arricchimento dei dati è il processo di aggiunta di attributi a un set di dati per aumentarne la qualità e l'usabilità. Alcuni miglioramenti si ottengono integrando set di dati interni a un'organizzazione. È inoltre possibile acquistare dati esterni per migliorare i dati organizzativi (vedere il capitolo 10). Esempi di miglioramento dei dati includono:

- **Timestamp Data/Ora**: un modo per migliorare i dati è documentare l'ora e la data in cui gli elementi di dati vengono creati, modificati o ritirati, il che può aiutare a tenere traccia degli eventi di dati storici. Se vengono rilevati problemi con i dati, i timestamp possono essere molto utili nell'analisi della causa principale, poiché consentono agli analisti di isolare il periodo di tempo del problema.

- **Audit data**: il controllo può documentare il lineage dei dati, che è importante per il monitoraggio storico e la convalida.

- **Vocabolari di riferimento**: terminologia specifica per l'azienda, ontologie e glossari migliorano la comprensione e il controllo apportando al contempo un contesto aziendale personalizzato.

- **Informazioni contestuali**: aggiunta di contesti come posizione, ambiente o metodi di accesso e tag dei dati per la revisione e l'analisi.

- **Informazioni geografiche**: le informazioni geografiche possono essere migliorate attraverso la standardizzazione e la geocodifica degli indirizzi, che includono codifica regionale, comune, mappatura del vicinato, coppie di latitudine / longitudine o altri tipi di dati basati sulla posizione.

- **Informazioni demografiche**: i dati dei clienti possono essere migliorati attraverso informazioni demografiche, come età, stato civile, genere, reddito o codice etnico. I dati delle entità aziendali possono essere associati a entrate annuali, numero di dipendenti, dimensioni dello spazio occupato, ecc.

- **Informazioni psicografiche**: dati utilizzati per segmentare le popolazioni target in base a comportamenti, abitudini o preferenze specifici, quali preferenze su prodotti e marchi, appartenenze a organizzazioni, attività ricreative, stile di trasporto pendolare, preferenze sui tempi di shopping, ecc.

- **Informazioni sulla valutazione**: utilizzare questo tipo di miglioramento per la valutazione di risorse, stock e vendita.

1.3.10.3 Parsing e Formattazione dei Dati

Il Data Parsing è il processo di analisi che utilizza regole predeterminate per definirne il contenuto o il valore. Il Data Parsing consente all'analista di definire serie di modelli che si inseriscono in un motore di regole utilizzato per distinguere tra valori di dati validi e non validi. La corrispondenza a schemi specifici attiva azioni.

Il Data Parsing assegna le caratteristiche ai valori che compaiono in un'istanza di dati e tali caratteristiche aiutano a determinare potenziali fonti per ulteriori benefici. Ad esempio, se un attributo chiamato "nome" può essere progettato per avere valori appartenenti al "nome commerciale" incorporato al suo interno, il valore dei dati viene identificato come il nome di un'azienda piuttosto che il nome di una persona. È opportuno utilizzare lo stesso approccio per qualsiasi situazione in cui i valori dei dati si organizzano in gerarchie semantiche come sottoparti, parti e assiemi.

Molti problemi di qualità dei dati riguardano situazioni in cui la variazione dei valori dei dati che rappresentano concetti simili introduce ambiguità. I componenti separati (comunemente chiamati "token") possono essere estratti e riorganizzati in una rappresentazione standard per creare un modello valido. Quando viene riconosciuto un modello non valido, l'applicazione può tentare di trasformare il valore non valido in uno che soddisfi le regole. Si consiglia di eseguire la standardizzazione mappando i dati da un modello di origine in una rappresentazione di destinazione corrispondente.

Ad esempio, considerare i diversi modi in cui i numeri di telefono previsti per conformarsi a un piano di numerazione vengono formattati. Mentre alcuni hanno cifre, altri hanno caratteri alfabetici e tutti usano caratteri speciali diversi per la separazione. Le persone li riconoscono come numeri di telefono. Tuttavia, per determinare se questi numeri sono accurati (ad esempio confrontandoli con una directory master del cliente) o per verificare se esistono numeri duplicati quando ce n'è uno solo per ciascun fornitore, i valori devono essere sottoposti a parsing nei loro segmenti componenti (area code, exchange, line number) e quindi trasformati in un formato standard.

Un altro buon esempio è il nome di un cliente, poiché i nomi possono essere rappresentati in molte forme diverse. Un buon strumento di standardizzazione sarà in grado di analizzare i diversi componenti di un nome cliente, come nome, secondo nome, cognome, iniziali, titoli, designazioni generazionali e quindi riorganizzare quei componenti in una rappresentazione canonica che altri servizi dati saranno in grado di manipolare.

La capacità umana di riconoscere modelli familiari contribuisce alla capacità di caratterizzare i valori di dati varianti appartenenti alla stessa classe astratta di valori; le persone riconoscono diversi tipi di numeri di telefono perché conformi ai modelli di uso frequente. Un analista descrive i modelli di formato che rappresentano tutti un oggetto dati, come **Nome persona**, **Descrizione prodotto** e così via.

Uno strumento per la qualità dei dati effettua il parsing dei valori dei dati conformi a uno di questi schemi e li trasforma in un'unica forma standardizzata che semplificherà la valutazione, l'analisi della somiglianza e i processi di risoluzione. Il parsing basato su pattern (pattern-based parsing) può automatizzare il riconoscimento e la successiva standardizzazione di componenti di valore significativi.

1.3.10.4 Trasformazione e Standardizzazione dei Dati

Durante la normale elaborazione, le regole dei dati attivano e trasformano i dati in un formato leggibile dall'architettura di destinazione. Tuttavia, leggibile non significa sempre accettabile. Le regole vengono create direttamente all'interno di un flusso di integrazione dei dati o si basano su tecnologie alternative incorporate o accessibili da uno strumento.

La trasformazione dei dati si basa su questi tipi di tecniche di standardizzazione. Guida le trasformazioni basate su regole mappando i valori dei dati nei loro formati e schemi originali in una rappresentazione di destinazione. I componenti analizzati di un modello sono soggetti a riordinamento, correzioni o eventuali modifiche come indicato dalle regole nella knowledge base. In effetti, la standardizzazione è un caso speciale di trasformazione, che utilizza regole che catturano il contesto, la linguistica e gli idiomi riconosciuti come comuni nel tempo, attraverso analisi ripetute da parte dell'analista delle regole / rules analyst) o del tool del vendor. (Vedi Capitolo 3).

2. Attività

2.1 Definire Dati di Alta Qualità

Molte persone riconoscono i dati di scarsa qualità quando li vedono; meno sono in grado di definire cosa si intende per dati di alta qualità. In alternativa, definiscono i dati di alta qualità in termini molto generali: "I dati devono essere corretti"; "Abbiamo bisogno di dati precisi". Dati di alta qualità sono adatti agli scopi (fit for purpose) degli utilizzatori di dati. Prima di lanciare un programma di data quality, è utile comprendere le esigenze aziendali, definire i termini, identificare i punti deboli dell'organizzazione e iniziare a creare consenso sui driver e le priorità per il miglioramento della data quality. È necessario porre una serie di domande per comprendere lo stato attuale e valutare la prontezza organizzativa per il miglioramento della data quality:

- Che cosa intendono gli stakeholders con "dati di alta qualità"?
- Qual è l'impatto dei dati di bassa qualità sulle operations e sulla strategia aziendale?
- In che modo i dati di qualità più elevata abiliteranno la strategia aziendale?
- Quali priorità guidano la necessità di migliorare la data quality?
- Qual è la tolleranza per dati di scarsa qualità?
- Quale governance esiste per supportare il miglioramento della data quality?
- Quali ulteriori strutture di governance saranno necessarie?

Un quadro completo dello stato attuale della data quality in un'organizzazione richiede di affrontare la questione da diverse prospettive:

- Comprensione della strategia aziendale e degli obiettivi
- Colloqui con gli stakeholders per identificare i punti deboli, i rischi e i driver di business
- Valutazione diretta dei dati, attraverso il profiling e altre forme di analisi
- Documentazione delle dipendenze dei dati nei processi aziendali
- Documentazione dell'architettura tecnica e supporto dei sistemi per i processi aziendali

Questo tipo di valutazione può rivelare un numero significativo di opportunità. Queste devono essere prioritarie in base al potenziale beneficio per l'organizzazione. Utilizzando il contributo degli stakeholders, inclusi i Data Steward e i SME (subject matter expert) commerciali e tecnici, il team di Data Quality dovrebbe definirne il significato e proporre le priorità del programma.

2.2 Definire una Strategia di Data Quality

Il miglioramento della data quality richiede una strategia che tenga conto del lavoro che deve essere svolto e del modo in cui le persone lo eseguiranno. Le priorità sulla data quality devono allinearsi con la strategia aziendale. L'adozione o lo sviluppo di un quadro e di una metodologia aiuteranno a guidare sia la strategia che le tattiche fornendo al contempo mezzi per misurare progressi e impatti. Un framework dovrebbe includere metodi per:

- Comprendere e stabilire le priorità delle esigenze di business
- Identificare i dati fondamentali per soddisfare le esigenze di business
- Definire regole di business e standard di data quality in base ai requisiti di business
- Valutare i dati in base alle aspettative
- Condividere i risultati e ottenere feedback dagli stakeholder
- Dare priorità e gestire i problemi
- Individuare e dare priorità alle opportunità di miglioramento
- Misurare, monitorare e produrre report sulla data quality
- Gestire i Metadati prodotti attraverso processi di data quality
- Integrare i controlli di data quality nei processi di business e tecnici

Un framework dovrebbe anche spiegare come organizzare la data quality e come sfruttare gli strumenti di data quality. Come notato nell'introduzione del capitolo, il miglioramento della data quality richiede che un team del programma Data Quality coinvolga il personale tecnico e di business e definisca un programma di lavoro che affronti issue critiche, definisca le best practice e attui processi operativi che supportino il quality management continuo. Spesso tale squadra farà parte della Data Management Organization. Gli analisti di DQ dovranno lavorare a stretto contatto con i Data Steward a tutti i livelli. Dovrebbero anche influenzare le policy, comprese le policy relative ai processi aziendali e allo sviluppo dei sistemi. Tuttavia, un team del genere non sarà in grado di risolvere tutte le sfide relative alla data quality di un'organizzazione. Il lavoro di DQ e il commitment per i dati di alta qualità devono essere integrati nelle pratiche organizzative. La strategia DQ dovrebbe infine spiegare come estendere le best practice. (Vedi capitolo 17).

2.3 Identificare i Dati Critici e le Regole Aziendali

Non tutti i dati sono di uguale importanza. Le attività di management della Data Quality dovrebbero concentrarsi innanzitutto sui dati più importanti dell'organizzazione: dati che, se fossero di qualità superiore, fornirebbero un valore maggiore all'organizzazione e ai suoi clienti. È possibile assegnare la priorità ai dati in base a fattori quali requisiti normativi, valore finanziario e impatto diretto sui clienti. Spesso, le attività per il miglioramento della qualità dei dati iniziano con i Master Data, che sono, per definizione, tra i dati più importanti di qualsiasi organizzazione. Il risultato dell'analisi dell'importanza è un elenco classificato di dati che il team di Data Quality può utilizzare per focalizzare le proprie attività.

Dopo aver identificato i dati critici, gli analisti della Data Quality devono identificare le regole aziendali che descrivono o implicano aspettative circa le caratteristiche di qualità dei dati. Spesso le regole stesse non sono esplicitamente documentate;potrebbero aver bisogno di reverse-engineering attraverso l'analisi di processi aziendali esistenti, flussi di lavoro, regolamenti, policy, standard, modifiche del sistema, codice software, trigger e procedure, assegnazione e utilizzo del codice di stato e semplice buon senso comune. Ad esempio, se una società di marketing vuole indirizzare le attività verso le persone in una specifica fascia demografica, allora i potenziali indici di data quality potrebbero essere il livello e la ragionevolezza della popolazione in campi demografici come data di nascita, età, genere e reddito familiare.

La maggior parte delle regole aziendali sono associate al modo in cui i dati vengono raccolti o creati, ma la misurazione della data quality si basa sull'adeguatezza dei dati. I due (creazione e utilizzo dei dati) sono correlati. Le persone vogliono usare i dati a causa di ciò che rappresentano e perché sono stati creati. Ad esempio, comprendere le performance di vendita di un'organizzazione in un determinato trimestre o nel tempo dipende dal disporre di dati affidabili sul processo di vendita (numero e tipo di unità vendute, volume venduto a clienti esistenti rispetto a nuovi clienti, ecc.).

Non è possibile conoscere tutti i modi in cui i dati potrebbero essere utilizzati, ma è possibile comprendere il processo e le regole con cui i dati sono stati creati o raccolti. Le misure che descrivono se i dati sono idonei all'uso dovrebbero essere sviluppate in relazione agli usi noti e alle regole misurabili basate sulle dimensioni della data quality: completezza, conformità, validità, integrità, ecc., che forniscono la base per metriche significative. Le dimensioni della qualità consentono agli analisti di caratterizzare sia le regole (il campo X è obbligatorio e deve essere popolato) sia i risultati (ad esempio, il campo non è popolato nel 3% dei record; i dati sono completi solo al 97%).

A livello di campo o di colonna, le regole possono essere semplici. Le regole di completezza riflettono se un campo è obbligatorio o facoltativo e, se facoltativo, le condizioni alle quali deve essere popolato. Le regole di validità dipendono dalla definizione del dominio di valori validi e, in alcuni casi, dalla relazione tra i campi. Ad esempio, un codice postale statunitense deve essere valido, in sé e per sé, e correttamente associato a un codice stato USA. Le regole dovrebbero anche essere definite a livello di set di dati. Ad esempio, ogni cliente deve avere un indirizzo postale valido.

Definire le regole sulla data quality è difficile perché la maggior parte delle persone non è abituata a pensare ai dati in termini di regole. Potrebbe essere necessario arrivare alle regole indirettamente, chiedendo alle parti interessate i requisiti di input e output di un processo aziendale. È di aiuto anche richiedere informazioni sui punti deboli, cosa succede quando i dati sono mancanti o errati, come identificano i problemi, come si riconoscono i dati errati, ecc. Occorre tenere presente che non è necessario conoscere tutte le regole per valutare i dati. La scoperta e il perfezionamento delle regole è un processo continuo. Uno dei modi migliori per arrivare alle regole è condividere i risultati delle valutazioni. Questi risultati spesso offrono agli stakeholder una nuova prospettiva sui dati da cui possono articolare regole che li informano su cosa devono sapere sui dati.

2.4 Eseguire Data Quality Assessment iniziale

Una volta identificate le esigenze aziendali più critiche e i dati che le supportano, la parte più importante dell'assessment sulla data quality è effettivamente esaminare tali dati, interrogarli per comprenderne il contenuto e le relazioni e confrontare i dati effettivi con le regole e le aspettative. La prima volta che questo viene fatto, gli analisti scopriranno molte cose: relazioni non documentate e dipendenze all'interno dei dati, regole implicite, dati ridondanti, dati contraddittori, ecc., Nonché dati che sono effettivamente conformi alle regole. Con l'aiuto di data Steward, altri SME e utilizzatori di dati, gli analisti di DQ dovranno ordinare e dare priorità ai risultati.

L'obiettivo di un data quality assessment iniziale è quello di conoscere i dati al fine di definire un piano attuabile per il miglioramento. Di solito è meglio iniziare con un piccolo sforzo mirato - un proof of concept - per dimostrare come funziona il processo di miglioramento. I passaggi includono:

- Definire gli obiettivi della valutazione; questi indirizzeranno il lavoro
- Identificare i dati da valutare; il focus dovrebbe essere su un piccolo set di dati, anche un singolo elemento di dati, o un problema specifico di data quality
- Identificare gli usi dei dati e gli utilizzatori dei dati
- Identificare i rischi noti con i dati da valutare, incluso il potenziale impatto delle tematiche relative ai dati sui processi organizzativi
- Ispezionare i dati in base a regole note e proposte
- Documentare i livelli di non conformità e i tipi di problemi
- Eseguire ulteriori analisi approfondite basate sui risultati iniziali al fine di
    - Quantificare i risultati
    - Dare priorità ai problemi in base all'impatto sul business
    - Sviluppare ipotesi sulle cause alla radice dei problemi relativi ai dati
- Incontrare Data Steward, SME e utilizzatori dei dati per confermare issue e priorità
- Utilizzare i risultati come base per la pianificazione di
    - Risoluzione dei problemi, idealmente alla radice
    - Controlli e miglioramenti del processo per evitare il ripetersi di problemi
    - Controlli e report "ongoing"

2.5 Identificare e Dare Priorità ai Potenziali Miglioramenti

Avendo dimostrato che il processo di miglioramento può funzionare, l'obiettivo successivo è applicarlo strategicamente. Ciò richiede l'identificazione e la definizione delle priorità dei potenziali miglioramenti. L'identificazione può essere ottenuta mediante la profilazione su vasta scala di set di dati più grandi per comprendere l'ampiezza delle tematiche esistenti. Può anche essere realizzata con altri mezzi, come interviste alle parti interessate sulle tematiche relative ai dati che le impattano e dare seguito all'analisi dell'impatto sul business di tali tematiche. In definitiva, la definizione delle priorità richiede una combinazione di analisi dei dati e discussione con gli stakeholders.

I passaggi per eseguire una profilazione e un'analisi complete dei dati sono sostanzialmente gli stessi di quelli per l'esecuzione di una valutazione su piccola scala: definire obiettivi, comprendere usi e rischi dei dati, misurare rispetto alle regole, documentare e confermare i risultati con gli SME, utilizzare queste informazioni per dare priorità alla risoluzione e alle attività di miglioramento. Tuttavia, a volte ci sono ostacoli tecnici alla profilazione su vasta scala. E lo sforzo dovrà essere coordinato attraverso un team di analisti e i risultati complessivi dovranno essere sintetizzati e compresi se si vuole mettere in atto un piano d'azione efficace. Le attività di profilazione su larga scala, come quelli su scala ridotta, dovrebbero comunque concentrarsi sui dati più critici.

La profilazione dei dati è solo il primo passo nell'analisi dei problemi di data quality. Aiuta a identificare i problemi, ma non identifica le cause alla radice, né determina l'impatto dei problemi sui processi aziendali. La determinazione dell'impatto richiede input dagli stakeholder lungo la catena di dati. Quando si pianifica la profilazione su larga scala, assicurarsi che sia previsto il tempo sufficiente per condividere i risultati, dare la priorità ai problemi e determinare quali problemi richiedono un'analisi approfondita.

2.6 Definire gli Obiettivi per il Miglioramento della Data Quality

Le conoscenze acquisite attraverso le valutazioni preliminari costituiscono la base per obiettivi specifici del programma di data quality. Il miglioramento può assumere forme diverse, dalla semplice riparazione (ad esempio, correzione di errori nei record) alla correzione delle cause alla radice. I piani di risanamento e miglioramento dovrebbero tenere conto dei quick win - problemi che possono essere risolti immediatamente a basso costo - e dei cambiamenti strategici a più lungo termine. L'obiettivo strategico di tali piani dovrebbe essere quello di affrontare le cause alla radice dei problemi e, in primo luogo, di mettere in atto meccanismi per prevenire i problemi.

Occorre consapevolezza sul fatto che molte cose possono ostacolare le attività di miglioramento: vincoli di sistema, età dei dati, progetti in corso che utilizzano i dati sotto osservazione, complessità complessiva del panorama dei dati, resistenza culturale al cambiamento. Per impedire a questi vincoli di bloccare il programma, è necessario impostare obiettivi specifici e raggiungibili basati sulla quantificazione coerente del valore aziendale dei miglioramenti della data quality.

Ad esempio, un obiettivo potrebbe essere quello di migliorare la completezza dei dati dei clienti dal 90% al 95% in base ai miglioramenti del processo e alle modifiche del sistema. Ovviamente, mostrare miglioramenti comporterà il confronto delle misure iniziali e dei risultati migliorati. Ma il valore deriva dai vantaggi del miglioramento: meno reclami dei clienti, meno tempo speso per correggere errori, ecc. Risulta fondamentale misurare queste cose per spiegare il valore del lavoro di miglioramento. Nessuno si preoccupa dei livelli di completezza del campo a meno che non ci sia un impatto sul business; deve esserci un ritorno sugli investimenti positivo per i miglioramenti dei dati. Quando vengono rilevati problemi, è possibile determinare il ROI delle correzioni in base a:

- La criticità (classifica di importanza) dei dati interessati
- Quantità di dati interessati
- Età dei dati
- Numero e tipo di processi aziendali interessati dal problema
- Numero di clienti, fornitori o dipendenti interessati dal problema
- Rischi associati al problema
- Costi di correzione delle cause alla radice
- Costi di potenziali soluzioni alternative

Nel valutare i problemi, in particolare quelli in cui vengono identificate le cause alla radice e sono necessari cambiamenti tecnici, cercare sempre opportunità per evitare che i problemi si ripetano. Prevenire i problemi generalmente costa meno che correggerli - a volte decisamente molto meno. (Vedi capitolo 11).

2.7 Sviluppare e Distribuire Operazioni di Data Quality

Molti programmi di data quality vengono avviati attraverso una serie di progetti di miglioramento identificati tramite i risultati della valutazione della data quality. Al fine di sostenere la data quality, un programma DQ dovrebbe mettere in atto un piano che consenta al team di gestire le norme e gli standard di data quality, monitorare la costante conformità dei dati con le regole, identificare e gestire i problemi di data quality e produrre report sui livelli di qualità. A supporto di queste attività, gli analisti DQ e i Data Steward saranno anche impegnati in attività come la documentazione degli standard dei dati e delle regole aziendali e la definizione dei requisiti di data quality per i fornitori.

2.7.1 Gestire le Regole sulla Data Quality

Il processo di profiling e analisi dei dati aiuterà un'organizzazione a scoprire (o ad effettuare il reverse-engineering) le regole di business e di qualità dei dati. Con la maturità delle practice sulla data quality, l'acquisizione di tali regole dovrebbe essere integrata nel processo di sviluppo e miglioramento del sistema. La definizione anticipata delle regole dovrebbe:

- Definire chiare aspettative per le caratteristiche di data quality

- Fornire requisiti per modifiche e controlli del sistema che impediscano l'introduzione di problemi relativi ai dati

- Fornire requisiti di data quality a fornitori e altre parti esterne

- Creare le basi per la misurazione e il reporting continui della data quality

In breve, le regole e gli standard di data quality sono una forma critica di Metadati. Per essere efficaci, devono essere gestiti come Metadati. Le regole dovrebbero essere:

- **Documentate in modo coerente**: stabilire standard e modelli per la documentazione delle regole in modo che abbiano formato e significato coerenti.

- **Definite in termini di dimensioni della Data Quality**: le dimensioni della qualità aiutano le persone a comprendere ciò che viene misurato. L'applicazione coerente delle dimensioni aiuterà con i processi di misurazione e gestione dei problemi.

- **Legate all'impatto sul business**: sebbene le dimensioni della data quality consentano di comprendere i problemi comuni, non rappresentano un obiettivo in sé. Gli standard e le regole dovrebbero essere collegati direttamente al loro impatto sul successo dell'organizzazione. Le misure che non sono legate ai processi aziendali non dovrebbero essere prese.

- **Supportate dagli analisti dei dati**: gli analisti della data quality non devono "indovinare" le regole. Le regole dovrebbero essere testate rispetto ai dati effettivi. In molti casi, le regole mostreranno che ci sono problemi con i dati; ma l'analisi può anche dimostrare che le regole stesse non sono complete.

- **Confermate dagli SME**: l'obiettivo delle regole è descrivere l'aspetto atteso dei dati. Spesso è necessaria la conoscenza dei processi organizzativi per confermare che le regole descrivano correttamente i dati. Questa conoscenza arriva quando gli esperti in materia confermano o spiegano i risultati dell'analisi dei dati.

- **Accessibili a tutti gli utilizzatori di dati**: tutti gli utilizzatori di dati dovrebbero avere accesso a regole documentate. Tale accesso consente loro di comprendere meglio i dati. Aiuta anche a garantire che le regole siano corrette e complete. Occorre garantire che gli utilizzatori dispongano dei mezzi per porre domande e fornire feedback sulle regole.

2.7.2 Misurare e Monitorare la Data Quality

Le procedure operative di Data Quality Management dipendono dalla capacità di misurare e monitorare la data quality. Esistono due motivi altrettanto importanti per implementare misurazioni della qualità dei dati operativi:

- Informare gli utilizzatori dei dati sui livelli di qualità
- Gestire il rischio che il cambiamento possa essere introdotto attraverso cambiamenti nei processi di business o tecnici

Alcune misurazioni servono entrambi gli scopi. Le misurazioni dovrebbero essere sviluppate sulla base dei risultati della valutazione dei dati e dell'analisi delle cause alla radice. Le misure intese a informare gli utilizzatori dei dati si concentreranno su elementi e relazioni di dati critici che, se non validi, avranno un impatto diretto sui processi aziendali. Le misure relative al risk management dovrebbero focalizzarsi su relazioni che sono andate male in passato e potrebbero andare male in futuro. Ad esempio, se i dati sono derivati sulla base di una serie di regole ETL e tali regole possono essere influenzate da modifiche ai processi aziendali, è necessario implementare misure per rilevare le modifiche ai dati.

La conoscenza dei problemi passati dovrebbe essere applicata per gestire il rischio. Ad esempio, se molti problemi di dati sono associati a derivazioni complesse, è necessario valutare tutte le derivazioni, anche quelle che non sono state associate a problemi di dati. Nella maggior parte dei casi, vale la pena mettere in atto misure che monitorino funzioni simili a quelle che hanno mostrato problemi.

I risultati della misurazione possono essere descritti a due livelli: i dettagli relativi all'esecuzione delle singole regole e i risultati complessivi aggregati delle regole. Ogni regola dovrebbe avere un indice standard, target o soglia per il confronto. La seguente funzione riflette nella maggior parte dei casi la percentuale di dati corretti o la percentuale di eccezioni a seconda della formula utilizzata:

$$ValidDQI(r) = \frac{\left(TestExecutions(r) - ExceptionsFound(r)\right)}{TestExecutions(r)}$$

$$InvalidDQI(r) = \frac{\left(ExceptionsFound(r)\right)}{TestExecutions(r)}$$

R rappresenta la regola in fase di test. Ad esempio, 10.000 test di una regola aziendale (r) hanno riscontrato 560 eccezioni. In questo esempio, il risultato ValidDQ sarebbe 9440 / 10.000 = 94,4% e il risultato DQ non valido sarebbe 560 / 10.000 = 5,6%.

L'organizzazione delle metriche e dei risultati, come mostrato nella Tabella 30, può aiutare a strutturare misure, metriche e indicatori all'interno di report, rivelare possibili rollup e migliorare le comunicazioni. Il report può essere più formalizzato e collegato a progetti che risolveranno i problemi. I report filtrati sono utili per i data steward che cercano tendenze e fattori significativi. La Tabella 28 fornisce esempi di regole costruite in questo modo. Laddove applicabile, i risultati delle regole sono espressi sia in percentuali positive (la porzione di dati conforme a regole e aspettative) sia in percentuali negative (la porzione di dati non conforme alla regola).

Le norme sulla Data Quality forniscono le basi per la sua gestione operativa. Le regole possono essere integrate in servizi applicativi o servizi dati che integrano il ciclo di vita dei dati, sia tramite strumenti di data quality Commercial Off the Shelf (COTS), motori di regole e strumenti di reporting per il monitoraggio e la creazione di report, sia applicazioni sviluppate su misura.

Tabella 28 DQ Esempi di Metriche

Dimensione e Regola di Business	Misura	Metriche	Indicatore di Status
Completezza Regola di business 1: la popolazione del campo è obbligatoria	Contare il numero di record in cui vengono popolati i dati, confrontare con il numero totale di record	Dividere il numero di record ottenuti in cui i dati sono popolati per il numero totale di record nella tabella o nel database e moltiplicarli per 100 per ottenere il completamento percentuale	Inaccettabile: inferiore all'80% popolato Superiore al 20% non popolato

Dimensione e Regola di Business	Misura	Metriche	Indicatore di Status
Esempio 1: Il codice postale deve essere inserito nella tabella degli indirizzi	Conteggio popolato: 700.000 Conteggio non popolato: 300.000 Conteggio totale: 1.000.000	Misura positiva: 700.000 / 1.000.000 * 100 = 70% popolato Misura negativa: 300.000 / 1.000.000 * 100 = 30% non popolato	Risultato esempio: inaccettabile
Unicità Regola di business 2: in una tabella deve essere presente un solo record per istanza di entità	Contare il numero di record duplicati identificati; riferire sulla percentuale di record che rappresentano duplicati	Dividere il numero di record duplicati per il numero totale di record nella tabella o nel database e moltiplicarlo per 100	Inaccettabile: superiore allo 0%
Esempio 2: Dovrebbe esserci una e una sola riga corrente per codice postale nella Master List dei Codici postali	Numero di duplicati: 1.000 Conteggio totale: 1.000.000	10.000 / 1.000.000 * 100 = 1,0% dei codici postali sono presenti su più di una riga corrente	Risultato di esempio: Inaccettabile
Tempestività Regola di business 3: i record devono arrivare entro un periodo di tempo pianificato	Contare il numero di record che non arrivano in tempo da un servizio dati per il completamento delle transazioni di business	Dividere il numero di transazioni incomplete per il numero totale di tentativi di transazione in un periodo di tempo e moltiplicare per 100	Inaccettabile: Sotto il 99% completato in tempo Superiore all'1% non completato in tempo
Esempio 3: Il record del mercato azionario dovrebbe arrivare entro 5 minuti dalla transazione	Conteggio delle transazioni incomplete: 2000 Conteggio delle transazioni tentate: 1.000.000	Positivo: (1.000.000 - 2000) / 1.000.000 * 100 = 99,8% dei record delle transazioni arrivati entro il periodo di tempo definito Negativo: 2000 / 1.000.000 * 100 = 0,20% delle transazioni non arrivate entro il periodo di tempo definito	Risultato di esempio: accettabile
Validità Regola di business 4: se il campo X = valore 1, il campo Y deve = valore 1-prime	Contare il numero di record in cui viene soddisfatta la regola	Dividere il numero di record che soddisfano la condizione per il numero totale di record	Inaccettabile: inferiore al 100% di aderenza alla regola

Dimensione e Regola di Business	Misura	Metriche	Indicatore di Status
Esempio 4: Solo gli ordini spediti devono essere fatturati	Conteggio dei record in cui stato della spedizione = Spedito e stato della fatturazione = Fatturato: 999.000 Conteggio dei record totali: 1.000.000	Positivo: 999.000 / 1.000.000 * 100 = 99,9% dei record conformi alla regola Negativo: (1.000.000-999.000) / 1.000.000 * 100 = 0,10% non conformi alla regola	Risultato di esempio: inaccettabile

È necessario fornire un monitoraggio continuo incorporando i processi di controllo e misurazione nel flusso di elaborazione delle informazioni. Il monitoraggio automatizzato della conformità alle regole sulla data quality può essere eseguito in-stream o tramite un processo batch. Le misurazioni possono essere eseguite a tre livelli di granularità: il valore dell'elemento di dati, l'istanza o il record di dati o il set di dati. Tabella 29 descrive le tecniche per la raccolta di misurazioni della data quality. È possibile eseguire misurazioni In-Stream durante la creazione di dati o la distribuzione dei dati tra le fasi di elaborazione. Le query batch possono essere eseguite su raccolte di istanze di dati assemblate in un set di dati, generalmente in archivi permanenti. Le misurazioni del set di dati generalmente non possono essere eseguite in-stream, poiché potrebbe essere necessario l'intero set.

L'integrazione dei risultati dei processi di controllo e misurazione nelle procedure operative e nei framework di reporting consente il monitoraggio continuo dei livelli di data quality per il feedback e il miglioramento delle attività di generazione / raccolta dei dati.

Tabella 29 Tecniche di Monitoraggio della Data Quality

Granularità	Trattamento In-stream (In-Process Flow)	Trattamento Batch
Elemento Dati	Edit checks nell'applicazione Servizi di validazione degli elementi di dati Applicazioni appositamente programmate	Query Dirette Data profiling e analyzer tool
Record Dati	Edit checks nell'applicazione Servizi di convalida del record di dati Applicazioni appositamente programmate	Query Dirette Data profiling e analyzer tool
Data Set	Ispezione inserita tra i processing stage	Query Dirette Data profiling e analyzer tool

2.7.3 Sviluppare Procedure Operative per la Gestione dei Problemi Relativi ai Dati

Indipendentemente dagli strumenti utilizzati per monitorare la data quality, quando i risultati vengono valutati dai membri del team di Data Quality, devono rispondere ai risultati in modo tempestivo ed efficace. Il team deve progettare e attuare procedure operative dettagliate per:

- **Diagnosi dei problemi**: l'obiettivo è rivedere i sintomi del "data quality incident", tracciare il lineage dei dati in questione, identificare il problema e la sua origine e individuare potenziali cause alla radice del problema. La procedura dovrebbe descrivere come il Data Quality Operations team debba:

- o Rivedere i problemi relativi ai dati nel contesto dei flussi di elaborazione delle informazioni appropriati e isolare la posizione nel processo in cui viene introdotto il difetto
- o Valutare se ci sono stati cambiamenti ambientali che potrebbero causare errori nell'ingresso nel sistema
- o Valutare se ci sono altri problemi di processo che hanno contribuito all'incidente sulla data quality
- o Determinare se ci sono problemi con i dati esterni che hanno influito sulla data quality

NOTA: il lavoro di analisi delle cause alla radice richiede input da parte di SME tecnici e di business. Mentre il team DQ può guidare e facilitare questo tipo di lavoro, il successo richiede una collaborazione interfunzionale

- **Formulazione di opzioni per la risoluzione**: in base alla diagnosi, occorre valutare le alternative per affrontare il problema. Queste possono includere:

  - o Affrontare cause non tecniche come mancanza di formazione, mancanza di leadership support, responsabilità e ownership poco chiare, ecc.
  - o Modificare i sistemi per eliminare le cause tecniche alla radice
  - o Sviluppare i controlli per prevenire il problema
  - o Introdurre ulteriori ispezioni e monitoraggi
  - o Effettuare la correzione diretta dei dati errati
  - o Non intraprendere alcuna azione in base al costo e all'impatto della correzione rispetto al valore della correzione dei dati

- **Risoluzione dei problemi**: dopo aver identificato le opzioni per la risoluzione del problema, il team di Data Quality deve comunicare con i business data owner per determinare il modo migliore per risolvere il problema. Queste procedure dovrebbero descrivere in dettaglio come gli analisti debbano:

  - o Valutare i costi relativi e i benefici delle alternative
  - o Consigliare una delle alternative pianificate
  - o Fornire un piano per lo sviluppo e l'attuazione della risoluzione
  - o Implementare la risoluzione

Le decisioni prese durante il processo di gestione dei problemi devono essere monitorate in un sistema di tracking degli incidenti. Quando i dati in un tale sistema sono gestiti bene, possono fornire preziose informazioni sulle cause e sui costi dei problemi relativi ai dati. Risulta opportuno includere una descrizione del problema e le cause alla radice, le opzioni per la risoluzione e la decisione su come agire.

Il sistema di tracking degli incidenti raccoglierà i dati sulle prestazioni relativi alla risoluzione dei problemi, agli incarichi di lavoro, al volume dei problemi, alla frequenza degli eventi, nonché al tempo di risposta, diagnosi, pianificazione di una soluzione e risoluzione dei problemi. Queste metriche possono fornire preziose informazioni sull'efficacia degli attuali workflow, nonché sull'utilizzo dei sistemi e delle risorse, e sono importanti punti di gestione dei dati che possono favorire un miglioramento continuo e operativo per il controllo della data quality.

I dati di tracking degli incidenti aiutano anche gli utilizzatori dei dati. Le decisioni basate su un dato corretto dovrebbero essere prese con la consapevolezza che tale dato è stato modificato, il perché è stato modificato e come è stato modificato. Questo è uno dei motivi per cui è importante registrare i metodi di modifica e le relative motivazioni. È importante rendere questa documentazione disponibile per gli utilizzatori dei dati e gli sviluppatori che ricercano modifiche al codice. Mentre i cambiamenti possono essere ovvi per le persone che li implementano, la storia di tali cambiamenti andrà persa per i futuri utilizzatori dei dati a meno che non sia documentata. Il monitoraggio degli incidenti sulla data quality richiede che il personale sia formato su come classificare, registrare e tracciare i problemi. Per supportare un tracking efficace:

- **Standardizzare i problemi e le attività sulla data quality:** poiché i termini utilizzati per descrivere i problemi dei dati possono variare a seconda delle aree di attività, è utile definire un vocabolario standard per i concetti utilizzati. Ciò semplifica la classificazione e il reporting. La standardizzazione semplifica inoltre la misurazione del volume di problemi e attività, l'identificazione di modelli e interdipendenze tra sistemi e partecipanti e la relazione sull'impatto complessivo delle attività di data quality. La classificazione di un problema può cambiare man mano che l'indagine si approfondisce e vengono scoperte le cause alla radice.

- **Fornire un processo di assegnazione per problemi relativi ai dati:** le procedure operative indirizzano gli analisti ad assegnare incidenti di data quality a soggetti per la diagnosi e a fornire alternative per la risoluzione. È opportuno guidare il processo di assegnazione all'interno del sistema di tracciamento degli incidenti suggerendo le persone in funzione delle specifiche aree di competenza.

- **Gestire le procedure di escalation dei problemi:** la gestione dei problemi di data quality richiede un sistema di escalation ben definito basato sull'impatto, la durata o l'urgenza di un problema. Specificare la sequenza di escalation nell'ambito del data quality Service Level Agreement. Il sistema di tracking degli incidenti implementerà le procedure di escalation, che aiuta ad accelerare la gestione efficiente e la risoluzione dei problemi relativi ai dati.

- **Gestire il flusso di lavoro di risoluzione della data quality:** gli SLA sulla data quality specificano gli obiettivi per il monitoraggio, il controllo e la risoluzione, che definiscono complessivamente un insieme di workflow operativi Il sistema di tracking degli incidenti può supportare la gestione dei workflow per tenere traccia dei progressi nella diagnosi e nella risoluzione dei problemi.

2.7.4 Stabilire Data Quality Service Level Agreements

Un data quality Service Level Agreement (SLA) specifica le aspettative di un'organizzazione per la risposta e la risoluzione dei problemi di data quality in ciascun sistema. Le ispezioni di data quality, come programmato nello SLA, aiutano a identificare i problemi da risolvere e, nel tempo, a ridurre il numero di problemi. Pur consentendo l'isolamento e l'analisi delle cause alla radice dei difetti dei dati, ci si aspetta che le procedure operative forniranno uno schema per la risoluzione delle cause alla radice entro un periodo di tempo prestabilito. Avere un'ispezione e un monitoraggio continui della data quality aumenta la probabilità di rilevare e risolvere un problema di data quality prima che possa verificarsi un impatto aziendale significativo. Il controllo operativo della qualità dei dati definito in uno SLA sulla data quality comprende:

- Elementi di dati coperti dall'accordo
- Impatti aziendali associati a difetti dei dati
- Dimensioni della data quality associate a ciascun elemento di dati
- Aspettative di qualità per ciascun elemento di dati per ciascuna delle dimensioni identificate in ciascuna applicazione o sistema nella catena del valore dei dati
- Metodi per misurare tali aspettative
- Soglia di accettabilità per ciascuna misurazione
- Steward(s) da notificare in caso di mancato raggiungimento della soglia di accettabilità
- Cronologie e scadenze previste per la risoluzione o il rimedio al problema
- Strategia di escalation e possibili premi e penalità

Il data quality SLA definisce anche i ruoli e le responsabilità associati all'esecuzione delle procedure operative di data quality. Le procedure operative di data quality forniscono report in conformità con le regole aziendali definite, oltre a monitorare le prestazioni del personale nel reagire a incidenti di data quality. I data Steward e il personale operativo per la data quality, pur mantenendo un elevato livello del servizio di qualità, dovrebbero considerare i vincoli agli SLA sulla data quality e collegarla ai piani di performance individuali.

Quando i problemi non vengono risolti entro i tempi di risoluzione specificati, deve esistere un processo di escalation per comunicare l'inosservanza del livello di servizio nella catena di management e governance. Il data quality SLA stabilisce i limiti di tempo per la generazione delle notifiche, i nomi delle risorse nella catena di gestione e quando deve avvenire l'escalation. Dato l'insieme delle regole sulla data quality, i metodi per misurare la conformità, le soglie di accettabilità definite dai clienti del business e gli accordi sul livello di servizio, il team di Data Quality può monitorare la conformità dei dati alle aspettative aziendali, nonché la loro efficacia quando eseguono le procedure associate agli errori di dati.

Il reporting sul SLA può essere programmato in base a requisiti di business e operativi. Particolare attenzione sarà rivolta all'analisi dei trend desunti dai report quando questi sono collegati a premi e penalità periodici, se tali concetti sono integrati nel framework del SLA.

2.7.5 Sviluppo Report sulla Data Quality

Il lavoro di valutazione della data quality e di gestione dei problemi dei dati non andrà a beneficio dell'organizzazione, a meno che le informazioni non vengano condivise attraverso apposito reporting, in modo che gli utilizzatori dei dati ne comprendano le condizioni. I report dovrebbero focalizzarsi su:

- Scorecard sulla data quality, che forniscono una vista di alto livello dei punteggi associati a varie metriche, rappresentati nei report a diversi livelli dell'organizzazione in relazione alle soglie stabilite

- Trend della data quality, che mostrano nel tempo come viene misurata la qualità e se i trend sono in aumento o in diminuzione
- Metriche di SLA, ad esempio se il personale operativo per la data quality effettua la diagnosi e risponde tempestivamente agli incidenti sulla qualità
- Gestione dei problemi di data quality, che monitora lo stato dei problemi e delle risoluzioni
- Conformità del team di data quality alle policy di governance
- Conformità dell'IT e dei team aziendali alle policy sulla Data Quality
- Effetti positivi dei progetti di miglioramento

I report dovrebbero allinearsi il più possibile alle metriche del data quality SLA, in modo che gli obiettivi del team siano allineati a quelli dei suoi clienti. Il programma sulla data quality dovrebbe inoltre riferire sugli effetti positivi dei progetti di miglioramento; ed è più opportuno farlo in termini di business per ricordare costantemente all'organizzazione l'effetto diretto che i dati hanno sui clienti.

3. Strumenti

Gli strumenti dovrebbero essere selezionati e le architetture degli strumenti dovrebbero essere impostate nella fase di pianificazione del programma di Enterprise Data Quality. Gli strumenti forniscono uno starter kit di regole parziali ma le organizzazioni devono creare e inserire le proprie regole e azioni specifiche per il loro contesto in tutti gli strumenti.

3.1 Strumenti di Profilazione Dati (Data Profiling)

Gli strumenti di data profiling producono statistiche di alto livello che consentono agli analisti di identificare modelli nei dati ed eseguire una valutazione iniziale delle caratteristiche di qualità. Alcuni strumenti possono essere utilizzati per eseguire il monitoraggio continuo dei dati. Gli strumenti di profilazione sono particolarmente importanti per le attività di data discovery perché consentono la valutazione di grandi set di dati. Gli strumenti di profilazione potenziati con le capacità di visualizzazione dei dati aiuteranno il processo di discovery. (Vedi i capitoli 5 e 8 e la sezione 1.3.9.)

3.2 Strumenti di Data Query

La profilazione dei dati è solo il primo passo nell'analisi dei dati in quanto aiuta a identificare potenziali problemi. I membri del team di Data Quality devono inoltre eseguire query più approfondite dei dati per rispondere alle domande poste dai risultati della profilazione e trovare modelli che forniscano informazioni sulle cause alla radice dei problemi. Ad esempio, query per scoprire e quantificare altri aspetti della data quality, come unicità e integrità.

3.3 Strumenti di Modellazione e ETL

Gli strumenti utilizzati per modellare i dati e creare processi ETL hanno un impatto diretto sulla data quality. Se utilizzati tenendo presente i dati, questi strumenti possono abilitare dati di qualità superiore. Se vengono utilizzati senza conoscenza dei dati, possono avere effetti dannosi. I membri del team di DQ dovrebbero collaborare con i team di sviluppo per garantire che i rischi relativi alla data quality siano affrontati e che l'organizzazione sfrutti appieno i modi in cui modelli e processi di elaborazione dati efficaci possono consentire dati di qualità più elevata. (Vedi i capitoli 5, 8 e 11.)

3.4 Modelli di Regole sulla Data Quality

I modelli di regole (rules templates) consentono all'analista di catturare le aspettative relative ai dati. I modelli aiutano anche a colmare il divario nelle comunicazioni tra team aziendali e tecnici. La formulazione consistente delle regole semplifica la traduzione delle esigenze aziendali in codice, sia che il codice sia incorporato in un motore di regole, in un analizzatore di dati di uno strumento di profilazione dei dati o in uno strumento di integrazione dei dati. Un modello può avere diverse sezioni, una per ogni tipo di regola di business da implementare.

3.5 Metadata Repositories

Come notato nella Sezione 1.3.4, la definizione della data quality richiede Metadati e le definizioni di dati di alta qualità sono un prezioso tipo di Metadati. I team di DQ dovrebbero lavorare a stretto contatto con i team che gestiscono i Metadati per garantire che i requisiti di data quality, le regole, i risultati delle misurazioni e la documentazione dei problemi siano resi disponibili agli utilizzatori di dati.

4. Tecniche

4.1 Azioni Preventive

Il modo migliore per creare dati di alta qualità è impedire l'ingresso di dati di scarsa qualità in un'organizzazione. Le azioni preventive impediscono il verificarsi di errori noti. L'ispezione dei dati dopo la loro produzione non migliorerà la loro qualità. Gli approcci includono:

- **Stabilire controlli di data entry:** creare regole di immissione dei dati che impediscano l'ingresso di dati non validi o non accurati in un sistema.

- **Formare i data producers:** assicurarsi che il personale dei sistemi a monte comprenda l'impatto dei propri dati sugli utenti a valle. Fornire incentivi o valutazioni di base sulla precisione e completezza dei dati, piuttosto che sulla velocità.

- **Definire e applicare le regole:** creare un "firewall di dati", che contenga una tabella con tutte le regole di qualità dei dati aziendali utilizzate per verificare la bontà della data quality, prima di essere utilizzata in un'applicazione come ad esempio un data warehouse. Un firewall di dati può controllare il livello di qualità dei dati elaborati da un'applicazione e, se il livello è inferiore a livelli accettabili, gli analisti possono essere informati del problema.

- **Richiedere dati di alta qualità dai data suppliers:** esaminare i processi di un fornitore di dati esterno per verificarne le strutture, le definizioni e le fonti di dati e la provenienza dei dati. Ciò consente la valutazione dell'integrazione dei loro dati e aiuta a prevenire l'uso di dati non attendibili o acquisiti senza l'autorizzazione del proprietario.

- **Implementare Data Governance e Stewardship:** garantire che siano definiti ruoli e responsabilità che descrivono e applicano regole di ingaggio, diritti di decisione e responsabilità per una gestione efficace dei dati e delle informazioni (McGilvray, 2008). Collaborare con i data Steward per rivedere il processo e i meccanismi per generare, inviare e ricevere dati.

- **Istituire un controllo formale delle modifiche:** assicurarsi che tutte le modifiche ai dati memorizzati siano definite e testate prima di essere implementate. Prevenire le modifiche ai dati al di fuori della normale elaborazione stabilendo processi di gate.

4.2 Azioni Correttive

Le azioni correttive vengono implementate dopo che si è verificato un problema ed è stato rilevato. Le questioni relative alla data quality dovrebbero essere affrontate in modo sistematico e alla radice per ridurre al minimo i costi e i rischi delle azioni correttive. "Risolvi il problema dove si verifica" è la migliore pratica nella gestione della Data Quality. Ciò significa generalmente che le azioni correttive dovrebbero includere la prevenzione del ripetersi delle cause dei problemi di qualità.

Eseguire la correzione dei dati in tre modalità generali:

- **Correzione automatica:** le tecniche di correzione automatizzata comprendono la standardizzazione, la normalizzazione e la correzione basate su regole. I valori modificati vengono ottenuti o generati senza intervento manuale. Un esempio è la correzione automatica dell'indirizzo, che inoltra gli indirizzi di consegna a uno standardizzatore che conforma e corregge gli indirizzi li rende disponibili utilizzando regole, analisi, standardizzazione e tabelle di riferimento. La correzione automatizzata richiede un ambiente con standard ben definiti, regole comunemente accettate e schemi di errore noti. La quantità di correzione automatica può essere ridotta nel tempo se questo ambiente è ben gestito e i dati corretti sono condivisi con i sistemi a monte.

- **Correzione diretta manualmente:** utilizzare strumenti automatizzati per rimediare e correggere i dati, ma è necessario rivederli manualmente prima di eseguire le correzioni per l'archiviazione permanente. Applica automaticamente la correzione del nome e dell'indirizzo, la risoluzione dell'identità e le correzioni basate sul modello e usa alcuni meccanismi di punteggio per proporre un livello di confidenza. Le correzioni con punteggi al di sopra di un determinato livello di confidenza possono essere effettuate senza revisione, invece le correzioni con punteggi al di sotto del livello di confidenza sono presentate al data steward per la revisione e l'approvazione. Risulta opportuno effettuare tutte le correzioni approvate e rivedere quelle non approvate per capire se adeguare le regole sottostanti applicate. Gli ambienti in cui i set di dati sensibili richiedono la supervisione umana (ad es. MDM) sono buoni esempi di casi in cui può essere adatta la correzione diretta dal manuale.

- **Correzione manuale:** a volte la correzione manuale è l'unica opzione in assenza di strumenti o automazione o se si determina che la modifica possa essere gestita meglio attraverso la supervisione umana. Le correzioni manuali vengono eseguite al meglio tramite un'interfaccia con controlli e modifiche, che fornisca un audit trail per le modifiche. L'alternativa all'apportare correzioni ed eseguire il commit dei record aggiornati direttamente negli ambienti di produzione è estremamente rischiosa; si consiglia quindi di evitare di usare questo metodo.

4.3 Quality Check e Audit Code Modules

Si tratta di creare moduli di codice condivisibili, collegabili e riutilizzabili che eseguono controlli ripetuti di data quality e processi di audit che gli sviluppatori possono ottenere da una libreria. Se il modulo deve essere modificato, tutto il codice collegato a quel modulo verrà aggiornato. Tali moduli semplificano il processo di manutenzione. Blocchi di codice ben progettati possono prevenire molti problemi di data quality. Inoltre, assicurano che i processi vengano eseguiti in modo coerente. Laddove le normative o le policy impongono la segnalazione di risultati di qualità specifici, spesso è necessario descrivere il lineage dei risultati. I moduli di controllo qualità possono fornire questi servizi. Per i dati con dimensioni di qualità sotto osservazione e con un punteggio elevato, occorre qualificare le informazioni negli ambienti condivisi con note sulla qualità e valutazioni di affidabilità.

4.4 Metriche Efficaci sulla Data Quality

Un componente fondamentale della gestione della data quality è lo sviluppo di metriche che informano gli utilizzatori di dati sulle caratteristiche di qualità che sono importanti per il loro uso. Molte cose possono essere misurate, ma non tutte ne valgono il tempo e lo sforzo. Nello sviluppo di metriche, gli analisti di DQ dovrebbero tenere conto delle seguenti caratteristiche:

- **Misurabilità:** una metrica di data quality deve essere misurabile, deve essere qualcosa che può essere espressa in termini oggettivi. Ad esempio, la rilevanza dei dati non è misurabile a meno che non siano stabiliti criteri chiari per ciò che rende i dati rilevanti. Anche la completezza dei dati deve essere definita in modo oggettivo per poter essere misurata. I risultati attesi dovrebbero essere quantificabili in un intervallo discreto.

- **Rilevanza di business:** mentre molte cose sono misurabili, non tutte si traducono in metriche utili. Le misure devono essere rilevanti per gli utilizzatori dei dati. Il valore della metrica è limitato se non può essere correlato ad alcuni aspetti delle operations o delle performance di business. Ogni metrica sulla data quality dovrebbe essere correlata all'impatto dei dati sulle aspettative aziendali chiave.

- **Accettabilità:** le dimensioni della data quality inquadrano i requisiti aziendali per la qualità. La quantificazione lungo la dimensione identificata fornisce prove concrete dei livelli di data quality. Determinare se i dati soddisfano le aspettative aziendali in base a soglie di accettabilità specificate. Se il punteggio è uguale o supera la soglia, la data quality soddisfa le aspettative aziendali; se il punteggio è inferiore alla soglia, non lo è.

- **Responsabilità / Stewardhip:** le metriche devono essere comprese e approvate dai principali stakeholders (ad es. business owners e Data Steward). Essi vengono avvisati quando la misurazione della metrica mostra che la qualità non soddisfa le aspettative. Il business data owner è responsabile, mentre il data steward adotta le misure correttive appropriate.

- **Controllabilità:** una metrica dovrebbe riflettere un aspetto controllabile dell'azienda. In altre parole, se la metrica non rientrasse nell'intervallo, si dovrebbe attivare un'azione per migliorare i dati. Se non c'è modo di rispondere, probabilmente la metrica non è utile.

- **Trending:** le metriche consentono a un'organizzazione di misurare il miglioramento della data quality nel tempo. Il monitoraggio consente ai membri del team di Data Quality di monitorare le attività nell'ambito di quality SLA e di un accordo di condivisione dei dati, oltre a dimostrare l'efficacia delle attività di miglioramento. Una volta che un processo informativo è stabile, è possibile applicare tecniche di controllo statistico del processo per rilevare le modifiche alla prevedibilità dei risultati della misurazione e dei processi di business e tecnici su cui fornisce informazioni.

4.5 Statistical Process Control

Statistical Process Control (SPC) è un metodo per gestire i processi analizzando le misurazioni della variazione di input, output o step del processo. La tecnica è stata sviluppata nel settore manifatturiero negli anni '20 ed è stata applicata in altri settori, in metodologie di miglioramento come Six Sigma e nella gestione della data quality. Definito in modo semplice, un processo è una serie di passaggi eseguiti per trasformare input in output. Lo SPC si basa sul presupposto che quando un processo con input coerenti viene eseguito in modo coerente, produrrà output coerenti. Utilizza misure di tendenza centrale (come i valori si raggruppano attorno a un valore centrale, come una media, una mediana o una modalità) e della variabilità attorno a un valore centrale (ad es. intervallo, varianza, deviazione standard), per stabilire tolleranze per la variazione all'interno di un processo.

Lo strumento principale utilizzato per lo SPC è la carta di controllo (Figura 95), che è un grafico di serie temporali che include una linea centrale per la media (la misura della tendenza centrale) e mostra i limiti di controllo superiore e inferiore calcolati (variabilità attorno a un valore centrale). In un processo stabile, i risultati delle misurazioni al di fuori dei limiti di controllo indicano una causa speciale.

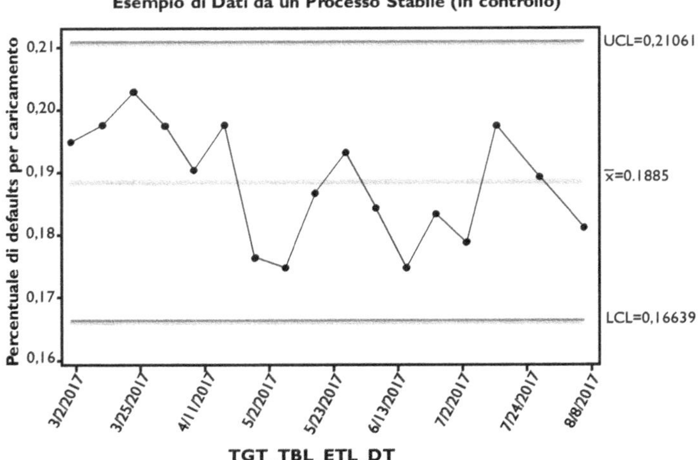

Figura 95 Carta di Controllo di un Processo in Controllo Statistico

Il riassunto delle caratteristiche del prodotto misura la prevedibilità dei risultati del processo identificando la variazione all'interno di un processo. I processi hanno una variazione di due tipi: Cause comuni inerenti al processo e Cause speciali imprevedibili o intermittenti. Quando le uniche fonti di variazione sono cause comuni, si dice che un sistema è in controllo (statistico) e si può stabilire un intervallo di variazione normale. Questa è la base rispetto alla quale è possibile rilevare il cambiamento.

L'applicazione dello SPC alla misurazione della data quality si basa sul presupposto che, come per un prodotto fabbricato, i dati siano il prodotto di un processo. A volte il processo che crea i dati è molto semplice (ad esempio, una persona compila un modulo); altre volte, i processi sono piuttosto complessi: un insieme di algoritmi aggrega i dati delle indicazioni mediche al fine di seguire le tendenze relative all'efficacia di determinati protocolli clinici. Se tale processo ha input coerenti e viene eseguito in modo coerente, produrrà risultati coerenti ogni volta che viene eseguito. Tuttavia, se gli ingressi o l'esecuzione cambiano, allora cambiano anche le uscite. Ognuno di questi componenti può essere misurato; le misurazioni possono essere utilizzate per rilevare cause speciali. La conoscenza delle cause speciali può essere utilizzata per mitigare i rischi associati alla raccolta o al trattamento dei dati.

Lo SPC viene utilizzato per il controllo, il rilevamento e il miglioramento. Il primo passo è misurare il processo al fine di identificare ed eliminare cause speciali. Questa attività stabilisce lo stato di controllo del processo. Il successivo è mettere in atto misure per rilevare variazioni inattese non appena rilevabili. L'individuazione precoce dei problemi semplifica l'indagine delle loro cause alla radice. Le misurazioni del processo possono anche essere utilizzate per ridurre gli effetti indesiderati di cause comuni di variazione, consentendo una maggiore efficienza.

4.6 Analisi delle Cause alla Radice (Root Cause Analysis)

Una causa alla radice di un problema è un fattore che, se eliminato, eliminerebbe il problema stesso. L'analisi delle cause alla radice è un processo di comprensione dei fattori che contribuiscono ai problemi e ai modi in cui contribuiscono. Il suo scopo è identificare le condizioni sottostanti che, se eliminate, significherebbero la risoluzione dei problemi.

Un esempio di data management può chiarire la definizione. Diciamo che un processo di dati che viene eseguito ogni mese richiede come input un file di informazioni sui clienti. La misurazione dei dati mostra che in aprile, luglio, ottobre e gennaio la qualità dei dati diminuisce. L'ispezione dei tempi di consegna mostra che a marzo, giugno, settembre e dicembre, il file viene consegnato il 30 del mese, mentre altre volte viene consegnato il 25. Un'ulteriore analisi mostra che il team responsabile della consegna del file è anche responsabile della chiusura dei processi finanziari trimestrali. Questi processi hanno la precedenza su altri lavori e i file vengono consegnati in ritardo durante quei mesi, influendo sulla qualità. La causa principale del problema di data quality risulta essere un ritardo del processo causato da una priorità concorrente. Può essere risolto pianificando la consegna dei file e garantendo che le risorse possano essere consegnate all'interno della pianificazione.

Le tecniche più comuni per l'analisi delle cause alla radice includono l'analisi di Pareto (la regola 80/20), l'analisi del diagramma a lisca di pesce, track and trace, analisi di processo e Five Whys (McGilvray, 2008).

5. Linee Guida per l'Implementazione

Migliorare la data quality all'interno di un'organizzazione non è un compito facile, anche quando vengono avviate attività per migliorare la data quality all'interno di un programma di data governance e con il supporto del top management. Una classica discussione accademica è se sia meglio implementare un programma di Data Quality top-down o bottom-up. In genere, un approccio ibrido funziona meglio: dall'alto verso il basso per sponsorship, coerenza e risorse, ma dal basso verso l'alto per scoprire cosa è effettivamente da migliorare e ottenere successi incrementali.

Il miglioramento della data quality richiede cambiamenti nel modo in cui le persone pensano e si comportano nei confronti dei dati. Il cambiamento culturale è impegnativo. Richiede pianificazione, formazione e rinforzo. (Vedi capitolo 17). Sebbene le specifiche del cambiamento culturale differiscano da un'organizzazione all'altra, la maggior parte delle implementazioni del programma di data quality devono pianificare:

- **Metriche sul valore dei dati e sul costo dei dati di scarsa qualità:** un modo per sensibilizzare l'organizzazione sulla necessità della gestione della data quality è attraverso metriche che descrivono il valore dei dati e il ritorno sugli investimenti dai miglioramenti. Queste metriche (che differiscono dai punteggi sulla data quality) forniscono la base per migliorare il finanziamento di tali progetti e cambiare il comportamento sia del personale che della direzione. (Vedi capitolo 11.)

- **Modello operativo per interazioni IT / business:** le persone di business sanno quali sono i dati importanti e cosa essi significano. I Data Custodian dell'IT comprendono dove e come vengono archiviati i dati, quindi si trovano in una posizione privilegiata per tradurre le definizioni della data quality in query o codici che identificano record specifici che non sono conformi. (Vedi capitolo 11.)

- **Modifiche al modo in cui i progetti vengono eseguiti:** la supervisione del progetto deve garantire che il finanziamento del progetto includa fasi relative alla data quality (ad es. profilazione e valutazione, definizione delle aspettative di qualità, risoluzione, prevenzione e correzione dei problemi relativi ai dati, implementazione di controlli e misurazioni). È prudente assicurarsi che i problemi vengano identificati in anticipo e costruire anticipatamente le aspettative sulla data quality nei progetti.

- **Modifiche ai processi aziendali:** il miglioramento della data quality dipende dal miglioramento dei processi attraverso i quali i dati vengono prodotti. Il team di Data Quality deve essere in grado di valutare e raccomandare modifiche ai processi non tecnici (oltre che tecnici) che incidono sulla qualità.

- **Finanziamento di progetti di risanamento e miglioramento:** alcune organizzazioni non pianificano la correzione dei dati, anche quando sono a conoscenza di problemi di data quality; tuttavia i dati non si risolveranno da soli. I costi e i benefici dei progetti di risanamento e miglioramento dovrebbero essere documentati in modo tale da poter dare priorità alle attività di miglioramento dei dati.

- **Finanziamento per le Operations di Data Quality:** il sostegno alla data quality richiede "ongoing operations" per monitorarne la qualità, riferire sui risultati e continuare a gestire i problemi non appena vengono scoperti.

5.1 Valutazione della Prontezza / Valutazione del Rischio

Molte organizzazioni che dipendono dai dati dispongono di molte opportunità di miglioramento. Il livello di maturità e supporto di un programma di data quality dipenderà dalla maturità del management dell'organizzazione. (Vedi capitolo 15.) La prontezza organizzativa nell'adottare pratiche sulla data quality può essere valutata considerando le seguenti caratteristiche:

- **Impegno della direzione nel data management come risorsa strategica:** come parte della richiesta di supporto per un programma di data quality, è importante determinare in che misura il senior management comprenda il ruolo che i dati svolgono nell'organizzazione. In che misura il senior management riconosce il valore dei dati rispetto agli obiettivi strategici? Quali rischi si associano a dati di scarsa qualità? Quanto sono informati sui vantaggi della data governance? Qual è la confidenza riguardo alla capacità di cambiare cultura per supportare il miglioramento della qualità?

- **L'attuale comprensione da parte dell'organizzazione sulla qualità dei propri dati:** prima che la maggior parte delle organizzazioni inizi il proprio percorso di miglioramento della qualità, generalmente è necessario comprendere gli ostacoli e i "pain points" che indicano dati di scarsa qualità. Acquisire la conoscenza di questi è importante; attraverso di essi, i dati di scarsa qualità possono essere direttamente associati ad effetti negativi, compresi i costi diretti e indiretti, sull'organizzazione. La loro comprensione aiuta anche a identificare e dare priorità ai progetti di miglioramento.

- **Lo stato attuale dei dati:** trovare un modo oggettivo per descrivere la condizione dei dati che sta causando i "pain points" è il primo passo per migliorare i dati. I dati possono essere misurati e descritti attraverso il profiling e l'analisi, nonché attraverso la quantificazione di problemi noti e punti critici. Se il team di DQ non conosce lo stato effettivo dei dati, sarà difficile stabilire le priorità e agire sulle opportunità di miglioramento.

- **Rischi associati alla creazione, all'elaborazione o all'utilizzo dei dati:** l'identificazione di ciò che può andare storto con i dati e il potenziale danno a un'organizzazione derivante da dati di scarsa qualità fornisce la base per mitigare i rischi. Se l'organizzazione non riconoscesse questi rischi, potrebbe essere difficile ottenere supporto per il programma di Data Quality.

- **Prontezza culturale e tecnica per un monitoraggio della data quality scalabile:** la qualità dei dati può essere influenzata negativamente dai processi di business e tecnici. Il miglioramento della qualità dipende dalla cooperazione tra i team aziendali e IT. Se la relazione tra business e team IT non è collaborativa, sarà difficile fare progressi.

I risultati di un readiness assessment aiuteranno a determinare da dove iniziare e quanto rapidamente procedere. I risultati possono anche fornire la base per gli obiettivi di una roadmap programmatica. Se esiste un forte supporto per il miglioramento della data quality e l'organizzazione conosce i propri dati, potrebbe essere possibile avviare un programma strategico completo. Se l'organizzazione non conoscesse lo stato attuale dei suoi dati, potrebbe essere necessario concentrarsi sulla costruzione di tali conoscenze prima di sviluppare una strategia completa.

5.2 Organizzazione e Cambiamento Culturale

La qualità dei dati non sarà migliorata attraverso una raccolta di strumenti e concetti, ma attraverso una mentalità che aiuta i dipendenti e gli stakeholders ad agire pensando sempre alla data quality e alle esigenze dell'azienda e dei loro clienti. Ottenere un'organizzazione consapevole sulla data quality spesso richiede un cambiamento culturale significativo; e tale cambiamento richiede visione e leadership. (Vedi capitolo 17.)

Il primo passo è promuovere la consapevolezza del ruolo e dell'importanza dei dati per l'organizzazione. Tutti i dipendenti devono agire in modo responsabile e sollevare problemi di data quality, richiedere dati di buona qualità come utilizzatori e fornire informazioni di qualità ad altri. Ogni persona che interagisce con i dati può influire sulla qualità di tali dati. La data quality non è solo responsabilità di un team di DQ o gruppo IT.

Proprio come i dipendenti devono comprendere i costi per acquisire un nuovo cliente o trattenere un cliente esistente, devono anche conoscere i costi organizzativi di dati di scarsa qualità, nonché le condizioni che ne determinano la scarsa qualità. Ad esempio, se i dati del cliente sono incompleti, un cliente potrebbe ricevere il prodotto sbagliato, creando costi diretti e indiretti per un'organizzazione. Non solo il cliente restituirà il prodotto, ma potrà chiamare e sporgere reclamo, impegnando il tempo del call center, con il potenziale danno alla reputazione dell'organizzazione. Se i dati dei clienti sono incompleti perché l'organizzazione non ha stabilito requisiti chiari, tutti coloro che li utilizzano sono coinvolti nel chiarire i requisiti e nel seguire gli standard.

In definitiva, i dipendenti devono pensare e agire diversamente se vogliono produrre dati di migliore qualità e gestirli in modo da garantire la qualità. Ciò richiede formazione e rinforzo. La formazione dovrebbe concentrarsi su:

- Cause comuni di problemi relativi ai dati
- Relazioni all'interno dell'ecosistema di dati dell'organizzazione e perché il miglioramento della data quality richiede un approccio aziendale
- Conseguenze di dati di scarsa qualità
- Necessità per il miglioramento continuo (perché il miglioramento non è una tantum)
- Diventare "data-lingual", in grado di articolare l'impatto dei dati sulla strategia e il successo dell'organizzazione, il reporting normativo, la soddisfazione del cliente.

La formazione dovrebbe includere anche un'introduzione a qualsiasi modifica del processo, con affermazioni su come le modifiche migliorino la data quality.

---

6. Data Quality e Data Governance

Un programma di Data Quality è più efficace quando fa parte di un programma di data governance. Spesso i problemi di data quality sono la ragione per stabilire una data governance a livello aziendale (vedere il capitolo 3). L'integrazione degli sforzi per la data quality nelle attività generali di governance consente al team del programma di Data Quality di lavorare con una serie di stakeholders e attivatori:

- Personale operante nelle aree di rischio e sicurezza che può aiutare a identificare le vulnerabilità organizzative legate ai dati
- Personale di business process engineering e training e che può aiutare i team a implementare i miglioramenti dei processi
- Business e operational Data Steward, e data owner in grado di identificare i dati critici, definire standard e aspettative di qualità e dare priorità alla risoluzione dei problemi relativi ai dati

Un'Organizzazione di Governance può accelerare il lavoro di un programma di Data Quality tramite:

- Definizione delle priorità
- Individuazione e coordinamento dell'accesso a coloro che dovrebbero essere coinvolti in varie decisioni e attività relative alla data quality
- Sviluppo e mantenimento di standard per la data quality
- Segnalazione di misurazioni pertinenti alla data quality a livello aziendale
- Fornitura di indicazioni che facilitino il coinvolgimento del personale
- Definizione di meccanismi di comunicazione per la condivisione delle conoscenze
- Sviluppo e applicazione di policy sulla conformità e sulla data quality
- Monitoraggio e reportistica sulle prestazioni
- Condivisione dei risultati delle ispezioni sulla data quality per sensibilizzare, identificare opportunità di miglioramento e creare consenso per i miglioramenti
- Risoluzione di variazioni e conflitti; fornendo guida e indirizzo

6.1 Policy di Data Quality

Le attività per la data quality dovrebbero essere supportare da e dovrebbero supportare le policy di data governance. Ad esempio, le policy di governance possono autorizzare controlli periodici sulla qualità e imporre la conformità agli standard e alle migliori pratiche. Tutte le aree di conoscenza sul data management richiedono un certo livello di politica, ma le policy sulla data quality sono particolarmente importanti in quanto toccano spesso i requisiti normativi. Ogni politica dovrebbe includere:

- Scopo, campo di applicazione e applicabilità della policy
- Definizioni dei termini
- Responsabilità del programma di Data Quality
- Responsabilità di altri stakeholders
- Reporting
- Attuazione della policy, compresi collegamenti a rischi, misure preventive, conformità, protezione dei dati e sicurezza dei dati

6.2 Metriche

Gran parte del lavoro di un team di Data Quality si concentrerà sulla misurazione e la comunicazione sulla qualità. Le categorie di alto livello delle metriche sulla data quality includono:

- **Ritorno sull'investimento:** costo delle attività di miglioramento rispetto ai vantaggi di una migliore data quality

- **Livelli di qualità:** misurazioni del numero e della percentuale di errori o violazioni dei requisiti all'interno di un set di dati o tra set di dati

- **Tendenze della Data Quality:** miglioramento della qualità nel tempo (ad es. un trend) rispetto a soglie e obiettivi o incidenti di qualità per periodo

- **Metriche di gestione dei problemi relativi ai dati:**

    o Conteggio dei problemi in base alle dimensioni della data quality
    o Problemi per funzione aziendale e relativi stati (risolti, in sospeso, inoltrati)
    o Problemi per priorità e gravità
    o Tempo impiegato per la risoluzione i problemi

- **Conformità ai livelli di servizio:** unità organizzative coinvolte e personale responsabile, interventi sul progetto per la valutazione della data quality, conformità generale del processo

- **Implementazione del piano di Data Quality:** as-is e roadmap per l'espansione

7. Opere Citate / Consigliate

Batini, Carlo, and Monica Scannapieco. *Data Quality: Concepts, Methodologies and Techniques.* Springer, 2006. Print.

Brackett, Michael H. *Data Resource Quality: Turning Bad Habits into Good Practices.* Addison-Wesley, 2000. Print.

Deming, W. Edwards. *Out of the Crisis.* The MIT Press, 2000. Print.

English, Larry. *Improving Data Warehouse and Business Information Quality: Methods For Reducing Costs And Increasing Profits.* John Wiley and Sons, 1999. Print.

English, Larry. *Information Quality Applied: Best Practices for Improving Business Information, Processes, and Systems.* Wiley Publishing, 2009. Print.

Evans, Nina and Price, James. "Barriers to the Effective Deployment of Information Assets: An Executive Management Perspective." *Interdisciplinary Journal of Information, Knowledge, and Management* Volume 7, 2012. Accessed from http://bit.ly/2sVwvG4.

Fisher, Craig, Eitel Lauría, Shobha Chengalur-Smith and Richard Wang. *Introduction to Information Quality.* M.I.T. Information Quality Program Publications, 2006. Print. Advances in Information Quality Book Ser.

Gottesdiener, Ellen. *Requirements by Collaboration: Workshops for Defining Needs.* Addison-Wesley Professional, 2002. Print.

Hass, Kathleen B. and Rosemary Hossenlopp. *Unearthing Business Requirements: Elicitation Tools and Techniques.* Management Concepts, Inc, 2007. Print. Business Analysis Essential Library.

Huang, Kuan-Tsae, Yang W. Lee and Richard Y. Wang. *Quality Information and Knowledge.* Prentice Hall, 1999. Print.

Jugulum, Rajesh. *Competing with High Quality Data.* Wiley, 2014. Print.

Lee, Yang W., Leo L. Pipino, James D. Funk and Richard Y. Wang. *Journey to Data Quality.* The MIT Press, 2006. Print.

Loshin, David. *Enterprise Knowledge Management: The Data Quality Approach.* Morgan Kaufmann, 2001. Print.

Loshin, David. *Master Data Management.* Morgan Kaufmann, 2009. Print.

Maydanchik, Arkady. *Data Quality Assessment.* Technics Publications, LLC, 2007 Print.

McCallum, Ethan. *Bad Data Handbook: Cleaning Up the Data So You Can Get Back to Work.* 1st Edition. O'Reilly, 2012.

McGilvray, Danette. *Executing Data Quality Projects: Ten Steps to Quality Data and Trusted Information.* Morgan Kaufmann, 2008. Print.

Myers, Dan. "The Value of Using the Dimensions of Data Quality", *Information Management*, August 2013. http://bit.ly/2tsMYiA.

Olson, Jack E. *Data Quality: The Accuracy Dimension.* Morgan Kaufmann, 2003. Print.

Redman, Thomas. *Data Quality: The Field Guide.* Digital Press, 2001. Print.

Robertson, Suzanne and James Robertson. *Mastering the Requirements Process: Getting Requirements Right.* 3rd ed. Addison-Wesley Professional, 2012. Print.

Sebastian-Coleman, Laura. *Measuring Data Quality for Ongoing Improvement: A Data Quality Assessment Framework.* Morgan Kaufmann, 2013. Print. The Morgan Kaufmann Series on Business Intelligence.

Tavares, Rossano. Qualidade de Dados em Gerenciamento de Clientes (CRM) e Tecnologia da Informação [Data Quality in Management of Customers and Information Technology]. São Paulo: Catálise. 2006. Print.

Witt, Graham. *Writing Effective Business Rules: A Practical Method.* Morgan Kaufmann, 2012. Print.

CAPITOLO 14

Big Data e Data Science

1. Introduzione

A partire dagli inizi del 2000, i termini *Big Data* e *Data Science* sono stati, sfortunatamente, sbandierati come parole chiave. I concetti e le loro implicazioni sono mal compresi o, quantomeno, vi è poca unanimità riguardo ai loro significati. Anche il significato di "Big" è relativo. Ciò detto, sia Big Data che Data Science sono collegati a cambiamenti tecnologici significativi che hanno permesso alle persone di generare, archiviare e analizzare quantitativi sempre più grandi di dati. Ancora più importante, le persone hanno la possibilità di utilizzare quei dati per predire e influenzare i comportamenti, come anche per poter potenziare l'insight su una varietà di argomenti importanti, come ad esempio attività sanitarie, gestione di risorse naturali e sviluppo economico.

Big Data si riferisce non soltanto al volume dei dati, ma anche alla sua varietà (strutturati e non strutturati, documenti, file, audio, video, streaming di dati, ecc.), e alla rapidità di produzione (velocità). Le persone incaricate dell'estrazione e sviluppo di modelli e analytics predittivi, di apprendimento automatico e prescrittivi, e alla distribuzione dei risultati per le analisi alle parti interessate vengono chiamati Data Scientist.

Data Science esiste da molto tempo; è un termine utilizzato per definire le "statistiche applicate". Ma la possibilità di esplorare gli schemi di dati si è sviluppata velocemente nel ventesimo secolo con l'avvento dei Big Data e le tecnologie a suo supporto. La Business Intelligence tradizionale fornisce una sorta di "specchietto retrovisore" sul reporting, ossia l'analisi di dati strutturati per descrivere tendenze passate. In alcuni casi, gli schemi di BI vengono utilizzati per predire comportamenti futuri, anche se non con grande accuratezza. Fino a poco tempo fa, l'analisi approfondita di enormi quantità di dati è stata limitata dalla tecnologia. Con l'aumento della capacità di raccolta e analisi dei dati, i Data Scientist hanno integrato metodi da formule, statistiche, scienze informatiche, signal processing, modellazione probabilistica, pattern recognition, machine learning, modellazione dell'incertezza, e visualizzazione dei dati per poter avere una vista interna e predire i comportamenti basandosi su serie di Big Data. In breve, la Data Science ha creato nuove modalità per analizzare ed avvantaggiarsi dei dati.

Dall'inserimento dei Big Data all'interno del data warehousing e degli ambienti di Business Intelligence, le tecniche di Data Science vengono utilizzate per fornire una vista proiettata sul futuro ("windshield") dell'organizzazione. Le capacità predittive, in tempo reale o basate su modelli, che utilizzano diversi tipi di risorse di dati, offrono alle organizzazioni una migliore visione interna su dove stiano andando. (Vedi Figura 96.)

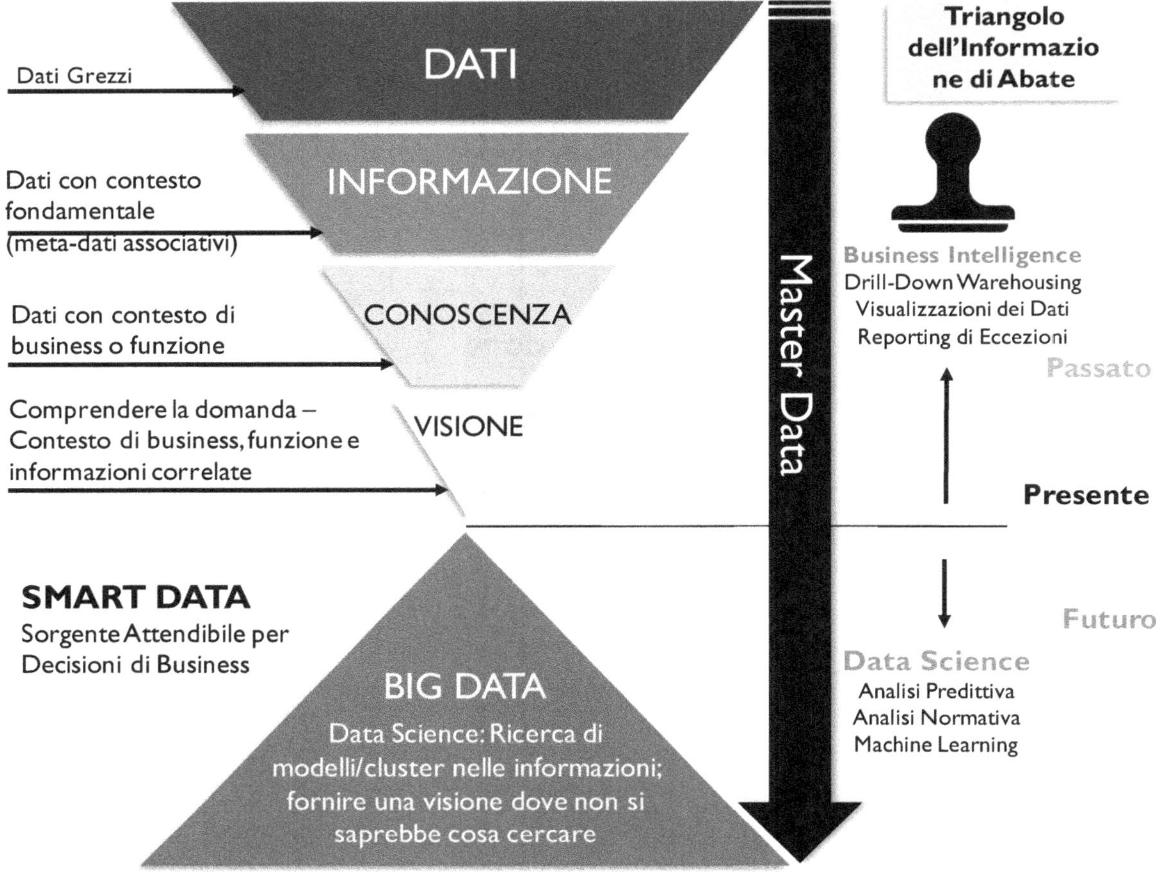

Figura 96 Triangolo delle Informazioni di Abate

Per meglio sfruttare i Big Data, tuttavia, si richiede un cambiamento nelle modalità di data management. la maggior parte dei data warehouse si basano su modelli relazionali. I Big Data non sono normalmente organizzati in un modello relazionale. La maggior parte dei data warehouse dipendono sul concetto di ETL (Extract, Transform and Load). Le soluzioni Big Data, come i data lake, dipendono sul concetto di ELT, di caricamento e successivamente trasformazione. Altrettanto importante, la velocità e il volume dei dati presenta sfide che richiedono differenti tipi di approccio per gli aspetti critici del data management, come l'integrazione, la Gestione dei Metadati, e la valutazione della Data Quality.

1.1 Business Driver

Il driver di business principale per lo sviluppo di capacità organizzative relative ai Big Data e alla Data Science risulta essere il desidero di ricercare ed agire su opportunità di business che potrebbero essere scoperte tramite serie di dati generate tramite molteplici processi. I Big Data sono in grado di stimolare l'innovazione rendendo disponibili per l'esplorazione più data set di dimensioni maggiori. Questi dati possono essere utilizzati per definire i modelli predittivi in grado di anticipare i bisogni dei clienti e permettere presentazioni personalizzate di prodotti e servizi. La Data Science può migliorare le operations. Gli algoritmi di machine learning possono automatizzare attività che normalmente richiederebbero molto tempo, migliorando così l'efficienza, riducendo i costi e mitigando i rischi.

Big Data e Data Science

Definizione: La raccolta (Big Data) e analisi (Data Science, Analisi e Visualizzazione) di diversi tipi di dati per trovare risposte e approfondimenti per domande che non sono note all'inizio dell'analisi.

Obiettivi:
1. Scopri le relazioni tra i dati e il business.
2. Supportare l'integrazione iterativa delle origini dati nell'azienda.
3. Scoprire e analizzare nuovi fattori che potrebbero influenzare il business.
4. Pubblicare i dati utilizzando tecniche di visualizzazione in modo appropriato, affidabile ed etico.

Drivers di Business

Inputs:
- Strategia e Obiettivi di Business
- Albero delle Decisioni Build/Buy/Rent
- Standard IT
- Sorgenti Dati

Attività:
1. Definire Strategia Big Data & Esigenze di Business (P)
2. Scegliere Sorgenti di Dati (P)
3. Acquisire & Ingerire Sorgenti Dati (D)
4. Sviluppare Ipotesi & Metodi (D)
5. Integrare/Allineare Dati per l'Analisi (D)
6. Esplorare i Dati Usando Modelli (D)
7. Sviluppare e Monitorare (O)

Deliverables:
- Strategia e Standard Big Data
- Piano di Data Sourcing
- Sorgenti Dati Acquisite
- Analisi Dati Iniziale e Ipotesi
- Risultati e Visioni sui Dati
- Piano di Miglioramento

Fornitori:
- Architetti Piattaformi Big Data
- Data Scientists
- Produttori di Dati
- Fornitori Dati
- Utilizzatori di Informazioni

Coinvolgimenti:
- Architetti Piattaforma Big Data
- Architetti dell'Ingestione
- Esperti della Materia di Dati
- Data Scientists
- Responsabile Progettazione Analitica
- DM Managers
- Metadata Specialists

Utilizzatori:
- Business Partners
- Business Executives
- IT Executives

Drivers Tecnici

Tecniche:
- Data Mashups
- Tecniche di Machine Learning
- Apprendimento Supervisionato Avanzato

Strumenti:
- Soluzioni Distribuite File-based
- Copmressione delle Colonne
- Architetture MPP Shared-Nothing
- Database e Computing In-memory
- Algoritmi In-database
- Set di Strumenti di Visualizzazione Dati

Metriche:
- Metriche di Utilizzo Dati
- Metriche di Risposta e performance
- Metriche di caricamento e scanning Dati
- Apprendimento e Storie

(P) Pianificazione, (C) Controllo, (D) Sviluppo, (O) Operations

Figura 97 Context Diagram: Big Data e Data Science

1.2 Principi

La promessa dei Big Data, quella di fornire un insight differente, dipende dall'essere in grado di gestirli. Per molti aspetti, a causa della grande varietà di fonti e formati, la gestione dei Big Data richiede una disciplina maggiore rispetto alla gestione di dati relazionali. I principi relativi alla gestione dei Big Data devono ancora essere costituiti, ma uno è molto chiaro: le organizzazioni dovrebbero essere in grado di gestire i Metadati relativi alle sorgenti di Big Data, in modo da poter avere un inventario accurato dei file di dati, le loro origini e i loro valori.

1.3 Concetti Essenziali

1.3.1 Data Science

Come fatto notare nel capitolo introduttivo, la Data Science unisce il data mining, l'analisi statistica, e il machine learning con l'integrazione dei dati e le capacità di modellazione dei dati, in modo da costruire modelli predittivi che esplorino i pattern di contenuti dei dati. Lo sviluppo di modelli predittivi viene a volta chiamato *Data Science* poiché l'analista di dati, o il data scientist, utilizza il metodo scientifico per sviluppare e valutare un modello.

Il data scientist sviluppa un'ipotesi riguardante il comportamento che può essere osservato nei dati prima di un'azione particolare. Ad esempio, l'acquisto di un tipo di oggetto è normalmente seguito dall'acquisto di un altro tipo di oggetto (all'acquisto di una casa segue in genere l'acquisto di mobili). Dopodiché il data scientist analizza un grosso quantitativo di dati storici per determinare quanto frequentemente le ipotesi si siano verificate nel passato e per verificare statisticamente l'accuratezza probabilistica del modello. Se un'ipotesi risulta valida con sufficiente frequenza, e se il comportamento che predice risulta utile, allora il modello può diventare la base per un processo di intelligence operativa per predire i comportamenti futuri, eventualmente anche in tempo reale, come suggerimenti per pubblicità commerciali.

Sviluppare soluzioni di Data Science comporta la conclusione iterativa delle fonti dati nei modelli che sviluppano punti di vista interni. La Data Science dipende da:

- **Ricche fonti di dati**: Dati con il potenziale di mostrare pattern altrimenti invisibili in comportamenti organizzativi o dei clienti

- **Allineamento e analisi delle informazioni**: Tecniche per comprendere il contenuto dei dati e combinare i set di dati per ipotizzare e testare i pattern significativi

- **Distribuzione di informazioni**: Eseguire i modelli e gli algoritmi matematici utilizzando i dati e produrre le visualizzazioni e altri output per giungere ad un insight dei comportamenti

- **Presentazione dei risultati e dei data insight**: analisi e presentazione dei risultati in modo da poter condividere le visioni interne

La Tabella30 paragona il ruolo dei BI/DW tradizionali con analytics predittive e prescrittive che possono essere raggiunte attraverso tecniche di Data Science.

Tabella30 Progressione delle Analytics

DW / BI Tradizionali	Data Science	
Descrittivi	Predittivi	Prescrittivi
Visione a Posteriori	Insight	Visione futura
Basati sugli storici: Cosa è successo? Perché è successo?	Basati su modelli predittivi: Cosa è probabile che succeda?	Basati sugli scenari: Cosa dovremmo fare perché le cose accadano?

1.3.2 I Processi Data Science

La Figura 98 illustra le fasi iterative del processo di Data Science. l'output di ogni step diventa l'input di quello successivo. (Vedi Sezione 2.)

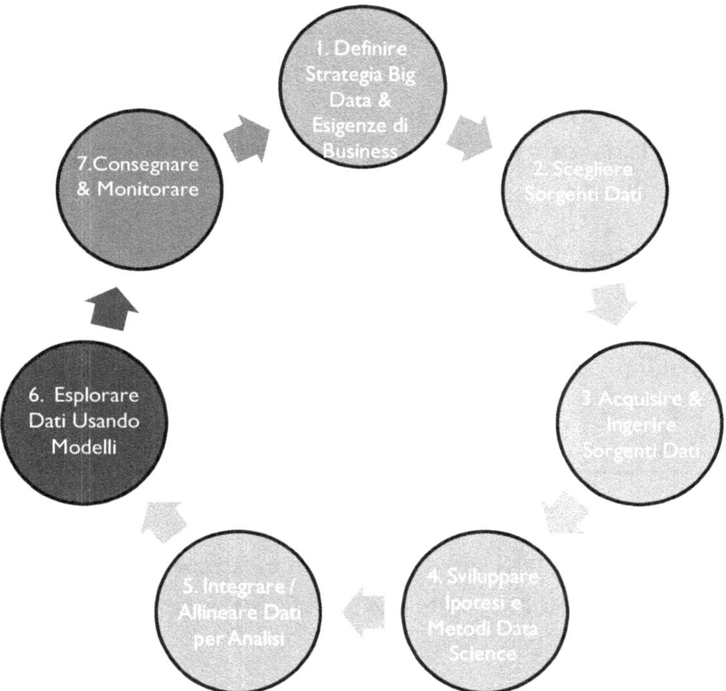

Figura 98 Processo di Data Science

Il processo di Data Science segue il metodo scientifico della ridefinizione della conoscenza tramite osservazioni, formulazione e verifica di ipotesi, osservazione dei risultati, e formulazione delle teorie generali che spiegano i risultati. All'interno della Data Science, questo processo prende la forma di un'osservazione dei dati e della creazione e valutazione dei modelli di comportamento:

- **Definizione della strategia dei Big Data e delle necessità di business**: Definizione dei requisiti che identifichino i risultati attesi e i relativi benefici tangibili misurabili.

- **Scelta delle fonti dati (data source):** Identificare le lacune nei data asset base correnti e trovare fonti di dati per colmarle.

- **Acquisire e processare (ingest) le fonti dati:** Ottenere serie di dati ed effettuarne l' "onboarding".

- **Sviluppare ipotesi e metodi di Data Science:** Esplorare le fonti dati tramite il profiling, la visualizzazione, il mining, ecc.; rifinire i requisiti. Definire modelli di algoritmi per input, tipi, oppure modelli di ipotesi e metodi di analisi (ossia, il raggruppamento di data trovati tramite clustering, ecc.).

- **Integrare e allineare i dati per le analisi:** La fattibilità del modello dipende in parte dalla qualità delle fonti di dati. Sfruttare fonti fidate e credibili. Applicare tecniche di data integration e data cleansing per incrementare la qualità e l'utilità dei set di dati forniti.

- **Esplorare i dati utilizzando i modelli:** Applicare analisi statistiche e machine learning sui dati integrati. Validare, sviluppare tramite "training" e, nel corso del tempo, far evolvere il modello. Il training implica il funzionamento ripetuto del modello su dati reali in modo da verificare i presupposti e effettuare aggiustamenti, come l'identificazione di anomalie; tramite questo processo, i requisiti verranno rifiniti. Le metriche iniziali di fattibilità guidano l'evoluzione del modello. Nuove ipotesi che richiedano set di dati aggiuntivi possono essere introdotte, e i risultati di queste indagini daranno forma alle modellazioni e agli output futuri (anche con il cambiamento dei requisiti).

- **Effettuare il deployment e il monitoraggio:** I modelli che producono informazioni utili possono essere messi in produzione per il monitoraggio continuo dei valori e dell'efficacia. Spesso i progetti di Data Science si trasformano in progetti di data warehousing, dove vengono messi in atto processi di sviluppo più impattanti (ETL, DQ, Master Data, ecc.).

1.3.3 Big Data

Le prime attività di definizione del significato di Big Data li caratterizzavano in termini di Tre V: Volume, Velocità, Varietà (Laney, 2001). Con l'aumento del numero di organizzazioni che iniziano a sfruttare il potenziale dei Big Data, l'elenco delle V si è espanso:

- **Volume (Volume):** Si riferisce alla quantità di dati. I Big Data hanno spesso migliaia di entità o elementi in miliardi di record.

- **Velocità (Velocity):** Si riferisce alla velocità con cui i dati vengono acquisiti, generati o condivisi. I Big Data sono spesso generati e possono anche essere distribuiti e analizzati in tempo reale.

- **Varietà / Variabilità (Variety / Variability)**: Si riferisce alle forme in cui i dati vengono acquisiti o consegnati. I Big Data richiedono l'archiviazione di più formati; la struttura dei dati è spesso incoerente all'interno o tra diversi set di dati.

- **Viscosità (Viscosity)**: Si riferisce a quanto sia difficile utilizzare o integrare i dati.

- **Volatilità (Volatility)**: Si riferisce alla frequenza con cui si verificano le modifiche dei dati e quindi a quanto tempo i dati sono utili.

- **Veridicità (Veracity)**: Si riferisce a quanto sono affidabili i dati.

I volumi di Big Data sono eccezionalmente grandi (maggiori di 100 Terabyte e spesso nell'intervallo di Petabyte ed Exabyte). Nelle soluzioni di warehousing e analisi, volumi molto grandi di dati pongono problemi al loading, alla modellazione, al cleansing e all'analisi dei dati. Queste sfide vengono spesso risolte utilizzando l'elaborazione parallela massiva (massively parallel processing) oppure soluzioni di elaborazione parallela e dati distribuiti. Tuttavia, hanno implicazioni molto più ampie; la dimensione dei set di dati richiede modifiche nel modo in cui i dati vengono archiviati e fruiti, nonché nel modo in cui i dati vengono compresi (ad esempio, gran parte del nostro attuale modo di pensare ai dati si basa su strutture di database relazionali), nonché come i dati vengono gestiti (Adams, 2009). La Figura 99 presenta un riepilogo visivo della gamma di dati che è diventata disponibile attraverso le tecnologie di Big Data e le implicazioni sulle opzioni di archiviazione dei dati.

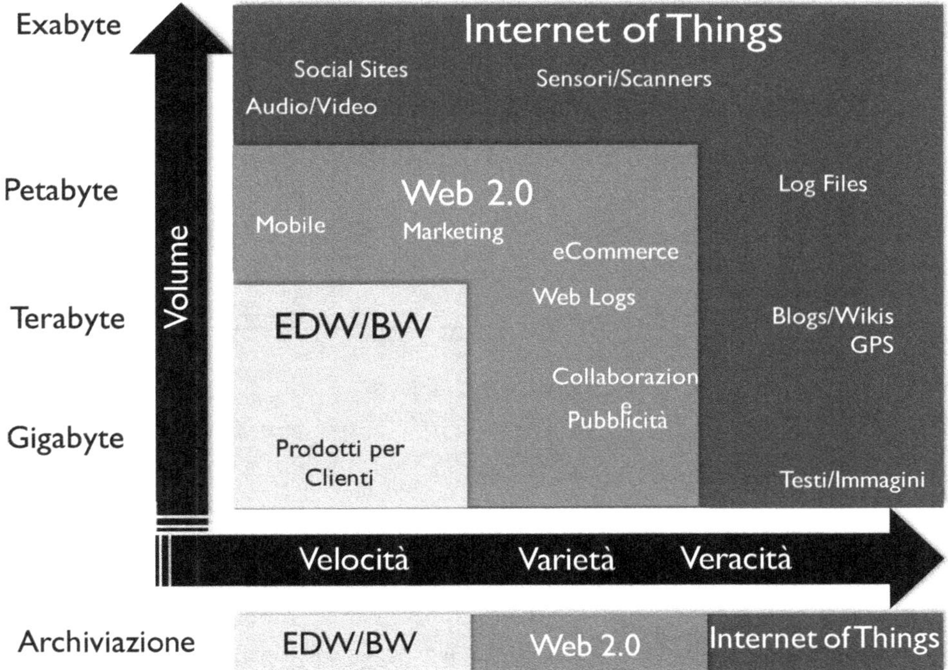

Figura 99 Sfide dell'Archiviazione dei Dati[78]

---

[78] Ricercato e utilizzato con il permesso di Robert Abate / EMC Corporation.

1.3.4 Componenti dell'Architettura dei Big Data

La selezione, l'installazione e la configurazione di un ambiente Big Data e Data Science richiedono competenze specializzate. Le architetture end-to-end devono essere sviluppate e razionalizzate rispetto agli strumenti esplorativi dei dati esistenti e alle nuove acquisizioni.

Nella Figura 100 viene descritta l'architettura DW/BI e Big Data. (Dettagli sui componenti DW/BI sono descritti nel Capitolo 11.) La principale differenza tra l'elaborazione di DW/BI e Big Data sta nel fatto che in un data warehouse tradizionale, i dati vengono integrati così come sono mentre vengono portati nel warehouse (estrarre, TRAFORMARE, caricare); mentre in un ambiente Big Data, i dati vengono processati e caricati prima della loro integrazione (estrarre, CARICARE, trasformare). In alcuni casi i dati potrebbero non essere del tutto integrati, non nel senso tradizionale. Invece che essere integrati in preparazione all'utilizzo, vengono spesso integrati per usi particolari (ad esempio, il processo di creazione di modelli predittivi porta all'integrazione di data set particolari).

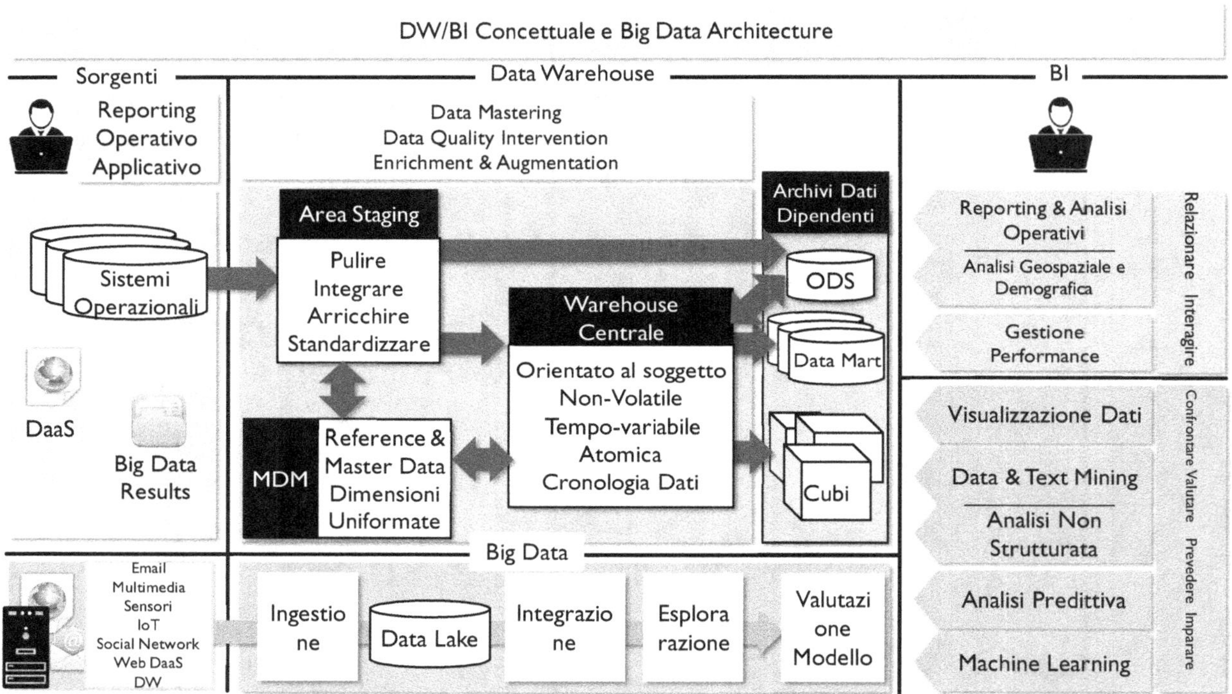

Figura 100 DW/BI Concettuale e Architettura dei Big Data

La differenza tra ETL ed ELT ha implicazioni significative su come vengono gestiti i dati. Ad esempio, il processo di integrazione non necessariamente si basa o produce un modello di dati aziendale. Il rischio è che molta conoscenza riguardante i dati possa andare persa se i processi per l'inserimento e l'uso vengono eseguiti ad hoc. È necessario raccogliere e gestire i metadati relativi a questi processi, se devono essere compresi e sfruttati nel tempo.

Le sezioni seguenti descrivono le fonti di Big Data e il costrutto denominato Data Lake. Le attività (Assimilare, Integrare, Esplorare, Valutare il Modello) (Ingest, Integrate, Explore, Evaluate Model) vengono esplorate nella sezione Attività.

1.3.5 Fonti di Big Data (Big Data Source)

Poiché gran parte dell'attività umana viene eseguita elettronicamente, enormi quantità di dati si accumulano ogni giorno mentre ci muoviamo nel mondo, interagiamo tra di noi e facciamo business. I Big Data vengono prodotti tramite e-mail, social media, ordini online e persino videogiochi online. I dati sono generati non solo da telefoni e dispositivi POS, ma anche da sistemi di sorveglianza, sensori nei sistemi di trasporto, sistemi di monitoraggio medico, sistemi di monitoraggio industriale e nelle utility, satelliti e attrezzature militari. Ad esempio, un volo aereo può generare un terabyte di dati. I dispositivi che interagiscono direttamente con Internet generano una grande porzione di Big Data. Le connessioni tra i dispositivi e Internet sono talvolta chiamate Internet of Things (IoT).

1.3.6 Data Lake

Un data lake è un ambiente in cui è possibile assimilare, archiviare, valutare e analizzare una grande quantità di dati di vario tipo e di varie strutture. I data lake possono servire a molti scopi. Ad esempio, fornire:

- Un ambiente per i Data Scientist per estrarre e analizzare i dati
- Un'area di memorizzazione centrale per i dati grezzi, con trasformazioni, se presenti, minime
- Archiviazione alternativa per i dati puntuali del data warehouse cronologico
- Un archivio online per i record
- Un ambiente per l'inserimento dei dati in streaming con l'identificazione automatica dei pattern

Un data lake può essere implementato come una configurazione complessa di strumenti di data management, tra cui Hadoop o altri sistemi di archiviazione dati, cluster service, data transformation e data integration. Questi strumenti hanno facilitato l'infrastruttura trasversale, come software di supporto analitico per accorpare la configurazione.

Il rischio di un data lake è che possa diventare rapidamente una "palude di dati" (data swamp) – disordinato, impuro e incoerente. Per stabilire un inventario di ciò che è presente in un data lake, è fondamentale gestire i Metadati durante la data ingestion. Per comprendere in che modo i dati in un data lake siano associati o connessi, i data architect o i data engineer spesso utilizzano chiavi univoche o altre tecniche (modelli semantici, modelli di dati, ecc.) in modo che i data scientist e altri sviluppatori di visualizzazioni sappiano come utilizzare le informazioni memorizzate all'interno del data lake. (Vedi Capitolo 9.)

1.3.7 Architettura Basata su Servizi (Services-Based Architecture)

L'architettura basata sui servizi (Services-based architecture, SBA) sta emergendo come un modo per fornire dati immediati (anche se non completamente accurati o completi), nonché aggiornare un set di dati cronologici completo e accurato, utilizzando la stessa origine (Abate, Aiken, Burke, 1997). L'architettura SBA è simile alle architetture DW che inviano i dati direttamente a un ODS per l'accesso immediato, nonché al DW per l'accumulo cronologico. Le architetture SBA hanno tre componenti principali, un livello batch (batch layer), un livello di velocità (speed layer) e un livello di servizio (serving layer). (Vedi Figura 101.)

- **Livello batch**: Un data lake funge da livello batch, contenente sia dati recenti che storici
- **Livello di velocità**: Contiene solo dati real-time
- **Livello di servizio**: Fornisce un'interfaccia per unire i dati tra i livelli batch e velocità

I dati vengono caricati sia sul livello batch che su quello di velocità. Tutti i calcoli analitici sui dati vengono eseguiti nei livelli batch e velocità, che molto probabilmente richiederanno l'implementazione in due sistemi separati. Le organizzazioni affrontano i problemi di sincronizzazione tramite trade-off tra completezza, latenza (latency) e complessità delle viste unite definite nel serving layer. La valutazione dei costi/benefici è necessaria per determinare se ridurre la latenza o migliorare la completezza dei dati ne valga il costo e la complessità.

Il livello batch viene spesso definito componente di struttura nel tempo (structure-over-time component) (in questo caso ogni transazione è un inserimento), mentre nel livello di velocità (spesso indicato come Archivio Dati Operativo, Operational Data Store o ODS), tutte le transazioni sono aggiornamenti (o inserimenti solo se necessario). In questo modo, l'architettura impedisce problemi di sincronizzazione durante la creazione simultanea di uno stato corrente e un di livello di storico. Questa architettura fornisce in genere i dati tramite un livello di servizi dati o di pubblicazione che astrae i dati utilizzando i Metadati. Questo livello di servizi determina da dove debbano essere "serviti" i dati e fornisce in maniera appropriata i dati richiesti.

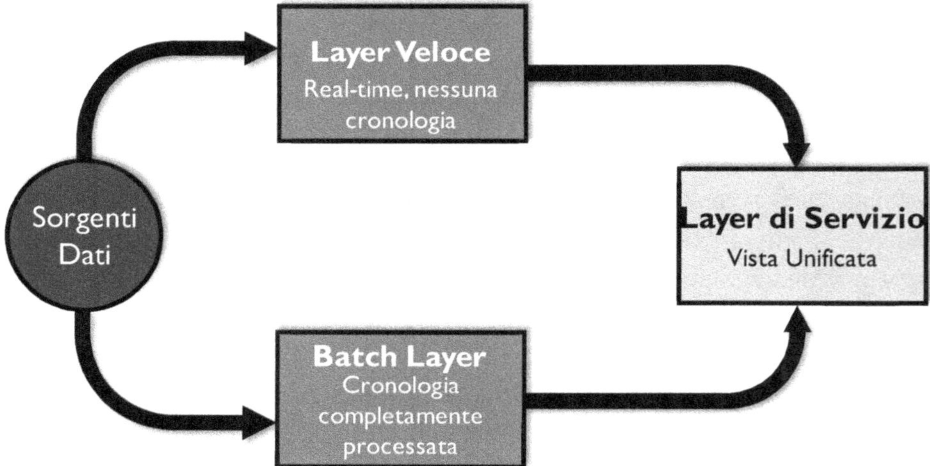

Figura 101 Services-based Architecture

1.3.8 Machine Learning

Il Machine Learning esplora la costruzione e lo studio degli algoritmi di apprendimento. Può essere visto come un'unione tra i metodi di apprendimento senza supervisione, più comunemente indicati come data mining, e metodi di apprendimento supervisionati e profondamente radicati nella teoria matematica, in particolare nella scienze statistica, combinatorie e di ottimizzazione. Un terzo ramo si sta ora formando chiamato reinforcement learning, dove la performance degli obiettivi viene raggiunta ma non specificamente riconosciuta dall'insegnante, come ad esempio il guidare un veicolo. La programmazione di macchine per imparare rapidamente dalle query e adattarsi a set di dati mutevoli ha portato a un campo completamente nuovo all'interno dei Big Data, denominato machine learning.[79] I processi vengono eseguiti e i risultati vengono archiviati e verranno quindi utilizzati nelle esecuzioni successive per informare in modo iterativo il processo e perfezionare i risultati. Il Machine Learning esplora la costruzione e lo studio degli algoritmi di apprendimento. Questi algoritmi rientrano in tre tipologie:

- **Apprendimento supervisionato**: Basato su regole generalizzate; ad esempio, la separazione dello SPAM dalla posta elettronica non SPAM
- **Apprendimento senza supervisione**: Basato sull'identificazione di modelli nascosti (ad esempio, data mining)
- **Apprendimento di rinforzo**: Basato sul raggiungimento di un obiettivo (ad esempio, battere un avversario a scacchi)

La modellazione statistica e il machine learning sono stati impiegati per automatizzare progetti di ricerca e sviluppo altrimenti costosi, eseguendo diversi passaggi di tentativi ed errori su un vasto set di dati, ripetendo le prove con i risultati raccolti, analizzati e con gli errori corretti. Questo approccio può ridurre il tempo di risposta drasticamente e guidare iniziative organizzative con approfondimenti basati su processi ripetibili efficaci. Ad esempio, CIVDDD utilizza il machine learning e complesse tecniche di visualizzazione dei dati scientifici per aiutare le agenzie governative e i peacekeeper nella sfida rappresentata dall'affrontare le masse di informazioni relative alle minacce.[80]

Mentre attinge ai dati in modi nuovi, il machine learning ha implicazioni etiche, soprattutto per quanto riguarda il principio di trasparenza. Le prove dimostrano che le reti neurali di deep learning (deep learning neural networks, DLNN) funzionano. Apprendono le cose. Tuttavia, non è sempre chiaro come ciò avvenga. Man mano che gli algoritmi che guidano questi processi diventano più complessi, diventano anche più opachi, funzionando come "scatole nere". Poiché rappresentano un maggior numero di variabili e poiché tali variabili sono più astratte, gli algoritmi testano i limiti della capacità umana di interpretare la macchina (Davenport, 2017). La necessità di trasparenza – la capacità di vedere come vengono prese le decisioni – probabilmente aumenterà man mano che questa funzionalità si evolverà e verrà utilizzata in una più ampia gamma di situazioni. (Vedi Capitolo 2.)

---

[79] Fare riferimento alla tabella periodica delle risorse di Machine Learning a http://bit.ly/1DpTrHC per una guida interattiva alle diverse piattaforme disponibili per lo sviluppatore di apprendimento automatico, lo scienziato e il professionista.

[80] CIVDDD, il Centro per l'Innovazione nell'Informazione e la Progettazione Basata sui Dati (Centre for Innovation in Information and Data-Driven Design), è una sovvenzione di ricerca nell'analisi e nella visualizzazione di Big Data per sviluppare tecniche di scoperta, progettazione e visualizzazione dei dati di nuova generazione per nuovi strumenti computazionali, strategie rappresentative e interfacce.

1.3.9 Sentiment Analysis

Il monitoraggio dei media e l'analisi del testo sono metodi automatizzati per il recupero di informazioni dettagliate da grandi dati non strutturati o semistrutturati, come transazioni, social media, blog e siti di web news. Questo viene utilizzato per capire ciò che le persone dicono e provano rispetto a marchi, prodotti o servizi, o altri tipi di argomenti. Utilizzando l'Elaborazione del Linguaggio Naturale (Natural Language Processing, NLP) o analizzando frasi o periodi, l'analisi semantica può rilevare il sentiment e anche rivelarne i cambiamenti per prevedere possibili scenari.

Consideriamo il caso di dover cercare parole chiave in un post. Se le parole *buone* o *grandi* fossero presenti, questa potrebbe essere una risposta positiva, al contrario vedere *terribile* o *cattivo* potrebbe essere segno di una risposta negativa. Categorizzando i dati nei tipi di risposte, nel "sentimento" dell'intera comunità o nei post (in social media come Twitter, blog, ecc.) viene esplicitato. Detto questo, il sentiment non è facilmente acquisito, come le parole da sole non raccontano tutta la storia (per esempio, ho avuto un *grande* problema con il loro servizio clienti). Il sentiment deve interpretare le parole nel contesto. Ciò richiede una comprensione del significato del post; questa interpretazione spesso richiede lavoro di utilizzo di funzioni NLP presenti in sistemi come Watson di IBM.

1.3.10 Data e Text Mining

Il *Data Mining* è un particolare tipo di analisi che rivela modelli nei dati utilizzando vari algoritmi. E' nato come ramo del Machine Learning, un sottocampo di Intelligenza Artificiale. La teoria si basa su un sottoinsieme dell'analisi statistica nota come apprendimento senza supervisione in cui gli algoritmi vengono applicati a un set di dati senza la conoscenza o l'intento del risultato desiderato. Mentre gli strumenti di query e reporting standard pongono domande specifiche, gli strumenti di data mining consentono di individuare relazioni sconosciute rivelando modelli. Il data mining è un'attività chiave durante la fase di esplorazione in quanto facilita l'identificazione rapida degli elementi dei dati studiati, evidenzia nuove relazioni prima sconosciute, poco chiare o non classificate e fornisce la struttura per la classificazione degli elementi dei dati studiati.

Il mining di testo (text mining) analizza i documenti con analisi del testo e tecniche di data mining per classificare automaticamente i contenuti in ontologie legate a workflow e dirette agli SME. Così, i supporti di testo elettronici possono essere analizzati senza ristrutturazione o riformattazione. Le ontologie possono essere collegate ai motori di ricerca, consentendo l'esecuzione di query abilitate per il Web su tali documenti. (Vedi Capitolo 9.)

Il data mining e il text mining utilizzano una serie di tecniche, tra cui:

- **Profiling:** il Profiling tenta di caratterizzare il comportamento tipico di un individuo, gruppo o popolazione. Il profiling viene utilizzato per stabilire norme comportamentali per le applicazioni di rilevamento delle anomalie, ad esempio il rilevamento e il monitoraggio delle frodi per le intrusioni nei sistemi informatici. I risultati del profiling sono input per molti componenti di apprendimento senza supervisione.

- **Riduzione dei dati**: La riduzione dei dati sostituisce un set di dati di grandi dimensioni con un set di dati più piccolo che contiene molte delle informazioni importanti del set più grande. Il set di dati più piccolo può essere più facile da analizzare o elaborare.

- **Associazione**: L'associazione è un processo di apprendimento senza supervisione per trovare relazioni tra elementi studiati sulla base delle transazioni che li coinvolgono. Esempi di associazione includono: mining di set di dati utilizzati frequentemente, individuazione delle regole, e analisi market-based. Anche i sistemi di raccomandazione su Internet utilizzano questo processo.

- **Clustering**: Raggruppare insieme elementi in gruppi per le loro caratteristiche condivise. La segmentazione dei clienti è un esempio di clustering.

- **Mappe auto-organizzanti** (self-organizing maps): Le mappe auto-organizzanti sono un metodo di rete neurale di cluster analysis. A volte indicate come Kohonen Maps, o mappe topologicamente ordinate, mirano a ridurre la dimensionalità nello spazio di valutazione preservando il più possibile le relazioni di distanza e prossimità, come lo scaling multi-dimensionale (multi-dimensional scaling). Ridurre la dimensionalità è come rimuovere una variabile dall'equazione senza modificare il risultato. Questo rende le analisi più facili da risolvere e visualizzare.

1.3.11 Analisi Predittiva (Predictive Analytics)

L'*Analisi Predittiva* (*Predictive Analytics*) è il sottocampo dell'apprendimento supervisionato in cui gli utenti tentano di modellare gli elementi di dati e prevedere i risultati futuri attraverso la valutazione delle stime di probabilità. Radicata profondamente nella matematica e in particolare nella statistica, l'analisi predittiva condivide molti componenti con l'apprendimento non supervisionato, con la differenza prescritta di una misurazione di un risultato predittivo desiderato.

L'Analisi Predittiva è lo sviluppo di modelli di probabilità basati su variabili, inclusi dati storici, relativi a possibili eventi (acquisti, variazioni di prezzo, ecc.). Quando riceve altre informazioni, il modello attiva una reazione da parte dell'organizzazione. Il fattore di attivazione può essere un evento, ad esempio un cliente che aggiunge un prodotto a un carrello di acquisti online, oppure possono essere dati in un flusso di dati, ad esempio un feed di notizie o dati di sensori nelle utility, o un aumento del volume di richieste di servizio. Il fattore di attivazione può essere un evento esterno. Le notizie che vengono riportate su una società sono un importante elemento premonitore del cambiamento nel prezzo delle sue azioni. Prevedere il movimento delle azioni dovrebbe includere il monitoraggio delle notizie e determinare se le notizie su un'azienda siano buone o cattive per il prezzo delle azioni.

Spesso, il fattore scatenante è l'accumulo di un grande volume di dati real-time, ad esempio un numero estremamente elevato di operazioni o richieste di servizio o volatilità dell'ambiente. Il monitoraggio di stream di data event include la costruzione incrementale dei modelli popolati fino al raggiungimento di una soglia, come definito nel modello.

La quantità di tempo che un modello predittivo impiega tra la stima e l'evento previsto è spesso molto piccola (secondi o meno di un secondo). L'investimento in soluzioni tecnologiche a bassissima latenza, ad esempio in-memory database, reti ad alta velocità e persino la vicinanza fisica all'origine dei dati, ottimizza la capacità di un'organizzazione di reagire alla previsione.

La forma più semplice di modello predittivo è la previsione. Esistono molte tecniche per l'analisi di tendenza o per la previsione basate sull'analisi di regressione e sullo smorzamento (smoothing). Il modo più semplice per lo smoothing dei dati è attraverso una media mobile, o anche una media mobile ponderata. Possono risultare utili tecniche più avanzate, come la media mobile esponenziale, che introduce un fattore di smoothing da applicare. Minimizzare l'errore residuale utilizzando il metodo dei minimi quadrati può essere un punto di partenza, ma sono necessarie diverse iterazioni per determinare e ottimizzare il fattore di smoothing. Esistono modelli di smoothing esponenziale doppi e tripli per affrontare le componenti di trend e stagionalità.

1.3.12 Analisi Prescrittiva

L'analisi prescrittiva porta l'analisi predittiva un passo più avanti per definire le azioni che influiranno sui risultati, anziché solo prevedere i risultati delle azioni che si sono verificate. L'analisi prescrittiva anticipa ciò che accadrà, quando accadrà e indica il motivo per cui accadrà. Poiché l'analisi prescrittiva può mostrare le implicazioni di varie decisioni, può suggerire come sfruttare un'opportunità o evitare un rischio. L'analisi prescrittiva può continuamente raccogliere nuovi dati per ri-predire e ri-prescrivere. Questo processo può migliorare la precisione della previsione e risultare in prescrizioni migliori.

1.3.13 Analisi dei Dati Non Strutturati

L'analisi dei dati non strutturati combina il text mining, l'associazione, il clustering e altre tecniche di apprendimento non supervisionate per codificare set di dati di grandi dimensioni. Le tecniche di apprendimento supervisionato possono anche essere applicate per fornire orientamento, supervisione e guida nel processo di codifica sfruttando l'intervento umano per risolvere l'ambiguità quando necessario.

L'analisi dei dati non strutturati sta diventando sempre più importante man mano che vengono generati più dati non strutturati. Alcune analisi sono impossibili senza la capacità di incorporare dati non strutturati nei modelli analitici. Tuttavia, i dati non strutturati sono difficili da analizzare senza modi per isolare gli elementi di interesse dagli elementi estranei.

Lo scanning e il tagging sono modi per aggiungere "ganci" a dati non strutturati che consentono di filtrarli e collegarli a dati strutturati correlati. Tuttavia, sapere quali tag generare in base a quali condizioni è difficile. Si tratta di un processo iterativo; da quando vengono identificate le condizioni dei tag proposte, i tag vengono assegnati durante la data ingestion, quindi gli analytics utilizzano tali tag per convalidare la condizione del tag e analizzare i dati contrassegnati, ciò poi porta a condizioni di tag potenzialmente modificate, oppure a più tag.

1.3.14 Operational Analytucs

Il concetto di operational analytics (noto anche come operational BI o streaming analytics) è emerso dall'integrazione dell'analisi real-time nelle operations. L' operational analytics include attività come la segmentazione degli utenti, l'analisi del sentiment, la geo codifica e altre tecniche applicate ai set di dati per l'analisi delle campagne di marketing, la penetrazione delle vendite, l'adozione dei prodotti, l'ottimizzazione delle risorse e la gestione dei rischi.

L' operational analytics comporta il monitoraggio e l'integrazione di flussi di informazioni in tempo reale, la derivazione di conclusioni basate su modelli predittivi di comportamento e l'attivazione di risposte e avvisi automatici. La progettazione del modello, dei trigger e delle risposte necessari per una corretta analisi richiede una maggiore analisi dei dati stessi. Una soluzione di operational analytics include la preparazione di dati storici per la precompilazione dei modelli di comportamento. Ad esempio, in un modello di prodotto in un contesto retail, un'analisi del carrello acquisti può identificare i prodotti spesso acquistati congiuntamente. Nella previsione del comportamento dei mercati finanziari, vengono regolarmente utilizzate le informazioni storiche sui prezzi e il tasso di variazione dei prezzi storici. I calcoli pre-popolazione vengono in genere eseguiti in anticipo per consentire risposte tempestive all'attivazione degli eventi.

Una volta che i modelli predittivi sono stati determinati per essere utili e convenienti, vengono implementate soluzioni che integrano dati storici e attuali (inclusi dati real-time e in streaming, strutturati e non strutturati) per popolare i modelli predittivi e attivare azioni in base alle previsioni. La soluzione deve garantire che i flussi di dati real-time che utilizzano le regole del modello vengano elaborati correttamente e che le risposte automatiche a eventi significativi nei dati vengano generate correttamente.

1.3.15 Visualizzazione dei Dati[81]

La *Visualizzazione dei dati* (Data Visualization) è il processo di interpretazione di concetti, idee e fatti che utilizza immagini o rappresentazioni grafiche. La visualizzazione dei dati facilita la comprensione dei dati sottostanti presentandoli in un riepilogo visivo, ad esempio un grafico o un diagramma. Le visualizzazioni dei dati condensano e incapsulano i dati caratteristici, rendendoli più facili da vedere. Così facendo, possono far emergere opportunità, identificare rischi, o evidenziare messaggi.

Le visualizzazioni dei dati possono essere trasmesse in un formato statico, ad esempio la pubblicazione di un report, o in un formato on-line più interattivo; e alcune supportano l'interazione con l'utente finale in cui le funzionalità di drilling o filtro facilitano l'analisi dei dati all'interno della visualizzazione. Altre consentono di modificare la visualizzazione da parte dell'utente su richiesta tramite display innovativi, ad esempio data map e "moving landscape of data".

---

[81] La visualizzazione dei dati è un campo in evoluzione. I principi applicati nella visualizzazione dei dati si basano sui principi di progettazione. Vedi Tufte, 2001 e McCandless 2012. Esistono numerose risorse basate sul Web con esempi e contro-esempi. Vedere la tabella periodica dei metodi di visualizzazione in Visual Literacy.Org http://bit.ly/IX1bvI.

La visualizzazione è stata a lungo fondamentale per l'analisi dei dati. Gli strumenti di business intelligence tradizionali includono opzioni di visualizzazione come tabelle, grafici a torta, grafici a linee, grafici ad area, grafici a barre, istogrammi e grafici a candeliere turnkey boxes o candlesticks. Per soddisfare la crescente esigenza di comprendere i dati, il numero di strumenti di visualizzazione è aumentato e le tecniche sono migliorate.

Man mano che l'analisi dei dati maturerà, la visualizzazione dei dati in nuove modalità di rappresentazione offrirà vantaggi strategici. La visualizzazione di nuovi pattern nei dati può portare a nuove opportunità di business. Con la continua evoluzione della visualizzazione dei dati, le organizzazioni dovranno far crescere i propri team di Business Intelligence per competere in un mondo sempre più orientato ai dati. Le funzione di Business Analytical cercheranno esperti di dati con competenze di visualizzazione, tra cui data scientist, data artist ed esperti di data vision, oltre ai tradizionali information architect e data modeler, specialmente in considerazione dei rischi associati ad una visualizzazione dei dati fuorviante. (Vedi Capitolo 2.)

1.3.16 Data Mashup

I mashup combinano dati e servizi per creare visualizzazioni per approfondimenti o analisi. Molti strumenti di virtualizzazione abilitano i mashup tramite funzionalità che correlano le origini dati in base a elementi di dati comuni, originariamente utilizzati per collegare un nome o un testo descrittivo a un codice archiviato. Questa tecnica di presentazione mashup è ideale durante le fasi di discovery o esplorazione in quanto offre vantaggi immediati. Questa tecnica può essere facilmente applicata al web dove mashup di dati protetti consentono la condivisione di informazioni personali o riservate tra produttori o fornitori. Questi possono accoppiarsi ad algoritmi di apprendimento di intelligenza artificiale per esporre internet-based services con interfacce di linguaggio naturale.

2. Attività

2.1 Definire la Strategia e le Esigenze di Business per Big Data

La strategia di Big Data di un'organizzazione deve essere allineata e supportare la strategia aziendale complessiva e i requisiti di business e far parte della data strategy. Una strategia di Big Data deve includere criteri per valutare:

- **Quali problemi l'organizzazione sta cercando di risolvere. A cosa servono gli Analytics:** Se è vero che uno dei vantaggi della Data Science consiste nel fornire una nuova prospettiva su un'organizzazione, l'organizzazione necessita di un punto di partenza. Un'organizzazione può determinare che i dati debbano essere utilizzati per comprendere meglio il business o il business environment; per dimostrare la bontà di idee sul valore dei nuovi prodotti; per esplorare qualcosa che è sconosciuto; o per inventare un nuovo modo di fare affari. È importante istituire un processo di valutazione per analizzare queste iniziative su più fasi durante l'attuazione;il valore e la fattibilità delle iniziative devono essere valutati in diversi momenti nel tempo.

- **Quali fonti dati utilizzare o acquisire**: Le fonti interne potrebbero essere facili da usare, ma potrebbero avere un ambito limitato. Fonti esterne possono essere utili, ma sono al di fuori del controllo operativo (gestite da altri, o non controllate da nessuno, come nel caso dei social media). Molti vendor sono in competizione in questo spazio e spesso esistono più fonti per gli elementi di dati o set di dati desiderati. L'acquisizione di dati che si integrano con gli elementi già acquisiti può ridurre i costi complessivi di investimento.

- **La tempestività e l'ambito dei dati forniti**: Molti elementi possono essere forniti in feed in tempo reale, snapshot di un determinato momento o anche integrati e riepilogati. I dati a bassa latenza sono ideali, ma spesso questo va a discapito delle funzionalità di machine learning: esiste un'enorme differenza tra gli algoritmi di calcolo diretti ai data-at-rest e lo streaming. Non bisogna ridurre al minimo il livello di integrazione richiesto per l'utilizzo a valle.

- **L'impatto e la relazione con altre strutture di dati**: Potrebbe essere necessario apportare modifiche alla struttura o al contenuto in altre strutture di dati per renderle adatte per l'integrazione con i set di Big Data.

- **Influenze sui dati modellati esistenti**: Inclusa l'estensione delle conoscenze su clienti, prodotti, e approcci di marketing.

La strategia guiderà l'ambito e la tempistica della roadmap dei Big Data di un'organizzazione.

2.2 Scegliere le Fonti Dati

Come per qualsiasi progetto di sviluppo, la scelta delle fonti dati (data source) per il lavoro di Data Science deve essere guidata dalle issue che l'organizzazione sta cercando di risolvere. La differenza con lo sviluppo di Big Data / Data Science è che la gamma di fonti dati è più ampia; non è limitato dal formato e può includere dati sia esterni che interni a un'organizzazione. La capacità di incorporare questi dati in una soluzione comporta anche dei rischi. La qualità e l'affidabilità dei dati devono essere valutate e deve essere messo in atto un piano per l'uso nel tempo. Gli ambienti di Big Data consentono di inserire rapidamente grandi quantità di dati, ma per utilizzare tali dati e gestirli nel tempo, è comunque necessario conoscere i fatti di base:

- La loro origine
- Il loro formato
- Cosa rappresentano gli elementi di dati
- Come si connettono ad altri dati
- Con quale frequenza verranno aggiornati

Man mano che diventano disponibili dati aggiuntivi (come le statistiche dell'US Census Bureau, i dati demografici dello shopping, i dati satellitari meteorologici, i set di dati di ricerca), questi devono essere valutati per valore e affidabilità. E' necessario esaminare le fonti dati disponibili, i processi che creano tali fonti e gestire il piano per le nuove fonti.

- **Dati di base:** Considerare i componenti di dati di base come POS (Point of Sale) in un'analisi di vendita.
- **Granularità**: Idealmente, ottenere i dati nella loro forma più granulare (non aggregati). In questo modo possono essere aggregati per molteplici finalità.
- **Coerenza**: se possibile, selezionare i dati che verranno visualizzati in modo appropriato e coerente tra le visualizzazioni o riconoscerne le limitazioni.
- **Affidabilità**: Scegliere le fonti dati che sono significative e credibili nel tempo. Utilizzare fonti attendibili e autorevoli.
- **Ispezionare/profilare nuove fonti**: Verificare le modifiche prima di aggiungere nuovi set di dati. Con l'inclusione di nuove fonti dati possono presentarsi imprevisti o cambiamenti significativi nei risultati della visualizzazione.

I rischi associati alle fonti di dati includono problemi di privacy. La capacità di inserire e integrare rapidamente i dati provenienti da una varietà di fonti su larga scala offre alle comunità la possibilità di ricombinare set di dati altrimenti protetti. Allo stesso modo, un'analisi pubblica può descrivere, attraverso un riepilogo aggregato o modellato, un sotto-insieme dei dati che rende improvvisamente identificabili dei soggetti; questo è un effetto collaterale della capacità di eseguire calcoli di massa su popolazioni molto grandi, e allo stesso tempo pubblicare dati riferiti ad una località o un'area geografica molto specifica. Ad esempio, i dati demografici calcolati a livello nazionale o regionale diventano rapidamente non identificabili, ma possono non esserlo quando vengono pubblicati dopo aver filtrato per un codice postale o a livello familiare.[82]

Anche i criteri utilizzati per selezionare o filtrare i dati rappresentano un rischio. Questi criteri dovrebbero essere gestiti obiettivamente per evitare distorsioni o alterazioni. Applicare filtri può avere un impatto sensibile sulla visualizzazione. E' necessaria riservatezza quando si rimuovono gli outlier, si limitano i set di dati a un dominio limitato o si manipolano elementi sparsi. È prassi comune concentrare i dati di cui è stato eseguito il provisioning per enfatizzare i risultati dell'isolamento, ma ciò essere eseguito in modo oggettivo e uniforme. [83] (Vedi Capitolo 2.)

---

[82] Vedi Martin Fowler, Datensparsamkeit. Blog, 12 Dicembre 2013. Fowler mette in discussione l'assunto che dovremmo sempre acquisire quanti più dati possibile. Egli sottolinea che l'approccio "catturare tutto" fa emergere rischi per la privacy. Al suo posto, egli mette avanti l'idea di minimizzazione dei dati o sparsità dei dati (dal termine tedesco *Datensparsamkeit*) http://bit.ly/1f9Nq8K.

[83] Per ulteriori informazioni sull'impatto del bias, che può influenzare profondamente l'interpretazione dei risultati scientifici, consultare i seguenti siti web: INFORMS è la principale associazione internazionale per i professionisti della ricerca e dell'analisi delle operazioni. http://bit.ly/2sANQRW, Società Statistica del Canada: http://bit.ly/2oz2o5H e l'American Statistical Association: http://bit.ly/1rjAmHX.

2.3 Acquisire e Archiviare (Ingest) Fonti Dati

Una volta identificate, le fonti devono essere trovate, a volte acquistate e assorbite (ingested) (caricate) nell'ambiente di Big Data. Durante questo processo, bisogna acquisire i Metadati critici sulla fonte, ad esempio l'origine, le dimensioni, lo stato e le informazioni aggiuntive sul contenuto. Molti motori di inserimento profilano i dati durante l'inserimento, fornendo agli analisti Metadati almeno parziali. Una volta che i dati si trovano in un data lake, possono essere valutati in termini di idoneità per più attività di analisi. Poiché la creazione di modelli di data science è un processo iterativo, lo è anche la data ingestion. Bisogna identificare in modo iterativo le lacune nell'attuale base di data asset e l'onboarding di tali fonti. Si raccomanda di esplorare queste fonti dati usando il profiling, la visualizzazione, il data mining o altri metodi di data science per definire gli input dell'algoritmo del modello o le ipotesi del modello.

Prima di integrare i dati, valutarne la qualità. La valutazione può consistere in una semplice esecuzione di query per scoprire quanti campi contengono valori nulli o complessi come l'esecuzione di un set di strumenti di data quality o di un'utilità di analisi dei dati per profilare, classificare e identificare le relazioni tra gli elementi di dati. Tale valutazione fornisce informazioni dettagliate sul fatto che i dati forniscano un campione valido da cui lavorare e, in caso affermativo, su come i dati possano essere archiviati e fruiti (sparsi tra logical processing units [MPP], federated, distributed by key, e così via). Questo lavoro coinvolge i SME (di solito gli stessi Data Scientist) e i platform engineer.

Il processo di valutazione fornisce informazioni preziose su come i dati possano essere integrati con altri set di dati, ad esempio i Master Data o dati storici del warehouse. Fornisce inoltre informazioni che possono essere utilizzate nei set di training del modello e nelle attività di convalida.

2.4 Sviluppare Ipotesi e Metodi per i Dati

La Data Science riguarda la creazione di set di risposte in grado di trovare un significato o informazioni dettagliate all'interno di dati. Lo sviluppo di soluzioni di Data Science comporta la creazione di modelli statistici che individuano correlazioni e tendenze all'interno e tra elementi di dati e set di dati. Ci saranno più risposte a una domanda in base agli input di un modello. Ad esempio, è necessario scegliere un tasso di rendimento per calcolare il valore futuro di un portafoglio finanziario. I modelli hanno spesso più di una variabile, quindi la procedura consigliata è trovare risultati deterministici – o in altre parole, utilizzare le ipotesi migliori sui valori che ci si aspetta. Tuttavia, le migliori ipotesi dovrebbero essere costruite. Ogni modello funzionerà in base al metodo di analisi scelto; questo dovrebbe essere testato per una serie di risultati, anche quelli che appaiono meno probabili.

I modelli dipendono sia dalla qualità dei dati di input che dalla solidità del modello stesso. I modelli di dati possono spesso fornire suggerimenti su come correlare le informazioni trovate. Un esempio è l'utilizzo della tecnica del clustering K-Means per determinare il numero di raggruppamenti di dati da analizzare ulteriormente. (Vedi Capitolo 13.)

2.5 Integrazione /Allineamento dei Dati per l'Analisi

La preparazione dei dati per l'analisi implica la comprensione i dati, trovare collegamenti tra i dati dalle varie fonti e allineare i dati per l'utilizzo.

In molti casi, l'unione di fonti dati è più un'arte che una scienza. Ad esempio, si consideri un set di dati basato sugli aggiornamenti giornalieri e un altro basato sugli aggiornamenti mensili. I dati giornalieri, per essere allineati, dovrebbero essere aggregati in coerenza con un pattern di allineamento utilizzabile nelle analisi di Data Science.

Un metodo consiste nell'utilizzare un modello che integri i dati utilizzando una chiave comune. Un altro metodo consiste nell'eseguire analisi e unire i dati utilizzando indici all'interno dei motori di database per trovare similitudini e algoritmi e metodi di collegamento dei record. Spesso i dati vengono esaminati durante le fasi iniziali per comprendere come questi possano essere analizzati. Il clustering consente di determinare il raggruppamento degli output dei dati. Altri metodi possono trovare correlazioni che verranno utilizzate per compilare il modello di visualizzazione dei risultati. È necessario valutare la possibilità di utilizzare tecniche durante le fasi iniziali che aiuteranno a comprendere in che modo il modello mostrerà i risultati una volta pubblicati.

La maggior parte delle soluzioni richiede l'integrazione di Master Data e Reference Data per interpretare i risultati dell'analisi. (Vedi Capitolo 10.)

2.6 Esplorare i Dati Utilizzando i Modelli

2.6.1 Popolare un Modello Predittivo

La configurazione dei modelli predittivi include la precompilazione del modello con informazioni storiche relative al cliente, al mercato, ai prodotti o ad altri fattori inclusi nel modello diversi dal fattore di attivazione. I calcoli pre-popolazione vengono in genere eseguiti in anticipo per consentire la risposta più rapida all'attivazione degli eventi. Ad esempio, lo storico degli acquisti dei clienti sarebbe necessario per precompilare un modello di raccomandazione del carrello di vendita al dettaglio. Nella previsione del comportamento dei mercati al dettaglio, le informazioni storiche sui prezzi e sulle variazioni di prezzo vengono combinate con le informazioni sui clienti, demografiche e meteo.

2.6.2 Eseguire il training del modello

Eseguire il modello sui dati per "allenare" del modello. Il training include esecuzioni ripetute del modello rispetto ai dati per verificarne i presupposti. Il training comporterà modifiche al modello. Il training richiede equilibrio; evitare l'over-fitting eseguendo il training con una riduzione dei dati limitata.

La convalida del modello deve essere completata prima della transizione alla produzione. E' necessario risolvere eventuali squilibri di popolazione o distorsioni dei dati con offset del modello sottoposti a training e convalida; questo può essere ottimizzato nell'ambiente di produzione in quanto l'offset iniziale viene gradualmente regolato attraverso le interazioni effettive con la popolazione. L'ottimizzazione del mix di funzionalità può essere eseguita con la co-selezione Bayesiana, l'inversione dei classificatori (classifier inversion) o l'induzione di regole (rule induction). I modelli possono anche essere combinati per l'apprendimento dell'insieme in cui il modello predittivo viene costruito combinando i punti di forza raccolti dei modelli più semplici.

L'identificazione di outlier o anomalie (oggetti dati non conformi al comportamento generale esposto dagli elementi studiati) è fondamentale per la valutazione del modello. Per set di dati più volatili, applicare un test di varianza in base alla media e alla deviazione standard. Entrambi i test possono essere facilmente applicati sui risultati profilati. Può darsi che gli outlier siano l'obiettivo dell'analisi, invece che trovare e convalidare le tendenze nella maggior parte dei dati.

Per l'analisi predittiva, occorre utilizzare un flusso di dati real-time per completare il popolamento del modello predittivo e attivare una risposta, che potrebbe essere un avviso o un evento. Il flusso di dati può richiedere un particolare focus sulla progettazione e lo sviluppo di capability di elaborazione a latenza estremamente bassa. In alcuni modelli, la differenza di valore delle previsioni tra frazioni di secondo è singnificativa e le soluzioni possono richiedere una tecnologia innovativa con limitazioni date dalla velocità della luce.

I modelli possono utilizzare molte funzioni e tecniche statistiche disponibili nelle librerie open source, una delle quali è 'R.' Il R Project for Statistical Computing è un ambiente software gratuito per la computazione statistica; contiene numerose funzioni come le service calls.[84] Le funzioni personalizzate possono essere sviluppate sfruttando il linguaggio di scripting e condivise tra strumenti, piattaforme e organizzazioni.

Una volta che la progettazione della soluzione è stata creata e lo sviluppo e il funzionamento stimati, l'organizzazione può decidere se sviluppare la soluzione per prevedere il comportamento. Le soluzioni di analisi operativa in tempo reale richiedono spesso una notevole quantità di nuove architetture e il loro sviluppo potrebbe non essere conveniente.

2.6.3 Valutare il Modello

Una volta che i dati vengono inseriti in una piattaforma e sono pronti per l'analisi, inizia la valutazione scientifica dei dati. Il modello viene costruito, valutato rispetto ai set di training e convalidato. I perfezionamenti dei requisiti di business sono attesi a questo punto e le metriche di fattibilità iniziali possono guidare le attività di gestione verso un'ulteriore elaborazione o eliminazione. È del tutto possibile che il test di una nuova ipotesi richieda set di dati aggiuntivi.

---

[84] Per ulteriori informazioni, visitare il sito web R-Project: http://bit.ly/19WExR5.

I data scientist eseguono query e algoritmi sui dati per verificare se le informazioni dettagliate diventino evidenti. Spesso vengono eseguite diverse funzioni matematiche per verificare se vengano trovate informazioni dettagliate (cluster nei dati, pattern emergenti tra intervalli di elementi di dati e così via). Durante questa fase, i data scientist si basano spesso su informazioni dettagliate presenti nei batch iterativi. Da questi, è possibile sviluppare modelli che visualizzano la correlazione tra elementi di dati e informazioni dettagliate.

C'è una componente etica per praticare la Data Science e deve essere applicata quando si valutano i modelli. I modelli possono avere risultati imprevisti o riflettere involontariamente i presupposti e i pregiudizi delle persone che li creano. Dovrebbe essere necessaria una formazione etica per tutti i professionisti dell'intelligenza artificiale. Idealmente, il curriculum per ogni studente che impara l'AI, l'informatica o l'analisi scientifica dei dati dovrebbe includere argomenti relativi all'etica e alla sicurezza. Tuttavia, l'etica da sola non è sufficiente. L'etica può aiutare i professionisti a comprendere le loro responsabilità nei confronti di tutti gli stakeholder, ma la formazione etica deve essere potenziata con la capacità tecnica per mettere in pratica le buone intenzioni prendendo precauzioni tecniche mentre un sistema è costruito e testato (Executive Office, 2016). (Vedi Capitolo 2.)

2.6.4 Creazione di Visualizzazioni dei Dati

La visualizzazione dei dati basata sul modello deve soddisfare le esigenze specifiche correlate allo scopo del modello stesso. Ogni visualizzazione deve rispondere a una domanda o fornire un'analisi. Occorre stabilire lo scopo e le metriche per la visualizzazione: stato temporale, tendenze ed eccezioni, relazioni tra parti in movimento, differenze geografiche o un altro.

E' necessario inoltre selezionare l'oggetto visivo (visual) più appropriato allo scopo, ed assicurarsi che la visualizzazione sia riferita a un'audience specifica e regolare il layout e la complessità per evidenziare e semplificare di conseguenza. Non tutti i segmenti di pubblico sono pronti per un grafico interattivo complesso. Supportare le visualizzazioni con testo esplicativo.

Le visualizzazioni dovrebbero raccontare una storia. Lo "story telling" dei dati può collegare nuove domande al contesto dell'esplorazione dei dati. Lo "story telling" deve essere supportato da visualizzazioni di dati correlate per ottenere l'effetto migliore.

2.7 Implementazione e Monitoraggio

Un modello che soddisfi le esigenze aziendali in modo fattibile può essere distribuito nell'ambiente di produzione per il monitoraggio continuo. Tali modelli richiederanno raffinatezza e manutenzione. Sono disponibili diverse tecniche di modellazione per l'implementazione. I modelli possono gestire processi batch e messaggi di integrazione in tempo reale. Possono anche essere incorporati nel software di analisi come input nei sistemi di gestione delle decisioni, nell'analisi storica o nei dashboard di gestione delle prestazioni.

2.7.1 Esporre Approfondimenti e Risultati

La presentazione dei risultati e delle informazioni dettagliate sui dati, in genere tramite la visualizzazione dei dati, è il passaggio finale di un'analisi di data science. Le informazioni dettagliate devono essere connesse alle azioni in modo che l'organizzazione tragga vantaggio dal lavoro di Data Science.

Le nuove relazioni possono essere esplorate attraverso tecniche di visualizzazione dei dati. Quando viene utilizzato un modello, le modifiche nei dati e nelle relazioni sottostanti possono emergere, indicando una nuova "storia sui dati".

2.7.2 Iterazione con Fonti Dati Aggiuntive

La presentazione dei risultati e delle informazioni dettagliate sui dati di solito genera domande che avviano un nuovo processo di ricerca. La Data Science è iterativa, quindi, per poterla supportare, lo sviluppo di Big Data è iterativo. Questo processo di apprendimento da un insieme specifico di fonti dati spesso porta alla necessità di origini dati diverse o aggiuntive per supportare le conclusioni trovate e per aggiungere informazioni dettagliate ai modelli esistenti.

3. Strumenti

I progressi della tecnologia (Legge di Moore, la proliferazione di dispositivi portatili, IOT, per citarne alcuni) hanno creato l'industria dei Big Data e della Data Science. Per capire questa industria, bisogna comprenderne i driver. Questa sezione spiegherà gli strumenti e le tecnologie che hanno permesso alla Big Data Science di emergere.

L'avvento del Massively Parallel Processing (MPP) è stato uno dei primi fattori che hanno promosso i Big Data e la Data Science in quanto ha fornito i mezzi per analizzare enormi volumi di informazioni in brevi intervalli di tempo. Quello che stiamo facendo oggi è trovare l'ago nel pagliaio delle informazioni, o usare macchinari per arare tonnellate di terra per trovare le pepite d'oro. Questa tendenza continuerà.

Altri progressi che hanno cambiato il modo in cui guardiamo ai dati e alle informazioni includono:

- Analisi avanzata dei database
- Analisi su dati non strutturati (Hadoop, MapReduce)
- Integrazione dei risultati analitici con i sistemi operativi
- Visualizzazioni dei dati su più supporti e dispositivi
- Collegamento di informazioni strutturate e non strutturate tramite semantica
- Nuove fonti dati tramite IOT
- Funzionalità di visualizzazione avanzate
- Funzionalità di arricchimento dei dati
- Tecnologie e set di strumenti di collaborazione

I data warehouse esistenti, i data mart e gli archivi dati operativi (operational data stores, ODS) vengono potenziati per poter reggere il carico di lavoro dei Big Data. Le tecnologie NoSQL consentono l'archiviazione e l'esecuzione di query di dati non strutturati e semi-strutturati.

L'Accesso ai dati non strutturati avveniva principalmente tramite un'interfaccia di query batch che provocava un rallentamento dell'esecuzione pianificata e tempi di risposta insufficienti. Sono ora disponibili diversi database NoSQL con design che affrontano le limitazioni specifiche in questo processo di acquisizione. I database distribuiti scalabili (scalable distributed database) forniscono automaticamente funzionalità di partizionamento (la possibilità di scalare tra i server in modo nativo) per l'esecuzione di query parallele. Naturalmente, come con qualsiasi altro database, la definizione strutturale e il mapping per insiemi di dati non strutturati rimangono in gran parte processi manuali.

Le funzionalità di query, creazione di report e analisi immediate possono essere soddisfatte con le tecnologie in-memory dei Big Data che consentono agli utenti finali di creare query di tipo SQL per accedere ai dati non strutturati. Sono inoltre disponibili adattatori di SQL per alcuni strumenti che trasmetteranno un processo NoSQL e restituiranno una query conforme allo standard SQL, con limitazioni e avvertenze. Le tecnologie adattatrici (adaptor technologies) possono consentire l'utilizzo di strumenti esistenti per query di dati non strutturati.

I set di strumenti dei criteri decisionali, gli strumenti di implementazione dei processi e le offerte di servizi professionali possono facilitare e accelerare il processo di scelta di un set iniziale di strumenti. Come nel caso in cui si acquisiscono strumenti di Business Intelligence, è fondamentale valutare tutte le opzioni: costruzione interna, acquisto o affitto (fornito come software-as-a-service). Come indicato nel Capitolo 11, gli strumenti di sourcing cloud e le competenze associate devono essere confrontati con i costi di costruzione da zero o di deployment dei prodotti acquistati dai fornitori. Devono essere presi in considerazione anche i costi continuativi di aggiornamento e di potenziale sostituzione. L'allineamento a un OLA (Operational Level Agreement) definito può compensare i costi previsti e fornire input per la determinazione di sanzioni per la violazioni dei termini.

3.1 Tecnologie e Architettura MPP Shared-nothing

Le tecnologie di Massively Parallel Processing (MPP) Shared-nothing Database sono diventate la piattaforma standard per l'analisi orientata alla Data Science dei set di Big Data. Nei database MPP, i dati vengono partizionati (distribuiti logicamente) tra più server di elaborazione (nodi di calcolo), con ogni server che dispone di una propria memoria dedicata per elaborare i dati in locale. La comunicazione tra i server di elaborazione è in genere controllata da un host master e avviene tramite un'interconnessione di rete. Non vi è alcuna condivisione del disco o conflitto di memoria, da cui il nome, 'shared-nothing'.

MPP si è evoluto perché i paradigmi di calcolo tradizionali (indici, set di dati distribuiti e così via) non fornivano tempi di risposta accettabili su tabelle massive. Anche la più potente delle piattaforme di elaborazione (Cray computer) richiederebbe molte ore o addirittura giorni per calcolare un algoritmo complesso rispetto a una tabella di trilioni di righe.

Si consideri ora un certo numero di commodity server hardware, tutti allineati in fila e controllati tramite un host. A ciascuno viene inviata parte della query per l'esecuzione in base a questa tabella di trilioni di righe segmentata o distribuita. Se sono presenti, ad esempio, 1000 server di elaborazione, la query passa dall'accesso a un trilione di righe in una tabella all'accesso a tabelle di 1000 miliardi di righe. Questo tipo di architettura informatica è linearmente scalabile, il che aumenta l'attrattiva per i data scientist e gli utenti di Big Data che richiedono una piattaforma scalabile per incorporare la crescita.

Questa tecnologia ha anche permesso funzioni analitiche nel database – la capacità di eseguire funzioni analitiche (come K-means Clustering, Regressione, ecc.) a livello di processore. La distribuzione del carico di lavoro a livello di processore velocizza notevolmente le query analitiche, alimentando così l'innovazione nella Data Science. Un sistema che distribuisce automaticamente i dati e parallelizza i carichi di lavoro delle query su tutto l'hardware disponibile (localizzato) è la soluzione ottimale per l'analisi dei Big Data.

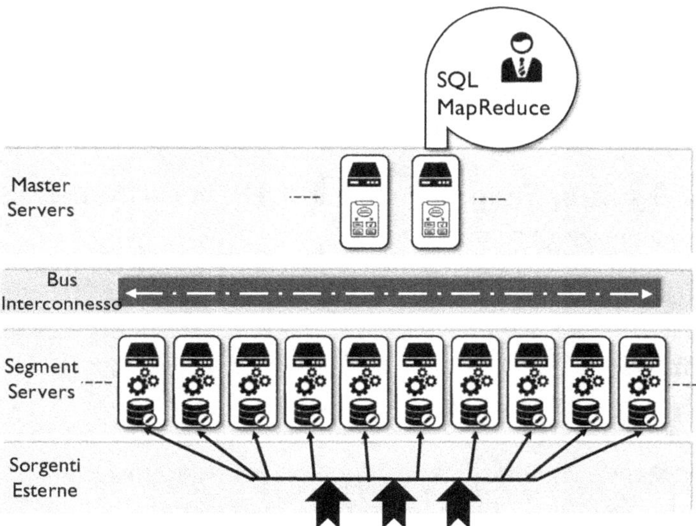

Figura 102 Architettura Columnar Appliance [85]

I volumi di dati stanno crescendo rapidamente. Le aziende possono aumentare la capacità e le prestazioni dei propri sistemi nel tempo aggiungendo nuovi nodi. MPP semplifica l'espansione del parallelismo di centinaia o migliaia di "core" in un pool di macchine in continua crescita. Un'architettura massivamente parallela, shared-nothing utilizza completamente ogni core, con scalabilità lineare e prestazioni di elaborazione maggiori su set di dati di grandi dimensioni.

3.2 Database Distribuiti Basati su File

Le tecnologie delle soluzioni distribuite basate su file, ad esempio Hadoop open source, sono un modo economico per archiviare grandi quantità di dati in formati diversi. Hadoop memorizza file di qualsiasi

---

[85] Fonte immagine: "Greenplum Database 4.0: Critical Mass Innovation", Carta bianca, agosto 2010.

tipo: strutturati, semistrutturati e non strutturati. Utilizzando una configurazione simile a MPP Shared-nothing (una base MPP per l'archiviazione dei file), condivide i file tra i server di elaborazione. È ideale per archiviare i dati in modo sicuro (dato che vengono create molte copie), ma si trova in difficoltà quando si tenta di consentire l'accesso ai dati tramite un meccanismo strutturato o analitico (come SQL).

A causa del suo costo relativamente basso, Hadoop è diventata la "landing zone" preferita per molte organizzazioni. Da Hadoop, i dati possono essere trasferiti in database MPP Shared-nothing per fare in modo che gli algoritmi vengano eseguiti su di esso. Alcune organizzazioni eseguono query di Data Science complesse in Hadoop e non si preoccupano dei tempi di risposta nell'ordine di ore e giorni (anziché dei minuti dell'architettura precedente).

Il linguaggio utilizzato nelle soluzioni basate su file è denominato MapReduce. Questo linguaggio ha tre passaggi principali:

- **Map**: Identificare e ottenere i dati da analizzare
- **Shuffle**: Combinare i dati in base ai modelli analitici desiderati
- **Riduce**: Rimuovere la duplicazione o eseguire l'aggregazione per ridurre le dimensioni del set di dati risultante solo a ciò che è necessario

Questi passaggi possono essere combinati in molti tool diversi in modi differenti, sia in sequenza che in parallelo, per eseguire manipolazioni complesse.

3.3 Algoritmi In-database

Un in-database algorithm utilizza il principio che ognuno dei processori in una piattaforma MPP Shared-nothing possa eseguire query in modo indipendente, pertanto una nuova forma di elaborazione dell'analisi potrebbe essere eseguita fornendo funzioni matematiche e statistiche a livello di nodo di calcolo. Librerie open source di algoritmi in-database scalabili per il machine learning, le statistiche e altre attività analitiche sono state progettate sia per l'esecuzione in e out-of-core che per il parallelismo shared-nothing offerto dai moderni motori di database paralleli, assicurando che il calcolo venga eseguito vicino ai dati. Avvicinando il calcolo ai dati, il tempo di calcolo viene notevolmente ridotto per algoritmi complessi (ad esempio K-means Clustering, Logistic o Linear regression, Mann-Whitney U Test, Conjugate Gradient, Cohort Analysis, ecc.).

3.4 Soluzioni Cloud per Big Data

Ci sono fornitori che distribuiscono soluzioni di cloud storage e integrazione per Big Data, incluse funzionalità analitiche. Sulla base di standard definiti, i clienti caricano i propri dati in un ambiente cloud. Il fornitore accresce (enhance) i dati, o come set di open data o forniti da altre organizzazioni. Il cliente può eseguire operazioni di analisi e Data Science usando il set di dati combinato. Un'applicazione ad esempio utilizza le offerte di vendita al dettaglio come soggetto per i dati, li combina con i dati geografici e di vendita e offre miglia aeree per i clienti che accettano di utilizzare i propri dati in questo modo.

3.5 Calcolo Statistico e Linguaggi Grafici

R è un linguaggio di scripting open source e un ambiente per l'elaborazione statistica e grafica. Fornisce un'ampia varietà di tecniche statistiche come ad esempio la modalità lineare e non lineare, test statistici classici, analisi di serie temporali, classificazione e clustering. Poiché si tratta di un linguaggio di scripting, i modelli sviluppati in *R* possono essere implementati in una varietà di ambienti, piattaforme diverse e sviluppi collaborativi attraverso più confini geografici e organizzativi. L'ambiente *R* può anche produrre grafici di qualità idonea per la pubblicazione, inclusi simboli matematici e formule, sotto il controllo dell'utente finale.

3.6 Strumenti di Visualizzazione dei Dati

Gli strumenti tradizionali della visualizzazione dati dispongono sia di dati che di una componente grafica. Gli strumenti avanzati di visualizzazione e discovery utilizzano l'architettura in-memory per consentire agli utenti di interagire con i dati. I modelli in un set di dati di grandi dimensioni possono essere difficili da riconoscere in una visualizzazione numerica. Un modello visivo può essere selezionato rapidamente quando migliaia di data point vengono caricati in una visualizzazione sofisticata.

Le grafiche informative o infografiche (infographics) sono rappresentazioni grafiche stilizzate per un'interazione e una comprensione efficaci. Il marketing li ha adottati per fornire maggiore appeal visivo alle presentazioni. Giornalisti, blogger e insegnanti hanno trovato le infografiche utili per l'analisi dei trend, la presentazione e la distribuzione. I metodi di visualizzazione delle informazioni, ad esempio grafici radar, grafici di coordinate parallele, tag chart, heat maps e mappe dati, sono ora supportati da molti strumenti. Questi consentono agli utenti di discernere rapidamente le modifiche dei dati nel tempo, ottenere informazioni dettagliate sugli elementi correlati e comprendere le potenziali relazioni di causa ed effetto prima che si verifichino gli impatti. Questi strumenti presentano diversi vantaggi rispetto agli strumenti di visualizzazione tradizionali:

- Tipologie più sofisticate di analisi e visualizzazione, ad esempio small multiples, spark line, heat maps, istogrammi, waterfall charts e bullet graphs
- Aderenza integrata alle best practice di visualizzazione
- Interattività che consente la visual discovery

4. Tecniche

4.1 Modellazione Analitica

Sono disponibili diversi strumenti open source per lo sviluppo, nonché l'elaborazione dei dati in cloud per lo sviluppo di modelli, per il processo di visual development, per il Web scraping e per l'ottimizzazione della programmazione lineare. Per condividere ed eseguire modelli da altre applicazioni, occorre cercare gli strumenti che supportino il linguaggio PMML (Predictive Model Markup Language), un formato di file basato su XML.

L'accesso in tempo reale può risolvere molti problemi di latenza dell'elaborazione batch. Apache Mahout è un progetto open source volto a creare una libreria di apprendimento automatico. Mahout è posizionato per automatizzare l'esplorazione dei Big Data attraverso l'estrazione dei suggerimenti, la classificazione dei documenti e il clustering degli item. Questo ramo di attività di sviluppo ignora le tecniche di accesso ai dati MapReduce query batch tradizionali. Utilizzando un'interfaccia API direttamente nel livello di archiviazione HDFS, è possibile fornire molteplici tecniche di accesso ai dati, ad esempio SQL, streaming di contenuti, machine learning e librerie grafiche per la visualizzazione dei dati. I modelli analitici sono associati con diverse profondità di analisi:

- **La modellazione descrittiva** riepiloga o rappresenta le strutture di dati in modo compatto. Questo approccio non sempre convalida un'ipotesi causale o prevede i risultati. Tuttavia, utilizza algoritmi per definire o perfezionare le relazioni tra le variabili in modo da fornire input a tale analisi.

- **La modellazione esplicativa** è l'applicazione di modelli statistici ai dati per testare l'ipotesi causale sui costrutti teorici. Mentre utilizza tecniche simili al data mining e all'analisi predittiva, il suo scopo è diverso. Non prevede i risultati; cerca il matching dei risultati del modello solo con i dati esistenti.

La chiave per l'analisi predittiva è il learn by example tramite il training del modello. Le prestazioni di un metodo di apprendimento mettono in relazione le sue capacità predittive su dati di test indipendenti. L'assessment guida la scelta dell'apprendimento e misura la qualità del modello scelto. La selezione del modello stima le prestazioni in cui l'assessment valuta l'errore di generalizzazione sui nuovi dati.

E' opportuno evitare l'overfitting: una situazione che si verifica quando viene eseguito il training del modello su set di dati non rappresentativi, il modello è eccessivamente complesso in relazione ai dati o ha descritto il rumore anziché le relazioni sottostanti. In questi casi, utilizzare tecniche aggiuntive come la convalida K-fold per indicare quando il training non produce miglioramenti ulteriori.

L'errore di training diminuisce costantemente con la complessità del modello e può scendere a zero. Pertanto, non è una stima utile dell'errore di test. Dividere casualmente il set di dati in tre parti per formare set di training, test e convalida. Il set di training viene utilizzato per adattarsi al modello, il set di convalida viene usato per stimare l'errore di selezione e il set di test viene utilizzato per la valutazione dell'errore di generalizzazione del modello finale.

Riutilizzare ripetutamente lo stesso set di test può portare a sottovalutare il vero errore di test. In teoria, eseguire la convalida incrociata dividendo casualmente il set di dati in un set di k-fold o gruppi di convalida incrociata. Eseguire il training su tutti i set di dati tranne uno in base a variabili predittive fortemente correlate. Testare il modello sul set rimanente e determinare l'errore di generalizzazione in base a tutti i K-fold. Diversi test statistici possono essere applicati ed eseguiti per valutare numericamente la validità del modello.

4.2 Modellazione dei Big Data

La modellazione dei Big Data è una sfida tecnica ma fondamentale per un'organizzazione che voglia descrivere e governare i propri dati. Si applicano i principi tradizionali dell'architettura dei dati aziendali; i dati devono essere integrati, specificati e gestiti.

Il driver principale per modellare fisicamente un data warehouse consiste nell'abilitare il popolamento dei dati per le prestazioni delle query. Questo driver non entra in gioco per i Big Data; tuttavia questa non è una scusa per abbandonare il processo di modellazione o per consegnarlo a uno sviluppatore. Il valore della modellazione dei dati è il consentire agli utenti di comprendere il contenuto dei dati stessi. Applicare tecniche di data modeling comprovate tenendo conto della varietà di fonti. Sviluppare il modello di area soggetto, almeno in modo riepilogativo, in modo che possa essere correlato a entità contestuali appropriate e inserito nella roadmap complessiva, proprio come qualsiasi altro tipo di dato. La sfida consiste nel creare un quadro comprensibile e utile di questi grandi set di dati ad un costo giustificabile. Comprendere in che modo i dati si collegano tra set di dati. Per i dati con granularità diversa, impedire le combinazioni che contino gli elementi di dati o i valori più di una volta; ad esempio, non combinare set atomizzati e aggregati.

5. Linee Guida per l'Attuazione

Molti dei principi generali di data management di warehouse di dati si applicano alla gestione dei Big Data: garantire che le origini dati siano affidabili, disporre di Metadati sufficienti per consentire l'utilizzo dei dati, gestire la qualità dei dati, capire come integrare i dati provenienti da fonti diverse, e garantire che i dati siano sicuri e protetti. (Vedi Capitoli 6, 7 e 8.) Le differenze nell'implementazione di un ambiente Big Data sono connesse a un insieme di incognite: come verranno utilizzati i dati, quali dati saranno utili, per quanto tempo dovranno essere conservati.

La velocità dei dati può indurre le persone a pensare di non avere il tempo di implementare i controlli. Questa è un'ipotesi pericolosa. Con set di dati più grandi, la gestione dell'inserimento e del conteggio dei dati in un data lake è fondamentale per evitare che diventi una palude (data swamp). L'inserimento (ingestion) potrebbe non richiedere sempre l'ownership o il commitment organizzativi per il set di dati studiato. Si prenda in considerazione la possibilità di affittare una piattaforma Big Data per periodi limitati per esplorare i dati di interesse. L'esplorazione può determinare rapidamente quali aree mostrino un potenziale valore. Eseguire questa operazione prima di inserirla nel data lake, nell'archivio dati o nell'area di gestione temporanea dei dati dell'organizzazione; una volta inserita, può risultare complicata da rimuovere.

5.1 Allineamento con la Strategia

Qualsiasi programma Big Data / Data Science dovrebbe essere strategicamente allineato con gli obiettivi organizzativi. La definizione di una strategia di Big Data favorisce le attività relative alla community di utenti, alla sicurezza dei dati, alla gestione dei Metadati, inc uso il lineage e la Gestione della Qualità dei Dati. La strategia dovrebbe documentare gli obiettivi, l'approccio e i principi di governance. La capacità di sfruttare i Big Data richiede la creazione di competenze e capacità organizzative. Utilizza la gestione delle capacità per allineare le iniziative aziendali e IT e definire una roadmap. I risultati finali della strategia devono tenere conto della gestione di:

- Ciclo di vita delle informazioni
- Metadati
- Qualità dei dati
- Acquisizione dei dati
- Accesso ai dati e sicurezza
- Governance dei dati
- Privacy dei dati
- Apprendimento e adozione
- Operazioni

5.2 Readiness Assessment / Risk Assessment

Come per qualsiasi progetto di sviluppo, l'implementazione di un'iniziativa di Big Data o Data Science dovrebbe essere in linea con le reali esigenze aziendali. Valutare la prontezza (readiness) organizzativa in relazione a fattori di successo critici:

- **Rilevanza aziendale**: In che modo le iniziative Big Data / Data Science e i corrispondenti casi d'uso si allineano con il business dell'azienda? Per avere successo, Big Data e Data Science devono migliorare fortemente una funzione aziendale o un processo.
- **Business readiness**: Il partner commerciale è pronto per una consegna incrementale a lungo termine? Si è impegnato a creare centri di eccellenza per sostenere il prodotto nelle versioni future? Quanto è ampia la media delle conoscenze o il gap di competenze all'interno della comunità di destinazione e può questo gap essere colmato in un singolo step incrementale?
- **Sostenibilità economica**: La soluzione proposta ha considerato in modo conservativo i benefici tangibili e immateriali? La valutazione dei costi di proprietà ha rappresentato la possibilità di acquisto o affitto rispetto alla costruzione da zero?
- **Prototipo**: La soluzione proposta può essere prototipata per un sottoinsieme della comunità degli utenti finali per un lasso di tempo finito per dimostrare la value proposition? Le implementazioni big bang possono causare grandi impatti economici e un "terreno di prova" può mitigare i rischi di implementazione.

Probabilmente le decisioni più impegnative risulteranno relative all'approvvigionamento dei dati, allo sviluppo della piattaforma e alle risorse.

- Esistono molte fonti per gli archivi dati digitali e non tutte devono essere di proprietà e gestite internamente. Alcune possono essere acquistate mentre altre possono essere in leasing.
- Molteplici strumenti e tecniche sono sul mercato; il matching con le esigenze sarà una sfida.

- Garantirsi il personale con competenze specifiche in modo tempestivo e mantenere i migliori talenti durante un'implementazione può richiedere la valutazione di alternative tra cui servizi professionali, cloud sourcing o collaborazione.
- Il tempo necessario per costruire talenti interni potrebbe superare la finestra di consegna.

5.3 Cambiamenti Organizzativi e Culturali

I referenti del business devono essere pienamente coinvolti per realizzare i benefici degli advanced analytics. Un programma di comunicazione e di istruzione è necessario per influenzarli. Un Centro di Eccellenza può fornire formazione, start-up, procedure consigliate per la progettazione, suggerimenti per le fonti dati e altre soluzioni o elementi per consentire agli utenti aziendali di raggiungere un modello self-service. Oltre alla gestione della conoscenza, il centro può fornire comunicazioni tempestive tra le comunità di sviluppatori, progettisti, analisti e utilizzatori di dati. Come per DW/BI, un'implementazione di Big Data riunirà una serie di ruoli chiave interfunzionali, tra cui:

- **Big Data Platform Architect**: Hardware, sistemi operativi, file system e servizi.
- **Ingestion Architect**: analisi dei dati, systems of record, modellazione dei dati e mapping dei dati. Fornisce o supporta il mapping delle origini al cluster Hadoop per query e analisi.
- **Metadata Specialist**: interfacce dei Metadati, architettura dei Metadati e contenuto.
- **Analytic Design Lead**: progettazione analitica rivolta all'utente finale, guida all'implementazione delle best practice nei set di strumenti utilizzati e supporto all'utente finale.
- **Data Scientist**: Fornisce una consulenza di architettura e progettazione del modello basata sulla conoscenza teorica delle statistiche e della computabilità, mette a disposizione strumenti appropriati e si occupa dell'applicazione tecnica ai requisiti funzionali.

6. Big Data e Data Science Governance

I Big Data, come gli altri dati, richiedono una governance. Il sourcing, l'analisi delle fonti, l'ingestion, l'arricchimento e la pubblicazione richiedono controlli di business e tecnici, affrontando domande quali:

- **Sourcing**: Cosa acquistare, quando ricercare fonti, qual è la migliore fonte di dati per un particolare studio
- **Condivisione**: Quali accordi di condivisione dei dati e contratti stipulare, termini e condizioni sia all'interno che all'esterno dell'organizzazione
- **Metadati**: Che cosa significano i dati "lato origine", come interpretare i risultati "lato output"
- **Arricchimento (enrichment)**: Se arricchire i dati, come arricchirli e i vantaggi dell'arricchimento dei dati
- **Accesso**: Cosa pubblicare, a chi, come, e quando

Una visione aziendale dovrebbe guidare le decisioni sulla loro gestione.

6.1 Gestione dei Canali di Visualizzazione

Un fattore di successo critico nell'implementazione di un approccio di Data Science è l'allineamento degli strumenti di visualizzazione appropriati per la comunità di utenti. A seconda delle dimensioni e della natura dell'organizzazione, è probabile che in diversi processi vengano applicati molti strumenti di visualizzazione diversi. Assicurarsi che gli utenti comprendano la relativa complessità degli strumenti di visualizzazione. Gli utenti sofisticati avranno esigenze sempre più complesse. Il coordinamento tra l'architettura aziendale, la gestione del portfolio e i team di manutenzione sarà necessario per controllare i canali di visualizzazione all'interno e all'esterno del portfolio. Tenere presente che la modifica dei provider di dati o dei criteri di selezione avrà probabilmente un impatto a valle degli elementi disponibili per la visualizzazione, il che può influire sull'efficacia degli strumenti.

6.2 Standard di Data Science e Visualizzazione

Una best practice consiste nello formare una comunità che definisca e pubblichi gli standard e le linee guida di visualizzazione e ne riveda gli elementi all'interno di un metodo di delivery specificato; ciò è particolarmente importante per i contenuti rivolti ai clienti e alle normative. Gli standard possono includere:

- Strumenti standard in base al paradigma analitico, alla comunità degli utenti, all'area dell'oggetto
- Richieste di nuovi dati
- Standard di processo del set di dati
- Processi per la presentazione neutrale ed esperta per evitare bias nei risultati e per garantire che tutti gli elementi inclusi siano stati processati in modo equo e coerente, tra cui:
    - Inclusione ed esclusione dei dati
    - Ipotesi nei modelli
    - Validità statistica dei risultati
    - Validità dell'interpretazione dei risultati
    - Appropriatezza dei metodi applicati

6.3 Sicurezza dei Dati

Avere un processo affidabile per proteggere i dati è di per sé un asset organizzativo. Dovrebbero essere stabilite e monitorate le policy per la gestione manuale e la protezione dei Big Data. Questi criteri dovrebbero tenere conto di come prevenire l'uso improprio dei dati personali e di come proteggerli durante l'intero ciclo di vita.

Effettuare in modo sicuro il provisioning di livelli appropriati di dati per il personale autorizzato e rendere accessibili i dati di sottoscrizione in base ai livelli concordati. Allineare i servizi alle comunità di utenti in modo da poter creare servizi speciali per eseguire il provisioning dei dati privati per le comunità autorizzate a inserirli, e mascherare i dati per altri utenti. Spesso le organizzazioni creano criteri per l'accesso alle informazioni che non devono essere violate (ad esempio, nessun accesso per nome, indirizzo o numero di telefono). Al fine di garantire informazioni altamente sensibili (numero di previdenza sociale, numeri di carta di credito, ecc.), i dati verranno memorizzati utilizzando tecniche di crittografia che offuschino le informazioni. È possibile scegliere una crittografia che, ad esempio, ha lo stesso "contenuto" quando viene crittografata, in modo che i modelli possano essere esposti senza conoscere i valori effettivi.

La *ricombinazione* misura la capacità di ricostituire dati sensibili o privati. Questa funzionalità deve essere gestita come parte della procedura di sicurezza dei Big Data. I risultati dell'analisi possono violare la privacy, anche se gli elementi di dati effettivi possono essere solo dedotti. Comprendere i risultati a livello di gestione dei Metadati è fondamentale per evitare questa e altre potenziali violazioni della sicurezza. Ciò richiede la conoscenza dell'utilizzo o dell'analisi da eseguire e da chi. Ad alcune persone fidate all'interno dell'organizzazione sarà concessa la possibilità di leggere questi dati quando necessario, ma non tutti, e certamente non per analisi approfondite. (Vedi Capitoli 2 e 7.)

6.4 Metadati

Nell'ambito di un'iniziativa di Big Data, un'organizzazione riunirà set di dati creati utilizzando approcci e standard diversi. L'integrazione di tali dati è difficile. I Metadati correlati a questi set di dati sono fondamentali per il loro utilizzo corretto. I Metadati devono essere gestiti con attenzione come parte della data ingestion, altrimenti il data lake diventerà rapidamente una palude di dati (data swamp). La comunità di utenti deve disporre di strumenti che consentano loro di creare un elenco principale di set di dati con Metadati che caratterizzino la struttura, il contenuto e la qualità dei dati, tra cui l'origine e il lineage dei dati e la definizione e gli utilizzi previsti di entità ed elementi di dati. I Metadati tecnici possono essere raccolti da diversi strumenti per Big Data, tra cui livelli di archiviazione dei dati, integrazione dei dati, MDM e persino i file system di origine. Per completare il lineage lato origine, è necessario considerare i feed real-time versus i dati inattivi versus gli elementi di dati computazionali.

6.5 Qualità dei Dati

Data Quality è una misura di deviazione da un risultato atteso: minore è la differenza, migliore è il livello di aderenza alle aspettative dei dati e maggiore è la qualità. In un ambiente ingegnerizzato, gli standard per la qualità dovrebbero essere facili da definire (anche se la pratica dimostra che non lo sono, o che molte organizzazioni non si prendono il tempo per definirli). Alcune persone hanno sollevato la questione se la qualità dei dati sia importante anche per Big Data. Il buon senso dice di sì. Affinché l'analisi sia affidabile, i dati sottostanti devono essere affidabili. Nei progetti di Big Data, può sembrare molto difficile determinare la qualità dei dati, ma è necessario uno sforzo per valutare la qualità per avere confidenza nell'analisi. Ciò può essere fatto attraverso un assessment iniziale, che è necessario per comprendere i dati, e attraverso questo, identificare le misurazioni per le istanze successive del set di dati. La valutazione della qualità dei dati produrrà preziosi Metadati che saranno input necessari per qualsiasi sforzo di integrazione dei dati.

Si consideri che le organizzazioni che operano con Big Data più mature analizzano le fonti di input dei dati utilizzando set di strumenti di qualità dei dati per comprendere le informazioni contenute in esse. I set di strumenti di data quality più avanzati offrono funzionalità che consentono a un'organizzazione di testare i presupposti e di creare informazioni sui propri dati. Per esempio:

- **Discovery**: Dove risiedono le informazioni all'interno del set di dati
- **Classificazione**: Quali tipi di informazioni sono presenti in base a modelli standardizzati
- **Profiling**: Come vengono popolati e strutturati i dati
- **Mapping**: Quali altri set di dati possono essere associati a questi valori

Proprio come in DW/BI, si è tentati di mettere la valutazione della qualità dei dati come ultima. Senza di essa, tuttavia, potrebbe essere difficile sapere cosa rappresentano i Big Data o come effettuare connessioni tra set di dati. L'integrazione si renderà necessaria e la probabilità che venga eseguito il provisioning dei feed di dati con strutture ed elementi identici è quasi pari a zero. Ciò significa, ad esempio, che i codici e altri potenziali dati di collegamento varieranno probabilmente tra diversi provider di dati. Senza un assessment iniziale, tali condizioni passeranno inosservate fino a quando non si esprimerà un'esigenza analitica che tenterà di unire o combinare tali provider.

6.6 Metriche

Le metriche sono fondamentali per qualsiasi processo di gestione; non solo quantificano l'attività, ma possono definire la variazione tra ciò che viene osservato e ciò che si desidera.

6.6.1 Metriche di Utilizzo Tecnico

Molti degli strumenti di Big Data offrono funzionalità di reporting dettagliate dell'amministratore che interagiscono direttamente con i contenuti sottoposti a query dalla community degli utenti. L'analisi tecnica dell'utilizzo cerca gli hotspot di dati (dati a cui si accede più di frequente) per gestire la distribuzione dei dati e preservare le prestazioni. I tassi di crescita alimentano anche la pianificazione della capacità.

6.6.2 Metriche di Caricamento e Scansione

Le metriche di caricamento e scansione definiscono il tasso di inserimento e l'interazione con la community degli utenti. Quando ogni nuova fonte dati viene acquisita, le metriche di caricamento devono aumentare e quindi livellare l'origine man mano che questa viene ingerita (ingested) completamente. I feed in tempo reale possono essere utilizzati tramite query di servizio, ma possono anche apparire quando vengono elaborati gli estratti pianificati; per questi feed, vi è da aspettarsi un aumento costante del caricamento dei dati.

I livelli dell'applicazione fornirebbero probabilmente le migliori metriche di utilizzo dei dati dai log di esecuzione. Monitorare il consumo o l'accesso tramite i Metadati disponibili, che possono guidare l'analisi dell'utilizzo mostrando i piani di esecuzione delle query che si sono verificati più di frequente.

Le metriche di scansione devono essere combinate con qualsiasi elaborazione delle query che possa verificarsi al di fuori dell'elaborazione analitica stessa. Gli strumenti di amministrazione devono essere in grado di fornire questo livello di report, nonché l'integrità complessiva del servizio.

6.6.3 Apprendimento e Storie

Per dimostrare la creazione di valore, il programma di Big Data / Data Science deve misurare risultati tangibili che giustifichino il costo dello sviluppo delle soluzioni e della gestione dei cambiamenti di processo. Le metriche possono includere la quantificazione dei benefici, la prevenzione o l'evitamento dei costi, nonché il periodo di tempo che intercorre tra l'avvio e i benefici realizzati. Le metriche comuni includono

- Conteggi e precisione dei modelli e dei pattern sviluppati
- Realizzazione dei ricavi da opportunità identificate
- Riduzione dei costi derivanti dall'evitare le minacce identificate

A volte, i risultati dell'analisi raccontano storie che possono portare a un reindirizzamento, a una rivitalizzazione e a nuove opportunità per l'organizzazione. Una misurazione potrebbe essere il conteggio di nuovi progetti e iniziative generati dal marketing e dai senior executive.

7. Opere Citate / Consigliate

Abate, Robert, Peter Aiken and Joseph Burke. *Integrating Enterprise Applications Utilizing A Services Based Architecture.* John Wiley and Sons, 1997. Print.

Arthur, Lisa. *Big Data Marketing: Engage Your Customers More Effectively and Drive Value.* Wiley, 2013. Print.

Barlow, Mike. *Real-Time Big Data Analytics: Emerging Architecture.* O'Reilly Media, 2013. Kindle.

Davenport, Thomas H. "Beyond the Black Box in analytics and Cognitive." *DataInformed* (website), 27 February 2017. http://bit.ly/2sq8uG0 Web.

Davenport, Thomas H. *Big Data at Work: Dispelling the Myths, Uncovering the Opportunities.* Harvard Business Review Press, 2014. Print.

EMC Education Services, ed. *Data Science and Big Data Analytics: Discovering, Analyzing, Visualizing and Presenting Data.* Wiley, 2015. Print.

Executive Office of the President, National Science and Technology Council Committee on Technology. *Preparing for the Future of Artificial Intelligence.* October 2016. http://bit.ly/2j3XA4k.

Inmon, W.H., and Dan Linstedt. *Data Architecture: A Primer for the Data Scientist: Big Data, Data Warehouse and Data Vault.* 1st Edition. Morgan Kaufmann, 2014.

Jacobs, Adam. "Pathologies of Big Data." *AMCQUEU*, Volume 7, Issue 6. July 6, 2009. http://bit.ly/1vOqd80. Web

Janssens, Jeroen. *Data Science at the Command Line: Facing the Future with Time-Tested Tools*. O'Reilly Media, 2014. Print.

Kitchin, Rob. *The Data Revolution: Big Data, Open Data, Data Infrastructures and Their Consequences*. SAGE Publications Ltd, 2014. Print.

Krishnan, Krish. *Data Warehousing in the Age of Big Data*. Morgan Kaufmann, 2013. Print. The Morgan Kaufmann Series on Business Intelligence.

Lake, Peter and Robert Drake. *Information Systems Management in the Big Data Era*. Springer, 2015. Print. Advanced Information and Knowledge Processing.

Lake, Peter. *A Guide to Handling Data Using Hadoop: An exploration of Hadoop, Hive, Pig, Sqoop and Flume*. Peter Lake, 2015. Kindle. Advanced Information and Knowledge Processing.

Laney, Doug. "3D Data Management: Controlling Data Volume, Velocity, and Variety." *The Meta Group* [Gartner]. 6 February 2001. http://gtnr.it/1bKflKH.

Loshin, David. *Big Data Analytics: From Strategic Planning to Enterprise Integration with Tools*, Techniques, NoSQL, and Graph. Morgan Kaufmann, 2013. Print.

Lublinsky, Boris, Kevin T. Smith, Alexey Yakubovich. *Professional Hadoop Solutions*. Wrox, 2013. Print.

Luisi, James. *Pragmatic Enterprise Architecture: Strategies to Transform Information Systems in the Era of Big Data*. Morgan Kaufmann, 2014. Print.

Marz, Nathan and James Warren. *Big Data: Principles and best practices of scalable realtime data systems*. Manning Publications, 2014. Print.

McCandless, David. *Information is Beautiful*. Collins, 2012.

Provost, Foster and Tom Fawcett. *Data Science for Business: What you need to know about data mining and data-analytic thinking*. O'Reilly Media, 2013. Print.

Salminen, Joni and Valtteri Kaartemo, eds. *Big Data: Definitions, Business Logics, and Best Practices to Apply in Your Business*. Amazon Digital Services, Inc., 2014. Kindle. Books for Managers Book 2.

Sathi, Arvind. *Big Data Analytics: Disruptive Technologies for Changing the Game*. Mc Press, 2013. Print.

Sawant, Nitin and Himanshu Shah. *Big Data Application Architecture Q&A: A Problem - Solution Approach*. Apress, 2013. Print. Expert's Voice in Big Data.

Slovic, Scott, Paul Slovic, eds. *Numbers and Nerves: Information, Emotion, and Meaning in a World of Data*. Oregon State University Press, 2015. Print.

Starbird, Michael. *Meaning from Data: Statistics Made Clear* (The Great Courses, Parts 1 and 2). The Teaching Company, 2006. Print.

Tufte, Edward R. *The Visual Display of Quantitative Information*. 2nd ed. Graphics Pr., 2001. Print.

van der Lans, Rick. Data Virtualization for Business Intelligence Systems: Revolutionizing Data Integration for Data Warehouses. Morgan Kaufmann, 2012. Print. The Morgan Kaufmann Series on Business Intelligence.

van Rijmenam, Mark. *Think Bigger: Developing a Successful Big Data Strategy for Your Business*. AMACOM, 2014. Print.

CAPITOLO 15

Data Management Maturity Assessment

1. Introduzione

Il Capability Maturity Assessment (CMA) è un approccio al miglioramento del processo basato su un framework – un Capability Maturity Model (CMM) – che descrive come le caratteristiche di un processo si evolvono da ad hoc a ottimale. Il concetto di CMA è nato dagli sforzi del Dipartimento della Difesa degli Stati Uniti per stabilire i criteri attraverso i quali valutare i fornitori di software. A metà degli anni '80, il Capability Maturity Model per i Software è stato pubblicato dal Software Engineering Institute della Carnegie-Mellon University. Pur essendo stati applicati per la prima volta nello sviluppo di software, i CMM sono stati sviluppati anche per una serie di altri campi, tra cui il data management.

I maturity model sono definiti in termini di progressione attraverso livelli che descrivono le caratteristiche del processo. Quando un'organizzazione acquisisce una conoscenza riguardo alle caratteristiche del processo, può valutare il proprio livello di maturità e mettere in atto un piano per migliorare le proprie capability. Può anche misurare il miglioramento e confrontarsi con concorrenti o partner, guidata dai livelli del modello. Ad ogni livello successivo, l'esecuzione del processo diventa più coerente, prevedibile e affidabile. I processi migliorano man mano che assumono le caratteristiche dei livelli. La progressione avviene in un ordine prestabilito; nessun livello può essere saltato. I livelli includono comunemente:[86]

- **Livello 0**: Assenza di capacità
- **Livello 1**: Iniziale o Ad Hoc: Il successo dipende dalla competenza degli individui
- **Livello 2**: Ripetibile: è in atto una disciplina di processo minima
- **Livello 3**: Definito: gli standard sono impostati e utilizzati
- **Livello 4**: Gestito: i processi sono quantificati e controllati
- **Livello 5**: Ottimizzato: Gli obiettivi di miglioramento dei processi sono quantificati

All'interno di ogni livello, vengono descritti i criteri tra le funzionalità di processo. Ad esempio, un modello di maturità può includere criteri relativi alla modalità di esecuzione dei processi, incluso il livello di automazione di tali processi. Può concentrarsi su politiche e controlli, così come sui dettagli del processo.

---

[86] Adattato da Select Business Solutions, "What is the Capability Maturity Model?" http://bit.ly/IFMJI8 (Accessed 2016-11-10).

Tale valutazione aiuta a identificare ciò che funziona bene, ciò che non funziona bene e dove un'organizzazione presenta lacune. Sulla base dei risultati, l'organizzazione può sviluppare una roadmap per:

- Opportunità di miglioramento ad alto valore relative a processi, metodi, risorse e automazione
- Funzionalità in linea con la strategia aziendale
- Processi di governance per la valutazione periodica del progresso organizzativo in base alle caratteristiche del modello

Una valutazione della maturità della gestione dei dati (Data Management Maturity Assessment, DMMA) può essere utilizzata per valutare la gestione dei dati in generale oppure può essere utilizzata per concentrarsi su una singola Knowledge Area o anche su un singolo processo. Qualunque sia l'obiettivo, un DMMA può aiutare a colmare il divario tra prospettive aziendali e IT sulla base dello "stato di salute" e dell'efficacia delle pratiche di data management. Una DMMA fornisce un linguaggio comune per illustrare l'aspetto dei progressi nelle Data Management Knowledge Area e offre un percorso di miglioramento basato su fasi, che può essere adattato alle priorità strategiche di un'organizzazione. [87] Pertanto, può essere utilizzato sia per impostare e misurare gli obiettivi organizzativi, nonché per confrontare la propria organizzazione con altre organizzazioni o benchmark di settore.

Prima di iniziare qualsiasi DMMA, un'organizzazione deve stabilire una comprensione di base delle capability, delle risorse, degli obiettivi e delle priorità attuali. Un certo livello di maturità organizzativa è necessario in primo luogo per condurre la valutazione, nonché per rispondere efficacemente ai risultati della valutazione fissando obiettivi, stabilendo una roadmap e monitorando i progressi.

1.1 Driver aziendali

Le organizzazioni effettuano valutazioni di maturità delle capability per una serie di motivi:

- **Regolamentazioni**: La supervisione normativa richiede livelli minimi di maturità nella gestione dei dati.
- **Data Governance**: La funzione di data governance richiede una valutazione della maturità ai fini della pianificazione e della conformità.
- **Preparazione organizzativa per il miglioramento dei processi**: Un'organizzazione riconosce la necessità di migliorare le proprie pratiche e inizia valutandone lo stato attuale. Ad esempio, nel gestire i Master Data deve valutare la propria preparazione per implementare processi e strumenti MDM.
- **Cambiamento organizzativo**: Un cambiamento organizzativo, ad esempio una fusione, presenta sfide riguardanti la gestione dei dati. Un DMMA fornisce input per pianificare queste sfide.
- **Nuove tecnologie**: I progressi tecnologici offrono nuovi modi per gestire e utilizzare i dati. L'organizzazione vuole capirne la probabilità di un'adozione di successo.

---

[87] http://bit.ly/1Vev9xx giovedì 18 luglio 2015.

- **Data Management issue**: Quando si rende necessario affrontare problemi di qualità dei dati o altri temi relativi alla gestione dei dati, l'organizzazione costruisce la baseline del suo stato attuale al fine di prendere le migliori decisioni su come implementare il cambiamento.

Data Management Maturity Assessment

Definizione: Un metodo per la classificazione delle procedure per la gestione dei dati all'interno di un'organizzazione per caratterizzare lo stato corrente della gestione dei dati e il relativo impatto sull'organizzazione

Obiettivi:
1. Individuare e valutare in modo completo le attività critiche di gestione dei dati all'interno di un'organizzazione.
2. Educare gli stakeholder sui concetti, i principi e le pratiche della gestione dei dati, nonché per identificare i loro ruoli e responsabilità in un contesto più ampio come creatori e gestori di dati.
3. Stabilire o migliorare un programma di gestione dei dati sostenibile a livello aziendale a sostegno degli obiettivi operativi e strategici.

Drivers di Business

Inputs:
- Strategia e Obiettivi di Business
- Cultura & tolleranza al rischio
- Frameworks di Maturità & DAMA-DMBOK
- Policy, processi, standards, modelli operativi
- Benchmarks

Attività:
1. **Pianificare le Attività di Assessmen (P)**
   1. Stabilire l'Ambito e l'Approccio
   2. Pianificare le Comunicazioni
2. **Eseguire il Maturity Assessment (C)**
   1. Raccogliere Informazioni
   2. Eseguire l'Assessment
   3. Interpretare i Risultati
3. **Sviluppare Raccomandazioni (D)**
4. **Creare Programma mirato al Miglioramento (P)**
5. **Eseguire nuovamente il Maturity Assessment (C)**

Deliverables:
- Voti e Ranks
- Maturity Baseline
- Assessment della Prontezza
- Assessment del Rischio
- Capacità di Personale
- Opzioni di investimento e risultati
- Raccomandazioni
- Roadmap
- Briefings Executive

Fornitori:
- Executives
- Data Stewards
- DM Executives
- Esperti della Materia
- Dipendenti

Coinvolgimenti:
- CDO/CIO
- Business Management
- DM Executives & Organismi di Data Governance
- Data Governance Office
- Valutatori della Maturity
- Dipendenti

Utilizzatori:
- Executives
- Audit / Compliance
- Enti Regolatori
- Data Stewards
- Organismi di Data Governance
- Gruppo di Efficacia Organizzativa
-

Drivers Tecnici

Tecniche:
- Selezione del Framework di Data Management Maturity
- Coinvolgimento della Community
- DAMA-DMBOK
- Benchmarks Esistenti

Strumenti:
- Frameworks di Data Management Maturity
- Piano di Comunicazione
- Strumenti di Collaborazione
- Knowledge Management e Metadata Repositories
- Strumenti di Data Profiling

Metriche:
- Punteggi Locali e Totali di DMMA
- Utilizzo delle risorse
- Esposizione al rischio
- Gestione delle spese
- Inputs al DMMA
- Tasso di cambiamento

(P) Pianificazione, (C) Controllo, (D) Sviluppo, (O) Operations

Figura 103 Context Diagram: Data Management Maturity Assessment

1.2 Obiettivi e principi

L'obiettivo principale di un data management capability assessment è di valutare lo stato corrente delle attività critiche di gestione dei dati al fine di pianificarne il miglioramento. La valutazione pone l'organizzazione sulla scala di maturità chiarendo punti di forza e di debolezza specifici. Essa consente all'organizzazione di identificare, assegnare priorità e implementare le opportunità di miglioramento. Nel raggiungere il suo obiettivo primario, un DMMA può avere un impatto positivo sulla cultura aziendale in quanto aiuta a:

- Istruire gli stakeholder su concetti, principi e procedure di data management
- Chiarire i ruoli e le responsabilità degli stakeholder in relazione ai dati dell'organizzazione
- Sottolineare la necessità di gestire i dati come risorsa critica
- Ampliare il riconoscimento delle attività di gestione dei dati all'interno dell'organizzazione
- Contribuire a migliorare la collaborazione necessaria per una governance efficace dei dati

In base ai risultati della valutazione, un'organizzazione può migliorare il proprio programma di Gestione dei Dati in modo da supportare la direzione operativa e strategica dell'organizzazione. In genere, i programmi di Data Management vengono sviluppati in "silos organizzativi"; raramente iniziano con una visione aziendale dei dati. Una DMMA può supportare l'organizzazione nello sviluppo di una visione coesa che supporti la strategia organizzativa complessiva. Una DMMA consente all'organizzazione di chiarire le priorità, cristallizzare gli obiettivi e sviluppare un piano integrato di miglioramento.

1.3 Concetti essenziali

1.3.1 Livelli e caratteristiche di valutazione

Le CMM di solito definiscono cinque o sei livelli di maturità, ciascuno con le proprie caratteristiche che vanno da inesistente o ad hoc a prestazioni ottimizzate o ad alte prestazioni. Vedere Figura 104 per una visualizzazione esemplificativa.

Di seguito è riportato un riepilogo generico dei macro-stati di maturità della gestione dei dati. Una valutazione dettagliata dovrebbe includere criteri per sottocategorie quali strategia, policy, norme, definizioni di ruolo, ecc. all'interno di ciascuna delle Knowledge Area.

- **Livello 0: Nessuna capacità**: Nessuna procedura di gestione dei dati organizzata o processi aziendali formali per la gestione dei dati. Esistono pochissime organizzazioni a livello 0. Questo livello è riconosciuto in un maturity model per fini di definizione.

- **Livello 1 Iniziale / Ad Hoc:** Gestione dei dati "general-purpose" utilizzando un set di strumenti limitato, con poca o nessuna governance. La gestione dei dati dipende principalmente da alcuni esperti. I ruoli e le responsabilità sono definiti all'interno di "silos". Ogni data owner riceve, genera e invia i dati in modo autonomo. I controlli, se esistenti, vengono applicati in modo incoerente. Le soluzioni per la gestione dei dati sono limitate. I problemi relativi alla qualità dei dati sono diffusi ma non affrontati. I supporti dell'infrastruttura sono a livello di business unit.

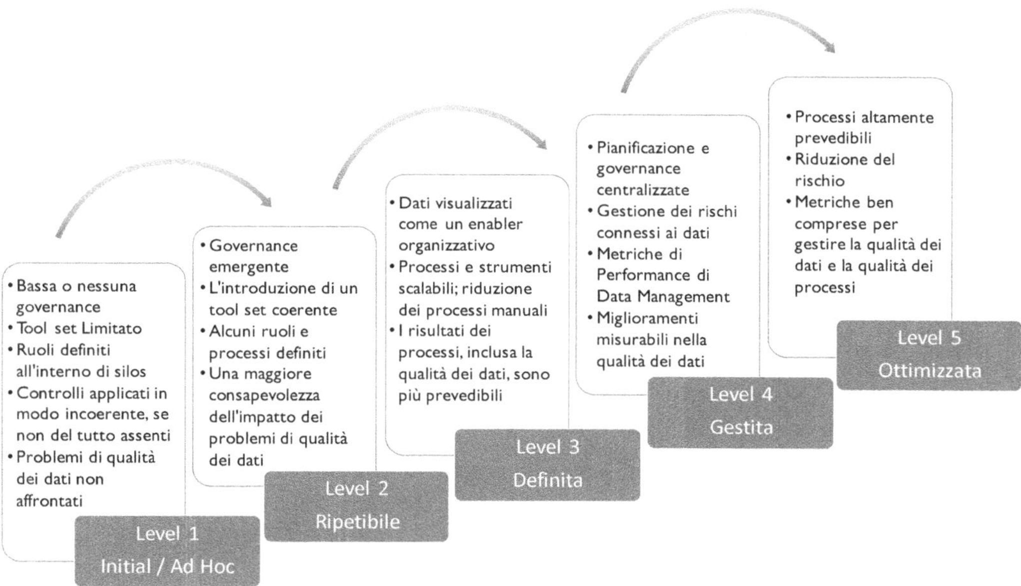

Figura 104 Esempio di Data Management Maturity Model

I criteri di valutazione possono includere la presenza di controlli di processo, ad esempio la registrazione dei problemi di qualità dei dati.

- **Livello 2 Ripetibile**: Emergono strumenti coerenti e definizioni di ruolo per supportare l'esecuzione del processo. Nel Livello 2, l'organizzazione inizia a utilizzare strumenti centralizzati e a fornire una maggiore supervisione per la gestione dei dati. I ruoli sono definiti e i processi non dipendono esclusivamente da esperti specifici. C'è consapevolezza organizzativa dei temi e dei concetti di Data Quality. I concetti di Master Data e Reference Data iniziano a essere riconosciuti.

I criteri di valutazione possono includere la definizione formale di ruoli la documentazione dei processi e la capacità di sfruttare gli strumenti (di Data Management).

- **Livello 3 Definito**: Capacità di gestione dei dati emergenti. Il Livello 3 vede l'introduzione e l'istituzionalizzazione di processi scalabili di gestione dei dati e una visione del DM come un abilitatore organizzativo. Le caratteristiche includono la replica dei dati all'interno di un'organizzazione con alcuni controlli in atto e un aumento generale della qualità complessiva dei dati, insieme a una definizione e una gestione coordinate dei criteri. Una definizione più formale del processo comporta una significativa riduzione dell'intervento manuale. Questo, insieme a un processo di progettazione centralizzato, significa che i risultati del processo sono più prevedibili.

I criteri di valutazione possono includere l'esistenza di criteri di gestione dei dati, l'uso di processi scalabili e la coerenza dei data model e dei controlli di sistema.

- **Livello 4 Gestito**: Le conoscenze istituzionali acquisite dalla crescita nei Livelli 1-3 consentono all'organizzazione di prevedere i risultati di nuovi progetti e attività e di iniziare a gestire i rischi legati ai dati. La gestione dei dati comprende parametri sulle prestazioni. Le caratteristiche del Livello 4 includono strumenti standardizzati per la gestione dei dati dal desktop all'infrastruttura, insieme a una funzione di pianificazione e governance centralizzata ben strutturata. Le espressioni di questo livello sono un aumento misurabile della qualità dei dati e delle funzionalità a livello organizzativo, come ad esempio i controlli dei dati end-to-end.

I criteri di valutazione possono includere parametri relativi al successo del progetto, parametri operativi per i sistemi e parametri di qualità dei dati.

- **Livello 5 Ottimizzazione:** Quando le procedure di gestione dei dati sono ottimizzate, risultano altamente prevedibili, a causa dell'automazione dei processi e della gestione delle modifiche tecnologiche. Le organizzazioni a questo livello di maturità si concentrano sul miglioramento continuo. Al Livello 5, gli strumenti permettono una visualizzazione dei dati tra i diversi processi. La proliferazione dei dati è controllata per evitare inutili duplicazioni. Metriche ben comprese vengono utilizzate per gestire e misurare la qualità e i processi dei dati.

I criteri di valutazione possono includere gli elementi di gestione delle modifiche e i parametri per il miglioramento dei processi.

1.3.2 Criteri di Valutazione

Ogni livello di capability avrà criteri di valutazione specifici relativi ai processi in fase di valutazione. Ad esempio, se viene valutata la maturità della funzione di data modeling, il Livello 1 può richiedere se esiste una pratica di data modeling e a quanti sistemi si estende; il Livello 2 può richiedere se sia stato definito un approccio alla modellazione dei dati aziendali; il Livello 3 richiederà in che misura l'approccio è stato attuato; il Livello 4 si richiederà se le norme di modellazione siano state applicate in modo efficace; e il Livello 5 richiederà informazioni sui processi in atto per migliorare le pratiche di modellazione. (Vedi Capitolo 5.)

A qualsiasi livello, i criteri di valutazione saranno valutati su una scala, ad esempio 1 – Non iniziato, 2 – In corso, 3 – Funzionale, 4 – Efficace, che mostra i progressi all'interno di tale livello e il movimento verso il livello successivo. I punteggi possono essere combinati o visualizzati visivamente per consentire la comprensione della differenza tra lo stato attuale e quello desiderato.

Quando si valuta l'utilizzo di un modello che può essere mappato per una DAMA-DMBOK Data Management Knowledge Area, è possibile formulare criteri basati sulle categorie nel Context Diagram:

- **Attività:** In che misura è in atto l'attività o il processo? Sono definiti criteri per un'esecuzione efficace ed efficiente? Quanto è ben definita ed eseguita l'attività? Vengono prodotti output a livello di best practice?

- **Strumenti:** Fino a che punto l'attività è automatizzata e supportata da un insieme comune di strumenti? La formazione sugli strumenti viene fornita all'interno di specifici ruoli e responsabilità? Gli strumenti sono disponibili quando e dove necessario? Sono configurati in modo ottimale per fornire i risultati più efficaci ed efficienti? In che misura è in atto una pianificazione tecnologica a lungo termine per supportare le future capacità?

- **Standard**: In che misura l'attività è supportata da un insieme comune di standard? Quanto sono ben documentati gli standard? Gli standard sono applicati e supportati dalla governance e dalla gestione delle modifiche?

- **Persone e risorse**: In che misura l'organizzazione è attrezzata per svolgere l'attività? Quali competenze specifiche, formazione e conoscenza sono necessarie per eseguire l'attività? Quanto sono definiti i ruoli e le responsabilità?

La illustra un metodo di rappresentazione di un sommario visivo di risultati provenienti da un DMMA. Per ognuna delle possibilità (Governance, Architettura, etc.) l'anello esterno della rappresentazione mostra il livello di capability che l'organizzazione ha determinato come necessario per poter competere con successo. L'anello interno mostra il livello di capability determinato tramite la valutazione. Le aree dove la distanza tra i due anelli si è maggiore rappresentano i rischi maggiori per l'organizzazione. Un report di questo tipo può aiutare a stabilire delle priorità e a misurare il progresso nel corso del tempo.

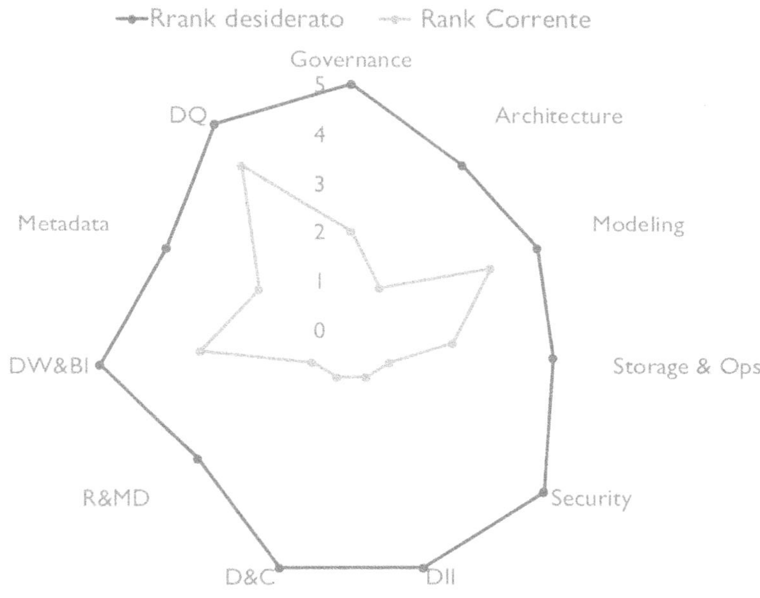

Figura 105 Esempio di visualizzazione di un Data Management Maturity Assessment

---

1.3.3 Framework DMMA esistenti[88]

Un framework di valutazione della maturità della gestione dei dati è segmentato in argomenti discreti di gestione dei dati. L'attenzione e il contenuto del framework variano a seconda che abbiano un focus generale o specifico per un settore industriale. Tuttavia, la maggior parte degli argomenti relativi agli

---

[88] Per ulteriori informazioni e revisione delle CMM di data management esistenti, vedere: Alan McSweeney, *Review of Data Management Maturity Models*, SlideShare.net, pubblicato 2013-10-23. http://bit.ly/2spTCY9. Jeff Gorball, *Introduction to Data Management Maturity Models*, SlideShare.net, pubblicato 2016-08-01. McSweeney include il DAMA-DMBOK come uno dei suoi maturity model, anche se il DMBOK non è strutturato come tale.

indirizzi possono essere mappati in DAMA-DMBOK Knowledge Area. Gli esempi riportati di seguito hanno lo scopo di illustrare la gamma di Capability Maturity Models sviluppati nell'area di gestione dei dati. Molti fornitori hanno sviluppato i propri modelli; le organizzazioni devono valutare diversi modelli prima di scegliere un fornitore o prima di sviluppare il proprio framework.

1.3.3.1 Modello di Maturità della Gestione dei Dati CMMI (Data Management Maturity Model, DMM)

Il CMMI (Capability Maturity Model Institute) ha sviluppato il CMMI-DMM (Data Management Maturity Model) che fornisce criteri di valutazione per le seguenti aree di gestione dei dati:

- Strategia di gestione dei dati
- Governance dei dati
- Qualità dei dati
- Piattaforma e Architettura
- Operazioni sui dati
- Processi di supporto

All'interno di ciascuno di questi processi, il modello identifica i sottoprocessi per la valutazione. Ad esempio, la sezione Data Quality tiene conto di Strategia, Valutazione, Profilatura e Cleansing della Qualità dei Dati. Il modello tiene conto anche della relazione tra le aree di gestione dei dati. Ad esempio, la necessità di allineamento degli stakeholder, la relazione tra i processi aziendali e il Data Quality Management.[89]

1.3.3.2 DCAM del Consiglio EDM[90]

L'Enterprise Data Management Council, un'organizzazione di patrocinio del settore per i servizi finanziari con sede negli Stati Uniti, ha sviluppato il DCAM (Data Management Capability Assessment Model). Il DCAM, frutto di uno sforzo guidato dai membri per ottenere il consenso sulle best practice per la gestione dei dati, descrive 37 funzionalità e 115 sottofunzionalità associate allo sviluppo di un programma di Data Management sostenibile. Il punteggio si concentra sul livello di coinvolgimento degli stakeholder, sulla formalità del processo e sull'esistenza di artefatti che dimostrano il raggiungimento delle capacità.

1.3.3.3 Modello di Maturità IBM Data Governance Council[91]

Il Data Governance Council Maturity Model di IBM si basava sul contributo di un consiglio di 55 organizzazioni. I membri del Consiglio hanno collaborato per definire un insieme comune di

---

[89] http://bit.ly/1Vev9xx (informazioni in cui la versione 1V9xx) Accessed 2015-07-18.

[90] http://bit.ly/2sqaSga Accessed 2015-07-18.

[91] https://ibm.co/2sRfBIn (accessed 2016-12-04).

comportamenti osservabili e desiderati che le organizzazioni possono utilizzare per valutare e progettare i propri programmi di data governance. Lo scopo del modello è aiutare le organizzazioni a creare coerenza e controllo di qualità nella governance attraverso tecnologie aziendali comprovate, metodi di collaborazione e best practice. Il modello è organizzato intorno a quattro categorie chiave:

- **Risultati:** Gestione e conformità del data risk, creazione di valore
- **Abilitatori:** Struttura organizzativa e consapevolezza, politica, gestione
- **Discipline fondamentali:** Data Quality Management, gestione del ciclo di vita delle informazioni, sicurezza delle informazioni e privacy
- **Discipline di supporto:** Architettura dei dati, classificazione e Metadati, informazioni di controllo, registrazione e reporting

Il modello IBM è presentato sia come Framework di Maturità che come una serie di domande di valutazione con risposte costruite per indicare i livelli di maturità.

1.3.3.4 Modello di Maturità della Governance dei Dati di Stanford[92]

Lo Stanford Data Governance Maturity Model è stato sviluppato per l'uso da parte dell'Università; non era destinato ad essere uno standard del settore. Ciò nonostante, risulta un solido esempio di modello che fornisce una guida e uno standard di misurazione. Il modello si concentra sulla data governance, non sulla gestione dei dati, ma fornisce comunque una base per la valutazione complessiva della gestione dei dati. Il modello distingue tra componenti di base (consapevolezza, formalizzazione, Metadati) e del progetto (gestione dei dati, qualità dei dati, Master Data). All'interno di ciascuno di questi, articola i driver per le persone, le policy e le capability. Articola poi le caratteristiche di ogni livello di maturità. Fornisce inoltre misurazioni qualitative e quantitative per ogni livello.

1.3.3.5 Modello di Maturità di Gartner per la Gestione delle Informazioni Aziendali

Gartner ha pubblicato un modello di maturità EIM, che stabilisce i criteri per la valutazione di visione, strategia, parametri, governance, ruoli e responsabilità, ciclo di vita e infrastruttura.

2. Attività

I Data Management Maturity Assessment richiedono una pianificazione. Per garantire risultati pratici e attuabili, bisogna lasciare tempo all'interno del piano per la preparazione dei materiali e la valutazione dei risultati. Gli assessment dovrebbero essere condotti in un breve lasso di tempo definito. Lo scopo dell'assessment è esporre i punti di forza attuali e le opportunità di miglioramento, non di risolvere i problemi.

---

[92] http://stanford.io/2sBR5bZ (accessed 2016-12-04) e http://stanford.io/2rVPyM2 (accessed 2016-12-04).

Gli assessment sono condotti sollecitando i contributi dei referenti di business, data management e information technology. L'obiettivo è quello di raggiungere una visione consensuale delle capability dello stato attuale, supportata da prove. Tali prove possono provenire dall'esame di dati oggettivi (ad esempio se esistono backup del database), attraverso interviste (verifica che qualcuno stia eseguendo un sistema di valutazione dei record per il riutilizzo) o entrambi.

Gli assessment possono e devono essere scalati in base alle esigenze dell'organizzazione. Tuttavia, sono da modificare con cura; in quanto i modelli potrebbero perdere di rigore o di tracciabilità rispetto alle finalità originali se abbreviati o modificati. Bisogna quindi mantenere intatta l'integrità del modello durante la personalizzazione.

2.1 Pianificare le Attività di Assessment

La pianificazione di un assessment include la definizione dell'approccio generale e la comunicazione con le parti interessate prima e durante l'assessment per assicurarsi che siano correttamente coinvolte. L'assessment stesso comprende la raccolta e la valutazione di input e la comunicazione di risultati, raccomandazioni e piani d'azione.

2.1.1 Definizione degli Obiettivi

Qualsiasi organizzazione che decida di valutare il proprio livello di maturità nella gestione dei dati è già impegnata nello sforzo di migliorare le proprie practice. Nella maggior parte dei casi, tale organizzazione avrà identificato i driver per l'assessment. Questi fattori devono essere definiti sotto forma di obiettivi che descrivano il focus e influenzino la portata dell'assessment. Gli obiettivi dell'assessment devono essere chiaramente compresi dai dirigenti e dalle linee di business, che possono contribuire a garantire l'allineamento con la direzione strategica dell'organizzazione.

Gli obiettivi dell'assessment forniscono anche criteri in base ai quali scegliere quale modello di valutazione adottare, a quali aree di business dare priorità per la valutazione e chi debba fornire un contributo diretto al processo.

2.1.2 Scegliere un Framework

Come descritto nella Sezione 1.3.3, i framework esistenti si concentrano su diversi aspetti della gestione dei dati. È necessario esaminare questi framework nel contesto delle ipotesi sullo stato attuale e sugli obiettivi di valutazione al fine di sceglierne uno che fornisca informazioni significative. Le aree di interesse del modello di assessment possono essere personalizzate in base all'obiettivo o all'organizzazione.

La scelta del quadro influenza il modo in cui viene condotto l'assessment. Il team che vi lavora dovrebbe avere esperienza nel modello e nella metodologia da cui dipende.

2.1.3 Definire l'Ambito Organizzativo

La maggior parte dei Framework DMM sono progettati per essere applicati a un'intera azienda. Tuttavia, un ambito a livello aziendale può essere poco pratico. Per una prima valutazione, è in genere consigliabile definire un ambito gestibile, ad esempio una singola area aziendale o un programma. Le aree scelte rappresentano un sottoinsieme significativo dell'organizzazione e i partecipanti devono essere in grado di influenzare i processi aziendali chiave che influiscono sui data asset nell'ambito. Come parte di un approccio graduale, l'assessment può essere ripetuto per altre parti dell'organizzazione. Esistono differenze tra assessment locali e aziendali:

- **Gli assessment locali** possono essere più dettagliati. Possono anche essere eseguiti più rapidamente perché l'ambito è contenuto. Per eseguire un assessment locale, è necessario selezionare una funzione altamente regolamentata, ad esempio la creazione di report finanziari all'interno di una società pubblica. Gli input, i ruoli, gli strumenti e gli utilizzatori possono essere al di fuori delle funzioni valutate, il che può complicare l'ambito e l'esecuzione dell'assessment. Gli assessment locali ben pianificati possono spesso essere aggregati e pesati per pervenire ad una valutazione aziendale, poiché molti asset di dati sono condivisi.

- **Gli assessment aziendali** si concentrano su più ampie e talvolta disconnesse parti di un'organizzazione. Un assessment aziendale può essere creato da DMMA locali o può essere un'attività separata. Ad esempio, un'organizzazione può valutare diverse funzioni (ricerca e sviluppo, produzione e finanza) in base allo stesso criterio. Gli input, i ruoli, gli strumenti e gli utilizzatori sono in genere aziendali e multilivello.

2.1.4 Definizione dell'Approccio all'Interazione

Nell'eseguire un DMMA, un'organizzazione deve seguire le raccomandazioni per il modello selezionato. Le attività di raccolta delle informazioni possono includere workshop, interviste, sondaggi e review di oggetti e documenti. È opportuno utilizzare metodi che siano allineati alla cultura organizzativa, che riducano al minimo l'impegno di tempo da parte dei partecipanti e consentano il completamento rapido dell'assessment in modo che le azioni conseguenti possano essere definite mentre il processo è ancora "fresco" nella mente dei partecipanti.

In tutti i casi, le risposte dovranno essere formalizzate facendo determinare i criteri di valutazione da parte dei partecipanti. In molti casi, l'assessment includerà anche l'ispezione e la valutazione effettive di oggetti / documenti e di altre prove.

In caso di ritardi nel completamento dell'assessment, è probabile che gli stakeholder perdano entusiasmo per il programma di Data Management e l'impulso per contribuire a un cambiamento positivo. Si consiglia di evitare un'analisi dettagliata e completa e di enfatizzare un giudizio sulla base dell'esperienza dei leader della valutazione. I framework DMM forniscono i criteri di misurazione e un percorso di miglioramento al loro interno. Questi consentono la sintesi di un quadro completo dell'attuale programma di Data Management e delle sue parti.

2.1.5 Pianificare le Comunicazioni

Le comunicazioni contribuiscono al successo complessivo dell'assessment e alle azioni che ne conseguono. La comunicazione sarà rivolta ai partecipanti e ad altri stakeholder. I risultati possono avere un impatto sul lavoro delle persone, attraverso cambiamenti nella metodologia e nell'allineamento organizzativo, quindi è importante comunicare chiaramente lo scopo, il processo e le aspettative specifiche per individui e gruppi. È necessario assicurarsi che i partecipanti comprendano il modello di assessment e come verranno utilizzati i risultati.

Prima dell'inizio dell'assessment, le parti interessate devono essere informate sulle aspettative dell'assessment stesso. Le comunicazioni devono descrivere:

- Lo scopo del DMMA
- Come sarà condotto
- Quale potrebbe essere il loro coinvolgimento
- La pianificazione delle attività di valutazione

Durante ciascuna attività dell'assessment (ad esempio, una riunione di focus group), occorre assicurarsi che vi sia un ordine del giorno chiaro, e un piano per rispondere a domande di follow-up. Inoltre, è opportuno ricordare continuamente ai partecipanti i goal e gli obiettivi; ringraziare sempre i partecipanti per il loro contributo e definire i prossimi passi.

È necessario determinare la probabilità di successo dell'approccio pianificato nell'ambito aziendale target, inclusi fattori quali resistenza/cooperazione, possibili problemi legali connessi con l'esposizione a ispezioni esterne se dovessero venire rilevati gap significativi o possibili issue relative alle Risorse Umane.

Il piano di comunicazione dovrebbe . includere uno schedule per riportare i risultati e le raccomandazioni a tutti i livelli, comprese i report generali e i briefing esecutivi.

2.2 Eseguire il Maturity Assessment

2.2.1 Raccogliere le Informazioni

Il passaggio successivo consiste nel raccogliere gli input appropriati per L'assessment, basandosi sul modello di interazione. Come minimo, le informazioni raccolte includeranno rating formali dei criteri di valutazione. Possono anche includere input da interviste e focus group, analisi del sistema e documentazione di progettazione, indagini sui dati, elementi di posta elettronica, manuali di procedura, standard, policy, archivi di file, workflow di approvazione, vari oggetti e documenti di lavoro, archivi di Metadati e data and integration reference architectures .

2.2.2 Eseguire l'Assessment

Le assegnazioni di rating e l'interpretazione complessiva sono in genere multifase. I partecipanti avranno opinioni diverse che genereranno valutazioni differenti circa gli argomenti dell'assessment. Per conciliare i rating saranno necessarie discussioni e razionalizzazioni. L'input viene fornito dai partecipanti e poi perfezionato attraverso revisioni di oggetti e documenti di lavoro o l'esame da parte del team dell'assessment. L'obiettivo è quello di giungere ad una visione consensuale dello stato attuale. Questa vista deve essere supportata da prove (cioè, dimostrazioni pratiche di comportamenti e di "artefatti" – oggetti e documenti). Se gli stakeholder non hanno consenso sullo stato attuale, è difficile avere un consenso su come migliorare l'organizzazione.

Il perfezionamento dell'assessment funziona generalmente come segue:

- Esaminare i risultati rispetto al metodo di assessment e assegnare una valutazione preliminare a ogni prodotto o attività di lavoro.
- Documentare le prove a sostegno.
- Effettuare un riesaminare con i partecipanti per pervenire all'accordo su una valutazione finale per ogni area. Se necessario, utilizzare fattori di modifica dei pesi in base all'importanza di ciascun criterio.
- Documentare l'interpretazione dell'assessment esplicitando i criteri del modello e i commenti del valutatore.
- Sviluppare rappresentazioni visuali per illustrare i risultati dell'assessment.

2.3 Interpretare i Risultati

L'interpretazione dei risultati consiste nell'identificare le opportunità di miglioramento in linea con la strategia organizzativa e nel raccomandare le azioni necessarie per sfruttare queste opportunità. In altre parole, l'interpretazione definisce i passi successivi verso lo stato target. Al termine dell'assessment, le organizzazioni devono pianificare lo stato target di Data Management al quale aspirano. Le stime di tempo ed effort necessari per raggiungere l'obiettivo desiderato variano a seconda del punto di partenza, della cultura dell'organizzazione e dei driver del cambiamento.

Quando si presentano i risultati dell'assessment, è necessario iniziare con l'obiettivo ultimo dell'assessment per l'organizzazione. I rating possono essere espressi per quanto riguarda i driver organizzativi e culturali, nonché per gli obiettivi di business, come la soddisfazione del cliente o l'aumento delle vendite. È necessario illustrare il collegamento tra le capability correnti dell'organizzazione, i processi e le strategie aziendali supportati e i vantaggi del miglioramento di tali capability passando allo stato target.

2.3.1 Report dei Risultati dell'Assessment

La relazione dell'assessment deve comprendere:

- Driver di business per l'assessment

- Risultati complessivi della valutazione
- Rating per argomento con indicazione dei gap
- Un approccio raccomandato per colmare i gap
- I punti di forza dell'organizzazione osservati
- Rischi per il prosieguo
- Opzioni di investimento e relativi outcome
- Governance e metriche per misurare i progressi
- Analisi delle risorse e potenziale utilizzo futuro
- Elementi che possono essere utilizzati o riutilizzati all'interno dell'organizzazione

Il report dell'assessment è un input per il miglioramento del programma di Data Management, nel suo complesso o della Data Management Knowledge Area. Da esso, l'organizzazione può sviluppare o far progredire la propria strategia di gestione dei dati. La strategia dovrebbe includere iniziative che favoriscano gli obiettivi aziendali attraverso una migliore governance dei processi e degli standard.

2.3.2 Sviluppare i Briefing Esecutivi

Il team dell'assessment deve preparare briefing esecutivi che riassumano i risultati (punti di forza, lacune e raccomandazioni) che i dirigenti utilizzeranno come input per le decisioni relative a obiettivi, iniziative e tempistiche. Il team deve personalizzare i messaggi per chiarire i probabili impatti e benefici per ogni gruppo esecutivo.

Spesso i dirigenti desiderano "puntare più in alto" rispetto alle raccomandazioni della valutazione. In altre parole, vogliono saltare i livelli nel modello di maturità. L'obiettivo di un livello più elevato di maturità deve riflettersi nell'analisi dell'impatto sulle raccomandazioni. Questo tipo di accelerazione comporta un costo ed i costi devono essere bilanciati con i benefici.

2.4 Creare un Programma Mirato per i Miglioramenti

Il DMMA dovrebbe avere un impatto diretto sulla strategia dei dati e sulla governance IT, nonché sul programma e sulla strategia di Data Management. Le raccomandazioni del DMMA devono essere attuabili e dovrebbero descrivere le funzionalità necessarie per l'organizzazione. In questo modo, un assessment può essere un potente strumento per i responsabili IT e del business per impostare le priorità organizzative e allocare le risorse.

2.4.1 Identificare le Azioni e Creare una Roadmap

Le classificazioni DMMA evidenziano gli elementi di focalizzazione per il management. Inizialmente, è probabile che una classificazione venga utilizzata come metrica autonoma per determinare il livello di esecuzione di un'attività specifica da parte di un'organizzazione. Tuttavia, i rating possono essere resi rapidamente operativi inserendoli in metriche attualmente utilizzate, in particolare per le attività in cui si desidera un cambiamento (ad esempio, "L'obiettivo è il livello 'n' perché abbiamo bisogno o vogliamo essere in grado di fare qualcosa 'z'"). Se il modello di assessment viene utilizzato per la misurazioni attualmente utilizzate, i suoi criteri non solo guidano l'organizzazione verso livelli più elevati di maturità, ma mantengono anche l'attenzione organizzativa sugli sforzi di miglioramento.

I risultati dell'assessment DMM dovrebbero essere sufficientemente dettagliati e sufficientemente completi da supportare un programma di miglioramento della gestione dei dati pluriennale, incluse le iniziative che creeranno capability di gestione dei dati man mano che l'organizzazione adotterà le best practice. Poiché il cambiamento nelle organizzazioni avviene in gran parte attraverso progetti, i nuovi progetti devono essere influenzati a adottare practice migliori. La roadmap, o piano di riferimento, deve contenere:

- Sequenza di attività per migliorare le funzioni specifiche di gestione dei dati
- Una tempistica per l'implementazione delle attività di miglioramento
- Miglioramenti previsti nei rating DMMA una volta implementate le attività
- Attività di supervisione, compresa l'evoluzione di questa supervisione sulla tempistica

La roadmap fornirà obiettivi e un "ritmo di cambiamento" nei flussi di lavoro prioritari accompagnati da un approccio per misurare i progressi.

2.5 Rivalutare la Maturità

Le rivalutazioni (re-assessment) devono essere effettuate a intervalli regolari. Esse fanno parte del ciclo di miglioramento continuo:

- Stabilire una baseline di rating attraverso il primo assessment
- Definire i parametri di rivalutazione, incluso l'ambito organizzativo
- Se necessario, ripetere l'assessment DMM in base ad una pianificazione comunicata
- Tenere traccia dei trend rispetto alla baseline iniziale
- Sviluppare raccomandazioni basate sui risultati della rivalutazione

La rivalutazione può anche potenziare o rifocalizzare l'effort dell'organizzazione. I progressi misurabili aiutano a mantenere l'impegno e l'entusiasmo in tutta l'organizzazione. Le modifiche ai quadri normativi, a policy interne o esterne o alle innovazioni che potrebbero modificare l'approccio alla governance e alle strategie sono ulteriori motivi per effettuare re-assessment periodici.

3. Strumenti

- **Data Management Maturity Framework:** Lo strumento principale utilizzato in una valutazione (assessment) della maturità è il framework DMM stesso.

- **Piano di Comunicazione:** Un piano di comunicazione include un modello di coinvolgimento per gli stakeholder, il tipo di informazioni da condividere e la pianificazione della condivisione delle informazioni.

- **Strumenti di Collaborazione:** Gli strumenti di collaborazione consentono di condividere i risultati dell'assessment. Inoltre, le prove delle procedure di gestione dei dati possono essere trovate nelle e-mail, nei modelli completati e nelle cartelle di controllo dei documenti creati tramite processi standard per la progettazione collaborativa, le operazioni, il tracking degli incidenti, le revisioni e le approvazioni.

- **Knowledge Management e Metadata Repository:** Gli standard dei dati, le policy, i metodi, le agende, i verbali delle riunioni o delle decisioni e gli oggetti / documenti (artefatti) di business e tecnici che fungono da prova di implementazione possono essere gestiti in questi archivi. In alcune CMM, la mancanza di tali repository è un indicatore di minore maturità nell'organizzazione. Gli archivi di Metadati possono esistere in diversi costrutti, il che potrebbe non essere ovvio per i partecipanti. Ad esempio, alcune applicazioni di Business Intelligence si basano completamente sui Metadati per compilare le visualizzazioni e i report, senza farvi riferimento come a un archivio distinto e separato.

4. Tecniche

Molte tecniche relative all'esecuzione di un DMMA sono definite dalla metodologia del framework DMM scelto. Le tecniche più generali sono descritte nel seguito.

4.1 Selezione di un Framework DMM

Quando si seleziona un framework DMM, è necessario considerare i seguenti criteri.

- **Accessibilità:** Le practice sono definite in termini non tecnici che trasmettono l'essenza funzionale dell'attività.
- **Completezza:** Il framework si occupa di un'ampia gamma di attività di gestione dei dati e include il coinvolgimento del business, non solo i processi IT.
- **Estensibile e flessibile:** Il modello è strutturato per consentire il miglioramento di discipline specifiche di un settore industriale o aggiuntive e può essere utilizzato in tutto o in parte, a seconda delle esigenze dell'organizzazione.
- **Percorso di miglioramento futuro incorporato:** Sebbene le priorità specifiche differiscano da organizzazione a organizzazione, il framework DMM delinea una via logica per il progresso futuro all'interno di ciascuna delle funzioni che descrive.
- **Industry-agnostic vs. industry-specific:** Alcune organizzazioni possono beneficiare di un approccio industry-specific, altre da un framework più generico. Qualsiasi framework DMM deve inoltre rispettare le best practice per la gestione dei dati che riguardano verticali.
- **Livello di astrazione o dettaglio:** Le pratiche e i criteri di valutazione sono espressi a un livello di dettaglio sufficiente per garantire che possano essere correlati all'organizzazione e alle attività che svolge.
- **Non prescrittivo:** Il framework descrive ciò che deve essere eseguito, non come deve essere eseguito.

- **Organizzato per argomento**: il framework inserisce le attività di gestione dei dati nel contesto appropriato, consentendo a ciascuna di esse di essere valutata separatamente, riconoscendone le dipendenze.
- **Ripetibile**: Il framework può essere interpretato in modo consistente, supportando risultati ripetibili per confrontare un'organizzazione con altre nel suo settore e per tenere traccia dei progressi nel tempo.
- **Supportato da un'organizzazione neutrale e indipendente**: Il modello deve essere neutro dal fornitore (vendor neutral) per evitare conflitti di interesse e ampiamente disponibile per garantire una completa rappresentazione delle best practice.
- **Tecnologicamente neutrale (Technology neutral)**: L'attenzione del modello dovrebbe essere sulle pratiche, non sugli strumenti.
- **Supporto alla formazione incluso**: Il modello è supportato da una formazione completa per consentire ai professionisti di padroneggiare il framework e ottimizzarne l'uso.

4.2 Utilizzo del DAMA-DMBOK Framework

Il DAMA-DMBOK può essere utilizzato per impostare o stabilire i criteri per un DMMA. I responsabili dell'esecuzione (dell'assessment) osserveranno un collegamento diretto tra le funzioni segmentate (le Knowledge Area) e le operazioni corrispondenti (attività). Le Knowledge Area, le attività e i risultati finali del DMBOK possono essere configurati in un framework DMM specifico in base alle aree misurate, alle attività di supporto, alla pertinenza e al tempo disponibile. Questo approccio rapido e a checklist può essere utilizzato per determinare le aree che richiedono un'analisi più approfondita, rappresentare i gap o indicare a "temi caldi" per azioni correttive. Il DMBOK offre un ulteriore vantaggio come strumento di pianificazione dell'assessment: esiste una grande comunità di knowledge professional che utilizzano il DMBOK come guida in svariati settori, costituendo una comunità di professionisti intorno al suo utilizzo.

5. Linee Guida per un DMMA

5.1 Valutazione della Prontezza /Valutazione dei Rischi (Readiness Assessment / Risk Assessment)

Prima di condurre una valutazione della maturità, è utile identificare i potenziali rischi e alcune strategie di mitigazione dei rischi. Nella Tabella 33 sono riepilogati i rischi e gli approcci di mitigazione.

Tabella 33 Rischi tipici e Attenuazioni per un DMMA

Rischio	Mitigazione
Mancanza di buy-in organizzativo	Comunicare i concetti relativi all'assessment. Stabilire e comunicare i benefici prima di condurre l'assessment. Condividere articoli e storie di successo. Coinvolgere un executive sponsor come champion dell'effort e del riesame dei risultati.

Rischio	Mitigazione
Mancanza di competenze DMMA Mancanza di tempo o competenze interne Mancanza di pianificazione o standard di comunicazione	Utilizzare risorse o specialisti di terze parti. Richiedere il trasferimento delle conoscenze e la formazione come parte del coinvolgimento.
Mancanza di 'Data Speak' nell'organizzazione; Le conversazioni sui dati si trasformano rapidamente in discussioni sui sistemi	Correlare il DMMA a specifici problemi o scenari di business. Gestire il piano di comunicazione. Il DMMA istruirà tutti i partecipanti indipendentemente dal background e dall'esperienza tecnica. Orientare i partecipanti ai concetti chiave prima del DMMA.
Attività incomplete o non aggiornate per l'analisi	Etichettare 'as of' o bilanciare il rating a seconda dei casi. Ad esempio, assegnare un -1 a tutto ciò che non è aggiornato da più di 1 anno.
Focus ristretto	Ridurre la profondità dell'indagine a un semplice DMMA e andare in altre aree per assessment veloce al fine di stabilire i rating per una successiva baseline comparativa. Condurre il primo DMMA come pilota, quindi applicare le lessons learned per affrontare un ambito più ampio. Presentare quanto è in-scope nell'ambito dell'assessment nel contesto delle DAMA-DMBOK Knowledge Area. Illustrare ciò che viene lasciato out of scope e confrontarsi della necessità di includerlo.
Personale o sistemi inaccessibili	Ridurre lo scope orizzontale del DMMA concentrandosi solo sulle Knowledge Area disponibili e sul personale.
Sorgere di sorprese come un cambiamento di regolamento	Incrementare la flessibilità al flusso di lavoro e al focus della valutazione.

5.2 Cambiamento Organizzativo e Culturale

La definizione o il miglioramento di un programma di Data Management include modifiche a processi, metodi e strumenti. Con questi cambiamenti, anche la cultura deve cambiare. La trasformazione organizzativa e culturale inizia con il riconoscere che la situazione attuale può migliorare. Le misurazioni in genere portano a cambiamenti significativi. Il DMMA posiziona l'organizzazione su una scala di maturità e fornisce una roadmap per il miglioramento. In questo modo, può indirizzare il progresso di un'organizzazione attraverso il cambiamento. I risultati del DMMA dovrebbero essere parte di una discussione più ampia all'interno di un'organizzazione. Se supportati correttamente da una data governance efficace, i risultati del DMMA possono fondere prospettive diverse, generare una visione condivisa e accelerare i progressi di un'organizzazione. (Vedi Capitolo 17.)

6. Maturity Management Governance

In genere, un DMMA fa parte di un set complessivo di attività di data governance, ognuna delle quali ha un ciclo di vita. Il ciclo di vita di un DMMA è costituito dalla pianificazione iniziale e dall'assessment iniziale, seguito da raccomandazioni, un piano d'azione e una rivalutazione periodica. Il ciclo di vita stesso deve essere governato.

6.1 Supervisione del Processo DMMA

La supervisione del processo DMMA è di responsabilità del team di Data Governance. Se non è presente una Data Governance formale, la supervisione viene assegnata al comitato direttivo o al livello di management che ha avviato il DMMA. Il processo dovrebbe avere uno sponsor esecutivo, idealmente il CDO, per garantire che i miglioramenti nelle attività di gestione dei dati siano direttamente correlati agli obiettivi aziendali.

L'ampiezza e la profondità di supervisione dipendono dall'ambito del DMMA. Ogni funzione coinvolta nel processo ha un ruolo nell'esecuzione, nel metodo, nei risultati e nella roadmap derivante dall'assessment complessivo. Ogni area di gestione dei dati e ogni funzione organizzativa coinvolte avranno una visione indipendente, ma disporranno anche di un linguaggio comune attraverso il framework DMM.

6.2 Metriche

Oltre ad essere un componente fondamentale di qualsiasi strategia di miglioramento, le metriche sono uno strumento di comunicazione chiave. Le metriche iniziali del DMMA sono i rating che rappresentano lo stato attuale della gestione dei dati. Questi possono essere periodicamente rivalutati per mostrare i trend di miglioramento. Ogni organizzazione deve sviluppare metriche personalizzate in base alla roadmap dello stato target. Esempi di metriche possono includere:

- **Classificazioni DMMA**: Le classificazioni DMMA presentano un'istantanea del livello di capability dell'organizzazione. I rating possono essere accompagnati da una descrizione o eventualmente è possibile personalizzare i rating di un assessment o di una sua area specifica.

- **Tassi di utilizzo delle risorse**: esistono metriche rilevanti che aiutano a esprimere il costo della gestione dei dati sotto forma di "head count"; un esempio di questo tipo di metriche è: "Ogni risorsa dell'organizzazione spende il 10% del tempo aggregando manualmente i dati".

- **L'esposizione al rischio** o la capacità di rispondere agli scenari di rischio esprime le capability di un'organizzazione rispetto ai rating DMMA. Ad esempio, se un'organizzazione desiderasse avviare una nuova attività ad elevato livello di automazione, ma il modello operativo corrente si basasse sulla gestione manuale dei dati (Livello 1), sarebbe esposta al rischio di insuccesso.

- **La gestione della spesa (spend management)** esprime il modo in cui il costo della gestione dei dati viene ripartito all'interno di un'organizzazione e identifica l'impatto di questo costo sulla sostenibilità e sul valore. Queste metriche si sovrappongono a quelle di data governance.

    o Data management sustainability Raggiungimento rei risultati attesi e degli obiettivi dell'iniziativa
    o Efficacia della comunicazione
    o Efficacia dell'istruzione e della formazione
    o Velocità di adozione delle modifiche
    o Data management value

- o   Contributi agli obiettivi aziendali
- o   Riduzione dei rischi
- o   Miglioramento dell'efficienza nelle operazioni

- **Gli input per la DMMA** sono importanti in quanto riguardano la completezza della copertura, il livello di indagine e i dettagli dell'ambito rilevanti per l'interpretazione dei del punteggi del risultato. Gli input di base possono includere quanto segue: conteggio, copertura, disponibilità, numero di sistemi, volumi di dati, team coinvolti e così via.

- **Tasso di Modifica:** indica la frequenza con cui un'organizzazione sta migliorando le sue capability. Una baseline viene stabilita tramite il DMMA. La rivalutazione periodica è utilizzata per il miglioramento trend.

7. Opere Citate / Consigliate

Afflerbach, Peter. *Essential Readings on Assessment.* International Reading Association, 2010. Print.

Baskarada, Sasa. *IQM-CMM: Information Quality Management Capability Maturity Model.* Vieweg+Teubner Verlag, 2009. Print. Ausgezeichnete Arbeiten zur Informationsqualität.

Boutros, Tristan and Tim Purdie. *The Process Improvement Handbook: A Blueprint for Managing Change and Increasing Organizational Performance.* McGraw-Hill Education, 2013. Print.

CMMI Institute (website). http://bit.ly/1Vev9xx.

Crawford, J. Kent. *Project Management Maturity Model.* 3rd ed. Auerbach Publications, 2014. Print. PM Solutions Research.

Enterprise Data Management Council (website).

Freund, Jack and Jack Jones. *Measuring and Managing Information Risk: A FAIR Approach.* Butterworth-Heinemann, 2014. Print.

Ghavami, Peter PhD. *Big Data Governance: Modern Data Management Principles for Hadoop, NoSQL and Big Data Analytics.* CreateSpace Independent Publishing Platform, 2015. Print.

Honeysett, Sarah. *Limited Capability - The Assessment Phase.* Amazon Digital Services LLC., 2013. Social Insecurity Book 3.

IBM Data Governance Council. https://ibm.co/2sUKIng.

Jeff Gorball, *Introduction to Data Management Maturity Models.* SlideShare.net, 2016-08-01. http://bit.ly/2tsIOqR.

Marchewka, Jack T. *Information Technology Project Management: Providing Measurable Organizational Value.* 5th ed. Wiley, 2016. Print.

McSweeney, Alan. *Review of Data Management Maturity Models.* SlideShare.net, 2013-10-23. http://bit.ly/2spTCY9.

Persse, James R. *Implementing the Capability Maturity Model.* Wiley, 2001.Print.

Saaksvuori, Antti. *Product Management Maturity Assessment Framework.* Sirrus Publishing Ltd., 2015. Print.

Select Business Solutions. "What is the Capability Maturity Model?" http://bit.ly/IFMJI8 (Accessed 2016-11-10).

Stanford University. *Stanford Data Governance Maturity Model.* http://stanford.io/2ttOMrF.

Van Haren Publishing. *IT Capability Maturity Framework IT-CMF.* Van Haren Pub, 2015. Print.

CAPITOLO 16

Organizzazione per il Data Management e Aspettative dei Ruoli

1. Introduzione

Il panorama dei dati si sta evolvendo rapidamente e con esso le organizzazioni devono evolvere il modo in cui gestiscono e governano i dati. La maggior parte delle organizzazioni oggi si trova di fronte a un volume crescente di dati acquisiti attraverso una vasta gamma di processi in una vasta gamma di formati. L'aumento di volume e varietà aggiunge complessità al data management. Allo stesso tempo, gli utilizzatori di dati ora richiedono un accesso rapido e facile ad essi. Vogliono essere in grado di comprenderli e utilizzarli per affrontare le sfide di business critiche in maniera tempestiva. Le organizzazioni di data management e data governance devono essere sufficientemente flessibili da funzionare in modo efficace in questo ambiente in evoluzione. A tale scopo, le organizzazioni devono chiarire questioni di base relative alla ownership, alla collaborazione, alla responsabilità e al decision-making.

In questa sezione verrà descritto un insieme di principi da considerare quando si crea un'organizzazione di data management o data governance. Ci si riferisce sia alla governance dei dati che al management, poiché la governance dei dati fornisce le linee guida e il contesto aziendale per le attività eseguite dall'Organizzazione di Data Management. Non esiste una struttura organizzativa perfetta per nessuna delle due. Mentre i principi comuni dovrebbero essere applicati all'organizzazione in base alla governance e al management dei dati, gran parte dei dettagli dipenderà dai driver dell'industria dell'impresa e dalla cultura aziendale dell'impresa stessa.

2. Comprendere l'Organizzazione Esistente e le Norme Culturali

Consapevolezza, ownership e responsabilità sono le chiavi per attivare e coinvolgere le persone nelle iniziative, nelle policy e nei processi di gestione dei dati. Prima di definire una nuova organizzazione o tentare di migliorarne una esistente, è importante comprendere lo stato corrente delle parti dei componenti, relative alla cultura, al modello operativo esistente e alle persone. Vedi Figura 106. Ad esempio:

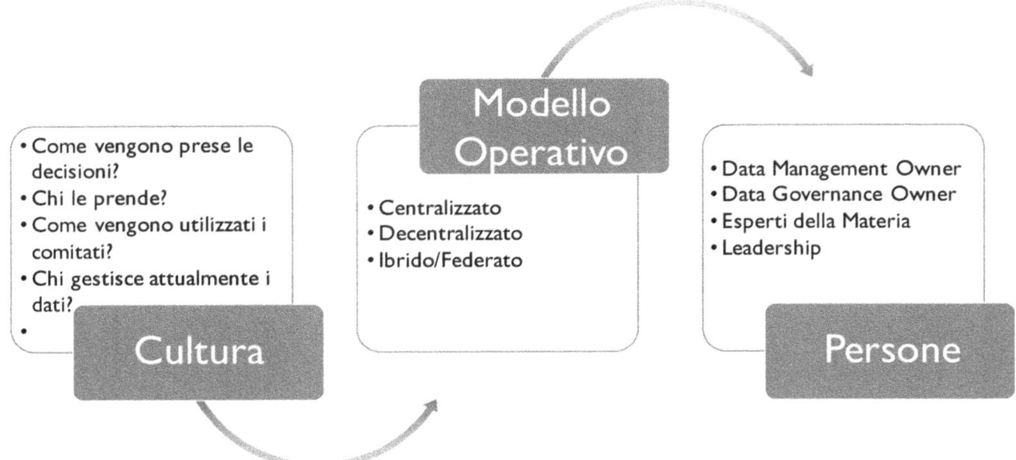

Figura 106 Valutare lo Stato Corrente per Creare un Modello Operativo

- **Il ruolo dei dati nell'organizzazione**: Quali processi chiave sono basati sui dati? Come vengono definiti e compresi i loro requisiti? Quanto è riconosciuto il ruolo dei dati nella strategia organizzativa?
- **Norme culturali in merito ai dati**: Esistono potenziali ostacoli culturali all'attuazione o al miglioramento delle strutture di management e di governance?
- **Attività di data management e di data governance**: Come e da chi viene eseguito il lavoro relativo ai dati? Come e da chi vengono prese le decisioni relative ai dati?
- **Come viene organizzato ed eseguito il lavoro**: Ad esempio, qual è la relazione tra l'esecuzione operativa e le attività focalizzate sui progetti? Quali strutture di comitato sono in grado di sostenere l'attività di gestione dei dati?
- **Come sono organizzate le relazioni gerarchiche**: ad esempio, l'organizzazione è centralizzata o decentralizzata, gerarchica o piatta?
- **Competenze**: Qual è il livello di conoscenza dei dati e la conoscenza della gestione dei dati dei SME (Subject Matter Expert) e di altri stakeholder, dal personale di linea ai dirigenti?

Dopo aver formato un quadro dello stato attuale, è opportuno effettuare un assessment sul livello di soddisfazione rispetto allo stato corrente al fine di ottenere informazioni sulle esigenze e le priorità di gestione dei dati dell'organizzazione. Per esempio:

- L'organizzazione dispone delle informazioni necessarie per prendere decisioni aziendali solide e tempestive?
- L'organizzazione ha fiducia nei report sulle entrate?
- È in grado di tenere traccia degli indicatori di prestazioni chiave dell'organizzazione?
- L'organizzazione è in conformità con tutte le leggi in materia di gestione dei dati?

La maggior parte delle organizzazioni che cercano di migliorare la gestione o le attività di governance dei dati sono nel mezzo della scala di maturità delle capability (cioè, non sono né 0 né 5 sulla scala CMM). (Vedi Capitolo 15.) Per creare un'Organizzazione di Data Management adeguata, è importante comprendere e soddisfare la cultura aziendale esistente e le norme organizzative. Se l'organizzazione per la gestione dei dati non è allineata ai costrutti decisionali e ai comitati esistenti, sarà difficile sostenerla nel tempo. Pertanto, ha senso far evolvere queste organizzazioni, piuttosto che imporre cambiamenti radicali.

Un'Organizzazione di Data Management deve essere allineata con la gerarchia organizzativa e le risorse dell'organizzazione stessa. Trovare le persone giuste richiede una comprensione del ruolo funzionale e politico della gestione dei dati all'interno di un'organizzazione. L'obiettivo dovrebbe essere la partecipazione interfunzionale da parte delle varie parti interessate. A tale scopo:

- Identificare i dipendenti che attualmente svolgono funzioni di management dei dati; riconoscerli e coinvolgerli per primi. Assumere risorse aggiuntive solo man mano che le esigenze di management e governance dei dati aumentano.
- Esaminare i metodi utilizzati dall'organizzazione per gestire i dati e determinare come migliorare i processi. Determinare la quantità di modifiche probabilmente necessarie per migliorare le procedure di data management.
- Scadenzare i tipi di modifiche che devono essere apportate secondo una prospettiva organizzativa per soddisfare meglio i requisiti.

3. Costrutti Organizzativi di Data Management

Un passaggio critico nella progettazione dell'organizzazione di data management consiste nell'identificare il modello operativo più adatto per l'organizzazione. Il modello operativo è un framework che articola ruoli, responsabilità e processi decisionali. Descrive come le persone e le funzioni collaboreranno.

Un modello operativo affidabile consente di creare responsabilità garantendo che siano rappresentate le funzioni giuste all'interno dell'organizzazione. Facilita la comunicazione e fornisce un processo per risolvere i problemi. Sebbene costituisca la base per la struttura organizzativa, il modello operativo non è un organigramma; non si tratta di "inserire i nomi in scatole", ma di descrivere la relazione tra i componenti dell'organizzazione.

Questa sezione presenta una panoramica generale dei pro e dei contro dei modelli operativi decentralizzati, di network, ibridi, federati e centralizzati.

3.1 Modello Operativo Decentralizzato

In un modello decentralizzato, le responsabilità di data management sono distribuite tra diverse linee di business e IT (Vedi Figura 107). La collaborazione è basata su comitati; non esiste un unico owner. Molti programmi di management dei dati iniziano con attività di base per unificare le attività di gestione dei dati all'interno di un'organizzazione e quindi hanno una struttura decentralizzata.

I vantaggi di questo modello includono la sua struttura relativamente piatta e l'allineamento del management dei dati alle linee di business e IT. Questo allineamento in genere significa che esiste una chiara comprensione dei requisiti dei dati. È anche relativamente facile da implementare o migliorare.

Gli svantaggi includono la sfida di avere molti partecipanti coinvolti negli organi di governance e nel processo decisionale. È generalmente più difficile attuare decisioni collaborative rispetto alla gestione centralizzata. I modelli decentralizzati sono generalmente meno formali e per questo motivo, possono essere più difficili da sostenere nel tempo. Per avere successo, devono disporre di modi per rafforzare la coerenza delle practice. Questo può essere difficile da coordinare; spesso è anche difficile definire la ownership dei dati con un modello decentralizzato.

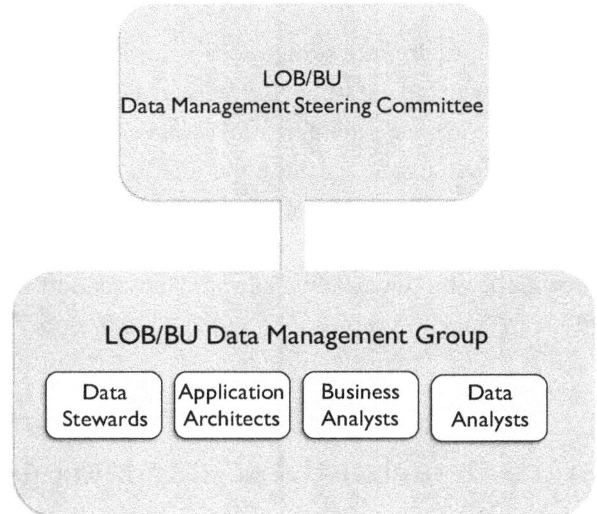

Figura 107 Modello Operativo Decentralizzato

3.2 Modello Operativo a Network

L'informalità decentralizzata può essere resa più formale attraverso una serie documentata di connessioni e responsabilità tramite una matrice RACI (Responsible, Accountable, Consulted e Informed). Questa è chiamata modello a Network perché opera come una serie di connessioni note tra persone e ruoli e può essere schematizzata come una "rete". (Vedi Figura 108.)

I vantaggi di un modello di rete sono simili a quelli di un modello decentralizzato (struttura piatta, allineamento, configurazione rapida). L'aggiunta di un RACI aiuta a creare responsabilità senza influire sugli organigrammi. L'ulteriore svantaggio consiste nella necessità di mantenere e far rispettare le aspettative relative al RACI.

3.3 Modello Operativo Centralizzato

Il modello operativo di data management più formale e maturo è quello centralizzato (vedi Figura 109. Qui tutta la ownership è della Data Management Organization. Le persone coinvolte nel governo e nel management dei dati riferiscono direttamente a un data management leader che si occupa di Governance, Stewardship, Metadata Management, Data Quality Management, Master and Reference Data Management, Data Architecture, Business Analysis, ecc.

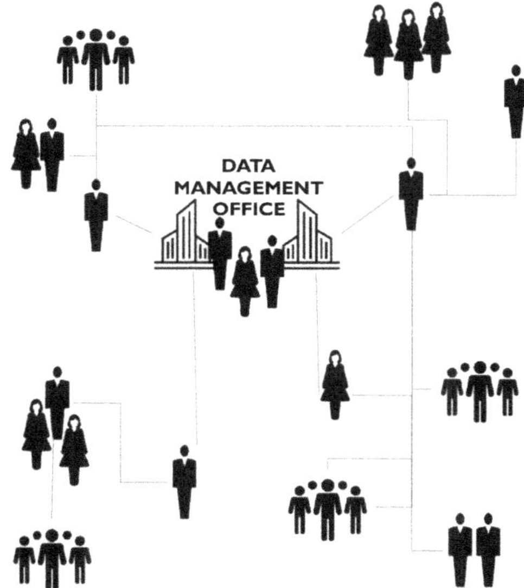

Figura 108 Modello Operativo di Rete

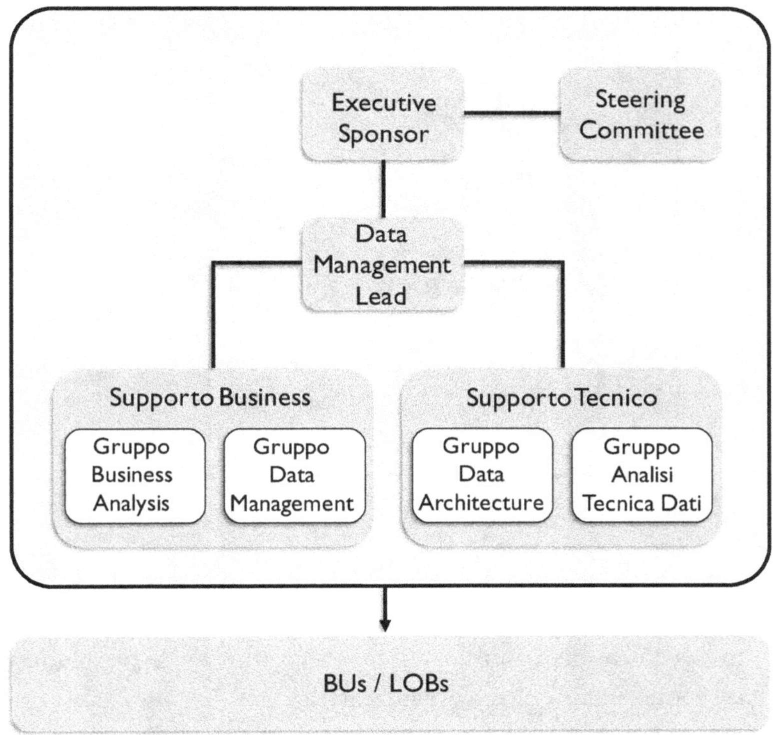

Figura 109 Modello Operativo Centralizzato

Il vantaggio di un modello centralizzato è che stabilisce una posizione esecutiva formale per data governance e management. C'è una persona in posizione apicale. Il processo decisionale è più facile perché la responsabilità è chiara; all'interno dell'organizzazione, i dati possono essere gestiti per tipo o subject area; lo svantaggio è che l'implementazione di un modello centralizzato richiede in genere cambiamenti organizzativi significativi. Esiste inoltre il rischio che la separazione formale del ruolo di management dei dati lo allontani dai processi business principali e che questo possa comportare la perdita di conoscenze nel tempo.

Un modello centralizzato richiede in genere una nuova organizzazione. La domanda sorge spontanea: dove si inserisce l'organizzazione di data management all'interno dell'intera organizzazione? Chi guida e a chi riporta il leader? Sta diventando sempre più comune per una data management organization di *non* riferire al CIO a causa del desiderio di mantenere una prospettiva di business, piuttosto che IT, sui dati. Queste strutture organizzative fanno comunemente parte di team di servizi o operation condivisi o parte dell'organizzazione del Chief Data Officer. (Vedi Sezione 6.1.)

3.4 Modello Operativo Ibrido

Come suggerisce il nome, il modello operativo ibrido comprende i vantaggi sia dei modelli decentralizzati che centralizzati (Vedi Figura 110). In un modello ibrido, un centro di eccellenza per il data management centralizzato lavora con gruppi di business unit decentralizzati, di solito attraverso un comitato direttivo esecutivo che rappresenta le linee chiave di business e una serie di gruppi di lavoro tattici che affrontano problemi specifici.

Figura 110 Modello Operativo Ibrido

In questo modello, alcuni ruoli rimangono decentralizzati. Ad esempio, i data Architect possono rimanere all'interno di un gruppo di architettura aziendale; le linee di business possono avere i propri team di data quality. La scelta di quali ruoli sono centralizzati e quali rimangono decentralizzati può variare notevolmente, a seconda della cultura organizzativa.

Il vantaggio principale di un modello ibrido è che stabilisce la direzione appropriata dal vertice dell'organizzazione. Vi è la presenza di un executive responsabile per il data management e / o governance. I team delle Business Unit hanno un'ampia responsabilità e possono allinearsi alle priorità aziendali focalizzandosi maggiormente su di esse. I team beneficiano del supporto di un Centro di Eccellenza dedicato alla gestione dei dati che può aiutare a portare l'attenzione su sfide specifiche.

Tali sfide includono la creazione dell'organizzazione, poiché questo modello generalmente richiede ulteriore organico per staffare il Centro di Eccellenza. I team delle Business Unit possono avere priorità diverse e dovranno essere gestiti da una prospettiva aziendale complessiva. Inoltre, a volte vi sono conflitti tra le priorità dell'organizzazione centrale e quelle delle organizzazioni decentralizzate.

3.5 Modello Operativo Federato

Variazione del modello operativo ibrido, il modello federato (federated model) fornisce ulteriori livelli di centralizzazione / decentralizzazione, che sono spesso necessari nelle grandi aziende globali. Bisogna immaginare un'organizzazione di Data Management aziendale con più modelli di gestione dei dati ibridi delineati in base alla divisione o all'area geografica. (Vedi Figura 111)

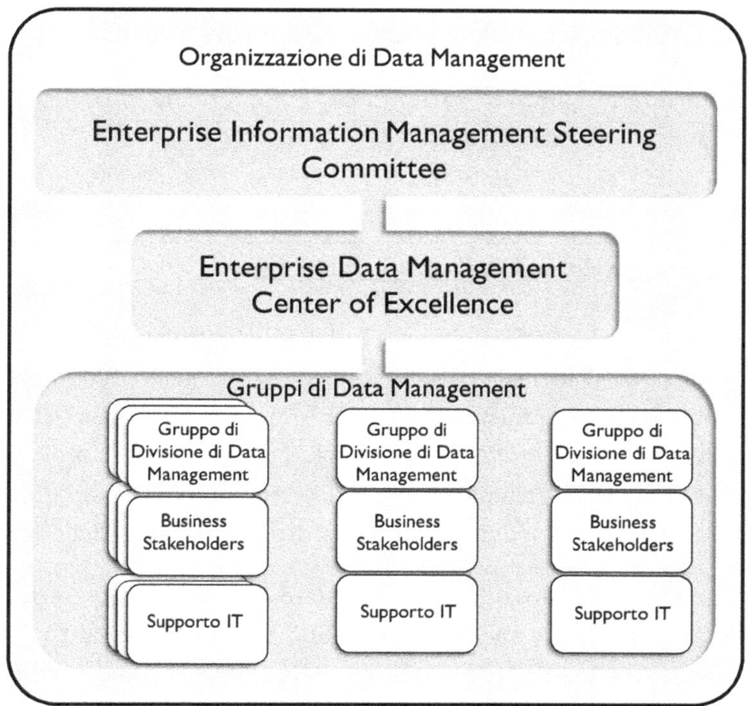

Figura 111 Modello Operativo Federato

Un modello federato fornisce una strategia centralizzata con esecuzione decentralizzata. Pertanto, per le grandi imprese può essere l'unico modello attuabile. Un data management executive responsabile della gestione dei dati all'interno dell'organizzazione guida il Centro di Eccellenza. Naturalmente, diverse linee di business sono autorizzate a soddisfare i requisiti in base alle loro esigenze e priorità. La federazione consente all'organizzazione di assegnare priorità in base a specifiche entità di dati, tematiche divisionali o priorità regionali.

Lo svantaggio principale è la complessità. Ci sono molti livelli, ed è necessario un equilibrio tra l'autonomia delle linee di business e le esigenze aziendali complessive. Questo equilibrio può avere un impatto sulle priorità business.

3.6 Identificazione del Miglior Modello per un'Organizzazione

Il modello operativo è un punto di partenza per migliorare le attività di management e governance dei dati. L'introduzione richiede una comprensione di come tale modello possa influire sull'organizzazione corrente e come sarà probabilmente necessario evolverlo nel tempo. Poiché il modello operativo fungerà da struttura attraverso la quale i criteri e i processi verranno definiti, approvati ed eseguiti, è fondamentale identificare la soluzione migliore per un'organizzazione.

Valutare se la struttura organizzativa corrente sia centralizzata, decentralizzata o una combinazione, gerarchica o relativamente piatta. Caratterizzare il livello di indipendenza delle divisioni o delle regioni. Operano in maniera quasi autosufficiente? Le loro esigenze e i loro obiettivi sono molto diversi tra loro? Ancora più importante, cercare di determinare come vengono prese le decisioni (ad esempio, democraticamente o attraverso imposizioni), e come queste vengono attuate.

Le risposte dovrebbero fornire un punto di partenza per comprendere la posizione dell'organizzazione nello spettro tra decentralizzato e centralizzato.

3.7 Alternative di DMO e Considerazioni di Progettazione

La maggior parte delle organizzazioni inizia con un modello decentralizzato prima di passare a una Data Management Organization (DMO) formale. Poiché un'organizzazione vede l'impatto dei miglioramenti nella qualità dei dati, può iniziare a formalizzare la responsabilità attraverso una matrice RACI di gestione dei dati ed evolversi in un modello a network. Nel corso del tempo, le sinergie tra i ruoli distribuiti diventeranno più ovvie e verranno identificate economie di scala che porteranno alcuni ruoli e persone in gruppi organizzati. Alla fine, questo può trasformarsi in un modello ibrido o federato.

Alcune organizzazioni non hanno il lusso di poter passare attraverso questo processo di evoluzione; sono costrette a maturare rapidamente sulla base di uno shock del mercato o di nuove normative governative. In tal caso, è importante affrontare in modo proattivo il disagio associato al cambiamento organizzativo per renderlo di successo e sostenibile. (Vedi Capitolo 17.)

Qualunque sia il modello scelto, occorre ricordare che la semplicità e l'usabilità sono essenziali per l'accettazione e la sostenibilità. Se il modello operativo si adatta alla cultura di un'azienda, la gestione dei dati e una corretta governance possono essere incorporate nelle operation e allineate con la strategia. Tenere presenti questi suggerimenti quando si crea un modello operativo:

- Determinare il punto di partenza valutando lo stato corrente
- Legare il modello operativo alla struttura organizzativa
- Prendere in considerazione:
    - Complessità dell'organizzazione + Maturità
    - Complessità del dominio + Maturità
    - Scalabilità
- Ottenere la sponsorship degli executive – un **must** per un modello sostenibile
- Assicurarsi che qualsiasi forum di leadership (steering committee, advisory council, board) sia un organo decisionale
- Prendere in considerazione programmi pilota e wave di implementazione
- Focus su domini di dati di alto valore e ad alto impatto
- Utilizzare ciò che esiste già
- Non adottare mai un approccio universalistico (One-Size-Fits-All approach)

4. Fattori Critici di Successo

Dieci fattori hanno costantemente dimostrato di svolgere un ruolo chiave nel successo di organizzazioni di data management efficaci, indipendentemente dalla loro struttura:

1. Executive sponsorship
2. Visione chiara
3. Change management proattivo
4. Allineamento della leadership
5. Comunicazione
6. Coinvolgimento degli stakeholder
7. Orientamento e formazione
8. Misurazione dell'adozione
9. Aderenza ai principi guida
10. Evoluzione, non rivoluzione

4.1 Executive Sponsorship

Avere il giusto sponsor esecutivo assicura che gli stakeholder interessati da un programma di data management ricevano le linee guida necessarie per la transizione in modo efficiente ed efficace attraverso i cambiamenti necessari per costituire la nuova organizzazione incentrata sui dati e sostenerla a lungo termine. Lo sponsor esecutivo deve comprendere e credere nell'iniziativa; deve essere inoltre in grado di coinvolgere efficacemente altri leader a sostegno del cambiamento.

4.2 Visione Chiara

Una visione chiara per l'organizzazione di data management, insieme a un piano per guidarla, è fondamentale per il successo. I responsabili dell'organizzazione devono garantire che tutti gli stakeholder interessati dal data management, sia interni che esterni, comprendano e interiorizzino cos'è la gestione dei dati, perché è importante e in che modo il loro lavoro influirà e ne risentirà.

4.3 Change Management Proattivo

Il change management associato alla creazione di un'organizzazione di data management richiede la pianificazione, la gestione e il sostegno dei cambiamenti. L'applicazione del change management nella creazione di un'organizzazione per la gestione dei dati risolve le problematiche del personale e aumenta la probabilità che l'organizzazione di data management sia sostenibile nel tempo. (Vedi Capitolo 17.)

4.4 Allineamento della Leadership

L'allineamento della leadership garantisce un accordo, oltre che a un supporto unificato, sulla necessità di un programma di gestione dei dati e sull'accettazione di un accordo su come definire il successo. L'allineamento della leadership include sia l'allineamento tra gli obiettivi dei leader e gli outcome della gestione dei dati *e* l'allineamento degli obiettivi tra i leader.

Se i leader non sono allineati tra loro, finiranno per inviare messaggi contrastanti che possono portare alla resistenza e alla fine far deragliare il cambiamento. Pertanto, è fondamentale valutare – e rivalutare regolarmente – i leader a tutti i livelli per identificare le disconnessioni e adottare misure per affrontarle rapidamente.

4.5 Comunicazione

La comunicazione dovrebbe iniziare fin da subito e proseguire continuamente e apertamente. L'organizzazione deve garantire che gli stakeholder abbiano una chiara comprensione di cosa sia il data management e perché sia importante per l'azienda, cosa sta cambiando e quali modifiche nel comportamento sono necessarie. Le persone non possono migliorare il modo in cui gestiscono i dati senza sapere cosa dovrebbero fare in modo diverso. La creazione di una storia intorno all'iniziativa di data management e la creazione di messaggi chiave intorno ad essa aiuta questi processi.

I messaggi devono essere coerenti, sottolineando l'importanza della gestione dei dati. Inoltre, dovrebbero essere personalizzati in base al gruppo di stakeholder. Ad esempio, il livello di istruzione o l'entità del training richiesto dai diversi gruppi per quanto riguarda la gestione dei dati può variare. I messaggi devono essere ripetuti in base alle esigenze e continuamente testati nel tempo per garantire che siano efficaci e che la consapevolezza e la comprensione si stiano consolidando.

4.6 Coinvolgimento degli Stakeholder

Gli individui, così come i gruppi, interessati da un'iniziativa di data management reagiranno in modo diverso al nuovo programma e al loro ruolo al suo interno. Il modo in cui l'organizzazione coinvolge gli stakeholder – le modalità di comunicazione, di risposta e di coinvolgimento – avrà un impatto significativo sul successo dell'iniziativa.

Un'analisi degli stakeholder aiuta l'organizzazione a comprendere meglio le persone interessate dalle modifiche apportate dal data management. Prendendo queste informazioni e mappando le parti interessate in base al livello di influenza all'interno dell'organizzazione e al livello di interesse (o all'impatto) verso l'implementazione del data management, l'organizzazione può determinare l'approccio migliore per coinvolgere gli stakeholder nel processo di cambiamento. (Vedi Sezione 5.3.)

4.7 Orientamento e Formazione

L'istruzione è essenziale per rendere possibile il data management, anche se diversi gruppi richiederanno diversi tipi e livelli di istruzione.

I leader avranno bisogno di orientamento verso gli aspetti più ampi della gestione dei dati e al valore per l'azienda. Data steward, owner e custodian (ossia, le figure in prima linea nel cambiamento) richiederanno una conoscenza approfondita dell'iniziativa di data management. Una formazione mirata permetterà loro di svolgere i loro ruoli in modo efficace. Ciò significa formazione su nuove policy, processi, tecniche, procedure e anche strumenti.

4.8 Misurazioni di Adozione

È importante creare parametri relativi allo stato di avanzamento e all'adozione delle linee guida del data management e pianificare la verifica del fatto che la roadmap di gestione dei dati funziona e che continuerà a funzionare. Piano per la misurazione:

- Adozione
- Quantità di miglioramento, o delta rispetto ad uno stato precedente
- Gli aspetti abilitanti del data management: in che modo la gestione dei dati influenza le soluzioni con risultati misurabili?
- Processi, progetti migliorati
- Migliore identificazione e reazione al rischio
- L'aspetto di innovazione del data management: in che modo la gestione dei dati cambia radicalmente il modo in cui viene condotto il business?
- Analisi affidabili

L'aspetto abilitante del data management potrebbe concentrarsi sul miglioramento dei processi incentrati sui dati, come la chiusura di fine mese, l'identificazione del rischio e l'efficienza dell'esecuzione dei progetti. L'aspetto dell'innovazione della gestione dei dati potrebbe concentrarsi sul miglioramento del processo decisionale e degli analytics attraverso dati migliorati e affidabili.

4.9 Aderenza ai Principi Guida

Un principio guida è una dichiarazione che articola valori organizzativi condivisi, sottende la visione strategica e la missione, e serve come base per un decision-making integrato. I principi guida costituiscono le regole, i vincoli, i criteri prevalenti e i comportamenti con cui un'organizzazione si attiene alle sue attività quotidiane nel lungo termine. Indipendentemente dal fatto che esista un modello operativo decentralizzato o centralizzato, o qualsiasi altra cosa nel mezzo, è fondamentale stabilire e concordare i principi guida in modo che tutti i partecipanti si comportino in modo sincrono. I principi guida fungono da punti di riferimento da cui saranno prese tutte le decisioni. Stabilirli è un primo passo importante nella creazione di un programma di Data Management che guida efficacemente i cambiamenti nel comportamento.

4.10 Evoluzione, non Rivoluzione

In tutti gli aspetti di data management, la filosofia dell'"evoluzione non rivoluzione" aiuta a ridurre al minimo i grandi cambiamenti o i progetti ad alto rischio su larga scala. È importante stabilire un'organizzazione che si evolva e maturi nel tempo. Il miglioramento incrementale del modo in cui i dati vengono gestiti e classificati in base agli obiettivi di business garantirà l'adozione di nuove policy e processi e che il cambiamento di comportamenti venga sostenuto. Il cambiamento incrementale è anche molto più facile da giustificare, quindi è più facile ottenere il sostegno e il buy-in degli stakeholder e coinvolgere i partecipanti critici.

5. Creare l'Organizzazione di Data Management

5.1 Identificare i Partecipanti alla Gestione dei Dati Attuali

Quando si implementa il modello operativo, occorre iniziare con i team già impegnati nelle attività di management dei dati. Questo ridurrà al minimo l'effetto sull'organizzazione e contribuirà a garantire che l'attenzione del team siano i dati, non le Risorse Umane o gli aspetti politici.

Iniziare esaminando le attività di gestione dei dati esistenti, ad esempio chi crea e gestisce i dati, chi misura la qualità dei dati o anche chi ha "dati" nel proprio job title. Esaminare l'organizzazione per scoprire chi potrebbe già adempiere i ruoli e le responsabilità necessarie. Tali individui possono avere titoli diversi. Probabilmente fanno parte di un'organizzazione distribuita e non sono necessariamente riconosciuti dall'impresa. Dopo aver compilato un elenco di "persone che si occupano dei dati", identificare le lacune. Quali ruoli e set di competenze aggiuntivi sono necessari per eseguire la data strategy? In molti casi, le persone in altre parti dell'organizzazione hanno set di competenze analoghi e trasferibili; spesso le persone già presenti nell'organizzazione apportano conoscenze ed esperienze preziose a un'attività di data management.

Una volta completato l'elenco e assegnati le risorse ai ruoli, occorre esaminarne la retribuzione e allinearla alle aspettative di data management. Probabilmente, il reparto Risorse Umane verrà coinvolto per convalidare i job title, i ruoli, la retribuzione e gli obiettivi di performance. Assicurarsi che i ruoli siano assegnati alle persone giuste al giusto livello all'interno dell'organizzazione, in modo che quando siano coinvolti nel processo decisionale, abbiano l'autorevolezza per prendere decisioni efficaci.

5.2 Identificare i Partecipanti al Comitato

Indipendentemente dal modello operativo scelto da un'organizzazione, alcuni lavori di governance dovranno essere svolti da un Comitato Direttivo della Data Governance e da gruppi di lavoro. È importante selezionare le persone giuste nel comitato direttivo e impiegare al meglio il loro tempo. È necessario provvedere alla loro informazione e focalizzazione sui modi in cui una migliore gestione dei dati li aiuterà a raggiungere gli obiettivi business, inclusi quelli strategici.

Molte organizzazioni sono riluttanti ad avviare un comitato aggiuntivo, dato che ne esistono già così tanti. Spesso è più facile sfruttare i comitati esistenti per promuovere gli argomenti di data management piuttosto che iniziarne uno nuovo. Tuttavia, occorre considerare questa strada con cautela; il rischio principale nell'utilizzo di un comitato esistente è che il data management potrebbe non ricevere l'attenzione di cui ha bisogno, soprattutto nelle fasi iniziali. Il processo per preparare un comitato direttivo senior o un gruppo di lavoro più tattico richiede l'analisi degli stakeholder e, attraverso questa, l'identificazione degli sponsor esecutivi.

5.3 Identificare e Analizzare gli Stakeholder

Uno stakeholder è qualsiasi persona o gruppo che possa influenzare o essere influenzato dal programma di data management. Gli stakeholder possono essere interni o esterni all'organizzazione. Essi comprendono singole SME, dirigenti senior, team di dipendenti, comitati, clienti, agenzie governative o di regolamentazione, broker, agenti, fornitori, ecc. Gli stakeholder interni possono provenire da IT, operation, compliance, legale, risorse umane, finanza o altre linee di business. Gli stakeholder esterni possono essere influenti ed è importante che le loro esigenze siano prese in considerazione dall'Organizzazione di Data Management.

Un'analisi degli stakeholder può aiutare l'organizzazione a determinare l'approccio migliore per coinvolgere i partecipanti nel processo di data management e sfruttare i loro ruoli all'interno del modello operativo. Le informazioni ottenute dall'analisi sono utili anche per determinare come allocare al meglio il tempo e altre risorse limitate. Prima questa analisi viene condotta, meglio è, poiché più l'organizzazione è in grado di anticipare le reazioni al cambiamento, più efficacemente può pianificarle. Un'analisi degli stakeholder aiuterà a rispondere a domande come:

- Chi sarà interessato dal data management?
- Come cambieranno i ruoli e le responsabilità?
- In che modo le persone interessate potrebbero rispondere ai cambiamenti?
- Quali problemi e preoccupazioni avranno le persone?

L'analisi si tradurrà in un elenco di parti interessate, i loro obiettivi e priorità e il motivo per cui tali obiettivi siano importanti per loro; occorre poi capire quali azioni siano necessarie per gli stakeholder in base all'analisi. Prestare particolare attenzione a ciò che deve essere messo in atto per l'allineamento degli stakeholder critici, quelli che possono creare o fermare il successo del data management di un'organizzazione, in particolare per le sue priorità iniziali. Considerare:

- Chi controlla le risorse critiche
- Chi potrebbe bloccare le iniziative di data management, direttamente o indirettamente
- Chi potrebbe influenzare altri stakeholder critici
- Quanto sono di supporto gli stakeholder per i cambiamenti imminenti

La Figura 112 fornisce una semplice mappa per aiutare a dare priorità agli stakeholder in base alla loro influenza, al loro livello d'interesse per il programma, e in che modo questo avrà un impatto su di loro.

5.4 Coinvolgere gli Stakeholder

Dopo aver identificato gli stakeholder e un adeguato Executive Sponsor (o un breve elenco da cui sceglierlo), è importante esprimere chiaramente il motivo per cui ciascuno degli stakeholder dovrebbe essere coinvolto; in quanto potrebbero non "saltare di gioia per l'occasione". La persona o il team che guida l'attività di data management dovrebbe articolare i motivi per cui ogni stakeholder è necessario per il successo del programma. Ciò significa comprendere i loro obiettivi personali e professionali ed essere in grado di collegare l'output dei processi di gestione dei dati ai loro obiettivi, in modo che possano vedere una connessione diretta. Senza una comprensione di questa connessione diretta, essi possono essere disposti a supportare nel breve termine, ma non forniranno supporto o assistenza a lungo termine.

Figura 112 Mappa degli Interessi degli Stakeholder

6. Interazioni tra il DMO e altri Organismi Orientati ai Dati

Una volta stabilito il modello operativo e identificati i partecipanti, è il momento di spostare le persone nei ruoli appena autorizzati. Operativizzare l'organizzazione significa istituire i comitati e interagire con gli stakeholder. In un modello centralizzato, la maggior parte dell'attività di data management verrà controllata all'interno di una struttura organizzativa. Con un modello decentralizzato o di rete, tuttavia, l'organizzazione di data management dovrà lavorare con altri gruppi che hanno un impatto significativo sul modo in cui i dati vengono gestiti. Tali gruppi sono in genere:

- Organizzazione di Chief Data Officer
- Organismi di Data Governance
- Data Quality
- Enterprise Architecture

6.1 Il Chief Data Officer

Sebbene la maggior parte delle aziende riconosca a un certo livello che i dati siano un bene aziendale prezioso, solo pochi nominano un Chief Data Officer (CDO) per contribuire a colmare il divario tra tecnologia e business e diffondere una strategia di data management a livello aziendale presso il livello senior. Tuttavia, questo ruolo è in aumento, con Gartner che stima che la metà di tutte le aziende regolamentate impiegherà un CDO entro il 2017 (Gartner, 2015).

Mentre i requisiti e le funzioni di un CDO sono specifici per la cultura di ogni azienda, la struttura organizzativa e le esigenze business, molti CDO tendono ad essere in parte business strategist, consulenti, data quality steward e data manager ambassador a tutto tondo.

Nel 2014, Dataversity ha pubblicato una ricerca che delineava i mandati comuni per un CDO. [93] Questi includevano:

- Definizione di una strategia per i dati dell'organizzazione
- Allineamento dei requisiti incentrati sui dati con le risorse IT e business disponibili
- Definizione di standard, politiche e procedure di data governance
- Consulenza (e servizi) all'azienda per iniziative correlate ai dati, come analisi di business, Big Data, data quality e tecnologie dei dati
- Diffusione dell'importanza dei buoni principi di gestione delle informazioni per gli stakeholder di business interni ed esterni
- Supervisione dell'utilizzo dei dati nell'analisi e nella Business Intelligence

I risultati di Dataversity hanno anche evidenziato lo spostamento degli obiettivi principali in diversi settori.

Indipendentemente dal settore, è comune per una Data Management Organization riportare ai un CDO. In un modello operativo più decentralizzato, il CDO è responsabile della strategia dei dati, ma le risorse che si trovano in IT, operation o altre linee di business *eseguono* tale strategia. Alcuni DMO sono inizialmente avviati con il CDO solo per la determinazione della strategia e, nel corso del tempo, altri aspetti del data management, governance e analysis vengono inseriti sotto l'ambito del CDO, una volta identificate efficienze ed economie di scala.

6.2 Data Governance

La Data Governance è il framework organizzativo per stabilire la strategia, gli obiettivi e le policy per una gestione efficace dei dati di business. È costituito dai processi, dai criteri, dall'organizzazione e dalle tecnologie necessari per gestire e garantire la disponibilità, l'usabilità, l'integrità, la coerenza, la valutabilità e la sicurezza dei dati. Poiché un programma di data governance è costituito dal funzionamento interrelato di strategia, standard, policy e comunicazione riguardanti i dati, esso ha una

---

[93] http://bit.ly/2sTf3Cy.

relazione sinergica con il data management. La Governance fornisce un framework di data management per il coinvolgimento e l'allineamento delle priorità business con gli stakeholder.

All'interno di un modello centralizzato, il Data Governance Office può riportare alla Data Management Organization o viceversa. Quando un programma di Data Management è incentrato sulla definizione dei criteri e delle linee guida necessari per gestire i dati come asset, il Data Governance Office può fungere da guida e la Data Management Organization riporta (o viene collegata a matrice) al Data Governance Office. Ciò si verifica molte volte in ambienti altamente regolamentati in cui l'enfasi è su policy e accountability.

Anche in un modello molto decentralizzato, dovrebbe esserci una stretta partnership tra il Data Governance Office, che crea le linee guida e i criteri per la gestione dei dati e la Data Management Organization che li implementa. John Ladley chiarisce sinteticamente questa relazione: la data governance riguarda "Fare le cose giuste" e il data management riguarda "Fare le cose per bene" (Ladley, 2012). Sono due lati dell'equazione necessaria per produrre dati preziosi. In questo modo, la data governance fornisce gli "ordini di marcia" per il data management.

Ancora più importante, occorre comprendere questa sinergia e l'accordo su ruoli, responsabilità e accountability che supportino le linee guida della data governance e l'efficienza della gestione dei dati. I partecipanti a un gruppo di lavoro sulla governance dei dati possono provenire dalla Data Management Organization e questa può utilizzare il mandato e la "copertura aerea" forniti dalla supervisione della governance.

6.3 Data Quality

Il Data Quality Management è una capability chiave di una practice e di un'organizzazione di gestione dei dati. Molte organizzazioni di data management iniziano con un focus sulla data quality per il desiderio di misurare e migliorare la qualità dei dati all'interno dell'organizzazione. È possibile indirizzare la Data Quality all'interno di una linea di business, o anche all'interno di un'applicazione, senza dover coinvolgere altri gruppi o gestire complessità interfunzionali. Tuttavia, man mano che matura la practice di data quality, l'organizzazione beneficerà di un approccio unificato alla data quality; ad esempio, stabilendo un Centro di Eccellenza. L'obiettivo si sposta verso il miglioramento della data quality condivisa tra le linee di business o le applicazioni, spesso con particolare attenzione al Master Data Management.

È comune che una Data Management Organization si sviluppi organicamente da un'iniziativa sulla Data Quality poiché l'investimento per migliorare la qualità dei dati aggiunge valore in tutta l'azienda e le attività associate al miglioramento della qualità si espandono in altre discipline come Master, Reference e Metadata Management.

Un programma di Data Quality può evolvere in modelli operativi simili a quelli di un programma di Data Management in generale, anche se è raro che le funzioni di Data Quality diventino completamente centralizzate in aziende di dimensioni considerevoli, dato che ci sono più spesso aspetti della Data Quality che vengono eseguiti a livello di line-of-business o di applicazione. Poiché un programma di Data Quality può essere decentralizzato, di network o ibrido (utilizzando un approccio del Centro di

Eccellenza), è necessario allineare il modello operativo Data Quality a quello dell'organizzazione di Data Management complessiva, al fine di utilizzare parti interessate coerenti, relazioni, responsabilità, standard, processi e persino strumenti.

6.4 Architettura Aziendale

Un gruppo di Architettura Aziendale (Enterprise Architecture) progetta e documenta i progetti principali di un'organizzazione per articolare e ottimizzare il modo in cui raggiungere i propri obiettivi strategici. Le discipline all'interno di una attività di architettura aziendale includono:

- Architettura Tecnologica
- Architettura dell'Applicazione
- Architettura delle Informazioni (o dei Dati)
- Business Architecture

La Data Architecture è una capability chiave di una Data Management Organization efficace. Pertanto, Data Architect possono essere presenti in entrambi i gruppi, con una linea tratteggiata di collegamento all'altro gruppo.

Quando i Data Architect si trovano all'interno di una Data Management Organization, in genere si interfacciano con il resto dei "colleghi architetti" tramite Architecture Review Boards (ARB), i comitati che esaminano e forniscono indicazioni sul modo in cui gli standard dell'architettura sono implementati o influenzati da progetti e programmi. Un ARB può approvare o disapprovare nuovi progetti e sistemi in base al loro livello di aderenza agli standard architetturali.

Quando un'organizzazione non dispone di Data Architect, la gestione dei dati può interfacciarsi con l'Architettura dell'organizzazione in diversi modi:

- **Attraverso la Data Governance**: Poiché sia il Data Management che l'Architettura Aziendale partecipano a un programma di Data Governance, il gruppo di lavoro di governance e la struttura del comitato possono fornire una piattaforma per allineare obiettivi, aspettative, standard, e attività.

- **Attraverso l'ARB**: Quando i progetti di gestione dei dati vengono portati all'ARB, il gruppo Architettura può fornire indicazioni, feedback e approvazioni.

- **Ad-hoc**: Se non ci sono comitati formali, allora il Data Management Lead dovrebbe incontrarsi periodicamente con l'Architecture Lead per garantire che ci siano una conoscenza e una comprensione condivise dei progetti e dei processi che influenzano l'altra parte. Nel corso del tempo, la difficoltà di gestire questo processo ad hoc porterà probabilmente allo sviluppo di un ruolo formale o di un comitato per facilitare le discussioni e le decisioni.

Se ci fossero Data Architect, allora rappresenterebbero l'architettura nelle discussioni di governance e guiderebbero le discussioni nell'ARB.

6.5 Gestione di un'Organizzazione Globale

Le aziende globali devono affrontare complesse sfide di gestione dei dati in base al volume e alla varietà di leggi e regolamenti specifici per paese, in particolare quelle riguardanti la privacy e la sicurezza di determinati tipi di dati. Aggiungere queste issue alle tipiche sfide di gestione di un'organizzazione globale (diversità / distribuzione di forza lavoro, sistemi, fusi orari e lingue) il compito di gestire in modo efficiente ed efficace i dati può essere paragonabile al dover cercare un ago in un pagliaio. Le organizzazioni globali devono prestare particolare attenzione a:

- Rispettare gli standard
- Sincronizzazione dei processi
- Allineamento della responsabilità
- Formazione e comunicazione
- Monitoraggio e misurazione efficaci
- Sviluppare economie di scala
- Riduzione della duplicazione delle attività

Man mano che i programmi e le organizzazioni di data management diventano più globali, diventano più attrattivi i modelli in rete o federati nei quali le responsabilità possono essere allineate, gli standard possono essere seguiti e le differenze regionali possono ancora essere soddisfatte.

7. Ruoli di Data Management

I ruoli di data management possono essere definiti a livello funzionale o individuale. I nomi per i ruoli saranno diversi tra le organizzazioni e alcune organizzazioni avranno maggiore o minore necessità di determinati ruoli. Tutti i ruoli IT possono essere associati a punti del ciclo di vita dei dati, in modo che tutti influiscano sul data management, direttamente (come con un Data Architect che progetta una data warehouse) o indirettamente (come con uno Sviluppatore Web che programma un sito web). Analogamente, molti ruoli di business creano, accedono o modificano i dati. Alcuni ruoli, ad esempio il Data Quality Analyst, richiedono una combinazione di competenze tecniche e conoscenze business. Le funzioni e i ruoli descritti di seguito si concentrano su quelli diretti impegnati nella gestione dei dati.

7.1 Ruoli Organizzativi

Le strutture IT delle Data Management Organization forniscono una vasta gamma di servizi, dai dati, alle applicazioni e all'architettura tecnica fino all'amministrazione dei database. Un'Organizzazione centralizzata dei Servizi di Data Management si concentra esclusivamente sulla gestione dei dati. Questo team può includere un DM Executive, altri DM Manager, Data Architect, Data Analyst, Data Quality Analyst, Database Administrator, Data Security Administrator, Metadata Specialist, Data Modeler, Data Administrator, Data Warehouse Architect, Data Integration Architect e Analisti di Business Intelligence.

Un approccio federato di Data Management Services includerà un set di unità IT, ognuna incentrata su un aspetto della gestione dei dati. Soprattutto nelle organizzazioni di grandi dimensioni, le funzioni IT sono spesso decentralizzate. Ad esempio, ogni funzione aziendale può avere un proprio team di Software Developers. Viene adottato anche un approccio ibrido. Ad esempio, mentre ogni funzione aziendale può avere i propri sviluppatori, la funzione DBA può essere centralizzata.

Le funzioni di business incentrate sul data management sono spesso associate ai team di Data Governance o Enterprise Information Management. Ad esempio, i Data Steward fanno spesso parte di una Data Governance Organization Tale organizzazione faciliterà gli organismi di governance dei dati, come il Data Governance Council.

7.2 Ruoli Individuali

I ruoli individuali possono essere definiti per business e IT. Alcuni sono ruoli ibridi che richiedono la conoscenza dei sistemi e dei processi business.

7.2.1 Ruoli Esecutivi

I Data Management executive possono essere sul lato business o sul lato tecnologico. Chief Information Officer e Chief Technology Officer sono ruoli consolidati nell'IT. Il concetto di Chief Data Officer sul lato business ha guadagnato molta credibilità nell'ultimo decennio e molte organizzazioni hanno assunto CDO.

7.2.2 Ruoli di Business

I ruoli di business si concentrano in gran parte sulle funzioni di data governance, in particolare sulla stewardship. I Data Steward sono solitamente esperti riconosciuti in materia a cui viene assegnata la responsabilità per i Metadati e la qualità dei dati delle entità di business, delle aree tematiche (subject area) o dei database. Gli steward svolgono ruoli diversi, a seconda delle priorità organizzative. L'obiettivo iniziale della stewardship è spesso la definizione di termini business e valori validi per le aree tematiche. In molte organizzazioni, gli steward definiscono e gestiscono anche i requisiti di qualità dei dati e le regole di business per gli attributi dei dati assegnati, consentono di identificare e risolvere i problemi relativi ai dati e forniscono input in standard, criteri e procedure dei dati. Gli steward possono lavorare a livello aziendale, di business o funzionale. Il loro ruolo può essere formale ('data steward' fa parte del titolo) o informale (amministrano dati, ma hanno un altro titolo professionale).

Oltre ai Data Steward, i Business Process Analyst e i Process Architect contribuiscono a garantire che i modelli dei processi di business e i processi effettivi che creano i dati siano solidi e supportino gli usi a valle.

Altri knowledge worker basati sul business, come i business analyst degli utilizzatori di dati e informazioni che aggiungono valore ai dati per l'organizzazione, contribuiscono alla gestione complessiva dei dati.

7.2.3 Ruoli IT

I ruoli IT includono diversi tipi di architect, sviluppatori a diversi livelli, amministratori di database e una serie di funzioni di supporto.

- **Data Architect**: Analista senior responsabile dell'architettura e dell'integrazione dei dati. Il Data Architect può lavorare a livello aziendale o funzionale. I Data Architect possono specializzarsi in data warehousing, data mart e nei processi di integrazione associati.

- **Data Modeler**: Responsabile dell'acquisizione e della modellazione dei requisiti dei dati, delle definizioni dei dati, delle regole business, dei requisiti di qualità dei dati e dei modelli di dati logici e fisici.

- **Data Model Administrator**: Responsabile del controllo della versione del modello di dati e del controllo delle modifiche.

- **Database Administrator**: Responsabile della progettazione, dell'implementazione e del supporto degli asset di dati strutturati e delle prestazioni della tecnologia che rende accessibili i dati.

- **Data Security Administrator**: Responsabile di garantire l'accesso controllato ai dati che richiedono diversi livelli di protezione.

- **Data Integration Architect**: <u>Sviluppatore</u> senior di integrazione dei dati responsabile della progettazione di tecnologie per integrare e migliorare la qualità degli asset di dati business.

- **Data Integration Specialist**: Progettista software o sviluppatore responsabile dell'implementazione di sistemi per integrare (replicare, estrarre, trasformare, caricare) le risorse di dati in batch o quasi in tempo reale.

- **Analytics / Report Developer**: Sviluppatore software responsabile della creazione di soluzioni di reporting e applicazioni analitiche.

- **Architetto di Applicazioni**: Sviluppatore senior responsabile dell'integrazione dei sistemi applicativi.

- **Architetto Tecnico**: Ingegnere tecnico senior responsabile del coordinamento e dell'integrazione dell'infrastruttura IT e del portfolio tecnologico IT.

- **Ingegnere Tecnico**: Analista tecnico senior responsabile della ricerca, implementazione, amministrazione e supporto di una parte dell'infrastruttura itinerante.

- **Help Desk Administrator**: Responsabile della gestione, del monitoraggio e della risoluzione dei problemi relativi all'uso delle informazioni, dei sistemi informativi o dell'infrastruttura IT.

- **Revisore IT**: Revisore interno o esterno delle responsabilità IT, tra cui la qualità dei dati e la sicurezza dei dati.

7.2.4 Ruoli Ibridi

I ruoli ibridi richiedono una combinazione di conoscenze di business e tecniche. A seconda dell'organizzazione, le persone in questi ruoli possono riportare al lato IT o business.

- **Data Quality Analyst**: Responsabile della determinazione dell'idoneità dei dati per l'utilizzo e il monitoraggio continuativo delle condizioni dei dati; contribuisce all'analisi delle cause alla radice dei problemi relativi ai dati e aiuta l'organizzazione a identificare i processi aziendali e i miglioramenti tecnici che contribuiscono a dati di qualità superiore.

- **Metadata Specialist**: Responsabile dell'integrazione, del controllo e della distribuzione dei Metadati, inclusa la gestione dei repository di Metadati.

- **Business Intelligence Architect**: Analista senior di Business Intelligence responsabile della progettazione dello user environment di Business Intelligence.

- **Business Intelligence Analyst / Administrator**: Responsabile del supporto all'utilizzo efficace dei dati di Business Intelligence da parte di business professional.

- **Business Intelligence Program Manager**: Coordina i requisiti e le iniziative di BI in tutta l'azienda e li integra in un programma e una roadmap prioritizzati.

8. Opere Citate / Consigliate

Aiken, Peter and Juanita Billings. *Monetizing Data Management: Finding the Value in your Organization's Most Important Asset*. Technics Publications, LLC, 2013. Print.

Aiken, Peter and Michael M. Gorman. *The Case for the Chief Data Officer: Recasting the C-Suite to Leverage Your Most Valuable Asset*. Morgan Kaufmann, 2013. Print.

Anderson, Carl. *Creating a Data-Driven Organization*. O'Reilly Media, 2015. Print.

Arthur, Lisa. *Big Data Marketing: Engage Your Customers More Effectively and Drive Value*. Wiley, 2013. Print.

Blokdijk, Gerard. *Stakeholder Analysis - Simple Steps to Win, Insights and Opportunities for Maxing Out Success*. Complete Publishing, 2015. Print.

Borek, Alexander et al. *Total Information Risk Management: Maximizing the Value of Data and Information Assets*. Morgan Kaufmann, 2013. Print.

Brestoff, Nelson E. and William H. Inmon. *Preventing Litigation: An Early Warning System to Get Big Value Out of Big Data*. Business Expert Press, 2015. Print.

Collier, Ken W. Agile *Analytics: A Value-Driven Approach to Business Intelligence and Data Warehousing*. Addison-Wesley Professional, 2011. Print. Agile Software Development Ser.

Dean, Jared. *Big Data, Data Mining, and Machine Learning: Value Creation for Business Leaders and Practitioners*. Wiley, 2014. Print. Wiley and SAS Business Ser.

Dietrich, Brenda L., Emily C. Plachy and Maureen F. Norton. *Analytics Across the Enterprise: How IBM Realizes Business Value from Big Data and Analytics*. IBM Press, 2014. Print.

Freeman, R. Edward. *Strategic Management: A Stakeholder Approach*. Cambridge University Press, 2010. Print.

Gartner, Tom McCall, contributor. "Understanding the Chief Data Officer Role." 18 February 2015. http://gtnr.it/1RIDKa6.

Gemignani, Zach, et al. *Data Fluency: Empowering Your Organization with Effective Data Communication.* Wiley, 2014. Print.

Gibbons, Paul. *The Science of Successful Organizational Change: How Leaders Set Strategy, Change Behavior, and Create an Agile Culture.* Pearson FT Press, 2015. Print.

Harrison, Michael I. *Diagnosing Organizations: Methods, Models, and Processes.* 3rd ed. SAGE Publications, Inc, 2004. Print. Applied Social Research Methods (Book 8).

Harvard Business Review, John P. Kotter et al. *HBR's 10 Must Reads on Change Management.* Harvard Business Review Press, 2011. Print. HBR's 10 Must Reads.

Hatch, Mary Jo and Ann L. Cunliffe. *Organization Theory: Modern, Symbolic, and Postmodern Perspectives.* 3rd ed. Oxford University Press, 2013. Print.

Hiatt, Jeffrey and Timothy Creasey. *Change Management: The People Side of Change.* Prosci Learning Center Publications, 2012. Print.

Hillard, Robert. *Information-Driven Business: How to Manage Data and Information for Maximum Advantage.* Wiley, 2010. Print.

Hoverstadt, Patrick. *The Fractal Organization: Creating sustainable organizations with the Viable System Model.* Wiley, 2009. Print.

Howson, Cindi. *Successful Business Intelligence: Unlock the Value of BI and Big Data.* 2nd ed. Mcgraw-Hill Osborne Media, 2013. Print.

Kates, Amy and Jay R. Galbraith. *Designing Your Organization: Using the STAR Model to Solve 5 Critical Design Challenges.* Jossey-Bass, 2007. Print.

Kesler, Gregory and Amy Kates. *Bridging Organization Design and Performance: Five Ways to Activate a Global Operation Model.* Jossey-Bass, 2015. Print.

Little, Jason. *Lean Change Management: Innovative practices for managing organizational change.* Happy Melly Express, 2014. Print.

National Renewable Energy Laboratory. *Stakeholder Analysis Methodologies Resource Book.* BiblioGov, 2012. Print.

Prokscha, Susanne. *Practical Guide to Clinical Data Management.* 2nd ed. CRC Press, 2006. Print.

Schmarzo, Bill. *Big Data MBA: Driving Business Strategies with Data Science.* Wiley, 2015. Print.

Soares, Sunil. *The Chief Data Officer Handbook for Data Governance.* Mc Press, 2015. Print.

Stubbs, Evan. *The Value of Business Analytics: Identifying the Path to Profitability.* Wiley, 2011. Print.

Tompkins, Jonathan R. *Organization Theory and Public Management.* Wadsworth Publishing, 2004. Print.

Tsoukas, Haridimos and Christian Knudsen, eds. *The Oxford Handbook of Organization Theory: Meta-theoretical Perspectives.* Oxford University Press, 2005. Print. Oxford Handbooks.

Verhoef, Peter C., Edwin Kooge and Natasha Walk. *Creating Value with Big Data Analytics: Making Smarter Marketing Decisions.* Routledge, 2016. Print.

Willows, David and Brian Bedrick, eds. *Effective Data Management for Schools.* John Catt Educational Ltd, 2012. Print. Effective International Schools Ser.

CAPITOLO 17

Data Management e Organisational Change Management

1. Introduzione

Per la maggior parte delle organizzazioni, migliorare le pratiche di Data Management necessita la modifica del modo in cui le persone collaborano e comprendono il ruolo dei dati nelle loro organizzazioni, nonché il modo in cui utilizzano i dati e sfruttano la tecnologia per supportare i processi organizzativi. Pratiche di data management di successo richiedono, tra gli altri fattori:

- Imparare a "gestire orizzontalmente" allineando le responsabilità lungo la Information Value Chain
- Cambiare il focus dalla responsabilità verticale (silo) alla gestione condivisa delle informazioni
- Evolvere la qualità delle informazioni da una questione di nicchia del business o dal lavoro del reparto IT in un valore fondamentale dell'organizzazione
- Spostare il pensiero sulla qualità delle informazioni dalla "pulizia dei dati e scorecard" a una capability organizzativa fondamentale
- Implementare i processi per misurare il costo di un data management non adeguato e il valore di una gestione disciplinata dei dati

Questo livello di cambiamento non si ottiene attraverso la tecnologia, anche se l'uso appropriato di strumenti software può supportarne la messa in atto. Si ottiene invece attraverso un approccio attento e strutturato al change management nell'organizzazione. Il cambiamento sarà richiesto a tutti i livelli. È fondamentale gestire e coordinare il cambiamento per evitare che le iniziative finiscano in binari morti, perdita di fiducia e danni alla credibilità della funzione di gestione delle informazioni e della sua leadership.

I professionisti del data management che comprendono la struttura del change management avranno più successo nell'introdurre cambiamenti che aiuteranno le proprie organizzazioni a ottenere più valore dai propri dati. Per farlo, è importante comprendere:

- Perché il cambiamento fallisce
- I trigger per un cambiamento efficace
- Le barriere al cambiamento
- Come le persone sperimentano il cambiamento

2. Leggi del Cambiamento

Gli esperti in change management organizzativo riconoscono una serie di "Leggi del cambiamento" fondamentali che descrivono perché il cambiamento non è facile. Riconoscerle all'inizio del processo di cambiamento ne consente il successo.

- **Le organizzazioni non cambiano, le persone sì**: il cambiamento non avviene perché viene annunciata una nuova organizzazione o viene implementato un nuovo sistema. Il cambiamento si verifica quando le persone si comportano in modo diverso perché riconoscono il valore nel farlo. Il processo di miglioramento delle practice di data management e di attuazione della governance formale dei dati avrà effetti di vasta portata su un'organizzazione. Alle persone verrà chiesto di modificare il modo in cui lavorano con i dati e il modo in cui interagiscono tra loro sulle attività che coinvolgono i dati.

- **Le persone non resistono al cambiamento. Resistono all'essere modificate**: gli individui non adotteranno il cambiamento se lo vedranno come arbitrario o dittatoriale. È più probabile che cambino se sono state coinvolte nella definizione del cambiamento e se comprendono la visione che guida il cambiamento, nonché quando e come questo avverrà. Parte del change management per le data initiative consiste nel lavorare con i team per creare una comprensione organizzativa del valore delle migliori pratiche di gestione dei dati.

- **Le cose sono come sono perché sono arrivate a esserlo**: Ci possono essere buone ragioni storiche perché le cose sono come sono. A un certo punto nel passato, qualcuno ha definito i requisiti aziendali, definito il processo, progettato i sistemi, scritto il criterio o definito il modello di business che ora richiede modifiche. Comprendere le origini delle attuali pratiche di data management aiuterà l'organizzazione a evitare gli errori del passato. Se il personale ha voce in capitolo nel cambiamento, è più probabile che consideri le nuove iniziative come miglioramenti.

- **A meno che non ci sia spinta a cambiare, le cose probabilmente rimarranno le stesse**: Se si desidera un miglioramento, qualcosa deve essere svolto in modo diverso. Come disse Einstein: "Non si può risolvere un problema con lo stesso livello di pensiero che lo ha creato in origine."

- **Il cambiamento sarebbe facile se non fosse per le persone**: La parte "tecnologica" del cambiamento è il più delle volte facile. La sfida consiste nell'affrontare le variazioni naturali che si presentano quando si ha a che fare con le persone.

Il cambiamento richiede Change Agents, individui che prestino attenzione alle persone e non solo ai sistemi. I Change Agents ascoltano attivamente dipendenti, clienti e altri stakeholder per rilevare i problemi prima che si verifichino ed eseguire il cambiamento in modo più agevole.

In definitiva, il cambiamento richiede una VISIONE chiara degli Obiettivi di Cambiamento comunicati in modo chiaro e costante agli stakeholder per ottenere coinvolgimento, buy-in, supporto e (soprattutto) aiuto continuo in caso di problemi.

3. Non Gestire un Cambiamento: Gestire una Transizione

L'esperto di change management William Bridges sottolinea la centralità della transizione nel processo di change management. Egli definisce la *transizione* come il processo psicologico che le persone attraversano per venire a patti con la nuova situazione. Mentre molte persone pensano al cambiamento solo in termini di un nuovo inizio, Bridges afferma che il cambiamento comporti lo spostamento attraverso tre fasi distinte, a partire dalla fine dello stato esistente. Le fasi di chiusura sono difficili perché le persone devono lasciar andare le condizioni esistenti. Le persone entrano quindi nella zona neutra, in cui lo stato esistente non è ancora terminato e il nuovo stato non è ancora iniziato. La modifica è completa quando viene stabilito il nuovo stato (Vedi Tabella 31 Fasi di). Di questi tre, la zona neutra è la meno prevedibile e più confusa, perché è un mix di vecchio e di nuovo. Se le persone dell'organizzazione non passano attraverso la zona neutra, allora l'organizzazione è a rischio di scivolare indietro nelle vecchie abitudini e non riuscendo a sostenere il cambiamento.

Bridges sostiene che il motivo principale per cui i cambiamenti organizzativi falliscono è che le persone che guidano il cambiamento raramente pensano alle chiusure e quindi non gestiscono l'impatto delle fasi di chiusura sulle persone. Egli afferma: "La maggior parte delle organizzazioni cercano di iniziare con un inizio, piuttosto che finire con esso. Non prestano attenzione ai finali. Non riconoscono l'esistenza della zona neutra, e poi si chiedono perché le persone hanno così tante difficoltà con il cambiamento" (Bridges, 2009). Quando si verifica un cambiamento, tutti gli individui passano attraverso tutte e tre le fasi, ma a velocità diverse. La progressione dipende da fattori come l'esperienza passata, lo stile personale preferito, il grado di coinvolgimento nel riconoscere il problema e nello sviluppo di possibili soluzioni, e dalla misura in cui si sentono spinti verso un cambiamento piuttosto che muovere verso di esso spontaneamente.

Tabella 31 Fasi di transizione di Bridge

Fase di transizione	Descrizione
La Fine	<ul><li>Quando riconosciamo che ci sono cose che dobbiamo lasciar andare.</li><li>Quando riconosciamo di aver perso qualcosa.</li><li>Esempio: Cambiare lavoro – anche quando un individuo sceglie di cambiare lavoro, ci sono ancora perdite come perdere amici di lavoro stretti.</li></ul>
La Zona Neutra	<ul><li>Quando la vecchia modalità è finita, ma il nuovo modo non è ancora presente.</li><li>Quando tutto è in movimento e sembra che nessuno sappia cosa fare.</li><li>Quando le cose sono confuse e disordinate.</li><li>Esempio: trasferirsi in una nuova casa. I primi giorni o anche mesi dopo il trasloco, la nuova casa non è ancora "casa" e le cose sono molto probabilmente in subbuglio.</li></ul>
Il Nuovo Inizio	<ul><li>Quando la nuova modalità sembra comoda, giusta, e l'unica possibile.</li><li>Esempio: avere un bambino. Dopo alcuni mesi nella zona neutra del tumulto, si arriva a una fase in cui non si può immaginare la vita senza il vostro nuovo bambino.</li></ul>

Bridges sottolinea che mentre il primo compito del Change Manager è quello di comprendere la destinazione (o VISION) e come arrivarci, l'obiettivo finale del change management è quello di convincere le persone al fatto che debbano intraprendere il percorso. Quando si gestiscono il cambiamento e la transizione, il ruolo dell'agente di cambiamento (Change Agent), e di qualsiasi manager o leader di processo, è quello di aiutare le persone a riconoscere che il processo e le fasi di una transizione sono perfettamente naturali.

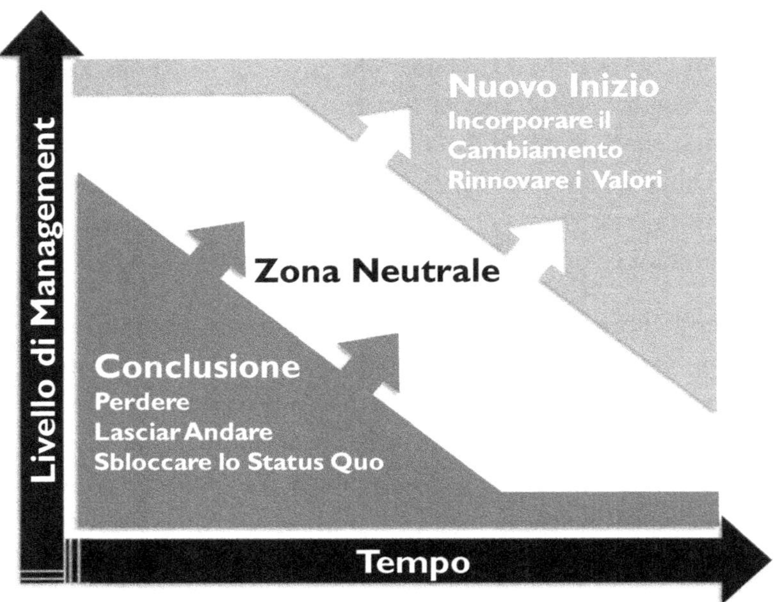

Figura 113 Fasi di Transizione di Bridges

La checklist seguente per la gestione della transizione riepiloga i punti chiave che i responsabili devono conoscere in quanto aiutano le persone a eseguire la transizione stessa.

- La Fine

    o Aiutare tutte le risorse interessate a comprendere i problemi attuali e perché il cambiamento sia necessario.
    o Identificare chi rischia di perdere cosa. Ricordare che la perdita di amici e colleghi di lavoro stretti è importante per alcuni come la perdita di status e potere lo è per altri.
    o Le perdite sono soggettive. Le cose per cui una persona "soffre" possono non essere rilevanti per qualcun altro. Accettare l'importanza delle perdite soggettive. Non discutere con altri su come una perdita viene percepita, e non essere sorpresi delle reazioni di altre persone alla perdita.
    o Mettere in conto e accettare "segni di lutto" e riconoscere le perdite apertamente e con comprensione.
    o Definire ciò che è finito e ciò che non lo è. Ad un certo punto le risorse coinvolte devono rendersi conto che cercare di aggrapparsi alle vecchie abitudini prolunga lo stato di insoddisfazione.
    o Trattare il passato con rispetto. Probabilmente le persone hanno lavorato duramente in quelle che possono essere state condizioni molto difficili. Riconoscerlo e mostrare che il loro lavoro è considerato.

- o Mostrare come interrompere qualcosa assicuri comunque che le cose di valore per le persone siano preservate e migliorate.
- o Fornire informazioni alle persone. E' possibile farlo continuamente e in diversi modi – ad esempio, con informazioni scritte oppure con sessioni di domande e risposte.
- o Utilizzare l'analisi degli stakeholder per mappare il modo migliore per avvicinarsi ai diversi individui – e capire come le loro prospettive potrebbero dover essere utilizzate per avviare il cambiamento e quali potrebbero essere i probabili punti di resistenza.

- • La Zona Neutra

- o Riconoscere questa come una fase difficile (mix di vecchio e nuovo) ma che tutti devono passare attraverso di essa.
- o Coinvolgere le persone e lavorare insieme; dare loro tempo e spazio per sperimentare e testare nuove idee.
- o Aiutare le persone a sentirsi ancora apprezzate.
- o Lodare le persone con buone idee, anche se non ogni buona idea funziona come previsto. Il modello Plan, Do, Study, Act (PDSA) incoraggia a provare le cose e a imparare da ogni ciclo.
- o Fornire informazioni alle persone; farlo continuamente e in diversi modi.
- o Fornire feedback sui risultati delle idee testate e sulle decisioni prese.

- • Il Nuovo Inizio

- o Non forzare un inizio prima del tempo.
- o Assicurarsi che le persone sappiano quale ruolo devono svolgere nel nuovo sistema.
- o Assicurarsi che le policy, le procedure e le priorità siano chiare; non inviare messaggi confusi.
- o Pianificare la celebrazione del nuovo inizio e dare il merito a coloro che hanno reso possibile il cambiamento.
- o Fornire informazioni alle persone; farlo continuamente e in diversi modi.

---

4. Otto Errori di Kotter nella Gestione delle Modifiche

In *Leading Change,* di John P. Kotter, uno dei ricercatori più rispettati nel campo del change management, delinea otto motivi per cui le organizzazioni non riescono a eseguire il cambiamento. Questi forniscono una prospettiva su questioni che comunemente sorgono nel contesto delle informazioni e della data management.

4.1 Errore #1: Consentire Troppo Autocompiacimento

Secondo Kotter, il più grande errore che le persone commettono quando cercano di cambiare le organizzazioni è quello di proiettarsi in avanti senza prima stabilire un senso sufficientemente elevato di urgenza tra i loro pari e superiori. (Questo è legato alla necessità di aumentare l'insoddisfazione per lo status quo identificato nella formula Gleicher; vedi Sezione 6.). L'analisi di Kotter fornisce validi indicatori per i Change Manager che cercano di evitare gli errori commessi da altri. Spesso i Change Agent:

- Sovrastimano la loro capacità di forzare grandi cambiamenti nell'organizzazione
- Sottovalutano quanto possa essere difficile spostare le persone fuori dalle loro zone di comfort
- Non capiscono come le loro azioni e il loro approccio possa rafforzare lo status quo aumentando reazioni difensive
- Corrono "dove gli angeli temono di procedere" – dando il via alle attività di cambiamento senza una comunicazione sufficiente di ciò che sia necessario cambiare o del perché sia necessario un cambiamento (la Vision)
- Confondono l'urgenza con l'ansia, che a sua volta porta alla paura e alla resistenza mentre le parti interessate si ritirano (spesso letteralmente) nei loro silos

Mentre si è tentati di pensare che, di fronte alla crisi organizzativa, l'autocompiacimento non sarebbe un problema, spesso è vero il contrario. Gli stakeholder spesso si aggrappano allo status quo di fronte a troppe richieste (spesso contrastanti) di cambiamento (che spesso vengono elaborate come "se tutto è importante, allora nulla è importante").

4.1.1 Esempi nel Contesto della Gestione delle Informazioni

La Tabella 32 descrivono esempi di come l'autocompiacimento possa manifestarsi in un contesto di information management:

Tabella 32 Scenari di Autocompiacimento

Scenario di Esempio	Come potrebbe manifestarsi
Risposta a un Cambiamento Normativo	"Stiamo bene. Non siamo stati multati secondo le regole attuali."
Risposta al Cambiamento Aziendale	"Sosteniamo l'azienda con successo da anni. Andremo bene."
Risposta al Cambiamento Tecnologico	"Questa nuova tecnologia non è provata. I nostri sistemi attuali sono stabili e sappiamo come risolvere i problemi."
Risposta a Problemi o Errori	"Possiamo assegnare un team di risoluzione dei problemi e risolvere i problemi. Ci sono sicuramente alcune persone disponibili in [Inserire qui il nome del Reparto o del Team]."

4.2 Errore #2: Non riuscire a Creare una Coalizione Guida Sufficientemente Efficace

Kotter afferma che un grande cambiamento è quasi impossibile senza il sostegno attivo del vertice dell'organizzazione e senza che una coalizione di altri leader si impegni per guidare il cambiamento. Il coinvolgimento della leadership è particolarmente importante negli sforzi di data governance, in quanto richiedono cambiamenti comportamentali significativi. Senza l'impegno dei migliori leader, l'interesse personale a breve termine supererà la possibilità di benefici a lungo termine di una migliore governance.

Una Coalizione Guida è un team efficace ed entusiasta di volontari provenienti da tutta l'organizzazione che aiuta a mettere in atto nuove strategie e a trasformare l'organizzazione. Una sfida fondamentale nello sviluppo di una Coalizione Guida è l'identificazione dei coinvolgimenti. (Vedi Sezione 5.2.)

4.3 Errore #3: Sottovalutare il Potere della Vision

Il senso di urgenza e un forte team guida sono inutili senza una visione chiara e ragionevole del cambiamento. La visione fornisce il contesto del cambiamento. Aiuta le persone a capirne il significato in ogni singolo componente. Una visione ben definita e comunicata può aiutare a guidare il livello di effort necessario per implementare correttamente il cambiamento. Senza una dichiarazione pubblica della visione finalizzata a guidare il processo decisionale, ogni scelta rischia di diventare un dibattito e qualsiasi azione potrebbe far deragliare l'iniziativa o indebolirla.

La visione non è la stessa cosa della pianificazione o della gestione del programma. La visione non è il progetto o il suo programma o tantomeno un breakdown dettagliato di tutti i componenti del cambiamento.

Una visione è una dichiarazione chiara e convincente di dove il cambiamento stia conducendo.

Comunicare la visione significa connettersi con le persone. Per le iniziative di data management, la visione deve articolare le sfide con le pratiche di data management esistenti, i vantaggi del miglioramento e il percorso per ottenere uno stato futuro migliore.

4.3.1 Esempio di Gestione delle Informazioni

Troppo spesso nella gestione delle informazioni, la visione di un particolare progetto è presentata come l'implementazione di una nuova tecnologia. La tecnologia, anche se importante, non è il cambiamento e nemmeno la visione. E' ciò che l'organizzazione può fare con la tecnologia che costituisce la visione.

Ad esempio, affermando: *"Implementeremo una nuova suite integrata di reporting e analisi finanziaria basata su [inserire il nome della tecnologia qui] entro la fine del primo trimestre"* è un obiettivo lodevole e misurabile. Tuttavia, non fa molto per comunicare una dichiarazione chiara e convincente di dove porterà il cambiamento.

D'altra parte, affermando, *"Miglioreremo l'accuratezza e la tempestività dei report finanziari e li renderemo più facilmente disponibili a tutte le parti interessate. Una migliore comprensione del flusso dei dati in entrata e in uscita dai nostri processi di reporting supporterà la fiducia nei nostri numeri, farà risparmiare tempo e ridurrà lo stress non necessario durante i processi di fine periodo. Faremo il nostro primo passo per raggiungere questo obiettivo implementando [Sistema X] entro la fine del primo trimestre"* chiarisce cosa sarà svolto e perché. Sottolineando i vantaggi del cambiamento organizzativo, si creerà il supporto per il cambiamento stesso.

4.4 Errore #4: Comunicazione della Visione con un Fattore di 10, 100 o 1000

Anche se tutti sono d'accordo sul fatto che la situazione attuale risulti insoddisfacente, le persone non cambieranno se non percepiranno i benefici del cambiamento come un miglioramento significativo rispetto allo status quo.

Una comunicazione coerente ed efficace della visione, seguita da azioni è fondamentale per un change management di successo. Kotter consiglia che la comunicazione avvenga sia in parole che in azioni. La congruenza tra le due è fondamentale per il successo. Nulla ostacola un'attività di cambiamento tanto velocemente quanto una situazione in cui le persone ricevono il messaggio: 'Fai come dico io, non come faccio io'.

4.5 Errore #5: Permettere agli Ostacoli di Bloccare la Visione

Le nuove iniziative falliscono quando le persone si sentono depotenziate da ostacoli sul loro cammino, anche quando abbracciano pienamente la necessità e la direzione del cambiamento proposto. Come parte della sua trasformazione, l'organizzazione deve identificare e rispondere a diversi tipi di ostacoli:

- **Psicologico**: Gli ostacoli che esistono nella testa delle persone devono essere affrontati in base alle loro cause. Sono scaturiti dalla paura, dalla mancanza di conoscenza o da qualche altra causa?

- **Strutturale**: I blocchi dovuti a fattori organizzativi strutturali come mansioni lavorative ristrette o sistemi di valutazione delle prestazioni che costringono le persone a scegliere tra la Visione e il proprio interesse personale devono essere affrontati come parte del processo di change management. Il change management dovrebbe affrontare gli incentivi e disincentivi strutturali al cambiamento.

- **Resistenza attiva**: Quali ostacoli esistono a causa di persone che si rifiutano di adattarsi al cambiamento e che fanno richieste che sono incoerenti con la trasformazione? Se i membri chiave dell'organizzazione impegnati nel raggiungere la visione del cambiamento, non riescono a modificare i loro comportamenti, oppure a premiare i comportamenti richiesti oppure continuano a operare in modi incompatibili, allora l'esecuzione della visione potrà vacillare e potrebbe risultare in un fallimento.

Kotter invita le "persone intelligenti" nelle organizzazioni ad affrontare questi ostacoli. In caso contrario, gli altri si sentiranno "depotenziati" e il cambiamento sarà compromesso.

4.6 Errore #6: Non Riuscire a Creare Vittorie a Breve Termine

Il vero cambiamento richiede tempo. Chiunque abbia mai intrapreso programmi di fitness o di dimagrimento sa che il segreto per andare avanti è quello di avere regolari milestone che mantengano lo slancio e la motivazione rendendo visibile il progresso. Tutto ciò che comporta un impegno a lungo termine e l'investimento di sforzi e risorse richiede qualche elemento di feedback anticipato e regolare del successo.

Sforzi complessi in termini di cambiamento richiedono obiettivi a breve termine a sostegno degli obiettivi a lungo termine. Il raggiungimento di questi obiettivi consente alla squadra di celebrare e mantenere lo slancio. La cosa fondamentale è **creare** le vittorie di breve termine piuttosto che semplicemente sperare in esse. Nelle trasformazioni di successo, i manager stabiliscono attivamente i primi obiettivi, raggiungono questi obiettivi e premiano la squadra. Senza sforzi sistematici per garantire il successo, è probabile che il cambiamento fallisca.

4.6.1 Esempi nel Contesto della Gestione delle Informazioni

In un contesto di gestione delle informazioni, le vittorie e gli obiettivi a breve termine derivano spesso dalla risoluzione di un problema identificato. Ad esempio, se lo sviluppo di un Business Glossary è un risultato chiave di un'iniziativa di data governance, una vittoria a breve termine potrebbe derivare dalla risoluzione di un problema correlato a dati incoerenti (ad esempio, i report di due business area mostrano KPI diversi perché sono state utilizzate regole diverse nei loro calcoli).

Identificare il problema, risolverlo e collegare la soluzione alla visione generale a lungo termine per il cambiamento consente ai team di celebrare tale obiettivo e mostrare la visione in azione. Fornisce inoltre preziose garanzie per la comunicazione sulla visione e aiuta a rafforzare il messaggio del cambiamento.

4.7 Errore #7: Dichiarare Vittoria Troppo Presto

Troppo spesso nei progetti di Change, in particolare quelli che si estendono su più anni, c'è la tentazione di dichiarare il successo al primo grande miglioramento delle prestazioni. I Quick win sono strumenti potenti per mantenere lo slancio e il morale; tuttavia, trarre da questi che il lavoro sia finito è di solito un errore. Fino a quando i cambiamenti non saranno incorporati nella cultura dell'organizzazione, i nuovi approcci risulteranno fragili e le vecchie abitudini e pratiche potrebbero riaffermarsi. Kotter suggerisce che cambiare un'intera azienda possa richiedere da tre a dieci anni.

4.7.1 Esempio nel Contesto di Gestione delle Informazioni

Il classico esempio di sindrome da "Missione Compiuta" è lo scenario in cui l'implementazione di una tecnologia è vista come la strada per migliorare la gestione delle informazioni o risolvere un problema con la qualità o l'affidabilità dei dati. Una volta che la tecnologia è stata implementata, può essere difficile mantenere il progetto in movimento verso l'obiettivo, in particolare se la visione complessiva è stata mal definita. La Tabella 36 raccoglie diversi esempi relativi alle conseguenze di dichiarazione di vittoria troppo precoce.

Tabella 36 Scenari di Dichiarazione Troppo Precoce di Vittoria

Scenario di Esempio	Come potrebbe manifestarsi
Affrontare la qualità dei dati	"Abbiamo acquistato uno strumento Data Quality. La questione è risolta." • Nessuno nell'organizzazione sta rivedendo o agendo su report sulla qualità dei dati
Confondere la disponibilità di capability con l'implementazione e il funzionamento	"Abbiamo implementato lo stack di reporting per il regolamento X. Ora siamo conformi alla legislazione." • Modifiche ai requisiti normativi • Nessuno sta rivedendo o agendo su questioni individuate nella segnalazione
Migrazione dei dati	"Tutti i dati nel sistema X sono ora nel sistema Y." • I conteggi dei record corrispondono, ma i dati nel sistema Y sono incompleti o troncati a causa di errori nel processo di migrazione. Interventi manuali necessari

4.8 Errore #8: Trascurare l'Ancoraggio delle Modifiche nella Cultura Aziendale

Le organizzazioni non cambiano, le persone sì. Fino a quando nuovi comportamenti non saranno incorporati nelle norme sociali e nei valori condivisi di un'organizzazione, essi saranno soggetti a decadimento e degrado non appena verrà rimosso il fulcro dell'attività di cambiamento. Kotter è chiaro: ignorare la cultura è un grande pericolo quando ci si impegna in attività di cambiamento. Le due chiavi per ancorare il cambiamento nella cultura dell'organizzazione sono:

- Mostrare consapevolmente alle persone come comportamenti e atteggiamenti specifici hanno influenzato le prestazioni.
- Dedicare tempo sufficiente per integrare il cambiamento di approccio nella prossima generazione del management.

4.8.1 Esempio nel Contesto di Gestione delle Informazioni

Questo rischio evidenzia l'importanza dei fattori umani nel cambiamento complessivo che potrebbe essere implementato per apportare miglioramenti nell'esecuzione della data governance, nella gestione e nell'uso dei Metadati o nelle procedure di qualità dei dati (per citarne solo tre).

Ad esempio, un'organizzazione potrebbe aver introdotto un requisito di tagging dei Metadati su tutta la documentazione per supportare i processi di classificazione e archiviazione automatizzati nel content management system. Nelle prime settimane il personale rispetta tale requisito, ma col passare del tempo, ritorna alle vecchie abitudini e i documenti non vengono taggati correttamente, portando a un massiccio arretrato di record non classificati che dovranno essere esaminati manualmente per allinearli ai requisiti della soluzione tecnologica.

Ciò evidenzia il semplice fatto che i miglioramenti nella gestione delle informazioni vengono forniti attraverso una combinazione di processi, persone e tecnologia. Molto spesso la componente centrale viene persa, portando a una delivery non ottimale e al "backsliding" dei progressi compiuti. Quando si introducono nuove tecnologie o nuovi processi, è importante considerare come le persone manterranno il cambiamento e sosterranno i benefici.

5. Il Processo in Otto Fasi di Kotter per un Cambiamento Drastico

Oltre agli otto errori del Change Management, Kotter riconosce una serie di ostacoli comuni al cambiamento:

- Culture autocompiacenti
- Burocrazia paralizzante
- Politica campanilista
- Bassi livelli di fiducia
- Mancanza di lavoro di squadra
- Arroganza
- Mancanza o fallimento della leadership
- Paura dell'ignoto

Per combatterli, Kotter propone un modello in otto fasi per "grandi" cambiamenti. Il modello di Kotter fornisce un quadro all'interno del quale ciascuna di queste issue può essere affrontata in modo da supportare un cambiamento sostenibile a lungo termine. Ogni passaggio è associato a uno degli errori fondamentali che minano gli sforzi di trasformazione. I primi quattro passi del modello attenuano le posizioni di status quo radicate. Come dice Kotter, questo effort è necessario solo perché il cambiamento non è facile. I successivi tre passi (da 5 a 7) introducono nuove pratiche e modalità di lavoro. L'ultimo passo consolida i cambiamenti apportati e fornisce la piattaforma per futuri benefici e miglioramenti.

Kotter afferma che non vi sia alcuna scorciatoia nel seguire questi passaggi. Tutti gli sforzi per un cambiamento di successo devono passare attraverso tutti e otto i passaggi. Concentrarsi sui passaggi 5, 6 e 7 può sembrare allettante; tuttavia ciò non costituisce una solida base per sostenere il cambiamento (nessuna visione, nessuna Coalizione Guida, nessuna insoddisfazione per lo status quo). Allo stesso modo, è importante rafforzare ogni fase avanzando con il processo, utilizzando Quick Win per sostenere la visione e la comunicazione ed evidenziare i problemi con lo status quo.

Figura 114 Processo in otto fasi di Kotter per grandi cambiamenti

5.1 Stabilire un Senso di Urgenza

Le risorse troveranno mille modi per limitare la cooperazione da qualcosa che ritengono non necessario. Occorre un chiaro e impellente senso di urgenza per motivare una sufficiente massa critica di persone a sostenere un effort di cambiamento. La cooperazione e la collaborazione vincenti richiedono una "chiamata alle armi".

L'opposto dell'urgenza è l'autocompiacimento. Quando l'autocompiacimento è alto, è difficile se non impossibile mettere insieme un gruppo sufficientemente efficace per creare la visione del cambiamento e guidarne l'attività. In rari casi, i singoli individui possono fare qualche progresso di fronte all'autocompiacimento, ma questo è quasi inevitabilmente insostenibile.

Nel contesto della gestione delle informazioni, diversi fattori possono creare un senso di urgenza:

- Evoluzioni normative
- Minacce alla sicurezza delle informazioni
- Rischi per la continuità aziendale
- Modifiche alla strategia aziendale
- Fusioni e acquisizioni
- Audit normativo o minacce di contenzioso
- Cambiamenti tecnologici
- Cambiamenti delle capability dei concorrenti sul mercato
- Commenti dei media sui problemi di gestione delle informazioni di un'organizzazione o di un settore

5.1.1 Fonti di Autocompiacimento

Kotter identifica nove motivi per cui le organizzazioni e le persone possono essere autocompiacenti. (Vedi Figura 115)

- In assenza di una crisi visibile, è difficile suscitare un senso di urgenza.
- Le "trappole del successo" possono soffocare l'urgenza di alcune situazioni.
- Misure di performance del personale rispetto a standard di prestazione bassi o standard che non si confrontano con benchmark esterni o tendenze interne a lungo termine.
- Obiettivi funzionali eccessivamente ristretti, con diverse metriche delle prestazioni per diverse unità funzionali, possono portare a una situazione in cui nessuno è responsabile quando le prestazioni complessive di organizzazione risultano scarse o sofferenti.
- Se i sistemi di pianificazione e controllo interni sono (o possono essere) "abbelliti" o modificati per rendere più facile il raggiungimento degli obiettivi, è facile essere autocompiacenti.
- Se l'unica fonte di feedback sulle prestazioni proviene da sistemi interni difettosi, non esiste alcun "controllo sanitario" della giustificabilità dell'autocompiacimento.
- Le fonti e i processi da cui vengono identificati i problemi o da dove vengono raccolti feedback sulle prestazioni esterne, sono spesso attaccati come dannosi per il clima aziendale, dannosi per altri, o potenzialmente generatori di problemi. Piuttosto che prendere le informazioni come

input per una valutazione delle prestazioni dell'organizzazione, la cultura è quella di "uccidere il messaggero".

* Per ragioni psicologiche molto semplici le persone non accettano cose che non vogliono sentire. In presenza di una prova di un problema rilevante, le persone spesso ignorano le informazioni o le reinterpretano in modo meno doloroso.
* Anche nelle organizzazioni in cui le precedenti sfide non sono significative, c'è il rischio che il "linguaggio felice" ("happy talk") da parte del top management o di figure di alto livello dell'organizzazione possa creare un senso ingiustificato di sicurezza e successo. Spesso questo " happy talk " è il risultato di una storia di successi passati. Il successo del passato può dare agli individui un ego e creare una cultura arrogante. Entrambi i fattori possono mantenere basso il senso di urgenza e ostacolare il cambiamento.

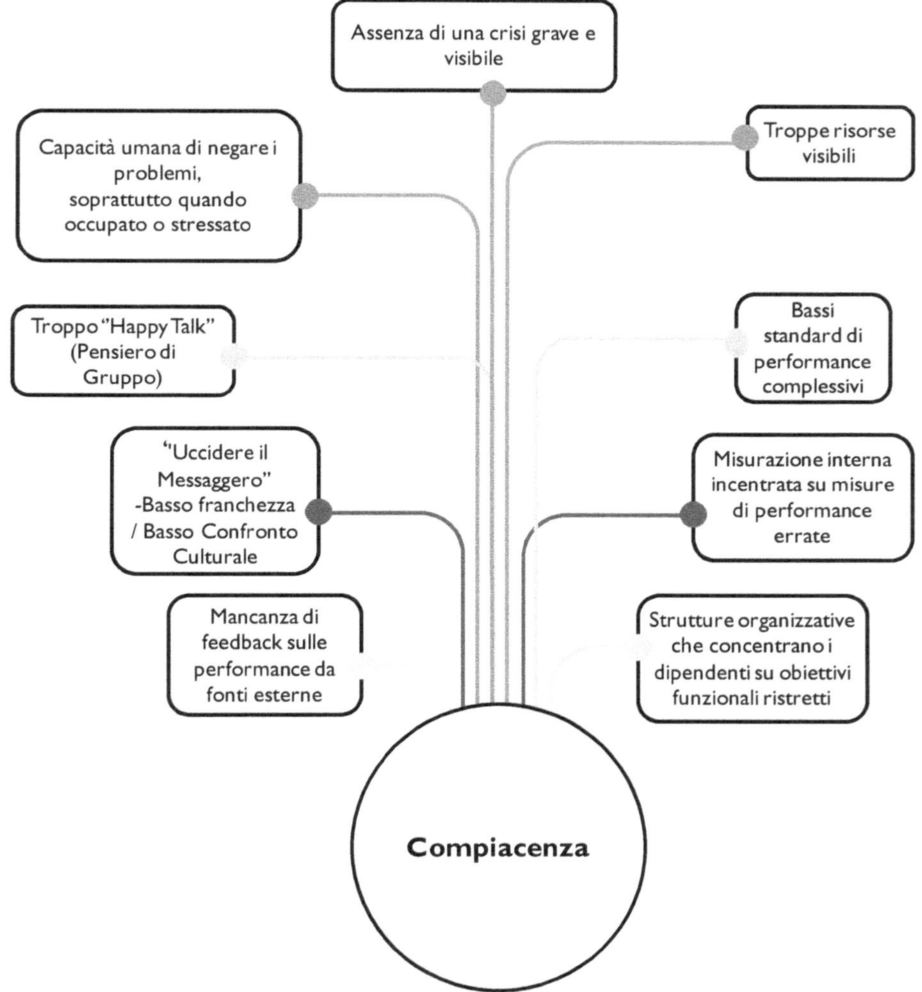

Figura 115 Fonti di Autocompiacimento

Una buona regola empirica in qualsiasi iniziativa di cambiamento è quella di non sottovalutare mai il potere delle forze che potrebbero rafforzare l'autocompiacimento e promuovere lo status quo. La sfida dell'autocompiacimento deve essere affrontata; un'organizzazione non può prendere decisioni importanti senza affrontare i problemi reali.

5.1.2 Aumentare il Livello di Urgenza

Per aumentare il livello di urgenza è necessario rimuovere le fonti di autocompiacimento o ridurre il loro impatto. Creare un forte senso di urgenza richiede che i leader intraprendano azioni audaci o addirittura rischiose. Vale la pena ricordare come Deming ammonisca la direzione sull'istituire una leadership come parte dei suoi 14 Punti di Trasformazione.[94]

Essere *Audace* significa fare qualcosa che potrebbe causare disagi nel breve termine. In altre parole, richiede *l'adozione di una nuova filosofia* (citando di nuovo Deming). Mosse abbastanza audaci da ridurre l'autocompiacimento tendono a causare conflitti e ansia nel breve termine. Tuttavia, se il conflitto e l'ansia possono essere incanalati verso la visione del cambiamento, un leader può capitalizzare il disagio a breve termine per costruire gli obiettivi di lungo termine.

Le mosse audaci sono difficili in assenza di una leadership solida e solidale. I senior manager cauti che non sono in grado di aumentare il senso di urgenza ridurranno la capacità di un'organizzazione di cambiare.

5.1.3 Gestire la Crisi con Cura

Un modo per far salire i livelli di urgenza è quello di sfruttare una crisi visibile. A volte si dice che un grande cambiamento non è possibile fino a quando la sopravvivenza stessa dell'organizzazione non è a rischio. Tuttavia, non necessariamente il cambiamento avviene nemmeno in quel momento. Una crisi economica o finanziaria in un'organizzazione può spesso comportare risorse scarse che difficilmente possono sostenere la visione del cambiamento.

È possibile creare una crisi percepita "bombardando" l'organizzazione con informazioni su problemi, potenziali problemi, potenziali opportunità, o fissando obiettivi ambiziosi che destabilizzano lo status quo. Kotter suggerisce che spesso è più facile creare un problema per il quale (allo stesso tempo) vi sia il piano per affrontarlo.

5.1.4 Il ruolo del middle e lower management

A seconda dell'entità dell'obiettivo del cambiamento (ad esempio, un reparto o una business unit rispetto a un'intera organizzazione), gli attori chiave saranno i manager di tale unità. Essi dovranno essere in grado di ridurre l'autocompiacimento nelle squadre sotto il loro diretto controllo. Se hanno sufficiente autonomia, possono essere in grado di farlo indipendentemente dalla velocità del cambiamento nel resto dell'organizzazione.

Se non c'è sufficiente autonomia, allora un effort di cambiamento in una piccola unità può essere condannato fin dall'inizio per l'arrivo di "forze inerziali". Spesso i manager devono ridurre tali forze inerziali. Tuttavia, i middle e lower manager possono guidare questo tipo di cambiamento se agiscono in

---

[94] in *Out of th Crisis* (1982), W. Edwards Deming pubblicò i suoi 14 Punti per la Trasformazione Gestionale. http://bit.ly/1KJ3JIS.

modo strategico. Ad esempio, utilizzando analisi per mostrare chiaramente l'impatto che avrebbe il non apportare un cambiamento necessario su un progetto strategico. Questo si rivela è particolarmente efficace quando la discussione può essere diretta attraverso un gruppo esterno come una società di consulenza esterna che può contribuire alle analisi.

5.1.5 Quanta Urgenza Serve?

Un senso di urgenza su un problema porta le persone a concludere che lo status quo sia inaccettabile. Per sostenere la trasformazione a lungo termine, è necessario il sostegno di una massa critica di manager; Kotter suggerisce il 75%. Tuttavia, creare troppa urgenza può essere controproducente: un'eccessiva urgenza può portare a visioni di cambiamento concorrenti o a concentrare l'attenzione sullo "spegnere gli incendi" (firefighting).

Un senso di urgenza sufficientemente convincente aiuterà a innescare il processo di cambiamento e a dargli slancio. Una sufficiente urgenza aiuterà anche ad ottenere il giusto livello di leadership nella Coalizione Guida. In ultima analisi, il senso di urgenza deve essere sufficientemente forte da impedire che l'autocompiacimento si riaffermi dopo che si sono conseguiti i successi iniziali. Un approccio chiave è quello di attingere alla "voce del cliente" e parlare con clienti esterni, fornitori, stakeholder o altri stakeholder interessati sulla loro prospettiva sul livello di urgenza che si sta creando.

5.2 La Coalizione Guida

Nessuna persona ha tutte le risposte, o tutte le intuizioni necessarie per creare una visione, o ha le giusta ampiezza di connessioni per supportare la comunicazione efficace di una visione. Per un cambiamento di successo è necessario evitare due scenari specifici:

- Il CEO Solitario / Champion Solitario
- Il Comitato di Scarsa Credibilità

Lo scenario del CEO Solitario mette il successo o il fallimento dell'attività di change nelle mani di una sola persona. L'attuale velocità del cambiamento nella maggior parte delle organizzazioni è tale che una sola persona non può gestire tutto. La velocità del processo decisionale e della comunicazione diminuisce, a meno che le decisioni non vengano prese senza una valutazione. Entrambe le opzioni costituiscono una ricetta per il fallimento.

Il Comitato della Scarsa Credibilità si presenta quando a un champion capace viene data una "task force" con rappresentanti di diversi dipartimenti funzionali (e forse di alcuni consulenti esterni). Tuttavia, ciò che manca alla task force è una rappresentanza sufficiente (se presente) da parte di risorse a un livello gerarchico esecutivo superiore. Se il cambiamento è percepito come "importante ma non *così* importante" (di nuovo, a causa della mancanza di commitment da parte dei "primi violini"), le persone non si sentiranno motivate a ottenere una vera comprensione della situazione. Inevitabilmente, la task force fallirà.

È essenziale creare una coalizione guida adeguata che disponga del commitment del management necessario per sostenere l'urgenza del cambiamento. Inoltre, il team deve supportare un processo decisionale efficace, che richiede elevati livelli di fiducia all'interno del team stesso. Una Coalizione Guida che lavora come team può elaborare più informazioni più velocemente. Inoltre, velocizza l'attuazione delle idee, perché i decisori con adeguato livello gerarchico sono veramente informati e "committati" nelle decisioni chiave.

Un'efficace Coalizione Guida ha quattro caratteristiche chiave:

- **Potere gerarchico**: Vi sono abbastanza attori chiave "a bordo", in particolare i manager di linea, in modo che coloro che sono esclusi non possano facilmente bloccare il cambiamento?
- **Competenza**: I punti di vista rilevanti sono adeguatamente rappresentati in modo da prendere decisioni informate e intelligenti?
- **Credibilità**: Ci sono abbastanza persone con una buona reputazione nell'organizzazione del team in modo che venga presa sul serio?
- **Leadership**: Il team comprende abbastanza leader di comprovata efficacia per guidare il processo di cambiamento?

La leadership è un tema fondamentale. Ci deve essere un buon equilibrio tra capacità di gestione e di leadership all'interno della Coalizione Guida. La gestione tiene sotto controllo l'intero processo. La leadership guida il cambiamento. Una senza l'altra non consentirà di raggiungere un risultato sostenibile.

Le questioni chiave che sorgono nel contesto della creazione della Coalizione Guida includono:

Quante risorse sono necessarie per definire e guidare il cambiamento?

La risposta è un "Dipende" "dolorosamente da consulente", tuttavia la dimensione della coalizione si riferisce alla dimensione del gruppo   che deve essere influenzato. Occorre trovare un equilibrio tra l'avere un gruppo troppo grande e un gruppo che lasci che i principali stakeholder si sentano "fuori dai giochi".

Chi dovrebbe essere coinvolto o invitato a entrare a far parte della Coalizione Guida?

La Coalizione Guida differisce da un comitato direttivo formale del progetto o del programma in quanto deve fornire una piattaforma di influenza in tutta l'organizzazione. Come tale, la coalizione deve includere rappresentanti di diverse comunità di stakeholder; e tuttavia, non si tratta neanche di un forum generale per la raccolta dei requisiti delle parti interessate. Essa è focalizzata sul cercare punti di vista da parte di persone che potrebbero essere impattate nella catena del valore delle informazioni dell'organizzazione.

Un attributo chiave dei membri della Coalizione Guida è la loro capacità di influenzare i loro pari, sia attraverso l'autorità formale nella gerarchia sia attraverso il loro status ed esperienza nell'organizzazione.

Il comportamento è fondamentale nella Coalizione Guida.

Nella formulazione della Coalizione Guida, i change leader devono evitare comportamenti che indeboliscano l'efficacia, la funzione e la portata del team. Ad esempio, occorre evitare:

- **Scetticismo**: Gli scettici possono ostacolare il dialogo positivo e aperto necessario alla Coalizione Guida per sviluppare idee creative, perfezionare, implementare ed evolvere la visione del cambiamento e identificare opportunità di crescita.
- **Distrazione**: I membri guida del team della Coalizione devono concentrarsi sull'attività di cambiamento. Gli individui non focalizzati possono portare la squadra fuori rotta, causando ritardi o la mancata capitalizzazione dei Quick Win.
- **Egoismo**: Gli sforzi della Coalizione Guida spostano l'organizzazione nel suo complesso e impattano tutti. Gli ordini del giorno nascosti non devono essere autorizzati per non far deragliare gli sforzi della squadra.

5.2.1 L'Importanza di una Leadership Efficace nella Coalizione

C'è una differenza tra management e leadership. Una Coalizione Guida con buoni dirigenti ma nessun leader non avrà successo. L'assenza di leadership può essere affrontata assumendo risorse dall'esterno, promuovendo i leader dall'interno e incoraggiando il personale a prendere in mano la sfida della guida.

Quando si crea la coalizione è necessario diffidare di ciò che Kotter definisce 'Egoisti', 'Serpi', e 'Giocatori Riluttanti'. Gli "Egoisti" sono individui che "riempiono la stanza" e non lasciano che gli altri forniscano il loro contributo. I "Serpenti" sono persone che creano e diffondono sfiducia e sconforto. I "Giocatori Riluttanti" sono (di solito) figure di alto livello che vedono un moderato bisogno del cambiamento, ma non comprendono appieno l'urgenza.

Ognuno di questi tipi di personalità può minare o compromettere il cambiamento. Dovrebbero essere fatti sforzi o per tenerli fuori dal team o per gestirli da vicino in modi da "tenerli" sul progetto.

5.2.2 Esempio nel Contesto di Gestione delle Informazioni

Nell'ambito di un'iniziativa di cambiamento di information management, la Coalizione Guida può aiutare l'organizzazione a individuare opportunità di collegare iniziative in diversi settori che si occupano di diversi aspetti dello stesso cambiamento generale.

Ad esempio, in risposta a un requisito normativo, il consulente interno di un'azienda potrebbe aver iniziato a sviluppare una mappa dei flussi di dati e dei processi dell'organizzazione. Allo stesso tempo, un'iniziativa di data warehousing potrebbe aver iniziato a mappare il data lineage per la verifica dell'accuratezza e della qualità dei report.

Un leader del cambiamento della data governance potrebbe riunire insieme il responsabile dell'ufficio legale e il responsabile del reporting all'interno della Coalizione di Guida per migliorare la documentazione e il controllo dei processi di informazione nel contesto della governance dei dati. Questo a sua volta potrebbe richiedere l'input dei team di front-line che utilizzano e creano dati per comprendere l'impatto delle modifiche proposte.

In definitiva, una buona comprensione della catena del valore dell'informazione aiuterà a identificare i potenziali candidati da includere nella Coalizione Guida.

5.2.3 Costruire un Team Efficace

Un team efficace si basa su due semplici basi: la fiducia e un obiettivo comune. L'assenza di fiducia è spesso causata da una mancanza di comunicazione e da altri fattori come conflitti organizzativi. Il classico gap "Business vs IT" è un buon esempio di dove si può compromettere la fiducia. Per creare fiducia, è necessario impegnarsi in attività di team building che creino e promuovano comprensione, rispetto e sostegno reciproci. Nel raggiungere questa comprensione reciproca, tuttavia, occorre prestare attenzione ad evitare il "Pensiero di Gruppo".

5.2.4 Combattere il Pensiero del Gruppo

Il "Pensiero di Gruppo" (Group Think) è un effetto psicologico che nasce in gruppi altamente coerenti e coesi, in particolare quelli isolati da fonti di informazione che potrebbero contraddire le loro opinioni, o quelli che sono dominati da un leader che incoraggia le persone a concordare con la sua posizione piuttosto che aprire la discussione.

In un Pensiero di Gruppo, tutti vanno d'accordo con una proposta anche quando hanno riserve al riguardo. Un Group Think è probabilmente presente se:

- Nessuno solleva obiezioni
- Non sono fornite alternative
- Prospettive differenti sono rapidamente respinte ed eliminate per sempre
- Informazioni che potrebbero contraddire il pensiero dominante non sono ricercate attivamente

Per evitare il Pensiero di Gruppo è importante:

- Incoraggiare tutti i partecipanti a seguire il metodo scientifico di raccolta dei dati per comprendere la natura e le cause di un problema
- Sviluppare un elenco di criteri per la valutazione di ogni decisione
- Imparare a lavorare insieme in modo efficiente in modo che il Group Think non sia la scorciatoia per fare le cose più velocemente
- Incoraggiare il brainstorming
- Far parlare per ultimi i dirigenti
- Ricercare attivamente conoscenze e input esterni nelle riunioni
- Una volta che una soluzione è stata identificata, chiedere al team di sviluppare non un solo piano, ma anche un "piano B" (che li costringa a ripensare le ipotesi nel piano originale)

5.2.5 Esempi nel Contesto della Gestione delle Informazioni

Il Pensiero di Gruppo può affermarsi in una varietà di contesti. Un settore potenziale è il tradizionale "gap tra Business e IT", in cui diverse parti dell'organizzazione sono resistenti ai cambiamenti proposti dall'altra. Un altro scenario potenziale è quello in cui l'obiettivo dell'organizzazione è quello di diventare data-driven con particolare focus all'analisi e alla raccolta dei dati, che può comportare problemi di privacy, sicurezza o etici nel caso in cui la gestione delle informazioni sia "data per scontata" o senza priorità nel piano di lavoro complessivo.

Esistono molte ragioni per applicare la disciplina della data governance nelle organizzazioni. Una funzione chiave consiste nel garantire chiarezza sui modelli e sui metodi da applicare. Questa chiarezza consentirà di affrontare in modo appropriato e coerente questioni quali il divario tra Business e IT oppure il bilanciamento di priorità confliggenti.

5.2.6 Obiettivi Comuni

Se ogni membro della Coalizione Guida profonde il suo effort in una direzione diversa, la fiducia potrà essere compromessa.

Obiettivi tipici che legano le persone sono costituiti da un impegno per l'eccellenza o il desiderio di vedere l'organizzazione operare al più alto livello possibile in una determinata area. Questi obiettivi non devono essere confusi con la visione del cambiamento, ma dovrebbero essere complementari ad essa.

5.3 Sviluppo di una Visione e di una Strategia

Un errore comune nelle attività di change management è quello di fare affidamento su decisioni autoritarie o micro-management per attivare il cambiamento. Nessuno dei due approcci è efficace se il contesto del cambiamento è complesso.

Se l'obiettivo è un cambiamento comportamentale, a meno che il responsabile non sia molto potente, gli approcci di decisioni autoritarie funzioneranno male anche in situazioni semplici. E' improbabile che una decisione autoritaria, senza "il potere dei re" dietro di essa, consenta si superare tutte le resistenze. I change agent tendono ad essere ignorati, sottovalutati o aggirati. Quasi inevitabilmente, un soggetto resistente al cambiamento metterà alla prova il Change Agent per testarne l'autorità e l'influenza nel processo di cambiamento.

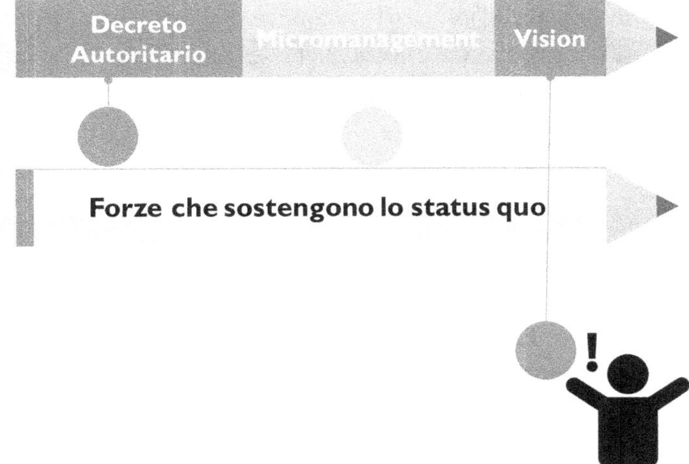

Figura 115 La visione supera lo status quo

Il micromanagement cerca di aggirare questa debolezza definendo in dettaglio cosa dovrebbero fare i dipendenti e monitorando la conformità. Questo approccio può superare alcune delle barriere al cambiamento, ma, nel tempo, richiederà una maggiore durata in quanto, con l'aumentare del livello di complessità associato al cambiamento, il management dovrà dedicare sempre maggiore tempo a descrivere in dettaglio le practice e i metodi di lavoro per i nuovi comportamenti.

L'unico approccio che consente costantemente ai change agent di superare lo status quo è quello di basare il cambiamento su una visione chiara e convincente che fornisca slancio al cambiamento.

5.3.1 Perché la Visione è Essenziale

Una visione è un'immagine del futuro con indicazioni implicite o esplicite sul perché le persone dovrebbero sforzarsi di creare quel futuro. Una buona visione assolve a tre importanti finalità: chiarimento, motivazione e allineamento.

- **Chiarimento**: Una buona visione chiarisce la direzione del cambiamento e semplifica una serie di decisioni più dettagliate impostando metriche chiave. Una visione efficace (unitamente al supporto di strategie di backup) aiuta a risolvere i problemi che sorgono da disaccordi sulla direzione del cambiamento, da confusione sui motivi del cambiamento o sui suoi driver. Si possono evitare discussioni infinite attraverso una semplice domanda: l'azione pianificata è in linea con la visione? Allo stesso modo, la visione può aiutare a "mettere ordine", consentendo al team di concentrare gli sforzi su progetti prioritari che stanno contribuendo all'attività di trasformazione.

- **Motivazione**: Una visione chiara motiva le persone a fare passi nella giusta direzione, anche se tali passi possono comportare conseguenze personali negative. Ciò è particolarmente vero nelle organizzazioni in cui le persone vengono forzate a lasciare regolarmente la loro comfort zone. Quando il futuro viene percepito come deprimente e demoralizzante, una giusta visione può fornire alle persone una causa motivante per cui lottare.

- **Allineamento**: Una visione convincente aiuta ad allineare gli individui e a coordinare le azioni delle persone in modo efficace. L'alternativa è quella di avere una raffica di direttive dettagliate oppure meeting infiniti. L'esperienza dimostra che senza un comune senso di direzione le persone possono finire in cicli di conflitti interminabili e riunioni senza sosta.

5.3.2 La Natura di una Visione Efficace

Una visione può essere banale e semplice; non ha bisogno di essere grandiosa o globale. È un elemento del sistema di strumenti e processi per il cambiamento; che include tra l'altro anche strategie, piani e budget. Ciò nonostante, una visione è un fattore molto importante perché richiede che i team si concentrino su miglioramenti tangibili.

Una visione efficace ha diverse caratteristiche chiave:

- **Immaginabile**: Trasmette un quadro di come sarà il futuro.
- **Desiderabile**: Si rivolge agli interessi a *lungo termine* di dipendenti, clienti, azionisti e altri stakeholder
- **Fattibile**: Comprende obiettivi realistici e raggiungibili.
- **Focalizzata**: È abbastanza chiara da fornire orientamenti nel processo decisionale.
- **Flessibile**: È abbastanza generale per permettere agli individui di prendere l'iniziativa e consentire piani e risposte alternativi quando si modificano le condizioni o i vincoli.
- **Trasmissibile**: È facile da condividere e comunicare in un tempo minore di cinque minuti.

Il test chiave per l'efficacia di una visione consiste in quanto sia facile da immaginare e quanto sia desiderabile. Una buona visione può esigere sacrifici, ma deve mantenere gli interessi di lungo termine delle persone coinvolte nel suo scope. Le visioni che non si concentrano nel lungo termine sui benefici per le persone alla fine vengono messe in discussione. Allo stesso modo, la visione deve essere radicata nella realtà del mercato dei prodotti o dei servizi. Nella maggior parte dei mercati, la realtà è che il cliente finale deve essere costantemente considerato.

Le domande chiave sulla visione sono:

- Se diventasse reale, in che modo influirebbe sui clienti (interni ed esterni)?
- Se diventasse reale, come influenzerebbe gli azionisti? Li renderebbe più felici? Fornirebbe per loro un valore a lungo termine?
- Se diventasse reale, in che modo influenzerebbe i dipendenti? Il posto di lavoro sarebbe migliore, più felice, meno stressante, più appagante? Saremmo in grado di diventare un posto migliore in cui lavorare?

Un altro test chiave è la fattibilità strategica della visione; una visione fattibile è più di un desiderio. Può prevedere di ampliare le risorse e di incrementare le capability, in ogni caso le persone devono riconoscere che è fattibile. Tuttavia, fattibile non significa facile; la visione deve essere abbastanza difficile da forzare un ripensamento fondamentale. Indipendentemente da quali obiettivi di crescita siano fissati, l'organizzazione deve creare la visione in una comprensione razionale dei trend del mercato e delle capability dell'organizzazione.

La visione deve essere sufficientemente focalizzata da guidare le persone, ma non così rigida da vincolarle a comportamenti irrazionali. Spesso l'approccio migliore è quello di mirare alla semplicità, incorporando allo stesso tempo elementi specifici in modo che sia una preziosa pietra angolare e un punto di riferimento per il processo decisionale:

Il nostro obiettivo è quello di diventare leader mondiali nel nostro settore entro 5 anni. In questo contesto, leadership significa gestire le informazioni in modo più efficace per offrire maggiori ricavi, più profitto e un posto di lavoro più gratificante per il nostro personale. Il raggiungimento di questa ambizione richiederà una solida base di fiducia nella nostra capacità di prendere decisioni, chiarezza nelle nostre comunicazioni interne ed esterne, una migliore comprensione del panorama dell'informazione in cui operiamo e investimenti razionali in strumenti e tecnologie appropriate per supportare una cultura e un'etica basata sui dati. Questa cultura sarà affidabile e apprezzata da azionisti, clienti, dipendenti e comunità.

5.3.3 Creazione di una Visione Efficace

Kotter afferma che la creazione di una visione efficace sia un processo iterativo che debba avere chiari diversi elementi per avere successo.

- **Prima bozza**: Un singolo individuo effettua una dichiarazione iniziale che rifletta i suoi desideri e le esigenze del mercato.
- **Ruolo della Coalizione Guida**: La Coalizione Guida rielabora il primo progetto per adattarsi alla più ampia prospettiva strategica.
- **Importanza del lavoro di squadra:** Un processo di gruppo non funziona mai in maniera efficace senza il lavoro di squadra. Risulta necessario incoraggiare le persone a impegnarsi e dare un contributo.
- **Ruolo della testa e del cuore:** Sia il pensiero analitico che l'aspirazione ideale sono necessari per lo svolgimento dell'attività.
- **Caos del processo**: Non risulterà una procedura semplice; vi saranno numerosi dibattiti, rielaborazioni e cambiamenti. Se questi elementi non saranno presenti, significa la presenza di un problema con la visione o con il team.
- **Intervallo di tempo**: L'attività non è una questione da un'unica riunione. Può richiedere settimane, mesi, o anche più tempo. Idealmente, la visione dovrebbe essere in continua evoluzione.
- **Prodotto finale**: Risulta necessario un obiettivo per il futuro che sia desiderabile, fattibile, mirato, flessibile, e che possa essere trasmesso in poco tempo.

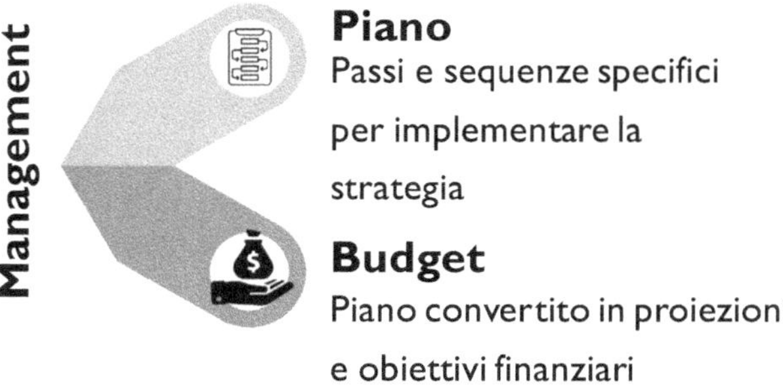

Figura 117 Contrasto Management/Leadership

5.4 Comunicare la Visione del Cambiamento

Una visione ha potere solo quando coloro che sono coinvolti nell'attività di cambiamento abbiano una comprensione comune dei suoi obiettivi e direzione, una visione comune sul futuro desiderato. I problemi che comunemente sorgono relativamente alla comunicazione della visione includono:

- **Fallimento nella comunicazione**, o comunicazione non adeguata.
- **Scarsa comunicazione**: Formulazione ingombrante o non adeguata che nasconda il senso di urgenza; di conseguenza, le persone non ascoltano con attenzione.
- **Non comunica abbastanza lontano**: I manager sono addestrati a comunicare a sottoposti e a dirigenti. I leader devono comunicare in una circoscrizione più ampia. Questa gamma di comunicazione richiede ai leader di avere un chiaro senso del problema e di come possa essere risolto.

Un'altra sfida riguarda l'affrontare le domande riguardanti la visione, da parte degli stakeholder, della Coalizione Guida e del team che implementa il cambiamento. Spesso la Coalizione Guida passa molto tempo a elaborare queste domande e a preparare le risposte per poi riversarle sull'organizzazione in un colpo solo (una pagina FAQ, note per un briefing). Il sovraccarico di informazioni risultante offusca la visione, creando panico per il breve termine e resistenze.

Dato che, in un''organizzazione media, il messaggio relativo al cambiamento rappresenterà una minima parte della comunicazione totale ricevuta da un dipendente, è chiaro che il semplice dumping delle informazioni non possa risultare efficace. Il messaggio deve essere comunicato in modo da aumentarne e amplificarne l'efficacia. Kotter identifica sette elementi chiave nella comunicazione efficace della visione:

- **Mantenere la semplicità**: Eliminare le gergalità, il vocabolario interno, e le frasi complesse.
- **Utilizzare metafore, analogie, ed esempi**: Un'immagine verbale (o anche una grafica) può valere più di mille parole.
- **Utilizzare forum differenti**: Il messaggio deve essere trasmissibile attraverso una varietà di forum diversi, dalla locandina in ascensore al promemoria di broadcast, dalla piccola riunione ad un briefing corale.
- **Ripetere, ripetere, ripetere**: Le idee devono essere ascoltate diverse volte prima di essere interiorizzate e comprese.
- **Dare l'esempio**: Il comportamento delle figure importanti deve essere coerente con la visione. Il comportamento incoerente supera tutte le altre forme di comunicazione.
- **Spiegare apparenti incongruenze**: I punti morti e le incongruenze non affrontate minano la credibilità di tutte le comunicazioni.
- **Dare e avere**: La comunicazione bidirezionale risulta essere sempre più potente della comunicazione unidirezionale.

5.4.1 Esempi nel Contesto della Gestione delle Informazioni

In un contesto di information management, l'incapacità di definire o comunicare una visione chiara e convincente per un cambiamento può spesso essere riscontrata in iniziative in cui una nuova tecnologia o capacità sia in fase di implementazione guidata da un focus sulla distribuzione della tecnologia. In assenza di una comprensione o di un apprezzamento dei potenziali benefici di gestione delle informazioni derivanti dalla nuova tecnologia o dai nuovi metodi, gli stakeholder potrebbero resistere all' adozione di nuovi modi di lavoro. Ad esempio, se un'organizzazione fosse in fase di implementazione di processi di document e content management basati sui Metadati, gli stakeholder aziendali potrebbero non impegnarsi con la fase iniziale di comprensione o applicazione di tag di Metadati o classificazione dei record se non vi fosse una visione comunicata chiaramente di come questo potrebbe risultare un vantaggio per l'organizzazione *e per loro stessi*. In assenza di ciò, un'iniziativa altrimenti preziosa potrebbe impantanarsi con livelli di adozione e conformità inferiori a quelli richiesti.

5.4.2 Semplificare le Cose

Risulta difficile legarsi in maniera profonda con un linguaggio innaturale, densamente scritto o di difficile comprensione.

Questi esempi illustrano problemi di comunicazione che potrebbero sorgere quando la visione non sia mantenuta semplice. L'esempio seguente illustra questo punto.

Il nostro obiettivo è quello di ridurre il nostro parametro medio "tempo di riparazione", in modo che sia dimostrabilmente inferiore a tutti i principali concorrenti nei nostri mercati geografici e demografici di destinazione. Allo stesso modo, abbiamo come obiettivo i tempi del ciclo di sviluppo di nuovi prodotti, ai tempi di elaborazione degli ordini e ad altri vettori di processo correlati al cliente per il cambiamento.

Traduzione: *"Diventeremo più veloci di chiunque altro nel nostro settore nel soddisfare le esigenze dei clienti. "*

Quando la visione è articolata in modo semplice, è più facile per i team, gli stakeholder e i clienti comprendere il cambiamento proposto, come potrebbe influenzarli e il loro ruolo in esso. Questo, a sua volta, li aiuterebbe a comunicare più facilmente ai loro pari.

5.4.3 Utilizzo di Forum differenti

La comunicazione della visione risulta di solito più efficace quando vengono utilizzati canali diversi. Ci sono varie ragioni per questo, che vanno dal fatto che alcuni canali possono essere sovraccarichi di informazioni o con "bagaglio" di precedenti iniziative di cambiamento, al fatto che diverse persone interpretino ed elaborino le informazioni in modo diverso. Se le persone fossero colpite con lo stesso messaggio attraverso canali diversi, aumenterebbe la probabilità per il messaggio di essere ascoltato, interiorizzato e messo in azione. In relazione a questo approccio "multicanale / multi-formato" vi è la necessità di continuare a ribadire la visione e a comunicare il progresso.

5.4.4 Ripetizione, Ripetizione, Ripetizione

Per molti aspetti, cambiare visione e cambiare i messaggi è come l'acqua in un fiume che incontra una diga che debba essere superata. L'acqua non passa attraverso la diga immediatamente (a meno di avere un impeto tale da poterlo fare in modo distruttivo) ma nel corso del tempo, tramite l'erosione continua del blocco in modo che possa scorrerci attorno.

Allo stesso modo, le iniziative di cambiamento devono applicare rivisitazioni iterative della visione del cambiamento in diversi forum e formati per generare un cambiamento duraturo. Quale di questi scenari sarebbe più efficace?

- Il management ha inviato un messaggio video a tutto il personale e un annuncio nella segreteria telefonica per informare tutti del cambiamento. Dettagli sull'esecuzione seguiranno dai responsabili di linea. La intranet pubblicherà tre articoli durante i prossimi sei mesi sulla Vision, e ci sarà una sessione di briefing all'incontro di gestione trimestrale (effettuata alla fine della giornata). Il piano prevede sei istanze di comunicazione senza perdere i dettagli.

- Il management si impegna a trovare quattro momenti giornalieri per avere un dialogo sul cambiamento e legarlo di nuovo alla 'Big Picture'. A sua volta incaricherà i propri diretti subordinati di trovare quattro occasioni, che a loro volta danno il compito ai loro subordinati diretti di trovare quattro occasioni. Così, quando Frank incontrerà il Product Development, chiederà loro di rivedere i propri piani nel contesto della Grande Visione. Quando Maria presenterà un aggiornamento di stato lo legherà al contributo per la Visione. Quando Garry presenterà risultati negativi dell'audit interno, spiegherà l'impatto in termini di Visione. Ad ogni livello di gestione, per ogni manager ci saranno innumerevoli opportunità di comunicazione all'anno in cui sarà possibile fare riferimento alla Visione. (Questo è noto anche come "Adottare la nuova filosofia" e "Istituire la leadership", che sono punti chiave nei 14 punti per la trasformazione nella gestione della qualità di W. Edwards Deming.)

5.4.5 Dare un Esempio

Per la leadership non ci sono alternative al dare l'esempio. Questo rende tangibili i valori e gli aspetti culturali del cambiamento voluto in modi che nessun discorso potrebbe fare. L'esempio è uno strumento estremamente potente, anche solo per il fatto che vedere i senior manager passare dalle parole ai fatti genererà lo svilupparsi di racconti sulla visione e innescherà discussione su di essa. Vedendola da un altro punto di vista, dire alle persone una cosa e fare il contrario invierà un messaggio chiaro, ossia che la visione non è così importante e può essere ignorata al venir meno della spinta. Nulla mina la visione del cambiamento e gli sforzi più del vedere un membro della Coalizione Guida agire incongruentemente con la visione.

5.4.6 Esempio nel Contesto di Gestione delle Informazioni

Nel contesto dell'information management, il <u>non</u> passare dalle parole ai fatti può risultare un errore semplice come potrebbe esserlo l'invio da parte di un senior manager di file contenenti informazioni personali sui clienti tramite un canale di posta elettronica non protetto o non crittografato, in contravvenzione quindi con la politica di sicurezza delle informazioni, ma senza ricevere alcuna sanzione.

Potrebbe anche essere semplice come l'applicazione da parte del team a capo di un'iniziativa di information governance di principi e regole da far adottare al resto dell'organizzazione nelle proprie attività, nella gestione delle informazioni, nel segnalare e reagire a problemi ed errori.

Risulta necessario considerare l'impatto nell'implementazione di un progetto di gestione dei Metadati nel caso in cui il team dovesse applicare gli standard e le procedure dei Metadati ai propri record interni di progetto. Se non altro, questo li aiuterebbe a comprendere gli aspetti pratici del cambiamento, ma fornirebbe loro anche un buon esempio per gli altri i vantaggi relativi ad informazioni e record correttamente etichettati e classificati.

5.4.7 Analisi delle Incoerenze

Può accadere che l'incoerenza risulti inevitabile; , per motivi tattici o operativi, ad esempio, o semplicemente per mettere in movimento gli elementi all'interno del sistema globale di organizzazione, un Change Agent debba intraprendere un'azione in apparenza differente dalla visione dichiarata. Nel caso in cui ciò accada, lo si deve gestire e affrontare con attenzione per garantire che la visione rimanga valida, anche se si sta intraprendendo un "percorso panoramico". Esempi di incoerenze che potrebbero sorgere includono l'uso di consulenti esterni quando l'organizzazione sta cercando di ridurre i costi o l'organico. Le persone potrebbero chiedersi "Perché l'organizzazione sta portando questi elementi di costo quando stiamo razionando la carta della stampante?". Ci sono due modi per affrontare l'apparente incoerenza. Uno di loro sopprimerebbe sicuramente la vostra visione. L'altro darebbe la possibilità di poter mantenere gli elementi in pista.

La prima opzione è quella di ignorare la domanda o reagire in modo difensivo e "sparare al messaggero". Invariabilmente questo finirà in un'escalation imbarazzante dove l'incoerenza verrà rimossa, e non sempre in modo vantaggioso per gli obiettivi a lungo termine del cambiamento. La seconda opzione consiste nell'impegnarsi con la domanda e spiegare la logica dietro l'incoerenza. La spiegazione deve essere semplice, chiara e onesta. Ad esempio, un'organizzazione che chiami dei consulenti potrebbe rispondere in questo modo:

Capiamo che sembri strano spendere soldi per i consulenti quando stiamo tagliando i costi ovunque per fare in modo che la nostra visione sia essenziale, significativa e sostenibile. Tuttavia, per rendere sostenibili i risparmi dobbiamo uscire dalle vecchie abitudini di pensiero e imparare nuove competenze. Questo richiede un investimento nella conoscenza. E dove non abbiamo queste conoscenze internamente dobbiamo comprarle a breve termine, e sfruttare questa opportunità per costruire la conoscenza internamente per il futuro. Ogni consulente è assegnato a un progetto specifico. E ogni team di progetto ha avuto il compito di imparare il più possibile sulla loro nuova funzione attraverso lo shadowing dei consulenti e il loro utilizzo per la formazione. In questo modo, faremo in modo di avere miglioramenti sostenibili in futuro.

La cosa fondamentale è essere espliciti circa l'incoerenza e sul motivo per cui l'incoerenza è valida, e per quanto tempo resterà nel caso si trattasse di un'incoerenza solo transitoria.

5.4.8 Esempio nel Contesto di Information Management

Spiegare le incoerenze è un ottimo esempio sull'importanza dei modelli di data governance che creino protocolli concordati per il processo decisionale e promuovano il riconoscimento formale e il controllo delle eccezioni alle regole. Ad esempio, se uno standard di governance richiede che non vengano eseguiti test con dati di produzione in tempo reale, ma un progetto lo richiede per verificare gli algoritmi di corrispondenza dei dati o per dimostrare l'efficacia delle routine di pulizia dei dati, risulta necessaria una spiegazione di questa variazione rispetto allo standard previsto. Ciò è stato raggiunto attraverso adeguati controlli di governance. Quando tale progetto esegue test utilizzando dati in tempo reale *senza* disporre di approvazioni e valutazione dei rischi adeguate, dovrebbe esserci una sanzione ("walk the talk") o la base per la mancata applicazione della sanzione dovrebbe essere altrettanto chiaramente spiegata in maniera esplicita.

5.4.9 Ascoltare ed Essere Ascoltati

Stephen Covey consiglia ai soggetti che vogliano essere altamente efficaci di "Cercare prima di capire, poi di essere compresi." In altre parole, ascoltate in modo da poter essere ascoltati in seguito (Covey, 2013).

Spesso il team di leadership non ha la visione giusta, o incontra una barriera o un collo di bottiglia che sarebbe potuto essere evitato se fosse stato meglio informato. Questa mancanza di informazioni porta a costosi errori e indebolisce il buy-in e l'impegno per la visione. Le conversazioni bidirezionali sono un metodo essenziale per identificare e rispondere alle preoccupazioni che i soggetti hanno su un cambiamento o su una visione del cambiamento. La "Voce del Cliente" è importante tanto per la definizione e lo sviluppo della visione quanto per qualsiasi parametro di qualità nei dati stessi. E se ogni conversazione è considerata un'opportunità per discutere la visione e il feedback illecito allora, senza dover legare formalmente le persone nelle riunioni, è possibile avere migliaia di ore di discussione, far evolvere la visione ed eseguirla efficacemente.

5.4.10 Esempio nel Contesto di Information Management

In un contesto di gestione delle informazioni, la comunicazione bidirezionale è meglio illustrata da uno scenario in cui la funzione IT ritenga che tutti i dati necessari ai principali stakeholder business siano necessariamente disponibili in modo tempestivo e appropriato, ma allo stesso tempo gli stakeholder business esprimano costantemente frustrazione per i ritardi nell'ottenere informazioni di cui hanno bisogno per svolgere il loro lavoro, e quindi abbiano sviluppato un'industria fai-da-te basata su report composti da fogli di calcolo e data mart.

Una visione per migliorare la capacità di gestione e governance delle informazioni che non identifichi e affronti il divario di percezione tra la visione dell'ambiente informativo da parte della funzione IT e la percezione del loro ambiente di informazioni da parte degli stakeholder aziendali inevitabilmente vacillerà e non riuscirà a ottenere il sostegno di ampio respiro necessario per garantire un cambiamento efficace e sostenibile.

6. La Formula per il Cambiamento

Uno dei metodi più conosciuti per descrivere la "ricetta" necessaria per un cambiamento efficace, la Formula Gleicher, descrive i fattori che devono essere in atto per superare la resistenza al cambiamento all'interno dell'organizzazione.

$$C = (D \times V \times F) > R$$

Secondo la formula Gleicher, il cambiamento (C) si verifica quando il livello di insoddisfazione per lo status quo (D) è combinato con la visione di un'alternativa migliore (V) e alcuni primi passi praticabili per arrivarci (F) e il prodotto dei tre è abbastanza attrattivo da superare la resistenza (R) nell'organizzazione.

Influenzare una qualsiasi delle quattro variabili nella formula Gleicher aumenta l'efficacia e il successo dell'attività di cambiamento. Tuttavia, come con qualsiasi macchina complessa, è importante essere consapevoli dei rischi inerenti allo spingere i pulsanti e tirare le leve:

- Aumentare l'insoddisfazione all'interno dell'organizzazione per il modo in cui le cose funzionano è uno strumento potente e deve essere brandito con cura per non aumentare la resistenza.
- Sviluppare una visione del futuro richiederà una visione concreta e vivida di ciò che le persone faranno in modo diverso, di ciò che le persone smetteranno di fare o di ciò che inizieranno a fare che non stanno facendo ora. Assicurarsi che le persone possano apprezzare le nuove competenze, gli atteggiamenti o i metodi di lavoro che saranno necessari. Presentarli in un modo che non spaventi le persone o crei barriere di policy al cambiamento inducendo le persone a difendere lo status quo.
- Quando si descrivono i primi punti da modificare, assicurarsi che siano raggiungibili e di legarli esplicitamente alla visione.
- Agire per ridurre la resistenza al cambiamento ed evitare di aumentarla. Per essere diretti: evitare di alienare le persone. Ciò richiede una buona comprensione degli stakeholder.

7. Diffusione delle Innovazioni e Sostenibilità del Cambiamento

In ultima analisi, formazione e istruzione devono essere messe in atto per fornire un cambiamento sostenibile del data quality e data management in un'organizzazione. Implementare il cambiamento richiede la comprensione di come le nuove idee si diffondano in tutta l'organizzazione. Questo aspetto del cambiamento è noto come Diffusione dell'Innovazione.

La Diffusione dell'Innovazione è una teoria che cerca di spiegare come, perché e a che velocità nuove idee e tecnologie si diffondano attraverso le culture. Formulato nel 1962 da Everett Rogers, è legato al concetto di cultura pop dell'Idea Virus (http://bit.ly/2tNwUHD) reso popolare da Seth Godin. La diffusione delle innovazioni è stata applicata in modo coerente in una vasta gamma di campi, dalla prescrizione medica, ai cambiamenti nei metodi di allevamento, all'adozione dell'elettronica di consumo.

La teoria della Diffusione dell'Innovazione afferma che i cambiamenti sono avviati da una percentuale molto piccola (2,5%) della popolazione totale, gli Innovatori, che tendono (nel contesto della società esaminata) ad essere giovani, di classe sociale elevata e finanziariamente abbastanza sicuri da poter assorbire le perdite sulle scelte sbagliate. Hanno contatti con innovatori tecnologici e un'elevata tolleranza al rischio. Segue un ulteriore 13,5% della popolazione, formato dagli Early Adopter, che condivide tratti con gli innovatori, ma è meno tollerante al rischio. Gli early adopter capiscono come fare la scelta giusta possa aiutarli a mantenere un ruolo centrale nella società come persone rispettate. Il cambiamento è adottato in seguito dai segmenti più grandi della popolazione, le Maggioranze Precoci e Tardive, che costituiscono il 68% del totale. I Ritardatari sono gli ultimi a adottare innovazioni specifiche. (Vedi Figura 118 e Tabella 37.)

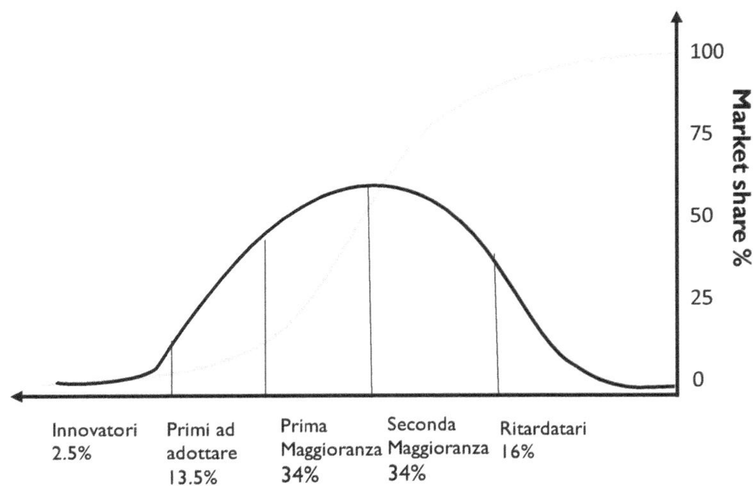

Figura 118 Diffusione delle Innovazioni secondo Everett Rogers

Tabella 37 Diffusione delle categorie di Innovazioni Adattate all'Information Management[95]

Categoria di Adozione	Definizione (Prospettiva dell'Information Management)
Innovatori	Gli Innovatori sono i primi individui a trovare un modo migliore per affrontare i problemi relativi la qualità dell'informazione. Si assumono rischi cercando di sviluppare la profilazione dei dati, creare scorecard provvisorie e iniziare a mettere i sintomi sperimentati dall'azienda nel linguaggio dell'information management. Spesso questi innovatori utilizzano le proprie risorse per ottenere informazioni e sviluppare competenze sulle best practice.
Early Adopter	Gli Early Adopter sono la seconda categoria di individui più veloce ad adottare un'innovazione. Questi individui hanno il più alto grado di leadership di opinione tra le altre categorie di adopter. Sono percepiti come manager "visionari" (o manager esperti o manager responsabili di aree strategiche aziendali emergenti) che hanno realizzato che i problemi di information quality siano un ostacolo al loro successo. Spesso si appoggiano al lavoro iniziale degli Innovatori per sviluppare il loro business case e iniziare a formalizzare le pratiche relative alle informazioni.
Maggioranza Precoce	La Maggioranza Precoce impiega molto più tempo degli Early Adopter per adottare un'innovazione. La Maggioranza Precoce tende ad essere più lenta nel processo di adozione, ha uno status sociale superiore alla media, contatti con gli early adopter e molto raramente detiene posizioni di leadership di opinione in un sistema. Potrebbe trovarsi nelle aree "tradizionali" dell'organizzazione, dove l'impatto dei dati di scarsa qualità è mascherato come il "costo del business".
Maggioranza Tardiva	Gli individui nella Maggioranza Tardiva affrontano un'innovazione con un alto grado di scetticismo e solo dopo che la maggior parte della società ha adottato l'innovazione. La Maggioranza Tardiva ha in genere uno status sociale sotto la media, una scarsa lucidità finanziaria, in contatto con altri in maggioranza tardiva e precoce, pochissima leadership di opinione. In termini di Information Management, queste possono essere aree dell'organizzazione in cui budget limitati potrebbero essere in combinazione con lo scetticismo sulle modifiche proposte per generare resistenza.
Ritardatari	I Ritardatari sono gli ultimi a adottare un'innovazione. Gli individui in questa categoria mostrano poca o nessuna leadership di opinione. Essi sono in genere avversi ai change agent e tendono ad essere in età avanzata. I ritardatari tendono a concentrarsi sulle "tradizioni". In termini di Information Management, queste sono spesso le persone o le aree del business che resistono perché la "cosa nuova" significa dover fare la "vecchia cosa" in modo diverso o non farla proprio.

7.1 Le Sfide da Superare con la Diffusione dell'Innovazione

Esistono due aree di sfida chiave con la diffusione delle innovazioni nell'organizzazione. Il primo è superare la fase Early Adopter. Ciò richiede un attento change management per garantire che gli Early Adopter possano identificare un livello sufficiente di insoddisfazione per lo status quo che darà inizio e continuerà durante il cambiamento. Questo passo è necessario per raggiungere il "punto di svolta" in cui l'innovazione è adottata da abbastanza utenti da cominciare a diventare mainstream.

Il secondo punto chiave della sfida avviene quando l'innovazione esce dalla fase della Tarda Maggioranza ed entra in quella dei Ritardatari. Il team deve accettare di non poter necessariamente convertire il 100% degli utenti al nuovo modo di fare le cose. Una certa percentuale del gruppo potrebbe continuare a resistere al cambiamento e l'organizzazione dovrà decidere cosa fare per questi elementi del gruppo.

---

[95] © 2014 Daragh O Brien. Utilizzato con autorizzazione.

7.2 Elementi Chiave della Diffusione dell'Innovazione

Quattro elementi chiave devono essere considerati quando si esamina il modo in cui un'innovazione si diffonde all'esterno di un'organizzazione:

- **Innovazione**: Un'idea, una pratica o un oggetto che viene percepito come nuovo da un individuo o da un'altra unità di adozione
- **Canali di comunicazione**: Il mezzo con cui i messaggi passano da un individuo all'altro
- **Tempo**: La velocità con cui l'innovazione viene adottata dai membri del sistema sociale
- **Sistema sociale**: L'insieme di unità interconnesse impegnate nella risoluzione congiunta dei problemi per raggiungere un obiettivo comune

Nel contesto della gestione delle informazioni, un'innovazione potrebbe essere qualcosa di semplice come l'idea del ruolo di un Data Steward e la necessità per gli Steward di lavorare in modo interfunzionale su problemi comuni di dati piuttosto che sul pensiero tradizionale a "silos".

Il processo attraverso il quale tale innovazione viene comunicata, e i canali attraverso i quali viene fatto in maniera più efficace, sono i canali di comunicazione che devono essere presi in considerazione e gestiti.

Infine, risulta importante l'idea del sistema sociale come un insieme di unità interconnesse che siano impegnate verso un'impresa comune. Questo ricorda il Sistema descritto da W. Edwards Deming che deve essere ottimizzato nel suo complesso piuttosto che pezzo per pezzo in isolamento. Un'innovazione che non si diffonde al di fuori di una singola business unit o team non è un cambiamento ben diffuso.

7.3 Le Cinque Fasi di Adozione

L'adozione di qualsiasi cambiamento tende a seguire un ciclo in cinque fasi. Si inizia con l'importanza dell'innovazione (Conoscenza), la sua persuasione sul valore dell'innovazione e la sua rilevanza (Persuasione) e il raggiungimento del punto in cui prendere una Decisione sul loro rapporto con l'innovazione. Se l'innovazione non viene rifiutata, ci si sposta nell'Implementazione e infine nella Conferma di adozione dell'innovazione. (Vedi Tabella 38 e Figura 119.)

Naturalmente, poiché un'idea può sempre essere Rifiutata piuttosto che adottata, il Punto di Svolta della massa critica degli Early Adopter e della Maggioranza Precoce è importante.

Tabella 33 Le fasi dell'adozione (Adattato da Rogers, 1964)

Fase	Definizione
Conoscenza	Nella fase di conoscenza l'individuo è inizialmente esposto a un'innovazione, ma manca di informazioni su di essa. Durante questa fase l'individuo non è ancora stato ispirato ad approfondire l'innovazione.
Persuasione	Nella fase di persuasione l'individuo è interessato all'innovazione e cerca attivamente informazioni su di essa.
Decisione	Nella fase decisionale l'individuo valuta i vantaggi e gli svantaggi dell'utilizzo dell'innovazione e decide se adottarla o respingerla. Rogers osserva che la natura individualistica di questa fase la rende la fase più difficile su cui acquisire dati

Fase	Definizione
	empirici.
Implementazione	Nella fase di attuazione l'individuo impiega l'innovazione e ne determina l'utilità o ricerca ulteriori informazioni su di essa.
Conferma	Nella fase di conferma, l'individuo finalizza la sua decisione di continuare a utilizzare l'innovazione e può finire per sfruttarla al massimo delle sue potenzialità.

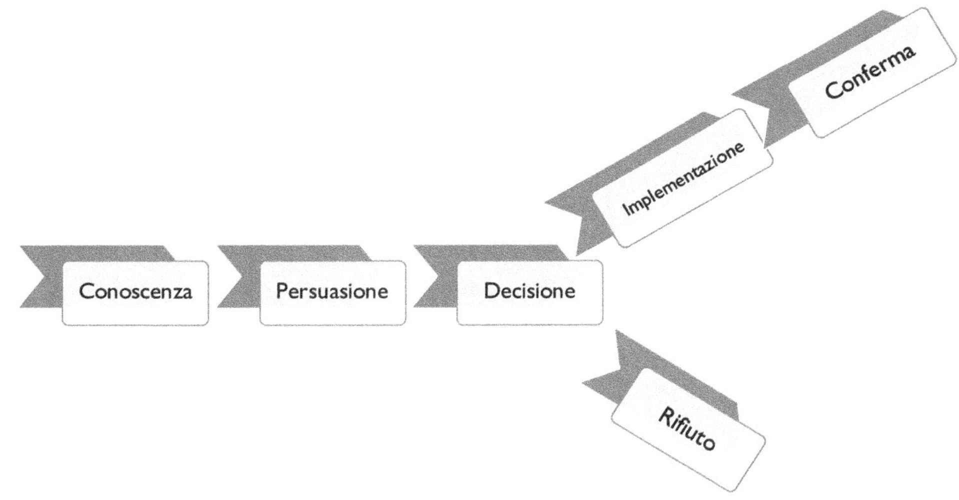

Figura 119 Fasi di Adozione

7.4 Fattori che Influiscono sull'Accettazione o il Rifiuto di un'Innovazione o di un Cambiamento

Le persone fanno scelte in gran parte razionali quando accettano o rifiutano un'innovazione o un cambiamento. La chiave di tutto è capire se l'innovazione offra un vantaggio relativo rispetto al modo precedente di fare le cose.

Si consideri il moderno smartphone. Ha presentato un vantaggio chiaro rispetto agli smartphone precedenti perché era più facile da usare, elegante da guardare e con un App store dove le capacità del prodotto possono essere estese rapidamente e facilmente. Analogamente, l'implementazione di strumenti, tecnologie e tecniche di data management presenta vantaggi relativi rispetto alla trascrizione manuale dei dati, alla codifica su misura o alle attività di individuazione e ricerca manuale dei dati.

Ad esempio, in molte organizzazioni può esserci resistenza alle semplici modifiche alla gestione dei documenti e dei contenuti, ad esempio l'assegnazione di tag ai file con Metadati per fornire il contesto. Tuttavia, l'utilizzo di tali Metadati a sua volta fornisce un vantaggio relativo in termini di supporto dei controlli di sicurezza, delle pianificazioni di conservazione e di attività semplici, ad esempio la ricerca e il recupero delle informazioni. Collegare il fastidio di taggare al tempo risparmiato durante la ricerca di informazioni o affrontare problemi in cui le informazioni vengono condivise o divulgate senza autorizzazione può aiutare a dimostrare questo vantaggio relativo.

Una volta che gli individui vedono che viene loro proposto un miglioramento, si chiederanno se il miglioramento sia compatibile con la loro vita, il loro modo di lavorare, ecc. Tornando all'esempio dello smartphone, il fatto di fondere un lettore mp3 di alta qualità, e-mail, telefono, ecc., significava che fosse compatibile con lo stile di vita e i modi di lavorare dei suoi utenti target.

Per comprendere la compatibilità, un consumatore prenderà in considerazione (consapevolmente o sub-consapevolmente) diversi fattori. Ad esempio, la complessità o la semplicità del cambiamento. Se l'innovazione risulta troppo difficile da usare, è meno probabile che verrà adottata. Ancora una volta, l'evoluzione delle piattaforme per smartphone e tablet è disseminata di tentativi falliti che non hanno raggiunto l'obiettivo di una semplice interfaccia utente. Quelli che ci sono risusciti hanno ridefinito l'aspettativa del mercato e ispirato interfacce simili su altri dispositivi.

La *"provabilità" (Trialability)* si riferisce a quanto sia facile per il consumatore sperimentare con il nuovo strumento o tecnologia, attraverso prove gratuite degli strumenti. Più è facile "fare un giro di prova" più è probabile che l'utente adotti il nuovo strumento o innovazione. L'importanza in questo caso è che aiuta a stabilire la comprensione del vantaggio relativo, la compatibilità con lo stile di vita e la cultura dell'organizzazione, oltre che la semplicità del cambiamento. Come una serie di primi passi verso una visione del cambiamento, la prototipazione iterativa e il "provare" assieme agli stakeholder sono fasi essenziali e possono contribuire a consolidare la Coalizione Guida e a garantire che gli early adopter siano convinti.

L'*osservabilità (Observability)* è la misura in cui l'innovazione risulti visibile. Rendere visibile l'innovazione favorirà la comunicazione su di essa attraverso reti formali e personali. Questo può innescare reazioni negative e reazioni positive. E' importante pianificare come gestire il feedback negativo. Vedere le persone utilizzare una nuova tecnologia o lavorare con le informazioni in un modo particolare (ad esempio, la visualizzazione di numeri tradizionalmente "scarni") può influenzare il modo tramite cui comunicare meglio l'esperienza.

---

8. Sostenere il Cambiamento

Cominciare il cambiamento richiede una visione chiara e convincente e primi passi chiari e immediati, un senso di urgenza o di insoddisfazione per lo status quo, una Coalizione Guida e un piano per evitare le insidie e le trappole in cui i Change Agent possano cadere all'iniziare del loro percorso di cambiamento.

Tuttavia, un problema comune nelle iniziative di information management (ad esempio, programmi di Data Governance) è che vengono avviati in risposta a un driver specifico o a un particolare sintomo di capacità non ottimale all'interno dell'organizzazione. Una volta che il sintomo viene affrontato, il senso di insoddisfazione e urgenza si riduce. Diventa quindi più difficile sostenere il supporto politico o finanziario, in particolare quando si compete con altri progetti.

Non rientra nell'ambito di questo lavoro fornire analisi dettagliate o strumenti su come questi problemi complessi potrebbero essere affrontati. Tuttavia, nel contesto di un Body Of Knowledge è opportuno fare riferimento ai principi di gestione dei cambiamenti delineati in questo capitolo per fornire alcune informazioni su come trovare le soluzioni.

8.1 Senso di Urgenza / Insoddisfazione

È importante mantenere il senso di urgenza.; Per fare ciò risulta necessario prestare attenzione alle aree di insoddisfazione emergente nell'organizzazione e valutare come il cambiamento nell'information management potrebbe contribuire a sostenere il miglioramento.

Ad esempio, l'ambito di un'iniziativa di data governance che è stata implementata per supportare un requisito normativo sulla privacy dei dati può essere ampliato per affrontare i problemi di information quality in relazione ai dati personali. Questo può essere correlato all'ambito primario dell'iniziativa, poiché la maggior parte delle normative sulla privacy dei dati ha un componente di data quality e fornisce il diritto di accesso ai dati per i singoli individui, quindi vi è il rischio di esposizione di dati di scarsa qualità. Tuttavia, ciò apre la visione del programma di data governance fino a includere metodi e pratiche di information quality che possano essere implementati in "seconda ondata", una volta che i controlli di governance della privacy dei dati siano in atto.

8.2 Inquadrare la Visione

Un errore comune è quello di confondere l'ambito del progetto con la visione del cambiamento. Possono essere necessari molti progetti per realizzare la visione. È importante che essa sia impostata in modo da consentire un'azione di base ampia e non creare un cul-de-sac per i leader del cambiamento una volta consegnati i primi progetti di "low hanging fruit".

C'è una differenza tra una visione che dice:

Implementeremo un quadro di governance strutturato per i dati personali per garantire la conformità alle norme UE sulla privacy dei dati.

e uno che dice:

Guideremo il nostro settore in approcci e metodi ripetibili e scalabili per gestire le nostre risorse di informazione critiche per garantire profitti, ridurre i rischi, migliorare la qualità del servizio e bilanciare i nostri obblighi etici come amministratori delle informazioni personali.

Il primo è, più o meno, un obiettivo. Il secondo fornisce la direzione per l'organizzazione.

8.3 La Coalizione Guida

Limitare l'adesione della Coalizione guida alle parti interessate più colpite limiterà l'efficacia delle modifiche. Come per la visione, è importante non confondere i gruppi direttivi del progetto che stanno supervisionando la consegna di risultati specifici con la coalizione che sta guidando e facendo evolvere la visione del cambiamento nell'organizzazione.

8.4 Vantaggio Relativo e Osservabilità

Mentre l'applicazione o l'obiettivo specifico di un'iniziativa di cambiamento potrebbe essere ristretto, nella maggior parte dei casi i principi, le pratiche e gli strumenti applicati potrebbero risultare trasferibili ad altre iniziative. Essere in grado di dimostrare all'organizzazione come l'approccio e i metodi possano dare un vantaggio relativo ad altre iniziative potrebbe aiutare ad estendere la Coalizione Guida e identificare nuove aree di urgenza o insoddisfazione che l'iniziativa di cambiamento potrebbe sostenere.

Ad esempio, in una società di servizi, i metodi e gli strumenti di profilazione di data quality e di creazione di punteggi implementati per una singola vista dell'implementazione del cliente potrebbero essere direttamente trasferibili a un programma di conformità della fatturazione regolamentare. Collegare i due si presta a una scorecard sulla Business Data Quality e alle iniziative di data governance e correzione associate, in particolare quando gli approcci non ottimali come la pulizia manuale dei dati potrebbero essere l'opzione predefinita per i dati di fatturazione.

9. Comunicazione del Valore di Data management

Aiutare un'organizzazione a comprendere l'importanza del data management richiede spesso un piano formale di gestione delle modifiche dell'organizzazione, come descritto in questo capitolo. Tale piano aiuta l'organizzazione a riconoscere il valore dei propri dati e il contributo delle pratiche di data management per tale valore. Una volta stabilito un programma di data management, tuttavia, è anche necessario coltivare il supporto continuo. La comunicazione continua promuove la comprensione e sostiene il supporto. Se le comunicazioni fossero strutturate come un canale bidirezionale, un piano di comunicazione potrebbe contribuire a rafforzare le partnership consentendo agli stakeholder di condividere preoccupazioni e idee. Questo tipo di attività di comunicazione richiede una pianificazione.

9.1 Principi delle Comunicazioni

Lo scopo di qualsiasi comunicazione è quello di inviare un messaggio a un destinatario. Quando si pianificano le comunicazioni, è necessario tenere conto del messaggio, dei supporti utilizzati per trasmetterlo e del pubblico a cui è destinato. Per supportare questa struttura di base, alcuni principi generali sono applicati per qualsiasi piano di comunicazione formale, indipendentemente dall'argomento. Questi risultano molto importanti quando si comunica riguardo al data management perché molte persone non ne comprendono l'importanza per il successo dell'organizzazione. Un piano globale di comunicazione e ogni singola comunicazione dovrebbe:

- Avere un obiettivo chiaro e un risultato atteso
- Consistere in messaggi chiave per sostenere il risultato atteso
- Essere su misura per il pubblico / stakeholder
- Essere consegnato tramite media appropriati al pubblico / stakeholder

Mentre le comunicazioni possono riguardare una serie di argomenti, gli obiettivi generali della comunicazione si concentrano su:

- Informare
- Educare
- Stabilire obiettivi o una visione
- Definizione di una soluzione a un problema
- Promuovere il cambiamento
- Influenzare o motivare l'azione
- Ottenere feedback
- Generare supporto

Ancora più importante, per comunicare chiaramente è necessario avere messaggi concreti da condividere con le persone. In generale le comunicazioni sul data management avranno più successo se il team di gestione dei dati comprende lo stato attuale delle pratiche di gestione e ha una visione e una dichiarazione di intenti che colleghi il miglioramento di queste pratiche direttamente agli obiettivi strategici dell'organizzazione. Le comunicazioni riguardanti questo argomento devono mirare a:

- Esprimere il valore tangibile e intangibile delle iniziative di data management

- Descrivere in che modo le funzionalità di data management contribuiscano alla strategia e ai risultati aziendali

- Condividere esempi concreti di come la gestione dei dati riduca i costi, supporti la crescita dei ricavi, riduca i rischi o migliori la qualità delle decisioni

- Educare le persone sui concetti fondamentali di data management per aumentare la base di conoscenze sulla gestione dei dati all'interno dell'organizzazione

9.2 Valutazione e Preparazione del Pubblico

La pianificazione delle comunicazioni dovrebbe includere un'analisi degli stakeholder per contribuire a identificare i segmenti di pubblico per le comunicazioni che verranno sviluppate. Sulla base dei risultati dell'analisi, il contenuto potrà essere adattato per essere pertinente, significativo e a livello appropriato, in base alle esigenze degli stakeholder. Ad esempio, se l'obiettivo del piano di comunicazione è quello di ottenere la sponsorizzazione per un'iniziativa, bisogna indirizzare le comunicazioni ai più alti influencer possibili, di solito dirigenti interessati a conoscere i vantaggi di fondo di qualsiasi programma che finanziano.

Tattiche per persuadere le persone ad agire sulla comunicazione includono vari metodi per poterle convincere a vedere come i loro interessi si allineino con gli obiettivi del programma.

- **Risolvere i problemi:** I messaggi dovranno descrivere in che modo l'attività di data management aiuterà a risolvere i problemi relativi alle esigenze delle parti interessate che verranno affrontate. Ad esempio, i singoli collaboratori avranno esigenze diverse dai dirigenti, l'IT diverse da quelle del personale business.

- **Affrontare i punti dolenti**: Stakeholder differenti avranno differenti punti dolenti. L'inserimento di questi punti dolenti nei materiali di comunicazione aiuterà il pubblico a comprendere il valore di ciò che viene proposto. Ad esempio, uno stakeholder di conformità sarà interessato a come un programma di data management ridurrà i rischi. Uno stakeholder del marketing sarà interessato a come il programma li aiuterà a generare nuove opportunità.

- **Presentare le modifiche come miglioramenti**: Nella maggior parte dei casi, l'introduzione di pratiche di data management richiede che le persone cambino il loro modo di lavorare. Le comunicazioni dovranno motivare le persone a desiderare i cambiamenti proposti. In altre parole, dovranno riconoscere i cambiamenti come miglioramenti da cui trarranno beneficio.

- **Avere una visione del successo**: Descrivere come sarà vivere nella situazione futura consente agli stakeholder di comprendere in che modo il programma li influenzerà. Condividere la forma e le motivazioni del successo può aiutare il pubblico a comprendere i vantaggi del programma di data management.

- **Evitare gergalità**: L'uso del gergo specifico e un'enfasi sugli aspetti tecnici potrebbero distogliere alcune persone e sminuirebbero il messaggio.

- **Condividere storie ed esempi**: Le analogie e le storie sono modi efficaci per descrivere e aiutare le persone a ricordare gli scopi del programma di data management.

- **Riconoscere la paura come motivazione**: Alcune persone sono motivate dalla paura. Condividere le conseguenze della non gestione dei dati (ad es. multe, sanzioni) è un modo per ribadire in maniera efficace il valore del data management. Esempi di come la mancanza di pratiche di management dei dati abbia influenzato negativamente una business unit risalteranno.

La trasmissione efficace delle comunicazioni comporta il monitoraggio delle reazioni dei destinatari del messaggio. Se una determinata tattica non funziona, bisogna adattarsi e provare un'angolazione diversa.

9.3 L'Elemento Umano

I fatti, gli esempi e le storie condivisi su un programma di Data Management non sono le uniche cose che influenzeranno le percezioni degli stakeholder sul suo valore. Le persone sono influenzate dai loro colleghi e dai loro leader. Per questo motivo, la comunicazione dovrebbe utilizzare l'analisi degli stakeholder per scoprire in quali settori i team hanno interessi e bisogni simili. Man mano che il supporto si allarga per l'attività di data management, i sostenitori potranno aiutare a condividere il messaggio con i loro colleghi e la leadership.

9.4 Piano di Comunicazione

Un piano di comunicazione riunisce gli elementi di pianificazione. Un buon piano serve come roadmap per guidare il lavoro verso gli obiettivi. Il piano di comunicazione dovrebbe includere gli elementi nella Tabella 34 Elementi del piano di.

Tabella 34 Elementi del piano di Comunicazione

Elemento	Descrizione
Messaggio	L'informazione che deve essere trasmessa.
Goal / Obiettivo	Il risultato desiderato della trasmissione di un messaggio o un insieme di messaggi (ad esempio, perché il messaggio deve essere trasmesso).
Pubblico	Gruppo o individuo interessato dalla comunicazione. Il piano avrà diversi obiettivi per diversi tipi di pubblico.
Stile	Sia il livello di formalità che il livello di dettaglio nei messaggi devono essere adattati al pubblico. I dirigenti hanno bisogno di meno dettagli rispetto ai team responsabili dell'implementazione dei progetti. Lo stile è anche influenzato dalla cultura organizzativa.
Canale, Metodo, Mezzo	I mezzi e il formato attraverso i quali il messaggio sarà trasmesso (ad esempio, pagina web, blog, e-mail, incontri individuali, presentazioni di piccoli o grandi gruppi, sessioni di pranzo e apprendimento, workshop, ecc.) Supporti diversi hanno effetti diversi.
Tempistica	Il modo in cui un messaggio viene assimilato può essere influenzato da quando viene ricevuto. I dipendenti sono più propensi a leggere una e-mail che esce subito il Lunedi mattina di una ricevuta alla fine del venerdì pomeriggio. Se lo scopo di una comunicazione fosse quello di ottenere il sostegno in anticipo per un ciclo di bilancio, allora dovrebbe essere temporizzata in relazione al ciclo. Le informazioni sulle modifiche imminenti ai processi dovrebbero essere condivise in modo tempestivo e in fase di modifica.
Frequenza	La maggior parte dei messaggi deve essere ripetuta per garantire che tutti gli stakeholder li ascoltino. Il piano di comunicazione dovrebbe pianificare la condivisione dei messaggi in modo che la ripetizione sia utile per trasmettere il messaggio senza diventare un fastidio. Inoltre, le comunicazioni in corso (ad esempio, una newsletter) dovrebbero essere pubblicate in base a un programma concordato.
Materiali	Il piano di comunicazione deve identificare i materiali da creare per eseguire il piano. Ad esempio, versioni ridotte e complete delle presentazioni e altre comunicazioni scritte, discorsi di incoraggiamento, riepiloghi esecutivi e materiali di marketing come poster, tazze e mezzi di visual branding.
Comunicatori	Il piano di comunicazione deve identificare la persona o le persone che invieranno le comunicazioni. Spesso la persona che invia il messaggio ha una profonda influenza sul pubblico di destinazione. Se lo sponsor per data management o un altro dirigente recapita un messaggio, gli stakeholder avranno una risposta diversa rispetto a quando viene recapitata da un responsabile di livello inferiore. Decisioni su chi comunicherà quali messaggi a quali stakeholder devono basarsi sugli obiettivi del messaggio.
Risposta Prevista	Il piano di comunicazione dovrebbe anticipare il modo in cui i diversi gruppi di stakeholder e talvolta il modo in cui i singoli risponderanno alle comunicazioni. Questo lavoro può essere portato a termine anticipando domande o obiezioni e formulando risposte. Pensare con le potenziali risposte è un buon modo per chiarire gli obiettivi e costruire messaggi robusti.
Metriche	Il piano di comunicazione dovrebbe includere misure per verificare la propria efficacia. L'obiettivo è quello di garantire che le persone abbiano compreso e siano disposte e in grado di agire rispetto ai messaggi del piano. Questo può essere realizzato tramite sondaggi, interviste, focus group e altri meccanismi di feedback. I cambiamenti nel comportamento sono la prova definitiva del successo di un piano di comunicazione.
Budget e Piano delle Risorse	Il piano di comunicazione deve tenere conto delle risorse necessarie per realizzare gli obiettivi in un determinato budget.

9.5 Continuare a Comunicare

Un programma di data management è un'attività continua, non un progetto una tantum. Gli sforzi di comunicazione che supportano il programma devono essere misurati e sostenuti per il successo continuo.

Nuovi dipendenti verranno assunti e dipendenti esistenti cambieranno ruolo. Man mano che si verificheranno dei cambiamenti, i piani di comunicazione dovranno essere aggiornati. Le esigenze degli stakeholder cambieranno nel tempo man mano che i programmi di data management matureranno. Il tempo necessario per far assimilare i messaggi agli utenti e ribadire i messaggi più volte aiuta gli stakeholder a conservare queste conoscenze. Anche i metodi di comunicazione e i messaggi dovranno essere adattati nel tempo man mano che crescerà la comprensione.

La competizione per il finanziamento non scompare mai; uno degli obiettivi di un piano di comunicazione è quello di ricordare agli stakeholder il valore e i benefici del programma di data management. Mostrare progressi e celebrare i successi è fondamentale per ottenere un sostegno continuo per l'attività.

Una pianificazione efficace e una comunicazione continua dimostreranno l'impatto delle procedure di data management sull'organizzazione nel tempo. Nel corso del tempo, la conoscenza dell'importanza dei dati cambierà il modo dell'parte dell'organizzazione di pensare agli stessi. Una comunicazione di successo fornisce una migliore comprensione del fatto che il management dei dati generi valore aziendale per gli asset di informazione e avere un impatto duraturo sull'organizzazione.

10. Opere Citate / Consigliate

Ackerman Anderson, Linda and Dean Anderson. *The Change Leader's Roadmap and Beyond Change Management.* Two Book Set. 2nd ed. Pfeiffer, 2010. Print.

Ackerman Anderson, Linda, Dean Anderson. *Beyond Change Management: How to Achieve Breakthrough Results Through Conscious Change Leadership.* 2nd ed. Pfeiffer, 2010. Print.

Ackerman Anderson, Linda, Dean Anderson. The *Change Leader's Roadmap: How to Navigate Your Organization's Transformation.* 2nd ed. Pfeiffer, 2010. Print.

Barksdale, Susan and Teri Lund. *10 Steps to Successful Strategic Planning.* ASTD, 2006. Print. 10 Steps.

Becker, Ethan F. and Jon Wortmann. *Mastering Communication at Work: How to Lead, Manage, and Influence.* McGraw-Hill, 2009. Print.

Bevan, Richard. *Changemaking: Tactics and resources for managing organizational change.* CreateSpace Independent Publishing Platform, 2011. Print.

Bounds, Andy. *The Snowball Effect: Communication Techniques to Make You Unstoppable.* Capstone, 2013. Print.

Bridges, William. *Managing Transitions: Making the Most of Change.* Da Capo Lifelong Books, 2009. Print.

Center for Creative Leadership (CCL), Talula Cartwright, and David Baldwin. *Communicating Your Vision.* Pfeiffer, 2007. Print.

Contreras, Melissa. *People Skills for Business: Winning Social Skills That Put You Ahead of The Competition.* CreateSpace Independent Publishing Platform, 2013. Print.

Covey, Stephen R. Franklin Covey Style Guide: *For Business and Technical Communication*. 5th ed. FT Press, 2012.Print.

Covey, Stephen R. *The 7 Habits of Highly Effective People: Powerful Lessons in Personal Change*. Simon and Schuster, 2013. Print.

Franklin, Melanie. *Agile Change Management: A Practical Framework for Successful Change Planning and Implementation*. Kogan Page, 2014. Print.

Garcia, Helio Fred. Power of Communication: The: Skills to Build Trust, Inspire Loyalty, and Lead Effectively. FT Press, 2012. Print.

Godin, Seth and Malcolm Gladwell. *Unleashing the Ideavirus*. Hachette Books, 2001.

Harvard Business School Press. *Business Communication*. Harvard Business Review Press, 2003. Print. Harvard Business Essentials.

HBR's 10 Must Reads on Change Management. Harvard Business Review Press, 2011. Print.

Hiatt, Jeffrey, and Timothy Creasey. *Change Management: The People Side of Change*. Prosci Learning Center Publications, 2012. Print.

Holman, Peggy, Tom Devane, Steven Cady. *The Change Handbook: The Definitive Resource on Today's Best Methods for Engaging Whole Systems*. 2nd ed. Berrett-Koehler Publishers, 2007. Print.

Hood, J H. *How to book of Interpersonal Communication: Improve Your Relationships*. Vol. 3. WordCraft Global Pty Limited, 2013. Print. "How to" Books.

Jones, Phil. *Communicating Strategy*. Ashgate, 2008. Print.

Kotter, John P. *Leading Change*. Harvard Business Review Press, 2012. Print.

Locker, Kitty, and Stephen Kaczmarek. *Business Communication: Building Critical Skills*. 5th ed. McGraw-Hill/Irwin, 2010. Print.

Luecke, Richard. *Managing Change and Transition*. Harvard Business Review Press, 2003. Print. Harvard Business Essentials.

Rogers, Everett M. *Diffusion of Innovations*. 5th Ed. Free Press, 2003. Print.

Riconoscimenti

Sviluppare la seconda edizione del DAMA-DMBOK è stato uno sforzo di passione per molte persone. I lavori sono iniziati alla fine del 2011 con la prima revisione del Framework Paper, pubblicato nel 2012. La Commissione Editoriale del DAMA-DMBOK ha dedicato molte ore per produrre la redazione del DMBOK2. Essi comprendono:

Patricia Cupoli (DAMA Philadelphia) è stato il caporedattore per la maggior parte di questo lavoro, trovando autori e aiutandoli a sviluppare i loro capitoli. Purtroppo Pat è deceduta nell'estate 2015, mentre era ancora impegnata nel progetto.

Deborah Henderson (IRMAC – Toronto DAMA affiliate), Program Director per i prodotti DAMA-DMBOK sin dalla loro nascita nel 2005, è stato uno sponsor dedicato del progetto e ha lavorato per garantirne il completamento dopo la dipartita di Pat.

Susan Earley (DAMA Chicago), che ha redatto il framework DAMA-DMBOK2, è stato l'editor principale per la redazione del DMBOK2. Ha curato e organizzato contenuti e incorporato i commenti del pubblico da parte dei membri DAMA.

Eva Smith (DAMA Seattle), Manager del Collaboration Tool, ha gestito la logistica, inclusa la possibilità per i membri DAMA di accedere e commentare i capitoli.

Elena Sykora (IRMAC – affiliate Toronto DAMA), Ricercatore Bibliografo, ha compilato la bibliografia completa del DMBOK2.

La Commissione Editoriale ha anche apprezzato il particolare sostegno di Sanjay Shirude, Cathy Nolan, Emarie Pope, e Steve Hoberman.

Laura Sebastian-Coleman (DAMA New England), DAMA Publications Officer e Production Editor, ha dato forma, sistemato e finalizzato il manoscritto per la pubblicazione. In questo sforzo, è stata guidata da un comitato di advisory che ha compreso Peter Aiken, Chris Bradley, Jan Henderyckx, Mike Jennings, Daragh O Brien, e me, con un grande aiuto da Lisa Olinda. Un ringraziamento speciale va anche a Danette McGilvray.

DMBOK2 non sarebbe stato possibile senza i principali autori che hanno contribuito che hanno dato sostanza alla visione definita nel Framework. Tutti i contributori sono volontari che hanno condiviso non solo le loro conoscenze, ma anche il loro tempo. Essi sono accreditati per i loro contributi qui sotto. Sono elencati anche i numerosi membri DAMA che hanno fornito feedback sui capitoli.

DAMA International, la Fondazione DAMA International, e il Consiglio dei Presidenti dei DAMA Chapter ha sponsorizzato il progetto DMBOK. La loro visione, comprensione, pazienza e sostegno continuo hanno permesso a questo progetto di avere successo.

Infine, vogliamo mostrare riconoscimento alle famiglie di tutti i volontari di questo progetto, che hanno dato il loro tempo personale per completare questo lavoro.

Sue Geuens, Presidente, DAMA International

Collaboratori Primari

#	Capitolo	Collaboriatori Primari
1	Introduzione: Data Management	Commissione di Advisory Editoriale, editori del DMBOK, Chris Bradley, Ken Kring
2	Etica sul Trattamento dei Dati	
3	Data Governance e Stewardship	John Ladley, Mark Cowan, Sanjay Shirude
4	Data Architecture	Håkan Edvinsson
5	Data Modeling e Design	Steve Hoberman
6	Data Storage e Operations	Sanjay Shirude
7	Data Security	David Schlesinger, CISSP
8	Data Integration e Interoperability	April Reeve
9	Documents e Content	Pat Cupoli
10	Reference e Master Data	Gene Boomer, Mehmet Orun
11	Data Warehouse e Business Intelligence	Martin Sykora, Krish Krishnan, John Ladley, Lisa Nelson
12	Metadata	Saad Yacu
13	Data Quality	Rossano Tavares
14	Big Data e Data Science	Robert Abate, Martin Sykora
15	Data Management Maturity Assessment	Mark Cowan, Deborah Henderson
16	Organizzazioni per il Data Management Organizations e Ruoli	Kelle O'Neal
17	Data Management e Organizational Change Management	Micheline Casey, Andrea Thomsen, Daragh O Brien
	Bibliografia	Elena Sykora

Revisori e Commentatori

Le seguenti persone hanno fornito preziosi feedback nelle varie fasi del DMBOK2:

Khalid Abu Shamleh	Mike Beauchamp	Susan Burk
Gerard Adams	Chan Beauvais	William Burkett
James Adman	Glen Bellomy	Beat Burtscher
Afsaneh Afkari	Stacie Benton	Ismael Caballero
Zaher Alhaj	Leon Bernal	Peter Campbell
Shahid Ali	Luciana Bicalho	Betty (Elizabeth) Carpenito
Suhail Ahmad AmanUllah	Pawel Bober	Hazbleydi Cervera
Nav Amar	Christiana Boehmer	Indrajit Chatterjee
Samuel Kofi Annan	Stewart Bond	Bavani Chaudhary
Ivan Arroyo	Gene Boomer	Denise Cook
Nicola Askham	Taher Borsadwala	Nigel Corbin

Juan Azcurra
Richard Back
Carlos Barbieri
Ian Batty
Steve Beaton
Cynthia Dionisio
Shaun Dookhoo
Janani Dumbleton
Lee Edwards
Jane Estrada
Adrianos Evangelidis
William Evans
Mario Faria
Gary Flye
Michael Fraser
Carolyn Frey
Alex Friedgan
Lowell Fryman
Shu Fulai
Ketan Gadre
Oscar Galindo
Alexandre Gameiro
Jay Gardner
Johnny Gay
Sue Geuens
Sumit Gupta
Gabrielle Harrison
Kazuo Hashimoto
Andy Hazelwood
Muizz Hassan
David Hay
Clifford Heath
Jan Henderyckx
Trevor Hodges
Mark Horseman
Joseph Howard
Monica Howat
Bill Huennekens
Mark Humphries
Zoey Husband
Toru Ichikura
Thomas Ihsle
Gordon Irish
Fusahide Ito
Seokhee Jeon

Antonio Braga
Ciaran Breen
LeRoy Broughton
Paul Brown
Donna Burbank
Nicholene Kieviets
Jon King
Richard King
Bruno Kinoshita
Yasushi Kiyama
Daniel Koger
Katarina Kolich
Onishi Koshi
Edwin Landale
Teresa Lau
Tom LaVerdure
Richard Leacton
Michael Lee
Martha Lemoine
Melody Lewin
Chen Liu
Manoel Francisco Dutra Lopes
Daniel Lopez
Karen Lopez
Adam Lynton
Colin Macguire
Michael MacIntyre
Kenneth MacKinnon
Colin Maguire
Zeljko Marcan
Satoshi Matsumoto
George McGeachie
Danette McGilvray
R. Raymond McGirt
Scott McLeod
Melanie Mecca
Ben Meek
Steve Mepham
Klaus Meyer
Josep Antoni Mira Palacios
Toru Miyaji
Ademilson Monteiro
Danielle Monteiro
Subbaiah Muthu Krishnan
Mukundhan Muthukrishnan

James Dawson
Elisio Henrique de Souza
Patrick Derde
Tejas Desai
Swapnil Deshmukh
Susana Navarro
Gautham Nayak
Erkka Niemi
Andy O'Hara
Katherine O'Keefe
Hirofumi Onozawa
Mehmet Orun
Matt Osborn
Mark Ouska
Pamela Owens
Shailesh Paliwal
Mikhail Parfentev
Melanie Parker
John Partyka
Bill Penney
Andres Perez
Aparna Phal
Jocelyn Sedes
Mark Segall
Ichibori Seiji
Brian Phillippi
R. Taeza Pittman
Edward Pok
Emarie Pope
David Quan
K Rajeswar Rao
April Reeve
Todd Reyes
Raul Ruggia-Frick
Scott Sammons
Pushpak Sarkar
John Schmidt
Nadine Schramm
Toshiya Seki
Rajamanickam Senthil Kumar
Sarang Shah
Gaurav Sharma
Vijay Sharma
Stephen Sherry
Jenny Shi

Jarred Jimmerson
Christopher Johnson
Wayne Johnson
Sze-Kei Jordan
George Kalathoor
Alicia Slaughter
Eva Smith
Tenny Soman
José Antonio Soriano Guzmán
Donald Soulsby
Erich Stahl
Jerry Stembridge
James Stevens
Jan Stobbe
Santosh Subramaniam
Motofusa Sugaya
Venkat Sunkara
Alan Sweeney
Martin Sykora

Robert Myers
Dean Myshrall
Krisztian Nagy
Kazuhiro Narita
Mohamad Naser
Akira Takahashi
Steve Thomas
Noriko Watanabe
Joseph Weaver
Christina Weeden
Alexander Titov
Steven Tolkin
Toshimitsu Tone
Juan Pablo Torres
David Twaddell
Thijs van der Feltz
Elize van der Linde
Peter van Nederpelt
Peter Vennel

Satoshi Shimada
Sandeep Shinagare
Boris Shuster
Vitaly Shusterov
Abi Sivasubramanian
Roy Verharen
Karel Vetrovsky
Gregg Withers
Michael Wityk
Marcin Wizgird
Benjamin Wright-Jones
Teresa Wylie
Hitoshi Yachida
Saad Yacu
Hiroshi Yagishita
Harishbabu Yelisetty
Taisei Yoshimura

www.ingramcontent.com/pod-product-compliance
Lightning Source LLC
Chambersburg PA
CBHW080357030726

47598CB00010B/2777